本书获得东北师范大学政法学院学科建设经费资助

中国政治学与政治发展

Zhongguo Zhengzhixue Yu Zhengzhi Fazhan 2018

（2018）

名誉主编　杨海蛟

执行主编　杨　弘

中国社会科学出版社

图书在版编目（CIP）数据

中国政治学与政治发展. 2018 / 杨海蛟，杨弘主编. —北京：中国社会
科学出版社，2020. 5
ISBN 978 - 7 - 5203 - 6141 - 5

Ⅰ. ①中… Ⅱ. ①杨…②杨… Ⅲ. ①政治学—研究—中国 Ⅳ. ①D6

中国版本图书馆 CIP 数据核字（2020）第 045923 号

出 版 人	赵剑英
责任编辑	周晓慧
责任校对	无 介
责任印制	戴 宽

出　　版	中国社会科学出版社
社　　址	北京鼓楼西大街甲 158 号
邮　　编	100720
网　　址	http://www.csspw.cn
发 行 部	010 - 84083685
门 市 部	010 - 84029450
经　　销	新华书店及其他书店

印　　刷	北京明恒达印务有限公司
装　　订	廊坊市广阳区广增装订厂
版　　次	2020 年 5 月第 1 版
印　　次	2020 年 5 月第 1 次印刷

开　　本	710×1000　1/16
印　　张	34.25
插　　页	2
字　　数	527 千字
定　　价	178.00 元

凡购买中国社会科学出版社图书，如有质量问题请与本社营销中心联系调换
电话：010 - 84083683

目　录

前　言

2018 年，是贯彻落实党的十九大精神的开局之年，也是党和国家事业发展极不平凡的一年。中国共产党团结带领全国各族人民，按照十九大作出的战略部署，深入推进供给侧结构性改革，着力打好防范化解重大风险、精准脱贫、污染防治三大攻坚战，推动经济建设、政治建设、文化建设、社会建设、生态文明建设以及国防和军队建设、港澳工作和对台工作、外事工作取得重大进展，人民群众获得感、幸福感、安全感持续增强。民族团结进一步加强，强军事业展现出新气象。推进"一国两制"事业发展新实践。积极参加国际多边外交，推动共建"一带一路"走深走实，推动构建人类命运共同体，我们的朋友圈持续扩大。

2018 年是改革开放 40 周年，中央全面深化改革委员会部署的 78 个重点改革任务和其他 80 个改革任务基本完成，中央和国家机关有关部门还完成了 171 个改革任务，各方面共出台 329 个改革方案。宪法修改顺利完成，党和国家机构改革顺利推进，国家监察体制改革取得重要的阶段性成果，我党用行动宣示了在新时代将改革开放进行到底的坚定决心！

中国共产党贯彻落实新时代党的建设总要求，把党的政治建设作为根本性建设，坚持严字当头、全面从严、一严到底，持之以恒地正风肃纪，反腐败斗争取得压倒性胜利，继续净化党内政治生态。

2019 年是新中国成立 70 周年，是决胜全面建成小康社会的关键之年。我们要隆重庆祝新中国成立 70 周年，鼓舞全党全国各族人民勇往直前、再创辉煌。

2019 年，我们将以新时代中国特色社会主义思想为指导，全面贯彻落实党的十九大精神，坚持稳中求进工作总基调，统筹推进"五位一体"总体布局，协调推进"四个全面"战略布局，贯彻巩固、增强、提升、畅通的方针，坚持以供给侧结构性改革为主线，继续打好三大攻坚战，统筹推进稳增长、促改革、调结构、惠民生、防风险、保稳定工作，保持经济持续健康发展。支持香港、澳门融入国家发展大局，维护香港、澳门长期繁荣稳定。我们要推动两岸关系和平发展，深化两岸各领域交流合作，增进两岸同胞亲情。我们要高举和平、发展、合作、共赢的旗帜，推动构建人类命运共同体，努力开创中国特色大国外交新局面。

2019 年，必然是机遇和挑战相互交织的一年。做好 2019 年各项工作，必须崇尚学习、加强学习，崇尚创新、勇于创新，崇尚团结、增进团结，既抢抓发展机遇，又妥善应对挑战，坚定不移地朝着既定目标前进。

中国政治建设的新进展

王丽琰　刘方亮[*]

2018 年是全面贯彻十九大精神的开局之年，也是决战脱贫攻坚、决胜全面建设小康社会至关重要的一年。这一年，党中央深入落实习近平新时代中国特色社会主义思想和十九大精神，适应新时代新形势，与时俱进，坚持以人民为中心，认真实施十九大报告提出的新思路、新战略，推动中国政治取得了新的进展。在这一年中，党的建设硕果显著，中国特色社会主义政治制度日益完善，深化行政体制改革，贯彻落实全面依法治国，不断发展人权事业，从而为发展中国特色社会主义、实现中华民族的伟大复兴和"两个一百年"目标提供了牢固的基础与支撑。

一　党的建设成果显著

2018 年是党的建设取得优异成果的丰收之年。在学习、宣传、贯彻习近平新时代中国特色社会主义思想和十九大精神的基础上，党的政治建设、思想建设、作风建设、组织建设、制度建设都取得了突出的成就。

（一）政治建设取得显著成就

政治建设是党的建设的重中之重，在中共中央政治局第六次集体

* 青岛大学政治与公共管理学院。

学习时，习近平总书记进一步强调党的政治建设是党的根本性建设，阐明了政治建设的重要地位，为党不断走向胜利提供了重要保证。2018 年，中国共产党不断加强党的政治建设，取得了一系列成果。习近平总书记提出："政治方向是党生存发展第一位的问题，事关党的前途命运和事业兴衰成败。"① 因此，要充分发挥政治建设的指南针作用，集中力量发展中国特色社会主义事业，带领各级党组织与成员沿着正确的政治方向前进。

首先，在坚持党中央的权威和集中统一领导制度建设上取得重大进展。2018 年初，通过了《深化党和国家机构改革方案》和《中共中央关于深化党和国家机构改革的决定》等重要文件，文件指出，深化党和国家机构改革的首要任务，就是完善坚持党的全面领导的制度，确保党的领导的核心地位。这一年来，不断健全党对重大工作的领导体制机制，确保中央令行禁止，从而保证了政治领域改革的正确方向，推动了政治体制的健康发展。同时，全党上下牢固树立"四个意识"，坚定"四个自信"，坚决做到"两个维护"，力争在思想、政治、行动上与党中央保持高度一致，使党的政治建设呈现出全面发力的局面。

其次，学习、宣传习近平新时代中国特色社会主义思想和党的十九大精神是党的政治建设的重要内容。党的十九大将习近平新时代中国特色社会主义思想写入党章，确立为党必须长期坚持的指导思想，为新时代伟大实践提供了行动指南。自十九大以来，全国各地掀起了学习习近平新时代中国特色社会主义思想和十九大精神的热潮，如开展学习宣传贯彻习近平新时代中国特色社会主义思想系列研讨会、学术会议，加强新媒体、互联网新闻宣传，范围覆盖到政府、基层、高校、企业等社会的各方面。

最后，坚持开展民主生活会、组织生活会等是加强党的政治建设的重要形式。2018 年，中共中央印发了《中国共产党支部工作条例（试行）》。这一条例为"三会一课"制度、民主生活会、组织生活

---

① 《习近平在中共中央政治局第六次集体学习时强调：把党的政治建设作为党的根本性建设》，搜狐网，https://www.sohu.com/a/239238514_100013281.

会、谈心谈话、民主评议党员等的实行提供了可靠的依据与规定。在此基础上，民主生活会、组织生活会等形式有利于增强党的意识，提高党员的忠诚度，同时也有利于推进落实全面从严治党，规范党内政治、组织生活，从而保持党的先进性与活力。

（二）思想建设成效突出

党的十九大报告提出"思想建设是党的基础性建设"，思想建设是党保持旺盛生命力的基础保障，对于把党建设得更好、更强具有基础性意义。党的十九大将习近平新时代中国特色社会主义思想写入党章，这一新的指导思想为中国特色社会主义实践提供了理论基础，符合党和人民群众的意志，是党和国家在新时代根据国情做出的正确决策。因此，学习、宣传、贯彻习近平新时代中国特色社会主义思想和十九大精神就成为 2018 年党的思想建设的重心。全国党员干部带领群众开展了多样的学习与宣传活动，深刻理解习近平新时代中国特色社会主义思想的内涵与时代意义、实践意义，用新思想、新理念武装头脑，从而更好地将其作为发展中国特色社会主义、实现"两个一百年"奋斗目标的有力的理论武器和行动指南，发挥思想建设的号召力，推动党的伟大事业的发展。

为推动十九大精神进入企业、校园、机关、网络等，各地采取了包括高校课题项目、机关研讨班、党员干部学习会等在内的多种形式。基层政府也与时俱进，探索宣传的新形式，例如，泗县泗城镇党委成立了新时代传习中心，运用"顺口溜""打油诗"等接地气的形式，宣传十九大精神和习近平新时代中国特色社会主义思想，宣传理论、政策、法律、文化，从而提高党员干部群众的政治意识与综合素质。同时，2018 年继续致力于"两学一做"学习教育，推动"两学一做"的常态化制度化，提高党员干部的思想意识与自觉。2017 年的"两学一做"工作取得了显著成就，但仍需全面普及、发展与跟进。在党中央的领导和号召下，"陕西省渭南市华州区始终将'两学一做'学习教育常态化制度化作为思想建设、组织建设与制度建设紧密结合的有效途径和有力抓手，念好'浓、活、全、紧、严'五字诀，推动'两学一做'向纵深发展"①。

这一年，党的思想建设继续向各个领域深化。一方面，针对网络意识形态斗争日益复杂的局面，2018 年成立了中央网络安全和信息化委员会，颁布实施了《微博信息服务管理规定》，有效地制止了不良舆论信息在网络自媒体上的传播，引导主流舆论，为思想建设提供了助力。同时，倡议世界各国构建网络命运共同体，为做好网络意识形态工作营造良好的国内国外舆论环境。另一方面，做好思想宣传工作。习近平总书记在 8 月举行的全国宣传思想工作会议上强调，在实践中我们要不断深化对宣传思想工作的规律性认识，提出了"九个坚持"，高度总结了党的十八大以来思想宣传工作的成就与经验，强调它是中国特色社会主义思想的重要组成部分，为开创宣传思想工作新局面提供了基本原则、指明了实践路径，力图实现理论创新和实践创新的良性互动，不断以思想认识的新飞跃打开工作新局面。

（三）作风建设效果显著

党的作风是一个政党内部精神、素质、纪律的综合体现，也是人民群众判断政党是否优良的标准。党的十八大以来，以习近平同志为核心的党中央将改进党的作风作为全面从严治党的着力点，颁布"八项规定"、开展党的群众路线教育实践活动、践行"三严三实"专题教育等措施均体现了中国共产党对作风建设的重视。习近平总书记在十九届中央纪委二次全会上强调要深化标本兼治，夺取反腐败斗争压倒性胜利，进一步表明了推进制度建设的决心。这一年，在党中央的领导下，党的作风建设取得了重要进展。

党的作风建设需要制度的保障。这一年，在坚定落实《中国共产党章程》《中国共产党党内监督条例》等已有法律法规的基础上，党中央新修订了《中国共产党纪律处分条例》，发布了《关于贯彻落实习近平总书记重要指示精神集中整治形式主义、官僚主义的工作意

---

① 《陕西华州：念好"五字诀""两学一做"抓实见效》，中国共产党新闻网，ht-tp://dangjian. people. com. cn/n1/2018/0412/c117092 - 29922698. html.

见》，增加对形式主义、官僚主义问题的处分规定，为营造良好的党内政治生态、推动作风建设提供了制度保障。在地方上，深圳根据党内法规试点安排，出台了《关于建立健全纠正"四风"长效机制的规定》，把八项规定精神落在实处，规范特区干部作风，推动地方作风建设。同时，继续加强巡视工作安排。党中央制定了《中央巡视工作规划（2018—2022 年）》，确定了十九届中央巡视工作的路线与方向。同时，为了掌握全国落实中央八项规定精神的情况，中央纪委建立了落实中央八项规定精神情况月报制度，由此更为精确地掌握党的作风建设的相关信息。

这一年，中国共产党还继续深化反腐工作，取得了突出的成果。一方面，开辟扶贫攻坚、环境污染治理、扫黑除恶三大反腐败领域，不定期通报典型案例，强化压力传导，促进责任落实，持续发挥示范引导和警示震慑作用。"截至 2018 年 11 月底，全国共查处扶贫领域腐败和作风问题 13.31 万个、处理 18.01 万人。"[①] 这体现了党纪法规的效力，体现了中国共产党反对腐败，取得争取反腐工作压倒性胜利的坚定决心。另一方面，反腐败工作进一步法治化规范化。统计显示，2018 年，中央纪委、国家监委参与制定和修改监察法、刑事诉讼法等八部国家法律，参与制定和修改党纪处分条例、监督执纪工作规则等两部中央党内法规和三部党中央发布的党内规范性文件，发布中央纪委文件 28 部、国家监委文件五部。[②] 这有力地说明了依法反腐工作得到巩固落实，健全完善法律法规制度体系的力度日益增大。另外，"2018 年 1—9 月，处分省部级及以上干部 39 人，厅局级干部2500 余人，县处级干部 1.7 万人，乡科级干部 6.1 万人，一般干部7.5 万人，农村、企业等其他人员 25.1 万人。各项数据均比 2017 年同期有较大增长幅度，充分印证了全面从严治党越往后越严的趋势"。"截至 2018 年 11 月 30 日，我国先后从 120 多个国家和地区追回外逃人员 4997 人，其中党员和国家工作人员 1015 人，追回赃款 105.14

---

① 《全面从严治党启新局——写在十九届中央纪委三次全会召开之际》，新华网，http：//www. xinhuanet. com/politics/2019 – 01/10/c_ 1123974078. htm.

② 《解读 2018 反腐败"成绩单"》，法制网，http：//epaper. legaldaily. com. cn/fzrb/content/20190104/Articel04001GN. htm.

亿元人民币，'百名红通人员'迄今追回56人。"① 这一成果显示出全面从严治党的力度，有利于严肃党内作风，保持反腐败压倒性态势。

（四）组织建设不断深入

2018年，习近平在全国组织工作会议上首次提出新时代党的组织路线，全面贯彻新时代中国特色社会主义思想，以组织体系建设为重点，加大力度培养高素质干部与优秀人才，为坚持和加强党的全面领导、发展中国特色社会主义提供了坚强的组织保证。这一路线贯穿于全面从严治党的实践中，意义十分重大。党的组织建设在党的建设中占据着重要地位，党的全面领导、党的一切工作都需要依赖完整的组织体系，因此每个党员、干部都需要建立坚定的组织观念，能够自觉地认同组织、依靠组织、服从组织、信赖组织。

首先，干部工作取得重大进展。干部工作是组织工作的重要组成部分，做好干部工作对组建高素质的专业化人才队伍，践行新时代党的组织路线，推动党的组织建设具有重要意义。10月，中共中央印发《2018—2022年全国干部教育培训规划》，各地各部门迅速掀起贯彻落实该规划的热潮。11月，中共中央办公厅印发了《干部人事档案工作条例》，严格落实选人用人的相关规定。黑龙江海林市、云南龙陵县等地建立了多部门联合"政治体检"制度，根据多样标准公正评价、考核干部的政治表现。此外，中共中央办公厅印发了《关于进一步激励广大干部新时代新担当新作为的意见》与《关于适应新时代要求大力发现培养选拔优秀年轻干部的意见》，用习近平新时代中国特色社会主义思想武装头脑，激发干部的担当与责任意识，培养干部的专业能力与工作精神。2018年底通过了《中华人民共和国公务员法（修订草案）》，这是三年来公务员法的首次修订，标志着我国公务员管理的法治化、规范化、科学化，有利于建设思想坚定、为民服务、勇于担当、清正廉洁的高素质专业化公务员队伍，也有利于

---

① 姜洁：《持续保持惩治腐败高压态势——党的十九大以来全面从严治党成果巡礼之一》，《人民日报》2019年1月7日第4版。

践行新时代党的组织路线。

其次，2018 年继续推进基层党建工作。这一年，全国各地将基层党建述职评议考核作为提高基层组织力的方式，树立问题意识，处理从严，推动基层党建工作顺利开展。在基层党组织中，基层党支部是党的生命力和战斗力的基础。中共中央印发了《中国共产党支部工作条例（试行）》，为各地基层党支部建设提供了依据，有助于基层党组织全面落实从严治党要求，提高党支部的组织力与号召力。各地加强支部自身建设的做法有：海南印发支部规范化建设指导意见；山东青岛市制定组织生活 32 条硬性规定；河北高邑县针对"三会一课"制度落实不严格等问题，实行清单式管理；上海长宁区突出"党味"，创新主题党日形式。① 继 2017 年召开全国城市基层党建工作经验交流座谈会以来，各地在健全基层组织工作上积极配合，逐渐构建起统筹、条块协同、上下联动、共建共享的城市基层党建新格局。还印发了《中共中央国务院关于实施乡村振兴战略的意见》，促进了党组织领导基层建设与治理工作，动员团结群众，以组织建设带动乡村振兴建设，为乡村振兴提供坚强的支持力量。

再次，基层组织建设走向深入。这一年，相继印发了《高校党建工作重点任务》《关于加强公立医院党的建设工作的意见》等重要文件，对于稳步推进各领域领导干部、党组织和党员队伍的建设发挥了重要作用。同时，加强网络组织建设也是这一年的工作亮点。2018年 9 月召开了全国互联网党建工作座谈会。在会议精神的指引下，各地加强工作力度，努力为建设良好干净的网络生态提供组织保障。此外，2018 年的基层组织建设还与脱贫攻坚紧密结合起来，抓党建促脱贫攻坚工作在各地的努力下取得有效进展。如宁夏出台《扶贫开发驻村工作队及农村基层党组织第一书记管理暂行办法》，将脱贫攻坚工作所取得的成效、村党组织建设情况以及帮助群众解决生产生活困难的内容作为考核干部的重要标准，由此有效地提高了基层组织工作的质量。

---

① 张玉洁、付瑜：《2018 年组织工作盘点·基层党建 强化政治功能切实提升组织力》，《中国组织人事报》2019 年 1 月 14 日第 6 版。

（五）制度建设取得新突破

制度建设是党的建设中更具有全局性、长期性的任务，是党的建设必不可少的组成部分，是全面从严治党的根本保障。党的制度建设对于提高党的长期执政能力、规范执政行为、保持党的纯洁性和先进性具有重大的现实意义，关系到国家和社会的长治久安。2018 年，中国共产党不断完善各方面制度规范，推动制度建设走上新台阶。

2018 年，制度建设全面推进，在党内法规、组织法规、巡视工作等方面取得重要进展，展现出许多亮点。首先，在党内法规方面，出台了《中央党内法规制定工作第二个五年规划（2018—2022 年）》，提出 2018 年党内法规制定工作规划，坚持以习近平新时代中国特色社会主义思想指导党内法规的制定工作，为党内法规体系的完善提供了依据。同时也体现了党内法规制度建设始终以政治建设为统领，坚持党的领导。这一年还出台了《中国共产党纪律处分条例》《中国共产党政法工作条例》，对于规范党员政治行为，提高政治思想觉悟，明确政法工作标准，完善法规体系建设具有重要意义。其次，在组织法规方面，制度建设坚持和践行新时代党的组织路线，完善党的组织法律制度。《关于党的基层组织任期的意见》《中国共产党支部工作条例（试行）》《干部人事档案工作条例》《党组讨论和决定党员处分事项工作程序规定（试行）》等法律法规为建设健全、完善的组织体系提供了制度保障，为规范党员干部行为、严格选人用人、推进全面从严治党提供了制度支持。最后，巡视工作方面取得新进展。2018 年在巩固落实中央八项规定成果的基础上，加强了对巡察巡视工作的关注力度。党中央制定了《中央巡视工作规划（2018—2022 年）》，明确这一阶段的目标与规划，进一步彰显中国特色社会主义政治制度优势，为统筹推进"五位一体"总体布局，协调推进"四个全面"战略布局提供了有力支撑。加快健全和完善巡视与巡察工作相结合的制度也是反腐败斗争制度建设的重要举措之一。此外，监察体制改革出现新动向。2018 年出台了《中华人民共和国监察法》，十三届全国人大一次会议通过的宪法修正案确立了监察委员会的宪法地位，对监督制度做出了最顶层的设计，这相较于 2017 年的监察委员会试点工作更加深化了监察体制改革。监察委员会是与"一府两院"相平行的国家机构，独立行使监察权，由人民代表大会产生，受人大监督。监察法的出台和国家监察委员会的正式设立，有利于深入开展反腐败工作，推进全面依法治国，实现国家监察全面覆盖，从而构建和完善中国特色的国家监察制度体系。

二 坚持发展中国特色社会主义政治制度

（一）人大工作与制度建设取得重要进展

人民代表大会制度是中国的根本政治制度，是人民当家作主的制度保证。党的十九大指出，人民代表大会制度是坚持党的领导、人民当家作主、依法治国有机统一的根本政治制度安排，这一论述肯定了人民代表大会制度的政治地位与重要性。中国特色社会主义进入新时代，对人民代表大会也提出了新的任务和要求。做好新时代人大工作，必须树立"四个意识"，必须紧扣党中央重大决策，必须紧扣人民群众利益。2018 年是全面贯彻落实党的十九大精神的开局之年，也是十三届全国人大及其常委会依法履职的第一年。[①] 这一年，人大工作取得了重要进展。

首先，十三届全国人大一次会议选举产生了新一届国家领导人。会议表决通过了十三届全国人大一次会议选举和决定任命的办法，选举过程严格按照程序规定，严明纪律规范，保证选举顺利开展。根据《第十三届全国人民代表大会第一次会议主席团关于宪法宣誓的组织办法》，在所有议程结束后举行了宪法宣誓仪式。

其次，人大充分行使立法权。据统计，目前我国现行有效的法律有 269 部，行政法规有 750 多部，地方性法规有 12000 多部，国家和社会生活各方面已经实现了有法可依。[②] 这一年，人大制定和通过了多部法律。一是通过了《中华人民共和国宪法修正案》，为新时代坚

---

① 《人大全体会议表决通过宪法修正案》，新华网，http://www.xinhuanet.com/mrdx/2018－03/12/c_ 137032641. htm.

② 《长期坚持、不断完善人民代表大会制度》，中国共产党新闻网，http://theory.people.com.cn/n1/2018/1116/c40531－30404569. html.

持和发展中国特色社会主义提供了有力的宪法保障；二是制定了《中华人民共和国监察法》，明确作为监察机关的监察委员会的职责与权限，严格规范监察程序，对于构建中国特色国家监察体制、保障反腐败工作在法治轨道上行稳致远具有实践意义；三是制定了《英雄烈士保护法》《电子商务法》《土壤污染防治法》等，立足于实际，为建立健全中国特色法律体系做出了不懈的努力；四是全国人大常委会审议民法典各分编草案，向着"中国民法典"的目标迈出了关键的一步。

再次，人民代表大会在制度建设层面不断完善。在选举与用人上，秉持公平、公正原则，贯彻《中华人民共和国选举法》，严明选举纪律，规范选举行为，进一步完善干部交流制与考核制度，选拔优秀专业人才，落实党的十九大提出的"优化人大常委会和专门委员会组成人员结构"的重大部署。在工作体制上，党全面健全领导人大工作的机制，党中央定期听取全国人大常委会党组的工作汇报，批准全国人大常委会党组在各专门委员会设立分党组，从而确保党的领导贯彻和落实在人大工作的方方面面。同时，制度建设的另一亮点在于建立委员长与列席常委会会议的全国人大代表座谈机制和巩固创新常委会委员联系代表制度，促进代表履职能力和水平的提高。

最后，人民代表大会及其常委会积极加强自身建设。一是坚持党的领导。人民代表大会制度作为中国特色社会主义政治制度的重要组成部分，离不开党的领导。这一年，各级人大始终旗帜鲜明地讲政治，坚决维护习近平总书记的核心地位，坚决维护党中央权威和集中统一领导，坚决贯彻落实党的路线方针政策和党中央重大决策部署。二是更好地发挥人大代表的作用。以江西省人大常委会为例。江西省人大常委会拓展了代表履职渠道，组织"脱贫攻坚人大代表在行动"活动，引导全省10万名各级人大代表，通过各种形式进行指导、帮扶，参与脱贫攻坚，为老百姓过上幸福生活而努力。同时，人大代表履行联系群众、为群众服务的职责，在监督、建议、宣传等工作上创新形式，不断取得工作成果。各级人大及其常委会开展学习习近平新时代中国特色社会主义思想和十九大精神的活动，坚持"四个意识"，做到"四个自信"，发挥人大代表的作用，推动人民代表大会制度适应新时代的要求，与时俱进，促使新时代人大工作不断开创新局面。

（二）充分发挥协商民主的作用

在中国政治的发展进程中，"人民通过选举、投票行使权利和人民内部各方面在重大决策之前进行充分协商，尽可能就共同性问题取得一致意见，是中国社会主义民主的两种重要形式"①。选举民主和协商民主相互补充、相得益彰，协商民主是人民在日常政治生活中获得持续参与权利的重要形式，它拓展了人民代表大会制度完善与发展的空间，也是人民当家作主的保障。党的十九大报告强调"要推动协商民主广泛、多层、制度化发展"，这也是新时代社会主义协商民主建设的战略任务和基本路径。2018 年，中国积极探索和倡导社会主义协商民主，努力发挥协商民主的作用，促进其向广泛、多层的制度化发展。

首先，积极探索协商民主的有效形式。中共中央办公厅印发《关于加强社会主义协商民主建设的意见》《关于加强人民政协协商民主建设的实施意见》，完善了我国社会主义协商民主的制度体系，促进、规范和保障了协商民主的有效落实。在这一年中，各地方积极贯彻落实中央精神与文件，创新协商民主实践。浙江省长兴县雉城街道采取民主议事会的形式，通过采纳群众的意见，用民主协商解决问题，实现党群互通、上下沟通、部门联通，逐步形成以街道、社区党组织为主导的基层协商民主议事制度。例如，"民主议事厅"成功地解决了各类小区纠纷矛盾 1000 余件，在解决基层矛盾、化解纠纷等方面彰显了"民主议事厅"在社会治理方面的优势，实现了"大事化小，小事化了"的目标。② 温岭市政协开启"请你来协商"直播平台，首次将民主恳谈会融入政协协商中。安徽省亳州市政协通过组建专家智库、打造"微协商"微信平台、委员接待日等形式创新了履职平台，为政协委员提供了更多参与协商的机会。

---

① 金建明：《新时代协商民主的新发展与新要求》，《江苏省社会主义学院学报》2018年第 3 期。

② 《浙江省长兴县雉城街道："一张智慧网三大驱动"助力城市党建》，中国共产党新闻网，http://dangjian.people.com.cn/n1/2018/1029/c420318 - 30369061. html.

其次，重视人民政协在协商民主中的作用。人民政协是具有中国特色的制度设置与机构，是实现社会主义协商民主的重要渠道。十九大报告明确提出对人民政协的工作要求，即发挥好政治协商、民主监督、参政议政的作用，围绕民主和团结的主体，完成好党和国家的中心任务。这一年，人民政协不断完善其自身，力求更好地发挥在协商民主中的作用。一是认真落实关于中共中央政治协商民主建设重大举措，进一步以全体会议为指导，继续开展专题议政性常委会议、专题协商会、双周协商座谈会、对口协商会、提案办理协商会，稳定推进协商议政格局。二是紧扣党和国家中心工作履职尽责，谏真言、谋良策、出实招。将协商民主贯穿于政治协商、民主监督、参政议政全过程，坚持实事求是、敢于直言，加强和改进政协民主监督工作，加强委员队伍建设，引导政协委员勇于担当责任，不断提高自身的能力素质，遵守宪法法律和政协章程，自觉践行社会主义核心价值观，发挥好代表的作用。上海市黄浦区政协在 2018 年研究出台了《委员履职工作规则》和《委员履职综合评价办法》，将履职情况进一步量化，营造政协旗帜鲜明讲政治，履职为民讲责任，改进作风讲实效，遵纪守规讲廉洁的氛围。人民政协不断丰富自身、完善制度，从而为协商民主的有效落实拓展了渠道，提供了保障。

（三）继续坚持民族区域自治制度

2018 年是广西壮族自治区、宁夏回族自治区成立 60 周年。几十年来，我国民族区域自治制度坚持了正确的方向，取得很大的成功。作为中国特色社会主义制度的重要组成部分，民族区域自治制度为保障少数民族人民当家作主，巩固和发展平等、团结、互助、和谐的民族关系，促进各民族共同繁荣进步提供了制度保证。在吸取长期以来民族区域自治经验的基础上，2018 年继往开来，继续坚持民族区域自治制度。

首先，把坚持民族区域自治制度同推动民族地方发展结合起来。鉴于历史、地理等原因，少数民族地区的经济社会发展较为落后，由此影响了少数民族政治参与的能力和水平。对此，2018 年，国家大力支持民族地方经济社会发展，从而为民族区域自治制度的运行创造了良好的经济环境。一方面，实行优惠的财政政策与财政转移支付制度，加大对民族地区的支持力度。另一方面，打好攻坚战，推动经济与社会发展。2018 年是国家脱贫攻坚的关键之年，党的十八大以来，我们把打赢脱贫攻坚战作为最大的政治责任和第一民生工程，坚持精准扶贫、精准脱贫的基本方略，全面打响"攻坚五年、圆梦小康"脱贫攻坚战，扎实推进"八个一批""十大行动"，脱贫攻坚成效显著。① 广西集"老、少、边、山、库"于一身，是我国脱贫攻坚的主战场之一。通过实行脱贫攻坚，减少贫困村、贫困县，提高少数民族地区人民的物质生活水平，进而促进政治参与意识的提高和人民真正当家作主。另外，在文化事业上，加强民族文化强区建设。广西鼓励以人民为中心的创作导向，创作优秀作品，实施文化精品创作工程，组织文艺家深入生活、扎根人民，推动文化产品创作生产环境不断净化、优化，为创造弘扬社会主义核心价值观的精品力作提供条件，大力推动文化事业和文化产业的发展，培育新型文化产业形态，有利于促进民族地方经济增长与发展，进而推进民族区域自治制度的贯彻落实。

其次，以坚持民族区域自治制度维护民族团结和国家统一。一方面，民族区域自治制度是适合国情的一项基本政治制度，维护民族团结是民族区域自治制度遵循的基本原则，应予以坚定的支持，习近平总书记提出"民族团结就是各族人民的生命线"。长期以来，党和国家带领各族干部群众，严厉打击一切反对民族团结、主张国家分裂的言行，把依法治国基本方略贯穿到民族工作各领域、各环节中，用法律来保障民族团结以及各民族工作的顺利展开。同时，国家重视民族团结教育工作，全面贯彻党的民族政策。2018 年，各地方民族工作相关部门全面、深入、持久开展民族团结进步创建工作。如北京市制定《北京市民族团结进步创建三年行动计划（2018—2020 年）》，这是第一个全国省级层面关于民族团结进步创建的专项行动计划，推动

---

① 《高举伟大旗帜 共圆伟大梦想 奋力谱写新时代富民兴桂的壮美华章——庆祝广西壮族自治区成立 60 周年》，中国共产党新闻网，http://dangjian.people.com.cn/n1/2018/1206/c117092 - 30446703.html.

该创建工作进机关、企业、街道社区、乡村、学校等，力争到2020年建设全国民族团结进步首善之区取得明显进展。[①] 北京市还开展民族团结进步创建主题展，运用生动的图文形式来宣传党的民族政策和北京市民族工作新成效，从而进一步推动民族团结进步创建工作的创新发展。另一方面，民族区域自治制度自觉坚持统一与自治的有机结合，坚持民族因素与区域因素相结合，从而能够处理好中央与地方、民族与民族之间的关系，不断发挥民族区域自治制度的优势。各自治民族地方通过这一制度，能够处理好本地区与本民族的事务，依法保障各民族平等当家作主的地位，凝聚民族力量，促进各民族共同繁荣发展，维护民族团结和国家统一，促生了民族区域自治制度的中国特色，为世界其他国家解决民族问题提供了典范。

（四）基层民主建设特色显著

坚持和完善基层群众自治制度，发展基层民主，是发展社会主义民主政治，保障人民群众直接参与管理国家和社会事务，直接行使民主权利的重要制度保证。一直以来，各地不断丰富、创新基层民主形式，健全和完善选举、监督体制机制。在此基础上，2018年中国继续推进基层民主建设，完善基层群众自治制度。

首先，坚决贯彻党的领导。基层民主建设是社会主义民主政治建设的重要组成部分，必须坚持党的领导，走中国特色社会主义政治发展道路。这一年，地方紧跟中央的脚步，落实各项制度法规与重大决策。如各地积极落实新颁布的村民委员会组织法、城市居民组织法等，将党的领导贯彻在基层民主建设之中；一些地方积极将乡村振兴战略与基层民主建设结合起来，发挥群众的主体作用，促进脱贫攻坚、共同富裕目标的实现。同时，在全面从严治党向基层党组织深入的背景下，通过执政党自身治理带动、引领基层民主成为基层民主建设的重要方面。这一年，各地在贯彻习近平新时代中国特色社会主义思想的基础上，深入推进"两学一做"，开展"不忘初心、牢记使

---

① 《北京市部署民族团结进步创建三年行动》，中国民族宗教网，http：//www. mzb. com. cn/html/report/180831456 - 1. htm.

命"主题教育,强化"四个意识",增强"四个自信",坚定政治方向,提高政治觉悟,严守政治纪律,坚决维护党中央权威,进行党性锻炼,不断净化党内政治生态,从而为基层民主的发展提供优良的环境。

其次,加强基层民主制度化、法治化。这一年,先后修改、颁布了《中华人民共和国村民委员会组织法》《中华人民共和国城市居民委员会组织法》《关于党的基层组织任期的意见》等重要的法律法规。这些法律法规为基层民主工作的有序开展提供了制度依据,有利于健全基层选举、议事、公开、述职以及问责等机制,构建合理有效的制度体系,明确基层政府和基层群众性自治组织的权责界限,加强基层群众性自治组织规范建设,强化权力制约和监督,促进各地基层的实践日益走向法治化。同时,各地也依据本地实际情况积极探索基层民主的法治化形式,如浙江省民主法治村设立公共法律服务点、村(社区)法律顾问制度,为基层群众提供优质的法律服务。同时,一些地方还组织法治宣传队和社区志愿者队伍,深入居民群众中普法,切实推行村规民约、村务公开,并利用互联网平台等方式拓宽民主参与渠道,构建完善村务监督流程,切实推进基层民主和干部群众的廉政建设。

最后,创新城乡社区协商。根据《关于加强城乡社区协商的意见》《关于加强和完善城乡社区治理的意见》,提高社区居民议事协商能力,增强居民群众协商意识,推动形成既有民主又有集中,既尊重多数人意愿又保护少数人合法权益的城乡社区协商机制。在实践中制定协商议事规则,开展城乡居民能力提升培训,促进多方主体参与,完善城乡社区协商议事制度,为发扬基层民主搭建平台,有利于打造共建共治共享的社会治理格局。

三 深化行政体制改革,完善政府治理体系

党的十九届三中全会第一次把建设"职责明确、依法行政的政府治理体系"作为深化党和国家机构改革的目标。在这一目标的指引下,2018年继续着力于转变政府职能,正确处理好政府与市场的关

系，建设人民满意的服务型政府，完善依法行政的政府治理体系。

（一）转变政府职能，建设服务型政府

首先，深入推进行政体制改革。在 2018 年全国两会中国务院机构改革取得成效，国务院正部级机构减少 8 个，副部级机构减少 7 个，除国务院办公厅外，国务院部门被调整为 26 个。国务院机构改革不仅是行政体制的改革，也是推动国家治理体系和治理能力现代化的重要变革。一是国家机构改革进一步强化了党的领导。比如，将民委、宗教事务等归为中央统战部，从而减少管理的层级，有利于在国家机构发挥管理职能的过程中充分贯彻党的领导。与此同时，正式设立国家监察委员会也体现了党对监察工作与体制领导的强化，促进了党的领导力与引领力的提升。二是更好地适应了经济社会发展的需要。国家市场监督管理总局的设立就是应对市场变化的措施，实行统一的市场监管，从而打破传统的分行业管理模式，加强政府经济调节、市场监管、公共服务等职能，有利于建立统一开放、竞争有序的现代市场经济体系，推动经济社会的健康发展。三是紧扣人民所需，以人民为中心，推进国家治理体系与国家治理能力现代化。如组建国家卫生健康委员会与国家医疗保障局，体现了对人民医疗保障、健康意识的重视，有利于更好地满足和保障人民看病治病的需求；组建退役军人事务部，有利于保障军人的合法权益，为解决其退役就业等问题提供服务；组建应急管理部，既推动国家应急体系的建立与完善，同时也保障了人民的生命财产安全；组建农业农村部，积极实施"三农"政策，贯彻乡村振兴战略，提高乡村的物质生活水平。

其次，合理优化政府职能。这一年，一方面，各级政府下放更多的行政审批权，推进资源的合理配置，促进社会各领域更好的发展。国务院办公厅印发《全国深化"放管服"改革 转变政府职能电视电话会议重点任务分工方案》，随着多省区市步入省级机构改革的全面实施阶段，各地都展开了一场效能革命。福建省的"放管服"改革实践通过建立"小联合国"，为审批事项开通绿色通道，具体分配和落实各部门任务；海南省基于省域"多规合一"改革，自 2015 年起在三个地区推行"极简审批"试点，简化行政审批事项与程序，提高服务效率与服务水平，有效地制约了审批办事部门"规划打架、部门扯皮"现象的发生。另一方面，在"放"的同时加强监管，创新监管方式。如内蒙古通过建立经营异常名录制度和严重违法企业名单制度，初步形成以信息公示为基础、信用监管为核心的新型市场监管机制；银川市搭建审批监管信息互动平台，利用大数据挖掘、分析、预估研判潜在风险，为监管部门精准监管提供决策依据。①

最后，优化政务服务水平。优化政务服务水平对深化行政体制改革，提高服务质量，建设服务型政府具有重要意义。2018年，一方面，国务院办公厅印发了《进一步深化"互联网＋政务服务"推进政务服务"一网、一门、一次"改革实施方案》，加快电子政务的发展，构建快速、高效的在线服务平台，增强人民对政府的满意度与信任度。第42次《中国互联网络发展状况统计报告》显示，截至2018年6月，我国在线政务服务用户规模达到4.70亿，占总体网民的58.6%。"掌上政务"的不断发展使得公共服务的实效性得到保障，群众获取信息、办理业务更加方便快捷。② 另一方面，国务院办公厅印发了《2018年政务公开工作要点》，提出了提高服务工作实效、推进政务公开平台建设等任务，并做出相关具体要求。此外，还修订了《中华人民共和国政府信息公开条例》。各地政府根据自身情况强化重点领域信息公开，在健全制度、拓宽渠道、加强监察等方面采取更加具体的措施，并搭乘新媒体、互联网快车来推进政务公开。四川省西昌市针对少数民族群众关心、关切的重点领域，全力搭建双语政务公开工作机制，规范双语公开要求、双语公开方式、双语公开渠道等内容，提升少数民族群众政务公开参与度，为政务公开开拓了新途径和新渠道。广州市海珠区试点开发政务公开"e导通"系统，依靠云计算、大数据分析群众办事高频事项，形成事项办理热力图，主动推

---

① 《力推简政放权 激发市场活力——我国五年简政放权进展巡礼》，新华网，http：//www.xinhuanet.com/politics/2018－03/04/c_1122485145.htm.

② 《互联网＋政务服务：掌上政务，让群众办事更便捷》，中国政府网，http：//www.gov.cn/xinwen/2019－02/18/content_5366834.htm.

送办事指南、事项咨询、预约服务、办理流程等信息。① 政务公开紧
跟时代的发展，发挥大数据、新媒体等的作用，满足社会公众对政府
信息的切身需求，加强政务信息共享，加快服务型政府建设，推动政
务公开更加透明。

（二）正确处理政府与市场的关系

明确市场在资源配置中的决定性作用，处理好政府与市场的关系
既是行政体制改革的重要内容，同样也属于经济体制改革的范畴。党
的十八大以来，深入推进政府职能转变，有效激发了企业和市场的活
力。2018 年在建设现代化经济体系的背景下，政府继续强化宏观调
控职能，规范市场行为和秩序，保持经济平稳运行，推动经济高质量
发展，不断优化与市场的关系。

2018 年，我国仍然牢牢把握经济转向高质量发展阶段这一基本
特征，创新和完善宏观调控，推动质量变革、效率变革、动力变革，
使我国经济的新旧动能持续转换，努力实现更高层次的供需动态平衡
与高质量发展。第一，继续坚持深化供给侧结构性改革，国家发展改
革委等六部门联合印发《关于做好 2018 年重点领域化解过剩产能工
作的通知》。随着供给侧结构性改革的深入推进，我国"三去一降一
补"成效显著。一方面，截至 2018 年底，已提前完成"十三五"确
定的钢铁去产能 1.4 亿吨至 1.5 亿吨上限指标。另一方面，工业结构
持续优化，新动能产业发展壮大。2018 年，高技术制造业增加值增
长 11.7%，明显高于 6.2% 的整体工业增速。② 同时创新创业，加快
发展新动能。在科技发展方面，"嫦娥四号"等重大科技创新取得成
功。在创业方面，根据《2018 中国双创白皮书》的统计，2018 年，
我国市场主体总量首次超过 1 亿家；120 家国家"双创"示范基地、
5500 多家众创空间、4000 多家科技企业孵化器、3500 多家创业投资
机构蓬勃发展，助力中国成为世界上第二大创业市场。河南作为创业

---

① 《大数据下政务公开模式新探索——记广州市海珠区基层政务公开标准化规范化试
点》，中国政府网，http://www.gov.cn/zhengce/2018－08/31/content_5318062.htm.

② 《多领域推进供给侧结构性改革》，《金融时报》，http://epaper.financialnews.com.
cn/jrsb/html/2019－02/20/content_278142.htm? div＝－1.

大省，表现依然亮眼，全省实有市场主体 530.6 万家，稳居中部地区第一位。①

第二，加强政策的协调与配合，为经济发展营造良好的市场环境。财政政策、货币政策作为宏观调控的重要手段，更应聚焦于推动经济高质量发展。除实施积极的财政政策和稳健的货币政策之外，2018 年《政府工作报告》指出，要深化增值税改革，适当降低税率水平；统一增值税小规模纳税人标准，让更多企业享受优惠；退还部分企业的留抵税额。深化增值税措施有利于进一步降低制造业的税负，有效改善市场预期，从而激发企业加大投资力度、加快升级改造的积极性，同时也能够增强企业的盈利水平和发展后劲。2019 年《政府工作报告》指出，全年为企业和个人减税降费约 1.3 万亿元②，这有利于调动企业与个人的积极性，为形成健康的市场秩序与环境提供了动力。在政府与市场关系协调方面，各级政府尊重市场规律，弥补市场缺陷，深入开展行政执法体制改革，加强监督管理，促进资源合理配置，从而激发市场活力，促进现代经济体系的建立。

（三）推进依法行政，建设法治政府

依法行政是全面推进依法治国的重要组成部分，是法治国家、法治政府和法治社会一体建设的重要内容。③ 政府将依法行政、建设法治政府作为奋斗的目标，有利于解决工作上的难题，提高政府的权威和公信力，提高人民的满意度。

首先，完善依法行政制度体系。完善依法行政制度体系是我国法治政府建设的重要内容，《法治政府建设实施纲要（2015—2020 年）》明确提出了这一要求，并提出了建设法治政府的总体目标。2018 年是五年规划中的关键节点，这一年，全国各地全面构建依法行政制度

---

① 《您有一份〈2018 双创白皮书〉，请查收!》，搜狐网，http://www.sohu.com/a/281576296_367929.
② 《政府工作报告——2019 年 3 月 5 日在第十三届全国人民代表大会第二次会议上》，新华网，http://www.xinhuanet.com/politics/2019-03/05/c_1124194454.htm.
③ 《提高领导干部依法行政能力》，中国共产党新闻网，http://dangjian.people.com.cn/n1/2018/1015/c117092-30341275.html.

体系，促进法治政府建设。一方面，严格规范性文件处理机制。国务院办公厅印发《关于全面推行行政规范性文件合法性审核机制的指导意见》。司法部副部长刘焆指出，全面推行行政规范性文件合法性审核的机制是推进依法行政、建设法治政府的必然要求，它有利于促进行政机关公正文明执法，有利于保障人民群众的合法权益。云南省曲靖市出台了《曲靖市乡村建设规划许可管理办法》《曲靖市人民政府关于中心城区禁止燃放烟花爆竹的通告》等五个规范性文件。市政府法制办审查了 140 余个各类文件的合法性①，严格制发程序，严格审核把关，提高规范性文件质量，维护政府公信力，完善依法行政制度体系。另一方面，健全依法行政决策机制。如山西省阳泉市财政局制定《阳泉市财政局健全重大行政决策机制实施办法》，坚持民主决策、依法决策、科学决策，进而促进财政管理服务工作的法治化，推动全面依法行政、依法理财工作的进程。② 与此同时，各地方完善立法工作机制，健全立法起草、论证、协调等程序，提高立法质量，增强政策立法的透明度与公开度，对于提高依法行政能力、完善依法行政制度体系具有重要意义。

其次，强化领导干部的带动引领作用。一方面，推进依法执政、建设法治政府离不开领导干部。领导干部法治素养和法治能力直接决定了依法治国、依法执政、依法行政的水平。因此，要加强法治宣传教育，开展领导干部教育培训，健全和完善工作机制，将依法行政纳入考核内容，从而提高领导干部依法行政能力，为建设法治政府提供专业法治人才。如玉屏侗族自治县召开依法行政专题培训会，旨在深入贯彻落实十九大和习近平总书记系列重要讲话精神，切实加强依法行政工作，提高领导干部的法治思维和依法办事能力，提升科学决策的水平，进一步助推法治政府建设进程。③ 另一方面，各级政府领导

---

① 《曲靖市人民政府 2018 年度法治政府建设情况报告》，曲靖市人民政府，http：//www. qj. gov.cn/html/2019/fzb_ 0218/67295. html.

② 《阳泉市财政局健全重大行政决策机制 推动依法行政工作》，阳泉市财政局，http：//czj. yq. gov. cn/xwzx/yqczxx/201805/t20180510_ 700604. html.

③ 《强化领导干部学法用法 推进法治政府建设》，铜仁网，http：//www. tongren. gov. cn/2018/1110/168790. shtml.

干部积极配合，创建民主法治村，助力法治政府建设。领导干部筹谋策划，不断创新法治实践形式，将法治理念与村规民约、自治章程结合起来，并将法治落实到议事机制中，进一步丰富"四民主两公开"的内涵，有助于扎实推进农村民主选举、民主决策、民主管理、民主监督，做好村务公开、财务公开工作，使民主法治观念深入人心。

最后，发挥群众在依法行政中的重要作用。立法工作是政府依法行政的重要内容，公众参与政府立法是科学立法、民主立法、依法立法的必然要求，也是坚持走群众路线，把民意真正融入立法全过程的重要举措。江苏省连云港市出台了《连云港市公众参与政府立法办法》，体现了公众在政府立法各环节中参与的全覆盖，为公众参与政府立法工作提供了规范化、制度化的保障，提高了公民参与的积极性和主动性。民众参与政府立法，有利于加强人民与政府之间的沟通与联系，提高立法质量，增强决策的科学性和民主性，加强民主监督，从而推动政府依法行政，加快建立法治政府，构建完善的政府治理体系。

四　全面推进依法治国，建设社会主义法治国家

党的十八大以来，以习近平为核心的党中央将全面依法治国纳入"四个全面"战略布局，标志着法治中国建设新时代的开始。2018 年在坚持习近平新时代中国特色社会主义思想的领导下，贯彻"科学立法、严格执法、公正司法、全民守法"方针，不断取得组建中央全面依法治国委员会，出台《中华人民共和国监察法》等一系列新成就，从而深入推进全面依法治国，促进法治中国建设，建设社会主义法治国家。

（一）贯彻科学立法，提高立法质量与水平

按照 2018 年立法工作计划安排，这一年，全国人大及其常委会充分发挥立法的主导作用，立法成绩十分显著，为提高立法质量与水平，决胜全面建成小康社会提供了坚固的法治保障。为贯彻落实全面依法治国，《深化党和国家机构改革方案》提出了组建中央全面依法

治国委员会，统一协调全面依法治国工作，促进法治中国建设以及中国特色社会主义法治体系建设。

首先，在立法工作方面，通过了《中华人民共和国宪法修正案》，将党的十九大的新理论、新战略写入国家根本法，提出了"贯彻新发展理念"的要求，促进宪法不断完善、与时俱进；通过了《中华人民共和国监察法》，创新发展国家监察制度，深入贯彻党的政策部署，促进全面依法治国与全面从严治党的有机结合，推动反腐工作的顺利展开；通过了关于修改刑事诉讼法的决定，新增了缺席审判制度，确保对外逃贪官的法律制裁，有助于完善中国特色的刑事诉讼制度，推动国家治理体系和治理能力现代化。同时，2018 年又通过了《中华人民共和国英雄烈士保护法》，为保护英雄烈士提供了法律保障，有利于培育和践行社会主义核心价值观；通过了《中华人民共和国消防救援条例》，加强消防救援队伍的专业化与职业化，有效保护人民群众安全与保障国家长治久安；通过了《电子商务法》，加强了对消费者的保护力度，构建良好的市场氛围与秩序；修改了个人所得税法，提高了个税起征点，有利于优化税率结构，为人民群众获得改革红利提供了保障；修订了公务员法、公司法等，为人才队伍建设、经济建设等提供了制度保证。2018 年着重加强重点领域的立法建设，修订了农村土地承包法，实现农村土地所有权、承包权、经营权"三权分置"，以促进土地流转、顺应改革变迁的需要；① 通过了《全国人民代表大会常务委员会关于全面加强生态环境保护 依法推动打好污染防治攻坚战的决议》，及时修改和废止了不合时代精神的文件、规定等；通过了土壤污染防治法，这是我国第一部规范防治土壤污染的专门法律，有利于保障人民群众的健康与安全，也有助于加强生态环境保护，打好污染防治攻坚战。

其次，地方立法工作取得显著成果，具有地方特色。"截至 2018 年 3 月，已有 273 个设区的市经相应省、自治区确定开始行使地方立法权，其中 249 个已经制定完成自己的地方性法规，制定并经批准的

---

① 《盘点 2018 十大立法脉络，记录中国法治点滴进步》，搜狐网，http：//www. sohu. com/a/291308982_ 120034988.

地方性法规已达 621 件。"① 例如，江苏省人大常委会贯彻英雄烈士保护法的精神，审议通过了《南京市国家公祭保障条例》，为南京市国家公祭活动的举行提供了坚实的法治保障，对其他地方的立法工作起到了示范带头作用；为了改善营商环境，陕西省人大常委会出台了《陕西省优化营商环境条例》；云南省普洱市人大常委会制定《普洱市古茶树资源保护条例》，这一条例是普洱市行使地方立法权的开山之作。

此外，在科学立法工作取得成就的同时，立法机关仍然坚持党的领导，特别是党中央对立法工作的集中统一领导，发挥人民代表大会制度的优势，使得党中央重大决策部署在立法工作中得到落实。优化完善立法工作的程序，充分采纳各方面的建议与意见，为公众提供更广阔的政治参与平台，做到民主立法。落实《关于立法中涉及的重大利益调整论证咨询的工作规范》，健全立法机关与社会公众的沟通联系机制，充分发挥社会力量在立法工作中的积极作用，从而提高立法的科学性、民主性，为全面依法治国提供坚实的立法保障。

（二）坚持严格执法，促进执法规范化

严格执法是全面依法治国的重点，2018 年，各执法机关坚持严格执法，落实规范执法，从而最大限度地发挥法律的规范与约束作用，进而有利于全面依法治国的实现以及国家治理能力的提高。

首先，环境执法取得一系列成果。为了响应打好攻坚战、加大生态环境执法力度，2018 上半年，生态环境部发布了《关于开展 2018 年环境执法大练兵的通知》。各地方高度重视、积极配合，如成都市环境监察执法队伍凝心聚力、创新机制、科学执法、高效规范，共查处环境违法行为 2336 件，月均处罚案件达 195 件，环境行政处罚金额共 1.368 亿元；② 海南省则开展异地执法、联合交叉执法、冬春大气污染防治专项行动、整治自动监控设施专项行动、"双随机一公

---

① 毛雨：《设区的市地方立法工作分析与完善》，《中国法律评论》2018 年第 5 期。

② 《2019，成都环境监察执法工作怎么干？》，搜狐网，http：//www.sohu.com/a/288055069_355544.

开"专项行动等，立案 1172 件，罚款 1.84 亿元。① 山西省为加强生态环境执法力度，首次开通了省级 12369 环保举报投诉热线，拓展了人民群众环境信访举报的途径。

其次，公安执法有了新发展。为了保障民警依法履职、维护国家尊严，公安部出台了《公安机关维护民警执法权威工作规定》，有利于提升维护民警执法权威工作的法治化水平，鼓励公安队伍忠于职守，推动执法工作规范化。同时，云南省公安厅开发了"云南公安执法公开信息查询系统"。群众可以通过官网、手机微信客户端等渠道，查看所有向社会公开的执法信息，从而增强了执法的透明度，促进执法水平与质量的提高。

再次，文化执法力度加强。2018 年，全国文化市场综合执法机构累计出动执法人员 581 万人次，检查文化市场经营单位 204 万家次，责令整改 1.2 万家次，办结案件 4.1 万件，罚款 1.2 亿元。② 北京市为加大文化执法力度采取了多项措施，严厉打击利用互联网操纵、经营"黄赌毒"等违法犯罪活动，开展网络游戏、网络表演、网络文学等专项整治行动等，净化文化市场风气，深入贯彻全面依法治国方略。

最后，市场监管执法工作进一步完善。中国人民银行、证监会、发改委三部门联合发布了《关于进一步加强债券市场执法工作有关问题的意见》，旨在强化监管执法，加快债券市场执法机制的建立，推动我国债券市场平稳发展。浙江省研发了全国首个市场监管互联网执法办案平台，这是市场监管联合互联网大数据优势的巨大创新，有利于其更好地查处网络违法违规行为，提高工作成效。北京市也利用大数据的技术优势，建设了风险洞察平台，这一平台能够建立企业行为关系网络，准确把握市场情况，从而实现监管的精准化，为优化营商环境，保持良好市场秩序提供了保障。

---

① 《我省加大生态环境执法监管力度》，《海南日报》，http：//hnrb.hinews.cn/html/2019 - 02/01/content_ 3_ 5.htm.

② 《全国文化市场综合执法 今年办结案件 4.1 万件》，中国政府网，http：//www.gov.cn/xinwen/2018 - 12/04/content_ 5345526.htm.

（三）推进公正司法，深化司法体制改革

首先，深入推进司法行政体制改革。1月，司法部正式印发了《关于加快推进司法行政改革的意见》，对新时代司法行政改革做出了顶层设计和全面部署，为司法工作提供了目标和任务。紧接着，党的十九届三中全会通过了《深化党和国家机构改革方案》。国务院机构改革方案公布后，司法部进行重建，与国务院法制办公室进行职责整合，并将中央全面依法治国委员会办公室设在司法部。司法部重建对于解决职能交叉、合理配置资源、深化依法治国、提高国家治理能力等都具有重要的意义。

其次，完善司法法律体系建设。4月，十三届全国人大常委会表决通过了《中华人民共和国人民陪审员法》，人民陪审员制度是人民群众了解司法、参与并监督司法的重要形式，有利于促进司法公开、弘扬司法民主、增强司法的公信力。10月，通过了《中华人民共和国国际刑事司法协助法》。司法部国际合作局副局长张晓鸣在全国人大常委会办公厅新闻发布会上指出，此举是完善我国刑事法律体系的需要，是加强国际合作、打击严重有组织犯罪，包括腐败犯罪的需要，是顺应国际合作的规则需要。[①] 同时，审议通过了新修订的人民法院组织法和人民检察院组织法。作为我国司法制度的支柱，其修订为下一步深化司法体制改革提供了坚固的法律支撑，能够有效保障公正司法，维护社会公平正义。

最后，推进公共法律服务体系建设，满足群众的司法需求。一是建立了刑事法律援助工作联席会议机制。刑事法律援助制度是刑事司法体系的重要部分，这一机制的建立能够进一步保障被告人的合法权益，增强刑事诉讼的公正力与公信力。天津市、贵州省等各地积极响应，纷纷建立刑事法律援助工作联席会议机制，加强了人权司法保障，促进了司法公正。二是借助互联网完善司法服务平台。一方面，"12348中国法网"被更名为中国法律服务网。中国法律服务网的正

---

① 孙梦爽、王博勋：《国际刑事司法协助法通过：加强国际刑事司法合作的法律保障》，《中国人大》2018年第21期。

式上线，是公共法律服务模式的创新和改革，在公共法律服务体系建设方面迈出了关键的一步。它运用大数据和现代科技手段，能够有效提升法律服务能力，提高为人民服务的质量。同时，中国法律服务网正式开通了"群众批评——证明事项清理投诉监督平台"，采用实名注册的形式，群众可以在网络平台上提出批评建议，更好地保障群众的合法权益，提高人民满意度。另一方面，各地积极响应司法部的号召，努力推进省级法网建设。统计数据显示，截至 2018 年 3 月底，全国 31 个省（区、市）和新疆生产建设兵团共 32 个省级平台已全部建成上线，并与部级平台实现互联互通。至此，司法部全系统上下一体、协同联动的"互联网＋"公共法律服务体系基本建成。① 与此同时，各省和地方不断丰富服务内容，提供优秀经验。如上海司法局搭建了"四纵三横"的普惠性公共法律服务网络，浙江省构筑由在线、智能、视频咨询三部分组成的全方位网上法律咨询服务，山东省则构建了村居法律顾问微信群服务机制，切实做到方便群众、满足群众司法需求。

此外，司法行政改革注重更好地发挥职能作用。司法部出台《关于充分发挥职能作用 为民营企业发展营造良好法治环境的意见》，坚持贯彻党中央的政策，为民营企业的发展提供良好的法治环境与优质的法律服务。

（四）加大普法力度，促进全民守法

全民守法强调人民的主体地位，是推动依法治国，建设法治国家的基础。大力弘扬法治精神，促进全体人民知法、懂法、守法，是弘扬社会主义核心价值观和建设法治中国的重要道路。2018 年是"七五"普法实施的第三年，处于重要阶段，呈现出许多新特点。

首先，强化国家机关的普法责任。全国普法办印发《中央国家机关普法责任清单》，有利于落实"谁执法谁普法"的普法责任制，对于各部门履行普法责任，推进普法工作起到了带头作用。为了加强对

① 蔡长春：《一系列新举措新探索更好满足群众公共法律服务需求》，《法制日报》2018 年 7 月 24 日第 2 版。

全国法治教育的考核与评估，全国普法办还印发《全国法治宣传教育第七个五年规划考核评估指标体系（试行）》，推动全国法治宣传教育考核评估体系化、科学化，为法治宣传教育工作量化考核提供了基本标准。同时，强调发挥领导干部的带头守法作用。习近平总书记深刻指出："各级领导干部的信念、决心、行动，对全面推进依法治国具有十分重要的意义。""高级干部做遵法学法守法用法的模范，是实现全面推进依法治国目标和任务的关键所在。"领导干部在推进全面依法治国方面肩负着重要责任，全面依法治国必须抓住领导干部这个"关键少数"。①

其次，加强宣传教育，宣传法治文化，促进全民守法。2018 年，全国各地围绕法治宣传，积极实践，不断创新形式和丰富内容。一方面，在国家层面上贯彻落实"七五"普法规划，成立了全国法治宣传教育专家咨询组，充分发挥专家、学者的作用，为法治宣传教育提供有力的理论支撑。另一方面，加强对宪法的宣传力度。宪法作为国家的根本法，与每个人的生活密切相关，增强人民对宪法的了解有利于更好地推动全面依法治国的实现。2018 年开展了首次"宪法宣传周"活动，其主题是尊崇宪法、学习宪法、遵守宪法、维护宪法、运用宪法，促使宪法深入人心，促进形成知法、懂法、守法的社会氛围。司法部开展了以"弘扬宪法精神 走进司法行政"为主题的司法行政系统第一届开放日活动，全国各省（区、市）司法行政机关同步组织开展开放日活动。借此活动，人民群众可以走进司法部，增加对法律援助中心、律师事务所等司法机构的了解，通过近距离感受这一形式达到普法的目的。

最后，地方以宪法修改为契机，创新宣传形式，取得一系列成果。例如，为了让领导干部能够更加积极地学习宪法，浙江省把到陈列馆参观学习作为各级领导干部法治教育的必修课。截至目前，浙江省已有 4000 多家单位组织干部走进陈列馆，观众量超过 12 万人次。②

---

① 《领导干部要做遵法守法的模范》，人民网，http：//dangjian. people. com. cn/n1/2018/0516/c117092 - 29993374. html.

② 《让文本上的宪法"活起来""落下去"》，中国普法网，http：//www. legalinfo. gov. cn/index/content/2018 - 12/03/content_ 7709399. htm.

苏州创办了网上宪法馆，拓宽了学习、了解宪法的途径，市民可以通过微信、微博、法治网等方式参与线上学习，从而拉近了人民与宪法的距离。与此同时，加强青少年法治教育。青少年法治教育是社会主义法治建设的重要内容，江苏省建立青少年法治教育体验基地，创新"体验式"普法，仅 2018 年 1 月至 10 月，全省已开展各类"体验式"法治教育活动 6865 场次，参与中小学生达 98.2 万人次，成为广大青少年在潜移默化中接受法律熏陶的重要平台，也为教育、司法、公安、检察等部门加强未成年人法治教育工作提供了新方式。① 中小学积极进行法治教育与实践，开展"法治成人礼""法治夏令营"等各类亲子活动，通过趣味性活动促进青少年法治观念的增强，为青少年成长提供良好的法治环境，以此提高普法宣传的成效。

五　人权事业进一步发展

2018 年，中国坚持以人民为中心的发展思想，坚持以发展为第一要务，着力增进人民的获得感、幸福感和安全感，在维护人权方面取得了举世瞩目的成就，得到了世界各国的认可和赞誉。

（一）经济社会权利得到保障

2018 年中国经济蓬勃发展，GDP 总值首次超过 90 万亿元，稳居世界第二位。同时，与国民生活密切相关的各项产业也蓬勃发展，全国粮食总产量达到 65789 万吨，"铁路客车、微波终端机、新能源汽车、生物基化学纤维和智能电视，分别增长 183%、104.5%、40.1%、23.5% 和 18.7%"②。经济的发展为人民生活水平的提高和各项社会经济权利的实现提供了坚实的物质基础。据统计，居民人均可支配收入达 28228 元，人均消费支出为 19853 元，增幅均高于上年，且农村居民的收支增速快于城镇。此外，经济社会的发展也推动了脱贫攻坚工作的开

---

① 《江苏创新"体验式"普法 加强青少年法治教育》，法制网，http://www.legaldaily. com.cn/locality/content/2018 - 12/07/content_ 7713935.htm.
② 《中国经济 中流击楫向前行》，《人民日报》2019 年 1 月 22 日。

展，2018 年末，全国农村贫困人口为 1660 万人，比上年末减少 1386 万人；贫困发生率为 1.7%，比上年下降 1.4 个百分点，说明在缓解不充分发展问题上已初见成效。

在就业权利方面，2018 年，坚持实施就业优先战略和积极就业政策，着力破解就业领域的结构性矛盾，保障人民的就业权利和劳动权利。这一年，针对就业工作涉及面广的问题，出台了《关于推进全方位公共就业服务的指导意见》，明确提出要推进"覆盖全民、贯穿全程、辐射全域、便捷高效的全方位公共就业服务"，以此为促进充分就业创造条件。同时，进一步健全针对高校毕业生、下岗失业人员和残疾人等群体的就业政策。例如，各省普遍放宽了高校毕业生落户门槛，一些地区还对参加工作的毕业生发放租房和生活补贴，有效解决了毕业生就业的后顾之忧；对于长期失业人员、残疾人也给予了更多的政策扶持，完善职业咨询、创业指导和专家支持等就业服务，为其创造良好的就业环境。在各方面的共同努力下，2018 年城镇新增就业 1361 万人，就业人数再创新高；与此同时失业率保持在 4.8%—5.5%，比例较上年有所下降，就业形势继续向好。

2018 年还进一步完善社会保障体系，社保的覆盖面和保障力度也进一步拓展、加大。在养老保障方面，适应于养老服务需要，政府对老年人服务机构给予税费减免、资金支持的扶持，并针对不同层次的养老需求，鼓励探索多样化的养老模式，支持推进养老服务的市场化和产业化，以此提升养老品质，保障老年人权益。在残疾人保障方面，这一年，相关补贴的覆盖面扩大、补贴标准提高，"截至 2018 年底，残疾居民参加城乡社会养老保险人数为 2561.2 万人"，而且，针对困难残疾人和重度残疾人的生活补贴与护理补贴成效显著，"分别惠及 110 万残疾人"①。尤其值得指出的是，2018 年全面实施残疾儿童康复救助制度，有力地保障残疾儿童康复权益，也为广大残疾儿童创造了健康成长、平等发展的环境。

---

① 《2018 年全年各类慈善捐赠达到 754.2 亿元》，人民网，http://gongyi.people.com.cn/n1/2019/0104/c151132-30503722.html.

（二）保障公民权利和政治权利

在保障公民的选举权利方面，2018 年是国家机构的换届之年，各级国家机构健全选举程序，进一步完善了公民的选举权利，在这一过程中也展现出了一些新特征：其一，更加注重选举纪律。选举纪律是维护选民和被选举人合法权益，保证选举风清气正的必要保障。这一年，各地专门强调换届纪律的重要性，并对各种违纪违法行为做出详细说明，山东省专门成立了两会会风会纪监督组，对相关人员遵守政治纪律、组织纪律、换届纪律和中央八项规定精神进行严格检查，从而促进了选举的顺利实施。其二，选举内容相应拓展，2018 年，国家层面和多数省份进行了省级监察委主任、副主任和委员的选举工作，由此间接地扩大了民众选举权的范围。其三，相关法律法规更为完善。2018 年，全国人大常委会对村民委员会组织法和城市居民委员会组织法做出修改，对村委会居委会任期、被选举人产生方式等加以规定，从而进一步完善了基层群众自治制度，调动了基层群众的积极性、主动性。

在保障公民行使知情权、参与权和监督权方面，2018 年，国务院就施行《政府信息公开条例》的若干问题出台专门的意见，就政府信息公开管理体制、协调机制、保密审查以及公开方式等重要问题予以说明，有力地保障了公民依法获取政府信息的权利。在此指导下，各级政府加大信息公开的力度，加强对政策的解读力度，及时向民众公开政策措施的执行情况与成效，并主动接受社会监督，为政策落实营造良好的环境。与此同时，强化舆情监测，注重舆情回应，对各地在环境保护、重大突发性事件方面群众关心的问题进行积极公开，及时澄清不实信息，引导舆情良性发展。此外，这一年还创新、优化公民参与权实现方式，发挥政务微博、微信、移动客户端灵活便捷的优势，积极吸收群众各方面的意见和建议，增强公开实效，提升服务水平。

在保障公民的宗教信仰自由权利方面，一直以来，中国坚持用法律调节涉及宗教的各种社会关系，推进宗教工作的法治化水平。2018 年 2月，新修订的宗教事务条例正式实施，相比于此前实施的条例，新条例进一步明确了政府在宗教团体和活动服务方面的职责，对宗教院校的教学和宗教组织的活动做了更为具体的规定，并强调了对教职人员的权利保护，为保障公民宗教信仰的自由权利提供了更为坚实的法律保障。与此同时，加强了对利用宗教进行危害国家安全、破坏民族团结和国家统一行为的打击和遏制力度，深入开展宗教去极端化工作，保证宗教和谐健康发展。

（三）教育文化权利得到进一步发展

教育文化权利是人的基本权利，2018 年，中国加强教育文化工作力度，充分保障人民接受教育的权利，满足人民的文化发展需求。这一年，全国教育大会隆重召开，大会对"培养什么人、怎样培养人、为谁培养人"[①] 这一教育的根本问题做出深刻回答，并对教育体系完善、教师队伍建设、教育体制改革和党对教育工作的全面领导等做出部署，从而有力地推进了中国教育发展进程。与此同时，中国继续加大教育投入。据统计，2018 年全国财政教育支出达 32222 亿元。雄厚的财政支持为人们教育权利的充分实现奠定了基础，特别是对于中西部和农村地区而言，国家持续的资金投入，有力地推进了教育公平。例如，这一年，国家对乡村小规模学校和乡镇寄宿制学校的建设予以统筹部署，着力改善其办学、师资条件，强化其经费保障，使其教育水平显著提高。而且增加了城镇教育资源，缓解了城镇教育资源紧张的局面，据统计，"全国90%的县区基本做到了按照城镇化规划和常住人口规模编制城镇义务教育学校布局规划"[②]。在本科教育方面，召开新时代全国高等学校本科教育工作会议，提出人才培养是大学的本质职能，必须坚持"以人为本"、推进"四个回归"[③]，由此为提高本科教育水平提供了指导。

在维护人的文化权益方面，2018 年，全国宣传思想工作会议召开，习近平在大会上指出，要将文化体制改革引向深入，不断激发文化创新

---

① 《深入学习领会习近平总书记关于教育的重要论述，坚定不移走中国特色社会主义教育发展道路》，《人民日报》2018 年 9 月 18 日。

② 《国务院关于推动城乡义务教育一体化发展，提高农村义务教育水平工作情况的报告》，中华人民共和国教育部网站，http://www.moe.gov.cn/jyb_ xwfb/moe_ 176/201808/t20180828_ 346404. html.

③ 即回归常识、回归本分、回归初心、回归梦想。

创造活力。在此指引下，中国深化文化产业供给侧结构性改革，推进文化产业的原创性、民族性，推动各类文化市场主体发展壮大，不断为人民提供更多、更优质的文化产品。而且继续完善公共文化服务体系，优化文化资源配置，深入实施文化惠民工程。这一年，各级政府依据公共文化服务保障法、公共图书馆法等法律，结合本地区实际情况，着力加强公共文化设施建设。以北京市为例。北京市提出促进文化服务"标准化、均等化、社会化、数字化"的发展目标，着力为市民提供更为精细化和精准化的文化服务。截至2018年底，"北京的四级公共文化服务体系已包含公共文化设施7131个，覆盖率达98.95%，实现了15分钟公共文化服务圈"① 规划。

（四）充分保障特定群体的权利

对残疾人、老年人、儿童等群体权益的保障，是一个社会文明程度的体现。2018年，中国进一步加大对这些群体的保障力度。据统计，截至2018年底，全国已有残疾人康复机构9036个，各类残疾人综合服务设施2364个，康复机构在岗人员达25.0万人，全年共有2074.7万名残疾儿童及持证残疾人得到基本的康复服务。② 同时，重视对残疾人的权益维护，相关法律法规体系进一步完善，全年共"制定或修改省级关于残疾人的专门法规、规章15个，地级市9个；制定或修改保障残疾人权益的省级规范性文件19个，地级市61个，县级市148个"③。此外，这一年还加强了残疾人事业的信息化、智能化建设，目前已有20个省区市启动第三代残疾人证的换发工作，为"互联网＋残疾人服务"奠定了技术基础。

2018年，党和国家高度重视养老服务工作，推进老年人服务，加强老年人权益保障。这一年，中国沿着《"十三五"国家老龄事业发展

---

① 《北京市区文化部门投入5.2亿元购买公共文化服务》，《北京日报》2018年12月21日。

② 《2018年残疾人事业发展统计公报》，中国残疾人联合会网站，http：//www.cdpf.org.cn/zcwj/zxwj/201903/t20190327_ 649544. shtml.

③ 《2018年残疾人事业发展统计公报》，中国残疾人联合会网站，http：//www.cdpf.org.cn/zcwj/zxwj/201903/t20190327_ 649544. shtml.

和养老体系建设规划》的要求，进一步构建养老、孝老、敬老的制度体系和社会环境。2018 年的国务院机构改革新设立了国家卫生健康委员会，承担了全国老龄工作委员会的工作，负责应对人口老龄化、老年人医疗照顾等老年健康工作，从而在体制上为推进老年事业发展提供了保障。这一年还取消了针对养老机构设立的多项行政许可，着力营造公平的市场环境。与此同时，修订了老年人权益保障法，依法加强了对各类养老机构的监管，从而保证养老产业健康发展。在地方层面，各地也依据实际情况，积极探索老年人照顾服务新模式，如北京就加强了经济技术区域养老服务资源的整合和协作，并制定了家庭养老支持政策；上海在全市试点实施长期护理保险，推动社区居家医养结合发展，提升了养老服务的效率。

2018 年也是儿童权益得到充分保障的一年。这一年，最高检、共青团中央共同签署了《关于构建未成年人检查工作社会支持体系的合作框架协议》，广泛吸纳社会力量和资源，推动未成年人检查工作实现刑事、民事、行政领域全覆盖。针对"汤兰兰"等性侵儿童类案件，各地司法机关、教育机关出台措施，保护儿童安全。如上海、江苏等地实行性侵儿童犯罪人员的从业禁止和信息公开制度，浙江省杭州市出台《关于侵害未成年人案件强制报告制度的意见》和《关于建立校园性骚扰未成年人处置制度的意见》，由此建立起保护儿童性权益的网络结构。

六 各种政治关系进一步协调发展

政治关系是政治发展进步的重要动力和实现条件，其本身对于政治发展进程具有重要意义。2018 年，中国重视对各种政治关系的协调，从而为中国政治发展创造了更为广阔的空间，营造了更加良好的政治社会环境。

（一）政党关系趋向完善

现代政治是政党政治，政党间关系如何对一国政治稳定与发展影响极大。这一年，中国进一步贯彻"十六字方针"，发展中国共产党与民主党派之间的亲密友党关系。2018 年两会期间，习近平将中国共产党领导的多党合作与政治协商制度进一步概括为"从中国土壤中生长出来的新型政党制度"，并从利益代表、功能作用和实际效果等方面总结其何以为"新"。新型政党制度的提出，为新时代多党合作开创了更为广阔的舞台。在此基础上，这一年，各民主党派积极履行自身在参政议政、民主监督和服务社会等方面的职能，有力地推进了社会政治的发展。针对乡村振兴、精准扶贫、环境保护、两岸关系等社会政治的重要问题，各民主党派积极展开调研、座谈，为中共中央科学决策提供了参考。例如，民革中央全年选定 26 个课题展开调研 45 次，农工党中央赴云南调研 32 次，民建中央深入 56 个市级组织开展调研。在全国政协十三届一次会议上，民盟中央提案 40 件、农工党提案 40 件、九三学社提案 44 件、台盟中央提案 27 件。① 与此同时，各民主党还不断巩固思想政治基础，这一年，致公党中央成立党员学习教育基地，民革中央开展读书会、主题征文等教育活动，农工党中央举行座谈会、专题学习等活动，民建中央专门下发《民建中央关于加强会员的思想政治建设的意见》，等等。以上活动加强了对民主党派的思想政治引领，推动广大民主党派成员"在坚持中国共产党领导和坚持中国特色社会主义上形成更广泛的共识"②。

（二）民族关系日益和谐

十八大以来，党和国家高度重视少数民族发展和民族团结问题，相继召开了中央民族工作会议、全国城市民族工作会议、全国宗教工作会议等相关大会，促使中国民族关系实现了重大发展。2018 年的宪法修正案明确表示："平等团结互助和谐的社会主义民族关系已经确立，并将继续加强。"在业已取得成就的前提下，中国积极应对民族工作所面临的各种挑战，破解制约民族关系和谐发展的各类障碍，巩固民族关系和谐发展的社会政治基础。众所周知，鉴于历史地理等原因，民族地区的经济社会发展相对落后，面

---

① 《各民主党派 2018 年履职工作回眸 筑梦新时代》，《人民政协报》2019 年 2 月 22 日。
② 《2018 年各民主党派中央着力加强思想政治引领观察》，《团结报》2018 年 12 月 25 日。

对这一情况，中央召开全国民族经济工作会议，对民族地区经济发展情况进行部署和安排。同时，党和国家还提出要"把加快少数民族和民族地区发展摆到更加突出的战略位置"上。由此，中国加大对民族地区的支持力度，重点解决民族地区的贫困问题。据统计，"中央财政专项扶贫资金 2016—2018 年安排民族八省区 1122.1 亿元，占全国总投入的 43.9%，2018 年安排 486.2 亿元，经上年增长 32.4%"①。同时，这一年还支持民族地区实现自身经济结构的调整，着重发展旅游、能源、特色农业等产业，推进其将资源优势转为现实经济优势。此外，继续加强民族团结工作，坚决维护国家统一。当前，国际敌对势力、民族分裂势力、宗教极端势力仍利用民族问题对我国进行分化、破坏活动，严重影响了民族团结局面。对此，这一年，中国继续加强民族团结的宣传教育活动，充分尊重少数民族群众的风俗习惯和宗教信仰。同时，坚决打击蓄意挑拨民族关系的犯罪分子，维护国家长治久安。

（三）中央与地方关系进一步优化

作为一个幅员辽阔、人口众多，且发展不平衡、不充分的大国，如何协调中央和地方关系乃是其国家治理所不得不重视的重要问题。这一年，国务院对税收征管体制进行了重要改革，合并了省级和省级以下的国税地税机构，实行以国家税务总局为主与省（区、市）人民政府双重领导管理体制。这一改革是中央与地方关系的重大调整，不仅有利于优化税收人员的配置、整合资源，提高税收征收效率，也将进一步增强中央权威，增进中央的宏观调控能力。与此同时，这一年还集中出台了医疗卫生、基本公共服务领域中央与地方共同财政事权和支出责任划分的改革方案。在医疗卫生领域，适度强化了中央财政事权和支出责任，并合理确定中央与地方支出责任的分担方式；在基本公共服务领域，进一步完善了中央决策、地方落实的机制，同时也明确了地方政府的职责，保证了地方的积极性。由此，中央与地方的分工更加合理，二者关系更为规范。

---

① 《中央投入增加，民族地区脱贫攻坚成效显著》，《中国民族报》2018 年 8 月 1 日。

（四）国家与社会关系日益协调

2018 年，中国坚持以人民为中心，多方面促进国家与社会关系的协调优化。首先，发展社会事业，发挥政府的社会服务功能，政府在医疗卫生、劳动就业、文化体育等方面承办了大量事务性工作，保障社会事业的不断向前发展，维护了人民群众的切身利益。针对我国发展不平衡、不充分的现状，大力推进实施乡村振兴、新型城镇化、扶贫攻坚、"双创"等战略和政策，促进了城乡结构、区域结构、就业结构、收入结构等的进一步优化。其次，促进社会组织发展。这一年，社会组织发展更趋制度化和规范化，民政部、公安部联合展开了对非法社会组织打击整治的专项行动，依法查处非法社会组织 5967 个。同时，相关的法律体系更加完善，《社会组织信用信息管理办法》《高级社会工作师评价办法》等相继颁布实施，辽宁省还通过首部社会组织管理的地方性法规。上述法规促进了社会治理方式的进一步优化，有利于社会组织的健康发展。通过政府出台办法、法规的方式"成功地把社会力量吸纳到政府动员、决策、执行的边界内，政府与社会力量以一定关联方式达到有机融合，实现了社会的多元共治，打破了行政部门的路径依赖困境，为社会建设提供了源源不断的动力"①。最后，协调政府与市场的关系。2018 年，中国发挥市场在资源配置中的决定性作用，鼓励公平竞争，不断提高资源配置的效率。同时，更好地行使政府的宏观调控功能，深入推进供给侧结构性改革，组织实施制造业升级改造重大工程、大数据发展行动，推出一系列支持创业创新的减税优惠措施，推动经济由高速增长转向高质量发展阶段。

（五）海峡两岸和香港、澳门关系出现新气象

2018 年，台湾当局仍拒不接受"九二共识"，挑动两岸对立，美国通过"台湾旅行法"，严重影响了两岸关系。尽管两岸关系形势复

---

① 王炳权：《改革开放进程中国家与社会关系的"平衡逻辑"》，《人民论坛》2018 年第 33 期。

杂多变，"但大陆始终牢牢把握两岸关系发展的主动权"①。这一年，国务院台办等发布实施《关于促进两岸经济文化交流合作的若干措施》，致力于为台湾同胞提供同等待遇；同时，开放台湾同胞申领台湾居民居住证，为台胞提供更多便利，这些措施有力地促进了两岸经济文化交流，增进了两岸同胞的亲情和福祉。而且，两岸民间交流也日益频繁，这一年，第十届海峡论坛、两岸企业家峰会年会、上海台北"双城论坛"等相继召开，为两岸民间交流提供了平台，彰显了两岸关系不断向前的历史趋势。2018年，中国人民解放军也多次在台湾海峡和南海海峡执行任务或举行演习，从而震慑了"台独"分裂势力，展示了捍卫国家主权和领土完整的决心。

2018年与港澳关系进一步深化。在科技交流方面，国家科技部、财政部出台规定，鼓励港澳高校、科研机构参与中央财政科技计划，支持港澳科技创新发展也实现了其与内地之间科技的优势互补。在人员交流方面，这一年正式取消在内地就业的港澳人员的就业许可，并且对有条件办理居住证的港澳居民，在劳动就业、社会保养和义务教育等方面提供更多便利，方便其在内地就业居住。在交通方面，这一年，广深港高铁香港段投入运营，港珠澳大桥也正式通车，由此实现了粤港澳大湾区物理层面的互联互通，极大地促进了港澳与内地之间的经贸、人员交流。

（六）履行大国责任 国际关系出现新局面

2018年，面对国际形势的复杂性和不确定性，中国全面推进中国特色大国外交，积极履行大国责任，为维护国家主权、服务国内改革开放大局发挥了重要作用。这一年，博鳌亚洲论坛年会、上合组织峰会、中非合作论坛峰会、中国国际进口博览会等主场外交活动相继召开。丰富的主场外交活动展示了中国开放的新姿态，也为自身发展营造了良好的外部环境。同时，"一带一路"建设取得新进展。这一年，超过60个国家，特别是欧洲国家与中国签署共建"一带一路"的合作文件。与此同时，数十个交通、电信、能源、城市发展等方面

---

① 《2018两岸关系十大热点》，《团结报》2018年12月25日。

的重大项目陆续签约或开工，为沿线居民带来了良好收益。在国内，各省皆围绕推进"一带一路"建设要求出台各具特色的行动计划或建设方案，而且，各城市直接与沿线国家交流交往的程度也进一步深化，据统计，"成都、重庆、西安、郑州、武汉 2018 年分别开行 1587 列、1442 列、1235 列、752 列、423 列"① 列车，从而极大地促进了"一带一路"建设的发展。在与主要大国关系方面，面对美国挑起的贸易摩擦，中国坚定立场，坚决捍卫国家利益和发展权益，并展开战略沟通，在相互尊重的基础上管控分歧，拓展合作。在与俄罗斯的关系方面，习近平总书记同普京总统频繁会晤，保证中俄关系稳定良好。在与日本关系方面，日本首相安倍晋三访华，推动了中日关系向好发展，中俄经贸合作也获得强劲增长发展，全年贸易额超过 1000 亿美元。在中欧关系上，第二十次中欧领导人会晤、中国—中东欧国家领导人会晤、亚欧首脑会议等成功举行，中欧战略互信不断增进，交流合作进一步深化。在与周边国家关系方面，这一年，中国与东盟关系进一步深化，"双方贸易额突破 5000 亿美元，人员往来突破 4000 万人次"②。在与印度关系上，2018 年，印度总理莫迪两度来华，双方关系进一步深化。同时，中国还积极处理地区热点问题，2018 年，朝鲜领导人金正恩三度访华，凸显了中国在解决朝核问题上的战略主导作用，维护了半岛稳定。

七 2019 年政治发展展望

2018 年是中国政治发展进程中取得丰硕成果的一年，立足于此，我们有理由相信中国政治发展必将取得更大的成就。与此同时，在国际环境风云诡谲，国情社情党情发生深刻变动的当下，各类深层次的矛盾很可能以更为激烈的形式暴露出来，这使得中国政治发展的道路不可能一帆风顺，必然是机遇与挑战并存，优势与困难同在。纵览当

---

① 《2018 "一带一路"大事记：共建"一带一路"发生了这些重大变化》，中国一带一路网，https://www.yidaiyilu.gov.cn/xwzx/gnxw/76799.htm。
② 《2018 砥砺前行的中国特色大国外交》，《学习时报》2019 年 1 月 3 日。

前的发展态势，2019 年中国政治可能在以下方面取得成就。

（一）党的建设伟大工程迈向新台阶

十八大以来，以习近平为核心的党中央坚持全面从严治党，持之以恒正风肃纪，不断净化党内政治生态，使党焕发出强大的生机与活力。立足于此，2019 年党的建设伟大工程必将进一步向前推进，并可能在以下方面取得新进展：其一，继续扎实推进政治建设。政治建设是党的根本性建设，2019 年初，《中共中央关于加强党的政治建设的意见》出台，提出了加强党的政治建设的总体要求。可以预见，2019 年党的政治建设必将继续深入推进，而做到"两个维护"是政治建设的重点。全党将坚决贯彻党中央决策部署和习近平总书记重要指示精神，保证中央令行禁止；并将进一步完善重大事项请示报告制度，开展政治建设督查，从而为实现"两个维护"提供必要的机制保障。同时，将继续严肃党内政治生活，各类党课制度、组织生活制度等进一步得到落实，从而塑造风清气正的政治生态。其二，在思想建设方面，习近平新时代中国特色社会主义思想是中国共产党最新的理论成果，加强对这一思想的学习是思想建设的重要内容。因而全党将掀起学习习近平新时代中国特色社会主义思想的热潮。2019 年也是新中国成立 70 周年，加强党史、国史的学习教育也将是这一年思想建设的重要内容。可以预见，各类学习形式将更为丰富、充实，从而促进党的思想建设取得新成就。其三，在组织建设上，全面从严治党将进一步向基层支部深化，全党将严格贯彻《中国共产党支部工作条例（试行）》，推进基层党支部规范化建设，而且微信、微博、手机客户端等手段将被更加深入地运用到各级党组织的活动中，从而使党员与党组织的联系更加紧密。其四，在作风建设上，继续弘扬优良作风，坚决落实中央八项规定，严防"四风"问题死灰复燃。同时，将进一步实现"三严三实""两学一做"等教育活动常态化、规范化，着力消除腐败滋生的土壤，消除腐败存量，遏制腐败增量，以此巩固十八大以来全面从严治党的成果，夺取反腐败斗争的压倒性胜利。

（二）全面依法治国向纵深发展

习近平指出，改革开放越深入越要强调法治。2019 年，随着改革发展稳定各项工作的不断推进，法治建设也将走向深入。首先，以宪法为核心的中国特色社会主义法律体系将不断完善，党内法规制度体系更加健全。根据立法计划，2019 年将修改土地管理法、专利法、证券法等关乎市场经济发展的法律，审议疫苗管理法、药品管理法等与民生密切相关的草案，制定社区矫正法、退役军人保障法等与国家安全、社会治理相关的法律。同时，根据《中央党内法规制定工作第二个五年规划（2018—2022 年）》的要求，2019 年将继续完善党的组织法规、领导法规、自身建设法规和监督保障法规等。其次，以法治政府建设为重点，带动法治国家、法治建设一体化发展。2019 年，将进一步完善行政立法体制，加强立法调研工作，抓好重点领域立法，保证立法与改革有效衔接。并且将全面落实行政执法责任制，完善执法程序，加强对行政执法人员的管理和监督。再次，公正司法不断深化，2019 年将坚持司法为民，充分发挥司法作为维护社会公平正义的最后一道防线的作用，增进人民获得感、幸福感、安全感。同时，进一步深化司法体制改革，完善司法责任制，促进阳光司法。最后，深入推进社会主义法治文化建设，增强民众的法治意识、法治信仰，提升其法治能力。2019 年将完善领导干部学法制度，增强其运用法治处理事务的能力，并且建立健全普法责任制，保证普法工作有效顺利开展。此外，法治文化的宣传手段也将更加丰富完善，"互联网＋法治文化"、法治宣传活动等更加普遍地展开，从而促使法治文化深入人心。

（三）党和国家机构改革走向深入

2019 年是党和国家机构改革后全面开展工作的开局之年，其重要任务是进行职能转变，落实和巩固机构改革的成果，推进国家治理体系和治理能力现代化。根据《深化党和国家机构改革方案》的规定要求，2019 年 3 月底前将基本完成所有地方机构改革任务，从而快速高效地完成此次自上而下的改革。首先，可以预见的是 2019 年党和国家机构改革仍要坚持和加强党的领导，坚持维护以习近平为核心的党中央权威，加强党的长期执政能力建设。在深化、落实改革的过程中，更好地发挥党"总揽全局、协调各方"的作用，解决好各个机构之间职能关系问题，健全中央和地方的分级管理体制。其次，党和国家机构改革的深入将有利于解决新时代社会主要矛盾。社会主要矛盾发生变化，必然会对党的执政能力提出新要求，对党和国家机构的职能设置提出新要求。2019年，一方面在解决党政机构职能交叉、政府职能转变、提高军民融合水平等问题的过程中，全面深化改革，解放和发展市场与社会活力，致力于解决发展不平衡不充分问题；另一方面，党和国家机构改革将顺应人民对美好生活的向往，满足人民美好生活需要。如发挥好作为国务院部门之一的生态环境部的职能与职责，严格实行生态环境保护制度，为人民提供生存的基本环境保障。最后，各地将继续涌现出具有地方特色的新机构。在党和国家机构改革的过程中，省级及以下机构的自主权增大，在一定程度上可以允许各地方因地制宜地设置机构及其职能，更好地为人民服务。同时，要做到上行下效、令行禁止，加大构建高效的基层管理体制的力度，避免权力滥用、以权谋私等现象的出现，从而保障党和国家机构改革的全面性、有效性和深刻性，促进国家治理体系和治理能力现代化水平的提高。

（四）社会治理体系不断完善

2019年《政府工作报告》强调"加强和创新社会治理，推动社会治理重心向基层下移"。可以说，这将成为2019年社会治理的重要工作方向和内容，有力推动社会治理能力全方位发展，向共建共治共享社会治理新格局迈进。首先，2019年将重点加强基层社会治理，落实重心下移。一方面要创新社会治理体制，发挥党建引领作用，创新党建引领方式，并且坚持以人民为中心，推动基层社会治理取得新发展。另一方面要注重协同治理。加强政府与社会协商平台建设，引导公众参与治理活动，发挥好各治理主体的重要作用。其次，2019年将更加注重改善和保障民生，解决社会热点问题。扶贫工作将深入开展与落实，不仅帮扶经济，推动贫困地区与人民进入小康社会，提高其生活水平；还会将范围细化到教育上，如开展贫困地区控辍保学专项行动，降低辍学率。① 在养老、医疗、社会保障等方面将加强力度，扩展其覆盖面，健全制度体系建设，使人民群众真正受益于治理成果，推动实现健康中国战略。在就业方面将坚持采取积极就业政策，优化就业结构，贯彻落实《中华人民共和国个人所得税法实施条例》，提高人民收入水平，缩小贫富差距。同时，李克强总理在十三届人大二次会议上提出"基本民生投入确保只增不减"，这充分表明了国家对改善和保障民生的支持与决心。最后，2019 年将加强社会治理体系创新建设，并且发挥好法治保障的作用。与新时代互联网和大数据结合起来，打造信息化、技术化、专业化的社会治理体系。另外，加强社会治理相关领域的立法与执法，继续开展扫黑除恶专项活动，建立健全社会治安法治体系；弘扬诚信文化，加强社会诚信制度体系建设，为人民群众提供坚实的后盾，从而更好地推动实现共建共治共享新格局的目标。

（五）中国特色大国外交进一步发展

2019 年的大国外交在保持中国特色的基础上将踏上新征程、开启新篇章。

面对国际复杂环境，中国外交将坚定不移地走和平发展道路，奉行互利共赢的开放战略。2019 年，首先把握"开放"这一关键词。这一年，主场外交活动继续开展，将举办第二届"一带一路"国际合作高峰论坛。伴随着一系列外交活动的开展，共建"一带一路"将进入新阶段，促进共建"一带一路"向着更高水平、更高质量发展，为构建开放型世界经济做出巨大贡献。同时，中国为世界带来的不仅是经济和技术，还有中国特色的思想观念等。推进治国理政经验交流，通过"中国故事"增进国际社会对中国的了解，通过助推发展中国家治理能力的提升进而提高自身在国际发展领域的话语权与影

---

① 《国务院总理李克强作政府工作报告》，中国新闻网，http://www.chinanews.com/gn/2019/03－05/8771667.shtml.

响力。① 其次，把握"合作"这一关键词。2019 年将成为与世界各国友好相处、合作的一年。一方面是中俄建交 70 周年。在中俄各领域合作成果颇丰的基础上，2019 年将坚持推进中俄全面战略协作伙伴关系，深化合作，共同维护国际社会的稳定与安全。另一方面是中美建交 40 周年。近年来，美国对华战略有所改变，将中美关系引向了竞争与冲突，但是，中国应当迎接挑战、抓住机遇，加强大国之间的沟通与战略对话，化解各种问题与矛盾，为自身发展创造良好的国内外环境。另外，在与欧洲的关系上，中国将与欧洲国家共同坚持多边主义，携手完善全球治理，维护国际规则和秩序；秉持正确的义利观和真实亲诚的理念，落实中非合作论坛北京峰会和中阿、中拉论坛成果，加快构建中国同发展中国家的命运共同体。② 最后，把握"贡献"这一关键词。一方面，积极为解决地区热点问题提供建设性方案。在朝鲜半岛问题、伊朗核问题等方面，中国将采取积极的态度，为和平解决问题而不懈努力，为维护世界稳定与和平做出贡献。另一方面，积极推动全球治理。中国将继续秉持共商共建共享的全球治理观，坚定地支持以规则为基础的多边主义，坚定地维护以联合国为核心的国际体系，支持联合国在全球治理进程中发挥关键的平台作用。③

---

① 罗建波：《2019 中国特色大国外交的着力点和生长点》，海外网，http://opinion. haiwainet. cn/n/2019/0228/c3541662 – 31505795. html.

② 《2019：中国特色大国外交翻开新的篇章》，福建人大网，http://www. fjrd. gov. cn/ct/3 – 145097.

③ 《2019：中国特色大国外交翻开新的篇章》，福建人大网，http://www. fjrd. gov. cn/ct/3 – 145097.

中国政治学研究的新展望

程竹汝　李　熠[*]

历史、现实和未来多重问题的交汇赋予了 2018 年中国政治研究以特别的意义。从历史维度来看，2018 年恰逢改革开放 40 周年的重大历史时刻，为学者提供了回溯政治发展成果、总结国家治理经验的契机。从现实维度来看，十九大以来，党政体制经历了持续、深度的调整和变革，亟待展开针对性的研究。从现实和未来相结合的维度来看，自党的十八大以来持续推进的一系列政治体制改革任务仍在进行之中，改革成效事关"两个一百年"奋斗目标的顺利实现，因而也需要学界贡献专业智慧。

通过收集 2018 年发表在中国社会科学引文索引（CSSCI）马克思主义理论类、管理学类、政治学类、法学类、社会学类、综合社科期刊类等刊物上有关中国政治研究的中文论文和中国人民大学复印报刊资料转载的发表于 2018 年的有关中国政治研究的中文论文，以及发表在社会科学引文索引（SSCI）政治科学类、公共管理学类和区域研究类期刊上的外文论文，我们发现，2018 年中国政治研究的重点主要集中于改革开放 40 年的政治经验、党的建设、党政机构改革、法治发展、民主政治、官僚体系、政治传播、基层治理、政治沟通、政治经济学和政治学研究方法等方面。

鉴于研究的独特性常常构成研究动态的基本方面，本文将 2018 年的中国政治研究分为七个主题：改革开放 40 年的政治经验研究；

---

* 程竹汝，上海行政学院；李熠，清华大学人文学院。

以政治建设为统领的新时代党的建设研究；统筹与深化党和国家机构改革研究；全面推进依法治国研究；社会主义协商民主的理论创新与深入发展研究；地方和基层治理体系建设研究；治理体系与政治参与互动关系研究。

一 改革开放 40 年的政治经验研究

（一）中国共产党领导及其体制的适应性变革

较多的观点认为，改革开放 40 年中国取得了超高水平的国家治理绩效，最重要的经验莫过于坚持中国共产党的领导。这一关键要素发挥作用的背后是中国共产党在多方面不断推动自我改革和完善，在不断推动政治文明进步的基础上发挥着中国社会领导核心的作用，在瞬息万变的世界格局中走出了一条适合自身实际的政治发展道路。因此，任何时候都不能低估改革开放进程中政治发展和政治改革的成果和价值。[1]

中国共产党能始终稳居中国社会各项事业的领导地位，始终对社会发展保有有效的影响，与其不断推进组织制度改革、意识形态创新和反腐倡廉建设有着极为密切的关系。在组织制度改革研究方面，既有关于组织制度建设总体实践层面的考察，也有对相关改革原则的理论提炼，还有针对具体制度改革的研究。比如有的研究梳理了干部制度改革成果和总结了干部制度改革经验[2]，有的回顾了党内选举制度建设的发展历程并提出探索选举制度建设的重要启示[3]，有的总结了党内集中教育的发展历程及其实践效果[4]，还有的就党内法规制度建

---

① 燕继荣：《中国改革的普遍意义——40 年中国政治发展的再认识》，《浙江社会科学》2018 年第 9 期；倪国良、张伟军：《改革开放以来中国政治发展的理论逻辑》，《理论与改革》2018 年第 4 期。

② 祁凡骅、林欣：《改革开放 40 年我国干部人事制度变革逻辑——基于 166 项干部人事政策的样本分析》，《中国人民大学学报》2018 年第 6 期；陈雪莲：《改革开放以来干部考核选拔机制变迁研究》，《经济社会体制比较》2018 年第 3 期；白智立、杨沛龙：《试论中国公务员制度建构特征与改革分析视角》，《国家行政学院学报》2018 年第 6 期。

③ 杨继荣：《改革开放 40 年党内选举制度创新发展的脉络、成就与启示》，《中州学刊》2018 年第 11 期。

④ 陈殿林：《改革开放以来党内集中教育演进的逻辑特征》，《中国特色社会主义研究》2018 年第 5 期。

设的历程和意义进行阐发。① 在意识形态创新方面，有学者回顾了中国共产党持续开展理论创新的历程和意义并将其概括为"术语革命"；② 认为持续创新的本质即在坚持马克思主义和社会主义基本"硬核"的前提下，使辅助"保护带"保持了较强的适应性、开放性、现实回应性，进而体现了"坚守"与"创新"的平衡③；持续创新的目的在于推动改革价值共识和方法共识的形成，保持与社会文化和价值形态的紧密关系。④ 在反腐倡廉建设方面，这一年，研究主要围绕监察体制改革和体系建设展开。⑤ 重点对监察体制建设所取得的重大成效和近年来反腐倡廉工作的经验、启示进行理论阐发。有的学者认为反腐倡廉制度化取向对深化党的纯洁性和革命性建设具有可持续的重要意义。⑥

（二）不断推进国家治理体系的完善

不断推进国家治理体系的完善，如现代政府、人大制度、法治体系

---

① 蒯正明：《改革开放 40 年来中共党内法规制度建设的历史经验》，《安徽师范大学学报》（人文社会科学版）2018 年第 4 期；王然：《改革开放以来党内法规的历史发展体系创新及机制构建》，《求索》2018 年第 4 期；王贺宇、郭文亮：《改革开放以来党的政治纪律建设的历史经验与现实启示》，《新疆社会科学》2018 年第 4 期。

② 王先俊：《改革开放以来中国共产党的理论自觉和理论创新》，《安徽师范大学学报》2018 年第 4 期；左雪松：《改革开放 40 年来中国共产党理论创新的基本线索》，《新疆社会科学》2018 年第 4 期。

③ 陈文泽：《改革开放 40 年来党的意识形态的自我调适——基于拉卡托斯科学纲领划界理论的思考》，《四川师范大学学报》（社会科学版）2018 年第 5 期；丁俊萍：《改革开放以来中国共产党领导思想的历史发展及其特点》，《江淮论坛》2018 年第 5 期。

④ 陈振明、黄颖轩：《中国公共政策的话语指向及其演化——基于改革开放以来历次党代会报告的文本与话语分析》，《江海学刊》2018 年第 5 期；商红日：《纲领政治：中国共产党的历史实践与话语生产》，《河南社会科学》2018 年第 5 期；廖幸谬、景跃进：《改革开放以来的中共统一战线工作——理论与实践的新探索》，《浙江社会科学》2018 年第 9 期。

⑤ 何增科：《中国政治监督 40 年来的变迁、成绩与问题》，《中国人民大学学报》2018 年第 4 期；田桥：《改革开放四十年中国共产党纪律检查领导体制的发展》，《山东社会科学》2018 年第 10 期。

⑥ 崔英楠、王柏荣：《改革开放 40 年与我国廉政制度建设》，《北京联合大学学报》（人文社会科学版）2018 年第 3 期；孟新、王同昌：《改革开放 40 年来中国共产党纪律建设的经验研究》，《河海大学学报》（哲学社会科学版）2018 年第 5 期。

建设等构成改革开放 40 年政治经验的又一方面。① 在推动建立现代政府方面，代表性观点认为，通过积极回应来自于社会领域的民生诉求、经济领域的市场需求、行政领域的执政追求，中国在改革开放 40 年间不断推动、实现了政府职能转变②，并周期性地将这种转变传递到政府机构改革之中，使政府职能转变制度化③；通过制定相应的政府绩效管理措施和权责关系的调整以施加有针对性的激励，实现了治理效能的不断提升。④ 在人大制度完善实践中形成了多路径探索，集中表现为形成了以结构优化推动功能强化、以规范化建设带动专业化的制度化模式。⑤ 在法治建设方面，许多研究集中回顾了法治建设进程中的典型事件和时间节点，分析了影响中国特色社会主义法治理论形成的实践因素，强调持续推进法治理念与时俱进以及法治理念充分社会化对法治建设的基础意义。⑥ 在实践中逐渐形成的"回应型政治"模式是国家治理体系完善的基本特征，这一模式源于在问题倒逼改革的境遇下，不

---

① 俞可平：《中国的治理改革（1978—2018）》，《武汉大学学报》（哲学社会科学版）2018 年第 3 期；郑维伟：《政治体制改革与政治建设：理解中国政治发展的主线》，《浙江社会科学》2018 年第 4 期。

② 郭秀娥、袁忆、张旭：《改革开放 40 年政府职能转变的演进过程》，《西安交通大学学报》（社会科学版）2018 年第 6 期；于君博：《改革开放 40 年来中国行政体制改革的基本逻辑》，《经济社会体制比较》2018 年第 6 期。

③ 孙涛、张怡梦：《从转变政府职能到绩效导向的服务型政府——基于改革开放以来机构改革的文本分析》，《南开学报》（哲学社会科学版）2018 年第 6 期；陈鹏：《改革开放四十年来我国机构改革道路的探索和完善》，《浙江社会科学》2018 年第 4 期；高小平、陈宝胜：《改革开放以来政府机构改革的类型历程——基于政府机构改革阶段性特征的研究》，《学海》2018 年第 3 期；熊文钊：《机构改革：全面提升政府治理效能之路》，《人民论坛》（学术前沿）2018 年第 6 期；许耀桐：《中国政府机构改革 40 年来的发展》，《行政论坛》2018 年第 6 期。

④ 王曦、彭业硕：《从摸着石头过河到顶层设计——中国改革模式的演进》，《中山大学学报》（社会科学版）2018 年第 6 期。

⑤ 何俊志、霍伟东：《从嵌入到规范：中国地方人大制度胡阿路径的新模式》，《华中师范大学学报》（人文社会科学版）2018 年第 4 期。

⑥ 张文显：《中国法治 40 年：历程、轨迹和经验》，《吉林大学社会科学学报》2018 年第 5 期；武树臣、武建敏：《中国的法治发展：改革开放四十年的回顾与展望》，《山东大学学报》（哲学社会科学版）2018 年第 4 期；颜德如、李过：《改革开放四十年我国法治建设的回顾与前瞻——基于国务院 1978—2018 政府工作报告之文本分析》，《学习与探索》2018 年第 12 期。

断在党的领导、群众创造、社会参与的互动中凝聚改革的共识与合力①，其突出特点是坚持以人民为中心的政治原则，内含多层面的政治回应制度，富含凝聚社会共识的政治技术，内嵌包容开放的政治过程②，而促使中国各级政府回应民意的政治约束力主要源于政治合法性的文化传统、群众路线的政治自觉和民意压力下的适应性变革三个方面。③

关于国家制度体系变革的学理特征研究，也构成学术动态的一个具体方面。基于中国政治发展的独特历程，学者们积极开展历史比较和中外比较。从历史比较维度出发，有学者认为，在传承民本主义理念的同时将"守成的民本主义"转换为"能动的民本主义"是中国共产党在 40 年间应对西方现代性挑战进而开辟中国特色社会主义道路的关键。④ 从中外比较维度出发，有观点认为，取得改革开放一系列伟大成就的关键在于"坚持方向，包容混合"的理念，即在世界上自由民主、自由市场的浪潮中坚持社会主义方向，实现政治体系、经济体系、文化价值体系的多元混合。⑤ 随着中国改革开放取得越来越多的成果和更大的进展，西方学者对中国政治发展的观察解读从发展视角转向了治理视角，开始预测中国政治将稳步保持现状，认为中国政治发展在现实方案选择和理论完善发展方面对世界都具有重要意义。⑥

---

① 王久高：《中国改革开放的基本逻辑与核心经验》，《中国特色社会主义研究》2018 年第 3 期；张静：《社会变革与政治社会学——中国经验为转型理论提供了什么》，《浙江社会科学》2018 年第 9 期。

② 季燕霞：《回应型政治：政府与社会良性互动的权力范式》，《南通大学学报》（社会科学版）2018 年第 4 期；田凯：《我国公共服务领域政府与社会组织合作关系的发展》，《国家行政学院学报》2018 年第 5 期；张成福：《政府治理创新与政府治理的新典范：中国政府改革 40 年》，《国家行政学院学报》2018 年第 2 期。

③ 张亚泽：《当代中国政府民意回应性的治理绩效及其生成逻辑》，《陕西师范大学学报》（哲学社会科学版）2018 年第 3 期。

④ 阎小波：《从守成到能动：中国共产党与民本主义的转向》，《吉林大学社会科学学报》2018 年第 1 期。

⑤ 杨光斌、杨森：《中国改革开放 40 年的国家治理之道》，《探索与争鸣》2018 年第 10 期；欧阳康：《探析中国国家治理体系的比较优势——中国四十年发展道路的回顾与思考》，《人民论坛》（学术前沿）2018 年第 6 期；吴忠民：《中国现代化建设模式的转变——从外在拉动型现代化到自觉内生型现代化》，《江海学刊》2018 年第 5 期。

⑥ 谢光远：《西方学者眼中改革开放以来中国政治的发展》，《国外理论动态》2018 年第 9 期；魏昂德：《中国改革道路的历史意义》，梅沙白译，《国外理论动态》2018 年第 9 期；刘世军：《中国共产党创造的新制度文明及其独特优势》，《毛泽东邓小平理论研究》2018 年第 4 期。

二 以政治建设为统领的新时代党的建设研究

党的十九大对中国特色社会主义新时代推进党的建设提出了新要求并进行了系统部署,这为学界相关研究开辟了新境界。总体而论,2018 年,这一主题研究主要展开的理论维度有:从新时代中国特色社会主义思想出发深刻阐释其背后的理论来源;[①] 立足于新时代全面从严治党的要求分析其现实需求;[②] 基于新时代中国共产党的执政目标分析其中的重要意义。[③] 基于党的建设总体布局,研究的重点聚焦于政治建设,围绕党的建设质量这一核心概念,形成了对新时代推动以政治建设为统领的党的建设的系统认识。

(一)关于党的政治建设

政治建设被单独提出并作为党的建设伟大工程的统领引发了学者的密切关注。学者普遍认为,突出政治建设的统领地位不仅是党在长期历史实践中的优良传统和政治优势,而且是推进全面从严治党向纵深发展的必然要求。有研究论证了党的政治建设内涵,即必须坚持党中央权威和集中统一领导,尊崇党章,严肃党内政治生活,完善落实民主集中制的各项制度,营造良好的党内政治文化,净化党内政治生

---

① 丁俊萍:《习近平党建思想的鲜明特征和重大意义》,《马克思主义理论学科研究》2018 年第 3 期;刘红凛:《新时代党的建设总要求的五大新意与理论分析》,《理论探讨》2018 年第 3 期;王树春、宋庆森:《习近平党建思想的科学内涵研究》,《理论探讨》2018 年第 4 期;刘卓红、王彪:《国家治理现代化视域下推进党的建设的合理性逻辑》,《学习与探索》2018 年第 8 期。

② 张灿、王进芬:《坚持和加强党的全面领导:逻辑理路、根本保障和价值指向》,《中国特色社会主义研究》2018 年第 4 期;姚桓:《加强党的全面领导和践行全面从严治党——理论逻辑与实践难点》,《华东师范大学学报》(哲学社会科学版)2018 年第 2 期;姚桓、黄峰:《论改革开放以来中国共产党的革命性锻造及其特点、意义》,《理论探讨》2018 年第 6 期。

③ 陈学明、陈鹏:《"强起来"需要中国共产党的领导——基于马克思主义政党理论的分析》,《马克思主义理论学科研究》2018 年第 4 期;李红权、张春宇:《中国共产党推进新时代责任型政党建设论析》,《理论探讨》2018 年第 4 期。

态，提升党员干部政治觉悟和政治能力。① 关于严肃党内政治生活，有研究强调要正确处理其中的五对矛盾关系。② 围绕党内政治文化建设这一新议题，学者分析了党内政治文化建设的重要作用，梳理了构成党内政治文化的要素，论证了推进党内政治文化建设的路径。③ 有学者从实践维度提出要总结和提炼党内政治生态运行规则，运用科学的政治生态考评方法，明确政治生态考评标准。④ 同样被纳入党的建设总体布局的纪律建设也引起了关注，学者们认为，这有助于强化纪律教育和纪律贯彻执行，推动形成纪律自觉，让党员干部在受监督和约束的环境中工作和生活。⑤ 新时代党的建设总体布局要求将制度建设贯穿在党的建设各个方面，在党的政治建设中制度建设具有重要地位。党的制度建设是落实全面从严治党战略部署的基本保障，是实现全面依法治国基本方略的根本保证，是全方位加强党的建设工作的制胜法宝。⑥ 在诸多制度建设策略中，党内法规建设聚焦度较高。有研究论证了持续推进党内法规体制构建的思路⑦，规范地方党组织开展

---

① 许耀桐：《关于加强党的政治建设问题的探讨》，《理论与改革》2018 年第 5 期；张灿：《论政治建设在党的建设中的统领地位》，《求实》2018 年第 1 期；李仕波：《理解中国共产党政治建设为根本性建设的几个维度》，《江苏行政学院学报》2018 年第 5 期；黄伟力：《正确的政治方向是新时代党的政治建设的灵魂》，《马克思主义研究》2018 年第 8 期；张师伟：《新时代中国共产党政治建设重要价值的三个维度分析》，《理论探讨》2018 年第 2 期。

② 王国敏、陈梅芳：《加强和规范党内政治生活应把握好五组主要矛盾关系》，《四川大学学报》（哲学社会科学版）2018 年第 3 期；李梦云：《新形势下严肃党内政治生活现实内涵"五论"》，《理论探讨》2018 年第 2 期。

③ 何虎生、赵文心：《党内政治文化建设的基本原则及实现路径》，《马克思主义理论学科研究》2018 年第 4 期。

④ 王逞见：《论新时代净化党内政治生态的综合考评机制》，《理论与改革》2018 年第 6 期；赵成斐、宋坚刚：《中国共产党党内政治生态的回路及生态链构建》，《河南社会科学》2018 年第 5 期；孙艳春、陈雪莹：《关于构建地方党组织政治生态考核评价指标体系研究》，《理论探讨》2018 年第 6 期。

⑤ 韩云霄、王树荫：《论习近平新时代党的纪律建设思想的科学内涵》，《马克思主义理论学科研究》2018 年第 3 期；王同昌：《十九大对新时代党的纪律建设的部署与创新》，《理论与改革》2018 年第 3 期。

⑥ 周义程、段哲哲、周忠丽：《新时代制度治党：实践价值、制度基础与关键环节》，《求实》2018 年第 3 期。

⑦ 吕品：《党内法规体制构建的若干问题思考》，《南京社会科学》2018 年第 12 期；季东晓：《当代马克思主义执政党实现党规国法协调发展路径研究》，《理论探讨》2018 年第 6 期；赵成斐：《党内法规"一元多维"备案审查模式及效能发挥》，《苏州大学学报》（哲学社会科学版）2018 年第 5 期。

党内法规体系建设原则和方略①，以及提高党内法规执行力的路径。②

（二）关于基层党建

党的建设扎实、深入推进，需要从基层组织建设、破除阻滞两方面入手。围绕基层党组织建设的目标，研究的重点集中于分析社会组织、企业和群众自治组织开展和加强组织建设的问题。针对社会组织内党的建设，有学者探讨了在与行政机关脱钩的四类社会组织中建立党组织并开展活动的途径。③ 针对国有企业党的建设，学者从国有企业发展所面临的障碍方面指出"找回政党"的重要意义，为加强国有企业党的建设提供了理论依据④；有学者论证了基于不同行业领域的国有企业特有的行业经营方式加强党建的策略与方法。⑤ 针对非公企业党的建设，学者们的论证方案包括强化顶层设计、健全工作机制、着力推动有形覆盖和有效覆盖相统一，积极探索发挥实质性作用的有效途径，持续提升非公党建科学化和规范化水平。⑥ 围绕农村党组织和社区党组织建设，有研究论证了一套较完整的用以评价和引导的标准化体系。⑦ 针对破除党的建设中的阻滞方面，有研究概括出了实践中的种种不良倾向：执行的形式主义、选择性从严、扭曲中央精

---

① 周悦丽：《以地方为视角的党内法规体系建设研究》，《北京行政学院学报》2018年第4期。

② 石佑启、李杰：《论提高党内法规的执行力》，《学术研究》2018年第5期。

③ 崔开云、徐勇：《中国共产党对社会组织的政治整合问题分析——基于观念、机构和行动的综合性视角》，《教学与研究》2018年第6期；严宏：《中国共产党社会组织党建策略选择：支配、适应、互惠抑或协商》，《马克思主义与现实》2018年第1期；刘玉东：《基层党组织在社会领域的功能建设》，《中州学刊》2018年第1期。

④ 郑寰、祝君：《也论党的领导与国有企业公司治理的完善——中国国有企业公司治理的政治维度》，《经济社会体制比较》2018年第2期；强舸：《国有企业党组织如何内嵌公司治理结构？——基于"讨论前置"决策机制的实证分析》，《经济社会体制比较》2018年第4期。

⑤ 郑琦：《资源整合：构建金融党建内生动力的有效视角》，《经济社会体制比较》2018年第2期。

⑥ 刘刚：《非公企业党建难点问题及其破解对策——基于河南省的调查与思考》，《中州学刊》2018年第10期。

⑦ 陈平其：《农村基层党组织标准化建设研究》，《中州学刊》2018年第6期；聂伟、陈家喜、谷志军：《城市社区党委书记队伍建设的现状、问题与对策——基于S市637个社区的实证研究》，《中州学刊》2018年第3期。

神、层层加码、压制党内民主、脱离群众等。有学者认为，这是当前基层"关键少数"在全面从严治党政策执行中问题的主要表现。其根源在于少数基层党员领导干部综合素质低于政策执行的基本要求，党务水平低、党性修养差、执行能力不足，并指出对此要内抓素质提升，外抓执行监督，强化执行队伍建设。①

（三）质量建党

围绕党的建设质量这一新议题，有学者认为，党的建设质量是由党的宗旨、功能、效能、稳定、创新多个维度构成的，通过党内政治文化质量、党内政治生活质量、党的功能效能质量、党员队伍质量、党的先进性纯洁性持续发挥作用的质量等表现出来。党的建设质量的总体要求表现在党要始终走在时代前列，得到人民的衷心拥护，勇于自我净化、自我完善、自我革新、自我提高。影响党的建设质量的突出问题包括腐败、党的建设空白化边缘化、党的建设能力不足和党的建设创新缺乏影响。提升党的建设质量需要以全面从严治党为主体、以党内政治文化为导向，以党组织领导班子建设为重点，以法治型党组织建设为抓手，以党的建设基本规律为遵循。②

三 统筹与深化党和国家机构改革研究

改革开放以来，系统性的国务院机构改革开展过多轮，然而，统筹党和国家机构的全面改革则是第一轮。③ 聚焦这一主题的研究主要围绕统筹与深化党和国家机构改革的基础理论，监察体制改革和国务院机构改革的实践和理论逻辑展开。

---

① 郭建文：《全面从严治党政策执行阻滞研究——对基层"关键少数"的执行分析》，《贵州社会科学》2018 年第 10 期。

② 方世南、尤西虎：《提高新时代党的建设质量研究》，《中国特色社会主义研究》2018 年第 1 期；张书林：《新时代基层党建创新：困境与路向》，《理论探讨》2018 年第 1 期。

③ 施雪华、赵忠辰：《党的十九大后新一轮大部制改革的背景与思路》，《理论与改革》2018 年第 4 期；齐卫平：《制度优势与治理效能的高度统一——新时代中国国家治理体系本质特征研究》，《人民论坛》（学术前沿）2018 年第 6 期。

（一）统筹与深化党和国家机构改革的基础理论

基于近年来中国共产党治国理政实践，统筹党和国家机构改革必将显示出它的重要意义。它以党对一切工作的全面领导进一步体系化、构建中国特色的现代化国家治理体系为目标，旨在统筹党政军群机构，推进党的领导力、政府治理能力、人民军队战斗力、群团组织和社会组织活力的共生共鸣共振[1]，建构了中国特色的"权力分工协调"机制。[2] 深化党和国家机构改革则要建立统筹使用各类编制资源的动态调整机制，以法治方式巩固改革成果，构建职责明确、依法行政的机构组成体系。[3] 深化党和国家机构改革的具体举措之一就是将组建中央全面依法治国委员会、中央审计委员会，将中央全面深化改革领导小组、中央网络安全和信息化领导小组、中央财经领导小组和中央外事工作领导小组更名为委员会，有学者指出，这一转变体现了党的全面领导，突出了党政全新互动关系，具有巩固意识形态、优化决策机制、创新体制的价值。[4]

（二）组建国家监察委员会

组建监察委员会被列入党和国家机构改革方案标志着监察体制改革的全面铺开。相关研究的重心多聚焦从法律和制度的视角分析国家监察委员会的运作流程及其与现有制度和权力之间的关系。

基于宪法修正案和监察法的规定，有研究从宪法地位、组织机

---

① 胡鞍钢、程文银、杨竺松：《坚持党的全面领导 推进党和国家机构改革》，《行政管理改革》2018 年第 5 期；宋世明：《深化党和国家机构改革 推进国家治理体系和治理能力现代化》，《行政管理改革》2018 年第 5 期。

② 周叶中、胡爱斌：《中国特色的"权力分工协调"论》，《南京社会科学》2018 年第 6 期。

③ 沈荣华：《国家治理变革视角下深化政府行政机构改革的重点和思路》，《行政管理改革》2018 年第 4 期。

④ 臻荣、朗明远：《从"领导小组"到"委员会"：制度逻辑与政治价值》，《山西大学学报》（哲学社会科学版）2018 年第 4 期；冯贵霞：《党的十九大后一轮大部制改革的内容与特点》，《理论与改革》2018 年第 4 期。

构、职权内容和程序设置等方面建构国家监察法治体系的基本框架。①
有学者认为，监察委员会的全面组建是推动反腐败制度化和提升反腐
败合法性的需要。② 针对监察委员会的职权配置和程序设置以及监察
委员会与纪委合署办公的工作方式，有学者认为，这有利于将改善党
的领导方式与保障监察委员会依法独立行使监察权统一起来、优化用
留置取代"两规"的法律规范与实践举措、健全纪法衔接的领导体
制与工作机制和构建纪检监察机关的全方位监督机制的形成。③ 此外，
监察委员会的权力也应当受到监督是国家治理体系的必然要求，许多
研究着眼于从人民代表大会和检察机关发掘制度资源。有学者认为，
基于人民代表大会和国家监察委员会之间的授权与负责、监督与被监
督的关系，依照人民代表大会的职权框架，人民代表大会监督国家监
察委员会的主要方式有多种。④ 还有学者认为，国家监察体制改革过
程将反渎职侵权职能保留给检察机关，有效解决了谁来监督监察机构
的问题，有利于打击渎职侵权犯罪和保护当事人权利。⑤ 人民监督员
制度也应当随着这一改革转向对检察机关公诉权行使的监督，防止检
察机关的不当起诉或不起诉。⑥ 综合来看，有学者认为，监察委员会
改革的历程是"三者有机统一"的有益尝试。⑦

（三）国务院机构改革

针对本轮国务院机构改革，相关研究从整体和个案出发，阐发了

---

① 江国华、何盼盼：《中国特色监察法治体系论纲》，《新疆师范大学学报》（哲学社会科学版）2018 年第 5 期。

② 田湘波：《制度同构理论视角下国家监察体制改革的价值追求》，《湘湖论坛》2018 年第 2 期；朱程斌、李龙：《新时代的国家监察委：通过党内法规的政治机关法治化路径初探》，《广西社会科学》2018 年第 3 期。

③ 吕永祥、王立峰：《"纪委"与"监察委"合署办公的现实问题与解决路径——以政治系统论为分析视角》，《中南大学学报》（社会科学版）2018 年第 3 期。

④ 刘小妹：《人大制度下的国家监督体制与监察体制》，《政法论坛》2018 年第 3 期。

⑤ 苏志强：《反渎职侵权：作为监察权监督的一种方式》，《北京社会科学》2018 年第 7 期；姚建龙：《监察委员会的设置与检察制度改革》，《求索》2018 年第 4 期。

⑥ 高一飞：《国家监察体制改革背景下人民监督员制度的出路》，《中州学刊》2018 年第 2 期。

⑦ 虞崇胜：《"三者有机统一"的有益尝试——基于监察体制改革的过程性分析》，《理论探讨》2018 年第 4 期。

改革的历史意义和关键举措。① 国务院机构改革整体部署包含着本轮改革的基本逻辑，即回应新时代社会主要矛盾转变，围绕"以人民为中心"的发展理念，从组织职能上解决长期存在于卫生健康事业、老龄化工作、三农问题、食品药品安全等关键民生领域的问题。②

组建国家卫生健康委员会、国家医疗保障局、国家市场监督管理总局都引起了学界的特别注意。国家卫生健康委员会以及医疗保障局的组建及其新职能，是回应人民群众对医疗卫生体制改革的核心关切、应对老龄化的新国情，力图建立积极的老年事业，整合式的服务体系，实现老龄化政策的公平性和全生命周期健康保障。③ 针对组建国家市场监督管理总局，有学者认为，这是顺应地方政府创新改革、回应理论界呼吁的重大体制突破，在顶层设计上基本解决了横向间政府职能交叉的问题。④

应急管理部、退役军人事务部的组建对新时代完善政府职能具有显著意义。应急管理部的组建，是适应总体国家安全观的必然要求。国家安全、公共安全面临着新形势、新挑战，必须积极推进应急管理体制改革。⑤ 在实践中，应急管理体制存在着种种问题，组建应急管理部对于促进我国应急管理体制机制的完善，改变应急管理机构"碎片化"，破除应急指挥权和应急资源分散状况都具有里程碑式的意义。在应急管理部组建后，需要解决确立现代应急管理所需要的理念和意识，设置应急管理部的内设机构并确保其运转高效，处理好应急管理

---

① 唐任伍、马宁、刘洋：《中国政府机构改革：元问题、元动力与元治理》，《中国行政管理》2018 年第 11 期。

② 胡雯、陆杰华：《新一轮机构改革对改善民生顶层设计的要义解读》，《国家行政学院学报》2018 年第 3 期。

③ 胡雯、陆杰华：《机构改革应对老龄化新国情的战略安排》，《南开学报》（哲学社会科学版）2018 年第 6 期。

④ 宋林霖、许飞：《论大市场监管体制改革的纵深路径——基于纵向政府职责系统嵌套理论分析框架》，《南开学报》（哲学社会科学版）2018 年第 6 期；薛澜、李希盛：《深化监管机构改革 推进市场监管现代化——以杭州市为例》，《中国行政管理》2018 年第 8 期；王健、王鹏：《新一轮市场监管机构改革的特点、影响、挑战和建议》，《行政管理改革》2018 年第 7 期。

⑤ 马宝成：《坚持总体国家安全观 全面推进新时代应急管理体系建设》，《国家行政学院学报》2018 年第 6 期。

部与其他有关部委的关系等现实问题。① 退役军人事务部的组建，回应了我国退役军人管理保障机构多头分散、多方协调、多方治理等问题。组建独立的退役军人管理保障机构是十分必要的。②

四　全面推进依法治国研究

全面推进依法治国与国家治理体系的各个组成部分密切相关。因此，全面推进依法治国的研究照例集中于权力机关、行政机关和司法机关相关领域；主题集中于保证人民代表大会依法行使职权、深入推进依法行政和法治政府建设、推动司法体制综合配套改革上。

（一）保证人民代表大会依法行使职权

在人民代表大会的职权研究中，立法权长期受到关注，决定权则近来才受到重视。

关于立法权的充分行使，有研究基于对制度文本和制度实践的比较，从宏观层面揭示了立法权行使所存在的问题，如会议议程的实际决定权偏移、统一审议中央委员会功能放大和议事成员的实际议事功能较弱三方面。③ 讨论较集中的问题还有：关于立法模式的"政府主导型"和"政府回避型"的争议④；公共参与不足和公共利益代表不充分⑤；宪法监督和规范性文件备案审查体系化建设问题等。⑥ 关于人大决定权的研究，在理论和实证方面都取得了一定的突破。在理论

---

① 蔡立辉、童慧明：《论机构改革与我国应急管理事业的发展》，《行政论坛》2018年第3期；李雪峰：《以机构改革为契机构建公共安全治理新格局》，《行政管理改革》2018年第7期。

② 李玉倩、陈万明：《当前我国退役军人管理保障机构的设置研究》，《中国行政管理》2018年第8期。

③ 宋方青、王翔：《论我国人大立法审议机制的功能与优化》，《厦门大学学报》（哲学社会科学版）2018年第6期。

④ 章志远：《行政立法相对回避模式之建构》，《浙江社会科学》2018年第3期；冯亮、何俊志：《人大立法中政治与技术逻辑的互动——以G省人大常委会立法过程为例》，《学术研究》2018年第8期。

⑤ 黎堂斌：《地方立法存在的问题、成因及对策》，《学习与探索》2018年第12期。

⑥ 王锴、刘犇昊：《现状与问题：地方备案审查制度研究——以31个省级地方为例》，《江苏行政学院学报》2018年第3期。

研究方面，依据决定对象的效力特性和内容特性形成了对决定事项的类型划分，并有针对性地分析了决定权行使的动力和障碍①；在实证研究方面，有学者对全国人大和省人大及其常委会的决定权行使进行了比较分析，剖析了其在自主性上的差异。②

（二）深入推进依法行政和法治政府建设

学界对依法行政和法治政府建设的研究多为规范性探讨，实证研究成果较少。依据研究成果内容的一般化程度，这些研究可分为宏观、中观和微观层次。

在宏观研究层次，相关研究多聚焦于依法行政和法治政府建设不断变化着的现实背景③，特别是中国特色社会主义新时代主要矛盾的变化，以及十八大以来推动依法行政和法治政府建设的重大理论和决策与此前的不同之处④；十九大对依法行政和法治政府建设提出的新要求强调了严格、规范、公正、文明执法，转变政府职能，深化简政放权，创新监管方式，增强政府公信力和执行力。⑤在中观研究层次，相关研究多从规范政府行为的一系列基本法律和配套制度出发，论证对依法行政和法治政府建设更具操作性的认识和规则。实施 10 年的政府信息公开条例、处于大修订中的公务员法都成为学界重点分析的对象，以此为基础开展针对政府信息公开制度和公务员管理制度的研究。⑥另外，政府法律顾问制度也吸引了关注，较多的观点认为，顾

---

① 谭清值：《全国人大概括职权样态的实证考察》，《北京社会科学》2018 年第 7 期。

② 邹平学、刘海林：《论人大重大事项决定权的规范内涵及制度完善》，《四川师范大学学报》2018 年第 1 期。

③ 石佑启、杨治坤：《中国政府治理的法治路径》，《中国社会科学》2018 年第 1 期。

④ 姜明安：《论新时代中国特色法治政府建设》，《北京大学学报》（哲学社会科学版）2018 年第 1 期。

⑤ 姜明安：《推进落实法治政府建设新要求》，《行政管理改革》2018 年第 1 期；马怀德：《新时代法治政府建设的意义与要求》，《中国高校社会科学》2018 年第 5 期；郭苏建、向淼：《从行政吸纳到简政放权——法治政府建设的双重逻辑及其转变》，《探索与争鸣》2018 年第 10 期。

⑥ 后向东：《构建新时代中国特色政府信息公开制度》，《中国行政管理》2018 年第 5 期；胡威、蓝志勇：《〈中华人民共和国公务员法〉十年回顾、思考与展望》，《南京社会科学》2018 年第 1 期；宋世明：《中国公务员管理的四大机制演进——以〈公务员法（修订草案）〉为分析蓝本》，《行政管理改革》2018 年第 12 期。

问律师应当是法治政府建设的参与者、规约者、服务者。与之相应，顾问律师应当坚持的取向是行政民主、行政法治、行政正义。① 在微观研究层面，有着大量的针对不同行政管理领域的理论分析，内容较为庞杂多样。

近年来，针对推进依法行政和法治政府建设的实证研究也日益增多，它们试图运用评估、问卷等方式对法治政府建设水平加以量化分析，这一系列研究得以有效开展的关键是政府法治测量指标的科学构建。②

（三）司法体制及综合配套改革

在全面推进依法治国的历史进程中，随着司法体制改革的深入，司法综合配套改革越来越成为影响司法公正和司法效能的因素。

摆脱司法地方化和行政化痼疾的管辖制度改革成为较多研究的分析对象。最高人民法院设立的六个巡回法庭被概括为"中央司法权力的非集中化"探索。③ 基于管辖制度改革实践，管辖改革模式被分类为"转圈推磨异地管辖""相对集中选择管辖""集中交叉混合管辖""跨行政区划法院管辖"和"铁路两级法院管辖"等多种形态。④ 立案登记制改革在宏观上具有优化国家与社会关系的作用，它具备诉权保障的功能，可以多维度地践行诉权保障理念，但同时也带来了实践中的滥诉和法院案件数剧增等挑战。⑤ 法官检察官员额制改革成为年度研究的重点。主要关注点是提升司法裁判专业化程度而进行的司法

---

① 江国华、刘文君：《政府法律顾问在法治政府建设中的角色与取向》，《哈尔滨工业大学学报》（社会科学版）2018 年第 2 期。

② 康兰平：《表征与建构：量化法治评估的方法论之争及其实践走向》，《理论与改革》2018 年第 1 期；赵盛阳：《构建地方法治指数的理论阐释》，《学术交流》2018 年第 2 期；王勇：《论法治评估的功能局限于实践定位——基于"法治"与"评估"的双重困境》，《中国法律评论》2018 年第 3 期。

③ 侯猛：《中央司法权力的非集中化——从最高人民法院巡回法庭切入》，《学习与探索》2018 年第 5 期。

④ 廖永安、蒋凤鸣：《人民陪审员改革目标的反思与矫正——以 A 市两试点法院为例》，《华侨大学学报》（哲学社会科学版）2018 年第 1 期。

⑤ 石春雷：《立案登记制改革：理论基础、运行困境与路径优化》，《重庆大学学报》（社会科学版）2018 年第 5 期。

人员分类管理制度改革的效果，研究发现，分类管理带来了院、庭长办案问题，即院、庭长办案仍然存在挂名办案、选择办案、作秀办案的倾向。为此，应该重点完善分案制度，调整分案原则，强化案件类型甄别机制，同时加强监督约束、提升制度刚性。① 还有研究聚焦于体现司法民主和法治参与的陪审员制度改革，认为人民陪审员制度改革要转换视角，弱化政治意义而强化司法功能，注意考虑司法审判相关主体与参与司法裁判民众之间的关系。②

五 社会主义协商民主的理论创新与深入发展研究

围绕推动社会主义协商民主在实现党的领导、推动国家治理现代化过程中作用有效发挥的理论关怀，学者们继续阐发社会主义协商民主的基础理论，③ 科学探究政治精英和代表在社会主义协商民主实践中的角色和作用，深入剖析各地推动社会主义协商民主实践，将协商民主作为政治学的核心关切，提出推动社会协商民主发展的建议，反映了社会主义协商民主研究的本土化、制度化和实证化趋势。④

（一）社会主义协商民主的基础理论探索

基础理论是学界和政界用于认识与分析社会主义协商民主的基本知识框架，它建构了协商民主理论与中国政治过程的对话，回答了协商民主与中国政治过程的契合性与具体的契合方式。就与政治过程的契合性来看，系统性意味着协商民主本身蕴含着对多元、多维协商的

---

① 龙宗智、孙海龙、张琼：《落实院庭长办案制度》，《四川大学学报》（哲学社会科学版）2018年第4期。

② 程坤鹏、徐家良：《新时期社会组织党建引领的结构性分析——以S市为例》，《新视野》2018年第2期；丁相顺：《比较法视野下的人民陪审员制度改革》，《浙江大学学报》（人文社会科学版）2018年第3期。

③ 张光辉：《协商民主是实现党的领导的重要方式的内在逻辑——一种基于群众路线视阈下的分析与探讨》，《理论与改革》2018年第5期。

④ 马奔、叶紫蒙：《我国新时代协商民主研究的主要趋势》，《中共中央党校学报》2018年第4期。

追求，因而它不仅仅意味着面对面的协商。① 就与政治过程的契合方式来看，可以依照发生的逻辑、场域和议题之不同，将社会主义协商民主划分为政治协商、政策协商和社会协商三个层次，认为不同层次的协商民主按照各自的逻辑展开，社会主义协商民主的发展需要推动三者的互动与有机融合。② 更多的研究则是依托中国特色政党制度、人民代表大会制度、政治协商制度、政府决策制度、基层居民自治制度、信访制度、听证制度等具体制度展开的，分析了社会主义协商民主在具体制度系统内部的实现形式和发展方向。③

（二）社会主义协商民主实践中的主体

政治精英历来是学者认识和分析社会主义协商民主的重要视角。从深化认识的视角出发，有研究通过对 35 名社区支部书记进行的深度访谈，发现了城市社区所存在的协商主体单一与力不能及、内容片面与无序、流程不完整与随意和形式的一元与陈旧等难题。④ 对于政治精英协商民主观念的深度考察也为认识社会主义协商民主实践提供了丰富的知识。有研究发现，地方官员偏好于协商民主在公共决策方面的功能，回避其监督公权力的功能。同时任职经历也深刻地影响着

---

① 张继亮：《发展和完善协商民主——基于协商系统理论的启示》，《南京社会科学》2018 年第 8 期。

② 李修科、燕继荣：《中国协商民主的层次性——基于逻辑、场域和议题分析》，《国家行政学院学报》2018 年第 5 期。

③ 张宇、刘伟忠：《新时代语境下社会主义协商民主的边界：以有限行动谋求有效协商》，《理论与改革》2018 年第 5 期；周淑真：《论我国新型政党制度的独特优势——基于内涵要义、严谨逻辑与结构关系的分析》，《人民论坛》（学术前沿）2018 年第 7 期；李蕊：《人大协商：内涵、理论与要素》，《经济社会体制比较》2018 年第 4 期；包心鉴：《新时代社会主义协商民主的地位与功能——兼论人民政协在推动协商民主中的重要作用》，《江汉论坛》2018 年第 11 期；汪家焰、赵晖：《论协商式政策议程设置模式：理论谱系、生成逻辑与建构路径》，《南京社会科学》2018 年第 12 期；马华：《村治实验：中国农村基层民主的发展样态与逻辑》，《中国社会科学》2018 年第 5 期；何包钢、王锋：《信访机制的民主化——协商民主的视角》，《浙江大学学报》（人文社会科学版）2018 年第 1 期；Tong Dezhi, He Baogang, "How Democratic are Chinese Grassroots Deliberations? An Empirical Study of 393 Deliberation Experiments in China," *Japanese Journal of Political Science*, Vol. 19, No. 4, 2018：630 – 642.

④ 张平、贾晨阳、赵晶：《城市社区协商议事的推进难题分析——基于 35 名社区书记的深度访谈调查》，《东北大学学报》（社会科学版）2018 年第 2 期。

他们的协商民主观念。① 随着研究的深入，学者们也注意到了社会主义协商民主实践中代表问题的复杂性。虽然协商民主强调广泛、多层、制度化，但在实践中不得不采用代表机制开展协商，社会主义协商民主实践需要重视代表的产生机制，不断推进代表选举和选择、精英和大众、委托和代理等不同代表机制的有机结合。② 事实上，有关中国特色社会主义协商民主的类型可概括为政党协商、人大协商、政府协商、政协协商、人民团体协商、基层民主协商、社会组织协商。这种权威分类就蕴含着协商民主的主体要素。

（三）发展社会主义协商民主的地方案例

除长期被关注的浙江温岭民主恳谈制度之外③，越来越多的案例对象被纳入研究之中，用以阐释社会主义协商民主制度的实践经验。在制度构建经验意义上，有研究对浙江象山"村民说事"制度运作进行了研究，发现该制度包含了"村民说事、村务会商、民事村办、村事民评"四个环节，涵盖了回应、落实到问责的全过程，实现了乡村协商民主的系统化再造④；基于对彭州市社会协商对话所进行的研究，概括出该地通过构建县、镇、村三级联动的社会协商机制，形成了以县为单位的健全和发展社会主义民主的中层设计；⑤ 在制度实践经验意义上，基于广东部分城市政府主导的公共服务政策公众评议活

① 林雪霏、傅佳莎：《作为治理资源的协商民主——地方官员协商式决策的功能偏好及其影响因素》，《治理研究》2018 年第 1 期；Zhang Kaiping, Meng Tianguang, "Political Elites in Deliberative Democracy: Beliefs and Behaviors of Chinese Officials," *Japanese Journal of Political Science*, Vol. 19, No. 4, 2018：643 - 662.

② 韩冬临：《如何看待协商民主中的代表选取？——基于地方领导干部视角的分析》，《经济社会体制比较》2018 年第 4 期；谈火生：《混合式代表机制：中国基层协商的制度创新》，《浙江社会科学》2018 年第 12 期；段德敏：《冲突还是：协商民主与政治代表机制间关系分析》，《学术月刊》2018 年第 3 期。

③ 王国勤、陶正玄：《温岭民主恳谈的制度演进与理论发展》，《治理研究》2018 年第 6 期。

④ 王国勤：《乡村协商民主的系统化再造——以象山"村民说事"为例》，《浙江社会科学》2018 年第 12 期。

⑤ 李德虎：《协商民主在乡村治理中的实现路径——基于成都社会协商对话会的考察》，《河南社会科学》2018 年第 1 期；朱凤霞、陈昌文：《中层设计：基层协商民主的制度化探索——对成都彭州市社会协商对话的考察》，《行政论坛》2018 年第 5 期。

动的研究，发现官员对公众参与的价值判断决定了他们对协商治理的
接纳程度，地方政府为活动设定的行动目标决定着公众参与开展的范
围、过程、形式和结果，组织结构是决定执行者能否有效推行公众参
与的制度条件。只有在这三个条件都具备时，公民参与评议活动才可
以发挥协商作用进而切实影响决策过程，否则只能发挥咨询、点评或
商议的作用。[1]

（四）推动社会主义协商民主的制度化

制度化是政治学的核心关切之一，一项制度在政治体系内部获得
良好绩效和持久认同，在政治体系外部拥有对话能力和比较优势是制
度化的重要表现。围绕制度绩效，有研究结合社区协商的经验得出结
论，认为影响制度绩效的关键在于参与者同时拥有议决权和行动权，
由此居民的旁观者角色将发生根本改变，有助于达成集体共识并组织
起来执行公共决议。[2] 也有学者以信息为分析媒介，强调破除信息不
对称对于推动社会主义协商民主制度化的重要意义。[3] 围绕制度认同
的研究认为，社会主义协商民主的制度认同面临着渠道不畅、形式异
化、规范性与法理性缺失、利益多元化、民众参与能力与资源不足和
社会公民文化缺失等多重挑战，并认为建构制度认同需要将协商民主
制度纳入法治化轨道，不断塑造民主政府形象，提升民众的公民素养
以及不断发展适宜民主实施的社会公共领域。[4] 围绕对话能力的研究

---

[1] 岳经纶、刘璐：《公众参与实践差异性研究——以珠三角城市公共服务政策公众评议活动为例》，《武汉大学学报》（哲学社会科学版）2018 年第 2 期。

[2] 袁方成、侯亚丽：《赋权的协商民主：绩效及其差异——来自社区的经验分析》，《江汉论坛》2018 年第 11 期；He Baogang, "Deliberative Citizenship and Deliberative Governance: A Case Study of One Deliberative Experimental in China," *Citizenship Studies*, Vol. 22, No. 3, 2018: 294 – 311; Qin Xuan, He Baogang, "Deliberation, Demobilization, and Limited Empowerment: A Survey Study on Participatory Pricing in China," *Japanese Journal of Political Science*, Vol. 19, No. 4, 2018: 694 –708; Pu Niu, Hendrik Wagenaar, "The Limits of Authoritarian Rule: Policy Making and Deliberation in Urban Village Regeneration in China," *Japanese Journal of Political Science*, Vol. 19, No. 4, 2018: 694 –708.

[3] 娄成武、何阳：《矛盾·成因·调适：论社会主义协商民主中的信息不对称》，《理论月刊》2018 年第 10 期。

[4] 许开轶、朱晨晨：《基层协商民主的制度认同论析》，《政治学研究》2018 年第 4 期。

认为，通过观察近年来中国在社会主义协商民主理论和实践方面的探索，要推动社会主义协商民主从发展优势到话语优势的转变，就必须不断提升中国社会主义协商民主国际对话能力，为丰富世界民主文明贡献中国智慧。① 关于比较优势，通过对中西方协商民主进行比较，有研究基于起源上的路径差异、机理上的异曲同工、价值上的交流互鉴和本质上的同构异质分析了社会主义协商民主的鲜明特色、独特优势和时代价值。②

六 地方和基层治理体系建设研究

地方和基层治理体系直接面对着多样的治理问题和复杂的治理环境，是展现治理现代化水平的直接体现。2018 年这一主题的研究，从地方和基层治理体系建设及其优化，治理体系运作过程及其优化这一"静"一"动"两方面较为全面地揭示了地方和基层治理的一般状况，以及地方和基层治理体系建设和运作过程的新变化，重点关注了多主体、多形态的治理合作以及方兴未艾的技术革新在优化治理中的作用。

（一）治理体系建设及其优化

鉴于城市政府和城市社区的治理体系与乡镇政府和农村社区的治理体系及治理环境存在很大区别，对治理体系建设及优化的研究也据此分为两个部分展开。

围绕城市政府治理体系与优化，研究的主题主要集中于官员晋升、人事管理等问题上。通过对干部成长历程的考察，有研究概括了地方干部在党政之间轮序晋升的一元化精英发展模式。③ 针对逐渐提上日程的公务员分类管理改革，重在推进人事管理观念的根本

---

① 董树彬、刘秀玲：《社会主义协商民主从发展优势到话语优势的转变》，《理论探讨》2018 年第 2 期。

② 孙德海：《中西方协商民主同构异质的学理分析》，《中州学刊》2018 年第 2 期。

③ 钟灵娜、耿曙：《党政分工、轮序晋升与一元化精英发展模式》，《学海》2018 年第 6 期。

性转变，通过加强人事评价、薪酬管理、跨类流动等配套制度来促进改革。① 地方编外人员群体是人事管理中常常被忽略的问题，有观点认为，编外人员的存在为地方政府的人事制度增加了弹性，使地方政府可以应对社会转型期公共事务剧增和编制控制之间的冲突。② 针对城市社区的治理体系建设与优化，学界主要探讨了街道办事处改革和新兴城市社区治理体系建设等问题。实践中，城市街道办事处改革存在着不同模式，简单依靠街道办的存废不能从根本上改变街居制的根源性问题，而是要加快职能精简。③ 针对新兴城市社区，有研究基于"政府—市场—社会"的分析框架，对北京"农转居"社区治理中所存在的四种主要模式进行了分析，发现三者混合机制相较于侧重两种机制结合的模式更有利于克服潜在的治理失灵风险。④

随着现代化范围的逐步扩大，乡村社会的治理环境和治理目标发生了急剧变化，⑤ 乡镇政府和农村社区的治理体系建设与优化面临着新的问题。因为绝大多数乡村很难在短时间内通过自主培养获得相应的治理资源和治理结构，所以，外部输入和间接培养的治理资源在绝大多数乡村发挥着主导作用，这也使得乡村社会的治理结构重心越来越偏向于党政体系和乡村精英。⑥ 乡镇干部、挂职干部、村干部、新乡贤和城乡流动人口等各种类型的乡村社会精英角色成为乡村社会治理研究

---

① 孙柏英：《中国语境下公务员分类管理改革的目标及其实现途径》，《行政论坛》2018 年第 3 期。

② 吕芳、胡轶俊：《在"科层制"和"契约制"之间：地方编外人员的定位》，《北京行政学院学报》2018 年第 3 期。

③ 李媛媛、王泽：《"一社一居"抑或"一社多居"：撤销街道办改革的模式选择——基于安徽铜陵和贵州贵阳街居制改革试点的比较》，《学习与探索》2018 年第 5 期。

④ 李岩、张小劲：《快速城镇化背景下"农转居"社区治理机制与类型比较——基于北京市四类典型社区的案例研究》，《北京行政学院学报》2018 年第 3 期。

⑤ 何绍辉：《乡村振兴视野下的"乡村病"及其应对——来自多点田野调查的思考》，《湖湘论坛》2018 年第 5 期；夏志强、谭毅：《"治理下乡"：关于我国乡镇治理现代化的思考》，《上海行政学院学报》2018 年第 3 期。

⑥ 吴理财：《中国农村社会治理 40 年：从"乡村政治"到"村社协同"——湖北的表述》，《华中师范大学学报》（人文社会科学版）2018 年第 4 期；雷国珍：《论中国共产党对农村治理结构的构建与改革》，《湖湘论坛》2018 年第 4 期；杨郁、刘彤：《国家权力的再嵌入：乡村振兴背景下村庄共同体再建的一种尝试》，《社会科学研究》2018 年第 5 期。

的重点关注对象。针对乡镇党政治理体系，经验表明，单纯的乡镇撤并常常给基层治理带来困难，重要的是要进一步增强民主参与机制，打造责任政府，促进均衡发展，强化公共服务来加大治理能力。① 乡镇治理体系建设，必须重视对"中坚干部"的培育和使用，特别应重视发挥他们的作用。② 村干部的职业化和薪酬激励也成为研究所关注的重要问题。③ 乡贤的角色和作用引起了广泛讨论，有研究认为，乡贤群体困扰分为"保护型经纪"和"盈利型经纪"，论证了这两种类型的不足以及培养"内生型经纪"的路径。④ 相对于留守精英和返乡精英而言，流动精英群体的作用没有得到重视，应积极开发利用这部分乡村精英在城乡社会中均保有的深度嵌入和社会关联，吸纳他们参与乡村公共生活。⑤

（二）治理过程及其优化

中央和上级治理体系与辖区公众群体构成地方和基层治理体系运作两方面的环境，因而对地方和基层治理体系运作过程的研究可划分为政府间关系、常规治理行为与公众互动三个维度。

从政府间关系视角看，中央和地方、上级和下级治理体系运作过程存在着一定程度的矛盾张力。督查制度、典型机制等，都是中央和上级治理体系调动下级和基层治理体系运作的方法。这背后也反映了

---

① 刘志鹏：《"后撤并时代"被调整乡镇的治理现代化：困境与策略选择——以广东为重点的考察》，《学术研究》2018 年第 2 期。

② 贺雪峰：《论乡镇治理视域下的农村基层中坚干部》，《湖湘论坛》2018 年第 5 期。

③ 王向阳：《改革开放后村干部职业化和行政化治理——基于我国东中西部乡村治理实践的考察》，《西北农林科技大学学报》（社会科学版）2018 年第 6 期；娄季春：《农村"两委"干部基本薪酬设计——以河南省新乡市为例》，《西北农林科技大学学报》（社会科学版）2018 年第 4 期；胡业方：《村干部"名"与"实"的历时性嬗变——基于浙江赵村的实地调查》，《华中农业大学学报》（社会科学版）2018 年第 1 期；安永军：《关系吸纳制度：寡头治村与基层民主的变异》，《华中农业大学学报》（社会科学版）2018 年第 5 期。

④ 殷民娥：《培育乡贤"内生型经纪"机制——从委托代理的角度探讨乡村治理新模式》，《江淮论坛》2018 年第 4 期；姜方炳：《"乡贤回归"：城乡循环修复与精英结构再造——以改革开放 40 年的城乡关系变迁为分析背景》，《浙江社会科学》2018 年第 10 期。

⑤ 郑庆杰、刘欢：《乡村振兴视野下的流动精英与公共参与——基于 H 省 R 县河村的分析》，《山东社会科学》2018 年第 11 期。

政府间关系的复杂性。① 更有研究论证要建立合理的上下联动和分工机制。② 在常规治理方面，权力清单制度、网格化管理制度和领导小组制是较多研究所关注的主题。权力清单制度在简化审批、起底权责、监督用权、促进配套改革等方面发挥积极作用的同时，也存在着权力来源、制定标准和清单内容等问题，应通过加强公众参与和监督问责力度，注重专家论证和第三方评估，以期修正权力清单制度发展过程中出现的现实偏差。③ 就形成成熟的权力清单制度而言，应探索形成上下一致的权力清单编制模式，完善相关法律体系与配套制度，强化权力清单制度的严格执行和建立权力清单制度的动态管理机制。④ 网格化管理制度之所以被地方政府普遍采用，关键在于网格化管理通过一系列的机制创新，较为有效地克服了政府碎片化问题，适应了流动社会背景下的公共治理需要。⑤ 然而，数据分析研判不足、综合协调能力较弱和非预期性政策后果等因素限制了网格化管理制度效能的发挥，也制约了网格化管理的制度化进程及其效果，为此要健全协调机制、做实资源下沉并强化智慧决策。⑥ 在未来应推动网格成为政府构建基层社会良性政社关系的载体，从网格化管理走向网络化治理进

---

① 李声宇、祁凡骅：《督查何以发生：一个组织学的分析框架》，《北京行政学院学报》2018 年第 4 期；文宏：《权威表彰、标杆激励与地方官员晋升——基于 2015 年全国优秀县委书记评选的实证数据》，《社会科学研究》2018 年第 4 期；李楠楠：《从权责背离到权责一致：事权与支出责任划分的法治路径》，《哈尔滨工业大学学报》（社会科学版）2018 年第 5 期。

② 靳继东：《政府间事权关系划分：理论逻辑、体制约束和实践方向》，《学海》2018 年第 3 期；罗婕、桑玉成：《权力向上，治理向下：关于整体性治理的一种视角》，《学海》2018 年第 3 期；黄晓春、嵇欣：《当代中国社会治理模式转型的深层挑战——一个组织学视角的分析》，《社会科学》2018 年第 11 期。

③ 王芃、丁先存：《县级政府"权力清单"的实践与反思》，《江淮论坛》2018 年第 1 期；吴湘玲、叶良海：《城市社区清单化治理的实践困境及其优化》，《湖湘论坛》2018 年第 4 期。

④ 崔野：《权力清单制度的规范化运行研究：含义、困境与对策》，《中州学刊》2018 年第 5 期；赵勇：《规范化与精细化：大城市政府权力清单升级和优化的重要方向》，《上海行政学院学报》2018 年第 1 期。

⑤ 叶敏：《迈向网格化管理：流动社会背景下的科层制困境及其破解之道》，《南京社会科学》2018 年第 4 期。

⑥ 叶岚：《城市网格化管理的制度化进程及其优化路径》，《上海行政学院学报》2018 年第 4 期。

而形成网络化服务。① 关于领导小组制度的研究，学者论证了多种假设，如政府工作的注意力假设、政策环境假设、行政运作假设、政府偏好假设等。② 地方和基层治理体系在运作过程中必须保持与公众的积极互动、保持对社会的开放状态是城市和乡村治理研究的共识。③

（三）组织协作与治理优化

从已有实践来看，组织协作包括跨党政部门协作、跨区域治理体系间协作、党政部门与社会组织协作和跨自治组织间协作四种主要形式。其中，跨党政部门协作、跨区域治理体系间协作、党政部门与社会组织协作通常被应用在地方和城市基层社会治理之中，跨自治组织间协作通常被应用在乡镇和农村基层社会治理中。

在地方和城市基层社会治理方面，有研究概括出主要的协作治理模式，并结合案例将跨政府部门联动和政府部门与各类社会主体的合作治理称为"整体性治理"④。在实践中，党政部门与专业组织的合作是常见的现象，这种现象在理论上被概括为"专业主导式合作治理"模式和"甄别性吸纳"模式。⑤ 这些模式在实践中的情形有社区治理中的社会组织参与⑥，以及信访案件处理中的政府与社会组织合作等。⑦

相较而言，最为新鲜的跨自治组织间协作是以乡村治理中的联村

---

① 吴清熹：《基层社会治理中的政社关系建构与演化逻辑——从网格化管理到网络化服务》，《南京大学学报》（哲学·人文科学·社会科学）2018 年第 6 期。

② 李智超、黄吉霖、黄小霞：《国家治理中的工作组模式——基于〈人民日报〉（1978—2016）相关报道的分析》，《公共行政评论》2018 年第 4 期。

③ 郁建兴、任杰：《中国基层社会治理中的自治、法治与德治》，《学术月刊》2018 年第 12 期；陈辉：《中国城市基层治理研究：范式转型与善治逻辑》，《上海行政学院学报》2018 年第 3 期；张翔：《"行政共同体"：对城市政府结构化过程的一种解释》，《学术月刊》2018 年第 6 期。

④ 张必春、许宝君：《整体性治理：基层社会治理的方向和路径——兼析湖北省武汉市武昌区基层治理》，《河南大学学报》（社会科学版）2018 年第 6 期。

⑤ 宋道雷：《专业主导式合作治理：国家社会关系新探》，《南开学报》（哲学社会科学版）2018 年第 3 期；陈天祥、应优优：《甄别性吸纳：中国国家与社会关系的新样态》，《中山大学学报》（社会科学版）2018 年第 2 期。

⑥ 向静林：《结构分化：当代中国社区治理中的社会组织》，《浙江社会科学》2018 年第 7 期。

⑦ 田毅鹏、张帆：《社会矛盾调处中政府与社会组织的"互嵌性"运作——以 J 市信访法律事务服务中心为例》，《社会科学》2018 年第 5 期。

制度为代表的。以联村联户的形式参与基层治理的方式，打破了科层制的诸多限制，重构国家和社会之间的中间协调地带，从而实现了自下而上的民意表达和政治参与，有利于缓解干群矛盾，加强政府对基层社会需求的回应能力，弥补村级治理公共性的缺失。与此同时，也面临着群众日益复杂多元的诉求、村级权力结构对正式权力的排斥、行政体系内过于形式化的监督与考核机制等问题。因此，应当进一步明确联村干部的职能与职责，完善对联村干部的监督考核机制，同时强化对村级权力的监督和管理。①

（四）技术革新与治理优化

互联网技术的深入发展，大数据和人工智能技术的快速成长对于治理思维的转型、政府治理现代化和社会治理科学化有着极大的促进意义。这方面的研究涉及最新的技术创造被应用于公共事务治理的渠道和公共事务治理思维的创新②，包括从应急管理、风险灾害管理、行政审批制度改革、城市管理、社会治理等应用场景出发，提出大数据技术、人工智能技术的纳入可以有效推动管理现代化的多重意义。③ 积极适应技术变革，从制度保障、文化辅助、技术创新、伦理安全等路径推动大数据、人工智能与政府转型深度融合乃是历史发展的必然趋势。④

但是，先进的技术不代表可用的数据资源，庞大的数据资源不代表强大的信息能力，充分的信息渠道不代表取得良善的决策效果⑤，

---

① 刘成良：《联村制度：转型期基层社会治理的制度实践与反思——基于浙东 H 镇的调查》，《华中农业大学学报》（社会科学版）2018 年第 2 期。

② 谭海波、孟庆国：《政府 3.0：大数据时代的政府治理创新》，《学术研究》2018 年第 12 期；胡键：《大数据技术与公共管理范式的转型》，《行政论坛》2018 年第 4 期；何哲：《人工智能时代的政务智慧转型》，《北京行政学院学报》2018 年第 1 期。

③ 李琦：《大数据视域下的应急管理思维转变》，《学习与探索》2018 年第 2 期；周芳检、何振：《大数据时代城市公共危机治理的新态势》，《吉首大学学报》（社会科学版）2018 年第 4 期。

④ 郭喜、李政蓉：《新一代信息技术驱动下的政府转型——从网络政府到数据政府、智慧政府》，《行政论坛》2018 年第 4 期；黎智洪：《大数据背景下地方政府治理工具创新与选择》，《湖南大学学报》（社会科学版）2018 年第 5 期

⑤ 黄璜：《数字政府的概念结构：信息能力、数据流动与知识应用——兼论 DIKW 模型与 IDK 原则》，《学海》2018 年第 4 期。

因而要认真面对数据开放、数据共享和数据使用中的问题。① 就此学者们从理论和实践上开展了多样化的探讨。数据开放对治理优化具有重要意义，应从政策、主体、课题、方法和技术维度建构推动数据开放的基本框架。② 在实践中，我国政务数据开放存在着数据量少、质量不高、再利用性低等问题，应通过探索首席信息官制度、加强数据脱敏工作、推动法制建设等方式来加强政府部门的大数据能力。③ 数据开放的一个重要目的在于数据共享。数据共享能够有效促进政务服务的业务重组与流程再造，打造政务服务链，提升政府治理能力。推动数据共享必须发挥政策优势，以标准化为切入点，逐步应用并完善云端共享平台，深度融合机制与技术的创新，保障配套资源支撑。④ 围绕数据的使用，有学者认为，应规避数据使用风险，需要明确数据使用规则，设立数据使用标准，强化数据使用监管，打破数据使用垄断和追究数据滥用责任。⑤

浙江省"最多跑一次"改革是通过技术革新优化地方治理，较好地解决数据开放、数据共享和数据应用的典型案例。来自第三方评估显示，浙江各地推进"最多跑一次"改革呈现出全面发力、多点突破、纵深推进的良好态势。群众对企业改革的认同度、满意度、获得感不断提高。⑥ 基于"最多跑一次"在线协作和数据共享的分析，研究认为，二者能有效降低政府部门间的合作成本，深度推进政府部门之间的融合，同时还具有很强的正外部性。⑦ 为了深化"最多跑一

---

① 张凤荣：《大数据社会治理研究的理论进展与政策堕距分析》，《学海》2018 年第 2 期。

② 宋魏巍：《中国政府数据开放协同机制研究》，《南京社会科学》2018 年第 2 期。

③ 樊博：《推进开放政府数据：提升政府部门大数据能力》，《学海》2018 年第 2 期。

④ 徐晓林、明承瑜、陈涛：《数字政府环境下政府服务数据共享研究》，《行政论坛》2018 年第 1 期；明承瀚、徐晓琳、陈涛：《政府服务数据共享研究——以武汉市为例》，《电子政务》2018 年第 1 期。

⑤ 谢治菊：《大数据优化政府决策的机理、风险与规避》，《行政论坛》2018 年第 1 期。

⑥ 李文峰：《浙江"最多跑一次"的创新实效——基于"第三方评估"的报告》，《浙江学刊》2018 年第 5 期。

⑦ 陈国权、皇甫鑫：《在线协作、数据共享与整体性政府——基于浙江省"最多跑一次改革"的分析》，《国家行政学院学报》2018 年第 3 期。

次"改革，需要进一步实现政务标准化和信息共享，既要注重技术变革，也要注重管理创新。①

七 治理体系与政治参与互动关系研究

治理体系与政治参与互动包含两个中观层次，分别对应政治科学研究中的政治文化和态度、政治表达和参与两个领域。依照互动关系中治理体系显性存在或隐性存在，政治表达和参与还可被划分为两个微观层次。随着表达意愿、参与意愿的增加，越来越多的地方治理体系投入了大量制度资源，或是扩大在原有政治表达、政治参与途径中的影响，或是开辟新的占据主导地位的政治表达、政治参与途径来吸纳公众的意见表达和参与。概括来说，就是治理体系在公众表达和公众参与过程中的角色愈加明显和积极，以往的单纯政治参与概念已经不能完整地概括现有状况。这也就是强调"互动关系"的原因。

（一）政治文化和态度

在政治文化和态度研究方面，政治信任依旧是学界关注的焦点议题。与此前不同的是，研究的重心较多地聚焦于塑造和影响中国公众政治信任的原因，剖析特定社会群体的政治信任水平。解释当代中国政治信任的理论范畴包括世俗与自我解放价值观②，长期相处的政治依赖关系等。③ 与主张政府信息公开的观点不同，有学者认为，政府信息公开过量会削弱中国公众的政治信任。④ 在政治信任的实证研究

---

① 郁建兴、高翔：《浙江省"最多跑一次"改革的基本经验与未来》，《浙江社会科学》2018 年第 4 期。
② 王薪喜：《世俗与自我解放价值观对当代中国政治信任的影响——基于路径分析的中介效应研究》，《经济社会体制比较》2018 年第 4 期。
③ 吴心喆、余泓波：《从政治依赖视角解释中国的政治信任——一项基于大学生问卷调查的实证研究》，《经济社会体制比较》2018 年第 4 期。
④ 高远飞：《政府信息公开过量对政治信任影响的可能解释及治理》，《云南社会科学》2018 年第 5 期。

中，国有企业下岗工人和大学生受到较多关注。①

随着反腐败斗争的持续推进并走向深入，学界对于中国公众腐败感知的研究也更加重视和丰富，表现为用于解释腐败感知的自变量和中介变量的研究更加丰富。更加注重从政治信任、经济绩效、政府绩效等与腐败现象间接相关的变量展开分析，形成更多的所谓"治本"的认识和建议。②

民众获得感和满意度也受到越来越多研究的注意和重视。通过分析调查数据，有研究认为，十八大以来，我国人民获得感总体上呈现出上升趋势，不同维度的获得感呈现出复杂态势，人民获得感存在着不平衡与不充分的现实问题。③ 利用 CGSS（2013）的相关数据进行因子分析，证明居民公共服务满意度感知主要由"基本民生与社会管理""社会保障与就业"和"公共设施与文化"三类构成；女性满意度高于男性，农村居民满意度高于城市居民，西部居民、东部居民和中部居民满意度依次逐渐降低。④

此外，随着中国在国际事务中扮演着越来越重要的角色，公共外交在国际交流中的影响力日益凸显，公众的国际观念和国家态度也逐渐进入政治文化研究领域。基于近十年来的两轮调查数据发现，我国民众的国际观总体上较为保守，国家优越感、国族自豪感、国外关注度、集体主义、政治权威对国际观均存在着程度不一

---

① 刘伟、颜梦瑶：《国企改革下岗工人政治认同的生成机制》，《学海》2018 年第 3 期；方曦、王奎明：《大学生政治信任现状及影响因素的实证研究——基于学校层面的分析》，《上海交通大学学报》2018 年第 1 期。

② 薛可、余来辉、余明阳：《媒体使用、政治信任与腐败感知——以中国网民为对象的实证研究》，《吉首大学学报》（社会科学版）2018 年第 6 期；邓雪琳、孙宗锋：《经济绩效、政府规模与腐败感知差异——基于全国 77 个地级市的调查》，《中国行政管理》2018 年第 2 期；徐士珅：《政府治理绩效与官员清廉感知——基于 CGSS 2015 数据的分析》，《云南行政学院学报》2018 年第 5 期。

③ 文宏、刘志鹏：《人民获得感的时序比较——基于中国城乡社会治理数据的实证分析》，《社会科学》2018 年第 3 期；李强彬、李佳桧：《村庄异质性、村庄协商获得感与村委会工作满意度——基于 10 个乡镇 1987 个样本的实证分析》，《经济社会体制比较》2018 年第 4 期。

④ 范静波：《居民公共服务满意度的感知结构与水平差异——基于探索与验证性因子的实证分析》，《南京大学学报》（哲学·人文科学·社会科学）2018 年第 6 期。

的影响。①

（二）政治参与和表达

治理体系隐性存在的政治参与和表达通常意味着公众保有较强的自主意愿而治理体系的应对较为被动，或治理体系隐藏了自身的作用。就前者而言，学界关注较多的是抗争行为和邻避运动②，分析了公众选择并做出这一行为的机制。就后者而言，比较典型的研究就是针对互联网"去政治化"对公众政治行为和政治表达所带来的不利影响。③

更多的研究聚焦于治理体系显性存在的政治互动过程。近年来，各种沟通渠道的政治互动过程成为学界关注的热点。公众参与和表达、政府回应模式是常见的研究政治互动过程的一对基本范畴。我国存在着党委主导型、混合型、政府主导型、吸纳部门主导、行政业务部门主导、督导部门主导、信访主导七类政治互动模式，它们彼此之间存在着明显的差异化回应绩效。④ 继网络问政平台之后，政府热线成为考察治理体系与社会成员互动关系的又一重点。基于对广州市政务热线的分析，有研究概括了政务热线的四种沟通类型；⑤ 对江苏省某地政务热线的研究表明，基于政务热线的互动存在着诸如民众利用信息不对称和服务话语保护进行私利化需求的策略表达，政府利用技术治理和行政动员将行政压力转嫁给基层，村干部则通过平衡满意

---

① 王鑫、肖唐镖：《民众"国际观"的理论类型与实证分析——2011 年与 2015 年两波全国性抽样调查的分析》，《江西师范大学学报》（哲学社会科学版）2018 年第 4 期。

② 刘奕：《弱者的武器：基层群众的仪式表演与抗争》，《探索与争鸣》2018 年第 2 期；朱力、杜伟泉：《从底层群体利益抗争到中产阶级权益抗争——社会矛盾主体迁移及治理思路》，《河海大学学报》（哲学社会科学版）2018 年第 3 期；杨志军、梁陞：《风险感知盘查视角下城市邻避抗争的运动机理与治理之道》，《河南师范大学学报》（哲学社会科学版）2018 年第 4 期。

③ 孟天广、宁晶：《互联网"去政治化"的政治后果——基于广义倾向值匹配的实证研究》，《探索》2018 年第 3 期。

④ 孟天广、赵娟：《网络驱动的回应性政府：网络问政的制度扩散及运行模式》，《上海行政学院学报》2018 年第 3 期。

⑤ 刘红波、王郅强：《城市治理转型中的市民参与和政府回应——基于广州市 150 个政府热线沟通案例的文本分析》，《新视野》2018 年第 2 期。

率、表述规范化、保留证据链等手段释放压力、规避责任等一系列问题。① 在数据持续丰富的基础上，有研究比较了 28 个大中城市政府热线的运作状况，提出构建"便捷性业务办理""智慧化数据治理""智能化运营管理"的闭环体系，通过明确的战略定位、完善的保障机制以及清晰的建设思路，将政务热线逐步转型成为便捷高效的服务平台、协同治理的重要枢纽以及精准治理的有力支撑，从而推动治理能力和治理水平的提升。②

鉴于公众参与诉求和参与能力的持续增强，各地政府主动建构了越来越多的政治参与和表达渠道。③ 公民网络参与公共政策过程就是实践中较普遍的现象。针对这一现象的研究认为，我国各地政府在吸纳公民参与公共政策的议题范围和数量上存在明显差异，民众表现出明显的行政选择性特征，参与层次和参与环节发展不平衡。法律制度、经济发展水平和公民意识等因素对差异的形成有着极大影响。④ 电视问政是实践中公众参与和表达的又一形式，这一形式在搭建公民问责平台，提高政务服务水平，强化社会舆论监督方面发挥了积极作用，但也存在着容易流于形式和后续监督机制不完善的问题。如何处理好"电视节目"和"问政平台"的双重定位问题，以及是否可以将其纳入国家治理体系与治理能力现代化的讨论框架中，依然需要进一步的深入探讨。⑤ 公众参与政府绩效评估是实践中的一项新探索。公众参与政府绩效评估实施得较好的城市，公民对政府绩效的满意度也相对较高。因此，公众参与政府绩效评估有利于政府更好地理解民众的需求，也有利于增强民众问责政府官员话语权，形成推动政府绩

---

① 雷望红：《被围困的社会：国家基层治理中主体互动与服务异化——来自江苏省 N 市 L 区 12345 政府服务热线的乡村实践经验》，《公共管理学报》2018 年第 2 期。

② 郑跃平、梁春鼎、黄思颖：《我国地方政府政务热线发展的现状与问题——基于 28 个大中城市政务热线的调查研究》，《电子政务》2018 年第 12 期。

③ 李秀峰、张丽：《公众参与价值的多案例检验——基于民主立方理论的研究》，《北京行政学院学报》2018 年第 5 期。

④ 孙彩红：《公民参与城市政府公共政策的实证研究——基于五个城市政府网站数据的分析》，《行政论坛》2018 年第 1 期。

⑤ 黄建伟、陈玲玲：《公民问责与政府服务的同步创新——我国地方电视问政的过去、现在和未来》，《新视野》2018 年第 2 期。

效改善的治理路径。① 有别于政治表达通常强调民众表达，政府面向社会成员的政治表达也进入了研究视野。《政府工作报告》具有明显的政治表达功能，因此，提升《政府工作报告》的政策沟通功能既需要应对"民意赤字""内热外冷"等常规问题，也需要充分利用当下公众政策沟通的习惯。②

在关注众多新兴互动载体的同时，治理体系与社会成员互动的传统载体——民主选举和基层自治仍旧受到学者的关注。不同地区农村基层选举的经验表明，作为"公共性"构成要素的村民生活共同体和福利共同体的形成是乡村稳定的基础，也是基层选举赖以摆脱贿选和乱选的基本条件。基层选举不能完全脱离农村社会的实际，其制度的优化和完善需要有乡村组织公共福利和良好乡风的培育作为切实的保障。③ 城市居民基层自治中形成的消极应对型参与、权益诉求型参与、娱乐型参与、主导型参与和俱乐部型参与，以及农村村民基层自治中形成的动员型、分配型、保障型和监理型治理，均表明治理体系必须充分重视吸纳能力建设，甚至公民性缺失也并非不可逾越的障碍。④

---

① 马亮：《公众参与的政府绩效评估是否奏效：基于中国部分城市的多层分析》，《经济社会体制比较》2018 年第 3 期。

② 杨君、郑雪、王韵琪：《公共议程、媒体议程与政府工作报告的政策沟通过程——基于中国 9 个主要城市的观察》，《上海行政学院学报》2018 年第 6 期。

③ 武中哲：《村民选举制度的实践过程及差异化后果——基于对 LZ 市村民选举的调查》，《社会科学》2018 年第 10 期。

④ 徐林、徐畅：《公民性缺失抑或制度供给不足？——对我国社区参与困境的微观解读》，《苏州大学学报》（哲学社会科学版）2018 年第 2 期；陈柏峰：《村务民主治理的类型与机制》，《学术月刊》2018 年第 8 期。

中国人大工作及其研究的新亮点

王维国　杨　婷[*]

一　人大制度的发展与完善的新论述

党的十八大以来，以习近平为核心的党中央高度重视、全面加强党对人大工作的领导，推动人大工作取得历史性成就。习近平总书记关于坚持和完善人民代表大会制度，发展社会主义民主政治发表了一系列重要论述，全国人大常委会委员长栗战书，一些专家、学者也做了重要的阐释。

（一）对习近平总书记关于坚持和完善人民代表大会制度重要思想的阐释

全国人大常委会委员长栗战书在深入学习贯彻习近平总书记关于坚持和完善人民代表大会制度的重要思想交流会上的讲话中指出，习近平总书记关于坚持和完善人民代表大会制度的重要思想，科学地阐述了国家根本政治制度的历史必然、特点优势、实践要求，明确提出了做好新时代人大工作的重大原则、思路举措、重点任务。栗战书指出，要准确把握习近平总书记关于坚持和完善人民代表大会制度的重要思想。第一，要坚持中国共产党的领导。第二，要坚持走中国特色社会主义政治发展道路。第三，要坚持和完善人民代表大会制度。第四，

---

[*]　西安交通大学马克思主义学院。

要坚持人民当家作主。第五，要坚持全面依法治国。第六，要坚持民主集中制。第七，要坚持全面贯彻实施宪法。第八，要坚持以良法促进发展、保障善治。第九，要坚持正确监督、有效监督。第十，要坚持民有所呼、我有所应。这十个方面是习近平总书记关于坚持和完善人民代表大会制度重要思想的主要内容。习总书记关于人大制度和人大工作的重要论述还有很多，并且处于不断丰富发展、与时俱进之中。我们要全面、持续、深入地学习领会习总书记关于坚持和完善人民代表大会制度的重要思想，自觉用之指导和推进新时代人大工作。① 也就是说，习近平总书记关于坚持和完善人民代表大会制度的重要思想是我们正确理解和把握人民代表大会制度的思想指引和做好人大工作的根本遵循。

全国人大常委会法制工作委员会主任沈春耀认为，习近平总书记关于人大制度的重要论述是根本政治制度的新定位，即人民代表大会制度是坚持党的领导、人民当家作主、依法治国有机统一的根本政治制度安排；人民代表大会制度是支撑国家治理体系和治理能力的根本政治制度。这些重要论述进一步阐明了人民代表大会制度的性质、地位、特征和作用，拓展了人民代表大会制度的深刻内涵，提升了人民代表大会制度的核心理念。从实现国家治理现代化的时代新高度，赋予坚持和完善人民代表大会制度、推动人民代表大会制度与时俱进的新使命，开辟了制度发展的新境界。沈春耀认为，习近平总书记首次从理论和实践两个层面对人民代表大会制度提出创新要求，习近平总书记对人大监督理论和工作的深刻阐述，也是做好人大监督工作的科学指引和根本实践遵循。这些论述包括人大要把宪法法律赋予的监督权用起来，依法用好执法检查、听取审议报告、专题询问、跟踪监督、质询等多种监督方式方法，实行正确监督、有效监督。沈春耀认为，习近平总书记关于依法治国的重要论述是依法治国的新布局。这些论述包括"改革和法治相辅相成、相伴而生""改革和法治如鸟之两翼、车

---

① 栗战书：《加强理论武装 增强"四个意识" 推动新时代人大制度和人大工作完善发展——在深入学习贯彻习近平总书记关于坚持和完善人民代表大会制度的重要思想交流会上的讲话》，《中国人大》2018 年第 19 期。

之两轮""在法治下推进改革，在改革中完善法治"。在习近平总书记依法治国的重要论述精神的指导下，全国人大及其常委会坚持立法决策和改革决策相衔接、相统一，通过制定新法律、修改相关法律、做出授权决定等方式，积极发挥立法引导、推动、规范、保障改革的作用。① 也就是说，我们要从支撑和实现国家治理体系和治理能力现代化的高度看待和运行人民代表大会制度。这不仅需要从理论和实践两个层面创新人大工作，而且要充分发挥人大在监督行政机关依法行政、司法机关公正司法、引领和保障各项改革取得成功等方面的作用。

（二）关于人民代表大会制度的发展与完善

时和兴认为，中国特色社会主义新时代意味着根本政治制度安排的新定位，国家发展新的历史方位拓展了人民代表大会制度发展新的场域。坚持和完善人民代表大会制度，为推进国家治理体系和治理能力现代化提供了坚实的制度保障。历史地看，中国共产党是人民代表大会制度的发起者和推动者，是中华人民共和国政治秩序的缔造者。中国共产党同人民代表大会制度的关系，实质上体现的是中国共产党的领导地位和执政方式问题。中国共产党领导地位和执政方式的实现途径就是人民代表大会制度。党的路线方针政策和决策部署在国家工作中得到全面贯彻和有效执行，必须通过人民代表大会制度。在人民代表大会制度发展与完善进程中，其外延拓展的另一个重要空间就是协商民主制度。选举民主和协商民主相互补充、相得益彰，成为当代中国政治制度变迁的特点之一。② 也就是说，党的领导和国家建设通过民主，历史地现实地密切联系在一起。随着国家的发展、社会的进步，党的领导和国家建设的关系会更加密切。

刘松山认为，人大制度理论与实践创新有两条线索：一条是在理论和制度层面，对党的领导与人民代表大会制度的关系做出创新。在这方面，十八届四中全会已经为我们指明了方向，即"三统一""四

① 沈春耀：《人民代表大会制度的创新发展》，《人民论坛》2018 年第 4 期。
② 时和兴：《新时代人民代表大会制度的发展与完善》，《中央社会主义学院学报》2018 年第 3 期。

善于"。另一条就是对以人民代表大会为核心的国家机关体系进行理论与实践的创新。这方面又可以分为两条线索：一条是对人大及其常委会本身的理论与实践进行创新。另一条是对人大及其常委会以外的国家机关进行理论与实践的创新。比如，现在推进的监察体制改革就是这类实践创新的典型。① 也就是说，无论是党对人民代表大会工作的领导，还是国家机关自身建设的发展，都是与时俱进的，从而使人民代表大会制度的优越性不断得到体现。

李仲安认为，坚持党的领导本身就在人民代表大会制度这一根本政治制度安排之内，是实行人民代表大会制度的内在要求。人民代表大会制度就是党领导人民治理国家的制度载体和制度保障。这体现了对新时代人民代表大会制度的认识提升到一个新的高度。中国共产党领导的多党合作的新型政党制度新就新在它是马克思主义政党理论同中国实际相结合的产物，有效避免了旧式政党制度代表少数人、少数利益集团的弊端；有效避免了一党缺乏监督或者多党轮流坐庄、恶性竞争的弊端；有效避免了旧式政党制度囿于党派利益、阶级利益、区域和集团利益决策施政所导致的社会撕裂的弊端。② 也就是说，正是中国共产党领导的多党合作的新型政党制度，不仅保证了国家根本政治制度的人民性、有效性，而且实现了国家发展和人民幸福的有机统一。

（三）关于进一步坚持和完善人民代表大会制度的思考

习近平总书记关于人大制度的系列重要讲话，深刻阐明了人民代表大会制度的科学内涵、职能定位和运行机理，为人民代表大会制度与时俱进指明了前进方向和具体路径，为我们的研究指明了方向和重点。要紧紧围绕习近平关于人大制度的重要论述，深刻揭示人民代表大会制度的建立、发展和不断焕发出强大生机活力的历史逻辑、理论逻辑、实践逻辑，深刻揭示全面加强党的领导、人民当家作主、依法治国有机统一的内在逻辑和制度机制要求，深刻揭示人民代表大会制

---

① 《以良法促善治，以监督护权威——人民代表大会制度三人谈》，《中国法律评论》2018 年第 1 期。

② 李仲安：《我国人民代表大会制度特征和优势新探》，《中国人大》2018 年第 16 期。

度的中国智慧和世界意义。要紧扣习近平关于人大制度建设系列重要
讲话精神实质，聚焦人民代表大会制度性质、地位和职能作用，结合
人大工作实践，着力研究和阐释习近平新时代人大制度建设思想的深
刻内涵、时代特征、丰富内容、理论特色、实践要求和历史贡献。具
体来说，一是要进一步研究人大制度建设与坚持和发展中国特色社会
主义的内在关系；二是要进一步研究人大制度建设与实现社会主义现
代化的内在关系；三是要进一步研究人大制度建设与实现中国民族伟
大复兴的内在关系；四是要进一步研究人大制度建设与我国社会主要
矛盾变化及其解决的关系；五是要进一步研究人大制度所彰显出的蓬
勃的生机活力在世界社会主义发展史上、人类社会发展史上的重大
意义。

对于人民代表大会制度的发展完善，也应该从具体的步骤着手。
党的领导、人民当家作主和依法治国的有机统一作为理念已被党的组
织和国家机构所熟知，党的领导、人民当家作主和依法治国的有机统
一的实体性制度建设得到全面加强、不断完善。党通过人大常委会党
组加强了对人大的领导和对人大工作的支持。一些地方党委也定期召
开人大工作会议，加强和改善对人大工作的领导。政府的重大事项向
人大常委会报告已有具体实施机制。人大常委会党组也积极主动地向
同级党委报告工作。人大常委会可以对政府的工作进行过程性监督。
党委、人大和政府之间在具体工作层面上的一些协同和程序性安排仍
有待进一步规范，政府有些工作应由人大决定却不通过人大，而不应
由人大决定的工作反而推给人大来做决定的现象仍需改进。比如一些
地方关于土地储备、房屋拆迁的决定，政府往往请求人大常委会来做
出。再如一些地方政府的融资或贷款也让人大常委会做出决定，使人
大常委会成为"担保人"。党是最高政治领导力量，党的领导是中国
特色社会主义最本质的特征，是国家机关始终为人民服务的根本保
证。这就要求人大常委会党组、政府党组要就各自所做出决定的重大
事项的相关情况主动自觉地向党委汇报，经党委同意后，再根据党委
的指示，严格依照法律法规规定的程序提交人大或人大常委会会议
决定。

习近平在庆祝全国人民代表大会成立 60 周年大会上的讲话中指

出："人民代表大会制度的重要原则和制度设计的基本要求，就是任何国家机关及其工作人员的权力都要受到制约和监督。"这就要求既要注重权力运行的制约与监督方式，也要注重党的群众路线在整个人大制度建设和人大工作中的贯彻落实。通过权力运行的制约与监督方式的分析才能真正把握人民代表大会制度的科学内涵、基本特征和本质要求，坚定人民代表大会制度自信。通过注重对党的群众路线在整个人大制度建设和人大工作中的贯彻落实情况进行分析，才能深刻把握中国共产党崇高的历史使命及其何以始终同人民同呼吸、共命运、心连心，始终支持人大依法履行职能、开展工作和发挥作用，并善于使党的主张通过法定程序成为国家意志，善于使党组织推荐的人选通过法定程序成为国家政权机关的领导人员，善于通过国家政权机关实施党对国家和社会的领导，善于运用民主集中制原则维护党和国家权威，维护全党全国的团结统一。

人民代表大会及其常委会要在习近平新时代人大制度思想的指导下，紧紧围绕党的十九大所确定的重大决策部署，全面履行宪法法律赋予的各项职责，全面加强和改进人大工作，推动人民代表大会制度与时俱进，在新时代探索新实践、展现新作为。具体来说，一是要坚持人民主体地位，保障人民民主权利，充分发挥人大代表作用，扩大公民有序政治参与，这既是人大发挥作用的出发点，也是落脚点；二是要发挥人大及其常委会在立法工作中的主导作用，完善以宪法为核心的中国特色社会主义法律体系，进一步提高立法质量，充分发挥立法引领、推动、规范和保障改革的作用，确保重大改革于法有据、顺利实施，这是人大发挥作用的根本途径和重要方式；三是要加强宪法实施和监督，推进合宪性审查工作，维护宪法权威，这是保障依法治国的基本要求；四是要切实履行宪法法律赋予的监督权，坚持正确监督、有效监督，增加监督实效，这是保障其他国家机关实现人民群众利益，推进社会文明进步的重要举措；五是要完善人大专门委员会设置，优化人大常委会和专门委员会组成人员结构，健全人大工作制度，这是人大加强自身建设的重要途径。

二 人大立法制度理论与实践研究的新进展

2018 年是中国的法治建设取得显著成效的一年，在习近平总书记法治思想的指引下，专家、学者从立法的基本理论、地方人大立法的实践等出发，发表了一些政治站位高、观点新颖的论文。

（一）关于立法基本理论

对于立法原则和规范，刘松山认为，科学立法要求主观认识符合客观实际，是一个追求真理的过程；周成奎认为，关于民主立法，一是体现为"三会制"，即座谈会、论证会、听证会。二是公布法律草案，公开征求各方面的意见。三是审议法律草案的三审制。对于立法主导主体，刘松山认为，强调人大主导立法，主要是想克服立法中的部门利益，发挥人大及其常委会的工作机构以及委员长会议、主任会议等组织和代表委员在立法中的积极作用，但应当避免把这些组织和个人在立法中的作用等同于人大主导。[①] 陈文华认为，全国人大的立法具有民主维度，应与民间规则兼容。然而，全国人大的立法制度还存在值得完善的空间，这导致全国人大立法未能全面反映不同利益诉求的差异性，尤其是未能综合表达民间规则所显现的不同利益诉求。[②] 2015 年 3 月以来，为适应立法法修改后地方立法主体增加的新形势，"依法立法"的核心点在于紧紧围绕"提高立法质量"这个关键。2017 年 12 月 28 日，十二届全国人大常委会首次对外公开发布了立法工作的两个重要"规范"。翟峰认为，将"立法中争议较大的重要事项引入第三方评估"，延伸到地方人大很有必要。[③] 这些都表明，提高立法质量，既要注重科学立法、民主立法，也要注重包括民间规则在内的立法规范。科学立法、民主立法与立法主体、立法内容、立法

---

① 《以良法促善治，以监督护权威——人民代表大会制度三人谈》，《中国法律评论》2018 年第 1 期。

② 陈文华：《全国人大立法的民主维度与民间规则》，《甘肃政法学院学报》2018 年第 6 期。

③ 翟峰：《人大立法工作的"两个规范"探析》，《内蒙古人大》2018 年第 7 期。

过程有着密切联系。

关于立法审议，宋方青、王翔认为，我国人大立法审议具有较为完整的制度架构，但部分主体未能充分运用权限，导致另一部分主体功能扩张，产生了规范与功能之间的张力。具体体现在会议议程的实际决定权偏移、统一审议中央委员会功能放大和议事成员的实际议事功能较弱三个方面。立法审议应当具备公正、科学、民主和效率等价值基础，可以通过进一步明确统一审议的职能分工、完善立法听证程序、设置立法辩论程序等途径优化我国人大立法审议机制。[①] 也就是说，立法审议要有开放性，让利益相关者、各方面利益的代表都有机会表达自己的看法，尽可能形成广泛一致的意见。

（二）关于地方人大立法

关于地方立法理念，李显刚认为，地方人大立法应严格按照党中央关于把积极培育和践行社会主义核心价值观融入立法工作之中的要求，充分发挥立法对改革的引领和推动作用。强化省人大及其常委会在制定地方性法规中的主导作用，以良法促进发展、保障善治。发挥专家学者和社会力量在立法中的专业和智力优势，加强常委会立法第三方评估工作，多措并举调动社会各方参与立法的积极性，最大限度地凝聚社会共识。[②] 价值观不同的确会对立法产生很大的影响作用，这就要求在立法中把人大及其常委会的主导作用与其他社会力量积极参与有机地结合起来。

关于地方立法体制及程序，冯亮、何俊志认为，现有的立法体制及立法程序，塑造了人大在立法中与其他主体互动的策略，并使人大的立法表现为政治逻辑与技术逻辑互动的过程，而促成政治逻辑与技术逻辑形成均衡互动的关键因素，是上级人大对下级人大的技术性审查否决威胁。下级人大通过请示上级人大法制工作机构，将其引入立法过程，消解立法的政治逻辑与技术逻辑的紧张关系，实现政治逻辑

---

① 宋方青、王翔：《论我国人大立法审议机制的功能与优化》，《厦门大学学报》（哲学社会科学版）2018 年第 6 期。

② 李显刚：《以习近平新时代中国特色社会主义思想为指引，做好地方人大立法和监督工作》，《中国人大》2018 年第 10 期。

和技术逻辑的良性互动。① 这表明地方立法在一定意义上说是一个多方博弈的过程，也说明为了使通过的地方法规具有可执行性，必须在立法过程中充分考虑和体现多方面多层面的意见和建议。

关于人大常委会在立法中的作用发挥，马伟认为，具有立法权的人大及其常委会应注重发挥在立项、起草、论证、审议等重点环节中的主导作用。2015 年，青海省人大常委会法工委与省政协社会法制委签署了《关于建立立法协商工作制度的备忘录》。② 李培欢认为，面对当前我国基层的社会治理困境，地方人大通过立法方式解决矛盾和问题，发挥顶层设计的优势，是优化基层社会治理路径的一种创新。③ 这就表明人大常委会在立法中的作用应该是全方位全过程的，这样才能使地方法规在解决地方问题中发挥有效作用。

关于地方立法创新，刘嫣姝认为，地方立法应当科学界定设区的市和省级立法的不同侧重点，引进西方一些公共管理规范的成功模型，扶持引导社会组织有效参与公共管理，通过这些领域的先行先试立法，为政府职能的转变提供更有力的支持。④ 这就表明地方立法要注重解决地方问题。

对于设区的市人大立法中存在的问题，苏海雨认为，当前设区的市制定的地方性法规存在立法重复、法规质量不高等问题。人大立法机制的现实困境是问题的主要原因。应当在维护法制统一的前提下，突出地方发展特色，遵循科学民主立法，发挥人大主导作用，切实提高立法质量。⑤ 孙述洲认为，大多数行政管理类的地方性法规的司法引用率并不高。当然，不能凭司法引用率低就简单地判断地方性法规实施情况不好，但过于偏低甚至零引用，起码说明地方性法规的可诉

---

① 冯亮、何俊志：《人大立法中政治与技术逻辑的互动——以 G 省人大常委会立法过程为例》，《学术研究》2018 年第 8 期。

② 马伟：《进一步强化和完善人大主导立法制度——青海省发挥人大立法主导作用情况的调研》，《人大研究》2018 年第 1 期。

③ 李培欢：《地方人大立法与基层社会治理的顶层设计——以广东省人大立法解决"邻避"事件为例》，《党政干部学刊》2018 年第 10 期。

④ 刘嫣姝：《从西方政府监管改革经验分析地方人大立法创新路径》，《地方立法研究》2018 年第 1 期。

⑤ 苏海雨：《设区的市人大立法的问题与对策》，《重庆理工大学学报》（社会科学）2018 年第 32 卷第 12 期。

性不强，立法必要性存在疑问。为此，地方人大应控制立法数量，提高立法质量。在观念上，需要摒弃"法治就是立法""立法万能"的"立法依赖症"。对涉及具体行政管理的事项，原则上应由地方政府制定规章，地方性法规不能越俎代庖。即使确实需要立的也应"有几条立几条"，而不是搞"照搬照抄""大而全"的立法，应节约立法资源。① 如何提高地方立法质量的确是地方立法中的关键问题，这不仅要求地方人大和政府科学地认识法规的作用机理、范围限度，而且要充分把握地方经济社会发展的规律和人民群众的真正需要。

关于地方立法听证，陈文博、蒋沅嫄认为，地方立法听证实践中的问题有立法听证存在制度化缺陷，听证陈述人代表性不足，公民参与意识缺乏，听证反馈渠道缺失。改进地方立法听证需要完善地方立法听证规则法律体系，公民参与角色形成制度化，建立地方立法听证反馈机制，构建立法机关与公民之间强有力的合作关系。② 立法听证虽然是民主立法的基本途径，但如果组织不好，就会出现形式主义，从而影响公民参与立法的积极性及法规的可执行性。

（三）关于提高民主立法、科学立法水平的思考

立法要坚持科学立法、民主立法、依法立法，以良法促进发展、保障善治。对于如何将科学与立法进行有机结合，是一个值得深入探讨的话题。科学意味着普遍、必然，在科学立法理论理念指导下的立法活动必然要实现法律法规内部的自恰且符合社会发展规律和人民的期待。要做到法律法规内部的自恰，首先要充分体现法律法规乃至政府规章都是国家意志，因而所有立法都必须以宪法为依据，不得与宪法相抵触，下位法不得与上位法相抵触，法律只能由全国人民代表大会及其常委会统一制定，在保证国家法制统一的前提下，国务院、省级人大及其常委会、国务院各部委、省级人民政府、设区的市人大及其常委会、设区的市级人民政府可以分别制定行政法规、地方性法规

① 孙述洲：《地方人大立法热与冷的思考》，《人大研究》2018 年第 5 期。
② 陈文博、蒋沅嫄：《地方人大立法听证制度研究——以〈北京市大气污染防治条例〉立法听证会为例》，《人大研究》2018 年第 3 期。

及政府规章。这样才能保证国家意志与人民意志相一致。这就要求坚持党对立法工作的领导，立法主体、立法权限、立法范围、立法程序都是法定的，即依照法定权限和程序，从国家整体利益出发，维护社会主义法制的统一和尊严。

对于科学立法问题，还有另外一种观点认为，不宜将科学立法解读为法的内容的科学化，否则就等于将法律与科学结论画了等号。[①]张春生倾向于认为科学立法是一种程序的科学，而非内容的科学。2014 年 10 月 23 日，习近平总书记在党的十八届中央委员会第四次全体会议上强调要推进科学立法，关键是完善立法体制。由此可见，立法体制是科学立法的一个关键环节。立法体制是静态和动态的有机结合，是兼顾程序和实体的制度。因此，我们所追求的科学立法，不仅要求立法的程序科学，而且要求法律的内容符合社会发展的实际需要，与人民的需要和期待相一致。

总之，要做到科学立法，立法就应当从实际出发，适应经济社会发展和全面深化改革的要求，既要科学合理地规定公民、法人和其他组织的权利和义务，也要明确规定国家机关的权力和责任。这就要求法律规范应当明确、具体，具有针对性和可执行性，即立法要管用，立法要行得通。对此，北京市人大及其常委会通过发挥党委对立法的领导作用，人大对立法的主导作用，政府对立法的基础作用，专家对立法的支撑作用，代表和人民群众对立法的主体作用，不断完善法规立项论证机制、法规预案研究机制、延后表决机制、立法后评估机制、请示报告机制，从而较好地实现了科学立法。

陈文华认为，全国人大的立法工作还存在许多需要完善的地方，尤其是在兼容民间规制方面做得还不尽如人意。至于民间规制（private regimes），它包括自愿协议行动守则和多重利益相关者（multi-stakeholder）倡议。民间规制至少包括三层内容：在自愿基础上达成的协议、一致行动的守则以及涉及多重利益主体的倡议。诚然，法律作为一种意识形态，它是社会现实的反映。同时，法律也具有天然滞后性这一特征。对于广泛存在于民间的乡规民约、风俗习惯、伦理道

---

① 刘松山：《科学立法的几个问题》，《杭州市委党校学报》2015 年第 5 期。

德等，有时还不能够及时地被转化为法律。《中华人民共和国民法通则》第七条规定："民事活动应当尊重社会公德，不得损害社会公共利益，扰乱社会经济秩序。"这一条文的通俗表述是"公序良俗"。公序良俗既是公共秩序，也是善良风俗。从民间规制宽泛的定义来看，公序良俗也应该属于其范畴。根据《中华人民共和国立法法》的规定，民间规制要想通过一定程序变成国家的法律，就必须由提案主体提出法律议案。

听证制度在具体的法律实践中发挥着不可或缺的作用。在我国听证活动还开展得不充分，未达到听证制度设计的预期效果。听证制度化缺陷，既有法律缺失的原因，也有听证程序缺失的限制；陈述人代表性不足，一方面有些行政机关会邀请那些认同自己的公民参加听证会，避免提出极端而难以解决的问题；另一方面，也与听证人的素养及利益诉求有关，有些受邀的公民由于缺乏必要的专业知识，因此很难对专业问题提出建设性的意见。公民参与听证的目的肯定是希望自己的建议能够得到采纳，反映的问题能够得到解决，如果立法机关只是将听证作为一种形式，长此以往，公民参与听证的热情就会受到影响。因此，有必要就听证制度专门立法，从法律的角度保障公民的听证权。同时，要逐步扩大听证的范围。立法听证制度是民主立法的重要抓手，对于提高立法质量具有不可替代的作用。

三　人大监督制度理论与实践研究的新进展

2018年，人大常委会机关的许多实务工作者、科研院所的专家、高校的学者，就人大在行使监督权过程中所面临的一些新问题和新挑战，通过提出经验总结、发表学术论文的形式进行了广泛的交流和讨论，有力地促进了人大监督工作的开展。

（一）关于党的领导与人大监督工作

如何处理好监督与支持的关系，始终是人大监督面临的一个重大课题。汪铁民认为，党对人大监督工作实行领导，这是由党的执政地位所决定的，是由我国人民代表大会制度的特点和优势所决定的，是由人大监督的政治定位和法律定位所决定的，这也是做好人大监督工作的根本政治保证。坚持党对人大监督工作的领导，有利于处理好监督与支持的关系。就法律属性而言，人大监督是一种制约。人大监督的终极目标是通过必要的支持，与"一府一委两院"形成良性互动，从而建立一种和谐稳固的权力运行机制，确保国家机关按照人民的意志行事。寓支持于监督之中，并把它作为人大监督的内在价值追求，这是多年来形成的一种有效做法，是人大监督所特有的品质，是对马克思主义监督理论的创造性应用。[①] 由于党是领导一切的，人大监督工作当然要坚持党的领导。人大监督工作的本质是促使国家机构及其工作人员依法行使权力，为民服务。中国共产党的宗旨就是全心全意为人民服务，因而只有在党的领导下，人大监督工作才可以更好地发挥实效。只要人大监督有效，就表明了党的领导也就是党支持人大监督工作。

（二）关于监督的新方式、新途径和新方法

朱仰民、刘涛认为，加强改进地方人大监督工作要注重运用预算监督手段，管好人民的钱袋子；运用常规监督手段，把权力关进法律的笼子；运用人事任免手段，做到督人和督事相统一；运用多种监督手段，发挥人大监督职能作用。[②] 也就是说，虽然人大的监督可以是对人的监督、对事的监督和对预算的监督，但如果能把三者监督有机地融合或统一起来，不仅提高了监督效率，而且有助于重构人大监督方式，有助于做到正确监督、有效监督。

刘松山认为，地方各级人大及其常委会如果把监督工作做实做全，宪法和法律的实施就有了坚实的基础，国家应当鼓励地方人大将工作重心转到监督上，把监督抓出成效和经验。地方人大及其常委会应当开展全面的宪法监督，监督的范围既包括对规范性文件的备案审查，也针对地方党政负责人的违宪行为，但在监督中遇到重大问题

---

① 汪铁民：《党的领导是做好人大监督工作的根本保证》，《中国人大》2018 年第 16 期。

② 朱仰民、刘涛：《完善人大监督机制和方式方法研究》，《山东人大工作》2018 年第 11 期。

时，须向上级直至全国人大和党中央报告。① 地方组织法明确规定：县级以上人民代表大会要在本行政区域内，保证宪法、法律、行政法规和上级人民代表大会及其常务委员会决议的遵守和执行，保证国家计划和国家预算的执行。事实上，改革开放以来，地方人大在监督工作中不断开拓创新，为推进人大监督工作发挥了积极的作用。

潘国红指出，2018 年 2 月 11 日，昆明市人大常委会举行了建筑工地扬尘治理不力质询会议，常委会组成人员就老百姓关心的空气质量问题，向受质询机关接连发问，现场火药味儿十足。这是监督法实施以来，昆明市人大常委会首次运用质询这一监督方式。对于社会关切的问题，其回应职责不仅仅属于"一府两院"。属于人大职责内的，人大要敢于直面，在第一时间予以回应。② 潘国红指出，2018 年 7 月 9 日，在十三届全国人大常委会第四次会议上，栗战书委员长做了关于检查大气污染防治法实施情况的报告。对于实施法律存在问题的行政部门、地方、企业，更是直接"指名道姓"，不避讳、大力度地对问题事项进行"点名曝光"，剑指违法部门、地方、企业的"颜面"，彰显人大监督的刚性。③ 潘国红认为，如果只注重"做完"而不追求"做好"，并不是真正意义上的人大监督，那只是走过场、走秀场的"形式主义"。人大监督涉及的问题，好多是久拖未决的"老大难"问题，不可能一蹴而就、毕其功于一役。要有"咬定青山不放松"的韧劲，运用多种监督方式，一环扣一环，一年接一年，一届连一届，紧盯问题不放，不达目的不罢休。④ 上述案例和评论从不同层面反映了地方人大和全国人大在 2018 年增强监督的刚性，也表明人大监督方法越来越科学化。

吴祖强指出，2017 年 6 月 15 日，上海市人大常委会在浦东新区金桥社区文化中心举行以"消保维权"为主题的监督听证会。这次听证会是上海市人大常委会针对《上海市消费者权益保护条例》执

---

① 刘松山：《以良法促善治，以监督护权威——人民代表大会制度三人谈》，《中国法律评论》2018 年第 1 期。

② 潘国红：《提升人大监督的回应性和灵敏度》，《人大研究》2018 年第 5 期。

③ 潘国红：《让"点名批评"成为人大监督常态》，《人民之友》2018 年第 11 期。

④ 潘国红：《人大监督的"做完"和"做好"》，《人民之友》2018 年第 8 期。

法检查而召开的。检查组邀请居民、企业及行业协会、律师等参加，用听证会的形式听取意见。听证会后，检查组汇总各方意见形成了听证报告，作为执法检查报告附件，提交常委会会议。听证制度在中国近年来的发展，是被作为不同于以往座谈会、论证会的一种新型制度来看待的，其获得迅速扩展的原因正在于它采取了较之座谈会、论证会不同的，程序更为规范、参与更为广泛、过程更为开放的形式，与当前公众参与国家和社会事务管理的意愿相吻合。① 这个案例表明通过监督听证更有利于执法监督取得成效，也说明人大监督"组合拳"方式是增强人大监督实效的一个重要途径。

于跃敏认为，因应"互联网 +"发展趋势，运用互联网技术和信息化手段创新人大工作，提升人大履职能力，是当前各级人大及其常委会面临的重大课题。2017 年以来，杭州市人大常委会紧紧围绕省、市委"五水共治"决策部署，将治水作为监督重点、将移动互联网和手机 APP 作为监督工具，依托"杭州河道水质"APP，开发建设了"人大代表监督治水平台"，组织人大代表就近、方便地参与监督治水，开创了"移动互联网 + 人大监督"新模式。② "移动互联网 + 人大监督"新模式在信息化条件下不仅可以增强监督效率，而且有助于重构人大监督工作流程，完善人大监督工作程序，进而提高监督实效。

近年来，在上海青浦区委的领导和重视下，青浦区人大常委会积极探索增强人大监督工作的新途径，制定出台了《关于听取任命的"一府两院"工作人员履职情况的办法（试行）》，并根据该办法的有关规定，每年对"一府两院"部分国家机关工作人员开展履职评议，收到了较好的监督效果。评议工作的成果主要体现在两个方面：评议意见和测评结果。常委会组成人员、评议工作小组成员和列席会议的人大代表在掌握真实情况的基础上，注重准确中肯地指出问题，提出切实可行的意见建议。常委会在梳理汇总这些评议意见并经主任会议

---

① 吴祖强：《监督听证：更精致更有用的人大监督新实践》，《上海人大》2018 年第 2 期。

② 于跃敏：《"互联网 +"，为人大监督插上科技翅膀》，《浙江人大》2018 年第 8 期。

审定后，函告被任命人员及其所在单位进行整改。对被任命人员工作情况和满意度测评的结果，同时报告区委，抄送"一府两院"和区委组织部。① 通过对人的履职情况评议促进"一府两院"工作改进，增强人大监督的针对性和权威性，在监督法出台前就曾有不少地方人大做过有效的尝试和探索。在加强党的领导和全面从严治党的新时代，监督人和监督事有机地贯通起来，是探索正确监督、有效监督的有益尝试。

孙彩红认为，公民参与地方人大监督工作，是多层次多领域实现公民参与的重要途径之一。地方人大监督过程中公民参与的主要领域为监督政府预算决策、参与监督政府专项工作、参与选择和确定监督议题；主要方式为旁听公议、参与监督听证会、以网络和媒体形式参与。② 人大监督的动力来自于人民的重托和对人民庄严的政治承诺。不断扩大公民有序参与人大监督工作，更有助于人大代表对人民的政治承诺的兑现和获取持续的工作动力，不断增强做好人大监督工作的使命感。

葛益平认为，舆论监督的使命，在于客观、公正地报道事实真相，通过"曝光"来满足和保障公众的知情权、表达权、建议权，虽然极具影响力却没有法律意义上的约束力。而一旦将其转化为国家权力机关的法定监督，形成一种既有广大群众参与所带来的广泛影响，又有法律规范所产生的权威性监督效果，就能极大地强化舆论监督的效能。③ 舆论监督属于社会监督，对于国家机构及其工作人员的监督有多种形式，不同形式的结合一定可以发挥"1 + 1 大于 2"的效果。

（三）关于执法监督的新特点、新气象

汪铁民认为，大气污染防治法执法检查不仅对大气污染防治工作起到了积极的推动作用，同时，也为我们提供了一个人大监督的经典范本，从中可以感受到新时代人大监督所呈现出的新气象。栗战书委

---

① 《青浦区人大常委会：让履职评议在人大监督中发挥应有作用》，《上海人大》2018 年第 8 期。

② 孙彩红：《地方人大监督的公民参与维度》，《广西社会科学》2018 年第 11 期。

③ 葛益平：《寻找人大监督与舆论监督的最佳结合点》，《浙江人大》2018 年第 8 期。

员长率先垂范，亲力亲为，直面问题、动真碰硬，充分发挥"法律巡视"监督的利剑作用，是此次大气污染防治法执法检查的一个显著特点。为了最大限度地发现大气污染防治法实施中所存在的深层次问题，检查组设立了随机抽查小组，每到一处，随机抽查小组根据生态环境部环境监察局事前暗访摸排的线索，不打招呼、直奔现场，共对 12 个城市 38 个企业和工地进行了抽查，发现不同程度地存在着违反大气污染防治法的问题。在这些来自一线的"问题清单"抽查的基础上，执法检查组形成了厚达 20 多页的随机抽查情况报告，作为执法检查报告的附件提交全国人大常委会审议。在专题询问环节，栗战书委员长也要求大家聚焦问题、突出重点，讲实情、说实话，问问题直奔主题，回答问题直截了当。在执法检查、报告工作之后，全国人大常委会开展了专题询问，这三种监督形式的有机结合，打出了监督工作的"组合拳"①。通过多种监督形式有机结合的"组合拳"形式，再加上透明监督，的确形成了人大监督工作的新气象，也取得了明显的实效。近年来，这种"组合拳"被各级人大所采用，甚至可以说已经成为人大监督的一种常态。这就需要我们深度研究其内在的机理，以便更好地发挥其更大更好的效益。

（四）关于经济社会发展计划与财政预算监督的历程与改进及其有待提升的方面

李小健认为，全国人大及其常委会历来重视对经济工作的监督。1982 年宪法重塑了人大监督制度，明确规定，在全国人大闭会期间，全国人大常委会有权审查和批准国民经济和社会发展计划、国家预算在执行过程中所必须做的部分调整方案。1989 年，在全国人大七届二次会议上，彭冲副委员长兼秘书长做了全国人大常委会工作报告。他在报告"加强工作监督 支持治理整顿"部分，对国务院提请审查批准的计划和预算报告提出具体要求，包括提前交全国人大财经委员会初步研究、在会议前一个月将草案送交代表、每年第三季度向常委会作关于计划和预算执行情况的报告等。1994 年，八届全国人大及

---

① 汪铁民：《新时代人大监督的经典范本》，《中国人大》2018 年第 14 期。

其常委会先后审议通过了预算法、审计法，从法律层面明确了各级人大及其常委会在预算管理中的职权以及人大审计监督制度。1998 年 12 月 29 日，九届全国人大常委会第六次会议决定成立全国人大常委会预算工作委员会，从组织机构上加强常委会对计划、预算工作的监督。1999 年和 2000 年，全国人大常委会先后通过了关于加强中央预算审查监督的决定，关于加强经济工作监督的决定，对预算、计划从编制、调整、执行等全过程的监督做了规范，强化了常委会对预算管理、经济工作的经常性监督。2010 年 8 月，十一届全国人大常委会第十六次会议将听取国务院关于上年决算的报告与当年预算执行情况的报告分开，首次专门听取当年预算执行情况的报告。此后，全国人大常委会在每年 6 月，听取审议上一年中央决算报告和审计工作报告，每年 8 月听取审议本年度计划执行情况和预算执行情况报告。2006 年 3 月，十届全国人大四次会议对"十一五"规划纲要草案的审查，在全国人大历史上创造了两个"首次"的纪录：首次在大会召开前把纲要草案与代表进行讨论，首次在大会主席团会议议程中列入全国人大财经委报告纲要草案的审查结果。在"十一五"规划纲要实施近三年后的 2008 年 12 月，国务院向十一届全国人大常委会第六次会议提交了"十一五"规划纲要实施中期评估情况的报告，这是国务院首次向全国人大常委会提交五年规划的中期评估报告，也是落实监督法的要求。2017 年 12 月，为加强人大对国有资产的监督职能，推动国有资产更好地服务发展、造福人民，中共中央印发了《关于建立国务院向全国人大常委会报告国有资产管理情况制度的意见》。2018 年 3 月，为有效防范经济社会运行中的风险隐患，进一步提高财政资金使用绩效和政策实施效果，中共中央办公厅印发了《关于人大预算审查监督重点向支出预算和政策拓展的指导意见》。① 从这些方面可以看出，经济社会发展计划与财政预算监督的历程与改进，与改革开放不断进步的方向是一致的。这也表明在推进国家治理体系和治理能力的过程中，人大的经济社会发展计划与财政预算监督具有不可替代的作用。

---

① 李小健：《人大监督：护航中国经济行稳致远》，《中国人大》2018 年第 24 期。

王晨指出，人大对支出预算和政策开展全过程的监管，就是人大预算监督要从过去以对政府提交的预算草案、预算执行结果报告的"事后"监督为主，进一步向预算草案编制前和政策制定前的"事前"环节延伸，进一步加大对预算执行过程和政策实施过程的"事中"环节的监督力度，做到事前监督、事中监督、事后监督各环节紧密衔接、相互贯通。[①] 随着财政支出规模的不断扩大，如何更好地发挥政府在经济社会建设中的作用，加强预算草案编制前和政策制定前的"事前"环节的监督显得越来越重要。这样才更有利于提高财政资金的有效配置和更好地提供公共服务。

刘伟指出，人大预算审查监督更加注重支出预算和政策，更加关注资金使用绩效和政策实施效果，有利于促使财政部门把提高资金使用效益放在更加突出的位置，该保的要保足用好，该减的要坚决减下来，同时倒逼"花钱"的相关方面，改变以往重投入轻管理、重支出轻绩效的习惯做法，确保每笔资金都花得有理有据，用出应有的效果。[②]

袁野指出，党的十八大以来，审计机关始终把推动中央重大政策措施的贯彻落实作为首要任务，着力揭示和反映经济社会运行中的突出问题和风险隐患。紧紧围绕党和国家中心工作，按照全国人大对审计工作的要求，持续关注国家重大战略和重大政策措施的落实情况、公共财政运行中的体制机制性问题和风险隐患，不断加强对预算执行和财政管理情况的审计监督，促进积极财政政策加力增效，服务人大预算审查监督工作，在推动深化财税体制改革、维护财政资金安全、推动强化绩效管理方面发挥了积极作用。[③]

李小健指出，2018 年 10 月 24 日，十三届全国人大常委会第六次会议举行第二次全体会议，审议了国务院关于 2017 年度国有资产管理情况的综合报告（以下简称"综合报告"）。国有资产是全体人民

---

① 王晨：《切实履行人大监督职责，做好新时代人大预算审查监督重点拓展改革工作》，《中国人大》2018 年第 22 期。

② 刘伟：《自觉接受人大监督，推动财政工作迈上新台阶》，《中国人大》2018 年第 20 期。

③ 袁野：《依法履行审计职责 更好服务人大监督》，《中国人大》2018 年第 20 期。

共同的宝贵财富。2017 年 12 月，中共中央印发了关于建立国务院向全国人大常委会报告国有资产管理情况制度的意见，部署建立国务院向全国人大常委会报告国有资产管理情况的制度。这是中共中央印发关于建立国务院向全国人大常委会报告国有资产管理情况制度的意见后，国务院首次向全国人大常委会报告国有资产"家底"①。政府国有资产是国家的财富，也是人民的财富，这些财富不仅是国家机关事业单位及国有企业运行的重要物质基础，也是更好地为民众提供公共服务，满足人民对美好生活需要的重要条件。因此，人大加强对国有资产管理的监督有助于发挥这些资产的作用和效益。

叶榅平认为，人大监督国有资产管理是自然资源国家所有权的内在要求和制度构成，是实现自然资源国家所有权价值的重要保障。然而，由于受理论研究、立法观念等的限制，自然资源国家所有权行使人大监督的立法还存在不明确、缺乏针对性和可执行性等问题，最终导致人大无法对政府行使自然资源国家所有权进行有效监督。②

周振超、黄守强通过对 2010—2014 年四直辖市人大关于财政决算审查监督报告的产生过程和主要内容进行自评估分析，从监督者自身的视角研究了省级人大是如何监督地方政府"钱袋子"的。他们从人大决算报告的文本结构、语言表述、存在的问题及其解决建议等角度探讨了人大对政府财政资金"如何用、怎么用、用得如何"的监督现状和存在问题，然后在此基础上为提高人大决算监督能力和完善人大审查监督制度提出具有建设性的政策建议。③ 通过个案分析，揭示其内在机理及其存在的问题，有助于对财政预算监督的方式方法认识的深化，有助于进一步改进人大预算监督的方式方法。

李英认为，预算调整是治国与理财的关键环节。如何加强对政府预算调整的监督一直是各级人大工作中的难点问题。总结地方人大在

---

① 李小健：《新时代加强人大监督的重大举措——全国人大常委会首次审议"国资"报告》，《中国人大》2018 年第 22 期。

② 叶榅平：《完善自然资源国家所有权 行使人大监督立法的法理思考》，《学术月刊》2018 年第 6 期。

③ 周振超、黄守强：《人大监督政府"钱袋子"自评估研究——基于四直辖市人大决算审查报告的文本分析》，《地方财政研究》2018 年第 7 期。

监督同级政府预算调整过程中应然与实然的角色定位可以发现，地方人大作为法定的预算执行监督的主体力量，在现实运行中介于程序性监督与实质性监督之间。之所以如此，政府预算调整行为的复杂性是人大难监督的首要原因、预算调整决策权的配置现状是人大监督的政治压力、地方人大"碎片化"的履职努力是人大监督的路径偏离。①预算调整问题一直是人大预算监督的难点和热点问题。一些政府在做预算调整时，往往"先斩后奏"，从而导致人大被动地予以批准，从而使预算法的法律权威受到影响。正如李英所论，我们应当从国家治理和为国理财的高度看待这一问题，进一步深化研究预算调整的原因分析和解决举措。

（五）关于司法监督新举措

元茂荣指出，自 2010 年以来，台州市人大常委会已连续 9 年每年对其任命的部分法官或检察官开展履职评议，既加强了对司法活动"事"的监督，又加强了对"人"的监督，提高了"两官"队伍素质，提升了"两院"的司法公信，实现了选举、任命和监督干部的有机统一。履职评议工作自开展以来，始终坚持和依靠党的领导，严格执行重大事项、重要举措及时请示汇报制度，确保履职评议工作的各个环节始终在市委、市人大常委会党组的坚强领导下进行。在履职评议中，更加注重协调沟通。在评议方案出台前，事先征求"两院"意见；在评议过程中，加强与"两院"互动；在评议等次初步确定后，认真听取"两院"主要领导的意见。始终坚持把评议的原则性与灵活性结合起来，正确处理评议双方的关系，处理好监督者与被监督者的关系，处理好监督与支持的关系。②司法监督在监督法出台前，一些地方人大做了一些有效的尝试。这一做法通过对人的监督，提高了司法公信力。这种方式值得深度研究。

于浩认为，2018 年，对"两高"工作开展专题询问，这在全国

---

① 李英：《地方政府预算调整之谜——基于人大监督的解释》，《地方财政研究》2018年第 4 期。

② 元茂荣：《创新人大监督司法的途径和方式》，《浙江人大》2018 年第 8 期。

人大常委会历史上是第一次，也是常委会开展司法监督工作的一次积极探索。人大监督工作寓支持于监督之中，强调支持，但不意味着监督标准的降低、让监督"走过场"，而是以发现问题为切入点，抓住问题，解决问题。① 专题询问一般会与执法检查和专题工作报告结合在一起，但如何通过对"两高"工作开展专题询问，提高司法公信力，维护社会正义，确实是一个新课题，需要进行深入探索。

（六）关于经济开发区监督

黄胜平认为，我国开发区包括国家级高新技术产业开发区、国家级经济技术产业开发区和其他各种专业园区以及省级开发区。众所周知，开发区的行政管理体制是高度的集中统一，甚至具有一定程度的半军事化的特点，其管理机构高度精简，高效、便捷。然而，这种高度集中的开发区行政管理体制，最大的弊端是缺少监督，特别是缺少人民群众的监督、地方人大的监督。只有将人民代表大会制度这一我国根本的政治制度逐步延伸和覆盖到各级开发区，切实组织人大对开发区进行工作监督和法律监督，才能有效地遏制、减少和解决腐败问题的发生。② 开发区由于其特殊的行政管理体制和机制，常常不在人大监督的对象之列。然而，开发区往往是一个行政区域中经济社会政策创新、经济规模较大、发展较好的区域，因此，对于发展政策方式的监督至关重要。学界介绍了对经济开发区监督的一些有效做法，对这一问题值得深化研究，为形成合法有效的开发区监督模式提出有价值的建议。

（七）对人大监督权行使的思考

人大及其常委会的监督不同于党组织的纪检监督、政协的民主监督、政府的行政监督、检察机关的法律监督、审计监督、社会监督、舆论监督。人大监督同这些监督形式在内容、范围、程序等方面是不

---

① 于浩：《"两高"应询，人大监督工作的一次积极探索》，《中国人大》2018 年第 21 期。

② 黄胜平：《各级开发区不能游离于人大监督之外——从全国经验看人大对开发区工作的探索与创新》，《人大研究》2018 年第 5 期。

同的，因而在法律地位和效力上也是有区别的。人大监督同其他方面的监督相比较，是位于最高层次、具有最高法律效力的监督。① 人大及其常委会的监督作为最高层次、具有最高法律效力的监督，是一种权力监督，是宪法法律赋予它的一项职权。当然，在人大常委会的监督话语中，法律监督有时专指规范性文件备案审查，也有人把执法检查称为法律监督。人大及其常委会的监督之所以是最高层次的、具有最高法律效力的监督，是因为人大及其常委会监督是人民监督。人民监督体现在人大及其常委会的权力直接来自人民，它能够对国家的重大事项做出决定并监督其他国家机关予以实施。我国的人大常委会监督不仅是人民监督，而且是最彻底的人民监督，其彻底性体现在人民拥有对代表的罢免权上。人大及其常委会又必须接受人民的监督，人民有权撤换自己选出的代表。② 不过，各种监督最终都是为了使国家机关及其工作人员维护社会公平正义，积极为民服务，不断提高人民的获得感和满意度。因此，人大监督可以同其他形式的监督结合起来，从监督实践上看，往往更有利于提高监督实效。当然，不同监督形式的组合、贯通，既要符合宪法法律的规定，又要发挥每种监督形式的优势，还必须形成优势互补。

习近平在庆祝全国人大成立 60 周年大会上的讲话中明确指出："我们要坚持国家一切权力属于人民，既保证人民依法实行民主选举，也保证人民依法实行民主决策、民主管理、民主监督，切实防止出现选举时漫天许诺、选举后无人过问的现象。"也就是说，人大监督就是要确保公民、法人和其他组织的合法权益不受侵害。确保公民、法人和其他组织的合法权益不受侵害的职能是与确保行政权、审判权、监察权正确行使的职能相辅相成的，不能将两者割裂开来看。确保公民、法人和其他组织的合法权益不受侵害应当是人大及其常委会代表人民进行权力监督必须履行的职责，是人大及其常委会监督的价值取向。而对行政权、审判权、监察权的监督则是具体制度实现的途径。要让人大及其常委会实现宪法监督、法律监督，实现使公民、法人和

---

① 程湘清：《论人大监督权》，载人民网—中国人大新闻网。
② 程湘清：《论人大监督权》，载人民网—中国人大新闻网。

其他组织的合法权益不受侵害的根本目的，就必须让人大及其常委会监督国家机关的职权落到实处。监督法的制定只是解决了基本的制度问题，只有不断提高人大及其常委会行使监督行政权、审判权、监察权的制度化水平和履职能力，才能有助于保障宪法、法律实施和确保公民、法人和其他组织的合法权益得到尊重和维护等监督目的的实现。

人大常委会监督形式虽然不止监督法所规定的七种，但就这七种形式的运用而言，有的运用不到位，有的还存在虚置现象。对于人大常委会监督形式的运用，首先要解决这些监督形式何以可能的问题，也就是要从法理上说明这些监督形式运用的前提条件。人大常委会监督又是在实践中探索，在实践探索中创新，在创新中规范，在规范中提高，在提高中完善的历史过程。因此，对于人大常委会各监督形式的认识与把握，要坚持法理与历史的统一。法理上的认识和把握，就是要正确把握人大常委会监督工作的定位。人大常委会所遵循的法理就是必须坚持权限和程序法定的原则。权限和程序法定就是职权法定和程序法定。所谓职权法定，一方面是指人大常委会的职权必须由宪法和法律规定；另一方面是指宪法和法律规定的"一府两院"的职权，"一府两院"必须认真履行，失职违法，失职问责。宪法和有关法律对人大常委会的监督职权已经做了规定，这些规定既是人大常委会的监督形式，也是人大常委会的监督职权。所谓程序法定，就是国家机关行使职权必须严格遵循法律规定的程序，程序违法无效。① 党的十八大报告、十八届三中全会的《中共中央关于全面深化改革若干重大问题的决定》、十八届四中全会的《中共中央关于全面推进依法治国若干重大问题的决定》和《习近平在庆祝全国人民代表大会成立 60 周年大会上的讲话》，是中国未来很长一段时期里政治发展的纲领性指导文件，为中国特色的民主法治建设和政治体制改革指明了方向。这几份重要文献都要求对国家权力进行有效的监督。因此，人大常委会作为人民代表大会的常设机关，在对国家权力监督中发挥着极其重要的作用。

---

① 《法律问答与释义，监督法：第一章总则》，中国人大网，www.npc.gov.cn.

由于财政是国家治理体系和治理能力现代化的基础和重要支撑，尤其是在全面推进预算绩效管理中，在审查和批准决算，听取和审议国民经济和社会发展计划、预算的执行情况报告中要注重绩效。由政府主导的经济社会发展的优势在于可以集中资源、资金和人力办大事，但如果与市场经济规律相脱节，就会出现绩效不佳的问题。正因为如此，党的十八届三中全会决定提出，经济体制改革是全面深化改革的重点，核心问题是处理好政府和市场的关系，使市场在资源配置中起决定性作用和更好地发挥政府的作用。政府发挥作用的方式之一就是编制和执行国民经济和社会发展计划与财政预算。而国民经济和社会发展计划与财政预算又是密切相关的。没有财政预算的支撑，国民经济和社会发展计划难以落到实处。财政预算是否科学、合理、有效，其中一个主要的指标就是国民经济和社会发展计划的落实推进情况。目前，"决策、执行和监督脱节，权、钱、事脱节"的现象还在一定程度上存在着。因此，在审查和批准决算，听取和审议国民经济和社会发展计划、预算的执行情况报告中注重绩效，是人大常委会充分行使监督职权、增强监督实效的一个重要抓手。近年来，北京市人大常委会所确定的加强和改进预算监督的"一个目标、三个结合"的工作思路取得了明显实效，具有重要的启示意义。具体来说，就是把对预算编制、调整、执行的监督与预算资金使用绩效的监督结合起来；把加强人大监督与促进政府内部的财政监督、审计监督结合起来，实现外部监督与内部监督的衔接，增强监督合力；把解决问题与促进制度建设结合起来。[①] 在加强预算执行监督时，常委会在审查批准决算和审议预算上半年执行情况时，应改变以往将决算和上半年预算执行情况做一个报告的形式，在初审中就应要求政府部门将提交常委会的决算和上半年预算执行情况予以分开报告，决算报告侧重对预算执行效果的分析，上半年预算执行情况的报告则侧重说明当年的财政收支情况。

在加强对国民经济和社会发展计划的审查监督中，人大常委会有

---

① 北京市人大常委会：《实践与探索》，国家行政学院出版社 2013 年版，第 13—14 页。

关专门委员会或工作委员会应坚持每季度听取政府发展改革部门关于计划执行情况的报告，同时听取统计部门的经济形势分析报告，及时了解和掌握计划指标落实情况，提出意见和建议。应单独就计划执行情况形成意见和建议。对经济社会发展所付出的成本和代价进行正确的判断，对转变经济发展方式、调整经济结构、着力改善民生问题提出有价值的意见和建议。

通过绩效监督，抓住预算的最后结果，发现预算当中的问题，反映预算编制上的不足，促进以结果为导向的预算管理制度建设。把绩效管理与转变政府职能、改善行政效率结合起来，把政府绩效与政府责任结合起来，通过对政府行为实施绩效的问责，提高科学管理水平和财政资金使用效益，推进绩效政府和责任政府建设。把财政决算、计划监督逐步从程序性监督向实质性监督推进，立足现有法律对监督内容和形式的规定，做好法定监督。①

四 人大重大事项决定权理论与实践研究的新进展

重大事项的决定关系到国家制度，关系到社会进步和人民福祉，关系到政治清明、经济发展、文化繁荣、社会和谐、生态良好的实现和可持续发展。人大及其常委会讨论决定重大事项，在保障国计民生重大决策的科学化、民主化方面，在充分体现人民群众意志和利益方面有着不可替代的重要作用。

（一）人大重大事项决定工作的新进展

对于地方人大重大事项决定权的法定性，李翔宇认为，在人民代表大会制度下，决定权是宪法法律赋予各级人大的具有准立法性质的权力，集中体现为能够做出具有强制约束效力的决定决议。2017 年 1 月，中共中央办公厅出台《关于健全人大讨论决定重大事项、各级政府重大决策出台前向本级人大报告的实施意见》，这是我国确立人民

---

① 北京市人大常委会：《实践与探索》，国家行政学院出版社 2013 年版，第 226—227 页。

代表大会制度以来，中共中央首次对人大行使重大事项决定权做出专门部署。关于地方人大重大事项决定权行使的困境，李翔宇认为主要有以下三个方面。（1）权力性质模糊。宪法在规定重大事项讨论决定权这一具体职权时，使用了"讨论"与"决定"相并列的表述，这使得长期以来理解和把握立法原意到底是"决定权""讨论权"，抑或是"讨论"与"决定"兼而有之，一直存在着含糊性。（2）重大事项范围不清。现行宪法第一百〇四条规定："县级以上的各级人民代表大会常务委员会讨论、决定本行政区域内各方面的重大事项。"地方组织法第四十四条将之进一步细化表述为"讨论、决定本行政区域内的政治、经济、教育、科学、文化、卫生、环境和资源保护、民政、民族等工作的重大事项"。但这种涵盖广泛领域的笼统列举意义甚微，对厘清什么是应当由人大决定的重大事项，什么是应当由政府自主决定的重大行政决策这个关键问题并没有帮助。（3）行权程序缺失。对重大事项决定权的行使，宪法法律均未作任何程序规定，再加上权力属性含糊，人大及其常委会做出决议决定，是否能参照立法或者监督的工作机制运作，也存在不确定性，实践中各地感觉行使这项权力无章可循，只能按照本级人大及其常委会议事规则和议案审议办理规定来操作，造成议题启动、审议等环节的随意性、盲目性大，直接导致了权力的虚化和弱化。① 这就表明，正因为地方人大重大事项决定权行使面临不少困境，中共中央办公厅出台《关于健全人大讨论决定重大事项、各级政府重大决策出台前向本级人大报告的实施意见》，以明确人大重大事项决定权和政府行政管理权各自的范围界限和内在联系，从而保证人民的意志和利益得到充分表达和法治保障，各级国家机关始终做到权为民所用、利为民所谋、情为民所系。

牟爱华认为，在我国宪法和组织法等法律法规中，对"重大事项"的规定过于抽象和笼统，有关范围和标准不明确，缺乏可操作性，致使地方人大重大事项讨论决定权制度未能得到很好实施。从规范概念属性上看，"重大事项"属于一种价值评价性规范，不具有描

---

① 李翔宇：《地方人大讨论决定重大事项的法制困境及其对策分析》，《人民之声》2018 年第 5 期。

述性和识别性，对其内涵无法通过"直接认识"加以精准的识别和判定。"重大事项"的这种概念属性，决定了从立法上"对什么是重大事项"做出明确具体的界定，几乎是不可能的。由于"重大事项"属于立法上的一种"法律间隙"，是无法从立法技术上予以具体化的，这就需要通过严格的法定程序来合理配置地方重大事项决策决定中地方党委决策权、政府决策执行权和地方人大讨论决定权三种权力，并构建这三种权力的协调运行机制，充分发挥人大的主导作用。这就需要进一步探索人大讨论决定"两审制"或"三审制"，规范地方重大事项讨论决定中各权力主体行为，明确各种权力行使的方式方法和要求。① 这就表明，虽然重大事项决定权的具体鉴定条件不好确定，但通过完善党委决策权、人大决定权、政府决策执行权运行的程序及其明确各自在不同环节的责任，在共谋人民最大福祉的过程中，可以有效地解决好这一问题。

蒋景林认为，县级人大用好重大事项决定权，一是要完善讨论决定的重大事项程序机制。县人大及其常委会讨论决定重大事项，应当严格按照提请审议、建议议题提出确定、材料报送期限、到会说明、审议终止、决定公布等讨论决定重大事项制度的法定程序要求和议事规则进行。二是要健全重大决策出台前向本级人大常委会报告制度。三是要健全讨论决定重大事项通报协调机制。四是要推行重大事项年度清单制度。每年年底，县政府应根据经济社会发展的实际情况，研究提出下一年度拟提请讨论决定重大事项的建议清单，报县人大常委会征求意见，由政府修改完善并报县委研究同意后，列入常委会年度工作要点。② 这就是一个通过完善程序，明确党委、人大、政府在重大事项决策、决定和贯彻落实责任方面的探索个案，具有重要的启发意义。

康钦春、易清认为，在人大讨论决定重大事项的决策过程中，公众参与具有积极而重要的作用，有利于保持重大事项决策的民主性和

---

① 牟爱华：《地方人大重大事项讨论决定权行使问题的程序化解决》，《江汉大学学报》（社会科学版）2018 年第 3 期。

② 蒋景林：《县级人大用好重大事项决定权的实践与探索》，《人大研究》2018 年第 9 期。

科学性。在机制方面，要创新"重大事项清单"确定机制，促使公众对重大事项决策的全程参与，并完善监督与激励机制；在制度方面，要完善重大事项的公开和动议制度，实行代言和行政说明理由制度和决策听证论证制度。① 其实，无论是党委的决策权，还是人大的决定权以及政府的行政管理权，都是为了体现人民意志，满足人民的利益。因此，在重大事项决定过程中，充分尊重人民的利益诉求是其根本要求。

邹平学、刘海林认为，通过对人大重大事项决定权实践运行的类型化分析可以发现，全国人大常委会积极履行宪法赋予的重大事项决定权，自主做出了大量关涉人民根本利益、改革发展大局的重大决定。相比之下，省级人大常委会在运用重大事项决定权方面不够理想，除了完成一些法定的例行性决定外，自主做出的重大事项决定较少。② 这就表明，地方人大在行使重大事项决定权方面，要自觉地接受全国人大常委的指导和监督。

对于人大重大事项决定权与其他职权的关系，孙莹认为，人大重大事项决定权的双重属性有两个指向。第一个指向是人大决定权与人大其他职权的关系。一方面，人大决定权具有独立存在的属性，有其特定的内涵和具体表达形式，与人大监督权、立法权、任免权相并列。另一方面，人大决定权具有依附性，类似于基本权利中的平等权，该平等权本身是一项基本权利，但其实现需要依附于其他具体权利，例如就业权利的平等权、受教育权利的平等权、选举权利的平等权等，人大决定权的具体实现也需要依附于立法权、监督权和任免权等人大的其他职权。第二个指向是人大决定权与政府的管理决策权的关系，在此种情况下，人大行使决定权的依附性是指人大的决定权表现为议决权，议决依附于政府的动议，政府将决策草案提交到人大，人大通过审议批准政府提出的决策草案行使决定权，从而对政策的制定和出台施加影响。与此同时，人大决定权的行使也具有独立性，表

---

① 康钦春、易清：《公众参与地方人大讨论决定重大事项的优化路径探析》，《法治社会》2018 年第 2 期。

② 邹平学、刘海林：《论人大重大事项决定权的规范内涵及制度完善》，《四川师范大学学报》（社会科学版）2018 年第 1 期。

现为动议权，无须政府和其他机构提交决策草案，人大自身提出决策草案并审议通过。① 这就表明，人大决定权的实现本身有两种方式：一是可以独立实现，二是依托于其他权力，有时需要政府管理决策权的先行运行。也就是说，在人大行使重大决定权时，不能拘泥于主动还是被动，关键是人民的利益要得到根本保障。

（二）关于人大重大事项决定权的思考

国家的一切权力属于人民，人民行使国家权力的机关是人民代表大会及其常委会。这就决定了人大行使重大事项决定权是人民意志在国家层面的直接体现，也是国家权力机关的本质功能实现的基本方式。当然，既然是重大事项，它在内容上就体现出人民利益的根本性、全局性、长远性。这些事项的解决事关人民群众的切身利益，从而使得这项权力的行使要具有法定性、可行性、实效性。这就表明，健全和完善人大讨论决定重大事项制度，必须深刻理解、准确把握坚持党的领导、人民当家作主和依法治国有机统一的科学内涵，从理论上给予全面而科学的解释。

坚持党的领导、人民当家作主和依法治国有机统一，必须理解三者在本质上的一致性，坚持党的领导核心地位不动摇。党的领导、人民代表大会制度、法治国家的建设，其根本目的都是体现人民的意志，满足人民的需要，这也是由党的宗旨、人大的使命和国家职能的内在统一性所决定的。无论从中国共产党的宗旨、中华人民共和国的性质还是从国家机关的权力责任的设计来看，人大的重大事项决定权与党的领导、政府行政管理权之间是一致的。中国共产党已成为在全面改革开放条件下领导国家建设的执政党，要按照总揽全局、协调各方，始终全心全意为人民服务的原则，进一步加强和完善党的领导方式，既保证党委的领导核心作用，又充分发挥人大的职能作用和政府行政权力的有效行使。

坚持党的领导、人民当家作主和依法治国有机统一，必须理解党的执政基础，这就是支持和保证人民实现当家作主，即人民的意志就

---

① 孙莹：《论人大重大事项决定权的双重属性》，《政治与法律》2019 年第 2 期。

是国家的意志，人民的利益需要是党和国家机关开展工作的最高准则。我们一定要真正站在党、国家和人民的立场上，按照人民代表大会制度的本义来认识这个问题，完善人大重大事项决定权的运行机制。

党的领导、人民代表大会制度和依法治国方略具体发挥作用的途径、方式有所不同，因而在重大事项的决策、决定和贯彻落实中，党委、人大、政府要依规依法，充分发挥各自的职能作用。中国共产党是执政党，是中国各族人民利益的忠实代表，是中国社会主义事业的领导核心，党的领导是总揽全局、协调各方，是对政治方向的把握，主要通过制定纲领、路线、方针、政策，确定国家发展的总趋势，国家政治、经济、军事、文化等大政方针，要善于把人民的意志和利益统一集中起来，转化为国家意志。人民代表大会制度则是人民群众通过选举各级人民代表大会，进行权力委托，人民代表大会直接获得了人民的权力委托后，按照党的大政方针，按照人民的意愿行使法定职权，即运用立法、监督、决定重大事项、任免国家机关人员等，来保证人民权力的行使。因而人大及其常委会在讨论决定重大事项的过程中，要充分反映人民的意愿，维护人民的长远利益和根本利益，维护国家的长治久安。而依法治国的作用在于保证国家各项工作法律化、制度化，从而保障国家经济建设和各项社会事业的正常发展，因而在重大事项决定权的运行过程中，要充分体现法治思维和法治方式。

要分析人大及其常委会行使重大事项决定权的历史和现实，当前最主要的问题是：第一，认识上要进一步提升，对重大事项决定权的功能、范围和运行机制的认识都要有所提升。第二，机制方面要进一步完善。由于缺乏统一的细化的法律规范，各地对重大事项决定权的行使存在较大差异，可分五种类型：党委主导型、政府主导型、人大主导型、临时应急型、事后补救型。因此，针对健全和完善人大及其常委会讨论决定重大事项制度建设中所面临的种种问题，可以从"提高思想认识、正确处理关系、科学界定范围、依法规范程序、保障监督实施"五个方面着力。

第一，要提高对人大讨论、决定重大事项的思想认识。要深刻认识到重大事项决定权本质上是代表人民管理国家事务，因而人大决定权的进一步落实，从根本上说就是对宪法规定的人民当家作主的权利的进一步落实，是人民的意志和利益需要的统一和集中体现。第二，要科学界定讨论、决定重大事项的内涵与范围。根据表述规范、内涵全面、社会认同、细化可操作、适应变化等要求，对某一时期、某一区域内的重大事项范围做出界定，并随着社会的发展，不断做出修订。总的来看，第一类是宪法与地方组织法明确规定和列举的重大事项。第二类是其他单行法律明确规定的重大事项。第三类是宪法与地方组织法以概括方式规定的重大事项。针对不同类型，采用不同的程序模式。第三，要健全讨论、决定重大事项制度体系。要健全和完善一个"不简单地争谁说了算"而是"共求说得对"的工作制度体系。一是要健全和完善代表（委员）作用发挥机制，优化重大事项议题的来源，更多地把代表（委员）议案作为重大事项的来源。二是要健全和完善向党委汇报请示机制。完善人大向党委工作汇报的程序，善于把党委的决策主张经过法定程序变成人大及其常委会作出的决定、决议。三是健全政府对重大事项议案的报告制度。对于政府报告的事项，人大及其常委会应先交由相关人大专门委员会审议并提出意见和建议，再一并提请人民代表大会审议和作出决议决定。第四，建立重大事项决定的修正、完善和废除制度。决定公布实施后，不是一锤定音、一劳永逸，而是要深入实际、基层，跟踪了解实施情况，对决定内容存在不适应、不合理的地方，要及时进行审议修正。

中国共产党领导的多党合作和
政治协商制度的新发展

张献生[*]

2018 年是全面贯彻党的十九大精神的开局之年，是中国共产党发布"五一口号"70 周年，是我国改革开放 40 周年，也是各民主党派换届后各项工作的开局之年。习近平总书记对中国共产党领导的多党合作和政治协商制度作出了新概括，对新时代坚持、发展和完善中国政党制度提出了新要求。因此，以同心共筑中国梦、共创美好新时代的共同理想和责任，弘扬中国共产党领导的多党合作和政治协商的优良传统，彰显中国新型政党制度的优势和效能，在实践党的十九大所描绘的新时代我国发展的美好蓝图，深入推进改革和发展中展现新气象新作为，就成为 2018 年中国新型政党制度建设与发展的主旋律。

一 理论创新：新型政党制度

2018 年 3 月 4 日，习近平总书记在参加全国政协十三届一次会议民盟、致公党、无党派人士、侨联界委员联组会发表的讲话中，对中国共产党领导的多党合作和政治协商制度首次做了"新型政党制度"的新概括："中国共产党领导的多党合作和政治协商制度

作为我国一项基本政治制度，是中国共产党、中国人民和各民主党派、无党派人士的伟大政治创造，是从中国土壤中生长出来的新型政党制度。"①

新型政党制度新在何处？习近平总书记指出："新就新在它是马克思主义政党理论同中国实际相结合的产物，能够真实、广泛、持久代表和实现最广大人民根本利益、全国各族各界根本利益，有效避免了旧式政党制度代表少数人、少数利益集团的弊端；新就新在它把各个政党和无党派人士紧密团结起来、为着共同目标而奋斗，有效避免了一党缺乏监督或者多党轮流坐庄、恶性竞争的弊端；新就新在它通过制度化、程序化、规范化的安排集中各种意见和建议、推动决策科学化民主化，有效避免了旧式政党制度囿于党派利益、阶级利益、区域和集团利益决策施政导致社会撕裂的弊端。"②

新型政党制度，是对我国政党制度性质、功能和价值的科学概括，标志着对我国政党制度的认识达到一个新高度。我国政党制度是以毛泽东为代表的中共第一代领导集体确立和推进的。抗日战争胜利前后与各民主党派和无党派人士建立团结合作关系，随着 1948 年各民主党派和无党派人士积极响应"五一口号"，接受中国共产党领导，1949 年与中国共产党共同筹备召开中国人民政治协商会议、建立新中国，从而形成和确立了我国的政党制度。从新中国成立到社会主义制度的建立，我国政党制度在理论和实践上主要探讨解决的是要不要继续合作和如何合作的问题。新中国成立后不久，中国人民救国会认为新民主主义革命已经取得胜利，它所担负的历史任务已经完成，在北京宣告结束，有的党派也酝酿解散。中国共产党闻讯后立即做工作，由于中国人民救国会已经宣布解散，三民主义同志联合会、中国国民党民主促进会与中国国民党革命委员会合并，从而形成了中国共产党与八个民主党派合作的基本格局。针对当时民主党派成员较少、组织不够健全的状况，中国共产党积极帮助民主党派巩固和发展

① 习近平：《坚持多党合作发展社会主义民主政治 为决胜全面建成小康社会而团结奋斗》，人民网—人民日报，2018 年 3 月 5 日。
② 习近平：《坚持多党合作发展社会主义民主政治 为决胜全面建成小康社会而团结奋斗》，人民网—人民日报，2018 年 3 月 5 日。

组织，协商确定了"以重点分工为主、以大中城市为主、以有一定代表性的人士为主"的基本方针。经过对资本主义工商业进行社会主义改造，各民主党派的阶级基础即民族资产阶级和城市小资产阶级将不复存在，民主党派成员将转变为自食其力的社会主义劳动者，在这种情况下，还要不要继续与各民主党派合作？中国共产党根据多党合作的历史和民主党派的积极作用，没有仿效苏联搞一党制，而是明确提出"长期共存，互相监督"的基本方针，并在党的八次全国代表大会上明确民主党派已经成为自食其力的"劳动者的政党"①，努力使民主党派成为为社会主义服务的政治力量，从而确立了社会主义条件下多党长期合作的基本政治格局。反右派斗争后，多党合作出现了曲折。

在改革开放和现代化建设新时期，为适应中国特色社会主义理论和实践的发展，着眼多党合作制度的坚持与完善，中国共产党开始了对中国多党合作制度建设的探索。在拨乱反正中，明确我国各民主党派的性质是"一部分社会主义劳动者、拥护社会主义爱国者的政治联盟"，把多党合作的基本方针完善、发展为"长期共存、互相监督，肝胆相照、荣辱与共"十六字方针。② 针对一些人盲目崇拜西方政党制度，邓小平明确指出："资本主义国家的多党制有什么好处！那种多党制是资产阶级西方国家互相倾轧的竞争状态所决定的，它们谁也不代表广大劳动人民的利益。"③ 强调指出："在中国共产党领导下，实行多党派的合作，这是我国具体历史条件和现实条件决定的，也是我国政治制度中的一个特点和优点。"④ 1989 年 12 月，中共中央制定《关于坚持和完善中国共产党领导的多党合作和政治协商制度的意见》，明确了民主党派的参政党地位、参政的基本点和民主监督的总原则。2005 年，中共中央制定《关于加强中国共产党领导的多党合作和政治协商制度建设的意见》，完善了民主党派的性质表述，确立了多党合作的基本政治准则，明确了政治协商、民主党派参政议政和

---

① 刘少奇：《八大政治报告》，1956 年 9 月 15 日。
② 中共中央统战部编著：《中国共产党统一战线史》，中共党史出版社、华文出版社 2017 年版，第 346、378 页。
③ 《邓小平文选》第 2 卷，人民出版社 1994 年版，第 267 页。
④ 《邓小平文选》第 2 卷，人民出版社 1994 年版，第 205 页。

民主监督的性质内容和相关政策。对我国政党制度的性质、特点和功能作用也进行了探索。在 2000 年全国统战工作会议上，江泽民提出了我国政党制度的显著特征和衡量标准。在 2006 年全国统战工作会议上，胡锦涛提出了促进政党关系和谐的命题。2007 年《中国政党制度（白皮书）》明确提出我国政党制度的价值和功能，即政治参与、利益表达、社会整合、民主监督、维护稳定。

进入中国特色社会主义新时代，根据新征程新目标新任务，着眼坚持和发展中国特色社会主义，围绕增强我国政党制度的自信和效能，习近平总书记提出了一系列新思想新论述，明确提出我国民主党派是"中国特色社会主义参政党"，我国政党制度"反映了人民当家作主的社会主义民主政治的本质"，要全面提高民主党派的"政治把握能力、参政议政能力、合作共事能力、组织领导能力、解决自身问题能力"，民主党派要成为"中国特色社会主义亲历者、实践者、维护者、捍卫者""多党合作要有新气象、思想政治共识要有新提高、履职尽责要有新作为、参政党建设要有新面貌"，特别是经过纵向总结和横向比较，明确提出我国政党制度是"新型政党制度"的重要论断，并就其历史形成、文化底蕴、伟大创造、鲜明特色和深刻内涵进行了深入论述。这既是我国多党合作理论的重要创新发展，也是对中国政党制度的理论定位，为新时代坚持、发展和完善我国政党制度，更好地体现特色和发挥优势、为人类社会政治文明作出新贡献奠定了坚实基础。

新型政党制度的深刻内涵、鲜明特色是新，它不是简单地模仿照搬，也不是超越实践的片面追求，而是建设新社会新生活的伟大创造。它根植于中国国情这一肥沃土壤，既有深厚的文化底蕴，也具有鲜明的时代特色，是马克思主义与中国政治发展实际相结合的产物，是中国人民政治智慧的结晶，是中国对人类政治文明的重大贡献。

它创造了一种新的政党制度类型。在世界上 200 多个国家和地区中，绝大多数都存在政党并实行政党政治，由于国情和政治文化传统不同，形成了多种类型的政党制度，最基本和普遍采用的是按照能够上台执政的政党数量划分的一党制、两党制、多党制。我国的政党制度，既不是缺乏民主的一党制、相互竞争的多党制，也不是所谓的一党制的亚类型、合作型的多党制，而是共产党领导的多党合作制。共产党领导是我国政党制度的根本特点和独特的政治优势，也是区别于西方两党制、多党制的显著特征。多党合作是我国政党制度的精髓所在和鲜明特色，并形成了长期稳定、全面发展的基本格局。共产党领导与多党合作的有机结合，体现了奋斗目标和方向的一致、政治团结和有序参与的扩大，形成了一党领导而不专制、多党合作而不竞争、互相监督而不反对的独特优势，保证了多党合作的正确方向和旺盛活力。

它创造了一种新的执政和参政方式。政党制度是与国家政治制度结合在一起的，其实质是对国家政权的参与和掌控。我国政党制度在政党与国家政权的关系上，不是执政党一党独占、别无分店，不是多党竞争、轮流坐庄，不是执政党与在野党（反对党）势不两立、互相制约，而是执政党与参政党的有机结合。中国共产党执政建立在各民主党派参政的基础上，各民主党派和无党派人士参加国家政权、参与国是协商，而不是被排除在国家政权机关和政治过程之外；各民主党派作为参政党，不以谋取执政权为目的，更不是通过制约、反对而把执政党搞下去，而是协助和支持执政党更好地执政兴国、执政为民，在国家政治结构中长期稳定地发挥作用。特别是我国的民主党派不是在野党或反对党，而是中国特色社会主义参政党。这既是区别于世界各国政党的一个重要特征，也创造了政党制度中共产党执政与民主党派参政相结合的崭新方式，对社会主义条件下如何确定非执政的民主政党在国家政权中的地位，如何处理执政的共产党与其他民主政党的关系，提供了一个新的思路和方案。

它创造了一种新的政党关系。世界各国的政党关系大体有三种基本模式：一是互相竞争模式，二是一党专制模式，三是既联合又竞争模式。在我国的政党制度中，中国共产党与各民主党派完全不同于上述三种模式，而是一种合作与和谐关系。这种合作建立在共同的政治基础上，遵循共同的政治准则，具有国家宪法和政策保障，通过政治协商、参政议政、互相监督，为实现共同目标团结奋斗，始终做到思想上同心、目标上同向、实践上同行；这种和谐是中国共产党与各民主党派在合作共事中生死相依、肝胆相照、荣辱与共的境界和状态，民主党派和无党派人士不是中国共产党的对手，而是亲密友党；中国共产党执政积极为各民主党派参政创造条件，各民主党派参政，积极协助执政党更好地兴国为民；执政党和参政党的互相监督不是彼此倾轧，而是作为挚友和诤友提出不同意见和批评。正是这种合作和谐的政党关系，形成了执政党一心一意谋发展、参政党同心协力助发展的政治局面。

它创造了一种新的民主实现形式。政党制度既是民主政治的产物，也是民主政治的重要体现。西方国家建立在代议制基础上的两党制和多党制，是资产阶级民主政治的产物，与封建专制相比，是一个历史性进步，但其实质仍是资产阶级少数人的民主。我国政党制度在民主实现形式上，既不是西方式的选举民主，也不同于西方学者探讨提出的协商民主，而是中国式选举民主与协商民主的有机结合。人民代表大会制度主要通过选举和投票行使国家权力，使国家领导人选的确定、立法和决议真正体现人民意志；我国政党制度主要通过政党协商和政协协商行使民主权利，使领导人选、法律和政策制定更加充分地体现社会各方面成员的愿望和智慧。我国政党制度与人民代表大会制度的有机衔接，形成了中国独有的"两会制"，实现了选举民主与协商民主的有机结合，推动社会主义民主政治不断向深度和广度拓展。特别是我国多党合作制度与人民代表大会制度的相辅相成，扩大了参与政权的广泛性，实现了政治参与的全程性，展示了人民民主的建设性，增强了实践民主的有效性，促进和实现了人民的选举权与政治生活持续参与权的有机统一，使人民当家作主的民主本质在中国政治生活中更加切实地体现出来。

它创造了一种新的现代治理方式。政党是国家治理的重要主体，政党制度是国家治理体系的重要组成部分，也是国家治理能力的重要来源。在西方两党制、多党制国家里，政党领袖担任政府首脑，成为国家治理的直接主体和重要推动力量，政党在议会内外发挥制约作用，对国家治理产生直接或间接影响。但由于两党制和多党制中的多党竞争，执政党与在野党（反对党）互相掣肘，在国家治理中往往会出现一些难以避免和克服的弊端，如政策缺乏连续性，执政成本高昂，行政效率低下等，甚至成为难以根除的痼疾。我国多党合作制度作为保障国家政治社会发展的重要体制机制，与国家治理之间有着深刻的内在联系：国家治理的深入推进不断向多党合作提出新的任务和要求，国家治理的重点、难点就是多党合作的着力点；多党合作制度则以独特优势和功能作用为国家治理提供动力和智力支持，促进治理目标和任务的实现。特别是我国多党合作制度在基本构成、性质特点、运行机制上形成的功能作用，为国家治理体系和治理能力现代化提供了力量凝聚机制、政策优化机制、政治参与机制、增进共识机制和政治稳定机制，既是国家治理的重要资源，也是执政党治理能力的重要来源。

以上论述充分说明，新型政党制度不仅是中国独有的适合中国国情的制度模式，而且是世界政党发展史上的一种崭新模式，是中国为世界政党制度提供的中国方案，是中国对人类政治文明作出的重大贡献，充分体现了中国共产党对其领导的多党合作和政治协商制度的理论自信和制度自信。

新型政党制度作为历史的必然和实践的产物，蕴含新的动能、优势和要求，需要在新时代建设社会主义现代化强国，实现中华民族伟大复兴中充分展现和发挥。明确我国政党制度是新型政党制度，并不仅仅是一种单纯的"定性"，而是在新时代坚持和发展中国特色社会主义事业中，进一步使中国共产党和各民主党派"坚信"，为之"赋责"和"增效"。

"坚信"，就是坚定对我国新型政党制度的自信。我国政党制度作为中国特色社会主义政党制度和我国基本政治制度，具有鲜明特色和独特优势，但在实践中总有一些人盲目崇拜西方国家的多党竞争制度。改革开放后打开国门，有些人更是觉得别人的菜有味、自家的肉不香，把西方国家的多党竞争制度作为现代民主的标志，对我国政党制度缺乏自信，以致在我国政党制度遭到诽谤和攻击时不敢挺身而出，旗帜鲜明地进行辩驳，而是缺乏底气、环顾左右而言他。习近平总书记在论述新型政党制度时，突出强调新型政党制度既有优秀传统文化的历史底蕴，又符合当代中国实际；既是中国人民的伟大创造，又是对人类政治文明的贡献；特别是深刻指出了新型政党制度能够"真实、广泛、持久代表和实现最广大人民根本利益、全国各族各界根本利益"，能够"把各个政党和无党派人士紧密团结起来、为着共同目标而奋斗"，能够"通过制度化、程序化、规范化的安排集中各种意见和建议、推动决策科学化民主化"，集中展现了新型政党制度的鲜明特色、功能优势和时代价值。一些国家政要和学者对我国新型政党制度也作出肯定性评价，认为中国新型政党制度是提高国家治理能力，促进社会发展进步的重要前提。中欧数字协会主席路易吉·甘巴尔代拉指出："中国政治制度的突出优势在于，中国共产党能够团结其他政党，在共同协商的基础上制定出务实而长远的发展规划，并且一道为实现远大目标而奋斗。"英国剑桥大学政治与国际关系学院资深研究员马丁·雅克感慨道："西方国家的长期论点是，多党制是民主的一大优势，能够防止政党僵化和停滞。然而事实上，中国共产党找到了使自己保持活力与年轻的方法，而西方的政党却越来越疏远其代表的人民。"《华盛顿邮报》评论员威尔则感叹多党竞争中政府执行效率的低下："美国在大萧条时代花了 410 天建起帝国大厦，在战时花 16 个月建造了五角大楼，如今在圣迭戈造一座海水淡化厂都需要花 9 年时间才能通过审批。"① 这些充分说明，我国政党制度具有独创性和优越性，没有任何理由妄自菲薄，也没有任何必要照搬西方的东西。正如民建中央主席郝明金所说："在和西方政党制度的持久较量中，西方政党制度正日益暴露出其弊端，我国新型政党制度越来越显示出优势。在新时代，我们要毫不动摇坚持中国共产党领导，进一步坚持好、发展好、完善好我国新型政党制度，讲好我国政党制度的故事，展示我国新型政党制度的风采。"②

"赋责"，就是共同承担起坚持、发展和完善新型政党制度的责任。既然新型政党制度是中国共产党与各民主党派的共同创造，在坚持、发展、完善中也需要作出共同努力。正如习近平总书记所强调的，"我们应该不忘多党合作建立之初心，坚定不移走中国特色社会主义政治发展道路，把我国社会主义政党制度坚持好、发展

---

① 《中国新型政党制度带给世界的启示》，《人民日报》2018 年 3 月 10 日。

② 郝明金：《增强政党制度自信 巩固发展好新时代统一战线》，《中国统一战线》2018 年第 7 期。

好、完善好。"并希望各民主党派和无党派人士"要做中国共产党的好参谋、好帮手、好同事，增强责任和担当，共同把中国的事情办好"①。民主党派中央领导也表示，民主党派作为新型政党制度中重要组成部分，深感自己有责任为这个制度的发展贡献力量，特别是把坚持中国共产党的领导，作为发挥制度优势、形成合力、集中力量办大事的关键。民进中央主席蔡达峰说："因为有中国共产党的领导，我们才有现在的国体和政体，然后才有不断完善的政治制度，才能在国家的建设发展当中保持一个持续的良好的发展态势。中国共产党领导是这个制度的一个本质特征。"② 九三学社中央主席武维华表示："过去 70 多年来，九三学社与中国共产党风雨同舟、肝胆相照，历经革命、建设和改革的风雨洗礼。我们愈来愈深刻体会到，只有坚持中国共产党领导，坚持和发展中国特色社会主义，我们的国家才能繁荣富强。"③

"增效"，就是要为增强新型政党制度的效能贡献力量。习近平总书记指出，新型政党制度"既强调中国共产党的领导，也强调发扬社会主义民主。政治协商、民主监督、参政议政，就是这种民主最基本的体现"。"新时代多党合作舞台极为广阔，要用好政党协商这个民主形式和制度渠道，有事多商量、有事好商量、有事会商量，通过协商凝聚共识、凝聚智慧、凝聚力量。"要"真诚协商、务实协商，道实情、建良言，参政参到要点上，议政议到关键处，努力在会协商、善议政上取得实效"④。这为新时代坚持、发展、完善我国政党制度，发挥新型政党制度效能进一步指明了方向。致公党中央主席万钢表示："习近平总书记的讲话，深刻阐释了中国共产党领导的多党合作和政治协商制度的重大意义，为这一基本政治制度赋予了新的时代内涵，也指明了我们努力奋斗的方向。"民革中央主席万鄂湘表示，民

---

① 习近平：《坚持多党合作发展社会主义民主政治 为决胜全面建成小康社会而团结奋斗》，人民网—人民日报，2018 年 3 月 5 日。

② 《强国访谈：新型政党制度与参政党建设》，人民网，2018 年 3 月。

③ 《民主党派中央和全国工商联领导人齐赞——新型政党制度展现中国智慧》，《人民日报》（海外版）2018 年 3 月 7 日。

④ 习近平：《坚持多党合作发展社会主义民主政治 为决胜全面建成小康社会而团结奋斗》，人民网—人民日报，2018 年 3 月 5 日。

革"坚持'举全党之力抓参政议政'，在调查研究上下功夫，抓选题，强特色，重联合，切实提高议政建言水平；扎实开展脱贫攻坚民主监督，稳步推进定点扶贫工作，全力推进脱贫攻坚工作；深入研究两岸关系和平发展进程中出现的新情况、新问题，在发挥既有项目和平台作用的基础上，创新方式方法，团结更多台湾岛内民众，加强与海外侨界的联系，为祖国完全统一凝聚共识、汇聚力量。"农工党中央主席陈竺表示："农工党将继往开来，带领联系界别的广大知识分子，牢固树立'四个意识'，不断增强'四个自信'，始终与中国共产党同心，与中华民族伟大复兴同进，努力创造无愧于时代和人民的新业绩。"民进中央主席蔡达峰说："中国特色社会主义进入新时代，参政党建设面临新要求，我们新一届民进中央将按照习近平总书记提出的'四新'要求，更加努力学习和工作，为新时代中国特色社会主义建设做出我们应有的贡献。"台盟中央主席苏辉表示："在中国特色社会主义新时代，我们要紧紧抓住国家工作大局与两岸关系发展大局，为促进两岸和平发展实现祖国和平统一不懈努力。"①

二　重温历史：续写坚持、发展、完善
中国新型政党制度的新篇章

2018 年是纪念"五一口号"发布 70 周年。"五一口号"是 1948 年 5 月 1 日中国共产党发布的政治宣言，其中最重要的就是"召开政治协商会议，讨论并实现召集人民代表大会，成立民主联合政府"。"五一口号"发布后，得到各民主党派和无党派人士的积极响应，他们公开发表宣言、通电表示赞成，并相继奔赴解放区，与中国共产党共同筹备召开新政治协商会议，建立新中国。特别是 1949 年 1 月 22 日，李济深、沈钧儒、谭平山、郭沫若等 55 位已到达解放区的民主党派领导人和著名民主人士联合发表声明，明确宣告"愿在中共领导下，献其绵薄，贯彻始终，以冀中国人民民主革命之迅速成功，独

---

① 《民主党派中央和全国工商联领导人齐赞——新型政党制度展现中国智慧》，《人民日报》（海外版）2018 年 3 月 7 日。

立、自由、和平、幸福的新中国之早日实现"①。"五一口号"的发布，是多党合作历史上具有里程碑意义的重大事件，标志着各民主党派和无党派人士自觉选择了中国共产党的领导，走上了新民主主义、社会主义道路，多党合作制度自此拉开了序幕，中国新型政党制度的基石就此奠定。

经中共中央批准，2018 年 4 月 19 日，中央统战部组织各民主党派中央负责人和无党派人士代表赴西柏坡、李家庄参观学习并举行座谈会，纪念中共中央发布"五一口号"70 周年。4 月 28 日，纪念中共中央发布"五一口号"70 周年座谈会在北京举行，中共中央政治局常委、全国政协主席汪洋出席并讲话，民革中央主席万鄂湘、民盟中央主席丁仲礼、民建中央主席郝明金、民进中央主席蔡达峰、农工党中央主席陈竺、致公党中央主席万钢、九三学社中央主席武维华、台盟中央主席苏辉、无党派人士代表包信和在会上发言。5 月 3 日，中共中央书记处书记、中央统战部部长尤权在《求是》上撰文——《把中国新型政党制度坚持好发展好完善好》。中国共产党与各民主党派、无党派人士一道追寻革命先辈的历史足迹，重温团结合作的初心，追忆中国新型政党制度从中国土壤里萌发成长的历史，进一步坚定了新时代继续携手前进的信念。

增强了坚持中国共产党领导的政治自觉。中国共产党的领导是历史的选择，是包括各民主党派和无党派人士在内的中国人民的自觉选择，是中国特色社会主义最本质的特征，也是多党合作制度健康发展的根本保证。中国特色社会主义进入新时代，面临着复杂多变的国际国内形势，更加需要坚定不移坚持中国共产党的领导，确保我国新型政党制度始终保持正确方向，展示其独特优势和魅力。汪洋在讲话中指出："70 年前，中共中央发布'五一口号'，发出召开政治协商会议、成立民主联合政府的号召，得到各民主党派、无党派民主人士热烈响应，标志着各民主党派、无党派人士公开自觉接受中国共产党的领导，揭开了中国共产党同各党派、各团体、各族各界人士协商建国的序幕，

---

① 中共中央统战部编著：《中国共产党统一战线史》，中共党史出版社、华文出版社 2017 年版，第 174 页。

奠定了中国共产党领导的多党合作和政治协商制度的基础。"① 各民主党派追昔抚今，更加坚定了中国共产党领导的信念。农工党中央主席陈竺说："回顾农工党响应'五一口号'70 年来的亲身实践，我们真切体会到，只有坚持中国共产党领导，才能彻底结束旧中国一盘散沙、任人宰割的悲惨境况；只有坚持中国共产党领导，才有各民主党派为国家富强、民族复兴施展才华、贡献力量的广阔舞台；只有坚持中国共产党领导，才有农工党在多党合作政治格局中的地位和事业发展蒸蒸日上的今天。历史已经证明并将继续证明，中国共产党不愧是时代先锋、民族脊梁，不愧是带领中华民族实现伟大复兴的核心力量。坚持中国共产党领导，是农工党自觉自愿的正确选择，是农工党的立党之本、政治准则和行为标尺，必须始终不渝、毫不动摇。"② 民革中央主席万鄂湘说："改革开放 40 年的最大经验就是必须坚持中国共产党的领导，这也是民革的立党之本、发展之基。坚定不移接受中国共产党领导，坚定不移走中国特色社会主义道路，既是民革的历史选择，也是民革作为新时代中国特色社会主义参政党调动广大党员干部积极性和创造力、共同致力于中华民族伟大复兴中国梦的现实选择。"③ 民盟中央主席丁仲礼说："对'五一口号'的响应，标志着民盟公开接受中国共产党领导。这是民盟前辈在探求救国之道上屡遭挫折后的自觉选择、理性选择。"并强调指出："我国政党制度初建时就确定了两个基点：一是坚持中国共产党领导，二是为国家和人民的利益团结奋斗。这就是这一制度建立的初心。"④ 民建中央主席郝明金在接受采访时说："民建之所以能够取得今天的成就，根本原因就在于始终不渝地坚持中国共产党的领导，我们将团结带领广大民建会员继承和发扬老一辈与中国共产党风雨同舟、亲密合作的优良传统，牢记多党合作制度建立的初心，确保多党合作优良传统薪火相传。"⑤

---

① 《纪念中共中央发布"五一口号"70 周年座谈会在北京举行》，中国新闻网，2018 年 4 月 28 日。

② 陈竺：《牢记多党合作初心 积极践行新型政党制度》，《中国政协》2018 年第 10 期。

③ 万鄂湘：《坚定理想信念 不忘初心使命》，《人民政协报》2018 年 12 月 24 日。

④ 丁仲礼：《新路：从"五一口号"到新型政党制度》，人民网，2018 年 5 月 2 日。

⑤ 《不忘合作初心继续携手前进》，《人民政协报》2018 年 4 月 25 日。

无党派人士代表孙其信笃定地说："历史启示我们，始终坚持中国共产党领导是中国特色社会主义最本质的特征，坚定不移跟党走永远是无党派人士的自觉选择。"①

增强了走中国特色社会主义道路的政治自觉。中国共产党同各民主党派和无党派人士的团结合作，是建立在共同思想政治基础之上的，这个共同思想政治基础就是中国特色社会主义。在新时代，建设社会主义现代化强国、实现中华民族伟大复兴中国梦越是向前推进，越需要巩固中国特色社会主义这个共同思想政治基础。尤权指出，要"扎实推进'多党合作历史传统记录工程'，深入开展'不忘合作初心，继续携手前进'主题教育活动，传承和发扬多党合作优良传统，牢记多党合作建立之初心，深化新一轮政治交接，切实担当起中国特色社会主义亲历者、实践者、维护者、捍卫者的政治责任，把中国特色社会主义作为共同理想信念、共同前进方向、共同奋斗目标，不断巩固共同思想政治基础，推动新型政党制度持续健康发展"②。民革中央主席万鄂湘说："不忘各民主党派老一辈领导人在十分恶劣、危险的环境中，公开宣布接受中国共产党领导，并决心不忘在中国共产党领导下为实现中华民族伟大复兴而不懈奋斗的合作初心，坚定不移走中国特色社会主义政治发展道路。"③ 致公党中央主席万钢说："我们将以习近平新时代中国特色社会主义思想为统领，进一步丰富和完善好这一基本政治制度，不忘合作初心、共同携手前进，努力建设无愧于新时代的中国特色社会主义参政党，更好履行职能，不断提高本领，旗帜鲜明地坚持党的领导，坚定不移地走中国特色社会主义政治发展道路。"④ 台盟中央主席苏辉说："台盟在成立之初就找到了奋斗目标和希望，坚定不移拥护中国共产党的领导。如今，台盟为能够参

---

① 《不忘合作初心 继续携手前进》，《人民政协报》2018 年 4 月 25 日。
② 中央统战部内部资料。
③ 《铭记多党合作初心——各民主党派中央负责人和无党派人士代表赴西柏坡、李家庄参观学习侧记》，《团结报》2018 年 4 月 23 日。
④ 万钢：《践行伟大政治创造 共圆百年复兴梦想》，《人民政协报》2018 年 12 月 29 日。

与实现中国梦和祖国统一的伟大事业而感到无上荣光。"① 民进中央主席蔡达峰表示，要"在弘扬优良传统中凝聚政治共识，在加强思想交流中深化政治共识，在参与社会实践中巩固政治共识，为推进中国特色社会主义事业凝心聚力，切实承担起中国特色社会主义事业亲历者、实践者、维护者、捍卫者的政治责任"②。

增强了贯彻落实中共中央决策部署的政治自觉。党的十九大立足新时代中国特色社会主义的新征程，对全面建成小康社会，建设社会主义现代化强国，实现中华民族伟大复兴中国梦做了规划部署，对健全人民当家作主制度体系，发展社会主义民主政治提出明确要求，为坚持和发展多党合作制度提供了有力指导。汪洋强调："要牢牢把握我国发展新的历史方位，不断巩固共同思想政治基础。要加强中国特色社会主义参政党自身建设，以政治建设为统领，不断提高履职尽责的能力水平。要讲好中国多党合作故事，展示我国新型政党制度的理论特色、实践特色、时代特色。"③ 尤权也希望各民主党派、无党派人士，"认真学习贯彻习近平新时代中国特色社会主义思想和中共十九大精神，始终不渝地坚持中国共产党的领导，始终在思想上政治上行动上同以习近平同志为核心的中共中央保持高度一致，不断增强制度自信，切实提高履职水平，在新时代展现多党合作的新气象新作为"④。各民主党派中央和无党派人士表示："要深化政治交接、弘扬优良传统，增强'四个意识'，坚定'四个自信'，努力做中国共产党的好参谋、好帮手、好同事，为实现中华民族伟大复兴的中国梦作出积极贡献。"⑤ 民进中央主席蔡达峰说："要围绕中心、服务大局，提高集智聚力水平，发挥界别特点优势，深入考察调研，积极建言献

---

① 《铭记多党合作初心——各民主党派中央负责人和无党派人士代表赴西柏坡、李家庄参观学习侧记》，《团结报》2018 年 4 月 23 日。

② 蔡达峰：《为新时代改革开放再出发贡献智慧和力量》，《人民政协报》2018 年 12 月 27 日。

③ 《纪念中共中央发布"五一口号"70 周年座谈会在北京举行》，中国新闻网，2018 年 4 月 28 日。

④ 《各民主党派中央负责人和无党派人士代表赴西柏坡、李家庄参观学习》，中国新闻网，2018 年 4 月 19 日。

⑤ 《纪念中共中央发布"五一口号"70 周年座谈会在北京举行》，中国新闻网，2018 年 4 月 28 日。

策，在履职尽责上有新作为，为多党合作事业作出新贡献。"① 农工党中央主席陈竺说："要围绕中共十九大确定的重要目标任务，在融入大局、服务大局、保障大局中找准履职尽责的切入点和突破口，特别是要紧密结合社会主要矛盾的深刻变化，将健康、生态环境和人口老龄化应对等方面的工作有机结合，深入调查研究，为更好满足人民日益增长的美好生活需要提出真知灼见，为推动'健康中国'战略实施作出新贡献，为建设'美丽中国'作出新成绩。"② 九三学社中央主席武维华说："要继续想党和国家之所想、急党和国家之所急，坚持以人民为中心的发展思想，紧扣人民日益增长的美好生活需要，紧扣贯彻落实党和国家重要决策部署需要解决的问题，建睿智之言、进坦诚之谏、聚发展之力。"③

增强了建设中国特色社会主义参政党的政治自觉。民主党派是多党合作的主体和实践者，其自身建设水平既关系到新型政党制度的巩固和发展，也关系着多党合作的水平和效能。尤权指出："中国特色社会主义新时代的新形势新任务，对民主党派自身建设提出了新希望新要求。要按照中国特色社会主义参政党的标准和要求，坚持执政党建设与参政党建设相互促进，全面加强自身建设。"④ 各民主党派着眼新时代参政党要有新面貌，以组织纪念"五一口号"发布70周年和改革开放40周年为契机，提出进一步加强自身建设的举措。民进中央主席蔡达峰说："适应执政党建设的步伐，适应新时代多党合作制度的发展，适应国家治理体系和治理能力现代化的新要求，增强使命意识和责任意识，认真学习贯彻习近平新时代中国特色社会主义思想和中共十九大精神，准确理解新时代参政党建设的总要求和政治建设、纪律建设、会内监督工作等新要求，深化自身建设，提高解决自身问题的意识和能力，发挥进步性和广泛性相结合的作用，在思想共

---

① 《民进纪念"五一口号"70周年，蔡达峰讲了什么?》，民进网，2018年4月10日。

② 《新型政党制度是伟大的政治创造》，《光明日报》2018年3月7日。

③ 武维华：《改革开放40年九三学社的基本经验》，人民政协网，2019年1月2日。

④ 中央统战部内部资料。

识上有新提高，体现新时代民进的新面貌。"① 九三学社中央主席武维华提出，要"强化思想政治引领，夯实多党合作共同思想政治基础；建立健全民主集中制、民主生活会制度以及各项议事决策制度，提高各级领导班子成员的政治把握能力、参政议政能力、组织领导能力、合作共事能力、解决自身问题能力，努力把九三学社建设成面貌一新的中国特色社会主义参政党。"② 农工党中央主席陈竺提出："要以执政党为师，加快推进依规从严治党，强化自身监督，提高'五种能力'，提升参政党建设科学化水平。要抓住关键少数，发挥头雁效应，形成'班子带骨干，骨干带全党'的良性格局。"③

增强了更好发挥新型政党制度效能的政治自觉。70 年来，多党合作制度建设不断推进，形成了以宪法为基础、以中共中央法规和文件为主体、以相关配套政策为辅助的比较完备的制度框架体系，为多党合作制度有效运行、发挥效能提供了重要保障。面对新时代新形势新任务和多党合作事业发展的新要求，仍需进一步完善民主党派履行参政议政、民主监督和参加中国共产党领导的政治协商职能的相关制度，使参政党作用得到有效发挥。尤权提出："要从增强制度自信、为人类政治文明提供中国方案的高度，深入研究多党合作的理论基础、鲜明特征、实践价值和运行机制，不断推进多党合作理论创新、实践创新和制度创新。要按照坚持和发展新时代中国特色社会主义总目标和战略布局，研究制定新的制度规定，使多党合作的制度框架体系更加完善、更加健全，使新型政党制度的潜能更加充分激发，使其独特优势魅力更加充分彰显。"④ 各民主党派也提出，要进一步增强自信，更好地发挥新型政党制度的效能。民进中央主席蔡达峰说，新型政党制度"汲取了天下为公、兼容并蓄、求同存异等中华传统思想的精华，把团结、民主、独立、开放的治国理政思想融为一体，为中

---

① 蔡达峰：《不忘合作初心 为新型政党制度建设作出新贡献》，《中国政协》2018 年第 8 期。

② 武维华：《坚持好、发展好、完善好中国新型政党制度》，《团结报》2018 年 5 月31 日。

③ 《农工党中央纪念中共中央发布"五一口号"70 周年座谈会召开》，《人民政协报》2018 年 4 月 29 日。

④ 中央统战部内部资料。

华民族谋复兴奠定了政治保障，对坚持和发展中国特色社会主义具有重大现实意义"。要"牢固树立中国特色社会主义新型政党制度的自信，坚持和发展新型政党制度，更好地发挥制度优势效能"①。农工党中央主席陈竺提出，要"善于运用矛盾论和实践论，坚持科学循证精神和从实践中来到实践中去的工作方法，以此来指导参政议政、民主监督和参加中国共产党领导的政党协商的履职实践，更好发挥新型政党制度的效能"②。九三学社中央主席武维华说："勇于自我革命、善于自我超越，守正出新、革故鼎新，努力把九三学社建设成为思想更加坚定、履职更加坚实、组织更加坚强的中国特色社会主义参政党，把中国新型政党制度的效能更加充分发挥出来。"③

三 新的作为：在履职实践中奋发前行

新时代是奋斗的时代，也是多党合作大有作为的时代。习近平总书记在党外人士迎春座谈会上指出："中国特色社会主义进入新时代，多党合作要有新气象，思想共识要有新提高，履职尽责要有新作为，参政党要有新面貌，引导广大成员增进对中国共产党和中国特色社会主义的政治认同，使新时代多党合作展现出勃勃生机。"④ 在参加十三届全国政协一次会议民盟、致公党、无党派人士、侨联界委员联组会讨论时，希望各民主党派和无党派人士"要做中国共产党的好参谋、好帮手、好同事，增强责任和担当，共同把中国的事情办好"⑤。各民主党派和无党派人士，紧紧围绕中共中央决策部署，切实履行好作为中国特色社会主义参政党的职责，充分发挥自身界别特色和人才

---

① 蔡达峰：《不忘合作初心 为新型政党制度建设作出新贡献》，《中国政协》2018 年第 8 期。

② 《农工党中央理论学习中心组学习习近平重要讲话精神》，农工党中央网站，2018 年 5 月 11 日。

③ 《武维华在九三学社中央庆祝改革开放 40 周年大会上的讲话》，九三学社中央研究室，2018 年 12 月 13 日。

④ 《习近平同党外人士座谈并共迎新春》，央视网，2018 年 2 月 6 日。

⑤ 习近平：《坚持多党合作发展社会主义民主政治 为决胜全面建成小康社会而团结奋斗》，人民网—人民日报，2018 年 3 月 5 日。

智力优势，找准切入点、结合点、着力点，全面展现多党合作的新气象、新干劲、新作为。

在完善政党协商上彰显新作为。政党协商是新型政党制度的核心要素，是科学民主决策的重要平台，也是实现中国共产党领导的重要方式。新时代彰显新型政党制度的效能，首先要完善政党协商，用好政党协商这个民主形式和制度渠道。中国共产党和各民主党派、无党派人士，本着"有事多商量、有事好商量、有事会商量"的精神，不走过场，不搞花架子，真诚协商、务实协商。2018 年初，中共中央和地方党委在认真征求民主党派意见的基础上，制定协商计划、确定协商题目；年中，各民主党派和无党派人士有针对性地进行大调研，深入论证、集思广益，在协商中做到言之有据、言之有理、言之有度、言之有物；根据协商计划，中央和地方党委适时就协商题目进行会议协商，并根据需要进行约谈协商；开通"直通车"，民主党派通过书面报告和建议随时与中央和地方负责人进行沟通交流。通过协商，在事关全局和国计民生的重大问题、重要政策上，凝聚了共识和智慧，形成了推进实践发展的强大合力。2018 年，中共中央或委托中央统战部召开各类协商会议 19 次，其中习近平总书记主持召开 4 次，分别就《中共中央关于深化党和国家机构改革的决定》《深化党和国家机构改革方案》、中共中央拟向十三届全国人大一次会议推荐的国家机构领导人员人选建议名单和拟向十三届全国政协一次会议推荐的全国政协领导人员人选建议名单、当前经济形势和 2019 年经济工作等重大问题，与各民主党派中央、全国工商联负责人和无党派人士代表真诚协商，听取意见。各民主党派中央、全国工商联和无党派人士围绕促进高质量发展、打好三个攻坚战、实施乡村振兴战略、区域协调发展战略等开展考察调研，向党中央、国务院呈报意见建议 91 件，为党和政府决策提供了重要参考。①

在推进高质量发展上彰显新作为。高质量发展是新时代我国经济发展的基本特征。推动高质量发展，是保持经济持续健康发展的必然

---

① 《同党外人士共迎新春 习近平总书记讲了哪些暖心话？》，"统战新语"微信公众号，2019 年 1 月 29 日。

要求，是适应我国社会主要矛盾变化的必然要求，是遵循经济规律发展的必然要求，对于我国发展全局具有重大的现实意义和深远的历史意义。各民主党派把促进高质量发展作为建言献策的着力点，就相关问题积极提出意见和建议。在深化供给侧结构性改革中，致公党中央提出："应及时把产业化重点向燃料电池汽车拓展，推进燃料电池汽车研发和商业化；加强氢能生产、储运和供销体系建设，破除制约氢能和燃料电池汽车发展的障碍；加快升级打造新能源动力电池全生命周期价值链，共建新能源动力电池回收利用体系，打造循环产业。"①民革中央建议政府在宏观经济层面"以新能源汽车充电模式改革为契机，推进电力储蓄产业的创建；加强新能源学科建设，培养新能源人才"。在促进民营企业发展上，农工党中央提出，试点推广"银税互动"，中小企业无须担保，即可将企业纳税信用转化为银行贷款信用，打破税银信息壁垒，真正实现"互联网＋税务＋金融"，共同打造诚信纳税企业的专属"信用钱包"。民革中央建议，开展动产担保统一登记立法，建立统一的权利出质登记制度，减少法律纠纷，降低金融风险，提高中小微企业的融资能力。在推动实施乡村振兴战略上，民建中央提出四条建议：一是加强标准化，支持农业新型经营主体申报"三品一标"认证；二是推进规模化，确保持续稳定的供应能力；三是加速可电商化，实现农产品由普通商品到电商商品的转变；四是促进品牌化，推动建立质量管理和追溯体系。民盟中央提出，制定相关政策，完善激励机制，构建培育机制，引导各类人才向农村流动。民进中央从培养新型职业农民的角度，建议理顺涉农职业教育与新型职业农民培育的关系，坚持统筹管理、分类培养，加强对农业二、三产业课程的设置和师资力量配置。农工党、九三学社中央还就加快制度法规体系建设，推进绿色发展，加强特色小镇建设提出建议。在促进区域协调发展中，民建中央多次对粤港澳大湾区协同创新发展进行调研，就"构建粤港澳大湾区协同创新生态体系"提出建议。民盟、九三学社中央还就依托长三角一体化打造世界级港口群、京津冀基本

---

① 《建言咨政赴盛会 不忘初心再出发》，《中国统一战线》2019 年第 3 期。

公共服务均等化提出建议。①

在打好三大攻坚战中彰显新作为。打好"防范化解重大风范、精准脱贫、污染防治"三大攻坚战，是决胜全面建成小康社会的关键所在，是向第二个百年目标冲刺的现实需要，也是由大国向强国迈进必须啃的"硬骨头"。2018年，各民主党派建言献策都向打好三大攻坚战聚焦。在打好精准脱贫攻坚战中，针对扶贫产业存在的项目选择单一、区域市场同质竞争、技术保障跟进不力、合作主体之间失信等"四大风险"，民盟中央提出四条建议：一是加强产业论证，延长产业链；二是强化产业风险预警服务，壮大集体经济实力；三是加强扶贫产业管护力度，开展"返乡人员"培训；四是严格筛选扶贫企业，健全"兜底"保障机制。针对深度贫困地区职业教育发展的困境，九三学社建议优化职业教育布局结构，全面推广国家通用语言文字教育，国家现代职业教育质量提升计划专项资金向深度贫困地区倾斜，鼓励企业参与职业教育，完善对口支援和东西协作机制。民建中央多次到毕节等地实地考察，就有效防止脱贫后返贫提出三条措施：脱贫应设缓冲期，脱贫不脱政策，健全帮扶保障体系；完善职业教育体系；加强防止返贫工作的民主监督力度。在打好污染防治攻坚战中，民盟中央建议实施多污染物协同控制战略，强化区域联防联控，狠抓固定污染源，有效遏制近地面臭氧前体物排放，大力推进近地面臭氧基础性研究。民建中央赴上海、广东、北京进行实地调研，提出抓紧制定责任清单，压实地方政府主体责任；拓宽天然气来源，坚定不移实施散煤综合治理；大力推行对"散乱污"企业及集群进行综合整治等建议。此外，各民主党派还对修复长江经济带生态环境、推进粤港澳大湾区绿色空港建设、煤炭开发和使用、湿地保护、饮用水安全、土壤管控和修复、荒漠化防治、雄安新区周边绿化、减少快递包装污染等提出建议。在防范化解重大风险中，农工党中央针对在防范和化解地方债务风险方面所存在的中央各部委政策目标难一致、存量债务全部置换难实现、政府检查整改措施难到位、地方政府债务主体难落实等问题，建议统筹国家与地方政府资源，严控举债规模；拓展

---

① 《建言咨政赴盛会 不忘初心再出发》，《中国统一战线》2019年第3期。

存量债务再融资渠道，降低融资成本；分类处置整改不规范的融资行为；党政同问责，强化同级党委、人大和政协的监督责任。民盟、民进、九三学社、台盟中央还就强化 PPP 项目（政府和社会资本合作项目）风险防控、防范互联网网贷的系统性风险等提出建议。①

在专项民主监督上彰显新作为。专项监督是以 2016 年各民主党派中央受中共中央委托，对口 8 个脱贫攻坚任务重的中西部省区开展脱贫攻坚专项监督为开端的，是新时代多党合作的新形式、民主监督的新拓展。6 月，国务院扶贫开发领导小组启动了 2018 年脱贫攻坚督查巡查工作，邀请各民主党派中央派员参加，对中西部 22 个省、自治区、直辖市开展督查巡查。② 各民主党派中央和地方组织围绕精准脱贫，共组织调研 195 次，其中由领导班子成员带队调研 59 次，共走访 617 个村、5900 余户贫困户，举办各类培训、协商、座谈 355 场次，向地方各级党委、政府反馈意见建议 950 余条，在精准脱贫攻坚战中发挥了积极作用。③ 民盟中央在广西开展监督调研 36 次，形成报告、建议 43 份，两份专报得到中共中央领导同志批示，已由相关部委分类推进。④ 贫困人口饮水困难是实现"两不愁三保障"最突出的问题，也是打好脱贫攻坚战的拦路虎。针对全国范围内还有 342 万贫困人口饮水安全问题尚未得到解决的状况，农工党中央聚焦深度贫困地区贵州、陕西、四川、云南等地进行调研，提出理顺贫困和边远地区水源保护地保护管理体制，加强农村饮水安全工程建设，提升运行维护水平，健全管理机制，加大资金投入力度等建议，受到国家有关部门的重视，并在《政府工作报告》中得到体现。⑤

专项民主监督受到中共各级党委的高度重视，在民主党派地方组织中普遍开展起来。北京市委统战部制定《关于支持各民主党派市委

① 《建言咨政赴盛会 不忘初心再出发》，《中国统一战线》2019 年第 3 期。

② 《国务院扶贫开发领导小组分三批开展 2018 年脱贫攻坚督查巡查》，中国政府网，2018 年 6 月 4 日。

③ 《同党外人士共迎新春 习近平总书记讲了哪些暖心话?》，"统战新语"微信公众号，2019 年 1 月 29 日。

④ 郝明金：《深入推进民主监督 为广西脱贫攻坚作出新贡献》，《中国统一战线》2019 年第 5 期。

⑤ 《建言咨政赴盛会 不忘初心再出发》，《中国统一战线》2019 年第 3 期。

会开展专项民主监督工作的实施方案》，明确了专项民主监督工作的指导思想、工作原则、监督内容、对口安排、工作形式和工作保障，要求各民主党派北京市委会结合自身特色优势，有针对性地确定具体监督内容，及时成立领导小组，尽快制定具体实施方案并启动工作。① 浙江省委统战部印发《关于支持各民主党派深化"最多跑一次"改革专项民主监督工作的实施方案》，就指导思想、工作原则、对口安排、监督重点内容、主要形式和工作保障做出明确要求。在监督内容上，主要围绕实现"最多跑一次"标准化全覆盖，做优"一窗受理、集成服务"主入口，打破信息孤岛，提升商事登记便利化规范化水平情况，推进便民服务"一证办、移动办"等七项重点内容。在监督形式上主要开展调研式、体验式、联合式、会诊式、协商式监督，倡导监督组成员通过"当一次办事群众、当一回代办员"等方法开展体验暗访式监督，组织各民主党派省委会联合开展监督调研，邀请若干民主党派专家学者参加企业投资项目"最多跑一次"改革第三方评估工作。在监督力量上，八个民主党派省委会组建了八支深化专项民主监督工作队伍，共有 121 名民主党派成员，同时发动广大民主党派成员积极反映社情民意。② 4 月 12 日，深圳市各民主党派专项民主监督工作正式启动，监督内容为各区营商环境建设中的"优化政务服务"工作。市各民主党派在本次专项民主监督中分别对口联系一个区（新区），监督内容包括优化政务服务的工作目标、工作举措；行政服务大厅建设情况；"互联网 + 政务服务"工作落实情况；行政审批服务效能情况；创新与优化政务服务有关的事项等。③ 7 月 18 日，沈阳市召开各民主党派营商环境建设专项民主监督工作启动会议。④ 10 月 23 日，上海市委召开专项民主监督专题协商座谈会，就当年开展的"科创中心人才政策"专项监督，听取市各民主党派、无党派人

---

① 《北京启动民主党派专项民主监督工作》，团结报—团结网，2018 年 6 月 21 日。

② 《浙江深化民主党派专项民主监督 助推"最多跑一次"》，中国新闻网，2018 年 6 月 8 日。

③ 《中共深圳市委首次委托民主党派开展专项民主监督》，人民网，2018 年 4 月 13 日。

④ 《沈阳市召开各民主党派营商环境建设专项民主监督工作启动会议》，东北新闻网，2018 年 7 月 19 日。

士的意见建议，进一步推进专项民主监督的深入开展。^① 陕西省参照中央做法并结合本省实际，从 11 月 20 日起，组织 8 个省级民主党派对 11 个深度贫困县开展脱贫攻坚民主监督。通过开展实地调研、定点监测等方式，对深度贫困县贯彻落实中央和省委、省政府关于脱贫攻坚决策部署、基础设施建设、安全住房、产业发展、就业扶贫、健康扶贫、金融扶贫、"三变"改革、扶智扶志、帮扶力量保障、考核督查等方面进行民主监督。还通过讲座、报告会、座谈会等形式，广泛宣讲中央和省委、省政府关于脱贫攻坚的方针政策，帮助贫困地区干部群众知晓、落实、用好政策，坚定脱贫攻坚的信心和决心，推动全省脱贫攻坚任务如期完成。^②

———————

① 《民主党派专项民主监督的实践探索》，人民政协网，2018 年 11 月 20 日。

② 《陕西 8 个省级民主党派对 11 个深度贫困县开展脱贫攻坚民主监督》，西部网，2018 年 6 月 29 日。

中国行政体制改革的新飞跃

许开轶*

　　行政体制是国家体制的有机组成部分，行政体制改革是中国改革发展事业的着力点之一，行政体制改革包含政府机构改革、政府职能转换、管理制度和方式的革新等，是推进国家治理体系和治理能力现代化的重要手段之一。只有坚持不断深化行政体制改革，才能顺应经济体制改革的要求，推动政治体制改革的发展，激活社会体制改革，从而助力中华民族伟大复兴梦的实现。2018 年，恰逢中国改革开放40 周年，中国行政体制历经了八次重大的改革，取得了巨大的成就和宝贵的经验。党的十九大报告指出，中国特色社会主义进入了新时代，为满足人民群众日益增长的美好生活需要，需要通过行政体制改革，使机构设置和职能配置更适应社会主要矛盾的变化，推动解决发展不平衡不充分的问题，为新时代党和国家各项事业的发展提供体制机制保障。本文立足于改革的时代背景，分析、论述 2018 年中国行政体制改革的发展状况，总结其成果与教训，把握我国行政体制改革的基本脉络和未来走向。

一　深化行政体制改革的时代背景

　　深化行政体制改革是全面深化改革的重要内容之一，是建设现代

---

* 南京师范大学公共管理学院。

政府的必由之路,是完善和发展中国特色社会主义制度,推进国家治理体系和治理能力现代化的关键举措之一。要从根本上解决发展中出现的不平衡不充分的问题,就必须对机构和体制进行改革调整,需要通过深化机构和行政体制改革,进一步理顺政府与市场、政府与社会的关系,持续推进经济、政治、文化、社会、生态等领域的改革。新时代中国特色社会主义事业建设要实现新发展,就要贯彻落实新的要求,实现新的目标。新的国际形势,国内政治、经济、文化、社会和生态发展情势,为新时代深化行政体制改革创造了新的时代环境和机遇,也提出了更高的协同要求,党的十九大报告对深化行政体制改革提出了创新、接续、服务三大要求,这即是立足于复杂的国内外形势,以更广阔的视野和更高的站位来规划中国特色社会主义行政体制建设的新蓝图。

(一)深化行政体制改革的国际形势

2018 年是充满不确定性的一年,世界处于大变局之中。引发国家、地区间冲突的传统议题日益增多,同时,气候变暖、难民危机和网络安全等非传统议题也纷至沓来,世界力量正发生着深刻的变化,现存国际体系遭到了强烈的冲击。

2018 年是国际金融危机爆发十周年,是世界经济格局大发展大变革的转折点。世界经济总体上实现温和增长,但增长动能减弱,主要经济体的经济力量分化明显,保护主义和单边主义势力抬头,全球范围内贸易摩擦增多,基于规则的多边贸易体制被削弱。同时,受到美国特朗普政府"美国优先"政策和一系列"退群"行为的影响,国际贸易规则出现了保守化和碎片化的调整趋势,全球贸易环境面临严峻的挑战。2018 年也是大国间竞争加剧的一年,美国成为发动大国博弈的源头,在气候、贸易和军事等议题上与传统欧洲盟友产生分歧,在叙利亚、乌克兰和南海等区域热点问题上与俄罗斯、中国摩擦不断,世界政治安全的风险凸显。民粹思潮在 2018 年也迎来了发展的高潮,在美国、欧洲,民粹思潮泛滥成灾,加剧了排外主义和保护主义倾向,法国"黄马甲"运动更是直接搅乱了欧洲政局。

面对深刻变化的国际环境,中国必须坚持全面深化改革,坚持对外开放。面对保守主义和单边主义势力的抬头，中国始终坚持和推动经济全球化发展，坚持自由贸易体制，维护多边主义规则，营造良好的投资环境，不断扩大对外开放的程度和深度。同时，中国作为负责任的大国，为全球治理和发展不断贡献着中国智慧和中国方案，提供更多优质的公共产品和公共服务，创造性地提出"一带一路"倡议以促进区域和全球的共商共建共享。针对中美贸易摩擦，中方积极与美方进行协商会谈，以期降低对全球经济发展的影响，积极与周边国家以及俄罗斯、欧盟等展开多层次多领域的合作，展现出实现和平发展的决心和诚意，以缓解大国间竞争对国际体系和规则的冲击。2018年，是中国主动引领全球治理变革方向的元年，引领全球治理变革需要一个更为开放、积极、自信的中国政府，需要深化行政体制改革，精简机构，转变政府职能，创造良好的社会环境作为内在支撑。

（二）深化行政体制改革的国内形势

2018 年是全面贯彻党的十九大精神的开局之年，是改革开放 40 周年，是决胜全面建成小康社会，实施"十三五"规划承上启下的关键一年。[①] 十九大报告提出，"必须认识到，我国社会主要矛盾的变化，没有改变我们对我国社会主义所处历史阶段的判断，我国仍处于并将长期处于社会主义初级阶段的基本国情没有变，我国是世界最大发展中国家的国际地位没有变。"[②] 一切改革都必须牢牢把握社会主义初级阶段这一基本国情，立足这一最大的实际对于改革工作进行谋篇布局。改革开放 40 年来，我国已经取得了举世瞩目的发展成就，积累了宝贵的经验，但是改革未有穷期，我国目前处于经济结构转型升级的关键时期，必须通过推动改革走向纵深以化解社会矛盾。以转变政府职能为核心的行政体制改革作为上层建筑的组成部分，受到经济基础、政治形势、社会环境、文化发展和生态条件等的影响，必须扎根现实，使其随着社会主义现代化建设的发展而不断推进。

---

① 李克强：《政府工作报告——2018 年 3 月 5 日在第十三届全国人民代表大会第一次会议上》，《中华人民共和国国务院公报》2018 年第 12 号。

② 习近平：《决胜全面建成小康社会 夺取新时代中国特色社会主义伟大胜利——在中国共产党第十九次全国代表大会上的报告》，《人民日报》2017 年 10 月 19 日第 2 版。

1. 深化行政体制改革的政治环境

"改革全面发力、多点突破、纵深推进,重要领域和关键环节改革取得突破性进展,主要领域改革主体框架基本确立。简政放权、放管结合、优化服务等改革推动政府职能发生深刻转变,市场活力和社会创造力明显增强。"① 新时代的行政体制改革以改革开放以来行政体制改革的成果为基础,又呈现出新的时代要求和特点。党的十八大以来,以习近平同志为总书记的党中央对行政体制改革做出了深刻的诠释和全面的部署,不断推动行政体制改革的深入。2017 年,党的十九大召开,做出中国特色社会主义进入新时代的科学判断,为决胜全面建成小康社会,夺取新时代中国特色社会主义伟大胜利制定了宏伟蓝图和行动纲领。其中,对于行政体制改革提出了新的要求,作为全面深化改革的抓手,行政体制改革要着眼于创新行政管理方式,增强政府公信力和执行力,建设人民满意的服务型政府,将拥有公权力、履行公共管理和公共服务职能、使用行政或事业编制的组织机构全部纳入改革的考量之中。在十九大精神的指导下,2017 年,全面深化改革和全面从严治党都取得了重大突破,为 2018 年行政体制改革提供了强劲的政治拉力。

2018 年,全党全国把学习贯彻党的十九大精神作为首要政治任务,兴起了学习贯彻党的十九大精神、习近平新时代中国特色社会主义思想的热潮。党的十九届二中全会召开,决定将习近平新时代中国特色社会主义思想作为党和国家必须长期坚持的指导思想载入国家根本法,同时强调宪法的权威,必须依法实施改革,依法行使职权、履行职责、展开工作。在两会召开前,党的十九届三中全会召开,做出了深化党和国家机构改革的决定,完善党和国家机构设置和职能配置;要求深入推进供给侧结构性改革,深化基础性关键领域改革;全面加强政府自身建设,依法行政,提高政府效能。这释放了 2018 年着力推行大规模行政体制改革的信号,为深入推进行政体制改革设定了明确的政治目标,创造了积极的政治环境。

---

① 李克强:《政府工作报告——2018 年 3 月 5 日在第十三届全国人民代表大会第一次会议上》,《中华人民共和国国务院公报》2018 年第 12 号。

2. 深化行政体制改革的经济环境

当前中国特色社会主义进入了新时代，我国经济发展呈现出新常态，习近平总书记在十九大报告中指出："我国经济已由高速增长阶段转向高质量发展阶段，正处在转变发展方式、优化经济结构、转换增长动力的攻关期，建设现代化经济体系是跨越关口的迫切要求和我国发展的战略目标。"[①] 按照高质量发展要求，2018 年的宏观调控目标基本完成，三大攻坚战开局良好，供给侧结构性改革持续推进，改革开放的力度加大，稳妥应对中美经贸摩擦，人民生活持续改善。但是在经济稳定发展的同时，也要看到当前我国 GDP 增速放缓，经济下行压力逐步增大，且潜藏着继续下行的风险，经济运行稳中有变，外部不利因素增多。地方政府债务、企业杠杆率、工业通缩、房地产高库存等根本性问题仍需谨慎处理，经营困难的企业较多，长期积累的风险隐患有所暴露。为适应高质量发展的新要求，建设创新型国家，以创新、创业驱动经济增长，必须进一步深化行政体制改革，坚持稳中求进的工作总基调，辩证统一地把握好"稳"和"进"的关系。

不断深化行政体制改革，勇于破除体制机制障碍是保障经济稳定发展的关键环节。2018 年我国经济运行的主要矛盾仍然是供给侧结构性的，坚持以供给侧结构性改革为主线不动摇，通过转变政府职能、深化"放管服"改革和"互联网＋"政务服务来强化经济体制和行政体制改革的执行力和统筹性，着重于"巩固、增强、提升、畅通"八个字上下功夫。巩固"三去一降一补"成果，破除无效供给，增强市场化、法制化去产能的能力。2018 年顶住经济下行的压力还需紧紧抓住行政体制改革这个关键来纾解。

3. 深化行政体制改革的社会环境

2018 年是全国各族人民团结奋斗、不断创造美好生活的一年。在这一年中，大力推动义务教育教师工资待遇政策落实，加强乡村小规模学校和乡镇寄宿制学校建设，缓解了贫困地区教育资源紧张的局

---

① 习近平：《决胜全面建成小康社会 夺取新时代中国特色社会主义伟大胜利——在中国共产党第十九次全国代表大会上的报告》，《人民日报》2017 年 10 月 19 日第 2 版。

势；乡村振兴战略得到有力实施，粮食总产量保持在 1.3 万亿斤以上，保护了中国人自己的粮袋子；新型城镇化得以扎实推进，近1400 万农业转移人口在城镇稳妥落户，为城市发展带来新活力；深入推进精准脱贫政策，加强扶贫力量，加大资金投入，强化社会帮扶，贫困地区自我发展能力稳步提高，脱贫人口总数达到 8000 万；深化医疗、医保、医药联动改革，更多的药品被纳入医保报销目录，提高居民基本医保补助标准和大病保险报销比例，"病不起"难题正逐步化解；加快推进文化惠民工程，持续加强基层公共文化服务……欣欣向荣的社会氛围为进一步深化行政体制改革奠定了良好的社会基础。

同时，随着第四次工业革命的不断深入，信息技术的创新发展给行政体制改革和政府自身建设带来了重大契机。借着经济社会不断网络化、数据化、智能化的趋势，利用新的科学技术，不断打造效率更高、能力更强、与民更亲的政府，政府服务于社会发展成为新趋势。近年来，通过打破信息孤岛，优化服务流程，提高服务效率和质量，不断建设一体化的电子政务平台；运用大数据等技术手段，逐步建立健全舆情收集、研判和回应机制，更好地了解和反映民意，引导社会舆情，引领社会风尚；逐步推进政府数据开放，建设阳光政府，政务公开，"最多跑一次"政务改革，不断拉近政府与民众的距离，公开、透明的服务型政府形象得以树立。但是社会公共需求飞速增长与公共服务不足矛盾突出，公共服务体系尚不健全，公共服务存在城乡失衡、地区失衡与群体失衡等问题，只有坚持深入推进行政体制改革、建设便民的服务型政府这些问题才能得到解决。

4. 深化行政体制改革的文化环境

新时代，我们面对的不仅是新的政治环境和新的经济发展状况，还会面对新的文化形态，而文化是民族生存和发展不可或缺的"养分"。十九大召开后，将习近平新时代中国特色社会主义思想这一当代中国马克思主义，确立为党必须长期坚持的指导思想，树起了新时代中国共产党人的思想旗帜、中国人民的精神旗帜，掀起了全党全国人民学习习近平新时代中国特色社会主义思想和十九大精神的热潮。2018 年，党的理论创新取得了新突破，共产主义远大理想和中国特色社会主义共同理想在人们心中广泛扎根，社会主义核心价值观受到广泛培育和践行，在意识形态领域的主导权和话语权得到提升。从文化市场百花竞艳、文化体制改革蹄疾步稳，到中华民族优秀传统文化的创造性转化、创新性发展硕果累累，不断繁荣兴盛的社会主义文化，正引导人民树立和坚持正确的历史观、民族观、国家观、文化观，为新时代中国特色社会主义的建设注入了精神动力。

信息时代扩大和加快了多元文化的传播面和速度，推进了不同思想之间的激烈碰撞，各种社会思潮之间的交织激荡。互联网的开放性、匿名性和瞬息万变等特点，为一些不良社会思潮的产生和传播提供了便利，如网络民粹主义、泛娱乐主义思潮等，借助网络迅速得以传播，进入人们的视野，侵袭人们的思想，极容易动摇人们正确的价值选择，破坏社会的文明风气，其影响恶劣。同时，由于网络信息数量巨大，诱惑性、虚假性的信息较多，对辨识能力较弱的人群，尤其是青少年群体，极易产生不良影响，不利于青少年正确人生观和价值观的树立。目前，我国现有的监管机制尚不能有效约束不良信息的发布，网络舆情治理难度依然较大，在保证文化市场发展繁荣的前提下，需要政府治理主体有力介入，维护文化市场发展的正常秩序，以确保文化市场的健康发展，真正发展人民群众喜闻乐见的大众文化。文化体制改革需要坚持深化行政体制改革以助力，将行政体制改革充分融入文化建设事业中，以先进的文化思想武装改革的头脑，以先进高效的行政体制为文化事业的发展保驾护航。

5. 深化行政体制改革的生态环境

习近平总书记在 2018 年全国生态环境保护大会上指出，从总体上看，经过十八大以来的一系列根本性、开创性、长远性工作，我国生态环境质量持续好转，出现了稳中向好趋势，但成效并不巩固。"生态文明建设正处于压力叠加、负重前行的关键期，已进入提供更多优质生态产品以满足人民日益增长的优美生态环境需要的攻坚期，也到了有条件有能力解决生态环境突出问题的窗口期。"[1] 习近平总

---

[1] 习近平：《坚决打好污染防治攻坚战 推动生态文明建设迈上新台阶》，《紫光阁》2018 年第 6 期。

书记这一重大的科学判断，指明了生态文明建设所面临的新形势。我国仍处于社会主义初级阶段，工业化、城镇化、农业现代化尚未完成，发展不平衡不充分的问题依然十分突出。经济增长与污染物排放增加尚未脱钩，目前我国主要污染物排放总量居于世界前列，仍处于2000万吨左右的高位。另外，区域城乡生态环境保护不平衡，产业结构偏重，能源结构偏煤，产业布局偏乱，生态环境压力巨大。

2018年是生态文明建设和生态环境保护事业发展史上具有重要里程碑意义的一年。以习近平同志为核心的党中央对加强生态环境保护、提升生态文明、建设美丽中国做出一系列重大决策部署。党和国家机构改革，决定组建生态环境部和生态环境保护综合执法队伍。全国生态环境保护系统不断提高政治站位，深入学习贯彻习近平生态文明思想和2018年全国生态环境保护大会的精神。坚持以党的政治建设为统领，坚决扛起生态环境保护的政治责任；坚持新发展理念，协同推进经济高质量发展和生态环境高水平保护；坚持以人民为中心，打好打胜污染防治攻坚战；坚持全面深化改革，推动生态环境治理体系和治理能力现代化，通过深化行政体制改革以不断促进生态文明体制建设。

二　中国行政体制改革的主要举措

改革开放40年来，我国行政体制经过多轮改革，取得了显著成果，积累了丰富经验。党的十九大在深刻把握党和国家事业历史性变革的基础上，指出要进一步深化机构和行政体制改革，要"统筹考虑各类机构设置，科学配置党政部门及内设机构权力、明确职责……统筹使用各类编制资源，形成科学合理的管理体制，完善国家机构组织法……赋予省级及以下政府更多自主权。在省市县对职能相近的党政机关探索合并设立或合署办公。"① 这为深化行政体制改革，建设服务型政府指明了方向：政府机构改革不能仅停留在表面，必须深入机

---

① 习近平：《决胜全面建成小康社会 夺取新时代中国特色社会主义伟大胜利——在中国共产党第十九次全国代表大会上的报告》，《人民日报》2017年10月19日第2版。

构内部，切实推进职能融合；要统筹灵活地运用现有人力资源、激活各类政府编制管理，实现优化配置；理顺中央和地方机构上下级关系，因地制宜，发挥各地各级政府的能动性。

2018 年，党的十九届三中全会通过了《中共中央关于深化党和国家机构改革的决定》，明确指出"深化党和国家机构改革是推进国家治理体系和治理能力现代化的一场深刻变革"①，国家机构改革必须"以加强党的全面领导为统领，以国家治理体系和治理能力现代化为导向，以推进党和国家机构职能优化协同为着力点"②。在新时代，行政体制改革必须站在更好地适应统筹推进"五位一体"总体布局，协调推进"四个全面"战略布局，更好地适应我国社会主要矛盾变化的战略高度上加以考量，需要通过深化行政体制改革，使机构设置和职能配置适应人民日益增长的美好生活需要，推动政治、经济、社会、文化、生态文明等领域改革的深化，解决发展不平衡不充分问题，为党和国家各项事业的发展提供体制机制保障。

由此可见，2018 年，我国行政体制改革必须坚持以转变政府职能为核心，以调整政府机构为重点任务，以加快推进人事编制改革为着力点，以提升国家治理体系行政效能为目标，破除体制机制弊端，为国家发展助力。

（一）加快政府职能转变

转变政府职能，是深化行政体制改革的关键所在，也是加强政府自身建设的首要任务。我国经济发展呈现新常态，由高速增长转为高质量发展，这需要进一步理顺政府与市场、政府与社会的关系，加快政府职能转变，发挥市场在资源配置中的决定性作用，更好地发挥政府作用，让政府和市场各就其位、各展所长，实现更高质量、更有效率、更加公平、更可持续的发展。2018 年，面对世界经济下行的风险，加快政府职能转变需抓紧深化"放管服"改革这个牛鼻子，为

---

① 《中共中央关于深化党和国家机构改革的决定》，《人民日报》2018 年 3 月 5 日第 1 版。

② 《中共中央关于深化党和国家机构改革的决定》，《人民日报》2018 年 3 月 5 日第 1 版。

市场主体添活力，大力优化营商环境，创新监管方式，提高政府服务效能。

党的十九大报告指出："中国共产党人的初心和使命，就是为中国人民谋幸福，为中华民族谋复兴。这个初心和使命是激励中国共产党人不断前进的根本动力。"① 加快政府职能转变需以全面正确履行政府职能为基础，要坚持为民办事、为民解忧、为民谋利，不断优化和强化社会管理和公共服务职能，不断加强面向基层、服务民生的力量和资源。2018 年，补短板、惠民生、促消费的一系列减税降费政策措施落地生根，个税"起征点"提高，实施住房制度、社会保障制度、交通出行制度改革，实施精准扶贫政策等，民生切实得到了改善，人民的获得感、幸福感、安全感切实得到了提高。

1. 激发市场活力，优化营商环境

改革开放 40 年来，我国经济发展已经取得历史性成就，中国特色社会主义进入新时代，但发展不平衡不充分的问题仍然存在。解决发展不平衡不充分问题，满足人民日益增长的美好生活需要，必须完善社会主义市场经济体制，正确处理好政府与市场的关系，切实发挥市场在资源配置中的决定性作用，更好地发挥政府的作用。2018 年，政府顶住经济下行压力，需要继续优化营商环境，满足企业发展期待，进一步激发市场活力，促进经济良性发展。转变发展理念、转变政府职能是更好地发挥政府作用的关键环节，简政放权、放管结合、优化服务改革，是推动政府职能深刻转变、极大地激发市场活力的战略举措。2018 年，转变政府职能主要依靠坚持深化"放管服"改革，坚持新发展理念，最大限度地减少政府对市场资源的直接配置和市场活动的直接干预，创新和完善事中事后监管，提高政府服务效能，打造国际一流、公平竞争、利企便民的营商环境，更大地激发市场活力、增强内生动力、释放内需潜力。

（1）推动"证照分离"改革

作为行政体制改革重要组成部分的行政审批制度改革，在党中央

---

① 习近平：《决胜全面建成小康社会 夺取新时代中国特色社会主义伟大胜利——在中国共产党第十九次全国代表大会上的报告》，《人民日报》2017 年 10 月 19 日第 2 版。

的统一领导下，近年来取得了显著成效，2017 年行政审批制度改革进一步深化，国务院出台了一系列改革指导意见，大力推动"多证合一"改革，消减工商登记前置审批事项，取消一批行政许可事项等，在全国取消了非行政许可审批，各省市积极响应改革，行政审批改革迎来了高潮。2018 年，深化行政审批制度改革主要是推动近几年试点取得亮眼成绩的"证照分离"改革，以降低市场准入门槛和制度性交易成本。通过"证照分离"改革，有效区分"证""照"功能，让更多的市场主体持照即可经营，是进一步破解"准入不准营"、激发市场主体活力的有效手段，是加快推进政府职能深刻转变、优化营商环境的一项重要改革举措。推开"证照分离"改革，就是要改变以审批代监管的传统管理体制，放权给企业、放权给市场，探索形成一套科学有效的监管方式，建立更加符合市场化方向的监管体系。

2018 年 9 月 12 日，国务院常务会议部署在全国有序推开"证照分离"改革，持续解决"准入不准营"问题，突出"照后减证"原则，除涉及国家安全、公共安全、金融安全、生态安全和公众健康等重大公共利益外，将许可类的"证"分别采用直接取消审批、审批改为备案、实行告知承诺、优化准入服务四种方式分离出来，进一步厘清"证""照"关系，理顺"证""照"功能，从而减少审批发证环节。紧接着，9 月 27 日，国务院印发《关于在全国推开"证照分离"改革的通知》，明确要求从 2018 年 11 月 10 日起，在全国范围内对第一批 106 项涉企行政审批事项实行改革。[1] 同时，为应对"证照分离"改革对监管带来的新挑战，全面推进了"双告知、双反馈、双跟踪"和"双随机、双评估、双公示"的政府综合监管，构建以事中事后监管为重心的行业监管体制。在国务院的大力推动下，各省市贯彻指导文件精神，在总结之前改革试点经验的基础上制定并公开了实施"证照分离"的改革方案，要求统筹推进"证照分离"和"多证合一"改革。

（2）深化减费降税改革

2018 年，减费降税作为推进供给侧结构性改革的举措之一，在

---

① 《国务院关于在全国推开"证照分离"改革的通知》，《中华人民共和国国务院公报》2018 年第 30 号。

《政府工作报告》和预算报告中都被作为重要任务提出，以营改增激活市场活力，以减负推进供给侧改革成为改革的主线。"进一步减轻企业税负。全年再为企业和个人减税 8000 多亿元，促进实体经济转型升级，着力激发市场活力和社会创造力""大幅降低企业非税负担。全年要为市场主体减轻非税负担 3000 多亿元，不合理的坚决取消，过高的坚决降下来，让企业轻装上阵、聚力发展。"① 并陆续推出了继续推进营改增简化增值税税率结构的政策，扩大享受企业所得税优惠的小型微利企业的范围，提高科技型中小企业研发费用税前加计扣除比例，取消企业委托境外研发费用不得加计扣除限制等举措，进一步落实降税要求。同时通过停征、免征和调整部分行政事业性收费，降低部分政府性基金征收标准，降低一般工商业电价，申报扣除资产损失不再报送相关材料等切实减费政策，使企业切实感受到税费变化，激发社会创新创业活力。

（3）加快金融体制改革

改革开放 40 周年缔造了中国经济发展的奇迹，2016 年，人民币被正式纳入国际货币基金组织特别提款权货币篮子里，成为其中唯一的新兴经济体货币，我国国际金融地位得到显著提升，同时我国的金融体制、金融市场也日趋复杂，我国面临着前所未有的金融风险。随着数字信息技术的发展和互联网的普及，我国金融监管的能力建设被金融行业整体发展的变化与速度所赶超，政府的管控能力受到严重挑战，影子银行、债券违约、不良资产等成为不可忽视的金融安全隐患。

为防范金融风险，党的十九大报告指出："健全货币政策和宏观审慎政策双支柱调控框架"②，2018 年是实施健全货币政策和宏观审慎政策双支柱调控框架的第一年，着重于防范金融体系顺周期所导致的系统性风险，通过加强国家行政机制对重要的金融机构的监管，以提高对金融资本的要求和银行体系流动性等方式来有效维护金融体系

---

① 李克强：《政府工作报告——2018 年 3 月 5 日在第十三届全国人民代表大会第一次会议上》，《中华人民共和国国务院公报》2018 年第 12 号。

② 习近平：《决胜全面建成小康社会 夺取新时代中国特色社会主义伟大胜利——在中国共产党第十九次全国代表大会上的报告》，《人民日报》2017 年 10 月 19 日第 2 版。

的稳定，进一步支持供给侧结构性改革，引导金融机构加大对国民经济重点领域和薄弱环节的支持力度。2018 年 1 月 13 日，国家银监会发布《关于进一步深化整治银行业市场乱象的通知》，要求银行业金融机构和各级监管机构抓住服务实体经济这个根本，严查资金脱实向虚在金融体系空转的行为，严查"阳奉阴违"或选择性落实宏观调控政策和监管要求的行为。2018 年 1 月 26 日，国家发改委、财政部、国资委以及"一行三会"七部委联合发布《关于市场化银行债权转股权实施中有关具体政策问题的通知》，从扩大资金来源、转股债权范围、债转股企业类型和债转股模式等多方面着手帮助企业降低杠杆率，真正实现大尺度放开市场，激活金融主体活力，实现金融业的深度开放，加快建设现代金融体系。

（4）规范跨境电商发展

随着生产、贸易的全球一体化发展和互联网的普及，跨境电商作为一种新兴业态在我国迅速发展，成为我国经济增长的新引擎，推动着我国外贸的转型升级发展。同时，网络空间的隐匿性、无形性和跨国界性对于国家税收、产品质量和服务监管等也带来了新的挑战。认识到跨境电商在货物运输、交易方式、支付结算等方面与传统贸易的不同给现行管理机制、法规和政策带来的挑战，2018 年，我国主要在海关、税收和检验检疫等方面集中发力，大量跨境电商行业的法规、政策和条例相继出台以规范跨境电商的发展，推进跨境电商行业在关键时期取得突破性发展。

2018 年 3 月 3 日，海关总署发布《中华人民共和国海关企业信用管理办法》，与《海关认证企业标准》一起对企业实施认证，同时创新性地运用互联网＋海关，向社会公示在海关注册登记或备案企业的信用信息。随后，商务部等部委相继发布了《关于扩大进口促进对外贸易平衡发展的意见》《关于完善跨境电子商务零售出口监管有关工作的通知》，以降低进口环节制度性成本，清理进口环节不合理收费等来规范和完善国内市场秩序。国务院召开常务会议，确定完善出口退税政策，加快实施退税进度的措施等，并发布《国务院决定在北京等 22 个城市新设跨境电商综合试验区》《优化口岸营商环境 促进跨境贸易便利化工作方案》等文件，解决电子商务出口无法办理检验检疫、出口收汇存在困难、支付服务配套环节薄弱等问题，促进跨境电子商务行业的健康快速发展。

（5）深化服务贸易创新试点

服务贸易是我国经济增长的主要推动力之一，优先发展服务贸易是推动我国经济转型升级和高质量发展的重要举措，早在 2016 年 2 月，国务院就批复同意开展服务贸易创新发展试点的方案，服务贸易实现稳步发展，贸易规模迅速扩大，虽然我国服务贸易总额在全球排名上升到第二位，但在国际服务贸易交易中仍是发达国家占据主导地位，国际分工格局不利于我国服务贸易的发展，同时，我国服务贸易竞争力不足，缺乏具有竞争力的国际品牌，而且话语权和主动权比较薄弱。

2018 年，为提升我国服务业的国际竞争力，推动新兴服务贸易出口，优化服务贸易结构和市场秩序，国务院做出深化服务贸易创新发展试点，改革创新服务贸易发展机制的决定。主要围绕进一步完善管理体制、进一步扩大对外开放、进一步培育市场主体、进一步创新发展模式、进一步提升便利化水平、进一步完善政策体系、进一步健全统计体系、进一步创新监管模式八个方面展开，加强服务贸易跨部门统筹，建立政府服务贸易发展促进机制，建立政府部门间信息共享和数据交换机制，探索建立商务、海关、税务、外汇等部门信息共享、协同执法的服务贸易监管体系。①

（6）落实促进创新、创业的改革举措

在过去的 5 年中，大众创业、万众创新掀起热潮，成为我国经济发展快速崛起的新动能，正在改变我国经济增长的格局，"互联网＋"广泛融入各行各业，深刻地改变了人们的生产生活方式。2018 年《政府工作报告》突出强调"加强建设创新型国家，把握世界新一轮科技革命和产业革命，深入实施创新驱动发展战略，不断增强经济创新力和竞争力。加强国家创新体系建设，落实和完善创新激励政策，促进大众创业、万众创新上水平"②。我国经济进入高质量发展阶段，对于大

---

① 《国务院关于同意深化服务贸易创新发展试点的批复》，《中华人民共和国国务院公报》2018 年第 18 号。

② 李克强：《政府工作报告——2018 年 3 月 5 日在第十三届全国人民代表大会第一次会议上》，《中华人民共和国国务院公报》2018 年第 12 号。

众创业、万众创新提出了新的更高的要求，升级"双创"，需解决科技成果转化困难、部分政策悬空和企业的融通发展等难题。针对此，各级政府围绕促进创新创业环境升级、加快推动创新创业发展动力升级、持续推进创业带动就业能力升级、深入推动科技创新支撑能力升级、大力促进创新创业平台服务升级、进一步完善创新创业金融服务、加快构筑创新创业发展高地和切实打通政策落实"最后一公里"等方面出台了一系列鼓励创新创业的新政策，加强自身建设，形成了自上而下各部门职责明确，分工负责，协同推进的格局。

2. 聚焦社会堵点，保障和改善民生

为政之道，以顺民心为要，以厚民生为本，以人民为中心、增强人民群众获得感和幸福感一直是党和国家各项工作的出发点和落脚点。2018 年是决胜全面建成小康社会的关键之年，深化行政体制改革必须以保障和改善民生为目标，切实疏通社会堵点，回应社会热点，使发展成果切实为人民所享。

（1）推进个人所得税改革，还富于民

个人所得税是调节收入分配和促进社会经济发展的重要手段之一，事关人民群众的切身利益。随着近年来城镇居民人均可支配收入的增长，个人所得税起征点过低成为社会关注的焦点，个税起征点过低增加了中低收入人群的负担，拉低了百姓的幸福指数。党的十八届三中全会提出，逐步建立综合与分类相结合的个人所得税制，2018年 8 月 31 日，全国人大常委会通过了关于修改个人所得税法的决定，旨在落实这一改革部署，规定工资薪金所得等劳动性所得为"综合所得"，适用统一的超额累进税率，而其他所得则采用分类征税的方式。同时，将个人所得税起征点由 3500 元提高到 5000 元，扩大 3%、10%、20% 三档低税率的级距，缩小 25% 税率的级距，使得减税的红利覆盖更广泛的人群，尤其是中低收入人群，增强纳税人的获得感。随后，在 12 月 18 日，国务院公布了修订后的《中华人民共和国个人所得税法实施条例》以落实新个人所得税法，出台了个税专项附加扣除政策。并在 12 月 22 日对外发布《个人所得税专项附加扣除暂行办法》，规定自 2019 年 1 月 1 日起，纳税人计算个税应纳税所得额，在 5000 元基本减除费用扣除和"三险一金"等专项扣除外，还可享受子女教育、继续教育、大病医疗、住房贷款利息或住房租金，以及赡养老人等6项专项附加扣除。① 此次个税改革调整收入再分配，促进了社会公平发展，以专项扣除实现定点减负，切实考虑民众生活所需，是还利于民、还富于民的重大举措。

（2）深化医药卫生体制改革

社会发展，民生为重，健康为本。没有全民健康就没有全面小康，健康是国民幸福和国家发展的根基，党的十九大报告提出要实施健康中国战略，为人民群众提供全方位全周期的健康服务。2018 年，党和国家以人民健康为中心，树立大卫生、大健康理念，坚持保基本、强基层、建机制，坚持医疗、医保、医药三医联动，聚焦解决看病难、看病贵这一社会痛点问题。《国务院办公厅关于印发深化医药卫生体制改革 2018 年下半年重点工作任务的通知》发布，明确要求各部委有序分工，各司其职地围绕有序推进分级诊疗制度建设，建立健全现代医院管理制度，加快完善全民医保制度，大力推进药品供应保障制度建设，切实加强综合监管制度建设，建立优质高效的医疗卫生服务体系，统筹推进相关领域改革七方面开展深化医药卫生体制改革工作。② 同时，要正确处理政府与市场在医疗服务领域的关系，在基础医疗服务领域政府要承担起主要发展和治理职能，适当引入市场竞争以提高资源利用和服务效率；在非基础医疗卫生服务领域要发挥好辅助作用，确保市场活力。

（3）加大困难地区和薄弱环节的教育投入，推进教育公平

教育是民族复兴、社会发展、国家强盛的基石，也是民众最为关心的民生话题之一。党和国家历来将教育视为国之大计、党之大计，始终坚持教育优先发展的地位，不断优化教育结构，合理配置教育资源，发展公平、高质量的教育。在新时代如何办好人民满意的教育，兼顾发展和公平成为政府着力解决的民生问题，自 2012 年以来中央财政对地方教育转移支付的规模不断增加，主要运用于中西部地区，

---

① 《国务院关于印发个人所得税专项附加扣除暂行办法的通知》，《中华人民共和国国务院公报》2019 年第 1 号。

② 《国务院办公厅关于印发深化医药卫生体制改革 2018 年下半年重点工作任务的通知》，《中华人民共和国国务院公报》2018 年第 25 号。

面向困难地区和薄弱环节。2018 年，国务院常务会议确定将继续加大困难地区、薄弱环节的教育投入和政策倾斜，促进教育公平和基本公共服务均等化，中央财政新增 130 亿元重点用于中西部、贫困地区和农村义务教育、职业教育等，同时新增 1 万名"特岗计划"教师名额，逐步实现义务教育教师平均工资水平不低于当地公务员平均工资水平，规范教师编制管理等。

（4）全面清理各类证明，解决办事难问题

奇葩证明令人哭笑不得，成为横亘在政府部门与民众、企业间的泥水塘，2018 年，顺应企业和民众呼声，《国务院办公厅关于做好证明事项清理工作的通知》下发，要求全面清理"烦民"证明，没有法律法规规定的证明事项一律取消。中央层面制定的部门规章由制定部门予以清理；地方政府部门和有关机构设定或增加的证明事项由各地各机构予以清理；法律和行政法规设定，但可以被代替的证明事项，由地方和部门提出取消建议，通过修订法律、行政法规予以清理，最迟于2018 年底取消。① 这是深化"放管服"改革，减证便民的又一重大举措，在上述通知下发后，由司法部牵头展开了针对奇葩证明的专项清理，各部门各地区先后对证明事项进行了分批清理。同时，为将清理证明，便民服务落到实处，在清理工作中要求及时公布取消和保留事项清单；加强政府部门间信息共享与互联互通，创新运用"互联网＋"实施工作，打破政府部门间和内部的"信息孤岛"；加强上级行政机关对下级行政机关的督促检查，严肃追责。

（二）推进政府机构改革和内部建设

党的十九大报告提出要深化机构和行政体制改革，强调这是推进国家治理体系和治理能力现代化的一场深刻变革。为适应新时代提出的新的发展要求，要以加强党的全面领导为前提，以优化协同高效为标准，转变政府职能，推进在基础领域和关键环节的机构职能调整优化，大力建设依法行政、职责明晰、和谐高效的政府治理体系，增强

① 《国务院办公厅关于做好证明事项清理工作的通知》，《中华人民共和国国务院公报》2018 年第 19 号。

政府公信力，向人民满意的服务型政府迈进。

1. 推进政府机构改革

深化政府机构改革是党和国家机构改革的重要任务，是国家治理变革的必然要求。中国特色社会主义建设进入新时代，社会主要矛盾发生了变化，要满足人民群众对于美好生活的向往，解决发展不平衡不充分问题，必须调适政府机构设置和职能配置，解决机构设置不科学、职能转变不到位的问题。2018 年 2 月 28 日，党的十九届三中全会审议通过了《中共中央关于深化党和国家机构改革的决定》和《深化党和国家机构改革方案》，3 月 17 日，十三届全国人大一次会议审议批准了《国务院机构改革方案》，拉开了新时代推进政府机构改革的序幕。

在新的《国务院机构改革方案》中，不再保留国土资源部、国家海洋局和国家测绘地理信息局，组建自然资源部；不再保留环境保护部，组建生态环境部；将农业部的渔船检验和监督管理职责划入交通运输部，不再保留农业部，组建农业农村部；不再保留文化部、国家旅游局，组建文化和旅游部；不再保留国家卫生和计划生育委员会，不再设立国务院深化医药卫生体制改革领导小组办公室，组建国家卫生健康委员会；组建退役军人事务部；不再保留国家安全生产监督管理总局，组建应急管理部，中国地震局、国家煤矿安全监察局由应急管理部管理。同时，不再保留单设的国家外国专家局，重新组建科学技术部，国家自然科学基金委员会改由科学技术部管理；不再保留国务院法制办公室，重新组建司法部；不再设立国有重点大型企业监事会，优化审计署职责；组建国家市场监督管理总局；组建国家广播电视总局；组建中央广播电视总台；组建中国银行保险监督管理委员会；组建国家国际发展合作署；组建国家医疗保障局；组建国家粮食和物资储备局；组建国家移民管理局；组建国家林业和草原局；重新组建国家知识产权局；国务院三峡工程建设委员会及其办公室、国务院南水北调工程建设委员会及其办公室并入水利部。此轮改革，新增七个国务院组成部门和八个国务院其他机构，国土资源局、银监会、保监会等机构退出历史舞台，国务院正部级机构减少八个，副部级机构减少七个。除国务院办公厅外，国务院设置组成部门共 26 个。这些新增机构的设置着重于机构职能的优化协同高效，深化机构职能配置，但并非以机构的撤并为主。例如新组建的应急管理部把国务院办公厅的应急管理职责、公安部的消防管理职责、民政部的救灾职责、国土资源部的地质灾害防治职责、水利部的水旱灾害防治职责、农业部的草原防火职责、国家林业局的森林防火相关职责、中国地震局的震灾应急救援职责以及国家防汛抗旱总指挥部等 13 个部门的相关职责进行重构，统一处理突发事件和救灾事务，协调管理消防、地震、森林防火、矿难救援等所有突发自然灾害以及生产安全事故。这也是此次机构改革中涉及机构最多的一项改革。此外，退役军人事务部这一全新机构的建立也将民政部的退役军人优抚安置职能、人力资源和社会保障部的军官转业安置职能以及中央军委政治工作部和中央军委后勤保障部的相关职能进行重构，统一负责军队转业干部、复员干部、退休干部、退役士兵的移交安置工作和自主择业退役军人服务管理工作。

这轮国务院机构改革还对一些设置重叠、职能交叉的机构进行了整合。新组建的国家市场监督管理总局就整合了国家工商行政管理总局、国家质量监督检验检疫总局和国家食品药品监督管理总局，这三个部门在职能上有诸多相近之处，在实际工作中常常出现多头执法的局面。整合后，国家市场监督管理总局统一管理食品、药品、工商、质检等工作，营造更加有序的市场竞争环境，制定综合监管执法体系。另外，国家林业和草原局以及国家医疗保障局的组建同样解决了权责不清、多头监管的问题，更好地推进了国家治理体系和治理能力的现代化。

根据《中共中央关于深化党和国家机构改革的决定》的要求，中央和国家机关机构改革要在 2018 年底前落实到位。同时，该决定也明确提出要合理设置地方机构，"统筹优化地方机构设置和职能配置，构建从中央到地方运行顺畅、充满活力、令行禁止的工作体系。科学设置中央和地方事权，理顺中央和地方职责关系，更好发挥中央和地方两个积极性，中央加强宏观事务管理，地方在保证党中央令行禁止前提下管理好本地区事务，合理设置和配置各层级机构及其职能"①。

---

① 《中共中央关于深化党和国家机构改革的决定》，《人民日报》2018 年 3 月 5 日第 1 版。

深化地方机构改革，要着力完善维护党中央权威，确保集中统一领导，省市县各级涉及党中央集中统一领导和国家法制统一、政令统一、市场统一的机构职能要基本对应。赋予省级及以下机构更多自主权，突出不同层级的职责特点，允许地方根据本地区经济社会发展实际，在规定限额内因地制宜设置机构和配置职能。统筹设置党政群机构，在省市县对职能相近的党政机关探索合并设立或合署办公，市县要加大党政机关合并设立或合署办公力度。借鉴经济发达镇行政管理体制改革试点经验，适应街道、乡镇工作特点和便民服务需要，构建简约高效的基层管理体制。截至 2018 年 11 月 16 日，全国 21 省份机构改革方案已获批，进入了施行阶段，蹄疾步稳地向前迈进，预计在 2019 年 3 月底所有地方机构改革任务将基本完成。

对政府机构设置和职能配置进行深刻变革将为形成更加完善的中国特色社会主义制度创造有利的组织条件，改革政府机构不是简单的撤减合并，而是以转变职能，提高效能为核心，必须聚焦发展所需和民心所向，加强和完善政府经济调节、市场监管、社会管理、公共服务、生态环境保护五项基本职能，提升政府工作效能。

2. 提升政府工作效能

2018 年《政府工作报告》对于全面提升政府工作效能提出了明确的要求："广大干部要提高政治素质和工作本领，求真务实，干字当头，干出实打实的新业绩，干出群众的好口碑，干出千帆竞发、百舸争流的生动局面。"[1] 改革开放 40 周年，我们所取得的一切成就，都得益于坚持深化改革，不断解放和发展社会生产力，激发各主体、各方面的积极性。2018 年提升政府工作效能，加强政府自身建设主要围绕规范行政法规、规章制定，强化依法行政；加强政务公开，提升质量与实效；深化行政审批制度改革，推行"一网、一门、一次"改革；实施政府预算绩效管理，完善政府激励机制等方面展开。

（1）规范行政法规、规章制定程序

全面推进依法施政、依法行政，建设法治型政府是新时代加强政

---

① 李克强：《政府工作报告——2018 年 3 月 5 日在第十三届全国人民代表大会第一次会议上》，《中华人民共和国国务院公报》2018 年第 12 号。

府自身建设的目标之一。为了更好地适应全面深化改革和经济社会发展需要，充分发挥行政法规、规章解释和废止的重要作用，在总结近年来解释和废止行政法规、规章实践经验的基础上，2018 年 1 月 16 日，李克强总理签署国务院令，公布了《国务院关于修改〈行政法规制定程序条例〉的决定》和《国务院关于修改〈规章制定程序条例〉的决定》。在坚持党的领导，贯彻科学立法、民主立法、依法立法的基础上，明确提出：一是规定起草行政法规、规章，应当体现全面深化改革精神，科学规范行政行为，促进政府职能转变；二是规定行政法规、规章的清理制度，要求根据全面深化改革、经济社会发展需要以及上位法的规定，及时修改、废止或清理行政法规、规章；三是为依法保障各项改革任务的顺利实施，规定国务院可以根据全面深化改革、经济社会发展需要，就行政管理等领域的特定事项，决定在一定期限内在部分地方暂时调整或者暂时停止适用行政法规的部分规定。① 规范行政法规、规章制定程序不仅维护了国家行政法规、规章的权威，更促进了行政法治化工作的推进，增强了行政系统内部主体的自我规制。

（2）不断提高政务公开的质量与实效

政务公开是提升政府公信力、转变政府职能、建设法治型政府和保障公众知情权的重要举措。2007 年《中华人民共和国政府信息公开条例》发布，明确了行政机关主动公开政府信息的范围，确立了依据申请公开政府信息的制度。截至 2017 年《国务院办公厅关于印发开展基层政务公开标准化规范化试点工作方案的通知》的发布，深化基层政务公开，我国政务公开改革走过了第一个十年，扩大了信息公开的覆盖面，政务信息公开"深入人心"，以公开为常态，不公开为例外。自上而下的政务公开改革有效增强了各级政府的政务公开意识，提升了政务服务水平，提高了群众满意度，但也仍然存在"形式主义"公开，与实际需要存在一定差距等问题。2018 年，大力推动

---

① 《国务院关于修改〈行政法规制定程序条例〉的决定》，《中华人民共和国国务院公报》2018 年第 3 号；《国务院关于修改〈规章制定程序条例〉的决定》，《中华人民共和国国务院公报》2018 年第 3 号。

行政决策公开、执行公开、管理公开、服务公开和结果公开，使公开贯穿权力运行的全流程、政务服务的全过程，不断提高政务公开的质量和实效成为政务公开改革的主题。

2018 年 4 月 8 日，《国务院办公厅关于印发 2018 年政务公开工作要点的通知》颁布印发，对 2018 年政务公开工作提出了新要求。主要内容为：一是围绕建设法治政府全面推进政务公开，推进政策执行更加阳光透明，推进人大代表建议和政协委员提案办理结果公开，建立市场准入负面清单信息公开机制，做好政府部门权责清单调整和公开工作；二是围绕重点领域加大主动公开力度，推进财政预决算、重大建设项目批准和实施领域、公共资源配置领域和社会公益事业建设领域的信息公开，将其纳入主动公开基本目录；三是围绕稳定市场预期加强政策解读，做好重大部署和三大攻坚战相关政策的解读，落实信息发布主体的责任；四是围绕社会重大关切加强舆情回应，增强舆情风险防控意识，做好民生热点舆情回应，完善协调联动机制，建立问责制度；五是推进政务公开平台建设，强化政府网站建设管理，用好"两微一端"新平台，整合各类政务热线电话，规范有序开展政府公报工作；六是推进政务公开制度化规范化，贯彻落实政府信息公开条例，加强政府信息公开审查工作，全面推行主动公开基本目录制度，建立健全公共企事业单位信息公开制度，加强政务公开工作培训、督查、考核。① 国务院要求各地区各部门认真贯彻落实各项要求，并且因地制宜地提出具体措施，加强政务公开能力建设和督促检查，加强内部考核评估，接受监督。

（3）深化"互联网＋政务服务"，推进政务服务改革

随着互联网特别是智能穿戴设备的快速发展和普及，足不出户，通过手机享受政府为民服务正成为一种新常态，自 2016 年顺应时代发展潮流和民众呼声，我国各级政府实行"互联网＋政务服务"创新试点以来，整合各类便民服务的政务微信公众号、"掌上政务"平台和线上政务业务办理越来越多，"让数据多跑路，让群众少跑腿"

---

① 《国务院办公厅关于印发 2018 年政务公开工作要点的通知》，《中华人民共和国国务院公报》2018 年第 13 号。

真正得以实现。为进一步深化"互联网＋政务服务"，充分运用信息化手段解决企业和群众反映强烈的办事难、办事慢、办事烦的问题，必须加快推进政务服务"一网通办"和企业群众办事"只进一扇门""最多跑一次"改革。

2018 年 6 月 10 日，国务院下发了《国务院办公厅关于印发进一步深化"互联网＋政务服务" 推进政务服务"一网、一门、一次"改革实施方案的通知》，要求按照政务服务"一网通办"的要求，加快建设国家、省、市三级互联的网上政务服务平台体系，推动更多政务服务事项网上办理，拓展政务服务向"两微一端"等延伸拓展，提供多样性、多渠道、便利化服务；以企业和群众办事"只进一扇门"为目标，优化提升政务服务大厅"一站式"功能，推动线上线下集成融合；以企业和群众办事"少跑腿"为目标，梳理必须到现场办理事项的"最多跑一次"目录，精简办事环节和材料，推动政务服务入口全面向基层延伸。① 同时，通过建立完善全国数据共享交换体系等方式促进各地各级政府间信息共享和对接，为政务服务"一网通办"奠定基础，并且建立相应标准规范、完善相关法规制度、建立监督举报投诉机制和推行优秀案例分享等督促各级政府依法依规更好更快地实现政务服务的信息化。这为加强全国一体化的"互联网＋政务服务"改革提供了遵循原则与工作思路。

（4）全面实施预算绩效管理

全面实施预算绩效管理是提升政府工作效能，优化财政资源配置和提高公共服务质量的重要举措。2018 年 9 月 1 日，《中共中央国务院关于全面实施预算绩效管理的意见》出台，提出力争在 3—5 年基本建成全方位、全过程、全覆盖的预算绩效管理体系，实现预算和绩效管理一体化，着力提高财政资源配置效率和使用效益，改变预算资金分配的固化格局，提高预算管理水平和政策实施效果，为经济社会发展提供有力保障。② 建设高效、责任、透明的政府，必须做到花钱

---

① 《国务院办公厅关于印发进一步深化"互联网＋政务服务" 推进政务服务"一网、一门、一次"改革实施方案的通知》，《中华人民共和国国务院公报》2018 年第 19 号。

② 《中共中央国务院关于全面实施预算绩效管理的意见》，《中华人民共和国国务院公报》2018 年第 29 号。

必问效、无效必问责，预算绩效作为衡量政府绩效的主要指标之一，本质上反映的是各级政府、各部门的工作绩效，明确绩效管理责任约束和激励约束将创造更为廉洁的政府工作环境，夯实各地区各部门各单位绩效主体责任，从而推动政府效能提升，加快实现国家治理体系和治理能力现代化。

3. 全面深化行政监察体制改革

党的十九大报告指出，深化国家监察体制改革，将试点工作在全国推开，组建国家、省、市、县监察委员会，同党的纪律检查机关合署办公，实现对所有行使公权力的公职人员监察全覆盖。2018 年初，党的十九届三中全会召开，通过《深化党和国家机构改革方案》，明确组建国家监察委员会，同中央纪委合署办公，履行纪检、监察两项职责，实行一套工作机构，两个机关名称；通过《中共中央关于深化党和国家机构改革的决定》，推进党的纪律检查体制和国家监察体制改革，组建国家、省、市、县监察委员会。截止到 2018 年 2 月 25 日，全国 31 个省、区、市和新疆生产建设兵团监察委员会完成组建，随后召开的第十三届全国人大一次会议表决通过了《中华人民共和国宪法修正案》，确立了监察委员会作为国家机构的宪法地位，通过《关于批准国务院机构改革方案的决定》，将监察部、国家预防腐败局并入国家监察委员会。2018 年 3 月 23 日，作为国家最高检察机关的中华人民共和国国家监察委员会在北京揭牌，标志着我国监察体制改革进入新的阶段，行政监察制度被国家监察制度所取代，实现了由原先的行政监察只监察狭义政府到监察所有公共机构的转变。

（三）深化干部人事制度改革

公务员队伍是治国理政的主体和骨干力量，党的十八大以来，以习近平同志为核心的党中央对于深化干部人事制度改革，加强新时期公务员队伍建设提出了一系列新思想新观点新要求，为深入推进公务员管理工作指明了正确方向，提供了工作思路。随着党和国家政府机构改革的逐步落实，政府职能的进一步转变，必须完善干部人事制度改革，为深化行政体制改革提供组织保障。"治国经邦，人才为急。"建设创新型国家离不开优秀人才的聪明才智，深化干部人事制度改革不仅要聚焦公务员队伍建设，也要适时调整人才发展机制，创新评价机制，为新时代国家建设输送更多的可造之才。

1. 进一步推进年轻干部选任机制改革

年轻干部是中国特色社会主义事业的接班人，党的十九大报告指出，"大力发现储备年轻干部，注重在基层一线和困难艰苦的地方培养锻炼年轻干部，源源不断选拔使用经过实践考验的优秀年轻干部"[①]。2018 年 6 月，中共中央政治局召开会议，审议通过《关于适应新时代要求 大力发现培养选拔优秀年轻干部的意见》，要求落实好干部标准，健全完善年轻干部选拔、培育、管理、使用环环相扣又统筹推进的全链条机制。2018 年 7 月，在全国组织工作会议上，习近平总书记专门强调要做好新时代年轻干部工作，要加强长远规划，健全工作责任制，及时发现、培养起用优秀年轻干部，建设一支忠实贯彻新时代中国特色社会主义思想、符合新时期好干部标准、忠诚干净有担当、数量充足、充满活力的高素质专业化年轻干部队伍。随后，国务院积极贯彻落实中央精神，着手修订《干部选任条例》，预计在2019 年 3 月发布，进一步完善年轻干部选拔机制。同时，各部门和各级政府都召开专门会议贯彻落实中央选拔年轻干部的精神，结合自身情况，出台了具体的实施意见，考虑长远发展需要，制定年轻干部选任标准。

2. 分类推进人才评价机制改革

人才是实现民族振兴、国家富强，赢得国际竞争主动的战略资源，在新时代实现中国梦必须聚天下英才而用之，加快建设人才强国。人才评价是人才发展机制的重要组成部分，是选拔人才的关键环节，建设人才强国，必须发挥好人才评价的"指挥棒"作用，为人才施展才华，发挥作用提供更广阔的平台。当前，我国人才评价机制存在分类评价不足、评价标准单一、评价手段趋同等问题，必须通过深化改革来破除思想观念和机制障碍。

2018 年 2 月 26 日，中共中央办公厅、国务院办公厅印发了《关

---

① 习近平：《决胜全面建成小康社会 夺取新时代中国特色社会主义伟大胜利——在中国共产党第十九次全国代表大会上的报告》，《人民日报》2017 年 10 月 19 日第 2 版。

于分类推进人才评价机制改革的指导意见》，提出在坚持党管人才、服务发展、科学公正、改革创新等原则的前提下，分类健全人才评价标准，实行分类评价、突出品德评价、科学设置评价标准；改进和创新人才多元评价方式，科学设置人才评价周期，畅通人才评价渠道，促进人才评价和项目评审、机构评估有机衔接；加快推进科技、哲学社会科学、文化艺术、教育和医疗卫生等重点领域的人才评价改革，创新技术技能人才评价制度，完善面向企业、基层一线和青年人才的评价机制；健全完善人才评价管理服务制度，保障和落实用人单位自主权，健全市场化、社会化的管理服务体系，优化公平公正的评价环境。[1] 要求各部门各地区抓好组织落实，结合自身实际情况制定具体实施方案，在试点调整的基础上稳步实施，分类推进。在此基础上，7 月 3 日，中共中央办公厅、国务院办公厅印发了《关于深化项目评审、人才评价、机构评估改革的意见》，进一步针对项目评审和机构评估中存在的"唯论文""一刀切"和"重形式"等问题提出解决意见，坚持不同门类、不同职业、不同岗位对人才的分类评价，要求以职业属性和岗位要求为基础，坚持共通性与特殊性。水平业绩与发展潜力、定性与定量评价相结合，分类建立健全涵盖品德、知识、能力、业绩和贡献等要素，科学合理、各有侧重的人才评价标准。[2]

三　中国行政体制改革的成就与问题

2018 年，我国发展面临着多年少有的错综复杂的严峻国际形势和经济下行的国内压力，在深刻总结改革开放的伟大成就和宝贵经验的基础上，在以习近平同志为核心的党中央坚强领导下，决胜全面建成小康社会取得了新的重大进展。行政体制改革作为我国改革发展事业的有机组成部分，在 2018 年取得了新的突破和发展，为全面深化改革，实施"十三五"规划，做好各项工作奠定了政府治理基础。

---

① 《中共中央办公厅 国务院办公厅印发〈关于分类推进人才评价机制改革的指导意见〉》，《中华人民共和国国务院公报》2018 年第 7 号。

② 《中共中央办公厅 国务院办公厅印发〈关于深化项目评审、人才评价、机构评估改革的意见〉》，《中华人民共和国国务院公报》2018 年第 20 号。

但与统筹推进"五位一体"总体布局和协调推进"四个全面"战略布局，推进国家治理体系和治理能力现代化的要求还有一定差距，必须在党的领导下，以问题为导向，继续深化重点领域行政体制改革。

（一）基本达成改革目标，实现政府治理新跨越

2018 年行政体制改革以深化"放管服"改革，激活市场、微主体活力为核心，打造利企便民的社会环境；以推进政府机构改革和职能转变为重点，坚持以人民为中心的改革取向，将保障和改善民生作为改革的阶段性目标；通过深化干部选任和人才评价机制改革，为加快推进法治政府、创新政府和服务型政府建设注入新鲜血液。总体上基本达成所制定的改革目标，实现了经济的稳步增长和社会的稳步发展，协同政治体制改革推进了政府治理现代化发展，促进了社会文化繁荣和生态保护的优化，人民生活水平得到稳步提升。

1. "放管服"改革取得显著成效，促进了市场经济发展

2018 年"放管服"改革激发了市场活力，优化了营商环境，提升了开放型经济水平，对经济持续健康发展和保障就业发挥了关键的支持作用。全年为企业和个人减税降费 1.3 万亿元。取消一批行政许可事项，"证照分离"改革在全国推开，企业开办时间大幅压缩，工业生产许可证种类压减 1/3 以上，日均新设企业超过 1.8 万家，市场主体总量超过 1 亿家。"双随机、一公开"监管全面实施。清理各类涉企收费，推动降低用电、用网和物流成本。大幅压缩外资准入负面清单，扩大金融、汽车等行业开放，一批重大外资项目落地，新设外资企业增长近 70%。城镇新增就业 1361 万人，调查失业率稳定在 5% 左右的较低水平，国内生产总值增长 6.6%，总量突破 90 万亿元。[①] 在世界银行的营商环境排名中，中国从第 78 位上升到第 46 位，一年增长了 32 位。"放管服"改革带动了创业创新热潮，激发了人民群众利用"互联网 +"的创业热情，促进了新技术、新产业、新业态和新模式的蓬勃发展，推动了经济结构转型优化升级。"放管服"

---

① 李克强：《政府工作报告——2018 年 3 月 5 日在第十三届全国人民代表大会第一次会议上》，《中华人民共和国国务院公报》2018 年第 12 号。

改革以为人民服务为核心，聚焦解决了"奇葩证明""多头跑、来回跑"等办事难问题，"最多跑一次"改革在全国推行，大大提高了民众满意度，提升了民众生活幸福度。

2. 政府机构设置和职能配置优化，政府效能得以稳步提高

2018 年深化党和国家机构改革取得了初步成效，全国 31 个省市自治区机构改革方案均得到稳妥落实，建立了新的政府架构。改革后的政府机构设置更适应新时代市场经济发展的需求，新组建的国家市场监督管理总局组建了新的市场监管综合执法队伍，为市场经济发展提供了更为积极、主动、高效的执法环境，在维护市场资源配置的决定性地位的同时规范市场主体运营，促进市场经济健康有序发展。政府机构改革是政府职能转变、简政放权的外在表现，新一轮国家机构改革更重视政府职能配置的优化和规范，部门职能缺位、越位和错位等突出问题得到重视，部门职能科学评价和定位正逐步落实，政府部门间协调配合机制得以健全，"协同合作"取代"推诿扯皮"。机构设置的合理化和职能配置的科学化为激发广大公务人员工作热情，磨练专业技能和业务水平，加强"互联网＋"政务服务应用提供了契机，政府网站建设、"两微一端"应用成果显著。同时，机构精简、强化机构编制管理的刚性约束取得显著成效，2019 年，全国、各省市公务员招录人数下降近 40%，"精兵简政"，减少官员，在减轻国家财政负担的同时优化了公务员队伍，有力提升了政府工作水平和工作效率。由此可见，全面提高政府效能，优化政府机构设置和职能配置，形成职责明确、依法行政的政府治理体系，增强政府公信力和执行力的改革目标初步达成。

3. 干部人事管理科学化、民主化、制度化取得新进展

2018 年，年轻干部选任机制改革、分类人才评价机制改革和公务员法的修订筹备推动我国干部人事制度改革朝科学化、民主化、制度化目标迈进了一大步。首先，在科学化方面，巩固了"分类管理"的改革原则，建立健全了干部人事制度的管理功能。制定科学、分部门、分岗位的人才评价标准夯实了干部人事"分类管理"的改革路径，公务员法的修订进一步健全了公务员的录用、职务职级与级别、考核、任免等制度，完善了公务员激励保障机制，这不断充实和完善

了干部人事制度的管理功能。其次，在民主化方面，坚持党管干部的基本原则，增强了对于人员政治品德的考察，对于人才评价和考核进一步扩大了民主推荐、民主测评的范围和力度，尊重群众意见，吸收群众参与，提升了干部人事管理的公平、公正、公开、透明程度，丰富了中国特色民主政治的内涵。制度化是干部人事制度建设与改革成果的外在表现，以公务员法为核心的一系列配套的相关法规和在选拔任用、职位升降、考核任免等关键领域的规范性文件都持续加强了干部人事的制度化建设，相关的执行意识和执行力度不断强化。

（二）行政体制改革任重道远，仍需攻坚克难

虽然 2018 年以问题为导向，深入推进行政体制改革取得了显著成效，但行政体制改革不是一朝一夕可以完成的事业，而是一项必须长期坚持、不断调适的系统性艰巨工作。现阶段，我国行政体制改革与新时代中国特色社会主义建设的新要求、与"五位一体"总体布局和"四个全面"战略布局的发展需要，与推进国家治理体系和治理能力现代化的战略目标还存在不相适应的部分，有些矛盾和问题亟须向纵深推进行政体制改革才能予以解决。一是在国家机构改革中，机构编制法治化、规范化实践相对滞后，与社会经济发展和政治体制改革的需要存在差距。国务院机构改革推进较为完善，各省、市、县机构改革在推进中存在"换汤不换药"等形式主义作风问题，相关经济部门改组运行普遍领先于其他部门，各领域发展参差不齐。二是"一些领域党政机构重叠、职责交叉、权责脱节问题比较突出，部分政府机构设置和职责划分不够科学，职责缺位和效能不高问题凸显，政府职能转变还不到位。"① 政府与市场、政府与社会的关系并未完全理顺，政府过度干预经济发展和社会事务的现象时有发生。三是以权谋私、贪污腐败、权力滥用现象仍然存在，权力监督不到位。四是中央和地方间条块矛盾未能得到有效纾解，权责划分不尽合理，不利于调动"两个积极性"等。

---

① 马宝成：《中国行政体制改革 40 年主要成就和未来展望》，《行政管理改革》2018 年第 10 期。

1. 政府机构编制法治化实践滞后，各领域进展参差不齐

政府机构编制法治化是指在政府机构编制法制化的基础上，追求约束政府及公务人员权力，在政府机构编制制定的全过程尊重法律权威、践行法律价值，实现政府机构编制管理的良性发展。经过改革开放 40 年的不断努力，《国务院行政机构设置和编制管理条例》《机构编制监督检查工作暂行规定》等的出台推进了政府机构编制法治化进程，但是仍然存在一些问题亟须解决。一是机构编制管理规范性不强，相关法律法规规定的大多是宽泛的原则性内容，对于基层具体机构编制管理工作的指导性有限；二是机构编制缺乏统一的标准，相关法律法规未能适应新时代发展需要，某些标准与实际工作情况出入较大；三是在机构编制法治化进程中编制部门的监管、监督缺位，机制设置未能充分考虑政府财政承担能力，存在超编进人、混编用人、吃空饷等现象和行为。

在政府机构改革的推进中，经济领域相关部门机构编制管理工作较为清晰明确，明显领先于其他部门；中央政府层面机构编制法治化实践经验较之地方明显较为成熟，地方基层实践中缺乏具体的指导意见和法治化意识；在人员编制管理工作中，公务员编制管理相对较为成熟、全面，事业编制、企业编制管理工作进展落后，相关改革还未能落实到位。

2. 政府职能转变不到位，政府与市场、社会的关系有待进一步明晰

目前"放管服"改革所取得的成效还是初步的、阶段性的，与新时代实现经济高质量的发展要求和人民群众殷切期盼仍然存在一定差距。"放"得不够深，一些政府部门仍然存在过度干预，越位管理的现象，企业投资经营和群众创业创新仍然存在不便，受到显性或隐性准入壁垒的阻挡、行政许可审批依然费力费时。"管"得不到位，市场监管部门监管不到位和监管乱作为现象并存，假冒伪劣、坑蒙拐骗、侵犯知识产权等问题还比较多，公平竞争、优胜劣汰的市场环境尚未完全形成。"服"得不全面，公共服务存在不少薄弱环节，一些部门和单位办事手续烦琐、随意性大，便民利企理念未得到妥善落实。"我国营商环境在全球仍处在中等水平，其中办理施工许可、获

得电力、跨境贸易等指标排名比较靠后。转变政府职能任重道远，决不能有'差不多'、'歇歇脚'的松懈思想。"①

同时，政府与市场、政府与社会的关系未能全部理顺。对资源配置存在越位和错位现象，政府过度干预市场经济行为、影响资源合理配置，过分扶持国有企业、地方保护主义现象仍然存在；在对市场进行监管中存在缺位，食品安全、环境污染、制假售假事件时有发生，基础设施建设服务不到位；在社会治理中，对于社会组织的培育不够，社会多元治理格局还不成熟，强政府弱社会的本质未能得到改变。

3. 滥用职权、以权谋私、贪污腐败现象仍然存在，权力监督需加强

2018年，中央坚定不移推进全面从严治党，以零容忍态度严厉惩治腐败，反腐败斗争取得压倒性胜利，开辟了扶贫等重点领域反腐败的新战场，反腐败工作走上了法治化、规范化道路。但是国家监察体制改革还处于起步阶段，行政监察职能未能全面整合到位，反腐败斗争的形势依旧严峻复杂，全面从严治党依旧任重道远，权力监督还需做细、做全、做严。滥用职权、以权谋私的贪腐现象极大地阻碍了深化行政体制改革的进程，某些领导官员利用职务便利或职权、地位形成的便利条件为他人谋取利益，违规从事营利活动，以"合法商业行为"之名行权钱交易之实，极大地干扰了市场的资源配置和正常运营，造成了市场资源的浪费，破坏了公正、公平的市场环境；个别高级官员利用手中权力干预下级人事、财政决策，破坏了政治生态，官僚主义作风阻碍了政治体制改革的深入；基层小微型腐败和不作为的不正之风成为民众身边的地头蛇，极大地危害了政府公信力和执行力建设，而教育、医疗、食品安全等关键领域的腐败问题更是直接损害了群众切身利益，冷落了民心。

4. 中央与地方关系有待进一步理顺，条块矛盾仍然存在

如何在条块之间，合理划分中央与地方政府权力和职责，理顺上下级部门间的关系一直是我国行政体制改革要着力解决的重点问题，2018

① 李克强：《在全国深化"放管服"改革 转变政府职能电视电话会议上的讲话》，《中华人民共和国国务院公报》2018年第22号。

年国家机构改革的推进实施推动了中央与地方关系的新发展，在理顺横向部门间关系和纵向央地关系方面作用明显，在一定程度上缓解了条块冲突带来的行政效率低下、职责分配不清等矛盾。但是近年来曝光的地方政府 GDP 数据造假、债务危机和财政收入单一等问题表明，央地关系的矛盾不是仅凭 2018 年一年的机构改革努力所能化解的，地方问题的主动曝光表明目前中央政府与地方政府职能设置、职责划分和部门管理中仍存在矛盾。中央政府为地方债务托底，使得地方政府债务问题难以得到根治，对于地方工作以广泛性意见指导为主，监督不够全面和深入。地方发展唯 GDP 观念依然被某些地方政府所固守、在推动地方经济发展的过程中对于中央政策的落实缺乏个性化和具体化的实施方案，"市长经济"对于地方经济发展的影响仍然较强。

四　中国行政体制改革的发展愿景

在复杂多变的国际环境和全面深化改革的国内局势下，深化行政体制改革作为中国改革事业的有机组成部分，对推进国家治理能力和治理体系现代化，对全面建成小康社会、实现中华民族伟大复兴中国梦发挥着重大的促进作用。因此，立足中国市场经济的发展大势，立足中国社会发展的现实要求，立足中国人民日益增长的美好生活需要，统筹加强中央和地方政府自身建设，推进政府机构改革和职能转换，建立具有中国特色的政治、经济、文化、社会发展和生态安全的行政体制，建设法治政府、创新政府、廉洁政府、人民满意的服务型政府，是新时代的必然要求。

（一）加强政府自身建设，增强政府公信力和执行力

面对艰巨复杂的改革发展任务，深化行政体制改革需要转变治理理念，不断加强政府自身建设，这是推进国家治理体系和治理能力现代化的突破口。建设人民满意的法治政府、创新政府、廉洁政府和服务型政府离不开政府施政能力和服务水平的提高。

1. 全面推进依宪施政，依法行政，建设法治政府

法治政府建设是全面推进依法治国的重要组成部分，也是国家治

理领域的一场深刻革命。深入推进依法行政、建设法治政府是深化行政体制改革的愿景之一，建立权责统一、权威高效的依法行政体制，建设职能科学、权责法定、执法严明、公开公正、廉洁高效、守法诚信的法治政府，必须强化政府依宪施政、依法行政，把政府活动全面纳入法治轨道。

在新时代加快法治政府建设必须坚持党的全面领导，增强党的领导力，提高政府执行力，理顺党政机构的关系。首先，要发挥各级党委的领导核心作用，强化对法治政府建设的组织领导和谋划，落实好各项任务。其次，要制定法治化标准，完善政府权力法定程序，针对政府行政过程、行政监督、行政问责和人员管理等方面制定相关法规予以细节化和落实。再次，要提高各级公务人员的法治意识和法治思维能力，要求掌握基本的法律原则和法律制度，在工作中要养成并不断强化法律至上、权利保障、权力制约等法治精神和法治观念，真正形成"办事依法、遇事找法、解决问题用法、化解矛盾靠法的良好法治环境，在法治轨道上推动各项工作"的局面。最后，法治政府建设离不开科学、民主决策，要广开言路，拓宽各界人士和人民群众参政议政的渠道，强化对行政权力的制约和监督。

2. 加快构建职责明确、运转高效的政府治理体系

深化行政体制改革，要围绕和聚焦"两个一百年"奋斗目标，要在坚持党的领导的前提下，构建系统完备、科学规范、职责明确、运转高效的政府治理体系，加强与各类社会团体和企事业单位的联系和合作，全面提高政府治理水平和效能。要推进政府治理体系现代化，2019 年，必须坚持深化国家机构改革，坚决按照大部制改革原则，深入市、县基层，将职责相近的机构整合起来，归类归口统一管理，根治政出多门、相互推诿的弊端。在党的统一领导下，完善党政机构布局，合理分工、相互协调和制约，完善政府部门权责清单制度，加强依法管理机构编制，推进事业编制改革。从长远来看，推进政府治理体系现代化是一个长期的系统工程，"要构建系统完备的组织体系，统筹考虑职能部门设计，为政府治理体系现代化提供逻辑合理的架构支撑；要构建科学系统的制度体系，不断完善审批、监管、信息公开等不同方面的制度设计，为政府治理体系现代化提供完备有力的制度

支持；要构建协调合作的运行体系，杜绝各自为政，为政府治理体系现代化提供高效便民、运转规范的体制机制；应构建科学规范的评价体系，客观公正地评价政府治理流程，为政府治理体系现代化提供真实有效的改进依据；要构建高效完备的保障体系，特别针对公共危机要反应及时迅速，为政府治理体系现代化提供良好的后备保障。"①

3. 加强党风廉政建设，打造廉洁的人民公仆队伍

党的十八大以来，以习近平同志为核心的党中央坚持有腐必惩、有贪必肃，坚定不移"打虎、拍蝇、猎狐"，反腐败斗争压倒性态势初显。国家监察体制改革为巩固压倒性态势、夺取压倒性胜利提供了契机，但在当前工作中，公务人员队伍在廉洁建设方面仍存在不少问题，必须努力净化腐败现象滋生蔓延的土壤，用最坚决的态度减少腐败存量，用最严厉的法律问责来遏制腐败增量。

建设廉洁高效的公务人员队伍首先要强化正确的选人用人导向，从严选人用人，强化干部能力提升，在人员考录中注重政治品德考察，强化政府激励机制的落实。其次要严明工作纪律，唯真求实反"四风"，健全制度约束，强化警示教育，整合国家监察机关职能，综合运用监督执纪的"四种形态"，管好"关键少数"，积极践行"三严三实"。再次要严明生活纪律，加强公务人员社会公德、职业道德、家庭美德和个人品德建设，培养健康的生活情趣，树立良好家风，自觉接受社会考察和民众监督。最后要精准发力惩治腐败，深化标本兼治，深入基层和百姓身边，有腐必反，强化纪检监察队伍的忠诚、干净、担当。

（二）突出重点关键领域，深入推进政府职能转变

2018 年，为深入推进简政放权、放管结合、优化服务改革，加快政府职能转变，国务院成立了专门的推进政府职能转变和"放管服"改革协调小组，突显了国家下硬功夫打造发展软环境的决心。深化行政体制改革必须抓住转变政府职能这一核心，聚焦突出矛盾和关

---

① 丁志刚：《中国行政体制改革四十年：历程、成就、经验与思考》，《上海行政学院学报》2019 年第 1 期。

键环节，厘清政府、市场和社会的关系，政府要坚决把不该管的事项交给市场，最大限度地减少对资源的直接配置，用公正监管管出公平、管出效率、管出活力；要积极培育社会组织，促进公共服务供给主体多元化。发展是治国兴邦的第一要务，创新是推进发展的第一驱动力，深化行政体制改革必须大力优化创新生态，进一步把大众创业、万众创新引向深入，提升科技支撑能力，加快新旧动能的转换。深化行政体制改革也要坚持以人民为中心的发展理念，加快发展社会事业，更好地保障和改善民生。

1. 坚持深化"放管服"改革，激发微观主体活力

要推动"放管服"改革取得新的突破性进展，必须进一步解放思想、转变观念，突出重点难点，关键是各级政府必须尊重经济规律，强化市场意识，按照市场规律办事，履行市场监管职责，促进市场发育。敢于科学大胆"放"权，深化行政许可审批制度改革，针对审批和许可事项逐一深入论证，能取消的坚决取消，市场机制能有效调节的经济活动不再保留审批和许可；深化商事制度改革，进一步压缩企业开办时间，对准国际先进水平，持续优化营商环境，完善"证照分离""多证合一"举措，进一步推进减税降费；大力破除市场隐形准入壁垒，各部门各地区要大力清除妨碍统一市场和公平竞争的各种规定和做法，依据行业特点开放竞争性业务，对待民间资本一视同仁，推动"非禁即入"普遍落实。创新监"管"方式，创新理念和方式，规范"双随机、一公开"监督机制，加大运用层面和力度，打破政府部门间"信息孤岛"，完善信息数据共享机制，强化事中事后监管，落实监管责任，与时俱进审慎管理新产业、新业态。优化"服"务，提供更便捷高效的政务服务，加强政府信息化建设，提升"互联网＋"政务服务能力，扩大服务范围，完善基本公共服务体系和社会信用体系，建设全国一体化政务服务平台，打造不打烊的数字政府。

2. 着力推进创新驱动发展，加快新旧动能转换

世界经济进入新旧动能加速转换的关键时期，各方围绕利益、规则的博弈日益激烈，新兴市场国家和发展中国家所处的外部环境更加复杂严峻。要把握新工业革命的机遇，以创新促增长、促转型，积极

投身智能制造、互联网＋、数字经济、共享经济等带来的创新发展浪潮，努力领风气之先，加快新旧动能转换。我国经济发展进入新常态，经济下行压力加大，经济增长动力、资源要素条件都已发生变化，亟待由旧转新，必须推进供给侧结构性改革，落实五大新发展理念，从根本上适应新常态并引领新常态发展。

加快新旧动能转换，必须深入推进实施创新驱动发展战略，激发科学技术作为第一生产力、创新作为发展第一驱动力所蕴含的巨大能量，将深化行政体制改革和建设创新型国家相结合，抓好创新驱动发展的顶层设计，完善国家创新体系，抓紧布局国家实验室，重组国家重点实验室体系。加快项目审批制度改革，实施一批关系国家发展全局和长远发展目标的重大科技项目，引导科研机构和企业强强联合，推进产学研用一体化建设；优化创新驱动发展的环境，推进知识产权的保护，建立完善的知识产权评估制度，建立健全技术创新相关的政策和法律法规；深化科技体制改革，进一步减税降费，为小微创新企业减负，改革管理体制和评价机制，深化改革开放，建设优化创新平台；培育造就创新型人才，推进人才分类评价机制改革，消除阻碍创新的陈规旧制，为创新型人才提供专注研究的时间和空间，各级政府应出台人才引进政策，注重引资和引才，积极促进科技成果的转化。

3. 关注民生、社会问题，提高人民群众幸福度

带领人民创造美好生活，是我们党始终不渝的奋斗目标。[①] 坚持在发展中保障和改善民生，是新时代中国特色社会主义建设的基本方略，是全面建成小康社会的必然要求，对于满足人民日益增长的美好生活需要，维护社会和谐稳定和建设服务型政府具有重要意义。保障和改善民生，提升民众幸福度必须增强民生工作的针对性，解决群众最关心最现实的利益问题，从关键小事入手，做好普惠性、基础性、兜底性民生建设，织就密实的民生保障网，重点处理好影响老百姓获得指数、幸福指数、安全指数的痛点、难点、焦点问题，真正在幼有所育、学有所教、劳有所得、病有所医、老有所养、住有所居、弱有

---

① 习近平：《决胜全面建成小康社会 夺取新时代中国特色社会主义伟大胜利——在中国共产党第十九次全国代表大会上的报告》，《人民日报》2017 年 10 月 19 日第 2 版。

所扶上持续取得新进展、新成效。建设民生工程，必须坚持实事求是原则，从实际出发逐步改善人民生活，不搞形式主义、不做表面文章。同时，要满足多样化的民生需求，丰富人民群众的精神文化生活，让广大人民群众更多更好地共享改革发展成果，引导人民群众培育正确的获得观、幸福观和安全观，形成自尊自信、理性平和、积极向上的良好社会心态，培养主人翁意识，助力打造共建共治共享的社会治理格局。

（三）统筹推进中央与地方，激活"两个积极性"

随着我国经济社会的发展，政府与市场的关系逐步发生着变化，政府的社会管理和公共服务职能增强，干预市场和介入经济活动的行为进一步规范，中央与地方事权和支出责任的划分也需要因时而变，使其更加清晰合理。目前，在事权划分上，一些应由中央负责的事务交给了地方承担，一些适宜地方负责的事务中央承担了较多支出责任，中央和地方职责交叉重叠、共同管理的事务较多。有些事权执行不规范，甚至是"一事一议"；有些事权虽然有明确分工，但执行中调整随意性大，存在相互越权现象。① 必须以国家机构改革为契机，促进新型央地关系的形成，更突出、更好地发挥中央和地方两个积极性。中央统一领导，地方具有相对独立性，是更好发挥中央和地方两个积极性的基本要求。

1. 坚持中央集中领导，加强中央宏观事务管理

我国宪法明确规定：国务院统一领导全国地方各级国家行政机关的工作；地方各级人民政府除对本级人民代表大会负责并报告工作外，还要对上一级国家行政机关负责并报告工作；全国各级人民政府都是国务院统一领导下的国家行政机关，必须服从国务院领导。② 理顺央地关系，必须坚持中央集中领导，加强宏观事务管理，做出顶层设计和制度安排，中央在把必要的权力下放给地方的同时，必须加强

---

① 国务院研究室编写组：《十三届全国人大一次会议〈政府工作报告〉辅导读本》，人民出版社 2018 年版，第 224 页。

② 孙学玉：《公共行政学论稿》，人民出版社 2013 年版，第 172 页。

对地方的统一领导。高度重视确保党中央令行禁止和全国政令统一的极端重要性，省、市、县各级涉及党中央集中统一领导和国家法制统一、政令统一、市场统一的机构职能要基本对应，强调有效实施党中央方针政策和国家法律法规。目前这种上下对口的机构设置要抛弃"双重领导、条块结合"的旧思路，在厘清具体事务的职责划分的基础上确定领导主体，而中央专有的事项应该由中央垂直管理，由中央垂直管理的派驻机构在人事、财政和编制上要与地方政府完全脱钩，避免重复设置。

2. 依法科学设置中央和地方事权，理顺中央和地方职责关系

中央和地方的合理有效分工必须有制度性保证，中央和地方的事权应得到更规范的划分，事权的划分要充分体现中央和地方的各自优势。

理顺中央和地方职责关系，划分中央和地方事权要注意科学化，中央政府提供公共服务更具有规模经济优势的事权，就应该划归中央，而更能体现地方政府信息优势的事权就应该划归地方。事权与财权、财力应该相匹配。政府做事虽然有直接动用市场和社会资源的方式，如政府规制，但在更多的时候，政府做事往往还需要相应的财政支出。这样，各级政府承担什么样的事权，常常表现为相应的支出责任。没有相应的财权和财力，无论是中央政府还是地方政府做事，都会心有余而力不足。相互匹配的事权和财权、财力，则可以更好地激励各级政府履职。

理顺中央和地方职责关系，划分中央和地方事权还要注意法治化，建立健全相应的法律法规，明确中央政府与地方政府职责权限的划分原则、程序和手段，明确规定中央政府的权力、地方政府的权力以及二者共享的权力，以法律来保障中央权威和地方自主性。同时明确各级政府职权范围，建立相应的政府间监督机制和监督方式，以法律形式落实各级政府的职能要求。

3. 赋予地方自主权，因地制宜推进各项改革事业

在推进国家机构改革的进程中，促进新型央地关系的形成不仅要坚持强有力的中央领导，还要赋予地方政府自主权，充分调动地方政府积极性，因地制宜地推进各项改革事业的实施，实现地方和基层治

理的现代化。为增强地方的治理能力，提高办事效率，更好地服务群众、方便群众，《中共中央关于深化党和国家机构改革的决定》明确指出："增强地方治理能力，把直接面向基层、量大面广、由地方实施更为便捷有效的经济社会管理事项下放给地方。"① 各地应在深刻学习和领悟中央精神的基础上，结合本地实际，用好自主权，因地制宜地设置机构和配置职能，乡镇、街道和乡村应根据工作需要，设置基层机构，实行扁平化和网格化管理，推动治理中心下移，把资源、服务、管理放到基层，真正让基层政权有足够的能力发挥作用。

---

① 《中共中央关于深化党和国家机构改革的决定》，《人民日报》2018 年 3 月 5 日第 1 版。

中国民族区域自治制度的新景象

冯育林　张会龙[*]

　　民族区域自治制度是中国四项基本政治制度之一，是中国民族事务治理的基本遵循，是国家治理体系的重要内容。随着新时代中国国家治理理论与现实的发展，民族区域自治制度在 2018 年展现出新的境界。总的来看，2018 年中国民族区域自治的演进深刻地体现出一种理论与实践的交融逻辑。这种交融逻辑生成的现实背景是深入贯彻落实党的十九大精神和习近平新时代中国特色社会主义思想、纪念改革开放 40 周年以及庆祝宁夏、广西两个省级自治区成立 60 周年。基于这样的逻辑和背景，2018 年中国民族区域自治在理论研究方面显现出传统、新型与经验性总结等视角，实践方面在坚持民族区域自治一贯的主旨精神前提下，努力开拓新维度。

一　民族区域自治的理论进程与年度论题

　　在讨论 2018 年民族区域自治制度研究的年度论题之前，之所以要回顾民族区域自治的理论源泉和理论发展，是因为该年度乃改革开放 40 周年，是全面贯彻党的十九大精神的开局之年，是两个省级民族自治区成立 60 周年。改革开放以来，中国的民族国家建设取得了举世瞩目的成就，其中自然也包括民族区域自治制度的实践成就及全

---

　　* 冯育林，中共云南省委党校党史教研部；张会龙，云南大学公共管理学院。

国各民族地区的现代化发展成就。这既是源于正确的理论指导，也是
对先期理论的验证。故此，有必要对民族区域自治的理论发展进行简
要梳理，进而比照性地对 2018 年民族区域自治制度研究的年度论题
进行分析。

（一）民族区域自治的理论发展

在官方话语体系中，民族区域自治制度是中国共产党把马克思主
义民族理论与中国国情相结合的产物，这无疑是对制度的生成逻辑的
权威性概括，要厘清民族区域自治的理论源头，就要从党的诞生说
起。中国共产党的诞生，在理论上主要得益于《共产党宣言》这本
马克思主义传奇著作在中国的传播，在实践上主要得益于马克思列宁
主义在俄国十月革命中的成功及其示范效应。中国共产党不管是在国
内革命方面，还是在处理其他各类政治社会问题时，都不自觉地采用
了马克思主义的基本原理与俄国及后来的苏联的基本经验，并在与中
国国情相结合后，将它们中国化。在中国共产党遵循《共产党宣言》
所号召的无产阶级革命和阶级斗争思想的同时，"人对人的剥削一消
灭，民族对民族的剥削就会随之消灭……民族内部的阶级对立一消
失，民族之间的敌对关系就会随之消失"的论断，也随之成为中国共
产党处理国内复杂民族问题的理论圭臬。不管什么民族，都被界别为
无产阶级和资产（地主）阶级两大部分，并采取阶级斗争的方式来
化解民族矛盾，民族单元成为世界无产阶级和资产阶级的内置单元。
这种把民族问题置于阶级斗争范畴来考虑的民族理论政策，就成为一
种阶级斗争视域下的民族观。

当然在此进程中，党关于民族问题的具体观念或政策也处于变革
演进中，从最初的自由联邦制到民族自决制，再到民族自决与民族自
治并行，最终到民族区域自治的确立。1936 年 10 月，陕甘宁省豫海
县回民自治政府宣告成立，是中国民族国家建设进程中的第一个域内
自治单位。1947 年 5 月，内蒙古自治区成立，成为中国第一个省级
民族自治地方。在这样的情势下，民族理论与民族实践交相发展起
来。尤其是在新中国成立后，党基于既往的民族工作经验与马克思主
义民族理论的指导，逐步形成了国家统一视域下的民族观，为把各少

数民族及其地域统一与吸纳进多民族的国家政权体系中，开展了在全国范围内的民族识别与民族区域自治建设，进而逐步构建起一套包含民族识别、民族平等、民族团结、社会主义民族关系、民族权益保护、多民族国家国情等内容的民族理论体系。

改革开放后，党中央彻底改变了以往"以阶级斗争为纲"的政治取向，转向"以经济建设为中心"。经济被认定为国家最大的"政治"，经济建设被纳入中华民族复兴的话语体系中，并成为中华民族复兴的最大证明方式。为与经济基础相适应，党的民族观开始建立在中华民族复兴的视域下，民族区域自治的理论叙事随之改变，此前单向度的民族权益保护理论和民族自治权理论，开始转为注重对民族经济发展的诠释与实践追求。在外界尚无法用理论阐述来证明当代中国的实践逻辑之时，党在对革命、建设和改革的经验总结与充分吸纳外来先进方法论的基础上，构建了中国特色社会主义理论体系以达成当代中国政治逻辑的自证，这其中也包含着民族区域自治相关理论。

2005 年，第三次中央民族工作会议召开，把民族问题视为中国特色社会主义的重要内容，提炼出民族理论政策的"十二条"原则，给予民族内涵、民族过程、民族问题、民族关系、国家统一等问题更符合时代要求的解读和阐释。党的十八大以来，中国特色社会主义民族理论进一步得到发展。尤其是随着中央第二次新疆工作座谈会、2014 年中央民族工作会议和中央第六次西藏工作座谈会的召开，习近平总书记在展望新常态下民族事务治理的过程中，从各民族最高利益、中华民族伟大复兴和树立中华民族共同体意识等视角，对民族理论作出了更为新颖的诠释，在保有民族平等、民族团结、各民族繁荣发展等诸原有理论的基础上，形成了较以往不同的民族交往、民族互嵌、民族结构、民族认同和民族复兴等全新的理念，进而更为完整地形成了中华民族伟大复兴视域下的民族观。

从本质上讲，中华民族伟大复兴视域下的民族观，就是习近平总书记在党的十九大报告中所强调的"深化民族团结进步教育，铸牢中华民族共同体意识，加强各民族交往交流交融，促进各民族像石榴籽一样紧紧抱在一起，共同团结奋斗、共同繁荣发展"。而这也成为中国民族区域自治理论研究与实践推进的根本指向与现实焦点。

（二）民族区域自治研究的年度论题

民族或民族问题都是在社会总过程中衍生出来的一种现象，关于民族的理论研究不过是研究者对于那些现象的理论观照。但是，对于民族及其相关性问题的关注，并不仅仅是民族学、政治学、社会学、法学或其他社会科学研究者的一种学术旨趣，还存在着国家政治的强烈牵引。尽管这似乎有点像黑格尔的"哲学是为国家服务的"精神主义，但却是一个不争的事实。而且中国共产党关于民族工作，从民族联邦、民族自决到民族区域自治，从阶级斗争视域下的民族观、国家统一视角下的民族观到中华民族伟大复兴视域下的民族观等系列理论叙事及其转变也证明了这一点。当然，国家政治对理论场域的这种牵引，自然也有其本身的合理性或正向作用，新时代中国的民族理论就是如此。

通过对新中国成立以来的相关研究进行学术史梳理，可以发现，以往对于民族区域自治或民族理论的关注，通常都是围绕"少数民族"这一特定主体和范式展开的，其内容主要涉及民族自治权、民族平等、民族团结、民族地方经济发展等，并建构了一个理论上的"围城"，一些试图突破于此的声音和研究范式常遭到质疑。但是 2014 年中央民族工作会议，尤其是党的十九大召开以后，在党的中华民族伟大复兴视域下的民族观形成后，围绕民族区域自治的理论研究和理论建构发生了变化。党的十九大报告所强调的民族工作新理念新思维成为研究者的理论阐释对象，尤其是关于"铸牢中华民族共同体意识"的研究蔚然成风。这种学术研究现象的产生，就是源于国家政治牵引。纵观 2018 年的民族区域自治研究，其中主要存在着三种视角：一是沿袭制度惯性和既定范式而形成的传统研究进路，二是基于国家政治牵引而形成的新型视角，三是基于时间节点选择的制度实践经验总结。

1. 基于传统视角展开的民族区域自治理论研究

若以中国知网作为数据库进行文献检索，2018 年基于少数民族范式的民族区域自治研究文章大致有 300 篇，其中的关涉对象包括民族区域自治的宪法原则、民族区域自治法、民族团结、制度的发展完善、党的民族政策等方面。

其一，民族区域自治相关问题的宪法原则。刘建辉认为，民族自治地方的干部民族化必须基于宪法原则，提出要"理解、推行干部民族化，必须遵循宪法中的人民主权原则、共和主义原则、基本人权原则、法治主义原则、民族平等团结和谐原则"①。丁鹏基于民族区域自治法与宪法的法律关系，提出应当"改进和提高宪法对民族区域自治法的监督保障力度，建立健全民族区域自治法的配套立法机制、争议平衡机制和法律责任机制，探索实践民族区域自治法的绩效评估制度"②。

其二，民族区域自治法的内在规范。田钒平基于法制统一的考量，认为应当重视民族区域自治法与其他法律规定的冲突问题，提出对"《民族区域自治法》中的准用性规则进行修改，应明确指出所援引的法律或其他规定的具体名称或内容，为立法者提供一个比较明确的指引"，应对其他法律法规中存在的与民族区域自治法相冲突的内容进行修改，以切实保障自治机关的自治权。③ 同时，田钒平还就民族自治地方族际公民关系法治化问题进行了探讨，认为要"明确界定区分涉及民族因素的问题与民族问题的标准、明确界定族际公民关系调整中进行法律变通的原则、明确界定调整公民关系的法律变通规定的适用范围""将具有不同民族身份的公民关系纳入法治轨道，有效协调族际公民交往中的冲突和矛盾，推进族际公民关系的法治化"④。

其三，民族团结与族际关系。王允武认为，民族团结的关键在于族际关系协调，进而从我国族际关系的历史发展趋势与现实困境出发，提出"以《民族区域自治法》相关规定为引领，协调民族关系有序发展"，并提出民族团结的三大新路径："一是大力培育各族群众的法律信仰，二是运用法治手段促进民族自治地方经济社会协调发

---

① 刘建辉：《论民族自治地方干部民族化的宪法原则》，《江汉大学学报》（社会科学版）2018 年第 4 期。

② 丁鹏：《民族区域自治法执行监督机制研究》，《云南民族大学学报》（哲学社会科学版）2018 年第 6 期。

③ 田钒平：《民族区域自治法与其他法律规定的冲突问题研究》，《西昌学院学报》（社会科学版）2018 年第 3 期。

④ 田钒平：《民族自治地方族际公民关系法治化研究》，《学术界》2018 年第 11 期。

展，三是依法打击破坏民族团结的各种违法犯罪行为。"①

其四，民族区域自治制度的发展完善。王传发从主体间性的哲学视角考察民族区域自治制度发展完善的相关问题，认为"党和国家、国家机关、自治地方党委、自治机关和自治地方的各族人民，构成了民族区域自治制度的立体多层多元主体"。他指出，民族区域自治制度的发展完善，须"立体多层多元主体充分发挥主体能动性，自上而下，上下结合，共同作用，主体间互动，实现主体间性"②。

其五，党的民族政策的理论诠释。张维达通过对 1946 年《陕甘宁边区宪草》和 1947 年《后甘泉后期宪草初稿》到 1949 年《中国人民政治协商会议共同纲领》等重要历史文献的梳理，试图厘清民族区域自治的制度化、宪法化进程。高朋以中国改革开放前后几十年的经济模式和社会结构变迁为切入点，发现中国民族政策存在明显的路径依赖，并造成"治理措施中行政干预与市场主导之间的错位、治理对象上群体与个人之间的错位、治理机制上固定与流动之间的错位"等影响，进而提出要从"即人化"迈向"即事化"，以走出既往的路径依赖。③

2. 基于新型视角开拓的民族区域自治理论研究

就中国的社会科学界学术研究而言，学术理论或学术话语的发生主要有三种路径：一是党和国家提出的新需求（国家政治牵引），二是基于长期的田野调查（经验性），三是基于历史逻辑。其中，基于党和国家提出的治国理政新需求、新思路、新概念而产生的学术研究，占据着很高的比率。2018 年民族区域自治制度相关研究的新视角，就是在党和国家政治举措的导引下产生的。

其一，对习近平总书记关于民族工作重要论述的研究。党的十八大以来，习近平总书记在多个场合就我国民族工作发表了重要讲话，

---

① 王允武：《民族区域自治制度视角下的民族团结法治保障研究》，《西昌学院学报》（社会科学版）2018 年第 1 期。

② 王传发：《主体间性视阈中的坚持和完善民族区域自治制度》，《云南行政学院学报》2018 年第 5 期。

③ 高朋：《中国民族政策的路径依赖及其影响》，《中央社会主义学院学报》2018 年第 4 期。

并提出了诸多较为新颖的理念和思路，成为近年来关于"民族"的重要研究视域。在 2018 年开年之际，国家民委官网就发表了《民族工作，站在新的历史起点上——一论开创新时代民族工作新局面》一文，该文明确提出"2018 年是学习贯彻十九大精神的开局之年……民族工作，站在了新的历史起点上……需要我们牢牢把握习近平新时代民族工作思想这一创新理论"。在对习近平总书记关于民族工作重要论述的系列研究中，尤以"铸牢中华民族共同体意识"为最。不管是源自官方的理论叙说，还是在学术界乃至一些过去极为关注传统少数民族研究范式的学者，也都开始转向"中华民族共同体"范式研究。国家民委主任巴特尔就撰文指出，要"把铸牢中华民族共同体意识作为主线和衡量标准，贯彻到民族工作各个领域各个环节，一切政策举措都由此着眼，一切资源都往此着力，推动新时代民族工作迈上更高水平"①，这是最具代表性的官方理论阐述。在学术界，铸牢中华民族共同体意识成为重要的学术视域，民族政治学研究重镇云南大学就先后举办了多次关于"中华民族共同体"研究范式的学术论坛。此外，"铸牢中华民族共同体意识"还在 2018 年度中国十大学术热点发布会上，被评为年度十大学术提名热点之一。

其二，民族区域自治与边疆治理相结合。民族区域自治研究与边疆治理相结合的研究，本质上就是把民族政治与边疆政治相结合。"由于我国大部分少数民族生活居住区域的边疆性及陆地边疆的多民族性，民族事务与边疆事务具有了诸多共性，在某种程度上也就产生了'言民族必言边疆，言边疆必言民族'的现象，民族政治与边疆政治交织到了一起。"② 于是，作为民族事务治理制度工具的民族区域自治，在很大程度也是我国边疆治理的重要制度手段。周俊华指出，"独具特色的边疆民族构成和民族区域自治的制度内涵决定了这一制度在陆地边疆治理中具有重要的资源，发挥着重要功能"，认为民族区域自治制度为陆地边疆治理提供了制度资源、法理基础和国家

---

① 巴特尔：《铸牢中华民族共同体意识 奋力实现伟大复兴中国梦》，《民族论坛》2018 年第 3 期。

② 周平：《多元复杂的民族与边疆政治》，《云南行政学院学报》2018 年第 4 期。

权威，"构建了边疆社会多元力量参与的'边防共治利益共享'模式，创造了符合时代主题的软治理模式"①。

其三，民族区域自治与政治认同构建相结合。彭谦基于中国的政党体制和多民族国家国情，认为民族区域自治制度与国家认同、民族认同、政党认同之间存在双向的互动关系，指出"民族区域自治具有积极的认同整合功能，其运行机制是推进国家、民族、政党三维认同整合的重要路径，而国家、民族、政党认同的'三维建构'又保障和促进了民族区域自治制度的良性运行实施"②。

3. 围绕经验性总结进行的民族区域自治理论研究

2018 年是改革开放 40 周年，也是宁夏、广西两个省级自治区成立 60 周年，围绕这两个重要时间节点的理论研究成为 2018 年的重要学术场域。

其一，改革开放以来民族区域自治制度的发展状况。宋才发将民族区域自治制度实践成果概括为"夯实了民族区域自治法治建设的实践基础，对少数民族贫困地区实施了精准脱贫，以新型城镇化带动了民族地区现代化，将生态文明建设纳入了和谐社会构建，构筑了共建共治的民族事务治理体系"几个方面。③ 周竞红把改革开放以来中国的民族干部政策实践划分为"恢复发展"和"创新发展"两个阶段，从民族干部理论建设、民族干部培养和任用制度化等方面总结了创新发展的内容，并提出在新时期要用"信念坚定、为民服务、勤政务实、敢于担当、清正廉洁"的好干部标准，引领民族干部队伍建设。④ 雷振扬、王明龙对改革开放以来民族区域自治制度的发展进行了三个维度的梳理：一是以制定出台民族区域自治法及配套法规与地方自治条例、单行条例为主要内容的法制建设；二是围绕中央领导决

---

① 周俊华：《民族区域自治对陆地边疆治理的资源、问题与完善》，《云南行政学院学报》2018 年第 5 期。

② 彭谦：《民族区域自治制度与国家、民族、政党三维认同之探析》，《黑龙江民族丛刊》2018 年第 5 期。

③ 宋才发：《民族区域自治制度的实践回眸及未来走势——纪念中国改革开放 40 周年》，《学术论坛》2018 年第 2 期。

④ 周竞红：《管窥改革开放 40 年中国共产党民族干部政策演变》，《广西师范学院学报》（哲学社会科学版）2018 年第 5 期。

策机制、国家机关民族工作机制、民族自治机关等推进的体制机制建设；三是围绕党内监督、人大监督、行政监督、政协监督、学术监督而展开的监督体系构建。①

　　其二，宁夏、广西的民族区域自治实践经验总结。郑彦卿从坚持党的领导、坚持社会主义道路、坚持经济建设的首要地位、坚持促进民族团结、坚持民族干部培养等方面，概括了宁夏回族自治区成立以来不断取得新成就的重要经验。② 狄良川通过对宁夏社会安全、民族平等、法制建设、社会建设事业等方面的分析概括，肯定了民族区域自治制度在宁夏实践的适应性与功能释放。③ 陆鹏基于对广西的民族历史过程、马克思主义民族理论实践的剖析，认为广西在 60 年的民族区域自治制度实践中，营造了维护中华民族多元一体格局，坚持中国特色解决民族问题道路，遵循"尊重差异，包容多样"的基本价值，创新民族事务治理体系四个方面的"典范"④。

二　民族区域自治的实践维度与现实发展

　　习近平总书记在党的十九大报告中对新时代中国特色社会主义民族工作的重要论述，是中国民族理论的创新和升华，是新时代民族区域自治的理论指导。基于贯彻落实党的十九大精神和习近平总书记关于民族工作的重要论述，以及坚守既有的制度精神和制度原则，2018 年中国民族区域自治制度的实践性发展主要体现为三个方面。

（一）坚持民族区域自治实践的既定范畴
　　民族区域自治是新中国具有开国性意义的制度政策，在新中国成

---

　　① 雷振扬、王明龙：《改革开放 40 年民族区域自治制度的发展与完善》，《中南民族大学学报》（人文社会科学版）2018 年第 5 期。

　　② 郑彦卿：《民族区域自治的光辉实践——宁夏回族自治区的发展历程、辉煌成就和历史经验》，《当代中国史研究》2018 年第 5 期。

　　③ 狄良川：《民族区域自治制度在宁夏展现出强大生命力和优越性》，《中国民族报》2018 年 9 月 7 日第 5 版。

　　④ 陆鹏：《"四个典范"是广西民族区域自治制度的生动实践》，《广西日报》2018 年 11 月 13 日第 6 版。

立前夕颁布的具有临时宪法性质的共同纲领就将其作为新生共和国的制度内容。新中国成立后，先后几次颁布或修订的宪法亦把民族区域自治立为国家重要的制度规范。1984 年颁布了具有基本法性质的《中华人民共和国民族区域自治法》，后经修改又将民族区域自治制度上升为国家四项基本政治制度之一。宪法和民族区域自治法使民族区域自治走向法治化，获得了法理上的合法性，并就制度的实践范畴作出了说明。《中华人民共和国民族区域自治法》序言指出："实践证明，坚持实行民族区域自治，必须切实保障民族自治地方根据本地实际情况贯彻执行国家的法律和政策；必须大量培养少数民族的各级干部、各种专业人才和技术工人；民族自治地方必须发扬自力更生、艰苦奋斗精神，努力发展本地方的社会主义建设事业，为国家建设作出贡献；国家根据国民经济和社会发展计划，努力帮助民族自治地方加速经济和文化的发展。在维护民族团结的斗争中，要反对大民族主义，主要是大汉族主义，也要反对地方民族主义。"这段话以基本法的形式规定了推进民族区域自治制度实践的基本范畴，即贯彻执行国家的法律和政策，培养少数民族干部和人才，发展民族自治地方的经济、发展社会主义民族关系，发展民族自治地方社会主义建设事业。

1. 贯彻执行国家的法律和政策

中国自秦汉之际，就开创了中央集权的政治模式，倡导"事在四方，要在中央"。有所不同的是，王朝国家时期的中央常为君王，而当代中国国家结构形式中的中央，则是"党中央和中央人民政府"，即中共中央和国务院。不过，相对于西方民族国家，中国的中央更为注重单一制和中央集权。民族区域自治法序言中的两句话特别值得注意。一是"民族区域自治是在国家统一领导下，各少数民族聚居的地方实行区域自治，设立自治机关，行使自治权"。二是"民族自治地方的各族人民和全国人民一道，在中国共产党的领导下，在马克思列宁主义、毛泽东思想的指引下，坚持人民民主专政，坚持社会主义道路，集中力量进行社会主义现代化建设……"这反映了民族区域自治"并非简单的中央与地方的分权制度，而是以国家为中心……由国家主导作出特殊化的制度安排"①，民族自治地方必然要接受党中央和中央人民政府的领导，必须贯彻执行后两者的政治意志和政治意愿。

就 2018 年的情势来看，最根本的就是学习宣传和贯彻落实党的十九大精神和习近平新时代中国特色社会主义思想，执行全国"两会"中提出的相关政策和措施。当然，从中国的党政体制来看，"两会"中的《政府工作报告》，也是对于党的十九大精神和习近平新时代中国特色社会主义思想的进一步细化，提出的具体措施。因为党统揽全局，是领导一切的，作为施政主体的政府组织必须执行落实党的方针。围绕党的十九大所强调的"必须坚持民族区域自治制度""铸牢中华民族共同体意识"等，十三届全国人民代表大会《政府工作报告》就提出"中华民族是一个和睦相处、团结温暖的大家庭。我们要坚持和完善民族区域自治制度，全面贯彻党的民族政策。继续加强对民族地区、人口较少民族发展的支持……加强各民族交往交流交融，让中华民族共同体的根基更加坚实、纽带更加牢固"。那么 2018 年全国各民族自治地方是怎样贯彻执行国家的法律和上述政策方针的呢？

一是贯彻执行国家法律。最典型的就是在十三届全国人大一次会议表决通过新的宪法修正案后，包括民族自治地方在内的全国各地掀起深入学习宣传和贯彻落实宪法精神的热潮。如新疆维吾尔自治区党委在新宪法通过的第一时间就召开干部大会，部署深入学习宣传和贯彻实施宪法，后又以自治区党委理论学习中心组的形式就宪法进行专题学习，并发布《关于认真学习贯彻陈全国书记在自治区党委理论学习中心组宪法专题学习时的重要讲话精神 持续做好宪法学习宣传实施工作的通知》。又如国家民委会同中央网信办、司法部、共青团中央、全国普法办等国家机关，举办了"弘扬宪法精神 维护宪法权威"的第二届民族政策法规知识有奖竞答活动。2018 年 9 月，司法部、国家民委、全国普法办又联合制定了《"中国宪法边疆行"活动方案》，广范围、全覆盖地推进边疆地区的宪法学习宣传教育活动。

二是贯彻执行党内法规。党对民族自治地方的领导与对一般地方

---

① 景跃进等：《当代中国政府与政治》，中国人民大学出版社 2016 年版，第 232 页。

的领导在组织结构和形式上是一样的，主要依托党的各级民族自治地方党委和若干党的基层组织，以及党员在国家机构和社会组织中的嵌入。这样一来，在民族自治地方政治运行中，实际上还要遵守党内规章制度。如党中央出台《中国共产党问责条例》后，国家民委专门制定了《中共国家民委党组关于贯彻落实〈中国共产党问责条例〉的实施办法》。又如党中央修订《中国共产党纪律处分条例》后，新疆维吾尔自治区、西藏自治区、宁夏回族自治区等纷纷开展学习贯彻活动。

三是贯彻执行党和国家的重要政策。2018年9月，中共中央政治局常委、全国政协主席汪洋在北京会见全国少数民族参观团全体成员，针对党和国家各类方针政策的贯彻执行，勉励参观团全体成员，要"始终做中国共产党的坚定拥护者，听党话、跟党走，在思想上政治上行动上与党中央保持高度一致，党的号召要积极响应，党中央的决策部署要认真贯彻落实"①。具体地看，民族自治地方对于党和国家各类方针政策的贯彻执行，主要贯穿在经济建设、政治发展、干部人才培养、教体文卫社会事业、生态文明建设、民族工作等若干方面。

2. 培养少数民族干部

宪法和民族区域自治法从法律意义上提出"国家帮助民族自治地方从当地民族中大量培养各级干部、各种专业人才和技术工人"。而民族区域自治实践的一个重要条件也是少数民族干部和人才的培养。党和国家通过培养少数民族干部，将它们输送到各类国家机关中，尤其是进入自治机关，行使自治权。在民族区域自治创建之初，党和国家培养了乌兰夫、阿沛·阿旺晋美等一批优秀的少数民族干部，为民族区域自治制度的贯彻落实起到了较大的推动作用。近年来，党和国家继续重视并采用更为多元的方式培养少数民族干部和人才。

2018年10月，中共中央印发了《2018—2022年全国干部教育培训规划》。该规划提出"组织开展新疆、西藏少数民族专业技术人才特殊培养工作……安排部分中西部地区年轻干部到中国浦东干部学院

---

① 《汪洋会见全国少数民族参观团》，《人民日报》2018年9月29日第4版。

培训……重视抓好女干部、少数民族干部、党外干部的教育培训。继续支持革命老区、民族地区、边疆地区、贫困地区干部教育培训工作"，还强调要抓好各级干部在统战、民族、宗教等方面的学习培训，要促进"东部地区做好对口支援西部地区、东北地区干部教育培训工作，开展公务员对口培训"①。在全国性的干部教育培训规划出台后，全国各地亦相继制定了相关规划，其中的一个主线就是学习贯彻落实习近平新时代中国特色社会主义思想。在民族地区出台的规划中，少数民族的干部培养亦作为重要内容被纳入其中。内蒙古自治区就提出："（1）自治区党委组织部会同有关部门，每年安排 100 名左右优秀县处级少数民族干部到自治区级和国家级培训机构参加培训。（2）在内蒙古党校（行政学院）主体班次中加大少数民族干部调训力度。（3）注重加大鄂伦春、鄂温克、达斡尔'三少民族'干部的教育培训力度，通过组织调训、专题培训等形式，把'三少民族'干部培训一遍。（4）各级党校（行政学院）、干部学院要结合少数民族干部的特点和实际，精心安排教学计划，科学设置培训课程，推动党的民族理论政策进教材、进课堂、进头脑。"② 云南省制定出台的《2018—2022 年全省干部教育培训规划》亦将少数民族干部教育培训列为今后 5 年培训工作的八大重点之一。近年来，全国少数民族相对聚居的省（区）、州（市）在党校（行政院校）在干部教育培训主体班次中都设置了处级、科级少数民族领导干部培训班。2018 年，中共云南省委党校就分别举办了两期县处级少数民族干部培训班和少数民族公务员特殊培养班，每期每班次培训人数为 40 余人。此外，国家还设立了从中央到地方的民族干部学院，每年承接来自不同民族地区、民族高等学校的干部培训工作。

除了常规性的少数民族干部教育培训外，国家每年还会开展民族理论政策研究等类似的少数民族人才和民族工作人才教育培训。如 2018 年 4 月在中央社会主义学院举办了全国政协民族和宗教委员会

---

① 《2018—2022 年全国干部教育培训规划》，新华网，http：//www. xinhuanet. com/2018 – 11/01/c_ 1123649916. htm.

② 《内蒙古自治区 2018—2022 年干部教育培训规划》，内蒙古自治区人民政府网，http：//www. nmg. gov. cn/art/2019/1/22/art_ 365_ 249268. html.

工作培训班，由十三届全国政协民族和宗教委员会成员及各省、自治区、直辖市、副省级市政协民宗委负责同志参加；2018 年 7 月在中央民族干部学院举办了全国民族研究中青年骨干培训班暨首期智库中青年骨干民族理论政策专题研修班，该班次参与人员主要是民族研究型人才，"70% 的学员具有副高及以上职称，60% 具有博士学位"①。

3. 促进民族地区经济发展

民族区域自治是一项政治因素与经济因素相结合的制度，虽在法律层面上是一项政治性极强的制度，但是在其制度内容中或者是实践中，都加入了诸多的经济性要素。甚至可以认为，随着党和国家政策理念的变革与制度本身的发展，各级政治行为主体通常以经济手段来促成民族区域自治制度的政治目标。2014 年中央民族工作会议就直接地说明，"把宪法和民族区域自治法的规定落实好，关键是帮助自治地方发展经济、改善民生"，并用很大篇幅阐述民族地区的经济发展、全面建成小康社会、基础设施建设、脱贫攻坚等。② 具体可以从以下几个方面一窥民族区域自治制度在实践中的经济性。

一是党和国家对于民族地区经济发展的高度重视。习近平总书记在作党的十九大报告时强调，要"加大力度支持革命老区、民族地区、边疆地区、贫困地区加快发展，强化举措推进西部大开发形成新格局……促进各民族共同团结奋斗、共同繁荣发展"。李克强总理在 2018 年的《政府工作报告》中进一步指出："我们要坚持和完善民族区域自治制度，全面贯彻党的民族政策。继续加强对民族地区、人口较少民族发展的支持……加大对革命老区、民族地区、边疆地区、贫困地区扶持力度，加强援藏援疆援青工作。"2018 年 6 月，党中央和国务院联合发布了《关于打赢脱贫攻坚战三年行动的指导意见》，其中特别指出"西藏、四省藏区、南疆四地州和四川凉山州、云南怒江州、甘肃临夏州等深度贫困地区，不仅贫困发生率高、贫困程度深，

① 《石玉钢为第十一期全国民族研究中青年骨干培训班暨首期智库中青年骨干民族理论政策专题研修班学员授课并出席结业式》，国家民委网站，http：//www.seac.gov.cn/seac/xwzx/201807/1084077.shtml.

② 新华社：《中央民族工作会议暨国务院第六次全国民族团结进步表彰大会在北京举行》，《中国民族》2014 年第 10 期。

而且基础条件薄弱、致贫原因复杂、发展严重滞后、公共服务不足，脱贫难度更大"，并提出"着力加大深度贫困地区政策倾斜力度"等措施。①

二是国家对于民族地区的直接性经济扶持。2010 年财政部出台了《中央对地方民族地区转移支付办法》，旨在"增强少数民族地区的财政保障能力，逐步缩小少数民族地区与其他地区的基本公共服务差距，促进少数民族地区科学发展、社会和谐"，并就转移支付的范围和总额、资金的分配、下达和使用等作出了明确阐释。② 近年来，中央对全国各民族地区的财政转移支付成为持续性的一项经济政策，2018 年中央财政共下拨 7708800 万元作为针对民族地区的转移支付。其中少数民族相对聚居的 10 个省、区的转移支付见表 1 所示。

表 1 　　　　　　2018 年中央对地方民族地区转移支付分配

地区	合计（万元）
贵州省	1198114
新疆维吾尔自治区	1134418
广西壮族自治区	1100576
云南省	935151
内蒙古自治区	817671
宁夏回族自治区	458037
青海省	392666
西藏自治区	380689
四川省	282990
甘肃省	166494

资料来源：财政部预算司：《关于下达 2018 年中央对地方民族地区转移支付的通知》，财政部网站（http：//yss. mof. cn/zhengwuxinxi/zhengceguizhang/201805/t20180510_2891773. html）。

---

① 《中共中央国务院关于打赢脱贫攻坚战三年行动的指导意见》，中央人民政府网，http：//www. gov. cn/zhengce/2018 - 08/19/content_ 5314959. htm.
② 财政部：《中央对地方民族地区转移支付办法》，财政部网站，http：//yss. mof. cn/czzxzyzf/201109/t20110902_ 591467. html.

从表 1 可以看出，在 2018 年全国享有该项转移支付政策中，贵州占有资金额度最高，为 1198114 万元。除表 1 中的 10 个省区外，湖南、湖北、海南、辽宁、吉林、重庆、河北、河南、黑龙江、广东、浙江 11 个省份内的少数民族聚居区域，亦不同程度地享受了中央财政转移支付政策。

三是全国各地对于民族地区的"对口支援"。在《关于打赢脱贫攻坚战三年行动的指导意见》中，就"对口支援"工作，强调要"加大东西部扶贫协作和对口支援力度"，其中提出"突出资金支持，切实加强资金监管，确保东西部扶贫协作资金精准使用"，要求"实施好'十三五'对口支援新疆、西藏和四省藏区经济社会发展规划"。就东西部的对口扶持来看，2018 年，江苏省共安排对口支援资金 30.8 亿元，其中面向西部民族地区的有："对口支援西藏拉萨市资金 34464 万元，计划安排援助项目 57 个，对口支援西藏昌都市 11488 万元；对口支援新疆伊犁州资金 181210 万元，计划安排援助项目 326 个；对口支援新疆克州资金 48550 万元，计划安排援助项目 53 个；对口支援青海海南州资金 29931 万元，计划安排援助项目 75 个。"① 又如，"2018 年广东省安排援疆项目 70 个，资金 184800 万元；深圳市安排援疆项目 50 个，资金计划 94549 万元。"②

四是 2018 年全国民族地区经济的快速增长。民族地区的经济建设，除了党和国家的政策扶持、资金帮扶，以及来自全国各地的对口支援以外，自身的造血功能也极为重要。近年来，越来越多的民族地区开始注重从旅游、中草药种植、民族文化、健康生活、数字经济等方面增强造血能力。总体上，2018 年民族地区经济发展趋势向好（见表 2）。

---

① 《我省下达 2018 年度对口支援项目计划》，江苏发改委网站，http：//fzggw. jiangsu. gov. cn/art/2018/3/30/art_ 292_ 7549637. html.

② 《广东省审计厅关于 2018 年广东省对口支援新疆发展资金和项目审计结果公告》，广东省审计厅网站，http：//gdaudit. gd. gov. cn/sjgg/content/post_ 2215808. html.

表 2 　　　　　　　　2018 年民族地区经济发展情况

	GDP（万亿）	GDP增长	一般公共预算收入增长（%）	居民人均可支配收入（万元）	居民人均可支配收入增长（%）	减贫人口数（万人）	贫困发生率（%）
全国	突破90	6.6	6.2	28228	6.5	1660	1.7
新疆	12.2	6.1	4.5	21500	7.6	53.7	6.5
西藏	0.1	9.1	12.9	22623	10.5	18.1	6.0
内蒙古	1.7	5.3	9.1	28376	8.3	23.5	1.1
宁夏	0.4	7	8.2	22400	8.9	11.5	3.0
广西	2.0	6.8	4.1	21485	7.9	115	

资料来源：根据中央和五个省级民族自治区政府网站公布的 2019 年政府工作报告、中国统计信息网公布的各民族地区 2018 年经济运行情况、中国经济网的相关报道整理而来。

由表 2 可以看出，2018 年五个省级自治区经济增长状况总体较好，西藏、宁夏、广西三地 GDP 增长速度超过全国的 6.6%，其中西藏自治区以较高增速，多年保持全国第一。在居民人均可支配收入实际数额方面，虽唯有内蒙古自治区略高于全国，但是从增长来看，五个自治区均超过全国平均水平。

4. 发展社会主义民族关系

党的十九大报告提出我国民族关系的发展方式为"加强各民族交往交流交融，促进各民族像石榴籽一样紧紧抱在一起"，并以党章的形式强调"中国共产党维护和发展平等团结互助和谐的社会主义民族关系"。2018 年 3 月，第十三届全国人民代表大会第一次会议把党的这一意志以国家根本大法的形式确立下来，2018 年宪法修正案确立了"平等团结互助和谐的社会主义民族关系"。这是党和国家对原宪法中确立的"平等团结互助"民族关系的更深层次认识和进一步发展，也是新时代中国协调民族关系的根本遵循。2018 年，全国各地积极采取措施发展社会主义民族关系，其中较为突出地表现为贯彻落实党的十九大所提出的"深化民族团结教育"。

一是广泛开展民族团结进步宣传教育。譬如新疆维吾尔自治区"深入开展'民族团结一家亲'和民族团结联谊活动，全区 112 万名干部职工与 169 万户各族基层群众结对认亲，在同吃同住同学习同劳动中加深了了解、增进了感情。积极推动建立嵌入式的社会结构和社区环境，努力创造共居、共学、共事、共乐的社会条件，让各族人民群众像石榴籽一样紧紧抱在一起"①。

二是在全国范围开展民族团结示范创建工作。2018 年 12 月，国家民委公布第六批全国民族团结进步创建示范区（单位）名单，共204 家，并提出"各地区、各部门要坚持以铸牢中华民族共同体意识为根本方向，坚持以加强各民族交往交流交融为根本途径，全面深入持久开展民族团结进步创建工作。要深化民族团结进步教育，建设各民族共有精神家园。要加快建成小康，增进民生福祉，满足各族群众对美好生活的向往。要提升民族事务治理法治化水平，用法律保障民族团结。要夯实基层基础，引导全社会学习先进、争当示范，努力实现创建工作人文化、大众化、实体化"②。2018 年，国家民委还将呼伦贝尔、黔南布依族苗族自治州、黔西南布依族苗族自治州、普洱市、固原市、玉树藏族自治州、巴音郭楞蒙古自治州等命名为全国民族团结进步创建示范州（市）。

三是加强民族团结工作的规范化。2018 年 11 月，云南省发布了"云南省十三届人大常委会立法规划"，其中提出由省法制办、省民族宗教委、省人大民族委牵头制定《云南省民族团结进步示范区建设条例》，增进云南民族工作的法治化。安徽省通过制定《2018 年全省民族团结进步宣传教育工作方案》，提出"深入开展'石榴籽·民族情'民族团结进步系列活动、大力推进民族团结进步宣传教育进校园、全力做好第八届全省少数民族传统体育运动会宣传报道工作、扎实开展全省民族团结进步宣传月活动"等具体措施。2018 年，宁夏回族自治区制定出台了《关于牢固树立马克思主义民族观宗教观 加强新时代民族宗教工作的决定》和《关于创建全国民族团结进步示范区的实施意见》，并制定了《关于打造全国民族团结进步示范区的实施方案》，旨在推进新时代民族团结工作，努力创建全国民族团结

---

① 雪克来提·扎克尔：《政府工作报告——2019 年 1 月 14 日在新疆维吾尔自治区第十三届人民代表大会第二次会议上》，新疆政府网，http：//www. xinjiang. gov. cn/.

② 《国家民委关于命名第六批全国民族团结进步创建示范区（单位）的决定》，国家民委网站，http：//www. seac. gov. cn/seac/xxgk/201812/1130965. shtml.

进步示范区。

5. 发展民族地区社会主义建设事业

"社会主义建设事业"是一个内涵极为丰富和广泛的概念，在内容上几乎涵盖了经济、政治、社会、文化、生态、党建这"六位一体"的所有方面。上文已经就民族区域自治实践的国家法律和政策的贯彻执行、少数民族干部和人才的培养、民族地区经济发展、发展社会主义民族关系等进行了归纳总结，故此处所述之"民族地区社会主义建设事业"，主要从教育、文化、体育、卫生医药等方面展开。

一是教育中的少数民族高层次人才培养工作循序推进。2002 年，国务院出台了《关于深化改革加快发展民族教育的决定》，提出"实施培养少数民族高层次骨干人才计划，从 2003 年开始，选择若干所重点高等学校面向少数民族和西部地区，采取特殊措施培养少数民族的博士、硕士人才"①。这一政策持续至今，每年教育部都要发布"少数民族高层次骨干人才研究生招生计划"。《教育部办公厅关于下达 2018 年少数民族高层次骨干人才研究生招生计划的通知》指出，少数民族高层次骨干人才坚持"定向招生、定向培养、定向就业"原则，招生范围是"西部 12 省（区、市）、海南省、新疆生产建设兵团；河北、辽宁、吉林、黑龙江、福建、湖北、湖南（含张家界市享受西部政策的一县两区）7 个省的民族自治地方和边境县（市）"，2018 年计划招生 5000 人，其中，博士研究生 1000 人，硕士研究生 4000 人。②

二是少数民族文化的创造性转化与创新性发展。2018 年初，国家民委发布了《全国少数民族古籍保护工作"十三五"规划》。该规划提出四项任务：继续打造"民族遗珍 书香中国——中国少数民族古籍珍品暨保护成果展"全国巡展的品牌，加快对人口较少民族和边远地区的少数民族古籍抢救、整理、出版工作，推动少数民族文字古

---

① 国务院：《关于深化改革加快发展民族教育的决定》，中国政府网，http://www.gov.cn/zhengce/content/2016–09/23/content_5111248.htm.

② 《教育部办公厅关于下达 2018 年少数民族高层次骨干人才研究生招生计划的通知》，教育部网站，http://www.moe.gov.cn/srcsite/A09/moe_763/201710/t20171017_316638.html.

籍定级标准的颁布实施，推进全国少数民族古籍重点出版项目。①2018 年，《习近平谈治国理政》第二卷少数民族文字翻译出版工作启动，将以蒙古、藏、维吾尔、哈萨克、朝鲜五种少数民族文字翻译出版。少数民族古籍的保护和党组文献的少数民族语言翻译，既出自对少数民族文化的尊重和保护，也是促进少数民族文化的创造性转化与创新性发展的重要机制。

三是发展少数民族体育。2018 年 2 月 2 日，第十一届全国少数民族传统体育运动会第一次筹备工作会议在河南省郑州市召开。5 月 28 日，国家民委、国家体育总局发布《中华人民共和国第十一届少数民族传统体育运动会总规程》和单项规程，拟定于 2019 年 9 月 8 日至 16 日正式举行。此外，2018 年，四川、北京、云南、江西、广东、广西、天津等省市区举办了少数民族传统体育运动会。

四是传承少数民族医药。2018 年 8 月 23 日，国家民委会同国家中医药管理局等 13 个部门联合发布了《关于加强新时代少数民族医药工作的若干意见》。该意见以法规形式助推我国少数民族医药事业的发展，提出"切实提高少数民族医药医疗服务能力、大力发展少数民族医药养生保健服务、切实加强少数民族医药人才队伍建设、扎实推进少数民族医药传承与创新、推动少数民族医药产业发展、大力弘扬少数民族医药文化、积极推动少数民族医药海外发展、完善发展少数民族医药事业的政策措施"等具体要求与措施。②

（二）开拓民族区域自治制度实践的新维度

2018 年民族区域自治制度实践的新维度，主要是指全国各地对于铸牢中华民族共同体意识的践行。"中华民族共同体"这一概念，在 20 世纪 60 年代就出现在学术文章中，但见诸官方话语体系则是在2010 年之后。或许正如有学者所分析的那样，过去人们常基于"少

---

① 《凝心聚力推进〈全国少数民族古籍保护工作"十三五"规划〉》，中央人民政府网站，http://www.gov.cn/xinwen/2018-01/25/content_5260397.htm.

② 《由 13 部委局联合制定的〈关于加强新时代少数民族医药工作的若干意见〉正式印发》，央视新闻网，http://news.cctv.com/2018/08/23/ARTIFwmgulILJpNbgM8ZQbsq180823.shtml.

数民族范式"来看待中华民族，而很少以国族范式来看待中华民族，认为"中华民族不过是一个放大了的民族，类似于少数民族，或众多民族的集合体"，并存在"国族范式的研究仍处于弱势，传统范式的研究具有压倒性优势"的现象。① 所幸的是，近年来，基于对民族国家的认识，中华民族认知的国族范式逐渐兴起，"中华民族共同体"开始见诸报端和进入政治话语体系，得到官方的承认。或许从民族国家、从国族的视角来看，"铸牢中华民族共同体意识"有着极为广泛的意义，但目前党和国家更多的是从民族工作的角度来加以实践的。

2014 年中央民族工作会议召开，党和国家民族工作创新推进，习近平总书记在重要讲话中多次使用"中华民族共同体"概念，并明确提出"打牢中华民族共同体的思想基础""积极培育中华民族共同体意识""建设中华民族共有精神家园"等立意深远的战略构想。2017 年 10 月，党的十九大更是历史性地把"铸牢中华民族共同体意识"写入了大会报告中。而且"铸牢中华民族共同体意识"作为习近平新时代中国特色社会主义思想的重要内容，写入了《中国共产党章程》，成为全党的价值原则和基本遵循。而地方各级党委、政府在民族团结示范区创建、干部教育培训、学校教育、解决各民族反映的突出问题、民族理论政策学习教育活动过程中，也日趋注重对于"铸牢中华民族共同体意识"的践行。

一是确认少数民族文化是中华文化的组成部分。全国政协主席汪洋在宁夏回族自治区成立 60 周年庆祝大会上的讲话中指出："文化认同是最深层次的认同。把汉文化等同于中华文化，把本民族文化自外于中华文化，都是不对的，都要坚决克服。"② 2018 年 11 月 15 日，国务院新闻办公室发表了《新疆的文化保护与发展》白皮书，在其首要部分就载明了"新疆各民族文化是中华文化的组成部分"，强调新疆"各民族文化都是中华民族共有精神财富，为中华文化的发展与

---

① 参见周平《开拓中华民族研究的新境界》，中国社会科学网，http：//www. cssn. cn/zzx/zzxzt_ zzx/117620/zzfy/201901/t20190109_ 4808786. shtml.

② 汪洋：《在宁夏回族自治区成立 60 周年庆祝大会上的讲话》，新华网，http：// www. xinhuanet. com//politics/leaders/2018 - 09/21/c_ 1123462211. htm.

进步做出了贡献"①。

二是少数民族精英对于铸牢中华民族共同体意识的发声亮剑。2018 年 7 月，国家民委主任巴特尔撰文强调，"中华民族共同体意识是中国历史发展的必然产物，集中体现了中华民族共同心理特征，是维系中华民族团结统一的强大精神纽带和推动中华民族发展进步的强大精神动力"，认为新时代民族工作的一个根本就是"毫不动摇坚持巩固和发展中华民族共同体"②。2018 年 9 月，第十三届全国人民代表大会民族委员会副主任委员乃依木·亚森在人民网发文，提出"要大力普及国家通用语言文字的学习、推广和使用，少数民族干部在工作中都要使用国家通用语言文字……各族群众都要铸牢中华民族共同体意识，擦亮眼睛、明辨是非，牢固树立'三个离不开'思想，增强'五个认同'。"③ 此外，新疆维吾尔自治区在开展发声亮剑活动过程中，诸多党政干部亦撰文指出要铸牢中华民族共同体意识。

三是继续实施"中华民族一家亲，同心共筑中国梦"系列活动。2018 年 1 月，年度中国少数民族迎春大联欢晚会在宁夏上演，与往年不同的是，此次晚会别出心裁地突出了"中华民族一家亲"的概念。此外，2018 年，"中华民族一家亲，同心共筑中国梦"系列活动还走进了社区、机关单位、高校、企业。譬如，2018 年 2 月，广西柳州市两面针公司举办"中华民族一家亲 同心共筑中国梦"活动，邀请了当地的民族团结创建单位、社区、村庄等共同参与；9 月，青海省共和县举办以"中华民族一家亲，同心共筑中国梦"为主题的创建全国民族团结进步模范县万人签名活动；10 月，内蒙古财经大学举办了"中华民族一家亲，同心共筑中国梦"爱国主义经典影视剧重演大赛。

四是"中华民族"概念进入宪法。党的十九大报告全文以中华民

---

① 中华人民共和国国务院新闻办公室：《新疆的文化保护与发展》，新华网，http：//www. xinhuanet. com/politics/2018 – 11/15/c_ 1123716945. htm.

② 巴特尔：《铸牢中华民族共同体意识 奋力实现伟大复兴中国梦》，《民族论坛》2018 年第 3 期。

③ 乃依木·亚森：《铸牢中华民族共同体意识 坚决打赢反恐维稳人民战争》，人民网，http：//xj. people. com. cn/n2/2018/1211/c186332 – 32394765. html.

族伟大复兴为主要线索和根本逻辑，极大地凸显了中华民族作为当代中国国族在国家政治生活中的重要意义。第十三届全国人民代表大会通过的《中华人民共和国宪法修正案》进一步把"中华民族伟大复兴"纳入宪法规范中，这是"中华民族"概念首次进入宪法文本。宪法修正案指出"中国各族人民将继续在中国共产党的领导下……实现中华民族伟大复兴"，同时将"致力于中华民族伟大复兴的爱国者"纳入"爱国统一战线"范畴。① 毋庸讳言，《中华人民共和国宪法》文本对于"中华民族"的这种阐述，就整体的中华民族而言，具有重大的历史意义和现实意义，有研究者认为，"仅仅将中华民族作为一种普通的民族现象来认识、界定和定位，未免缺乏历史的眼光和失之于肤浅，无法真正认识中华民族的本质和意义"②。但是，在此之前，不管是对于"中华民族"入宪的呼声，还是对中华民族建设的倡导，都是从少数民族政治抑或民族（族群）政治的视角出发的。而且，在第十三届全国人民代表大会一次会议上完成"中华民族"概念入宪后，由国家民委主管的《中国民族报》随即组织多名专家发文讨论。"中华民族"概念入宪虽非专门为民族区域自治所做的准备，但却对民族区域自治制度的实践与发展具有较大影响。

（三）庆祝宁夏回族自治区和广西壮族自治区成立60周年

宁夏回族自治区成立于1958年10月25日，广西壮族自治区成立于1958年3月5日。2018年3月，李克强总理在《政府工作报告》中强调，要"组织好广西壮族自治区、宁夏回族自治区成立60周年庆祝活动"。

2018年9月20日，宁夏回族自治区成立60周年庆祝大会举行，习近平总书记题词："建设美丽新宁夏 共圆伟大中国梦。"中央代表团团长汪洋在讲话中高度概括了宁夏回族自治区在60年的建设中所取得的成就：一是经济发展实现巨大跨越，地区生产总值从自治区成立之初的3亿多元发展到2017年底超过3400亿元，年均增长9.4%，

---

① 《中华人民共和国宪法》，中国法制出版社2018年版，第3页。
② 周平：《历史紧要关头的中华民族》，《思想战线》2018年第2期。

明显高于全国平均水平；二是人民生活极大改善，居民人均可支配收入大幅度提高，教育、医疗等多个民生指标超过全国平均水平，民族文化繁荣发展；三是生态环境发生显著变化，"森林覆盖率由 1958 年的 1.5% 提高至 14%，黄河干流宁夏段 22 年以来首次连续 11 个月保持Ⅱ类水质"；四是社会大局保持和谐稳定。① 宁夏回族自治区 60 年发展的成就与民族区域自治制度的成功实践是无法分开的。汪洋在讲话中强调"要始终坚持和完善民族区域自治制度"，指出"民族区域自治作为一项基本政治制度决不能动摇，而且要在实践中不断巩固和发展。具体的政策举措和实现形式要与时俱进，更好做到统一和自治相结合，民族因素和区域因素相结合，使这一制度优势得到充分发挥"②。

2018 年 12 月 10 日，广西壮族自治区成立 60 周年庆祝大会举行，习近平总书记题词："建设壮美广西 共圆复兴梦想"。中央代表团团长汪洋在讲话中高度概括了广西壮族自治区在 60 年的建设中所取得的成就：一是经济实力大幅跃升，成立以来，地区生产总值从 20 多亿元到突破 2 万亿元；二是改革开放阔步向前，"是全国第一个村委会的发祥地，是沿边金融综合改革、农村土地制度改革、新型城镇化综合改革的试验田"，40 年来，"外贸总额增长 200 多倍，去年达到572 亿美元"，成功举办第十五届中国—东盟博览会；三是人民生活极大改善，居民人均可支配收入大幅度提升，社会事业全面进步，"在西部地区最早实施职业教育攻坚工程，在民族地区率先普及九年义务教育，人均预期寿命高于全国平均水平"；四是生态治理成效显著，森林覆盖率由 23% 增至 62%，"城市空气质量优良率达 88%，地表水国控断面水质优良率达 96%"；五是民族团结不断巩固，党的民族政策得到全面贯彻，民族关系处于历史最好水平，"九口之家、

---

① 汪洋：《在宁夏回族自治区成立 60 周年庆祝大会上的讲话》，新华网，http：//www. xinhuanet. com//politics/leaders/2018 - 09/21/c_ 1123462211. htm.

② 汪洋：《在宁夏回族自治区成立 60 周年庆祝大会上的讲话》，新华网，http：//www. xinhuanet. com//politics/leaders/2018 - 09/21/c_ 1123462211. htm.

情融五族"比比皆是。① 汪洋在讲话中强调广西壮族自治区所取得的成就，充分展现了民族区域自治制度的强大生命力，并进一步强调指出，民族区域自治制度是"根植于中国历史传统，契合统一多民族的基本国情，是我们党和全国各族人民的伟大创举"，必须坚持和完善民族区域自治制度。②

三 余论：几点思考

诚然，基于贯彻落实党的十九大精神和习近平新时代中国特色社会主义思想、纪念改革开放 40 周年以及庆祝宁夏、广西两个省级自治区成立 60 周年的年度背景，2018 年民族区域自治制度在理论与实践方面都得到了不同程度的推进。在理论阐释上，不管是源于官方的还是学术界的，都较准确地揭示了民族区域自治制度的应有之义，对实践中的经验和存在问题进行了理论升华。在实践中，既沿袭既定路径保证了民族区域自治的正常运行，又总结了改革开放 40 周年和两个省级自治区成立 60 周年的经验启示。民族区域自治制度体现出明显的制度优势，发挥了对中国 960 万平方公里地域版图内复杂族际关系的有效统合功能，以及对于占国土面积 64% 的民族地区的经济建设功能。歌颂制度优势和制度实践的成就自然是必要的，因为这能够证明制度的合理性与合法性，但在歌颂与肯定的同时，进一步追问制度的未来方向与可拓展范畴也是必要的，因为这能够增强制度的适应性，延续制度的生命力。实际上，就是要求制度主体能够依据经济基础和社会环境的变迁，不断推动制度向前演进。

面对中华民族伟大复兴和中国民族国家的建构与政治现代化的迫切需要，面对民族政治的明显复杂化、民族社会需求的多元化、民族成员原子化与社群化的双向反复，以及信息媒介串流、社会单元重组等整体上的经济环境和人文环境的深刻变革，"民族区域自治制度的

---

① 汪洋：《在广西壮族自治区成立 60 周年庆祝大会上的讲话》，新华网，http：//www.xinhuanet.com/2018－12/11/c_ 1123834115.htm.

② 汪洋：《在广西壮族自治区成立 60 周年庆祝大会上的讲话》，新华网，http：//www.xinhuanet.com/2018－12/11/c_ 1123834115.htm.

发展方向是什么？为了应对所面临的各种问题和挑战，这一制度应当作出哪些调整？调整的幅度应当有多大？是边际性的修正，还是结构性的大动？"① 从党和国家政治发展及制度内容和实践范畴的角度来看，当前推进民族区域自治制度向前演进应注重以下几点：

其一，更新完善相关法律规范。法是对政治行为和社会行为的规范性和强制性说明，是政治行为的合理性和正当性来源。围绕国家统一和民族团结构建形成的民族区域自治，既属于动态的政治行为范畴，也是静态的政治行为依据，必然需要一种基于法律形式之上的合理性与正当性。党和国家从民族工作的视角提出了铸牢中华民族共同体意识，历史性地开创了"'中华民族'入宪"，并在宪法中完善了社会主义民族关系。但相关的法律文献并没有适时更新相关条文内容。譬如民族区域自治法及一些民族自治地方出台的自治条例、单行条例，均没有涉及"中华民族"或"中华民族伟大复兴"等概念或内容，对社会主义民族关系的认定亦停留于"平等、团结、互助"上。同时，党在中央第二次新疆工作座谈会、2014 年中央民族工作会议、中央第六次西藏工作座谈会及十九大报告中提出的重要方针和理念，诸如"不断增进各族群众对伟大祖国、中华民族、中华文化、中国共产党、中国特色社会主义的认同""推动建立各民族相互嵌入的社会结构和社区环境，促进各民族交往交流交融""铸牢中华民族共同体意识"等也未能实现法制化。为此，在发展完善民族区域自治制度的过程中，当秉持党和国家的重要精神和政治意图，完善相关法律规范，这也正是习近平总书记强调"要坚持用法律保障民族团结"的题中之义。

其二，培养好少数民族干部。人是一切社会关系的总和，是天生的政治动物，也是天生的社会动物。人类的任何实践活动，都必须把控好人本身这一环节，也就是要处理好"人"的因素。在民族区域自治实践中处理好"人"的因素，首要的就是培养好民族干部。民族干部是民族区域自治制度落实着地的前提条件和关键因素。在现实政治生活中，他们兼具多重身份，一是作为党和国家的代理人，二是

① 景跃进等：《当代中国政府与政治》，中国人民大学出版社 2016 年版，第 237 页。

作为少数民族群体成员的代理人，三是作为因公权力角色而产生的普遍社会利益和社会公众的代理人。但是作为现实生活主体之"人"而存在的民族干部，在各种欲望交相碰撞与膨胀的现代社会里，他本身也存在异化的可能，加之现存干部生成机制的官僚化、精英阶层化，一些干部化身为精致的功利主义者，代表性进而流失。随着民族干部这种代表性流失而来的代表性危机，将直接影响对民族区域自治制度的现实认同与实践。于是，培养"忠诚、干净、担当"，兼具政治性、先进性、代表性、道德性、群众性的民族干部，就成为民族区域自治制度发展完善的重要内容。一名合格的、优秀的民族干部，不仅是民族区域自治制度的践行者，还因其作为少数民族精英，拥有一定的话语权而形成了民族团结工作的引领力、促进力。如有学者针对新疆民族问题所指出的，大多数维吾尔族普通农民很难接触到大量的汉族人，他们关于汉族的整体认知，"都是听他们的精英阶层告诉他们的"，在出现某些社会状况时，"80%的农民没有声音，有声音的是另外的 20% 精英阶层"，尽管"精英层的多数人是拥护政府，反对分裂的"，但也有"少数敌对分子利用各种社会矛盾煽动起那些流动到城镇里的农民的民族情绪，搞一些破坏活动"，并指出了"少数中青年知识分子，他们有狭隘的民族情绪"[①]。所以在培养好少数民族干部的同时，还要善于借助"精英效果论"，发挥他们在更广泛意义民族工作中的正向功能和价值。

其三，增强经济与文化二元要素的互动。在民族区域自治制度的内容体系中，经济和文化二者占据了相当比例的篇幅。促进民族地区的经济发展，成为党在民族地区获取执掌政权合法性的重要途径。各民族自治地方成立以来的经济快速发展，也进一步强化了这种合法性路径。但也不得不承认，这种以经济手段达成政治目的的方式，日趋成为党实施民族区域自治过程中的路径依赖。在面对如何拓展经济功能时，又难免会遭遇一定的困境。如 2018 年 10—11 月，中央第六巡视组在对新疆维吾尔自治区开展脱贫攻坚专项巡视中发现："学习贯

---

① 朱志燕、杨圣敏：《民族地区要改跨越式发展为参与式发展》，《民族论坛》2014年第 6 期。

彻习近平总书记关于扶贫工作重要论述有差距，落实中央精准扶贫、精准脱贫政策有偏差，产业带动脱贫机制弱，教育扶贫工作仍有不足，发挥东西部协作和对口援疆政策优势不充分……扶志扶智激发内生动力不够，重'输血'轻'造血'。"当然，这并不是要否定经济发展在落实民族区域自治制度中的关键性作用，而是要在经济建设成为路径依赖，却又面临着经济下行压力、不平衡不充分发展状况长期存在的时候，要增强经济要素与文化要素的互动，在强化经济纽带的同时，强化文化纽带。当然，党和国家也日趋重视少数民族文化的创造性转化和创新性发展，开始注重在中华文化的总体范畴内书写少数民族文化，同时市场经济在民族地区的进驻也促进了各民族文化的交融，但是如何使经济与文化两个要素互动起来这一问题，却长期没有得到实质性破解。

中国基层群众自治制度的新拓展

胡永保　赵泽泉　吴易哲　杨弘[*]

基层群众自治制度是基层群众依照宪法和法律的相关规定，以自治为中心进行的自我管理、自我教育、自我服务和自我监督的一项民主政治实践活动。2018 年是我国改革开放 40 周年，作为我国一项基本的政治制度，基层群众自治制度伴随着改革开放进程的深入推进，在理论和实践中不断深化、拓展和创新，已经成为人民当家作主最直接、最有效、最广泛的民主实践形式，成为城乡基层群众实现美好生活和治理现代化的有效路径。2018 年是我国实施乡村振兴战略的开局之年，也是全面决胜建成小康社会的关键之年，党和国家围绕着基层治理重大改革和发展需要，提出了一系列事关基层群众自治制度建设的总体要求，作出了新的重大战略和决策部署，指明了基层社会群众自治制度的发展方向，持续推进基层群众自治和基层社会治理向纵深发展。

一　党和国家全面推进基层社会群众
自治的政策和举措

2018 年是我国实施乡村振兴战略的开局之年，这一年，围绕着乡村振兴战略的落地生根，党和国家颁布实施了多项决策部署和战略

---

* 东北师范大学政法学院。

规划，全面推进基层社会治理和基层群众自治发展迈向新的阶段，具体体现在以下几个方面。

（一）稳步推进实施乡村振兴战略规划，全面开启乡村振兴进程

实施乡村振兴战略是党的十九大作出的重大战略部署，是新时代党和国家全面推进基层治理现代化的国家战略规划。2018 年是党和国家落实和推进这一战略决策的开局之年。这一年，党和国家先后出台了《中共中央国务院关于实施乡村振兴战略的意见》以及《乡村振兴战略规划（2018—2022 年）》等重大纲领性指导文件，全面部署和开启乡村振兴进程，推进基层社会治理稳步发展。

1. 正式以"一号文件"形式发布实施乡村振兴战略意见

2018 年 2 月 4 日，《中共中央国务院关于实施乡村振兴战略的意见》正式发布，这也是新世纪以来第 15 个持续关注"三农"问题的中央"一号文件"。首先，该意见突出明确了实施乡村振兴战略的道路方向，即要全面贯彻党的十九大精神，坚持农业农村优先发展，加快推进农业农村现代化，走中国特色社会主义乡村振兴道路。[①] 其次，该意见明确了我国乡村振兴战略的阶段性目标任务，即按照党的十九大提出的决胜全面建成小康社会，分两个阶段实现第二个百年奋斗目标的战略安排，实施乡村振兴战略的阶段性目标任务的"三步走"，即到 2020 年，乡村振兴取得重要进展，制度框架和政策体系基本形成；到 2035 年，乡村振兴取得决定性进展，农业农村现代化基本实现；到 2050 年，乡村全面振兴，农业强、农村美、农民富全面实现。[②] 最后，围绕着乡村振兴的道路方向和阶段性战略任务，该意见还提出了实施乡村振兴战略的"七个坚持"基本原则，即"坚持党管农村工作，毫不动摇地坚持和加强党对农村工作的领导，为乡村振兴提供坚强有力的政治保障；坚持农业农村优先发展，把实现乡村振兴作为全党的共同意志、共同行动，做到认识统一、步调一致，加快

---

① 《中共中央国务院关于实施乡村振兴战略的意见》，《人民日报》2018 年 2 月 25 日第 1 版。

② 《中共中央国务院关于实施乡村振兴战略的意见》，《人民日报》2018 年 2 月 25 日第 1 版。

补齐农业农村短板；坚持农民主体地位，充分尊重农民意愿，切实发挥农民在乡村振兴中的主体作用，不断提升农民的获得感、幸福感、安全感；坚持乡村全面振兴，统筹谋划农村经济建设、政治建设、文化建设、社会建设、生态文明建设和党的建设，注重协同推进；坚持城乡融合发展，破除体制机制弊端，发挥市场和政府的作用，推动城乡要素自由流动、平等交换，加快形成工农互促、城乡互补、全面融合、共同繁荣的新型工农城乡关系；坚持人与自然和谐共生，牢固树立和践行绿水青山就是金山银山的理念，以绿色发展引领乡村振兴；坚持因地制宜、循序渐进，做好顶层设计，注重规划先行、突出重点、分类施策、典型引路，久久为功，扎实推进"①。

2. 研制乡村振兴战略落实落地的阶段性发展规划

《乡村振兴战略规划（2018—2022 年）》是党和国家确保乡村振兴战略落实落地而专门研制出台的阶段性、具体性的发展战略规划。2018 年 2 月 5 日，由中央农村工作领导小组办公室提出、国家发展与改革委员会牵头制定的《乡村振兴战略规划（2018—2022 年）》的初稿基本形成，报请国家审批；5 月 31 日，中共中央政治局召开会议，审议《乡村振兴战略规划（2018—2022 年）》，细化实化工作重点和政策措施，部署若干重大工作任务。7 月 12—13 日，为指导各地编制实施好地方乡村振兴战略规划，由国家发展与改革委员会、农业农村部联合山东省委省政府在济南市章丘区组织开展了乡村振兴战略地方规划编制培训。9 月 26 日，中共中央、国务院正式印发了《乡村振兴战略规划（2018—2022 年）》，要求各地区各部门结合实际认真贯彻落实。该规划是以习近平总书记关于"三农"工作的重要论述为指导，遵循"产业兴旺、生态宜居、乡风文明、治理有效、生活富裕"的乡村振兴总要求而专门作出的落地落实乡村振兴战略的阶段性具体规划，是指导各地区各部门分类有序推进乡村振兴的重要依据。该规划不仅明确提出了在 2020 年全面建成小康社会和 2022 年召开党的二十大时的目标任务，细化实化包括"统筹城乡发展空间、优化乡

---

① 《中共中央国务院关于实施乡村振兴战略的意见》，《人民日报》2018 年 2 月 25 日第 1 版。

村发展布局、分类推进乡村发展、坚决打好精准脱贫攻坚战、夯实农业生产能力基础、加快农业转型升级、建立现代农业经营体系、强化农业科技支撑、完善农业支持保护制度"① 等一系列具体的举措，而且明确了下一阶段的乡村振兴任务目标，即到2035年，乡村振兴取得决定性进展，农业农村现代化基本实现，农业结构得到根本性改善，农民就业质量显著提高，相对贫困进一步缓解，共同富裕迈出坚实步伐；城乡基本公共服务均等化基本实现，城乡融合发展体制机制更加完善；乡风文明达到新高度，乡村治理体系更加完善；农村生态环境根本好转，生态宜居的美丽乡村基本实现。到2050年，乡村全面振兴，农业强、农村美、农民富全面实现。②

（二）推进全面从严治党向基层延伸，营造基层群众自治良好政治生态

随着乡村振兴战略和各项工作的全面部署和落实，党和国家进一步加快完善各项相关党内法规和制度的步伐，持续推进全面从严治党向基层延伸，为基层群众自治营造良好的政治生态环境。

1. 研制出台党内法规和巡视工作规划，凸显全面从严治党向基层延伸

2018年2月23日，中共中央印发了《中央党内法规制定工作第二个五年规划（2018—2022年）》。该规划的研制目的是"要完善党的组织法规，要适应新时代坚持和加强党的全面领导、以党的政治建设为统领全面推进党的各项建设的需要，到建党100周年时形成以党章为根本、以准则条例为主干，覆盖党的领导和党的建设各方面的党内法规制度体系，并随着实践发展不断丰富完善"③。此外，伴随着《乡村振兴战略规划（2018—2022年）》的实施，该规划为全面规范

---

① 《中共中央国务院印发〈乡村振兴战略规划（2018—2022年）〉》，《人民日报》2018年9月27日第1版。

② 《中共中央国务院印发〈乡村振兴战略规划（2018—2022年）〉》，《人民日报》2018年9月27日第1版。

③ 《中共中央印发〈中央党内法规制定工作第二个五年规划（2018—2022年）〉》，《人民日报》2018年2月24日第1版。

党的基层各类组织的产生和职责，夯实基层党组织的组织制度基础，为坚持和加强基层党组织的领导地位，推进新时代党的基层组织的历史使命等提供了坚强的组织和制度保证。围绕地方及基层党组织建设，该规划提出在 2022 年前，要重点修订、制定包括《中国共产党地方组织选举工作条例》《中国共产党基层组织选举工作暂行条例》《中国共产党农村基层组织工作条例》等在内的党内法规，提出"要直面人民群众反映强烈，弱化党的领导、损害党的先进性和纯洁性的问题，发挥制度的治本作用，抓紧制定实践急需、条件成熟、务实管用的法规制度，堵塞制度漏洞，要求基层各类党组织切实把执规责任扛起来，加大宣传教育、监督检查、问责追责力度，以钉钉子精神抓好党内法规贯彻落实，有力彰显了党中央持续推进全面从严治党向基层延伸，为基层群众自治营造良好政治生态环境的决心和毅力"[①]。

3 月 1 日，中共中央办公厅印发了《中央巡视工作规划（2018—2022 年）》。该规划坚持以习近平新时代中国特色社会主义思想为指导，以党章和巡视工作条例为依据，全面落实党中央关于巡视工作的新部署新要求，同时该规划明确了今后 5 年巡视工作的总体要求、目标任务和思路举措，即三个"坚决实现"："一是坚决实现一届任期内全覆盖目标，各级巡视巡察机构要准确把握、科学谋划、统筹安排，确保如期实现一届任期内全覆盖目标。二是明确全覆盖实现路径，统筹安排常规巡视，深化专项巡视，强化'机动式'巡视，加大'回头看'力度。三是深化全覆盖质量。坚持有形覆盖和有效覆盖相结合，坚决防止巡视表面化、形式化，做到发现问题、形成震慑全覆盖，推动落实管党治党政治责任全覆盖，增强党的意识、严明党的纪律全覆盖。"[②] 根据党的十九大的部署和党章的规定，结合市县巡察工作实际，该规划对市县巡察工作作出三个方面的部署："一是明确巡察范围。要求市县巡察全覆盖，向村（居）和基层站（所）党组织延伸，做到横向到边、纵向到底。二是创新巡察方式。鼓励市

---

① 《中共中央印发〈中央党内法规制定工作第二个五年规划（2018—2022 年）〉》，《人民日报》2018 年 2 月 24 日第 1 版。

② 《中央巡视办负责同志就学习贯彻〈中央巡视工作规划（2018—2022 年）〉答记者问》，《中国纪检监察报》2018 年 2 月 28 日第 1 版。

县党委结合实际探索'提级巡察'、'交叉巡察'等方式，破解基层熟人社会监督难题。三是突出巡察重点。深化政治巡察，加大整治群众身边不正之风和腐败问题力度，把利剑直插基层，打通全面从严治党'最后一公里'。"①

3月20日，第十三届全国人民代表大会第一次会议通过了《中华人民共和国监察法》，不仅以法律条文形式明确了国家及地方各级监察委员会的法律地位，而且明确规定了监察机关的职能定位、监察范围、监察职责、监察权限、监察程序、对监察机关和监察人员的监督等重要内容②，奠定了国家监察体制建设的法律基础。作为党和国家全面推进国家治理体系和治理能力现代化的重大举措，国家监察法律的出台、国家监察机构法律地位的确立，不仅构筑起总结反腐败斗争经验、巩固反腐败成果的制度保障，而且进一步健全了党和国家监督体系，体现了全面深化改革、全面依法治国、全面从严治党的有机统一，对于推进执纪监督向基层延伸，具有更为重大的现实意义。

2. 健全和完善党的基层组织运行规范，推进基层党组织建设步伐

2018年4月8日，中共中央办公厅、国务院办公厅印发了《地方党政领导干部安全生产责任制规定》，作为我国安全生产领域第一部党内法规，该规定对县级以上地方各级党委和政府领导班子成员的安全生产职责、考核考察、表彰奖励、责任追究进行了明确具体的规定。针对地方党政领导干部特别是县级党政干部安全生产红线意识强不强、责任清不清、落实严不严、问责到不到位等情况，该规定准确抓住"关键少数"，压实领导责任，推动落实"促一方发展、保一方平安"的政治责任。③该规定还明确了县级以上地方各级政府中的安全生产工作，原则上要由担任同级党委常委的同志分管。地方党政领导干部的安全生产责任落实情况将接受五种形式的考核考察，并作为

---

① 《中央巡视办负责同志就学习贯彻〈中央巡视工作规划（2018—2022年）〉答记者问》，《中国纪检监察报》2018年2月28日第1版。

② 《中华人民共和国监察法》，《人民日报》2018年3月27日第1版。

③ 《中办国办印发〈地方党政领导干部安全生产责任制规定〉》，《人民日报》2018年4月19日第1版。

履职评定、干部任用、奖惩的重要参考。①

7 月 12 日，中共中央办公厅印发了《关于党的基层组织任期的意见》。该意见根据党的十九大党章修正案关于"党的基层委员会、总支部委员会、支部委员会每届任期三年至五年"的规定，为贯彻落实党章规定，严肃党内政治生活，严格党的组织制度，完善党的基层组织任期，提出"党的基层委员会每届任期一般为 5 年，党的总支部委员会、支部委员会每届任期一般为 3 年，其中，村和社区党的委员会、总支部委员会、支部委员会每届任期为 5 年"②，从法规制度上明确了基层党组织的任期制度，规范了基层党组织任期时间，有效地推进了基层党组织规范化建设。

8 月 26 日，中共中央印发了修订后的《中国共产党纪律处分条例》。该条例根据党的十九大精神和新时代全面从严治党的新要求，旨在维护党的章程和其他党内法规，严肃党的纪律，纯洁党的组织，保障党员民主权利，教育党员遵纪守法，维护党的团结统一，保证党的路线、方针、政策、决议和国家法律法规的贯彻执行。③ 该条例严肃了党的政治纪律，对"在党内搞团团伙伙、结党营私、拉帮结派、培植个人势力等非组织活动，或者通过搞利益交换、为自己营造声势等活动捞取政治资本的，给予严重警告或者撤销党内职务处分；导致本地区、本部门、本单位政治生态恶化的，给予留党察看或者开除党籍处分"④。

11 月 25 日，中共中央印发了《中国共产党支部工作条例（试行）》。该条例以习近平新时代中国特色社会主义思想为指导，贯彻党章要求，既弘扬"支部建在连上"的光荣传统，又体现基层创造的新做法新经验，对党支部工作作出全面规范，是新时代党支部建设的基本遵循。⑤ 该条例明确了党支部的主要职责、工作原则、基本任

---

① 《中办国办印发〈地方党政领导干部安全生产责任制规定〉》，《人民日报》2018 年 4 月 19 日第 1 版。

② 《中办印发〈关于党的基层组织任期的意见〉》，《人民日报》2018 年 7 月 13 日第 1 版。

③ 《中共中央印发〈中国共产党纪律处分条例〉》，《中国纪检监察》2018 年第 17 期。

④ 《中共中央印发〈中国共产党纪律处分条例〉》，《中国纪检监察》2018 年第 17 期。

⑤ 《中国共产党支部工作条例（试行）》，《人民日报》2018 年 11 月 26 日第 1 版。

务以及日常工作机制等内容，对于加强党的组织体系建设，推动全面从严治党向基层延伸，全面提升党支部组织力，强化党支部政治功能，巩固党长期执政的组织基础，具有十分重要的意义。①

12 月 29 日，十三届全国人大常委会第七次会议表决通过了《全国人民代表大会常务委员会关于修改〈中华人民共和国村民委员会组织法〉、〈中华人民共和国城市居民委员会组织法〉的决定》。② 该决定将村民委员会、居民委员会的任期由 3 年改为 5 年，村委会、居委会成员可以连选连任，实现了与农村和社区中党的委员会、总支部委员会、支部委员会的任期保持一致，这不仅有利于完善基层群众自治制度，坚持党对基层群众性自治组织的领导，同时也充分彰显了我国基层群众自治制度的法治保障。

（三）完善基层政权组织体系，充分发挥基层政权在群众自治中的作用

2018 年 2 月 28 日，中国共产党第十九届中央委员会第三次全体会议通过了《中共中央关于深化党和国家机构改革的决定》。该决定提出要加强基层政权建设，夯实国家治理体系和治理能力的基础，从整体上构建简约高效的基层管理体制；同时明确了基层政权机构设置和人力资源调配必须面向人民群众、符合基层事务特点，不要简单照搬上级机关设置模式。在改革基层政权机构方面，提出要根据工作实际需要，整合基层审批、服务、执法等方面的力量，统筹机构编制资源，整合相关职能，设立综合性机构，实行扁平化和网格化管理。在资源配置上，提出要推动治理重心下移，尽可能把资源、服务、管理放到基层，使基层有人有权有物，保证基层事情基层办、基层权力给基层、基层事情有人办。在优化基层领导方式上，提出既允许"一对多"，由一个基层机构承接多个上级机构的任务；也允许"多对一"，由基层不同机构向同一个上级机构请示汇报。在监督保障上，提出要

① 《中国共产党支部工作条例（试行）》，《人民日报》2018 年 11 月 26 日第 1 版。
② 《全国人民代表大会常务委员会关于修改〈中华人民共和国村民委员会组织法〉、〈中华人民共和国城市居民委员会组织法〉的决定》，新华网，http://www.xinhuanet.com/politics/2018 - 12/30/c_ 1123927178.htm.

严格政策标准和工作流程，加强督促检查，健全监督体系，规范基层管理行为，确保权力不被滥用。①

3 月 21 日，中共中央印发了《深化党和国家机构改革方案》，该方案从整体上对中央和地方各级各类机构进行改革，重构性地健全党的领导体系、政府治理体系、武装力量体系、群团工作体系，使得适应新时代要求的党和国家机构职能体系主体框架初步建立。在调整政府治理体系方面，党和国家把全党工作重中之重的"三农"问题、关乎国计民生的根本性问题作为本次机构改革的重要任务，"将中央农村工作领导小组办公室的职责，农业部的职责，以及国家发展和改革委员会的农业投资项目、财政部的农业综合开发项目、国土资源部的农田整治项目、水利部的农田水利建设项目等管理职责整合，组建农业农村部，作为国务院组成部门"②。农业农村部是为"加强党对'三农'工作的集中统一领导，统筹研究和组织实施'三农'工作战略，推动农业全面升级、农村全面进步、农民全面发展，加快实现农业农村现代化的国家重要职能部门"③，从而为新时代实施乡村振兴战略，推进农村基层治理现代化奠定了组织和机构基础。

5 月 23 日，中共中央办公厅、国务院办公厅印发了《关于深入推进审批服务便民化的指导意见》。该意见为解决企业和群众反映突出的办事难、办事慢，多头跑、来回跑等问题，扎实推进简政放权、放管结合、优化服务改革，提升政府治理能力和水平，提出了总体目标要求、工作原则以及主要任务。在优化政务服务方面，提出全面推行审批服务"马上办、网上办、就近办、一次办"的工作任务要求。合法合规的事项"马上办"，减少企业和群众现场办理等候的时间。积极推行"网上办"，凡与企业生产经营、群众生产生活密切相关的审批服务事项"应上尽上、全程在线"，切实提高网上办理比例。除

---

① 《中共中央关于深化党和国家机构改革的决定》，《人民日报》2018 年 3 月 5 日第 1 版。

② 《中共中央印发〈深化党和国家机构改革方案〉》，《人民日报》2018 年 3 月 22 日第 1 版。

③ 《中共中央印发〈深化党和国家机构改革方案〉》，《人民日报》2018 年 3 月 22 日第 1 版。

法律法规有特别规定的以外，有条件的市县和开发区 80% 以上的审批服务事项实现网上能办。面向个人的事项"就近办"，完善基层综合便民服务平台功能，将审批服务延伸到乡镇（街道）、城乡社区等，实现就近能办、多点可办、少跑快办。推动一般事项"不见面"，复杂事项"一次办"，符合法定受理条件、申报材料齐全的原则上一次办结。①

（四）全面推进基层社会治理，构建基层社区治理新格局

为解决基层治理存在的突出问题，优化基层社会治理体系，全面提升基层社会治理效能，2018 年党和国家研究部署了各类专项治理工作，全面推进基层社会治理形成新格局。

2018 年 1 月 24 日，为深入贯彻落实党的十九大部署和习近平总书记重要指示精神，保障人民安居乐业、社会安定有序、国家长治久安，进一步巩固党的执政基础，中共中央、国务院发出了《关于开展扫黑除恶专项斗争的通知》。该通知明确了此次扫黑除恶专项斗争的总体要求、目标任务，并且针对当前涉黑涉恶问题新动向，提出了"三结合"的具体工作部署，即"切实把专项治理和系统治理、综合治理、依法治理、源头治理结合起来，把打击黑恶势力犯罪和反腐败、基层'拍蝇'结合起来，把扫黑除恶和加强基层组织建设结合起来，既有力打击震慑黑恶势力犯罪，形成压倒性态势，又有效铲除黑恶势力滋生土壤，形成长效机制，不断增强人民获得感、幸福感、安全感，维护社会和谐稳定，巩固党的执政基础，为决胜全面建成小康社会、夺取新时代中国特色社会主义伟大胜利、实现中华民族伟大复兴的中国梦创造安全稳定的社会环境"②。

2 月 5 日，中共中央办公厅、国务院办公厅印发了《农村人居环境整治三年行动方案》，该方案指出，改善农村人居环境，建设美丽宜居乡村，是实施乡村振兴战略的一项重要任务，事关全面建成小康

---

① 《中办国办印发〈关于深入推进审批服务便民化的指导意见〉》，《中国机构改革与管理》2018 年第 7 期。

② 《中共中央国务院发出〈关于开展扫黑除恶专项斗争的通知〉》，《实践》（党的教育版）2018 年第 3 期。

社会，事关广大农民根本福祉，事关农村社会文明和谐。该方案不仅提出了农村人居环境整治的总体任务目标，即到 2020 年，实现农村人居环境明显改善，村庄环境基本干净整洁有序，村民环境与健康意识普遍增强，而且针对不同地区情况的特殊性提出了相应的工作要求。东部地区、中西部城市近郊区等有基础、有条件的地区，人居环境质量全面提升，基本实现农村生活垃圾处置体系全覆盖，基本完成农村户用厕所无害化改造，厕所粪污基本得到处理或资源化利用，农村生活污水治理率明显提高，村容村貌显著提升，管护长效机制初步建立；中西部有较好基础、基本具备条件的地区，人居环境质量较大提升，力争实现 90% 左右的村庄生活垃圾得到治理，卫生厕所普及率达到 85% 左右，生活污水乱排乱放得到管控，村内道路通行条件明显改善；地处偏远、经济欠发达等地区，在优先保障农民基本生活条件的基础上，实现人居环境干净整洁的基本要求。[①]

6 月 10 日，国务院办公厅印发了《进一步深化"互联网 + 政务服务" 推进政务服务"一网、一门、一次"改革实施方案》。该方案针对企业和群众反映强烈的办事难、办事慢、办事繁的问题，提出了"需求导向、聚焦问题、分类施策""重点先行、总结经验、加快推广""整合共享、优化流程、创新服务""统筹推进、条块结合、上下联动"的工作原则，并在此基础上确立了"互联网 + 政务服务""一网、一门、一次"改革的阶段目标，即到 2018 年底，"一网、一门、一次"改革初见成效，先进地区成功经验在全国范围内得到有效推广。在"一网通办"方面，省级政务服务事项网上可办率不低于80%，市县级政务服务事项网上可办率不低于 50%；在"只进一扇门"方面，市县级政务服务事项进驻综合性实体政务大厅比例不低于70%，50% 以上政务服务事项实现"一窗"分类受理；在"最多跑一次"方面，企业和群众到政府办事提供的材料减少 30% 以上，省市县各级 30 个高频事项实现"最多跑一次"[②]。

---

① 《中共中央办公厅国务院办公厅印发〈农村人居环境整治三年行动方案〉》，《社会主义论坛》2018 年第 2 期。

② 《进一步深化"互联网 + 政务服务" 推进政务服务"一网、一门、一次"改革实施方案》，《中国民政》2018 年第 15 期。

6 月 15 日，党中央、国务院发布了《中共中央国务院关于打赢脱贫攻坚战三年行动的指导意见》。该意见遵循党的十九大明确把精准脱贫作为决胜全面建成小康社会必须打好的三大攻坚战之一的指示精神，作出新部署，认为从当前我国脱贫攻坚任务来看，未来三年还有 3000 万左右的农村贫困人口需要脱贫，其中因病、因残致贫比例居高不下。该意见提出了全面打赢脱贫攻坚战三年行动的总体要求、工作要求以及具体的任务目标，即"到 2020 年，巩固脱贫成果，通过发展生产脱贫一批，易地搬迁脱贫一批，生态补偿脱贫一批，发展教育脱贫一批，社会保障兜底一批，因地制宜综合施策，确保现行标准下农村贫困人口实现脱贫，消除绝对贫困；确保贫困县全部摘帽，解决区域性整体贫困。实现贫困地区农民人均可支配收入增长幅度高于全国平均水平。实现贫困地区基本公共服务主要领域指标接近全国平均水平，集中连片特困地区和革命老区、民族地区、边疆地区发展环境明显改善，深度贫困地区如期完成全面脱贫任务"①。

二 基层群众自治制度实践的拓新

基层群众自治制度作为社会主义民主政治建设的基础和重要组成部分，是人民当家作主制度体系的重要内容。在十九大的开局之年，党中央和国务院根据基层发展需要，提出了一系列事关基层群众自治制度建设的总体要求，指明了基层群众自治制度的发展方向，地方各级党委和政府积极落实、践行党中央和国务院各项政策举措，进一步丰富了基层社会治理和群众自治的实践内容，加强了基层社会治理和群众自治的制度建设，推动了基层群众自治制度的拓新与发展。

（一）地方政府对国家关于基层社会群众自治政策的持续跟进

在党和国家的高度关注下，各地方政府以习近平新时代中国特色社会主义思想为指导，全面深入贯彻党的十九大和十九届一中、二

---

① 《中共中央国务院关于打赢脱贫攻坚战三年行动的指导意见》，《人民日报》2018年 8 月 20 日第 1 版。

中、三中全会精神，有效发挥牵头、协调和统筹职能，积极推进基层社会治理和群众自治。在推进基层群众自治的工作中，各地方政府以政策落实为引领、以规范建设为重点、以示范实验为抓手，着力夯实基层政权、创新群众自治形式、加强社区治理，扎实推动新时代基层政权建设和社区治理事业的创新发展。

一是在推进落实乡村振兴战略的地方实践方面，地方政府全面落实《乡村振兴战略规划（2018—2022年）》，根据各地方的实际情况，接连研制出地方性的乡村振兴战略规划、实施方案以及具体实施办法和意见等。

2018年2月20日，中共湖北省委、省政府发布了《关于推进乡村振兴战略实施的意见》，该意见结合湖北省实际发展情况，提出了推进乡村振兴的具体阶段目标，围绕着"加快推进农业强省建设、着力建设富美乡村、大力推进城乡融合发展、深入推进农村改革、强化乡村振兴组织领导和保障"① 等方面作出了具体性的政策部署。4月23日，浙江省委、省政府发布了《全面实施乡村振兴战略 高水平推进农业农村现代化行动计划（2018—2022）》，即《浙江省乡村振兴战略规划（2018—2022）》，该计划共十章，分为总论、空间格局、主要任务、保障措施四大板块，并且提出了浙江省振兴乡村的"四步"战略规划，即"到2020年，乡村振兴制度框架和政策体系初步健全；到2022年，高质量完成乡村振兴'示范省'建设任务，新时代美丽乡村基本建成；远景展望到2035年，乡村全面振兴，率先实现农业农村现代化，达到发达国家水平；到2050年，将更高水平推进农业农村现代化，努力达到农业发达国家先进水平"②。5月12日，山东省委、省政府发布了《山东省乡村振兴战略规划（2018—2022）》，并重点围绕乡村产业振兴、人才振兴、文化振兴、生态振兴、组织振兴五个专题分别制定具体实施工作方案。③ 此后四川、重

---

① 《中共湖北省委湖北省人民政府〈关于推进乡村振兴战略实施的意见〉》，《湖北日报》2018年3月23日第9版。

② 《全面实施乡村振兴战略 高水平推进农业农村现代化行动计划（2018—2022）》，《浙江日报》2018年4月23日第1版。

③ 《"五个振兴"打造乡村振兴的齐鲁样板》，《大众日报》2018年5月12日第3版。

庆、江苏、上海、陕西等全国 20 多个省、市、自治区陆续制定并发
布了本地方的乡村振兴战略规划以及实施方案。从这些地方性乡村振
兴战略规划的内容上看，各地方政府在全面领会把握党中央的政策和
精神基础上，充分结合本地方实际发展情况，以乡村振兴的总体理念
和要求为指引，详细制定了本地方乡村振兴的具体发展目标、任务以
及工作方案。

二是在推进全面从严治党方面，着力于全面从严治党向纵深发
展，深化监察体制改革，深入推进巡察工作。

首先，在贯彻落实《中央巡视工作规划（2018—2022 年）》基础
上，各地研制出台地方性巡视工作规划。如 2018 年 7 月，广东省委
出台《中共广东省委巡视工作规划（2018—2022 年）》，明确了今后
五年广东巡视工作高质量发展的"路线图"和"任务书"。该规划强
调"要积极探索提级巡察、交叉巡察，灵活多样对村一级党组织开展
巡察，坚决完成一届任期内巡视巡察全覆盖任务"，同时"积极探索
并不断完善与中央巡视无缝链接的省、市、县三级巡视巡察上下联动
的监督网，健全完善上下联动的领导机制、工作机制和制度体系，实
现全省巡视巡察'一盘棋'"①。其次，加快推进地方监察体制改革工
作，取得突出的阶段性建设成果。2018 年 1 月 31 日，江西省监察委
员会正式成立，标志着江西省深化国家监察体制改革试点工作迈出了
重要一步，江西省监察委员会为适应国家监察体制改革的新形势新任
务新要求，"围绕建设高素质专业化队伍目标，选派 80 人在办案、信
访、巡视、扶贫等工作一线锻炼，同时建立特约监察员制度，推动纪
检监察机关依法接受民主监督、社会监督、舆论监督"②。2 月 25 日，
广西壮族自治区大新县监察委员会正式成立，至此，"全国 31 个省、
自治区、直辖市全面完成改革试点任务，全国省、市、县三级监察委
员会已全部完成组建"③。7 月 21 日，辽宁省大连市在监察体制改革

---

① 《省委出台〈中共广东省委巡视工作规划（2018—2022 年）〉》，中央纪委监察委网
站，http：//www.ccdi.gov.cn/yaowen/201807/t20180731_176775.html.

② 《江西省监察委员会正式挂牌成立》，《当代江西》2018 年第 3 期。

③ 《蹄疾步稳描绘监察体制改革蓝图——写在省市县三级监察委员会全部完成组建之
际》，《人民日报》2018 年 2 月 26 日第 4 版。

后查办了第一起留置案件，为改革后的纪监融合提供了工作样板。大连市纪委监委合署办公以来，实现了对所有行使公权力的公职人员监察全覆盖，全市监察对象达到 12 万余人，市县两级纪委监委共有内设机构 157 个，实际增加机构 44 个。全市 10 个区市县所辖 155 个乡镇街道挂牌组建了监察办公室。最后，落实和完善省区市巡视、市县巡察制度，推进巡视工作向基层延伸。① 山西省运城市坚持把创新作为推动巡察监督的不竭动力，不断丰富和完善巡视方式方法，确保巡察监督"利剑"高悬、震慑常在，在落实基层巡察任务中，着力解决职级小但影响较大、金额小但性质恶劣、事情小但反映强烈的"三小""微腐败"问题。"截止到 2018 年 9 月，山西省运城市已对 336 个村级党组织开展专项巡察，有效填补基层党内监督短板，优化基层政治生态，打通全面从严治党'最后一公里'。在全市范围内开展专项清理，对 6254 名不符合条件的人员进行清理，将 4651 名符合条件的人员纳入保障范围，尽量做到'应退尽退、应保尽保'"②。新疆维吾尔自治区吐鲁番市以脱贫攻坚工作和意识形态领域为重点，对九个市直单位和三个乡镇开展全方位"政治体检"，抓好巡察整改"后半篇文章"，同时，从被巡察党组织担当整改责任起，督促被巡察单位党组织倒排工期，反馈 10 日内上报整改方案，2 个月内上报整改落实情况及党组织主要负责人如何落实整改情况报告，将整改责任逐级压实，其间共发现问题 392 个，反馈问题 353 个，把盯紧党组织及主要负责人作为"后半篇文章"取得实效的关键。③

三是在推动基层政府职能转变和建设服务型政府方面，各地党委和政府全面贯彻落实中央关于深化党和国家机构改革的决定，深入推进地方政府机构改革，服务型政府建设迈出坚实步伐。

深化党和国家机构改革是推进国家治理体系和治理能力现代化的一场深刻变革，国家治理体系和治理能力现代化的发展决定了基层政

---

① 《"两根线"拧成一股劲》，《中国纪检监察报》2018 年 7 月 21 日第 4 版。

② 《山西运城：联合专业力量 提升巡察监督实效》，中央纪委国家监委门户网站，ht-tp：//www. ccdi. gov. cn/xsxc/201809/t20180906_ 179279. html.

③ 《新疆吐鲁番：2 个月内上报巡察整改落实情况》，中央纪委国家监委门户网站，ht-tp：//www. ccdi. gov. cn/xsxc/201811/t20181107_ 182966. html.

府治理能力的水平。为此各地方坚决贯彻和落实《中共中央关于深化党和国家机构改革的决定》，深入推进地方机构改革工作。2018 年 9 月 13 日，中共中央办公厅、国务院办公厅印发了《海南省机构改革方案》，成为全国首个获得党中央国务院批准的省级机构改革方案。改革后，"海南省设置的 55 个党政机构，其中省委机构 18 个、政府机构 37 个，同中央和国家机关保持总体一致"①，总体上做到上下贯通，优化协同。对所属事业单位改革中，按照党政机构撤并组建和职能调整情况，同步调整相关事业单位隶属关系，将行政职能划归主管部门或职能相近的行政机构，并写入行政机构"三定"规定中。10 月 8 日，经党中央、国务院批准的《山东省机构改革方案》发布，其中山东省将承担行政职能的事业单位全部纳入改革范围，严格按照中央要求改革到位，能转职能的不转机构、确需转机构的进行综合设置，并于 10 月底前，完成新组建部门领导班子配备、挂牌、人员转隶工作。② 10 月 10 日，中共广东省第十二届委员会第五次全体会议举行，对广东省深化机构改革进行动员部署。此次会议就《广东省机构改革方案》和《广东省关于市县机构改革的总体意见》作出说明，指出改革后，广东省共设置省级党政机构 59 个，其中省委机构 17 个、省政府机构 42 个。③ 10 月 13 日，《辽宁省机构改革方案》得到国家正式批复，这也是东北地区首个获批的省级机构改革方案。11 月 11 日，党中央、国务院正式批准《上海市机构改革方案》，标志着上海市机构改革转入落地实施阶段。至此，我国 31 个省份机构改革方案全部"出炉"并对外公布，作为深化党和国家机构改革的重要组成部分，地方机构改革进入落地实施阶段。在落实地方机构改革工作中，各地方以"推进机构职能优化协同高效为着力点，改革机构设置，优化职能配置，理顺职责关系，积极构建系统完备、科学

---

① 《当好地方机构改革"排头兵"努力提升我省治理体系和治理能力现代化水平》，《海南日报》2018 年 8 月 28 日第 1 版。

② 文忠：《聚焦山东省省级机构改革》，《党员干部之友》2018 年第 11 期。

③ 《深入学习贯彻习近平总书记关于深化党和国家机构改革重要论述 全面贯彻落实党中央关于深化地方机构改革决策部署 不折不扣完成好我省深化机构改革各项任务》，《南方日报》2018 年 10 月 11 日第 1 版。

规范、运行高效的机构职能体系"①，不仅优化了地方政府职能，突显协同和效率，而且进一步强化了地方政府的社会治理和公共服务职责。

加快推进"互联网＋政务服务"，是贯彻落实习近平新时代中国特色社会主义思想和党的十九大精神、建设人民满意的服务型政府的重要举措，是大力推进深化简政放权、放管结合、优化服务改革的核心内容。通过深化政务服务"一网、一门、一次"改革，聚焦发展所需、基层所盼、民心所向，做到让人民满意，这既是服务型政府的本质，也是机构改革和政务改革的终极目标。2018年，各地方党委和政府按照党中央和国务院的部署和要求，全面落实推进"互联网＋政务服务"，在建设一体化在线政务服务平台等工作上取得突出成效。2018年7月，内蒙古自治区人民政府出台了《深化"互联网＋政务服务" 推进政务服务"一网、一门、一次"改革实施方案》。此外，云南、四川、江苏等地方人民政府也相继发布了关于进一步推进"互联网＋政务服务"、一体化政务服务平台建设以及"不见面审批（服务）"改革工作的实施方案。总体来看，各地方颁布实施的关于深化"互联网＋政务服务"的实施方案在贯彻落实党中央文件精神和要求的基础上，做到了结合本地区的实际情况，因地制宜，提出了具体的总体要求、工作目标、实施细则以及相应的保障措施等。以江苏省为例。江苏省的方案提出："到2018年底，省级政务服务事项网上可办率不低于90％，市县级政务服务事项网上可办率不低于80％；省、市、县级政务服务事项进驻综合性实体大厅比例不低于80％，50％以上政务服务事项实现'一窗'分类综合受理；实现凡与企业群众生产生活密切相关以及办件量较大的政务服务事项'应上尽上、全程在线'，必须到现场办理的事项'最多跑一次'。"②

四是在推进城乡社区治理向高质量发展方面，各级地方党委和政府全面深入贯彻落实中央精神，以政策落实为目标，推动城乡社区治

---

① 《我国31省份机构改革方案全部获批》，《城市规划通讯》2018年第22期。

② 《江苏"不见面审批"再出实招 省级事项网上可办率不低于90％》，人民网，ht-tp://js.people.com.cn/n2/2018/1201/c360300 - 32355704.html。

理向高质量方向发展，全面提升城乡社区治理现代化水平，构建更加完备的城乡社区治理体系。

社区是社会的基本单元，是人民群众安居乐业的家园，是创新社会治理的基础平台，是巩固党的执政基础的重要基石。2018 年 4 月，四川省省委、省政府发布了《关于进一步加强和完善城乡社区治理的实施意见》，提出"到 2020 年，基本形成基层党组织领导、基层政府主导的多方参与、共同治理的城乡社区治理体系，城乡社区治理体制更加完善，城乡社区治理能力显著提升，城乡社区服务设施规范达标，城乡社区公共服务、公共管理、公共安全得到有效保障。到 2020 年，实现城市社区综合服务设施全覆盖，中心城区在 15 分钟基本公共服务圈建设多功能社区党群服务中心；农村社区综合服务设施覆盖率达到 50%，率先推动贫困地区易地搬迁安置区综合服务设施建设全覆盖，加快幸福美丽新农村社区综合服务设施建设"①。8 月，广东省委、省政府印发了《关于加强和完善城乡社区治理的实施意见》，对加强和完善全省城乡社区治理提出明确要求，作出了部署安排，提出"到 2020 年基本形成党委领导、政府负责、社会协同、公众参与、法治保障的城乡治理体制，城乡社区公共服务、公共管理、公共安全得到有效保障，城乡社区人居环境明显改善，创建一批示范性和谐幸福美丽社区"②。

此外，在落实基层脱贫攻坚工作上，各省纷纷出台了具体的措施响应党和国家脱贫攻坚的号召。例如，湖南省民政厅印发了《关于打赢脱贫攻坚战三年行动的实施方案》，要求进一步完善农村低保制度，健全低保对象认定办法，落实困难残疾人生活补贴和重度残疾人护理补贴制度，指导落实贫困村"两委"联席会议、"四议两公开"和村务监督等工作制度，加强易地搬迁安置社区的管理服务，支持社会组织有序参与脱贫攻坚，鼓励引导专业社会工作者和志愿服务力量深度

---

① 《中共四川省委四川省人民政府关于进一步加强和完善城乡社区治理的实施意见》，《四川日报》2018 年 4 月 17 日第 15 版。

② 《省委、省政府印发〈关于加强和完善城乡社区治理的实施意见〉》，《南方日报》2018 年 8 月 24 日第 1 版。

参与精准扶贫。① 宁夏回族自治区出台的《自治区民政厅打赢脱贫攻坚战三年行动方案实施》，提出"力争到 2020 年农村养老服务设施覆盖全区贫困县（区）60% 以上的行政村；落实农村留守儿童关爱服务制度，到 2020 年在贫困地区建设 1264 个'儿童之家'，实现贫困地区 90% 以上的城乡社区均有 1 所'儿童之家'的目标"②。

（二）基层群众自治制度建设取得的新成就

在中央和地方各项政策的积极推动下，我国基层群众自治组织建设更加完善，基层自治形式更加灵活多样，内容更加丰富，基层自治政策体系和制度支撑更加完备，各领域的基层群众自治实践呈现出蓬勃发展的态势。

1. 基层自治组织建设更加完备

2018 年，各级地方党委和政府深入贯彻中央精神，以政策落实为引领、以规范建设为重点、以示范实验为抓手，扎实推动新时代基层政权建设和社区治理事业新发展，丰富了基层自治的内容，构筑了新时代新形势下城乡治理新格局，为基层社会群众自治组织的建设提供了有利的发展条件。2018 年，基层群众自治组织建设发展迅速，主要体现在如下方面：一是基层党建工作形成了强化政治功能，全面提升组织力的新局面。通过强化党性教育，完善党员考核评价机制使党组织凝聚力进一步增强，通过加强党支部的自身建设，推动了支部标准化、规范化建设，支部组织力得到明显增强，从而为我国基层群众自治实践提供了坚实有力的领导核心。二是城乡基层社会组织发展速度加快，社会协同治理功能彰显。2018 年 9 月，民政部发布了关于《印发〈"互联网 + 社会组织（社会工作、志愿服务"）行动方案（2018—2020 年）〉的通知》，在推进社会组织治理方面，提出"互联网 + 社会组织治理"的倡议，推动形成"互联网 +"服务有序开展，社会组织治理职能化的新格局，为我国

---

① 陈勇：《打赢脱贫攻坚战的政策利器——省民政厅厅长唐白玉解读有关社会救助兜底保障工作两个文件》，《湖南日报》2018 年 10 月 26 日第 5 版。

② 《宁夏细化多项民政政策助力脱贫攻坚》，新华网，http://www.xinhuanet.com/2018 - 12/06/c_ 1123817007. htm.

城乡基层社会组织发展壮大，社会治理协同能力提升提供了可行路径。[①]
三是社会工作机构增加明显，社会力量继续壮大。截止到 2018 年底，
"各地在城乡社区、相关事业单位和社会组织等共同开发设置下共创造
了 38.3 万个社工专业岗位，比 2017 年增加 3.7 万个，全国社会工作服
务站已经达到 5.1 万个。社会工作服务机构数量持续增加，各地方成立
社会工作服务机构 9793 家"[②]。

  2. 基层群众自治内容更加丰富充实

  我国基层群众自治实践主要是由基层群众依据国家相关法律法规
政策，依托于不同形式的基层群众自治组织，在城乡基层领域所展开
的民主自治活动。其自治的基本内容涉及民主选举、民主决策、民主
管理和民主监督等，以达到实现基层群众的自我管理、自我服务、自
我教育和自我监督的目的。步入新时代，我国基层群众自治实践内容
更加充实，共建共治共享社会治理格局日渐成形。具体而言，一是继
续深化基层民主选举制度规范，稳步推进基层村（居）民委员会换
届选举工作，保障基层群众民主选举权利。2018 年 5 月，河南省南
阳市建立了"两报双谈三全程"村（社区）"两委"换届选举工作推
进机制，通过具体实践丰富了民主选举的内容，提升了换届选举工作
的规范化水平。"两报"，即"日报制"。坚持按照换届时间节点和工
作流程，每天上报工作开展情况报告。"周报制"，即督导组每周向
换届协调小组汇报督导情况。"双谈"，即乡镇（街道）党（工）委
书记与候选人谈心谈话制度。"三全程"，即全程公示制、全程督导
制、全程监督制。[③] 2018 年 9 月，湖北省为指导本省做好居民委员会
换届选举工作，保障居民群众民主权利，切实加强居民委员会建设，
结合实际工作需要，修订了《湖北省居民委员会选举办法》。二是改
进村（居）民事务的民主决策和管理方式，拓展基层群众政治参与。

---

  ① 民政部：《关于印发〈"互联网＋社会组织（社会工作、志愿服务"）行动方案
（2018—2020 年）〉的通知》，民政部门户网站，http：//www.mca.gov.cn/article/gk/wj/
201809/20180900011028.shtml.
  ② 《2018 年度中国社会工作发展报告发布》，《公益时报》2019 年 3 月 26 日。
  ③ 《河南省南阳市建立了"两报双谈三全程"村（社区）"两委"换届选举工作推进
机制》，民政部门户网站，http：//www.mca.gov.cn/article/xw/dfdt/201805/201805000089
92.shtml.

坚持事前、事中、事后协商，是城乡基层民主管理的基础，贵州省普定县通过实施以"村事民议、村务民决、村财民管、村廉民督、村干民评"为主要内容的"五民"工作机制，创新村级民主管理，为城乡民主协商搭建了制度平台，提升了村级自治水平，促进了和谐稳定。① "五民"工作机制丰富了民主决策的形式，也获得了村民基层群众的广泛参与。三是健全基层社区社会服务组织，提升基层群众自我服务能力。在 2018 年召开的全国社区社会组织改革发展会议上，民政部副部长詹成付指出："目前我国共有社区社会组织 39.3 万个，其中依法在民政部门登记注册的 6.6 万个、在街道（乡镇）和社区备案的 32.7 万个。"② 各类社区组织分布较为广泛。社区社会组织在创新社会治理、完善社区服务、做好群众工作等方面具有重要作用，是扩大社区居民参与的"活化剂"、党组织与社区群众之间的"黏合剂"，城乡社区治理的"减压剂"，完善社区服务体系的"填充剂"，通过群众自治组织参与纠纷调解、信访化解、群防群治等社区事务，助力源头治理，提升社区矛盾预防化解和自我服务能力，使基层社会组织成为创新基层社会治理的有力支撑。四是完善村务监督委员会机制，拓宽基层民主监督新途径。村务监督委员会是村民对村务进行民主监督的机构，为进一步完善村党组织领导的充满活力的村民自治机制，加强村级民主管理和监督，提升乡村治理水平，四川省制定并发布了《关于建立健全村务监督委员会的实施意见》，提出了建立健全村务监督委员会的总体要求、人员组成、职责权限、监督内容、工作方式、管理考核、组织领导七个方面的内容，进一步推进村务监督工作的规范化、具体化、科学化、法治化，对于完善乡村治理机制具有重要指导意义。③

3. 基层群众自治保障机制更加健全

健全基层群众自治保障机制，发展社会主义民主，不仅是党和国

---

① 贵州省普定县民政局：《创新"五民"工作机制 促进村级民主协商》，《乡镇论坛》2017 年第 19 期。

② 《中国社区社会组织逾 39 万个》，《人民日报》（海外版）2018 年 11 月 23 日第 2 版。

③ 《关于建立健全村务监督委员会的实施意见》，《四川日报》2018 年 11 月 13 日第 6 版。

家以人民为中心的执政要求，也是充分彰显人民主权的制度安排。2018 年，健全基层群众自治保障机制主要体现在以下几个方面：一是加强了基层党组织建设。2018 年 12 月，新修订的《中国共产党农村基层组织工作条例》正式施行，明确强调党的农村基层组织是党在农村全部工作和战斗力的基础，是全面领导乡镇、村的各种组织和各项工作的核心。① 当前，随着农村改革不断深化，决战决胜脱贫攻坚、推动新时代乡村全面振兴以及不断满足农民群众日益增长的美好生活需要的现实要求，必须把党的农村基层组织建设工作摆在更加突出的位置上来抓，充分发挥党组织的战斗堡垒作用和党员的先锋模范作用，为农村改革发展稳定提供坚强的政治和组织保证。二是推进基层政府职能转变，提升乡镇政府服务能力。基层政府是社会底层公共服务的基本供给主体，是保障基层群众自治的基础性组织力量。随着国家《关于加强乡镇政府服务能力建设的意见》的颁布施行，乡镇基层政府围绕"转变政府职能，强化服务功能，健全服务机制，创新服务手段，增强服务意识，提升服务效能"，不断推进基层政府体系建设、能力建设和机制建设，为保障基层群众自治奠定了基础。② 三是提高基层治理主体人员的综合素质，强化基层社会管理队伍建设。近年来，各地方加强了对各级政府分管负责同志、民政业务骨干和一线社区工作者、社区志愿者、社会组织人员的培训工作，不断提高基层治理主体人员综合素质，提升基层工作业务水平，同时加强"规范引导社会组织、社会工作专业人才、志愿者服务国家、服务社会、服务群众、服务行业，构筑各类社会工作者服务基层的激励和保障机制、长效机制，切实解决其后顾之忧"③，充分调动社会组织参与社区治理的积极性、主动性和创造性，吸引更多优秀的人才到社区工作。

4. 基层群众自治体系日趋完善

健全自治、法治、德治相结合的乡村治理体系是党的十九大提出

---

① 《中共中央政治局召开会议审议〈中国共产党农村基层组织工作条例〉和〈中国共产党纪律检查机关监督执纪工作规则〉》，《中国纪检监察》2018 年第 23 期。

② 《中共中央办公厅、国务院办公厅印发〈关于加强乡镇政府服务能力建设的意见〉》，《中国社会工作》2018 年第 1 期。

③ 《在习近平新时代中国特色社会主义思想指引下全面开创新时代民政事业改革发展新局面——2018 年全国民政工作会议在京召开》，《中国民政》2018 年第 1 期。

的基层社会治理改革重大战略决策。积极稳妥地探索不同情况下村民自治的有效实现形式，推进基层群众自治、法治、德治相结合的有益创新，成为新时代乡村振兴的重要抓手。2018 年中央"一号文件"提出要按照健全自治、法治、德治相结合的乡村治理体系建设的要求，继续开展以村民小组或自然村为基本单元的村民自治试点工作，进一步深化村民自治实践。12 月，新修订的《中华人民共和国村民委员会组织法》对村民小组的自治运行机制做出了一般性的制度设计，明确了村民小组的组成、村民小组组长的任期以及村民小组的自治议事范围等事项，规定"属于村民小组的集体所有的土地、企业和其他财产的经营管理以及公益事项的办理，由村民小组会议依照有关法律的规定讨论决定，所作决定及实施情况应当及时向本村民小组的村民公布"。在新时代，推进基层群众自治实践，不仅要勇于探索不同条件下基层群众自治的具体自治形式，也要深入贯彻基层治理的法治思维和法治方式，还要充分挖掘基层社会蕴藏的深厚的德治资源，从而形成基层社会多元协同共治的良性发展局面。

（三）基层群众自治各领域的实践亮点

2018 年，在中央和地方党政部门的积极部署和合力推动下，基层群众自治的制度实践不断拓展深化，在各领域涌现出新的实践亮点。

1. 农村基层村民自治领域的实践亮点

随着乡村振兴战略的全面落实，农村基层的村民自治实践不断深化，在基层党建引领、基层协商治理以及基层社区职能化专业化建设方面亮点突出。

（1）基层党建引领农村社区治理与振兴

加强基层党建是引领农村社区治理的关键，只有健全和完善基层党组织，才能确保基层治理各项目标任务落地落实。依托基层党建引领农村社区治理，就是要把党的全面领导贯穿于农村各项事业发展全过程，确保总揽全局、协调各方。浙江省绍兴市系统谋划基层党建引领"乡村振兴"工作，把突出农村基层党组织政治功能和组织功能作为乡村振兴"一号工程"，推动基层党建引领农村经济、生态、文化、社会等各项工作的全面发展。在党组织建设方面，着力实施"组织力提升工程"，开展"支部建设年"活动，全市整合挂牌村级党群服务中心 2152 个，实行基层党组织规范提升工作"13 条"要求，实施村级组织活动场所规范化建设 10 条标准，把基层党组织建设成为带领群众振兴乡村的坚强战斗堡垒，推进农村社区全面振兴。[①]

江苏省溧阳市五里亭社区探索实践形成"社区党支部—网格党小组—党员中心户"的党建引领社区网格化管理模式。五里亭社区针对社区工作"人少事多、条块交错、行政任务和自治职能并存"等问题，将辖区按照"区域相邻、规模相当、管理方便"的原则划分为若干个单元网格，通过将社区资源、政府职能下放到网格里，形成"镇—社区—责任网格"的三级管理体系，同时社区党支部探索推行了网格化管理模式，将全社区分设成七个网格，将社区党员划归到网格里，成立七个网格党小组，并将直管党员、在职党员、离退休党员按属地划归到网格各小组内，不重复、不遗漏，使每个单元网格都成为有组织机构、有党员队伍、有活动载体的社区基本单位。每个网格的网格长由党小组长担任，设立党员中心户，亮明身份，做好先锋模范作用。[②] 五里亭以党建网格化引领社区网格化治理，将服务提供到网络、将责任落实到网络、将制度落实到网络，激活了基层党组织的活力，引领带动农村社区治理的全面发展。

（2）深化农村基层协商治理 形成治理新格局

"打造共建共治共享的社会治理格局"是党的十九大提出的重大任务，深化农村基层社区协商民主治理成为现阶段实现共建共治共享社会治理新格局的重要路径和举措。2018 年，各地方在农村基层自治制度实践基础上，探索发展了多种农村基层社区协商民主治理的新举措、新形式、新制度，其中村民理事会的协商治理形式尤为突出。目前我国乡村社会分化为老弱妇幼留守乡村、青壮年与能人流入城镇，在组织和落实乡村振兴的主体力量上显得分散和不足。在此情况下，各地探索成立村民理事会作为重要治理载体推进农村治理成为新的发展方

① 徐晓光：《以基层党建引领基层治理与乡村振兴》，《党建研究》2018 年第 6 期。
② 《江苏省溧阳市五里亭社区：党建引领基层社会治理创新》，人民网，http://dangjian. people. com. cn/n1/2018/0808/c420318 - 30217280. html。

向。从广东、安徽、江西、湖北等地的实践看，村民理事会在基础设施建设、人居环境整治、宅基地制度改革等多项农村建设、改革事务中，起到了至关重要的作用。他们不仅积极参与了调查摸底、宣传动员、方案制定等环节的工作，而且在政府和村两委的指导下，主导了组织实施、监督管理、纠纷调处等工作，有效衔接了乡政与村治，促进了建设项目和改革措施的落实。村民理事会吸纳了各类乡村社会精英，包括村内"五老"、致富能手、在外乡贤，并利用宗亲力量和村规民约，使其开展工作更贴近村情民意，更懂得方式方法，更容易化解矛盾纠纷，因而也得到了村民的广泛支持、认可和信任。在推进农村基层治理过程中，在保持现有村委会设置格局的前提下，各地方积极推动符合条件的村民小组或自然村建立村民理事会，由其代表村民协商公共事务，实行民主管理和监督。2018 年 3 月，安徽省濉溪县在保持现有村民委员会设置格局的前提下，对处于独立居民点且拥有集体土地所有权的自然村，按照自治半径相对合理、公共利益联系密切的原则，根据群众意愿建立村民理事会，代表村民对本集体组织范围内的公共事务开展议事协商，实行民主管理和监督，通过发挥党群连心站和村民理事会的作用，有效辅助村级工作，形成了多位一体的乡村治理体系。村民理事会的成立，有效地解决了群众的疑难问题，有利于移风易俗活动的推行，不良习气也将得到进一步遏制。①

（3）"互联网＋"推动农村社区治理规范化

随着信息技术的应用和普及，"互联网＋政务服务""互联网＋社区管理"具备了可行条件，并推动了农村社区治理的规范化。目前，在我国推进深化改革的攻坚阶段，复杂的矛盾和不断涌现的新问题在民意诉求中集中体现出来，而信息化的社区治理将重点针对农村地区分散化、流动化的问题，借助信息平台实现信息征集及民意采集，并建立民意诉求反馈机制，有助于在第一时间回应群众诉求，更加及时地解决群众的困难，也有助于增强农村社区的危机监控及预警能力。为切实加强村级权力运行监督，保障群众知情权、监督权，增

① 《安徽省濉溪县各自然村成立村民理事会》，人民网，http：//ah. people. com. cn/n2/2018/0314/c358351 - 31342539. html.

强村级权力透明度，福建省柘荣县以微信为载体，建设了"互联网＋阳光村务"平台，囊括了该县 9 个乡镇 117 个行政村（社区）的村务，公开内容涵盖了阳光扶贫、阳光工程、财务公开、"三资"清单等七大板块。① 湖南省南岳区为彻底扭转村级财务混乱局面，从根本上解决惠农补贴"最后一公里"的问题，积极对照全省统一部署要求，先后推出"互联网＋监督"、村务公开栏集中建设、涉农补贴定期公开制度等系列举措，进一步扎牢制度笼子，积极打造"阳光村务"，让"糊涂账"不再糊涂。2018 年，南岳区 25 个村（社区）全部在"互联网＋监督"平台上上传了村级收支情况，24 个民生资金项目业务主管单位及时完成了各自承办的民生数据采集和上传任务，行政村（社区、居委会）财务数据全部"晒"到了"互联网＋监督"网络平台上，涉农补助全部公布在了"阳光村务"公开栏中。"阳光村务"系列举措实施以来，南岳区村级信访量相比以往大幅下降，共受理群众投诉举报三起，并及时进行了调查和回复。②

2. 城市社区居民自治领域的实践亮点

社区是城市居民进行自我管理、自我教育、自我服务和自我监督的基本载体，是城市居民自治实践活动开展的重要场所。随着《关于加强和完善城乡社区治理的意见》等党和国家政策文件的贯彻落实，城市社区居民自治实践不断深化，形成了政府治理和社会调节、居民自治的良性互动局面。

（1）探索"一征三议两公开"的党建工作法 引领社区居民自治

近年来，郑州市创新党建工作格局，强化基层党组织核心领导作用，在党建引领社会治理和社区民主自治过程中逐步形成了社区"一征三议两公开"工作法，引导党员、居民充分行使知情权、参与权、表达权和监督权，进一步发挥市区各职能部门的作用，实现了"社会治理大家议、社区事务大家定、决策成效大家评"的工作作风，开创

---

① 《柘荣："互联网＋阳光村务"打造干群监督新平台》，《闽东日报》2018 年 11 月 29 日第 3 版。

② 《阳光村务 让"糊涂账"不再糊涂》，南岳区人民政府网，http：//www.nanyue. gov.cn/web/xxgk/nyyw/201808/t20180816_ 2408292. html.

了郑州城市基层治理、社区协调和民主自治的新格局。①

"一征三议两公开"工作法中的"一征",指征求社区建设意见,旨在充分发扬民主,变事后知晓为事前参与。征求社区建设意见制度主要由社区党组织主导牵头,及时汇集通过多种渠道征求得到的意见、建议,定期召开民情分析会进行综合研判,提出初步意见。"三议",指由社区"两委"提议、相关单位商议、党员和居民代表会议决议,旨在把党的领导、发扬民主与科学决策充分结合起来。社区"两委"提议是指在社区党组织的领导下,适时召开社区"两委"会议,根据上级党组织的决议要求和社区发展需要,结合民情分析会研判意见,集体研究形成提议意见和工作方案。相关单位商议是指由区、街道、社区三级建立社区事务会商制度。对街道党工委审定的议题,需要由社区与驻区单位协商解决的,由社区党组织召集相关单位(或召开社区区域党委会议)进行协商;由党员和居民代表会议决议。再由社区党组织召开社区党员和居民代表(包括全体党员和群众代表)会议,对决议提案进行民主表决,形成民主决议。党员和居民代表会议决议体现了社区居民自治制度和居民代表会议的决策权利。"两公开",指将决议内容和实施情况公开。通过党务政务公开栏、社区网站、社区微信公众号、社区决议告知单等载体,对决议内容、实施情况和完成结果进行公开公示,接受社区党员、居民和监督委员会的监督。在社区某些重大决策实施完成或即将完成时,社区党组织召集民主评议会,对决议内容、实施情况和完成结果进行评估、评议。对存在重大问题或需做较大修改的,及时召开党员和居民代表联席会议说明情况,完善决议后应用民主程序进行重新决策。"一征三议两公开"工作法融决策、管理、监督、落实于一体,"有效保障了社区居民的知情权、参与权、表达权和监督权,使群众能够自主、理性地参与社区事务的决策管理,学会了认同集体决策,正确反映自己的诉求,居民逐渐有了'当家'的感觉"②,提高了社区自治的效率,

---

① 《河南郑州:"一征三议两公开"工作法 党建引领社区居民自治》,人民网,http://dangjian.people.com.cn/n1/2018/1022/c420318-30355683.html.

② 郑组:《郑州探索"一征三议两公开"工作法,社区的事——党组织带着居民办》,《中国组织人事报》2017年5月5日第8版。

提升了城市社会治理水平。

（2）创新城市社区议事协商新形式

重庆市南岸区以全国社区治理和服务创新实验区建设为契机，紧紧围绕"推进社区治理体系和治理能力现代化"的工作目标，以探索"三事分流"工作机制为主题，以突出"多方参与、共同治理"为抓手，探索创新社区议事协商形式，深化社区居民自治，使居民群众参与率、获得感得到较大提升，有效促进了基层社会的和谐稳定。①

所谓"三事分流"，是指坚持问题导向，将社区居民问题诉求通过基层议事协商，按照"大事""小事""私事"进行分类分责处理，合理界定政府部门、社区组织和居民个人的职责边界和互补共生关系，响应诉求、化解矛盾、维护和谐。其核心就是"广泛参与""责任共担"和"协同共治"。"三事分流"中的"大事"即政府管理的事项和基本的公共服务，由政府部门负责解决；"小事"即社区、小区的公共事务，由社区党组织领导，由社区居民自治组织主导，由社区社会组织和社会单位等共同解决；"私事"就是居民的私人事务，引导居民群众自行解决或寻求市场服务。在此基础上，建立议事机制，共商"三事清单"，通过建立楼栋、小组、社区"三级议事会""社区组织议事""一事一议"三类基本议事制度，多渠道收集居民群众反映的问题和诉求。经民主商议达成一致的建议意见，由社区居民委员会按照"三事清单"分别交由相关责任主体处理。政府"兜底"，解决"大事"。经议定属于"大事"的居民诉求，通过区、街道（乡镇）、社区三级服务中心和"服务群众工作信息管理系统"，提交相关部门兜底解决。居民自治，解决"小事"。经议定属于"小事"的居民诉求，通过社区居民委员会召集进行社区协商、沟通交流，并借力社区社会组织、社会工作服务机构、驻社区机关企事业单位等，按照"一事一议"原则决策解决。社区引导，解决"私事"。经议定属于"私事"的居民诉求，引导居民群众自行解决或寻求市场途径解决。南岸区持续推进社区治理创新，探索实施"三事分流"

① 《以"三事分流"为抓手探索社区治理创新之路》，《南岸报》2018年10月26日第1版。

工作法，初步营造了"党委领导有力，政府主导有为，社会互动参与有序，法治保障全覆盖"的善治局面，初步厘清了政府部门、社区组织和居民群众在社区治理创新中的角色定位，促进了政府、社会和居民之间的良性互动。①

（3）打造社区信息化服务平台 推进智慧社区建设

社区信息化的目标是要集领先的社区管理和服务理念、利用先进的技术手段，打造"资源数字化、应用网络化、流程规范化"的智慧化社区管理和服务体系。上海市在智慧社区建设方面进行了大量调研、实践，探索建立以社区信息化服务平台为依托的社区事务受理服务中心。社区事务受理的中心是在街道（乡镇）层面集中为居民群众提供政务服务的一线窗口。"目前全市共建有涵盖所有街道（乡镇）的 220 个受理中心，汇集了公安、民政、人社、卫计、住建、粮食、工会、残联、档案、经信、住房公积金 11 个部门的 174 个政务服务事项，年受理量超过一千万人次。"2018 年 3 月 1 日，上海全市各街道（乡镇）的社区事务受理服务中心全面实施"全市通办"，彻底打破居民群众办事过程中的户籍地或居住地限制，让居民群众在全市任何一个社区事务受理服务中心均能申请办理事项，减少往返奔波，实现就近办事。全市受理中心统一实施"网上预约"，居民群众可以通过"上海发布""上海社区公共服务"微信公众号以及"中国上海"门户网站方便地查询到办事指南、受理中心地址、在线预约，再去各受理中心快捷办事。另外，通过建立全市统一的信息平台，实现"统一架构、上下联通、全面覆盖"的信息系统布局，从而为"全市通办"打下了坚实基础。②

3. 企事业单位群众自治领域的实践亮点

企事业单位工会作为企事业单位职工代表大会的工作机构，负责职工代表大会的日常工作，是基层企事业单位职工自治的重要组织载体和基本形式。2018 年，全国各级工会以习近平新时代中国特色社

---

① 《以"三事分流"为抓手探索社区治理创新之路》，《南岸报》2018 年 10 月 26 日第 1 版。

② 《美好生活"零距离"——上海全面实施社区事务受理"全市通办"》，《中国民政》2018 年第 5 期。

会主义思想为指导，以集中开展"强基层、补短板、增活力"行动为契机，着力推进基层工会工作制度化规范化建设，不断夯实工会的基层基础。

（1）在推进农民工等八大群体建会入会上实现新突破

按照《中华全国总工会农民工工作规划（2016—2020 年）》提出的力争到 2020 年实现全国 55% 以上的农民工加入工会的目标要求，2018 年，全国各级工会继续抓好农民工相对集中的开发区（工业园区）、建筑项目、物流（快递）业、家庭服务业、农民专业合作组织五大领域（行业）建会工作，通过网上申请入会，在农民工聚集地设立流动服务窗口等多种形式，广泛组织快递员、护工护理员、家政服务员、商场信息员、网约送餐员、房产中介员、保安员等群体入会，更好地实现农民工等八大群体建会入会的目标。在入会方式上，各地各级工会立足实际情况，在实现农民工等八大群体入会上探索新的方式。例如，广西柳州市总工会以"货车司机入会集中行动"为引擎，加强基层工会建设，推动货车司机等八大群体入会已经取得新进展。"从 4 月底开始，柳州总工会全面推进全市物流企业建会、货车司机普查摸底建会工作，采用创新网络化、社会化工作方法，开展智慧工会服务系统建设，发挥职工之家、困难职工帮扶中心、工会爱心驿站等职工服务阵地的作用，为货运企业和货车司机提供网上网下多样化、精准化服务，实现工会组织、工会工作与互联网的有机衔接和深度融合，仅两个月时间，就吸引了 8500 多名货车司机入会。"[1] 河北武安市总工会探索"两新"组织工会创建模式、完善工会组织组建体系、分类推进建会工作。针对辖区内非公企业经济体数量多、规模小，务工人员流动快等特点，以社区、街道工会为单位，按照"属地联合、行业覆盖"的原则，组建了新兴产业工会、旅游行业工会联合会和民办教育工会联合会，新增工会会员 3000 余名，使 100 人以上的"两新"组织建会率达到 100%，农民工入会率达到 96%。[2] 截至 2018 年

---

① 庞慧敏、赵新谕：《广西柳州市总工多措并举吸引货车司机入会》，《工人日报》2018 年 7 月 5 日第 2 版。

② 《3000 余农民工成为"家里人"》，《河北工人报》2018 年 6 月 7 日第 1 版。

底，山东、广西等多个省（区）新发展八大群体会员均超过 20 万人；以农民工为主的快递员入会人数实现 25% 以上的增长，实现了农民工等八大群体入会数量的稳步提升。[①]

（2）开展"互联网＋工会"平台建设 增强工会组织吸引力和凝聚力

随着"互联网＋"时代的到来，微信、微博等即时通信工具已成为广大职工群众，特别是青年群体获取信息和反映心声的重要渠道，为此，各地工会充分利用互联网技术，开展"互联网＋工会"平台建设，拓展网上工会服务新方式，增强工会组织吸引力和凝聚力。2018 年 7 月，上海顾村镇总工会充分利用互联网技术，建立了"顾村工会 e 家园"，探索形成网上工会服务新模式。"顾村工会 e 家园"平台完善了平台服务内容，充分融合了工会的基本职能，有效整合资源，优化服务项目，目前共设我要入会、企业入会、互助保障、技能培训、公共服务、活动报名、就业招聘、普惠福利等 11 项功能内容，职工及企业可随时查看了解工会的相关信息。平台上线以来，平均每日有 101 人次登陆平台，注册会员从 2000 人上涨至 6200 人。[②]此外，顾村镇总工会还建有工会网上工作平台和基础数据库，实现职工入会服务和工会管理网路化。通过网上网下联动、参与互动、参与服务项目等形式，构建工会与广大职工之间信息速递、互动便捷的纽带，打造出"指尖上的工会"，为职工织好了线上线下、相互交融的两张网，实现了服务职工群众的全覆盖，为打通联系服务职工"最后一公里"开辟网上渠道。[③]

三　新时期基层群众自治发展的新面向

2018 年是党的十九大开局之年，也是国家开启实施乡村振兴重大发展战略的首个年头，在习近平新时代中国特色社会主义思想的指

---

① 张锐：《全国工会基层工作会议在京召开》，《工人日报》2019 年 3 月 14 日第 1 版。

② 《顾村镇加强"互联网＋"建设 提升网上工会服务》，上海市宝山区人民政府门户网，https：//www.shbsq.gov.cn/shbs/gczgzdt/20190212/156071.html.

③ 《顾村镇加强"互联网＋"建设 提升网上工会服务》，上海市宝山区人民政府门户网，https：//www.shbsq.gov.cn/shbs/gczgzdt/20190212/156071.html.

引下，在中央和地方的周密部署和积极推动下，我国基层群众自治发展进程步入"快车道"，不同领域的群众自治实践活动不断得到创新和深化，使我国基层群众自治发展在"提速增效"过程中展现出新的面向。

（一）国家与社会双向驱动形成合力 助推基层治理创新

推动基层群众自治发展，离不开国家与社会的二元互动与协同，二者在本质上并不是此消彼长的关系，而是处于动态平衡中的双向互动。从我国基层社会自治发展的历程来看，国家与社会的二元性的关系调整和转变直接驱动着基层群众自治的发展。改革开放之前，我国基层社会场域的"国家与社会"关系被学者概括为一种"总体性社会结构"，即国家主导、统合基层社会治理，基层社会"自治和自组织能力差，中间组织不发达，控制系统不完善"[1]，社会自治的空间薄弱，自主性力量生长缓慢。随着改革开放进程的拓深，我国的国家与社会关系发生了一定的变化，这种变化主要来自于国家（政府）推行的一系列内部改革举措，有意识地向下放权，从而使得以往高度稳定的国家与社会关系开始松动。"由于法制建设的加强以及政府行为逐步走向规范化，这种任意的控制开始向一种较有规则的控制转变"[2]，社会的自主性在一定程度上被激发出来，相对独立的社会力量逐渐形成，从而真正意义上的基层群众自治得以萌生和发展起来。经历 40 年的基层社会变革，我国基层社会治理结构已经从原来的"有自治空间，但没有自治权，是单中心（集权）权威秩序，不是多中心（分权）自治秩序"[3] 转变为国家与社会二元主体力量的互动与协同。原来由于自上而下的行政权力同日益扩大的民主意愿之间的张力所导致的基层社会自治的效果不尽如人意的状况发生了彻底改变，作为一种民主形式本质表现的基层群众自治，开始展现出如赫尔德所

---

① 罗兴佐：《中国国家与社会关系研究述评》，《学术界》2006 年第 4 期。

② 孙立平、王汉生、王思斌、林彬、杨善华：《改革以来中国社会结构的变迁》，《中国社会科学》1994 年第 2 期。

③ 周庆智：《论基层社会自治》，《华中师范大学学报》（人文社会科学版）2017 年第 1 期。

说的两个向度的民主化，即国家与社会两个层面民主化的双重共振。

党的十九大报告指出："我国社会主要矛盾已经转化为人民日益增长的美好生活需要和不平衡不充分的发展之间的矛盾"，同时指明"人民美好生活需要日益广泛，不仅对物质文化生活提出了更高要求，而且在民主、法治、公平、正义、安全、环境等方面的要求日益增长"①。面对基层社会的这种发展不平衡不充分的矛盾，既需要推进经济改革来满足人民的物质需求，也需要着眼构建有效的基层治理体系来满足人民的政治社会文化生态等精神层面的需求，因而，基于基层社会群众多元化的现实需要，提升基层社会治理秩序和能力的有效供给成为一项迫切任务。从实现路径上看，需要从国家和社会两个方面激发基层社会治理和基层群众自治的活力，具体而言，国家（政府）作为权力主体应加强利用政治权威进行顶层设计，自上而下地进一步释放基层社会治理所需要的制度空间和社会基础，为基层各类具体性的民主实践提供发展的方向和可持续性的资源支撑，在基层社会层面，在国家所提供的良好发展环境的基础上，充分发掘社会内生性资源，推进基层社会自治性、志愿性、服务性等社会组织的发育，激发基层群众自治的活力。2018 年，党和国家在改革和完善基层政权组织体系，转变政府职能，提升基层公共服务供给能力方面出台了许多重大举措，从而激发了国家与社会双向驱动的活力，有序推进基层社会治理的良性发展。在基层党组织建设方面，党的十九大报告指出："党的基层组织是确保党的路线方针政策和决策部署贯彻落实的基础。要以提升组织力为重点，突出政治功能，把企业、农村、街道社区、社会组织等基层党组织建设成为宣传党的主张、贯彻党的决定、领导基层治理、团结动员群众、推动改革发展的坚强战斗堡垒。"② 2018 年 3 月，习近平总书记在参加十三届人大一次会议广东代表团审议时再次强调要将基层党建和基层治理结合起来，以基层党建引领基层社会治理，充分体现基层党组织的领导核心地位和基础性

---

① 习近平：《决胜全面建成小康社会 夺取新时代中国特色社会主义伟大胜利》，《人民日报》2017 年 10 月 28 日第 1 版。

② 习近平：《决胜全面建成小康社会 夺取新时代中国特色社会主义伟大胜利》，《人民日报》2017 年 10 月 28 日第 1 版。

作用。2018 年 4 月，全国基层政权建设和社区治理工作会议召开，就贯彻落实中央关于基层政权建设和社区治理的一系列决策，深化党和国家机构改革、乡村振兴战略实施和深化"放管服"改革，重点加强基层政权建设，完善乡村治理体系，推进社区减负增效等问题进行部署。2018 年 7 月，国务院办公厅下发成立国务院推进政府职能转变和"放管服"改革协调小组的通知，从国家层面对转变政府职能进行统筹协调，对于推进地方乃至基层政府职能调整，提升治理效能具有重大现实意义。

（二）推动治理重心下移 提升基层社会治理水平

作为国家治理的基础组成部分，"基层社会治理是党中央治国理政和公众参与国家治理的基本结合点，不仅直接决定着社会治理的整体效果，而且关系到国家整体政策目标的实现，影响着国家治理的整体水平"①。党的十九大报告明确提出要"加强社区治理体系建设，推动社会治理重心向基层下移，发挥社会组织作用，实现政府治理和社会调节、居民自治良性互动"②。推动社会治理重心下移实际上是契合基层群众参与国家治理的政治需要，加强基层群众自治组织规范化建设，发挥基层各治理主体在基层社会治理中的协同性作用，本质上反映了新时代国家与社会关系的再调整和再平衡。然而，在推进治理重心下移的过程中，仍然面临着基层治理场域的种种现实阻力，突出表现为基层政权组织中的个别公职人员与基层黑恶势力所形成的"利益共谋"，从而严重损害基层群众的根本利益，影响到党和政府在基层社会治理中的形象。这种利益共谋现象以不同形式广泛存在于我国城市和农村基层。"在城市，商贸集市、批发市场、车站码头、旅游景区易形成欺行霸市等市霸、行霸，多发高发高利放贷、暴力讨债等违法犯罪行为；在农村，容易形成利用家族、宗族势力横行乡里、称霸一方、欺压残害百姓等村霸"③。基层黑恶势力之所以能够

---

① 王东旭、郑慧：《基层社会治理何以实现》，《光明日报》2018 年 5 月 21 日。
② 王东旭、郑慧：《基层社会治理何以实现》，《光明日报》2018 年 5 月 21 日。
③ 龚平：《多策并举除恶务尽 推进基层社会治理现代化》，《中国公安报》2018 年 10 月 20 日第 2 版。

长期衍生，为祸一方，就是因为基层政权组织中的个别人员充当了"保护伞"。例如，一些村"两委"、基层站所工作人员成为涉黑涉恶势力的"同谋帮凶"。在现实中，不少村霸、寨霸横行乡里，与基层党组织软弱涣散关系密切，甚至有部分基层站所和村居党组织负责人与黑恶势力狼狈为奸，为其提供支持、庇护。也有少数利欲熏心的党员干部和公职人员，利用自身掌握的权力或影响力，为多个涉黑涉恶组织充当"保护伞"①。

推动治理重心下移，必须坚持党的领导，强化基层党组织的核心作用。基层党组织是党在基层社会组织中的领导核心和战斗堡垒，党的十九大报告明确强调："提高党把方向、谋大局、定政策、促改革的能力和定力，确保党始终总揽全局、协调各方。"② 这是推动社会治理重心下移，提升基层社会治理水平的关键和前提，必须牢牢把握、常抓不懈。在基层社会治理和群众自治的实践过程中，将基层社会治理同基层党建相结合，成为一些地方结合基层治理实际，探索创新基层社会治理体制的有效路径，形成了许多行之有效的治理机制和治理经验。如广东省推进基层党组织的治理主体责任，发挥广大党员在基层治理中的先锋模范作用。健全镇街领导干部驻点普遍直接联系群众制度，大力实施基层基础保障工程，保证基层党组织正常运作和为民服务资源，使基层有职有权③。再如，陕西省合阳县在推进城市基层党建工作中，按照党建工作项目化管理思路，创新实施"党建+3C"城市基层党建工作品牌模式，以"确定项目"（Confirm）、"选择项目"（Choice）、"创新项目"（Creative）为载体，建立"党建+确定项目+选择项目+创新项目"党建品牌模式，凝聚红色力量，凸显党组织的政治优势，发挥党员先锋模范作用，通过项目设计、申报、立项、审核、实施、监督、评估等环节，探索出了一套完整的城

---

① 《谁在充当黑恶势力"保护伞"》，《中国纪检监察报》2018 年 10 月 11 日第 1 版。

② 习近平：《决胜全面建成小康社会 夺取新时代中国特色社会主义伟大胜利》，《人民日报》2017 年 10 月 28 日第 1 版。

③ 邹铭：《积极探索新形势下基层党建引领基层治理的有效途径》，《党建》2018 年第 6 期。

市基层党建项目化运作模式。① 这一"党建＋"模式的创造性探索有效地适应了城市基层治理体系建设要求，极大地发挥了基层党组织的创造性，实现了基层党组织建设同基层群众自治制度的有效衔接。总体而言，"基层党建和基层社会治理的总体目标是一致的，都是服务于中国特色社会主义现代化建设，因此在推动社会治理重心下移的过程中，要坚持把基层社会治理和基层党建结合起来，认真落实新时代党的建设总要求，重视基层党组织建设，健全完善基层党组织架构，完善基层党组织工作体制和机制"②。

（三）重视基层社会多元主体协同治理 构建治理共同体

习近平总书记指出："治理和管理一字之差，体现的是系统治理、依法治理、源头治理、综合施策。"③ 我国基层社会人口众多，基层事务纷繁复杂，加之不同地域和文化空间使得基层社会治理面临着更为复杂的境况。因而在创新基层社会治理体制机制过程中必须重视基层社会多元主体协同治理，形成基层社会治理共同体。进入新时代，党和国家提出要构建和完善党委领导、政府负责、社会协同、公众参与、法治保障的社会治理体制，其内在逻辑也凸显出我国基层社会治理格局由以往的政府作为单一主体行政主导的模式向多元主体协同治理的模式转变。由于我国基层政府的治理观念长期处于一种行政主导思维模式下，这种行政思维模式受科层制结构下的压力型体制的影响，基层政府不得不应对来自上级的各种行政指令与任务，而忽视对社会公众需求的有效回应。因而，推进基层多元主体协同治理，必须将一部分的社会治理压力从行政力量中释放出来，通过搭建和完善基层社会组织、基层公众等多主体间的民主协商、合作治理的平台和服务机制，拓展公众参与的渠道和途径，统筹基层社会治理资源，形成有效回应社会需求的合力和机制。在推进多元主体协同治理过程中还需注意社会不同治理主体能力不足的问题，"囿于长期参与实践的缺

---

① 《"党建＋3C"打造城市基层党建项目化运作模式》，人民网，http：//dangjian. people. com. cn/n1/2018/0929/c420318 - 30321277. html.

② 王东旭、郑慧：《基层社会治理何以实现》，《光明日报》2018 年 5 月 21 日。

③ 习近平：《论坚持全面深化改革》，中央文献出版社 2018 年版，第 256 页。

失和公民文化发展的相对滞后，在基层社会治理中公民的民主素质和参与能力也成为制约多元主体合作治理的重要因素"①，因此，要积极宣传公众参与基层社会治理的各项权利，强化公众在基层社会治理中的参与意识，同时要增强基层社会治理的制度供给，形成有利于基层群众参与社会治理的制度环境。此外，必须重视基层社会治理的系统性和协作性，根据基层社会治理共同体中不同治理主体的特点和职责来科学分工，充分发挥其在具体社会治理中的优势和专长。基层社会治理主体的多元化是对以往政府一元主导治理模式的超越，是基于我国基层社会治理精细化、民主化的客观现实要求，构建基层社会协同治理体系，形成治理共同体的基础。

（四）着力构建自治、法治和德治"三治"融合的基层社会治理体系

构建自治、法治、德治三治相结合、相促进的现代乡村社会治理体系是党和国家推进基层社会治理创新的重要目标。2017年，中共中央国务院发布的《关于加强和完善城乡社区治理的意见》明确指出，要"充分发挥自治章程、村规民约、居民公约在城乡社区治理中的积极作用，弘扬公序良俗，促进法治、德治、自治有机融合"②。进入新时代，在党和国家高度重视和积极推动社会治理中心下移的进程中，构建基层社会自治、法治与德治"三治"融合的现代乡村治理体系本质上是激发基层社会治理主体活力，加强和完善基层社会治理制度保障的重要实现路径。就基层社会自治、法治和德治的内部机制而言，三者并非单一的逻辑并列关系基础上的简单相加，而是共处于同一系统中各有侧重的有机整体。基层社会自治是基层群众依据国家宪法和法律相关规定在所辖区域内进行的民主选举、民主参与、民主管理和民主监督的一项自治制度安排，是国家与社会关系双向互动基础上整个社会治理过程中的重要基石。改革开放后，随着国家经济社会体制改革的

---

① 吴兴智：《破解基层治理现代化的三个困境》，《学习时报》2016年2月22日。
② 《中共中央国务院关于加强和完善城乡社区治理的意见》，《人民日报》2017年6月13日第1版。

推进和深化，我国基层群众自治制度不断完善，基层群众自治得到有力发展，然而，在现实中，由于传统制度惯性的限制，基层群众自治的制度体系仍需进一步健全和完善，因此德治和法治完善成为基层群众自治的重要资源和内容，同时发挥德治和法治的治理效用和价值也成为提升基层自治水平的重要指标。从某种层面上看，德治与法治是基层自治的两种不同方式和内容，由于德治与法治最终要落实到现实生活的行为个体上，因而二者在基层治理中存在着一种逻辑上必然的互动关系。"道德的个体性决定道德以自由为前提，但法治的实施必然限制人的部分自由，即它们在自由维度上存在张力。"① 但同时，这二者之间也天然地存在着自洽性，即经由法治达成的外部约束或有过于刚性的潜在风险，只有以德治进行始自内心的内在补充才能够有效地规范个体的行为，而单纯依靠德治进行的规范或有约束效力不足的可能，那么法律的介入就是必要的。换言之，德治和法治构成了基层群众自治的行为边界，是基层群众自治制度进行完善的外在的双重约束力和体系保障。概言之，在基层治理中，自治是法治和德治的目的依归，法治是自治和德治的内在保障，德治是自治和法治的立基之本。"基层社会的三治模式充分体现了以人为本、系统治理、依法治理、综合治理、源头治理的理念，三者功能作用相辅相成、相互支撑、合力共治"②。在推进基层群众自治和社会治理的实践中，基层"三治"融合的治理模式在基层社会治理中的作用日益彰显，宁波市象山的"村民说事"制度从新农村建设的"管理民主"发展到乡村振兴的"治理有效"，其意涵和内容已经从基层"管理性"的自治发展为自治、德治、法治"三治"融合的"治理性"体系，这不仅丰富了"村民说事"自治实践的理论内涵，而且构筑起现代乡村治理的有效运行机制。

---

① 郁建兴、任杰：《中国基层社会治理中的自治、法治与德治》，《学术月刊》2018年第12期。

② 黄浩明：《建立自治法治德治的基层社会治理模式》，《行政管理改革》2018年第3期。

中国反对腐败的巨大成效

刘冠男* 李丹阳 张等文**

2018 年 1 月，习近平在十九届中央纪委二次全会上发表重要讲话强调，"要深化标本兼治，夺取反腐败斗争压倒性胜利"。这既是对以往反腐工作成绩的肯定，也是对当下反腐斗争态势的深刻分析，彰显出对腐败的零容忍态度和夺取反腐败斗争压倒性胜利的决心。2018 年，我国反腐工作可谓硕果累累。"打虎""拍蝇"工作成效斐然；"天网 2018"让腐败无处遁形，开展扫黑除恶专项斗争遏制基层腐败现象；国家监察委员会依法组建，正式挂牌，国家监察体系框架初步建立；廉政文化和反腐制度建设日臻完善。

一 重拳反腐又创新成绩

十九届中央纪委二次全会指明了 2018 年反腐工作重点，即"坚持无禁区、全覆盖、零容忍，坚持重遏制、强高压、长震慑，坚持受贿行贿一起查，坚定不移、精准有序，聚焦党的十八大以来不收敛、不收手的领导干部"①。针对上述现象，我国仍未放松对各个层面贪腐干部的追查和惩处。

---

* 中国人民大学国际关系学院。

** 东北师范大学政法学院。

① 《中国共产党第十九届中央纪律检查委员会第二次全体会议公报》，新华网，http://www.xinhuanet.com/politics/2018 - 01/13/c_ 1122254331.html.

（一）"打虎"力度不减，重点领域全覆盖

在"打虎"方面，截至 2018 年 12 月 29 日，全年共有 23 名中管干部接受审查调查，32 名省部级以上干部被公诉。从 2018 年落马人员特征来看，这些落马干部主要集中在一些特定领域和关键位置上，对他们的纠查符合十九届中央纪委二次全会公报提出的"重点查处政治问题和经济问题相互交织形成利益集团的腐败案件"的工作要求。2018 年落马的官员基本上都是重点领域的实职干部，如国家发改委副主任、国家能源局局长努尔·白克力，公安部副部长孟宏伟，广东省委常委、统战部部长曾志权，陕西省委常委、秘书长钱引安以及江苏、山东、江西、陕西、贵州等多省份在任副省长。①

梳理这些落马高官的违法违纪行为，他们的问题主要集中在以下几方面：第一，违反党纪党规。例如，财政部原党组副书记、副部长张少春在任期间严重违反政治纪律，违规打探案情，对抗组织调查。内蒙古自治区政府原党组成员、副主席白向群在接受调查期间对抗组织审查，搞迷信活动。第二，存在贪污贿赂、滥用职权、利益输送等职务违法和职务犯罪。这些落马干部在接受审查前多在一些关键领域任职，他们利用自己的职权为企业或个人输送利益。例如江西省人民政府原副省长李贻煌在任江西铜业集团公司董事长期间，利用其职务便利为相关企业和个人谋取利益，并且收受数额巨大的贿赂。国家能源局原党组成员、副局长王晓林在职期间利用职务之便为相关企业谋取利益，并收受巨额贿赂。第三，落马高官多为政治上的"两面人"。所谓政治上的"两面人"就是当面一套背后一套，人前人后两副嘴脸。比较典型的就是中央宣传部原副部长、中央网信办原主任鲁炜，对其的通报用词极为严厉，指出他"四个意识"个个皆无，"六大纪律"项项违反，是典型的"两面人"。

在"打虎"工作方面，中央纪委国家监委的工作还呈现出一些新特点。首先，查处周期缩短，工作效率提升。2018 年 3 月《中华人

---

① 李源：《2018 中纪委"打虎图鉴"：六大特点 七个"第一"》，中国共产党新闻网，http：//fanfu. people. com. cn/n1/2018/1205/c64371 - 30443123. html.

民共和国监察法》实施后，纪委监委联合办公缩短了反腐工作的时间差，有效提升"打虎"效率。相较于上一年度，落马高官从被查到处分通报公布，最短历时一月余，最长也不到六个月。① 如辽宁省原副省长刘强，从其 2017 年 11 月首次被通报，到 2018 年 2 月公布其处分结果，约三个月的时间。财政部原党组书记、副部长张元春，从其被查到处分通报公布也不过四个月的时间。其次，关于腐败官员的处分通报出现新表述。"权权交易""权力观异化""两面人""选择性执行""甘于被'围猎'""大赌假赌""玩物丧志""德不配位"等新表述出现在对中管干部的处分通报中②，对落马官员的问题描述越来越精细。这说明我国对于腐败问题的发现越来越深入，监察工作向纵深发展，日益成为国家治理现代化进程中不可或缺的组成部分。

（二）"拍蝇"创新成绩，恢复基层社会政治生态

相较于"打虎"，我国 2018 年的"拍蝇"工作集中在扶贫领域和打击基层社会黑恶势力方面。就前者而言，中纪委印发了《关于2018 年至 2020 年开展扶贫领域腐败和作风问题专项治理工作实施方案》，其中明确指出，这一期间纪检监察机关要围绕打赢扶贫攻坚战展开工作。截至 2018 年 11 月底，全国共查处扶贫领域腐败和作风问题 13. 31 万个，处理 18. 01 万人。③ 同时，中央派出 15 个巡视组进行脱贫攻坚专项巡视。从中央纪委国家监委网站公布的通报情况来看，扶贫领域存在的腐败问题相当严重，基层扶贫机关集体贪污扶贫项目款的情况也屡见不鲜。如河北省巨鹿县扶贫办在 2017 年挪用扶贫专项资金 48 万元，用于当地公路沿线仿古景观墙建设。更有甚者，有些干部利用职位之便骗取扶贫资金。如重庆市奉节县冯坪乡石泉村村委会原主任吴长佺多次从村集体存折支取扶贫补助资金共计 16. 88 万

---

① 李源：《2018 中纪委"打虎图鉴"：六大特点 七个"第一"》，中国共产党新闻网，http://fanfu. people. cn/n1/2018/1205/c64371 - 30443123. html.

② 李源：《2018 中纪委"打虎图鉴"：六大特点 七个"第一"》，中国共产党新闻网，http://fanfu. people. cn/n1/2018/1205/c64371 - 30443123. html.

③ 《2018 年"拍蝇"有啥新亮点？》，中央纪委国家监委网，http：//www. ccdi. gov. cn/yaowen/201901/t20190111_ 186838. html.

元，用于偿还个人债务和生活开支。①

在十九届中央纪委二次全会列出的年度八个重点任务中，"坚决整治群众身边腐败问题"被单独列出，并把惩治基层腐败同扫黑除恶结合起来，坚决查处涉黑"保护伞"。2018 年 1 月，中共中央、国务院印发《关于开展扫黑除恶专项斗争的通知》，要求在全国范围内开展扫黑除恶专项斗争，保证基层政权的稳定，保障人民生活长治久安。该通知特别指出，把打击黑恶势力犯罪和反腐败、基层"拍蝇"结合起来，将打击黑恶势力作为整治群众身边腐败问题的工作重点。随后，中央纪委国家监委印发《关于在扫黑除恶专项斗争中强化监督执纪问责的意见》。该意见明确指出，扫黑除恶工作的重点在于下述三类问题：公职人员涉黑涉恶腐败案件；公职人员为黑恶势力充当"保护伞"；地方相关职能部门不作为。从工作成效来看，截至 2018 年 11 月底，全国纪检监察机关共计查处涉黑涉恶腐败和"保护伞"问题 11829 起，给予党纪政纪处分 8288 人，移送司法机关 1649 人。② 从各地查处的案件来看，这类腐败主要有以下特点：第一，一些地方的党员干部为黑恶势力撑腰。如深圳市沙井街道原党工委书记刘少雄就是一例，他收受"沙井新义安"黑恶势力主要头目陈垚东 1200 万港币后，纵容其违法犯罪。甚至个别基层干部就是黑恶势力的头目，依仗权势，巧取豪夺，形成了"以黑经商、以商养黑、以商养官、以官护黑"的黑色利益链。③ 第二，部分地方纪检监察机关对于扫黑除恶没有尽到相应的主体监督责任。山西省纪委监委通报了两起失职失责案例。一是运城市人大常委会副主任、闻喜县委书记张汪尤履行全面从严治党主体责任不力被问责，在其任职期间，当地发生了黑社会性质的盗墓案件，张汪尤受到党内严重警告处分。二是吕梁市柳林县委书记郝继平在任职期间，该县发生了有组织的黑社会性质的犯罪行

---

① 《扶贫领域腐败和作风问题曝光专区集中曝光 20 起典型案例》，中央纪委国家监委网，http://www.ccdi.gov.cn/toutiao/201807/t20180711_175467.html.

② 《2018 年"拍蝇"有啥新亮点？》，中央纪委国家监委网，http://www.ccdi.gov.cn/yaowen/201901/t20190111_186838.html.

③ 侯逸宁：《深挖涉黑涉恶案件背后的腐败问题》，中央纪委国家监委网，http://www.ccdi.gov.cn/yaowen/201805/t20180523_172450.html.

为，郝继平最终因未尽到监察职责而被问责。

2018 年"拍蝇"工作的重要目的就是肃清基层社会政治生态，贯彻习近平总书记在党的十九大报告中指出的"人民群众反对什么、痛恨什么，我们就要坚决防范和纠正什么"的精神。

（三）"猎狐"：天网恢恢，让腐败无处遁形

2018 年 4 月开展"天网 2018"以来，我国国际追逃追赃工作成果颇丰。"天网 2018"行动共追回外逃人员 1335 人，其中引渡 17 人，遣返 66 人，异地追诉 1 人，缉捕 275 人，劝返 500 人，边境触网 202 人，境内抓获 198 人，主动自首等 76 人。在追回外逃人员中，党员和国家工作人员 307 人，包括"百名红通人员"5 人。追赃金额 35.41 亿元人民币。[①]

2018 年国际追逃追赃工作实现了多个方面的创新，体现在多个"首次"上。国家监察委成立后，第一个从境外被遣返的职务犯罪嫌疑人、中国银行开平支行案主犯许超凡是第一起在发达国家实现异地追诉、异地服刑后被强制遣返的成功案例，并且在对其的追查过程中首次依据中美刑事司法协助协定开展合作，第一次组织中方证人通过远程视频向美国法院作证等。[②] 同时，国家监察委同各个国家进行反腐败国际合作，推动签署五项新的引渡条约和四项司法协助条约，对外商签四项金融情报交换协议；与泰国、阿根廷、白俄罗斯等六个国家签署反腐败合作谅解备忘录；通过出访和接待来访，与美国、新西兰、加拿大等 50 多个国家磋商了反腐败合作事宜。[③] 这些重大成效体现了国家监察委的工作效率，进一步拓宽了我国国际追逃追赃工作的渠道。

从国际追逃追赃工作的联动性上看，在国家监察体制改革的宏观

---

① 姜洁：《密织"天网"，让贪腐分子无路可逃》，《人民日报》2019 年 1 月 29 日第 1 版。

② 张梦娇、刘彬：《2018 年反腐成绩单：呈现六大"新气象"创造多个"之最"》，正义网，http://news.jcrb.com/jxsw/201812/t20181230_1948197.html.

③ 姜洁：《密织"天网"，让贪腐分子无路可逃》，《人民日报》2019 年 1 月 29 日第 1 版。

背景下，纪检监察机关从追逃追赃案件协调机关转变为主办机关。我们党进一步强化了对国际追逃追赃工作的领导，因为国际追逃追赃工作涉及的领域较多，所以需要党中央来协调各个部门的工作，从而形成巨大的合力来推动我国国际追逃追赃工作的顺利开展。值得一提的是，2018 年在国际追逃追赃工作方面又出现新风潮。3 月实施的《中华人民共和国监察法》明确规定，主动交代认罪可以减轻处分，从宽处罚。监察法从追逃、追赃和防逃三个方面对国际追逃追赃工作进行了详细规定，并完善了整个国际追逃追赃工作的流程。由国家监察委员会、最高人民法院、最高人民检察院、公安部、外交部于 2018 年 8 月 23 日发布并实施的《关于敦促职务犯罪案件境外在逃人员投案自首的公告》，更是向在逃人员发出了信号，天网恢恢疏而不漏，负隅顽抗只能是死路一条，只有主动认罪伏法才能争取宽大处理。在此公告的影响下，投案自首已经成为新趋势，外逃 5 年的江苏省淮安市棉麻公司原董事长兼总经理吴青、外逃 24 年的中国石化上海高桥石化公司财务结算中心资金结算科原科长倪小沪等人回国投案。[1] 在法律威慑和政策感召下，包括"百名红通人员"蒋雷、王清伟在内，已有 100 多人回国投案自首并主动退缴赃款。[2]

（四）部队反腐进行时

2017 年 4 月，中央军委纪委发出通知，要求军以上纪检监察机关选取旅团单位建立基层风气监察联系点，旨在建设军队基层党组织，纠治军队"微腐败"。从基层风气监察联系点的创设实效来看，联系点通过向官兵公布联系电话、邮箱网址等方式，及时听取问题反映，一些"微腐败"和不正之风被迅速发现，威力立现。截至 2018 年 5 月，《解放军报》的统计结果显示，基层风气监察联系点建立一年来，全军 1.9 万余名基层风气监督员，反映问题 2340 多个，各级受

---

[1]　张梦娇、刘彬：《2018 年反腐成绩单：呈现六大"新气象" 创造多个"之最"》，正义网，http://www.jcrb.com/anticorruption/ffpd/201901/t20190102_1948563.html.

[2]　姜洁：《密织"天网"，让贪腐分子无路可逃》，《人民日报》2019 年 1 月 29 日第 1 版。

理各类举报 1610 余个。①

军队反腐工作制度建设取得重大进展。在 2018 年 1 月 25 日的国防部例行记者会上，国防部公布了 2018 年军队党风廉政建设反腐败八个方面的工作。针对"四风"问题，军委纪委制定印发了《纠正形式主义、官僚主义问题清单》，该清单将军队中出现的形式主义、官僚主义问题总结成 52 种具体行为表现。针对党纪学习，军委纪委印发了《关于深入开展党的纪律教育的通知》，旨在深入开展纪律教育，积极贯彻习近平总书记关于加强党的纪律建设的重要指示精神。针对军队内部的监督工作，中央军委印发了《军队实施党内监督的规定》《军队实行党的问责工作规定》，前者就军队的监督主体、监督职责、监督措施等方面进行了详细的规定，后者针对军队内部的监督问责制度进行了说明。

二 坚定不移深化政治巡视工作

党的十九大把政治建设纳入党的建设总体布局中并摆在首位。作为政治监督和政治建设的一项重要内容，巡视制度是为了夯实党长期执政的政治基础，始终保持我们党的纯洁性和先进性。随着我国反腐斗争的不断深入，巡视制度也不断创新，在反腐工作中发挥着极其重要的作用。

（一）"新规划"绘就未来五年巡视工作蓝图

2018 年党中央印发《中央巡视工作规划（2018—2022 年）》，确定了十九届中央巡视工作蓝图。该规划指明了从 2018 年到 2022 年的巡视工作目标，即实现巡查范围、巡查路径全覆盖，并且深化全覆盖的质量，将巡视工作真正落到实处。具体来说，实现巡查范围的全覆盖就是要建立上下联动监督网，将巡视工作推向基层，破解熟人社会的监督难题，从而切实解决群众身边的腐败问题。在规划公布之后，

---

① 《聚焦军改！一年来，军队基层风气监察联系点制度运行得如何》，凤凰网，http：//mini. eastday. com/a/180515012807470 – 4. html.

中央纪委国家监委于 5 月 14 日召开了贯彻落实《中央巡视工作规划（2018—2022 年）》推进会，赵乐际在会上针对规划内容进行了重点解释和强调。

就其具体内容而言，中央第十四巡视组组长杨鑫对规划中所提到的"上下联动"进行了明确而深入的解读。他认为，"上下联动"主要集中在制度和机制层面，主要指领导体制、工作机制和制度联系三个方面的内容。首先，机制和制度运行的前提是主体明确其职责，确定其工作定位。领导体制的核心就是中央统一领导、分级负责，党委书记要听取日常巡视工作汇报，并且设立巡视巡察工作约谈制度、考核评价制度、责任追究制度。工作机制就是在深化全覆盖、专项巡视巡察、成果运用、巡视宣传、信息化建设五个方面建立上下联动的工作机制，建立一个全覆盖的监察网，发挥上下级纪检监察部门的工作协同性。在制度联系方面，充分发挥中央和地方的能动性，创设一套高效的上下联动制度，创新工作方法。其次，实现巡视路径全覆盖就是要统筹安排常规巡视，深化十八大以来推出的专项巡视，强化"机动式"巡视，加大"回头看"力度。[1] 最后，深化全覆盖的质量就是要强化整改落实和成果运用。

（二）巡视工作实绩突出

中纪委分别于上半年和下半年展开两轮巡视工作，创新了工作形式，完成了预期工作结果，有效践行了党的十九大精神。十九届中央第一轮巡视对河北、山西等 14 个省区，住房和城乡建设部、商务部等 8 个中央单位，中国核工业集团有限公司、中国华电集团有限公司等 8 家央企党组织开展常规巡视，并将被巡视省区所涉及的沈阳、大连等 10 个副省级城市党委和人大常委会、政府、政协党组主要负责人一并纳入巡视范围。从 2018 年 2 月下旬到 5 月下旬，15 个中央巡视组在被巡视地方、单位工作了 3 个月。[2] 此次巡视主要针对党的政

---

[1] 《中央巡视办负责同志就学习贯彻〈中央巡视工作规划（2018—2022 年）〉答记者问》，《中国纪检监察报》2018 年 2 月 18 日第 1 版。

[2] 侯艳：《十九届中央首轮巡视反馈情况开始公布"问题清单"彰显巡视新特点》，中央纪委国家监委网，http://www.ccdi.gov.cn/yaowen/201807/t20180723_176166.html.

治建设、思想建设、组织建设、纪律建设和作风建设等方面进行检查。在巡视过程中发现了许多问题，比如有些地方的政治生态仍存在问题，需要进一步修复；有些地方党的基层组织建设还很薄弱；有的地方在人事方面仍存在问题，买官鬻官现象仍有市场；有的地方被指出工程建设、国企等重点领域腐败问题多发；有的地方基层微腐败问题多发等。同时，中央巡视组特别针对被巡视地方的整改情况进行重点巡视，且就上述问题向被巡视地方提出反馈意见。从反馈意见可以看出，各地的问题主要集中在工作"不作为、不担当"上，也即懒政怠政的情况颇多，"四风"问题、廉洁风险仍旧属于高发事项，虽然经过十八大之后的一系列整治活动得到了扭转，但沉疴仍存。

十九届中央第二轮巡视对内蒙古、吉林、安徽、江西、湖北、广西、重庆、云南、西藏、陕西、甘肃、青海、新疆、国家发展和改革委员会、教育部、民政部、财政部、人力资源和社会保障部、住房和城乡建设部、交通运输部、水利部、农业农村部、国家卫生健康委员会、国务院扶贫开发领导小组办公室、中国农业发展银行、中国农业银行26个地方、单位党组织开展脱贫攻坚专项巡视。① 此次工作焦点锁定在扶贫领域，是为了配合扶贫攻坚战，切实发现扶贫领域出现的一系列问题。巡视组的工作主要集中在"四个落实"方面，即落实党中央脱贫攻坚方针政策、落实党委脱贫攻坚主体责任、落实纪委监委监督责任和有关职能部门监管责任以及落实脱贫攻坚过程中各类监督检查发现问题整改任务。从反馈内容上看，我国扶贫工作仍然存在一些问题，比如对中央扶贫工作方针政策的学习了解还不够到位，有些地区和单位扶贫领域形式主义、官僚主义问题突出，有的地方相关职能部门职责履行还不到位，有的党组织对既有问题认识不深、整改力度不足。

从整体的巡视战略布局来看，2018年我国基本建成了巡视巡察上下联动的监督网。从中央层面来看，已经有140个中央和国家机关、中管单位的党委（组）建立了巡视制度，党委书记和校长被列

---

① 《十九届中央第二轮巡视全部进驻》，中央纪委国家监委网，http://www.ccdi.gov.cn/yaowen/201807/t20180723_ 176166. html.

入中央管理的 23 所高校党委建立了巡察制度。在地方层面上，全国 31 个省市区和新疆生产建设兵团党委共对 2120 个党组织开展巡视，市、县两级党委对 12 万个党组织开展巡察，发现各类问题 90 余万个。

（三）巡视工作开辟新领域

1. 扶贫领域

中央第二轮巡视将重点聚焦在脱贫攻坚上，这也是中央巡视组第一次对某一特定领域进行巡视。集中对一个领域开展巡视监督，这是对巡视工作的新定位，也是创新巡视工作的途径。开辟新的巡视领域有着重要的意义，这具体体现在以下几个方面：

第一，巡视工作配合扶贫攻坚战，有助于实现决胜全面建成小康社会的目标。2018 年 5 月发布的《关于打赢脱贫攻坚战三年行动的指导意见》指出："形式主义、官僚主义、弄虚作假、急躁和厌战情绪以及消极腐败现象仍然存在，有的还很严重，影响脱贫攻坚有效推进。"中央对脱贫攻坚专项巡视就是针对上述问题进行的，意图针对扶贫工作中的重点问题发挥巡视监督的独特作用。

第二，专项巡视是针对监督的"再监督"，有助于推进巡视反馈意见的落实。在中央开展第二轮巡视之前，就已经总结了各个地方扶贫工作中所存在的问题，并且在一些地方进行试水专项巡视。所以此次巡视也是对上述问题的整改状况进行再监督，旨在巩固早先的巡视成果。由于扶贫是一项需要多部门配合的工作，需要与纪委监委的日常监督、派驻监督、省区市的巡视巡察等衔接起来，与组织、审计、信访、承担扶贫督查考核任务相关部门的工作协同起来，与民主监督、司法监督、群众监督、舆论监督等贯通起来，发挥合力，避免多头监督、重复监督。[①] 这实际上是对监督方式在具体领域展开的一次试水，也是深化监督成果的一次成功尝试。

2018 年度巡视工作在扶贫领域的成效较为明显，并且中央巡视

---

① 姜洁：《十九届中央第二轮巡视为何聚焦脱贫攻坚》，中央纪委国家监委网，ht-tp：//www. ccdi. gov. cn/special/sjjxszl/gzbsjd_ sjjxszl/201810/t20181022_ 181859. html.

组在扶贫领域的确发现了一些突出问题。比如，中央脱贫攻坚专项巡视在对各地和各部门的扶贫工作进行反馈的时候指出，吉林、安徽等地脱贫攻坚主体责任担当有欠缺，"省负总责"存在薄弱环节，总揽全局还不到位；一些地方对于中央关于扶贫的相关文件学习不到位，在扶贫工作中没有贯彻中央的扶贫精神，在工作中有急于求成之嫌；一些地方对于扶贫干部的培养不够到位，没有打造出一支坚实的扶贫干部队伍。

2. 生态环保领域

生态文明建设问题日益成为社会各界关注的问题之一，党的十九大报告特别将污染防治作为必须打赢的三大攻坚战之一。党的十八大以来，我国生态环境已经向好发展，但是由于生态保护工作整体开展较晚，所以我们在生态文明建设领域仍存在很多问题。不同地域之间和行业之间由于自身所处的环境不同，面临着不同的环境问题，从而造成了各地和各行业的发展不平衡、环境保护基础能力建设差异较大。随着国家对生态环保领域加大投入，一些企业想通过审批建厂，首先面临的就是环保审批，从而给贪污腐败留下了潜在的寻租空间。国家环保局原局长曲格平曾说："环保部真正的、最大的权力是环评，因为项目环评这一关过不了，后面什么手续都办不了。"这道出了环评领域的腐败问题和潜在的腐败风险。中央纪委国家监委通报了不少环保领域的职务犯罪案件，如福建省环境保护厅原副厅长王国长在任职期间借职务之便，在环评审批、危险废物管理、企业排污监督检查、环保治理专项资金分配等过程中为他人谋取利益；浙江省海盐县环境保护局环境宣教信息中心原主任张海明曾在环保执法检查、建设项目环保设施竣工验收等过程中为他人谋取利益，多次收受贿赂。

2018年首轮中央巡视特别关注被巡视地方的生态环保问题。从巡视后的反馈情况可以看出，虽然此次巡视重点关注的还是政治领域，但很多反馈指向生态环保领域存在的问题。生态环保领域出现的问题主要集中在两个方面：第一，有些地方党委和政府没有尽到环境保护的主体责任。这主要体现在多地发展理念仍旧滞后，没有认真落实新发展理念的要求，仍旧以旧有的思维方式进行环境治理，造成了一些问题处理的责任缺位和失位。如中央第十五巡视组在山西省巡视的反馈意见中指出，该地推进转型综合改革进展缓慢，脱贫攻坚不够精准、不够扎实，防污治污工作存在短板。[①] 第二，在生态环境治理过程中存在贪腐问题。环保领域的贪腐主要集中在环评审批、执法督查、环境监测等领域，一些环保系统的官员就在这些环节上利用手中的职权为自己大肆牟利。

（四）创新巡视工作方法

2018 年中央巡视探索出新的工作方式和方法，有效地践行了党的十九大报告中提出的"深化政治巡视，坚持发现问题、形成震慑不动摇，建立巡视巡察上下联动的监督网"的精神。具体来说，2018年中央巡视的创新体现在如下几方面：

第一，建立上下联动机制，形成巡视合力。联动机制体现为两个维度，分别是横向和纵向。横向是指建立协调配合机制，寻求各有关部门的支持和协助，形成纪委监委、人事、审计等多部门的协作工作结构。纵向是指形成从中央到地方的垂直式巡视巡察工作的联动，省级巡视组作为中介确定巡视巡察联动工作的内容和目的，向上报备纵向的联动方案，向下调节市县二级巡察机构的工作内容，最终形成一股合力。值得一提的是，由省、市、县同系统上下对口巡视同步展开，旨在发现系统性问题或专项性问题。同时上下联动可以共享巡视中发现的线索，促进巡视工作发现问题，提高工作效率。

第二，创新反馈形式。随着中央巡视工作的深入，中央巡视反馈会议的反馈形式也不断深化发展。十八届中央前两轮巡视反馈是由巡视组长代表巡视组向被巡视地方进行反馈，而到了第八轮巡视，则是中央巡视办所有负责同志全体出席反馈会议。就十九届首轮巡视反馈来说，所有的巡视反馈会议，都有中央巡视工作领导小组副组长或成员出席。十九届中央首轮巡视的重点立足于政治巡察，巡视小组主要领导的参加显示了中央对于政治工作的重视和反馈会议的严肃性。

---

① 岳跃国、谢佳沥：《中央巡视直指生态环保领域问题》，《中国环境报》2018 年 7 月 27 日第 1 版。

第三，创新巡视方法，多种巡视方式综合运用。中央巡视组将常规巡视、专项巡视与"机动式"巡视、巡视带巡察、交叉巡察结合起来，贯通使用。这样能够提高巡视工作的机动性，能够针对重点问题和重点领域进行重点巡视，有助于发挥巡视工作的威慑力。

三 自身建设永远在路上

（一）及时打扫庭院，坚决清除"内鬼"

反腐工作很有可能出现"灯下黑"的问题，针对这种可能性，我党时刻打扫庭院，坚决杜绝"内鬼"的存在。2018 年中央和地方反腐工作中揪出不少"内鬼"，时刻保证纪检监察队伍的纯洁性。根据中央纪委国家监委网站发布的通报情况来看，截至 2018 年 12 月 24 日，落马和被处分的纪委监委干部已有 8 人，其中有吉林省原纪委副书记、省监委原副主任邱大明和辽宁省纪委原书记、省监察委原副主任杨怀锡，这两人均因纪检工作中的违法违纪行为而落马。各级地方纪检监察机关在 2018 年也揪出不少"内鬼"，如陕西省纪委预防腐败工作室原主任胡传祥，重庆市纪委驻市环保局纪检组原组长陶志刚，广东省清远市纪委原书记邓良波等。

纪检监察部门作为党风廉政建设和反腐败斗争的主力军，需要对自身进行严格的要求，谨防各种"灯下黑"事件的发生。2019 年 1 月 1 日，《中国共产党纪律检查机关监督执纪工作规则》正式实施，为纪律检查机关的自身建设立下了规矩。各级纪检监察机关必须在自我监督的同时自觉接受监督，各地纪委也就强化自身监督方面进行改革和创新。重庆市纪委监委将改革重点放在了加强纪检监察干部监督室，增加了该部门的人员配额，安排政治纪律过硬且有经验的干部进入监督室工作。江西省纪委着力设计有效的监督机制，列出纪检监察干部打听、过问、说情干预的九种情形，明确了报告和登记备案的方法和责任。①

---

① 张弛：《经常打扫庭院 坚决清理门户——纪检监察机关强化自我监督系列报道（三）》，《中国纪检监察报》2018 年 6 月 4 日第 1 版。

(二) 制定"负面清单",明确行为边界

立柱架梁若想谋求长远,必须用权慎之又慎,自我约束严上加严。只有纪委监委自身成为一支如铁般刚强的队伍,我国的反腐工作才能有效开展,最终做到执纪者必先守纪,律人者必先律己。党的十八大以来,我党对于党员的纪律就有了严格的要求。2015 年修订的《中国共产党党员纪律处分条例》把党章对党员的要求整合成六大纪律,并列出"负面清单"。而 2018 年再次修订《中国共产党党员纪律处分条例》的时候,进一步深化了"负面清单"的内容。新修订的党员纪律处分条例中关于六大纪律的"负面清单"多了山头主义、两面人、干扰巡视、拉票贿选、利用未公开信息买卖股票、违规揽储、扶贫领域腐败和作风问题、保护伞、形式主义官僚主义、家风等内容。

针对自身建设的需要,各级纪委也制定了"负面清单",明确了自己的行为边界。20 多个省区市纪委监委、10 余家中央纪委国家监委派驻纪检监察组还先后研究出台了纪检监察干部行为规范和"负面清单",提出需要努力的"高标准",划出不能触碰的"底线"①。广东省四部委联合发布《关于促进国有企业领导人员廉洁从业禁止违规兼职的通知》,就国有企业领导人员违规兼职进行说明;江西省全南县纪委监委推行"负面清单",针对党员领导干部的作风建设划定行为边界;山东日照市东港区结合实际,在全区 545 个村社区全面推行言行"负面清单"制度,研究制定言行"负面清单"100 条,内容涵盖多方面。

四 健全党和国家监督体系

党的十九大报告指出:"健全党和国家监督体系。增强党自我净化能力,根本靠强化党的自我监督和群众监督。要加强对权力运行的

---

① 林晖:《让惩恶扬善利剑永不蒙尘——全面从严治党启新局之"自身建设篇"》,新华网,http://www.xinhuanet.com/legal/2019 - 01/09/c_ 1210033960.html.

制约和监督，让人民监督权力，让权力在阳光下运行，把权力关进制度的笼子。"秉持党的十九大精神，2018 年我国在健全党和国家监督体系方面取得了重大成果。

（一）深化国家监察体系改革取得阶段性成果

在国家治理体系和治理能力现代化的背景下，基于深化国家监察体系改革的需要，中共中央办公厅于 2016 年 11 月 7 日印发《关于在北京市、山西省、浙江省开展国家监察体制改革试点方案》，在三省市试点监察委员会工作机制，探索国家监察体制的顶层设计方案。经过近一年时间的试点工作，中共中央办公厅于 2017 年 10 月 29 日印发了《关于在全国各地推开国家监察体制改革试点方案》，旨在将国家监察体制改革的步伐推向全国范围。同年 11 月 4 日，十二届全国人大常委会第三十次会议通过《关于在全国各地推开国家监察体制改革试点工作的决定》，旨在普及北京、山西和浙江的试点经验，同时为全国性的监察体制改革铺路。该决定发布后不久，全国 34 个省级行政单位的监察委员会全部组建完成。2018 年国家监察体制改革工作取得了卓越的成绩，主要体现在国家监察委员会正式确立了宪法地位，省市县三级监察委员会组建完成，这在制度建设层面实属一次巨大的进步。

1. 确立监察委员会的宪法地位

2018 年 3 月 11 日，十三届全国人民代表大会一次会议通过了宪法修正案，在宪法第三章"国家机构"中特别加入第七节——监察委员会。监察委员会作为国家机构的宪法地位自此确立，同时修正案也指出国家监察委员会是最高监察机关。这实际上是从法理层面确定了监察委员会作为国家机关的地位，并且为其职能运行提供了有效的法律依据。

首先，监察委员会的机构设计在法理层面上体现了改革精神、高效精简原则、法治原则和人民主权原则。[①] 在法律创制层面，体现了宪法精神。其次，宪法修正案在明确监察委员会自身地位的同时，也

---

① 焦洪昌、叶远涛：《监察委员会的宪法定位》，《国家行政学院学报》2017 年第 2期。

指明其与其他国家机构的关系。监察委员会由人民代表大会产生，对人民代表大会负责并受其监督。新修订的宪法第一百二十七条规定："监察委员会依照法律规定独立行使监察权，不受行政机关、社会团体和个人的干涉。监察机关办理职务违法和职务犯罪案件，应当与审判机关、检察机关、执法部门互相配合，互相制约。"这说明了监察委员会行使权力的独立性，在机构地位上同行政机关、司法机关、执法机关并立，调整了我国现行的政治权力和政治关系配置。

2. 国家监察委员会正式揭牌

第十三届全国人民代表大会一次会议通过宪法修正案，并产生了中华人民共和国国家监察委员会及其领导人员。第十三届全国人民代表大会一次会议审议通过了国务院机构改革方案，将国务院监察部和国家预防腐败局并入国家监察委员会。2018 年 3 月 18 日，第十三届全国人民代表大会一次会议选举杨晓渡为中华人民共和国国家监察委员会主任。2018 年 3 月 21 日，第十三届全国人民代表大会常委会一次会议经表决，任命刘金国、杨晓超、李书磊、徐令义、肖培、陈小江为国家监察委员会副主任，任命王鸿津、白少康、邹加怡、张春生、陈超英、侯凯、姜信治、凌激、崔鹏、卢希为国家监察委员会委员。2018 年 3 月 23 日，中华人民共和国国家监察委员会在北京揭牌，举行宪法宣誓仪式。

国家监察委员会组建成立之后，同党的纪律检查机关合署办公，实行一套工作机构、两个机关名称，共同履行纪检和监察的职能。这样的制度设计实际上是为了将党的纪律检查和国家监察统一起来，形成反腐合力，从而有效实现对于所有公职人员的监察全覆盖，最终将权力关进制度的笼子里。举行宪法宣誓仪式是我国法治建设的一项重要举措，体现出我国监察机关依法行使监察权并在法治的轨道上开展工作。

3. 省市县监察委员会组建完成

中共中央办公厅印发的《关于在全国各地推开国家监察体制改革试点方案》指出，北京市、山西省、浙江省三地继续深化改革试点，其他 28 个省（自治区、直辖市）设立省、市、县三级监察委员会，并在省、市、县人民代表大会上产生三级监察委员会，使监察体制改革与地方人大换届工作紧密衔接。该方案旨在整合反腐败资源力量，明确监察委员会职能和职责，赋予惩治腐败、调查职务违法犯罪行为的权限手段，建立与执法机关、司法机关的协调配合机制。2018 年上半年，我国省市县三级监察委员会全部完成组建，深化国家监察体制改革试点工作取得重要的阶段性成果。

（二）纪委监委工作模式创新，合力办公带来反腐新气象

1. 深化纪检工作双重领导体制

历史上我党纪检工作领导体制经历了三次大的调整，分别是1949年之前与同级党委地位平行，纪委对党的代表大会负责；1949 年到1982 年，纪检工作呈现出党委单一领导制；1982 年以后，党的十二大通过的《中国共产党章程》规定，纪委处于同级党委和上级纪委的双重领导下，将纪委的双重领导体制确定下来。此后历次党代会修改的党章都规定了纪委的双重领导体制。为了深化我国反腐体制创新，推动反腐工作改革，纪检工作的双重领导体制也在不断推进中。党的十八届三中全会通过了《中共中央关于全面深化改革若干重大问题的决定》，该决定指出，推动党的纪检工作双重领导体制具体化、程序化、制度化。这"三化"包括几个重要内容，即突出上级纪委对下级纪委的领导权、完善双重领导制的程序安排以及明确上级纪委和组织部门对下级纪委领导的提名权。①

党的十九大继续关注纪委双重领导体制的深化工作，党的十九届三中全会通过了《中共中央关于深化党和国家机构改革的决定》，该决定进一步指出："深化党的纪律检查体制改革，推进纪检工作双重领导体制具体化、程序化、制度化，强化上级纪委对下级纪委的领导。"这实际上是对党的十八届三中全会提出深化纪检工作双重领导体制后的再次深入，其目的在于深化党内监督，服务于全面从严治党的现实需要。深化纪委的双重领导体制实际上是顺应新时代党的工作的新要求。注重上级纪委对下级纪委的领导，这是适应新时代民主集

---

① 李源：《马怀德谈纪检工作双重领导体制变化：突出上级纪委领导权》，中国共产党新闻网，http：//fanfu. people. com. cn/n/2013/1118/c64371 - 23574542. html.

中的需要，也是调动纪检部门上下联动的积极性和活跃性的需要。

2. 派驻纪检监察组成立

2013 年 11 月，党的十八届三中全会对派驻机构改革作出了全面的部署。为了践行党的十八届三中全会精神，中共中央办公厅 2014 年 12 月印发《关于加强中央纪委派驻机构建设的意见》。该意见从六个方面对加强中央纪委派驻机构建设提出了要求，旨在实现中央一级党和国家机关派驻机构全覆盖。中央派驻机构将名称改为"中央纪委派驻纪检组"，纪检组采取单独派驻和归口派驻两种模式。前者针对规模大、监督范围广的部门，后者针对规模小、监督范围窄的部门。随后，中共中央办公厅印发《关于全面落实中央纪委向中央一级党和国家机关派驻纪检机构的方案》，明确中央纪委共设置 47 家派驻机构，其中综合派驻 27 家、单独派驻 20 家，实现对 139 家中央一级党和国家机关派驻纪检机构全覆盖。①

2018 年 3 月，国家监察委员会正式成立。根据党章党规和宪法、监察法的有关规定，中央纪委国家监委对派驻机构进行新一轮改革。中共中央办公厅印发《关于深化中央纪委国家监委派驻机构改革的意见》，本次改革统一设立派驻机构，名称为"中央纪律检查委员会国家监察委员会派驻纪检监察组"，并对原有的派驻机构进行调整和更名。中央纪委国家监委统一设立了 46 家派驻纪检监察组，监督党和国家机关 129 家单位。该意见还明确了派驻纪检监察组的职责和权力，派驻机构的第一职责在于政治监督，派驻机构拥有检察权。相较于原来的派驻纪检组，派驻纪检监察组的监察对象从党员领导干部转变为全体公职人员。特别要说明的是，中央纪委国家监委法规室编写的《〈中华人民共和国监察法〉释义》特别规定了派驻监察机构同驻在单位的纪检组合署办公。

为了深化派驻全覆盖，各地纪检监察部门也对纪检监察工作进行了创新性的探索。如河南省信阳市纪委监委将原有的派驻机构压缩整合为

---

① 朱基钗：《健全党和国家监督体系的重要内容——聚焦深化中央纪委国家监委派驻机构改革》，中央纪委国家监委网，http://www.ccdi.gov.cn/yaowen/201811/t20181101_182619.html。

32 个，统一更名为"驻某某单位纪检监察组"，并出台《关于派驻与监督工作规定》，对派驻纪检监察组的工作进行了规定。浙江省义乌市将 16 个派驻纪检监察组分为 3 个工作协作组，按照"战则聚、平则散"的模式，各协作组在专项监督检查、专项治理、案件审查调查、审理等工作中，根据工作需要，组团作战，相互支持配合，攥指成拳。[①]

3. 纪检监察机构改革

国家监察委员会成立之后，由于同中央纪委合署办公，其机构内部也进行了相应的调整。党的十九届三中全会通过了《中共中央关于深化党和国家机构改革的决定》，纪检监察机构也对其内部机构设置进行了改革和调整。为防止机构内部权力过于集中，此次机构改革将监察部门和审查调查部门分开，原有的 12 个纪检监察室被调整为 11 个监督监察室和 5 个审查调查室，这就使日常监督检查和对违纪违法案件的查处相分离。同时，分设机构不仅保证了监督工作的日常化、长期化，也加强了审查调查的专业化、独立性，进而使二者产生协同高效的结果。[②]

地方各级纪检监察机构也进行了相应的机构改革和调整。《中国共产党纪律检查机关监督执纪工作规则（试行）》明确规定，市地级以上纪委监委实行监督检查和审查调查部门分设。在这样的改革背景下，大部分市级以上的纪检监察机构实现了执纪监督与审查调查部门分设。如吉林省纪委监委在机构改革后设立了 8 个监督监察室和 10 个审查调查室。新成立的海南省三沙市纪委监委也在其内设机构中专门设立了执纪监督部门。各地在纪检监察机构改革的过程中基本落实了监督执纪工作规则的有关要求，实现了机构内设部门之间的有效配合。

（三）党纪国法贯通与衔接

为了实现反腐工作各个环节的衔接，促进纪检监察部门同司法部门的双向协调，我国纪检监察部门不断促进法纪贯通、法法衔接。法纪贯通指的是党的纪律和国家法律的贯通，法法衔接指的是监察法与刑

---

① 毛翔、沈昌培：《深化派驻全覆盖 更好发挥"探头"作用》，《中国纪检监察报》2018 年 8 月 21 日第 1 版。

② 张蔚然：《中央纪委国家监委披露内设机构调整情况 专家称办案独立性增强》，中国新闻网，http://www.chinanews.com/gn/2019/01 - 24/8738652.shtml。

事诉讼法及相关行政法等部门法的衔接。[①] 2018 年我国出台了《国家监察委员会与最高人民检察院办理职务犯罪工作衔接办法》《国家监察委员会管辖规定（试行）》等几十项法规，从法律创制层面推动了纪法贯通，使得党纪国法之间产生良性互动。习近平总书记强调，要严格依照纪律和法律的尺度，把执纪和执法贯通起来。自 2018 年 3 月 20 日起《中华人民共和国监察法》开始施行。为适应监察法实施的需要，《中华人民共和国刑事诉讼法》也进行了相应的修改和调整，主要体现为两方面的内容：第一，调整了检察院的案件侦查范围。第二，对监察部门和检察院的案件移交工作进行了程序性规定。刑事诉讼法修正草案有利于及时解决与监察法之间的衔接问题，促进了不同部门法之间的相容，理顺了有关反腐工作的国家法律之间的法理关系，切实实现了法法衔接，同时也有利于促进监察委与检察院在反腐案件侦办过程中的工作衔接。

中央纪委国家监委就中管干部违纪违法案件的审理工作印发了流程及文书规范，以党内法规和国家法律作为基本参考依据，对中管干部违纪违法行为的审理流程进行了细化。重点围绕案件审核受理、提前介入审理、审理报告及起诉意见书制作、案件呈报审批、处分决定及通知函告、与司法机关衔接等 15 个关键环节和重点问题提出规范性意见，并附有审理中管干部违纪违法案件常用的 17 类 23 种文书式样。[②] 上述规范的设立，有效促进了法纪贯通、法法衔接。

五　加强廉政文化建设

（一）廉洁教育时时而日新

1. 坚定理想信念，把握政治定位

党风廉政建设时刻在路上，一直处于进行时。纪检监察机关肩负

---

① 石建华：《浅议纪法贯通、法法衔接》，《中国纪检监察报》2018 年 12 月 5 日第 8 版。

② 《中央纪委国家监委就中管干部违纪违法案件审理立规范 明确 15 个关键环节和重点问题》，中央纪委国家监委网，http://www.ccdi.gov.cn/toutiao/201808/t20180817_178000.html.

着维护党纪国法和推进社会公平正义的职责，因此纪检监察干部的思想信念是否坚定极为重要。党的十九大之后，为坚定纪检监察工作人员的理想信念，中央纪委和国家监委深入学习贯彻习近平新时代中国特色社会主义思想和党的十九大精神，举办部委机关干部和纪检监察系统领导干部轮训班等 180 余班次，培训各级纪检监察干部 3.7 万人次。中央纪委于 2018 年 1 月在北京举办了十九届中央纪委委员学习贯彻习近平新时代中国特色社会主义思想和党的十九大精神研讨班。这个研讨班的学习内容主要是党的十九大精神，旨在培养一支廉洁的纪检监察干部队伍。

地方纪委监委建立纪检监察干部网上监督举报平台，有针对性地召开人大、政协、党外人士座谈会，主动接受监督，让纪检监察干部习惯在受监督和约束的环境中工作和生活。[1] 一些地方党政机关还创新工作方法，开展了形式多样的廉洁教育活动。如江苏省宿迁市住建局专门组织开展了一期"小班"课堂，组织机关内部 45 名干部现场观看工程建设领域违规违纪典型案例、阅读忏悔书、交流发言、签订廉政承诺书、面向党旗进行廉政宣誓、组织现场考纪、家人现场或视频嘱廉。[2] 辽宁省针对消除拉票贿选案开展了一系列廉洁教育活动，时常找拉票贿选案受处分的党员干部开展跟踪回访谈心，掌握其思想动态。辽宁省纪委监委还组织多家单位参观省廉洁教育展览馆，以十八大以来辽宁省查处的违规违纪党员干部作为案例，开展政治性警示教育。

2. 常以身边人为鉴

为加强队伍建设，中央纪委国家监委以身边人的身边事作为警示，加强对纪检监察干部的教育。2018 年中央纪委国家监委编写了《党的十八大以来纪检监察干部违纪案件警示材料汇编》《机关党员干部遵规守纪警示提醒》等材料，让广大纪检监察工作人员以此为鉴。其中，《机关党员干部遵规守纪警示提醒》材料列举部委机关党

---

① 林晖：《让惩恶扬善利剑永不蒙尘——全面从严治党启新局之"自身建设篇"》，新华网，http://www.xinhuanet.com/legal/2019 - 01/09/c_ 1210033960.html.

② 赵文：《"小班"课堂以案示警》，《中国纪检监察报》2018 年 12 月 4 日第 6 版。

员干部日常工作生活中不太重视、容易疏忽，违纪不明显或尚未构成违纪，但与部委机关纪律规矩、与纪检监察干部身份要求不符的十个典型问题，采取"示例＋评析"的方式，以例说规，提醒机关党员干部遵守纪律规矩。①

中央纪委国家监委首次公开落马官员被处分现场视频。以往中央纪委国家监委公布官员的通报处分情况都是通过文字，通过视频的形式进行通报还是第一次。2018 年一共公布了 6 名中管干部的处分现场视频，公开这些现场视频是中央纪委国家监委监督执纪的又一工作创新，其警示教育意义重大，促使广大党员干部以此为鉴。

（二）纠"四风"、树新风，狠抓违反中央八项规定的行为

纪检监察部门矢志不移地纠"四风"、树新风，狠抓违反中央八项规定的行为和案件。十九届纪委二次会议指出："发扬钉钉子精神，一个节点一个节点坚守，关注'四风'问题新表现新动向，在反对形式主义、官僚主义上下更大功夫，对表态多调门高、行动少落实差的严肃问责"，对形式主义、官僚主义等问题做出了重要指示。中央纪委办公厅于 2018 年 9 月印发了《关于贯彻落实习近平总书记重要指示精神 集中整治形式主义官僚主义的工作意见》，全面开展整治形式主义、官僚主义的工作。该意见指出了未来工作重点解决的 4 个方面和 12 类突出问题。针对重要时间节点，中纪委制定了节日期间落实中央八项规定、整治"四风"的工作方案，严厉打击元旦、春节等节日期间违反中央八项规定精神的行为。各地纪委监委针对"纠四风"也开展了形式不同的专项整治活动，基本形成了"四风"只要露头就打的态势。针对作风问题，中央纪委国家监委于 2018 年 4 月印发《中央纪委国家监委领导班子关于改进工作作风的实施办法》。该实施办法是基于 2013 年印发的《中央纪委监察部领导班子关于改进工作作风的实施办法》修订的，主要在改进调查研究、精简会议活动、精简文件简报、改进新闻报道、加强外事管理、厉行勤俭节约等

---

① 张驰：《建设让党放心、人民信赖的纪检监察铁军》，《中国纪检监察报》2019 年 1月 12 日第 2 版。

方面做了进一步规范、细化和完善。①

截至 11 月底，纪检监察部门共查处违反八项规定问题 6.9 万起，共处理 9.7 万人。中纪委在十九大之后，分 8 批通报了 58 起违反中央八项规定的典型案例。如浙江省宁波市国家高新区管委会原党工委委员、副主任周坚巍违规接受某公司的宴请，进行高档娱乐消费，最终受到党内严重警告处分。广西壮族自治区防城港市防城区农业局党组成员、副局长龙先华违规收受礼金、购物卡及接受宴请，最终受到党内严重警告处分，违纪所得被收缴。在反"四风"方面，也通报了不少案例。如内蒙古自治区乌拉特前旗乌拉山镇人大原主席高春明等人在危房改造工作中不作为，高春明等人受到党内警告处分。值得一提的是，十九届中央纪委针对扶贫领域腐败和作风问题印发了《关于 2018 年至 2020 年开展扶贫领域腐败和作风问题专项治理的工作方案》，重点查处和纠正脱贫攻坚战中缺位失位、弄虚作假等作风问题。中央纪委国家监委公开曝光了多起扶贫领域腐败和作风问题典型案例，如云南省大关县供销联社原副主任黄云斌在驻村扶贫工作中弄虚作假，搞形式主义、官僚主义，在调查核查过程中存在大量缺项问题，造成该地扶贫任务延期，最终受到党内严重警告处分。

六 修订和出台一系列党纪国法，为反腐败 制度建设提供法律保障

（一）党内法规制度建设

为了推进党的纪律检查体制改革和国家监察体制改革，中央纪委于 2018 年对涉党和国家机构改革的党内法规和相关文件进行清理，中央纪委印发了《中共中央纪委关于废止涉党和国家机构改革党内法规和文件的决定》。该决定废止中央纪委相关党内法规和文件 51 件，如《关于加强和改进行政监察工作的意见》《关于中央直属机关和中央国家机关纪检、监察机构设置的意见》等文件。党中央和中央纪委

① 《中央纪委国家监委领导班子关于改进工作作风的实施办法》，中央纪委国家监委网，http://www.ccdi.gov.cn/toutiao/201804/t20180423_170527.html.

针对改革需要，在 2018 年修订和改进了一些党内法规制度。

1. 修订《中国共产党纪律处分条例》

2018 年 8 月，新修订的《中国共产党纪律处分条例》施行。此次修订，对原条例的部分内容进行了增改，修订后的《中国共产党纪律处分条例》共 142 条，与原《中国共产党纪律处分条例》相比，新增 11 条，修改 65 条，整合两条。总的来说，本次修改内容主要集中在以下几点上：第一，将政治性作为修订《中国共产党纪律处分条例》的出发点和落脚点。在《中国共产党纪律处分条例》总则第二条增加"坚持习近平新时代中国特色社会主义思想为指导，坚持和加强党的全面领导，坚决维护习近平总书记党中央的核心、全党的核心地位，坚决维护党中央权威和集中统一领导，落实新时代党的建设总要求和全面从严治党的战略部署，全面加强党的纪律建设"。在第三条增加了党员必须坚持"四个意识"，上述调整说明新条例的政治性和时代性。第二，坚持现实问题导向。《中国共产党纪律处分条例》针对十八大以来查处的违纪行为，将一些违规违纪行为划入"负面清单"之中，拓展了违反政治纪律、组织纪律、廉洁纪律、群众纪律、工作纪律和生活纪律行为的形式，将查处违反中央八项规定和杜绝"四风"作为纪律工作的重点。

2. 制定《党组讨论和决定党员处分事项工作程序规定（试行）》

《党组讨论和决定党员处分事项工作程序规定（试行）》是为了贯彻党的十九大精神，规范党组讨论和决定党员处分的相关事项而制定的。该规定由中共中央办公厅于 2018 年 12 月 16 日印发，自 2019 年 1 月 1 日起施行。该规定明确了两点责任，分别是纪检监察工委的主体责任和中央纪委国家监委派驻纪检监察组的监察责任。在具体的工作流程上，党组对其管理的党员干部实施党纪处分，应当按照规定程序经党组集体讨论决定，不允许任何个人或者少数人擅自决定和批准。派驻纪检监察组在立案审查和内部审理后，有权向所驻在机关提出初步检查意见，并将案件移交给纪检监察工委，后者形成审理报告后将审议意见反馈给派驻纪检监察组。原则上，派驻纪检监察组应该尊重纪检监察工委的审查意见，二者不能统一的须上报中央纪委，达成一致后形成党纪处分建议。该规定根据具体工作过程中的实际情况给派驻纪检监察工委提出 24 字的工作要求，即事实清楚、证据确凿、定性准确、处理恰当、手续完备、程序合规。

3. 制定《中央纪委国家监委立案相关工作程序规定（试行）》

2018 年 11 月，中央纪委国家监委印发了《中央纪委国家监委立案相关工作程序规定（试行）》。该规定的制定参考了《中国共产党纪律检查机关监督执纪工作规则（试行）》《中华人民共和国监察法》以及《中华人民共和国刑事诉讼法》的相关内容，对中央纪委国家监委纪检和检查工作的相关办案程序进行了明确规范。该规定对事故（事件）中存在违纪或者职务违法、职务犯罪事实，需要追究纪律责任、法律责任，但相关责任人员尚不明确的，可以以事立案；对单位涉嫌受贿、行贿等职务犯罪，需要追究法律责任的，可以办理国家监委立案调查手续；对于涉案人员，中央纪委国家监委可以立案审查调查，也可以交由省级纪检监察机关立案审查调查；根据审查调查情况，认为被审查调查人构成违纪或者职务违法和职务犯罪的，区分不同情况提出相应处理意见，按规定移送审理；认为没有证据证明被审查调查人存在违纪或者职务违法和职务犯罪行为的，提出撤销案件的意见。①

4. 制定《中国共产党支部工作条例（试行）》

为实现全面从严治党的目标，发挥基层党组织的作用，中共中央政治局于 2018 年 9 月 21 日审议通过《中国共产党支部工作条例（试行）》。该条例总计 8 章 37 条，针对党支部的功能定位、党支部的设置、新时代党支部的任务和工作机制以及支部委员会的建设等内容作出了规定和解释。

（二）国家法律法规制度建设

1.《中华人民共和国宪法》修正案

2018 年 3 月 11 日第十三届全国人民代表大会一次会议通过《中华人民共和国宪法修正案》。此次修正案在宪法第三章"国家机构"

---

① 周根山：《中央纪委国家监委印发规定规范立案相关工作程序》，《中国纪检监察报》2018 年 11 月 23 日第 1 版，http://www.ccdi.gov.cn/toutiao/201811/t20181123_183874.html。

中增加一节"监察委员会"，确定了监察委员会的宪法地位，明确中华人民共和国各级监察委员会是国家的监察机关，并对监察委员会的人员构成和产生方式、职责权力等具体内容作出了明确规定。首先，监察委员会由主任一人和副主任以及委员若干名组成，人员由人民代表大会产生，并对人大负责。其次，监察委员会独立行使监察权，不受任何组织和个人的影响。最后，在领导体制上，国家监察委员会领导地方各级监察委员会的工作，上级监察委员会领导下级监察委员会的工作。

2. 出台《中华人民共和国监察法》

2018 年 3 月 20 日，第十三届全国人大一次会议表决通过了《中华人民共和国监察法》。该监察法一共 9 章，共计 69 条，主要内容包括监察机关的职能定位、监察范围、监察职责、监察权限、监察程序、对监察机关和监察人员的监督等方面。我国监察机关即监察委员会，其职责分为监督、调查和处置三大方面。监察委员会的监察范围覆盖我国所有行使权力的公职人员，并且在进行监察工作的过程中，监察委员会拥有谈话讯问、询问、查询、冻结、搜查和留置等权限。监察委员会的主要任务集中在整合反腐力量、加强党对反腐工作的领导以及实现监察全覆盖等方面。监察委员会作为国家监察机关，其自身也是受到系统内外监督的。《中华人民共和国宪法》和《中华人民共和国监察法》都规定监察机关受人大的监督并且同审判、检察和执法部门相互配合、制约。

3. 《中华人民共和国刑事诉讼法》

党的十八大以来，我国在完善国家监察体制改革、反腐败追逃追赃、深化司法体制改革等方面取得了一定的成果，同时为配合监察法的顺利实施，第十三届全国人大常委会六次会议表决通过关于修改《中华人民共和国刑事诉讼法》的决定。从修改内容上看，主要是根据现实需要对我国刑事诉讼制度进行一定的修改，主要体现在以下三方面：第一，完善监察与刑事诉讼的衔接机制，调整检察院的职权。第二，建立刑事缺席审判制度，为境外追逃追赃提供法律保障。第二百九十一条特别规定，对于贪污腐败犯罪案件，特别是经过最高检核准后，犯罪事实已经查清且证据充分确实的情况下，即便犯罪嫌疑人在境外不能参与，也可以开庭审判。第三，完善认罚从宽制度和速裁程序。这一部分实际上是在总结了各地的试点经验后，通过法律形式将优秀经验加以推广的结果。为了鼓励犯罪嫌疑人认罪，本次刑事诉讼法第三章特别增加了一条，即犯罪嫌疑人自愿如实供述涉嫌犯罪的事实，有重大立功或者案件涉及国家重大利益的，经最高人民检察院核准，可以对其进行从宽处理。

4.《中华人民共和国国际刑事司法协助法》

2018 年 10 月，第十三届全国人大常委会六次会议表决通过了《中华人民共和国国际刑事司法协助法》。《中华人民共和国国际刑事司法协助法》共计 9 章 70 条。就具体内容来看，《中华人民共和国国际刑事司法协助法》实际上衔接了新出台的监察法，它规定了国家监察委员会是国际刑事司法协助的主管机关之一，并且明确了监察机关在腐败犯罪案件调查等活动中，与外国有关部门和机构开展反腐败国际合作和刑事司法协助的职责，以及监察机关和国内有关机关在刑事司法协助中的职责分工。该法的出台规范和完善了我国刑事司法协助体制，填补了刑事司法协助国际合作的法律空白，完善了反腐败追逃追赃法律制度。

5.《国家监察委员会特约监察员工作办法》

2018 年 9 月，为了落实监察法的相关要求，中央纪委国家监委制定《国家监察委员会特约监察员工作办法》，建立特约监察员制度。特约监察员是国家监察委员会根据工作需要，以兼职形式履行监督、咨询等职责的公信人士。特约监察员主要从人大代表、政协委员等相关人士中聘请。其实，特约监察员制度由来已久。早在 1989 年，国务院监察部就印发过《关于聘请特邀监察员的几点意见》，建立特邀监察员制度。在其后的发展过程中，相关的制度规定随着监察工作的需要曾多次修改。2013 年监察部公布《监察机关特邀监察员工作办法》，深化了特邀监察员制度。随着国家监察体系的确立，国家监察体制的不断深化，特邀监察员制度也必然要随之发生调整。从名称上可以看出，《国家监察委员会特约监察员工作办法》将特邀监察员变成了特约监察员。北京大学廉政建设研究中心副主任庄德水教授在解读这一变化的时候指出，这样的一字之差实际上昭示着监察员从临时性转变为制度性。这一制度的确立，主要是针对深化国家监察体制的需要，为推动监察工作依法接受民主监督、社会监督、舆论监督提供了重要的制度保障。① 这一制度有利于集中民智、了解民情，有利于推进新时代反腐工作向深入发展。

---

① 《中央纪委国家监委决定建立特约监察员制度》，新华网，http://www.xinhuanet.com/politics/2018 - 09/03/c_ 1123372305. html.

中国政治学研究方法的新运用

李　猛*

自进入信息时代以来，大量网络数据的积累和生产使人类进入了"大数据"时代。但严格来讲，大数据方法的核心并不在于"海量"的数据，而是通过选择合适的算法，在计算机的帮助下实现高效、"自动化"的数据挖掘与分析。从某种意义上讲，以"自动化"为核心的大数据的政治学研究可以超越传统的"问题驱动"的发展模式，通过叠加"技术驱动"的力量，一方面极大地拓展了政治学的研究范围，另一方面极大地减少了政治学研究中投入的人力和物力。在可以想象的未来，很多政治问题的研究都可以交给人工智能来做。因此掌握大数据的相关技术和方法对于政治学研究者而言至关重要。但是，大数据方法并非万能，它在应用过程中也逐步暴露出一些不足。

一　无限的想象空间与有限的收集领域：大数据收集技术在政治学中的应用与局限

大数据时代数据无所不在。不同的数据类型就决定了不同的收集方法。从大数据产生的途径看，它包括人与人交往产生的社交网络数据、人机对话产生的网络数据、物与物对接产生的感应数据和机器数据；①

---

　*　北京外国语大学国际关系学院。
　①　孟天广、李锋：《网络空间的政治互动：公民诉求与政府回应性——基于全国性网络问政平台的大数据分析》，《清华大学学报》（哲学社会科学版）2015 年第 3 期。

按照数据形态可以分为结构化数据（计算机可以直接处理的数据）、非结构化数据（计算机无法直接处理的文本、图像和自然语言等）以及半结构化数据；按照数据产生的时间可以分为实时型数据、准实时型数据和非实时型数据等。需要注意的是，虽然大数据的类型繁多，但是它们的收集往往都需要计算机或者网络技术的辅助。比如获取物联网数据需要探针（probe）技术、获取网页数据需要网络爬虫技术、获取日志数据需要水道（flume）等组件。有些学者通过网络问卷调查手段获取大量民众偏好数据，并冠之以大数据研究的称谓。这种划定存在可商榷之处。① 因为网络问卷技术仍然是传统问卷调查技术的扩展。这种方式获得的数据虽然多，但是仍然依赖样本的质量和受访者回应的质量，这并不符合前文述及的大数据综合性、全面性的特征。因此这种方法并不在本文的讨论范围之内。

从数据产生的途径看，政治学研究中主要使用的网络和社交网络数据，较大地拓展了政治学的研究空间。自从互联网产生以来，围绕互联网与政治参与、政治稳定、政治安全、政治整合等问题的研究层出不穷，但是，大多数研究的资料来自于问卷调查或者个案。传统的数据收集技术在面对海量的互联网数据时，显得无所适从，对很多问题的研究也浅尝辄止，没有办法揭示研究问题的全貌。运用大数据技术，可以通过 R 语言或者 Python 语言编写"爬虫"程序，对互联网数据或者社交媒体数据进行大规模的"抓取"，从而对问题进行全方位分析。比如，大卫·罗宾逊（David Robinson）基于 R 语言，用 Twitte R 程序包抓取特朗普竞选过程中发布的全部"推特"消息、使用工具以及消息发布的时间等信息。他从中发现，② 特朗普所发的推文来自安卓和苹果两个平台，其中安卓平台的消息大多发布于凌晨，且内容带有强烈的负面感情色彩，比如包含糟糕的（badly）、疯狂的（crazy）等词汇；而苹果平台的消息则大多发布于傍晚或者早晨，其

---

① 蒲清平、赵楠、王婕：《志愿服务对志愿者政治认同的影响研究——基于全国志愿服务项目大赛的大数据调查》，《重庆大学学报》（社会科学版）2017 年第 2 期。

② David Robinson, Text Analysis of Trump's Tweets Confirms He Writes Only the（Angrier）Android Half, Variance Explained［2018 - 01 - 21］, http://varianceexplained.org/r/trump-tweets/.

中有更多正面的口号，比如使美国再次伟大（make American great a-gain）、美国第一（American first）等。这表明"两种推特的发布平台可能是由特朗普和公关团队分别控制和使用，以此发出不同类型的信息，使民众可以各取所需"。① 从这个例子可以发现，大数据可以方便地获取特定网络主体在特定时间内产生的所有数据，而这使得所有产生数据的网络政治现象都可以被纳入政治学研究的视野。

从数据存在的形态看，政治学研究中主要使用的非结构化数据，有助于提升资料挖掘的深度。长久以来，政治学中的数据分析主要依靠的是计算机可以直接处理的结构化数据，文本、图片、视频等非结构化数据虽然在民族志、访谈等质性研究方法中也有应用，但是，这些数据中的信息并没有得到充分的发掘，并达到量化的层次。而且在当今世界政治中，大部分数据其实是非结构化数据。大数据方法为这些数据的发掘提供了强有力的工具。比如，有学者通过编写"爬虫程序"对白宫官方网站中关于奥巴马总统的演讲和行程数据进行收集，获得了大概1GB的资料，并据此分析出美国总统在文件中的政策主张与实际政策行为之间的差异。② 相类似的研究还有马修·霍尔等学者为了克服美国最高法院运作方面数据的缺失，运用 python "爬虫"，收集了1995年到2010年的诉讼事件表、法庭异议以及庭前审判记录等，并将相关数据开放给所有的研究者。③ 因此，大数据方法提升了政治学者对于非结构化资料挖掘的深度，使其可以研究之前难以触及的问题。

从数据产生的时间看，政治学研究中主要使用实时型数据，这极大地提升了政治学研究现实问题的能力。按照研究目的，政治学实证研究大致可以分为两类：经验总结性研究和趋势预测性研究，前者依据历史资料对已经发生的政治现象进行梳理和归纳，试图得出兴衰成

---

① 李猛：《从说服选民到塑造选民：特朗普"推特选举"的政治心理基础》，《国际论坛》2017年第4期。

② Anass Bensrhir, "Big Data for Geo-political Analysis：Application on Barack Obama's Remarks and Speeches," *Computer Systems and Applications on IEEE*, 2013, 10 (1009).

③ Matthew Hall, Jason Windett, "New Data on State Supreme Court Cases," *State Politics & Policy Quarterly*, 2013, 13 (4).

败的历史经验；后者则依据广泛的资料收集在尝试明确因果关系的基础上，对未来趋势进行预测。这两种研究模式的目的虽然不一样，但是所依据资料的性质却保持了一致，即都是对已经发生的历史资料进行总结和分析。因此，传统的政治学研究大多是滞后性研究和阶段性研究，很少有研究能够对正在发生的政治现象进行及时总结和长时间追踪。这在某种程度上削弱了政治学"经世致用"的能力。而大数据方法的应用，则突破了时间的限制。学者可以通过计算机的辅助实现对数据的实时获取和分析。一个有代表性的研究是哈佛大学政治学教授加里·金等学者对中国网络治理机制的研究，其团队运用大数据收集技术，定位了1400多个社交媒体，围绕85个主题，在长达6个月的时间里，收集和分析了1000多万份网络帖子，对实时发生的3个热点话题进行了9天的不间断监控。① 这种实时性、追踪性的研究在传统数据收集技术条件下，几乎是天方夜谭。

　　大数据收集方法的引入，使政治学研究过程的数据收集工作突破了传统时空限制，给未来的研究带来了极大的想象空间。正如有学者所指出的那样：大数据可以"应用于政治传播、社会运动与战争、政治文本、投票与选举等政治现象的研究中，并积累了一系列值得借鉴的研究成果。中国学界正积极拥抱大数据政治学，并在理解政府行为、政治传播、互联网政治等方面作出了有益探索"②。但是从现有的研究看，虽然大数据方法的倡导者强调我们处于一个一切都可以数据化的时代，一切问题都可以用大数据方法进行研究，但是仅从政治学领域的相关文献看，大数据收集方法的使用似乎都集中在网络论坛、社交媒体或者网络公开的政治文本等非结构化数据上面，其他方面的数据鲜有涉及。从现阶段来看，与便利的商业数据收集相比，关于个体、组织和国家的政治行为数据很多是不公开或者是难以收集的，这就使大数据方法的适用范围受到极大限制。

---

　　① Gary King, Jennifer Pan, Molly Roberts, "How Censorship in China Allows Government Criticism but Silences Collective Expression," *American Political Science Review*, 2012, 107（2）.

　　② 孟天广、郭凤林：《大数据政治学：新信息时代的政治现象及其探析路径》，《国外理论动态》2015 年第 1 期。

二 高效的数据分类与古老的分类难题：大数据 分析技术在政治学中的应用与困难

正如有的学者所定义的那样，大数据是运用传统手段无法分析的数据。① 因此，在政治学研究过程中对大数据进行分析，必须使用新的工具和技术。从总体上看，政治学者常用的大数据分析技术主要有分类分析、聚类分析以及情感分析。

分类也被称为"有监督学习"，它是机器学习的核心之一。分类算法主要解决"某个样本是否属于某个对象"的概率问题，比如某位公民的论坛言论有多大的概率属于政治类话题。分类的基本过程是先由人工对某些特征或者类别进行编码，之后由计算机基于人工编码，运用部分资料对分类算法进行训练和改进，最后由计算机自动对剩余的海量资料进行分类。分类一直是政治学研究中的核心问题，大量学者都围绕制度模式、政治态度、政治观点、政治立场的分类来展开研究。但是传统的分类研究往往是由经过长期学术训练的专家主导的，而大数据的出现可以使普通人介入分类过程，专家可以将精力放在问题的发现和方法的拓展方面。② 因此分类算法迅速成为政治学研究中使用最为频繁的大数据方法。从总体上看，学者们使用的分类训练算法纷繁复杂，主要有 K – 临近算法、决策树归纳、朴素贝叶斯等。③ 从具体的研究上看，孟天广和李锋通过运用"有监督学习"法对全国性网络问政平台——人民网"地方领导留言板"中的文本数据进行分类，具体方式为"首先从 21 万网民发帖中抽取 1000 条发帖，然后对其进行中文分词，并根据分词结果由 2 名研究生人工分类，最后让计算机自动分类其余帖"，最后发现就业、农村农业、贪污腐败、

① Emily Kalah Gade, John Wilkerson, Anne Washington, "The. GOV Internet Archive: A Big Data Resource for Political Science," *The Political Methodologist*, 2017 – 03 – 16 [2018 – 01 – 29], https: //thepoliticalmethodologist. com/2017/03/16/.

② Kenneth Benoit, Drew Conway, Benjamin Lauderdale, etc., "Crowd-sourced Text Analysis: Reproducible and Agile Production of Political Data," *American Political Science Review*, 2015, 110 (2).

③ 彼得·哈林顿：《机器学习实践》，李锐等译，人民邮电出版社 2017 年版。

城市建设和交通五大议题文本量居于所有议题前列。① 前文提及的加里·金等学者对中国网络论坛被删除帖子的文本数据进行分类研究，他们首先对 87 个话题分别进行编码，并将其归入潜在群体性事件、对审查者批评、色情内容、政府政策和其他新闻五个类别中，最后发现中国允许社交媒体发展，容忍对政府、政策的批评，但是会限制可能引发群体性事件的言论。

聚类也被称为"无监督学习"（unsupervised learning），它也是机器学习的一种重要方式，但是在很多文献中经常和上文提及的"分类"算法相混淆。虽然"聚类"和"分类"最终都是将数据归到某个对象或者类别中去，但是两者最大的区别在于"分类"是机器按照已经确定好的类别进行计算，而"聚类"则根据算法自动将类似的数据归到某一个簇（cluster）中。因此，有学者也将聚类称为"无监督分类"。聚类分析主要解决从数据中能够"发现"什么问题，因而适用于探索性研究。比如贾斯汀·格里默（Justin Grimmer）通过抓取美国参议院发布的 24000 多份新闻稿件，利用"无人监督学习"法，由计算机自动识别单词并进行聚类分析，并发现了重点议题的地域性聚集等现象。② 聚类分析除了可以发现数据中未知的特征外，还可以对不同现象之间的关系进行关联分析，最有名的例子就是美国一家超市通过对顾客消费数据进行聚类分析，发现男性总会在周四的时候同时购买啤酒和尿布，而这一特殊关联在传统分析方法中是很难发现的。具体到中国政治研究方面，姬浩等学者基于聚类分析中常用的 FP-growth 算法对高校群体性突发事件关联规则进行挖掘，发现多数高校群体性突发事件的发生与日期没有必然联系，外部因素的影响力远远超过内部因素。③ 也有学者将这种技术用于恐怖团伙的发现上。④

---

① 孟天广、李锋：《网络空间的政治互动：公民诉求与政府回应性——基于全国性网络问政平台的大数据分析》，《清华大学学报》（哲学社会科学版）2015 年第 3 期。

② Justin Grimmer, "A Bayesian Hierarchical Topic Model for Political Texts: Measuring Expressed Agendas in Senate Press Releases," *Political Analysis*, 2009, 18 (1).

③ 姬浩、苏兵、吕美：《基于 FP-growth 算法的高校群体性突发事件关联规则分析》，《中国安全科学报》2012 年第 12 期。

④ 吴绍忠：《基于聚类分析的反恐情报中潜在恐怖团伙发现技术》，《警察技术》2016 年第 6 期。

情感分析（sentiment analysis），"简单而言，是对带有情感色彩的主观性文本进行分析、处理、归纳和推理的过程"①。其目的是将主观的情绪依据一定标准进行量化，进而为管理和决策提供依据。从本质上讲，情感分析与前文所述的"分类"或者"聚类"并没有不同，它们都是将文本中的对象归为某个类别。因此，从具体的技术上看，前文述及的各种算法都是进行文本情感分析的重要方式。但是，情感判断的主观色彩非常强，且受到语境以及上下文关系的强烈影响，这无形中增加了情感分析的难度。比如，对于"快"这个词，如果形容升迁的话，它是褒义；如果形容腐败的话，它是贬义。如何准确判断词语、语句、段落甚至章节的情绪成为情感分析至今仍未解决的难题。从政治学研究上看，情感分析被广泛应用在选举预测领域。在最近两次的美国总统大选过程中，"评估推文中包含情感"的"推特指数"（Twitter Political Index）成为候选人分析民意支持率的重要指标，甚至有学者认为，分析社交"网络数据中对不同候选人的情感倾向性可以比传统的投票结果更好"；② 也有学者通过分析"脸书"上候选人及其追随者的情绪，发现共和党候选人更愿意挑起争议的话题，而民主党候选人则更专注于政策讨论。③ 在国内，政治学领域情感分析也集中在论坛、微博、微信或者其他网络媒体的舆情研究方面。孟天广等学者对于网络问政平台的内容进行情感分析发现，50%以上的公民诉求采取了正向情感表达，仅有10%左右的公民采取负向的情感表达模式。④ 刘雯等学者通过抓取并分析雅安地震时期微博中的文本数据发现，新闻媒体的报道对网民情绪有较大影响，媒体对于政府行为的正面报道，有助于网民情感转向积极；当媒体报道特定组织挪用善款等负面新闻时，网民情感转入负面。需要注意的是，由于技术方面的

---

① 赵妍妍、秦兵、刘挺：《文本情感分析》，《软件学报》2010年第8期。

② 杨阳、林鸿飞、杨亮、任巨伟：《大数据时代的计算政治学研究》，《中文信息学报》2017年第3期。

③ Saud Alashri, "An Analysis of Sentiments on Facebook during the 2016 US Presidential E-lection," *Advances in Social Networks Analysis and Mining on IEEE*, 2016, 10 (1109).

④ 刘雯、高峰、洪凌子：《基于情感分析的灾害网络舆情研究——以雅安地震为例》，《图书情报工作》2013年第20期。

限制，大量政治学领域的文本情感分析并没有采用机器学习的方式，而是依靠情感分析词典资源进行比对。相对于发展比较成熟的英文评价词词典①，中文词典的发展相对滞后，词汇的覆盖范围和情感的标记尚待完善。现在常用的中文词典有知网中文词库（Hownet）、台湾大学中文情感极性词典（NTUSD）以及大连理工大学的情感本体词汇。此外，中科院 NLPIR 汉语分词系统不仅包括中文分词、词性标注等功能，而且具有情感分析功能。

通过上文的描述可以发现，无论有监督学习、无监督学习还是情感分析，其本质都是选择合适的算法实现对海量数据的分类，在此基础上寻找类别之间的关系。换言之，大数据分析方法最终要实现的还是政治学最古老的话题——对政治现象进行"分类"。从古希腊的柏拉图、亚里士多德，到近代以来的熊彼特、亨廷顿，再到今天的弗朗西斯·福山、罗伯特·帕特南，他们研究政治问题的核心部分都是尝试通过特定的标准对政体等政治现象进行分类。然而，政治分类不同于自然科学的分类，特定的价值观始终作为重要的因素影响着整个分类过程。毋庸讳言，在自由主义政治学掌握话语权的当代，任何政治分类都不可避免地受制于其话语霸权。仅以加里·金团队围绕中国网络治理机制进行的系统研究为例。相对于意识形态色彩浓重的西方媒体评论，虽然该研究具有较高的专业性和客观性，但是从其整个行文以及具体的分类方法中仍然可以看到所谓自由主义价值观的影响，比如其文中对于民主国家与威权国家、言论自由与舆论引导、普通公民与"五毛党"的划分等无不渗透着对中国相关制度机制先入为主的看法，这无疑对分类的客观性造成了伤害。当然，以"聚类"为目标的无监督学习过程可以在"分类"过程中摆脱个人偏好的影响，完全由计算机算法实现类别的划分。这对政治学研究来说无疑具有划时代的意义，但是计算机的分类结果可能与我们掌握的政治知识完全不相符。这时，政

---

① 常用的英文词典有 SentiWordNet，它将 wordnet 中的每一个单词都标记了正面、负面和中性三种感情色彩；GI（General Inquirer）评价词词典，该词典收集了 1914 个褒义词和 2293 个贬义词，并为每个词语按照极性、强度、词性等打上不同的标签，便于情感分析任务中的灵活应用。

治学面临的最大问题就是，如何看待计算机创造的知识？如何理解计算机分类与传统理论之间的分歧？人类是否可以用计算机创造的分类来指导政治实践？对这些问题到现在为止还没有达成学术共识。

三　优美的结论呈现与贫乏的理论发现：数据可视化技术在政治学中的应用与短板

数据可视化（visualization）是将数据分析结果通过图形或者图像等方式更生动、更明确地传达出来。常见的可视化方式包括学术文章中常见的条形图、折线图、饼图等。随着信息的爆炸，如何在纷繁复杂的数据中凝练出有效信息并使受众能够在短时间内洞察事实并产生新的理解，成为摆在大数据可视化面前的重要挑战。为了实现这个目的，学者们做了诸多的探讨和尝试。在这个过程中，很多学者都将可视化目标凝练为一个字——"美"。"美丽的可视化可以反映出所描述数据的品质，揭示源数据中内在和隐藏的属性和关系。读者了解了这些属性和关系之后，可以获取新的知识、洞察力和乐趣。"[①] 因此，数据可视化其实是计算科学、美学与特定专业学科的结合，以实现对数据最充分和直观的视觉表达。

联合国性别平等与女性赋权组织（UN Entity for Gender Equality and the Empowerment of Women）每年都会根据女性在政府部门和议会的政治参与数据，绘制出世界女性政治参与情况的地理信息可视化地图。通过该图可以生动直观地了解世界各国女性的政治参与情况，而不必在复杂的数据中苦苦寻找。比如，世界上女性参与率最高的国家主要集中在北欧、南部非洲、中南美洲等地区。女性参与率比较低的国家有日本、印度等。中国和美国的女性参与率处于世界中流水平。

---

① Julie Steele, Iliinsky Noah, *Beautiful Visualization: Looking at Data through the Eyes of Experts*, California: O'Reilly Media, 2010.

图1　小布什2005年、奥巴马2009年和特朗普2017年就职演说词云分析

资料来源：http://keyonvafa.com/inauguration-wordclouds/.

除了地理信息可视化外，政治学者还常常会使用词云。"词云是在词频分析基础上的一种呈现，根据词语频次、权重以可视化的方式呈现出来……它以大小、颜色、形状等方式对词频进行可视化的处理。"① 通过词云可以较为快速和直观地展示文本中所蕴含的信息。从图1中可以直观地读出美国三位总统就职演说风格的异同，以及美国不同历史时期的政策重点。比如小布什和特朗普作为共和党人，他们普遍将"美国"这一概念作为重点，强调美国的独特性，这两位总统不一样的地方在于布什演说中"自由"与"暴政"等意识形态色彩强烈的词汇占据主要地位，而特朗普则更加强调"美国梦""工作"等相对务实的词汇。奥巴马和特朗普相比，这两个人虽然都强调工作，但是奥马巴的演说强调女性、代际、医疗保障等民主党关注的议题，而特朗普则强调边境政策等。

此外，在政治学研究过程中使用比较频繁的还有社会网络的可视化。从概念上看，社会网络"主要分析不同社会单位（个人、群体或者社会）所构成的关系的结构及其属性"②。换言之，社会网络主要研究的是"关系"，而这恰恰是传统的图表难以有效表达的信息。随着社会网络分析模型的不断完善以及计算机技术的发展，有关社会网络分析的计算机软件如雨后春笋般涌现，而且都可以便利地获得。

---

① 佟德志：《计算机辅助大数据政治话语分析》，《国家行政学院学报》2017年第1期。

② 林聚任：《社会网络分析：理论、方法与应用》，北京师范大学出版社2010年版。

学术界使用比较多的软件包括 Ucinet、Gephi、NetDraw、Pajek、Net-Miner、Structure 和 MultiNet 等，其中前两个使用较多，"Ucinet 更适于处理多重关系复杂问题的中大型数据，其综合性较强、运算功能强大、兼容性较强；Gephi 更适于处理用于观测性分析的动态大数据，其可视化功能强大、动态分析性较强"①。正是在计算机的辅助下，社会网络分析可视化的门槛变得不再高不可攀，成为学者们从"关系"角度透析政治现象和政治结构的重要方式。

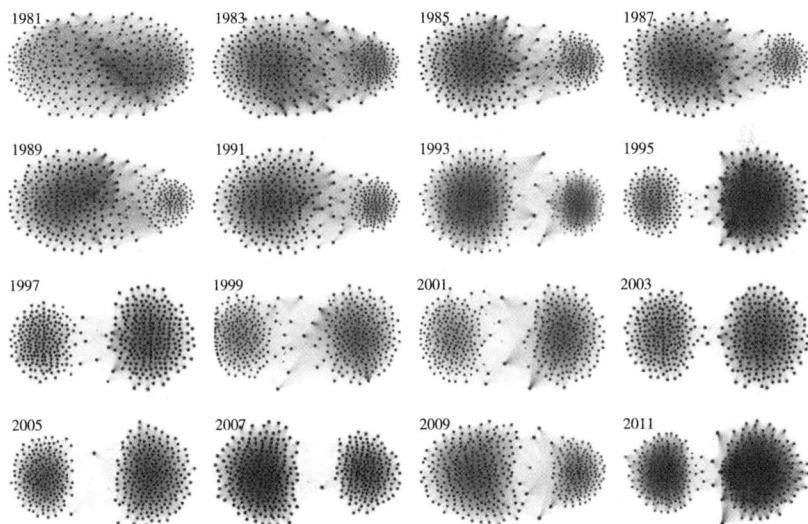

图2 美国参议院议员个人关系及政党斗争两极化

例如，政党关系一直是政治学研究的热点问题。很多学者认为，美国的"政党组织涣散，高度分权"②。为了探讨这个话题，传统的研究主要根据某个党派有多少议员支持特定议案来判断政党对于议员的控制力。这种方法的缺陷在于没有具体到每一个议员的行为及其相互关系上。因此一些学者通过收集每个议员的投票数据以及每个议案发起人的数据，以社会网络可视化的方式呈现议员之间的关系。通过

① 邓君、马晓君、毕强：《社会网络分析工具 Ucinet 和 Gephi 的比较研究》，《情报理论与实践》2014 年第 8 期。

② 迈克尔·罗斯金等：《政治科学》，林震等译，华夏出版社 2006 年版。

图 3 可以清晰地看出，美国两个政党的议员呈现出不断分离的趋势；议员更愿意根据政党的意志投票；不同党派之间议员的合作变得越来越少。

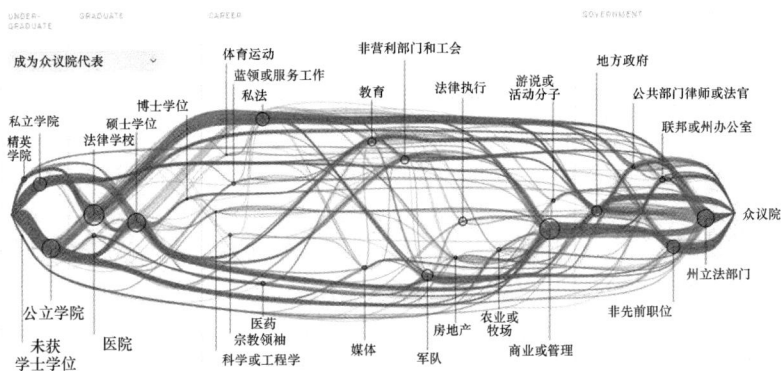

图 3　美国第 116 届国会中众议院议员的国会前职业生涯路线图

资料来源：https://flowingdata.com/2019/01/28/congress-path/.

政治学研究中社会网络分析的另一个重点是发展路径的可视化。比如，图 3 展示了美国第 116 届国会中每个众议院议员的国会前职业生涯，从中可以直观地看出，超过 70% 的众议院成员是私人执业律师，商人（包括保险、银行、金融和房地产的雇员）或医疗专业人员；通往众议院的道路始于高等教育，大约一半的成员毕业于本州的大学，通常超过 10% 的代表拥有精英性私立大学的学士学位；超过1/3 的成员拥有法律学位；超过一半的共和党众议员有商业经验，不到 5% 的代表在他们的职业生涯中从事过蓝领或服务工作；共和党人的共同领域包括医药、房地产和农业；对于民主党人来说，他们一般从事过教学、非营利组织和工会工作。

总体上看，大数据的可视化技术显然更加直观、优美、有深度，可以将之前高深的理论和复杂的结果用高效的视觉语言呈现出来，这无疑提升了政治学研究结论的可理解性、生动性和可传播性。从某种意义上讲，可视化技术在很大程度上是大数据方法区别于传统方法的最显著特征和明显优势。在"优美的结论"呈现背后，仍需要明确的是这些"结论"的性质。它到底是对传统政治学理论的颠覆,还是对于传统理论的补充。其实,对待这个问题,学术界有着较大的争论。很多大数据的支持者明确提出,该方法的应用可以使旧有的理论和研究设计完全过时。相对于基于因果关系的传统理论,在大数据时代基于"相关"关系的结论已经足够我们认识世界并指导我们的行动。因此,大数据结果的呈现应该专注于信息挖掘本身,而不应该受到传统理论的限制。但是,另外一些学者则持反对意见,认为即使在大数据时代,研究的结论也不能脱离理论本身,否则,研究的结论不仅无法解读,而且可能会变得毫无意义。其实,大多数政治学者对于大数据结论所呈现的态度比较保守,认为新的方法仅仅具有工具的意义,其作用更多的是对于现有的理论进行验证和补充。其实,从上文呈现的研究结论上看,无论是地理信息可视化、词云、社会网络分析还是社交网络分析,它们都是对选举、政党、政治传播等传统理论的验证。大数据的可视化技术并没有对传统的政治理论造成颠覆性的挑战,也没有形成重大的理论发现。毁灭理论还是依附理论,这是政治学者运用大数据技术时面临的两难选择。当前大部分学者选择了后者。这也意味着大数据技术在理论创造方面必然会面临困境。

四 成熟的大数据方法与起步的中国研究:中国政治学研究应用大数据方法的建议

伴随着信息技术的飞速发展,大数据概念从提出到广泛应用仅用了十余年的时间。如果以 2008 年《自然》杂志大数据专刊的出版作为大数据技术广泛应用的标志,2015 年美国政治学会《政治科学》(*PS:Political Science & Politics*)杂志出版的《大数据、因果推论和形式理论:政治科学发展中的矛盾趋势》[①] 专论则可以作为大数据方法在政治学研究中广泛应用的一个重要节点。当今主要应用大数据进行研究的政治学者都在该专论中围绕大数据方法的基础性问题进行了探

---

① William Roberts Clark, Matt Golder, "Big Data, Causal Inference, and Formal Theory: Contradictory Trends in Political Science?" *PS:Political Science & Politics*, 2015, 48 (1).

讨。该专论提出，政治科学正同时经历着两场方法论革命：一是"信度革命"（credibility revolution），二是"大数据革命"（big data revolution）。其中大数据革命尤为耀眼，它极大地提升了政治学者制造、收集、存储和分析数据的能力。这将会改变我们对于政治世界的认识，尤其是对于那些过去无法追踪，但是对人类政治发展又极其重要的问题。随着大数据方法与政治学的结合，越来越多的相关文章出现在政治学专业杂志上。

虽然相对较晚，但中国学者也注意到大数据方法在政治学研究中的应用潜力，并产出了上文简要述及但并未完全涵盖相关研究的成果。清华大学政治学系、北京大学政府管理学院等国内政治学研究机构及其学者也开始广泛进行大数据方法的教学与应用，并且不断涌现出新的研究成果。计算机、警察等专业的学者也从各自研究领域切入诸如反恐、社会稳定等政治问题的研究。简单对比西方的研究来看，大数据方法在中国政治学中的应用有以下一些特点。

首先，实时网络文本数据仍然是中国大数据方法使用者主要依靠的数据源。正如前文所述，实时网络文本数据是国内外都比较依赖的数据来源。但从国外的研究来看，在同一研究主题中，数据来源更加多样化。比如，上文提及的对美国参议院议员关系的研究，其中的数据来源包括参议院的投票记录这种结构化的数据和发起议案这种非结构化的数据；对于中国网络审查的研究，包括了历史数据和实时数据的比对。而中国的学者大多是围绕特定事件，对网络论坛或者社交媒体数据进行实时抓取，缺乏不同数据来源之间的相互印证，也缺乏不同时间数据的相互比对，这在一定程度上削弱了研究结论的信度与效度。

其次，中国政治现象是中国大数据方法使用者主要关注的方向。从西方的研究来看，大数据方法应用的亮点是对于"国外"政治的研究。从美国的研究来看，除了对美国的政党、选举等传统议题进行研究外，美国的学者应用大数据方法对中国的网络管理、俄罗斯的政治参与、英格兰的公共健康等问题进行了比较深入的分析。从这些学者的研究履历来看，大多不是传统意义上对特定国家进行追踪的比较政治学者，而是为了研究特定问题而应用大数据方法直接获取之前难以获得或者成本高昂的国别数据，并加以分析。以加里·金为例。作为量化社会科学方法论领域的权威，其研究领域不仅涉及方法论、比较政治学、信息学、传播学，而且其研究地域横跨美国、中国以及其他新兴民主国家。这对传统研究方式来说简直无法想象。从中国的研究现状来看，大数据的应用大多还是研究中国问题，尚未在区域国别研究以及比较政治学领域展现其应有的作用。

再次，算法的讨论仍然处于缺失的状态。正如前文所述，大数据的核心并非数据，而是应用算法收集和分析数据。因此围绕特定问题对算法的使用、适用、优势、缺陷以及改进的探讨是大数据研究中不可缺少的部分。以"贝叶斯算法"为例。在 2000 年至 2012 年这 12 年中，仅在《政治分析》（*Political Analysis*）杂志上发表的相关论文就有 176 篇。因为应用"贝叶斯算法"可以从可能经验、定性描述、统计或直觉上得到未知量的一个先验分布，并在这个先验分布的基础上，通过添加具体的观测值，再得到后验分布。这就使得该方法具有即使拥有少量数据也可以进行统计推测，随着数据增多，推测结果就越准确的特征。因此，该算法在用于大数据分析时可以对获得的信息进行瞬时反应，自动升级预测。正是因为有了上述优势，在数据获取难度相对较大的政治领域，该方法得到了广泛的探讨和使用。随着研究的深入，很多西方学者组成了"政治方法论协会"（The Society of Political Methodology），并在《政治分析》《政治学方法论》（*The Political Methodologist*）等专业杂志上围绕算法问题进行讨论和创新。而这些探讨在中国的政治学研究中还处于空白状态。从中国的现有研究来看，大多还是对于西方成熟研究的模仿和对于算法的直接应用，缺少根据场景和问题对算法进行的深入探讨和创造性使用。

基于大数据方法在政治学中的应用现状，可以预见，大数据方法的高速发展无疑会给政治学学术研究提供新的工具，开拓新的研究领域和注入新的发展活力，它必然会在未来的政治学研究中发挥重要的作用。结合中国相关研究的特点，大数据方法在中国政治学未来发展中的应用应该做好以下几个方面的工作。

其一，创新现有学科体系，培养政治学和大数据分析的复合型人才。大数据相关的研究方法并不是传统的一种或者一类方法，而是围绕大数据形成的方法"产业链",其应用不仅需要高度复杂的分工与协作,而且需要研究者具备计算机科学、数学、统计学等复杂的专业知识,这对现有的政治学人才培养模式提出了巨大的挑战。为了迎接大数据时代对复合人才的需求,很多国外学校都开设了与大数据相关的政治学课程,比如,美国杜克大学政治学系开设"计算政治经济学课程",主要教授面向政治问题的"计算模型"(computational modeling);英国华威大学设立政治、大数据和定量方法硕士(MA in Politics,Big Data and Quantitative Methods),并强调该专业并非传统的数据分析,而是综合学习各种与大数据和公共政策相关的方法,包括定量文本分析、网络数据收集、空间统计学、推理网络分析、机器学习、基于代理的模拟和纵向数据分析等。而中国的政治学和大数据相关专业的人才培养尚未打通,政治学研究者大多只能依靠自学来获取大数据的知识,而计算机、统计学相关领域的学生和学者并不掌握政治学的基本理论和分析模式。这种割裂导致中国丰富的政治计算资源并没有被充分挖掘。

其二,围绕大数据相关的研究方法构建学术共同体和专业的学术平台,着力对大数据相关算法进行讨论和创新。学术共同体和专业学术杂志等学术平台的建立既标志着某项研究在学术领域站稳了脚跟,也为未来学术的发展打造了积累和交流的基础。虽然当今大数据方法在很多西方国家的政治学研究中开始被大规模使用,但这并不是一蹴而就的,而是经历了30多年的积累。1984年,一些主张政治学定量研究方法的学者自发组成了"政治方法论协会"(The Society of Political Methodology),并依托这个平台出版专业杂志,召开学术会议,并提供相关的培训课程。该协会在发展的过程中积累了大量关于数据和算法的讨论。虽然当时很多研究并没有冠以大数据之名,但却探讨了大量基础性的方法论问题,这为研究的"爆发"奠定了坚实的基础。虽然对西方的学术积累我们可以直接拿来使用,但这并不意味着依靠单纯的模仿就可以实现大数据方法研究与应用的飞跃。因为中国政治学的研究问题、数据结构、面向对象等都与西方大相径庭,很多方法论和具体的算法需要重新讨论,并基于中国学者的需求进行创新。这就需要构建起一个沟通国内相关学者围绕大数据方法进行交流和积累的平台。

其三，深入探讨大数据方法的基础性问题，为大数据政治学理论体系的构建提供中国思考。虽然很多学者已经开始使用大数据相关的方法进行政治问题研究，但是在本体论、认识论或者元理论层次对于其的探讨还处于起步阶段。比如，大数据相关方法的基础是假设政治世界是客观的存在，还是假设政治现象是主观的建构？其目的是要发现独立于人类之外的政治规律，还是要通过解构因果关系的方式建立新型的政治观念？它虽然尝试动态地研究政治问题，但它是否承认存在相对稳定的政治结构？只有对类似理论问题有了清晰的回答，大数据相关方法才能真正融入政治学，成为推动政治学发展的新动力。从西方的研究来看，这些问题的讨论仍然处于起步阶段，相关的共识尚未达成。这为中国学者介入大数据研究方法的基础理论构建提供了重要的历史契机。

中国西方政治思想史研究的新探索

漆程成　佟德志[*]

2018 年是改革开放 40 周年，基本上也是中国政治学恢复重建 40 周年。在过去的 40 年中，我国的西方政治思想史研究呈现出逐渐繁荣的局面，产生了一大批高质量的研究成果，为中国政治学研究作出了重要的知识贡献。2018 年作为改革开放 40 周年的重要时间节点，西方政治思想史研究涌现出一批高水平的成果，进一步夯实了西方政治思想史学科的基础，提高了西方政治思想史学科的人才培养质量。回顾 2018 年我国的西方政治思想史研究，既要看到我们在西方政治思想史研究方面所取得的成绩，也要清醒地看到我国西方政治思想史研究所存在的问题。

一　主要成就

就政治思想关注的核心问题来说，徐大同曾指出："政治思想的核心问题始终是国家政权问题，因此如何认识国家、组织国家、管理（治理）国家是政治思想的主要内容。它集中表现为各种政治观点、政治主张和政治学说。"[①] 在这个意义上，政治思想的研究有助于我们更好地认识治国理政的发展规律，从人类政治思想的发展

---

[*]　天津师范大学政治与行政学院。

①　徐大同：《中西两种不同的政治思想体系》，《政治学研究》2004 年第 3 期。

中汲取智慧。西方政治思想史的研究不断深入为更好地借鉴西方国家治国理政的经验提供了重要参考。2018年我国在西方政治思想史研究领域取得了一系列新成果，提升了我们对西方国家治国理政经验的认识水平，也为当代中国特色社会主义现代化建设提供了诸多经验参考。

（一）综合研究有了新发展

西方政治思想史的综合研究既是开展专题研究的基础，也是对专题研究成果的吸收和总结，因此综合研究在西方政治思想史研究中起着基础性的作用。同时，综合研究并不是对政治思想历史的简单梳理，而是对西方政治思想发展演变规律的总结。比如徐大同主编的《西方政治思想史》就围绕西方政治思想发展演变的规律提出了西方政治思想发展进程中的"自然政治观""神学政治观"和"权利政治观"①。这样的研究就为深入把握西方政治思想发展演变的内在规律提供了重要线索。事实上，2018年关于西方政治思想史的综合研究更多地着眼于对政治思想发展规律的总结，与此同时，对政治思想通史性研究的主题也有了较大扩展，比如政治文化、政治观念、政治思潮等都成为综合研究的重要内容。

一是更加注重对政治思想发展规律的理论总结。比如丛日云主编的《当代西方政治文化复兴》一书就对西方政治文化研究中的后物质主义理论、社会资本理论、文化模式理论、新文化理论以及政治人格理论等进行了研究。② 该书对我们清晰地把握西方政治文化研究范式转变大有裨益。再比如薛祥对西方公民文化思想史的梳理表明，"二战"以后西方公民文化的研究经历了20世纪五六十年代公民文化范式，七八十年代代际转型范式，90年代社会资本范式的嬗变与转型。这三重范式都将文化作为解释政治的核心因素，采用了实证主义

---

① 参见徐大同主编《西方政治思想史》，天津教育出版社2002年版，第6—9页。由徐大同、张桂琳、高建担任首席专家的"马工程"《西方政治思想史》仍然坚持了这一思路。（参见《西方政治思想史》编写组《西方政治思想史》，高等教育出版社、人民出版社2011年版，第4—9页。）

② 丛日云主编：《当代西方政治文化复兴》，东方出版社2018年版。

的研究方法，一脉相承，相互联系，又不断发展。① 这样的梳理就为我们认识西方公民文化思想的发展演变提供了重要的分析框架。

二是综合研究与专题研究呈现出不断结合的趋势。庞金友对 19 世纪后期自由观念的梳理表明，19 世纪后期是英国自由主义从传统向现代过渡的重要时期。放任主义危机浮现，功利主义地位上升，保守主义思潮亦强势崛起，个人自由取代政治自由逐渐占据自由主义的重心。② 再比如汤葆青对西方公民身份理论发展演变的分析表明，古希腊和罗马是公民身份的开端阶段，通过政治改革，平民在城邦中可以与贵族分享政治权力；在中世纪和现代早期社会，公民身份总体上处于衰落状态，但中世纪中后期兴起的城市市民身份为现代公民身份的复兴打下了基础；在现代立宪国家，公民身份通过宪法在国家中确立了它的主体地位，随着社会的发展，公民身份得到了普及，其内容也得到了充实。西方公民身份的历史发展体现了公民所具有的政治权利、自由、平等、公共事务与公共利益以及民事权利和社会权利的内涵。③

三是在国别政治史和制度史方面有了新进展，有助于深化西方政治思想的综合研究。吴国庆在《法国政治史（1958—2017）》一书中主要研究了法兰西第五共和国的政治史。法兰西第五共和国已经生存半个多世纪了，在世界各国的当代政治生活中展现了它的独到之处，富有魅力。全书以法国的"大国梦""强国梦"作为主要线索，系统分析了"二战"后法国政治的历程特别是第五共和国政治的历程，这实际上就是法兰西民族复兴的历程。④ 阎照祥的《英国政治制度史》一书是研究英国政治制度历史源流的通史性著作。他依据丰富的资料，探讨了自盎格鲁—撒克逊时代至今英国政治制度的发展史，介绍了 1500 年以来不列颠王权、议会制、内阁制、政党政治、文官制、地方政府、法律制度和司法体制等方面的演变，阐明该国政治制度发

---

① 薛祥：《从公民文化到社会资本理论——西方政治文化研究三重范式的嬗变与反思》，《宁夏社会科学》2018 年第 4 期。

② 庞金友：《19 世纪后期自由观念的嬗变与传播：基于中英对比的视角》，《中国政法大学学报》2018 年第 4 期。

③ 汤葆青：《公民身份的历史演变及其当代启示》，《江西社会科学》2018 年第 3 期。

④ 吴国庆：《法国政治史（1958—2017）》，社会科学文献出版社 2018 年版。

展的重点、难点和成因。尽管政治史和政治制度史与政治思想史还是有一定区别的，但是政治史和政治制度史方面的综合研究对深化西方政治思想史的研究意义重大。尤其是在国别政治思想史研究中，国别政治史和国别政治制度史是重要的研究依托，因此需要重视对政治史和政治制度史的研究。

此外，还有一批高质量的西方政治思想的通史著作被译介到中国，进一步丰富了西方政治思想综合研究的学术视野。如阿奈莲·迪金的《自由与平等：从孟德斯鸠到托克维尔的法国政治思想》，路易·阿尔都塞的《政治与历史：从马基雅维利到马克思》，迈克尔·弗里登的《英国进步主义思想：社会改革的兴起》等。

（二）专题研究不断深入

近年来，西方政治思想的研究在进一步注重综合研究的同时，更加注重对西方政治思想的专题研究，涌现出一批高质量的精品力作。相比于综合研究来说，围绕特定主题进行的专题研究更有助于深入剖析西方政治思想中特定主题的发展演变规律、特定政治思想家丰富的思想理论结晶以及某些具有超越时空的价值追求对整个人类社会发展的重要意义。为此，开展西方政治思想的专题研究是西方政治思想不断走向深入的关键，也是深入把握西方政治思想发展演变规律的重要途径。2018 年西方政治思想专题研究取得了很大进步，研究进一步深入。

首先，围绕特定思想主题进行的专题研究。一是对西方多元文化主义思潮进行的反思。比如许纪霖、刘擎主编的《西方"政治正确"的反思》一书围绕着西方社会的政治极化、身份政治、文化宽容等议题对西方多元文化主义所造成的社会政治危机进行了批判性反思。[①] 二是对西方的代表理论进行的系统梳理。聂智琪、谈火生主编的《代表理论：问题与挑战》一书对西方政治思想中的"代表"问题进行了系统分析，直面代表理论及其制度安排在当代所遭遇的挑战，深入阐述了代表和民主的内在关联、选举与代表之间的张力，以及群体代表权等

---

① 许纪霖、刘擎主编：《西方"政治正确"的反思》，江苏人民出版社 2018 年版。

重要问题。① 三是对法兰克福学派思想转向的分析。应奇主编的《走出政治孤立——新法兰克福学派及其政治哲学转向》一书在探究法兰克福学派的法治国理论传统、阐发哈贝马斯法权哲学的智识背景和规范蕴涵的基础上，从三个主要维度阐述了法兰克福学派的政治哲学转向问题。② 四是对自然权利思想的研究。谭安奎的《自然权利的遗产：福利权问题与现代政治秩序》一书通过回溯自然权利理念，对其作为主体性权利的哲学本质、可能范围及其支撑政治秩序的潜力进行了细腻和新颖的论证。③ 此外，还有对西方宽容思想的专题研究、自由观念的专题研究、平等思想的专题研究以及民主思想的专题研究，等等。

其次，对西方政治思想中代表思想家的专题研究。一是对柏拉图的政治思想有了更加深入的研究。如《柏拉图论习俗正义与自然正义》《如何行动才是正确的——柏拉图正义理论的重新定向》《试论柏拉图〈理想国〉中城邦—灵魂类比的政治哲学意涵》《为什么探究"治邦者"是一种辩证法训练？——柏拉图〈治邦者〉中的哲学活动》等。④ 二是关于卢梭政治思想的研究成果进一步丰富。如《论意志与法则——卢梭与康德在道德领域的突破》《卢梭政治哲学中的哲人王问题》《恐惧与创制——卢梭政治思想中的恐惧问题》《世界城邦为什么不可欲？——论卢梭的普世意志问题》，等等。⑤ 三是对当代政治思想家政治思想进行的深入分析。在《休谟的社会政治思想研

---

① 聂智琪、谈火生主编：《代表理论：问题与挑战》，广东人民出版社 2018 年版。

② 应奇主编：《走出政治孤立——新法兰克福学派及其政治哲学转向》，浙江大学出版社 2018 年版。

③ 谭安奎：《自然权利的遗产：福利权问题与现代政治秩序》，商务印书馆 2018 年版。

④ 参见林志猛《柏拉图论习俗正义与自然正义》，《浙江学刊》2018 年第 6 期；张国栋《如何行动才是正确的——柏拉图正义理论的重新定向》，《政治思想史》2018 年第 1 期；黄俊松《试论柏拉图〈理想国〉中城邦—灵魂类比的政治哲学意涵》，《世界哲学》2018 年第 6 期；张爽《为什么探究"治邦者"是一种辩证法训练？——柏拉图〈治邦者〉中的哲学活动》，《浙江学刊》2018 年第 6 期。

⑤ 参见黄裕生《论意志与法则——卢梭与康德在道德领域的突破》，《哲学研究》2018 年第 8 期；林壮青《卢梭政治哲学中的哲人王问题》，《南开学报》（哲学社会科学版）2018 年第 4 期；郭军营《恐惧与创制——卢梭政治思想中的恐惧问题》，《政治思想史》2018 年第 1 期；任舒怀《世界城邦为什么不可欲？——论卢梭的普世意志问题》，《政治思想史》2018 年第 1 期。

究》一书中，徐志国从休谟社会政治理论中的"社会合作"和"自由"两个核心概念出发，揭示了休谟社会政治理论的内在逻辑以及西方社会由"野蛮"向"自由"发展演化的历程。① 赵华兴则对达伦多夫关于"后马克思时代"西方发达国家的阶级冲突变迁与社会治理应对等相关论述做了深入审视。② 此外，还有一批围绕政治思想家政治思想专题研究的译著问世，比如施特劳斯的《西塞罗的政治哲学》、希尔的《激情社会：亚当·弗格森的社会、政治和道德思想》、麦克唐纳的《审美、行动与乌托邦：威廉·莫里斯的政治思想》、希尔默的《卡尔·波普的政治思想》，等等。

最后，对当代主要政治思潮进行的专题研究。一是对新自由主义做了深入剖析。杨虎涛指出，新自由主义是一种充满内在矛盾的思想与政策体系。张佳华、鞠成伟则对新自由主义的市场规制理论的局限性做了批判性分析。范逢春对新自由主义国家治理方案的本质进行了分析并指出了其存在的逻辑谬误。而朱富强对新自由主义从十个方面所进行的系统梳理则比较有代表性。③ 二是对美国保守主义思潮有了进一步研究。庞金友在《当代美国保守主义的谱系与危机》中对当代美国保守主义的变迁、谱系与当下境遇做了系统分析，朱兵对当代美国著名保守主义者曼斯菲尔德政治哲学理念的三个支点进行了深入解读。④ 总体来看，对保守主义思想的研究还有待进一步加强。三是对民主社会主义思潮做了深入研究。徐崇温认为，"无论是理论还是

① 徐志国：《休谟的社会政治思想研究》，人民出版社 2018 年版。

② 赵华兴：《转型社会的冲突与治理——拉尔夫·达伦多夫的政治思想研究》，浙江大学出版社 2018 年版。

③ 参见杨虎涛《新自由主义的矛盾性、本质及其非均衡发展》，《经济社会体制比较》2018 年第 6 期；张佳华、鞠成伟《新自由主义市场规制理论及其批判》，《国外理论动态》2018 年第 8 期；范逢春《新自由主义国家治理方案的逻辑谬误》，《人民论坛》2018 年第 6 期；朱富强《新自由主义的十大考辨（上）：自由主义的演化及现状》，《经济社会体制比较》2017 年第 6 期；朱富强《新自由主义的十大考辨（中）：自由主义的演化及现状》，《经济社会体制比较》2018 年第 1 期；朱富强《新自由主义的十大考辨（下）：自由主义的演化及现状》，《经济社会体制比较》2018 年第 2 期。

④ 参见庞金友《当代美国保守主义的谱系与危机》，《当代世界与社会主义》2018 年第 1 期；朱兵《融贯古今：哈维·曼斯菲尔德政治哲学理念探析》，《西南大学学报》（社会科学版）2018 年第 5 期。

实践，民主社会主义都否定、批判科学社会主义，是科学社会主义的对立面。"[1] 周新城亦认为，民主社会主义是一股反马克思主义的资产阶级思潮，必须划清科学社会主义与民主社会主义的界限。[2] 此外还对多元文化主义、民族主义、民粹主义等思潮做了专题研究，进一步扩展了西方政治思想研究的范围。

（三）更加注重方法论的创新

研究方法的创新对一个学科的发展、完善至关重要，一个学科能不能走向繁荣的关键就在于研究方法能否取得突破。改革开放以来，西方政治思想史研究取得了跨越式发展，研究成果越来越被同行认可和接受，其中一个很重要的原因就是更加注重研究方法的多样化。正是学界对西方政治思想史研究的方法论自觉和对多种研究方法的灵活运用，进一步深化了西方政治思想史的研究。

2018 年西方政治思想研究，对新的研究方法有了更多关注。一是在运用施特劳斯学派的研究方法方面涌现出大量新成果。刘小枫的《亚里士多德的〈伦理学〉针对谁而著》、方菲的《动机、意图与功利主义的阐释——从密尔的一则脚注说起》、朱振宇的《格利丰与但丁的"世界帝国"异象》、戴智恒的《政治史剧的两种读法——〈理查三世〉的古典史观与基督教神学》、娄林的《〈李尔王〉中的暴风雨、哲学与政治——〈李尔王〉第三幕略读》与崔嵬的《修辞学在哲人与伪哲人爱欲转变中的双重作用——柏拉图〈斐德若〉绎读》等则可以视为对施特劳斯学派研究方法的具体运用。[3] 洪涛的《〈格

---

① 徐崇温、来庆立：《修正主义、民主社会主义给马克思主义带来的严重危害——访徐崇温先生》，《毛泽东邓小平理论研究》2018 年第 9 期。

② 周新城：《认清民主社会主义的本质，划清科学社会主义与民主社会主义的界限——纪念〈共产党宣言〉发表 170 周年》，《毛泽东邓小平理论研究》2018 年第 9 期。

③ 参见刘小枫《亚里士多德的〈伦理学〉针对谁而著》，《学术界》2018 年第 11 期；方菲《动机、意图与功利主义的阐释——从密尔的一则脚注说起》，《道德与文明》2018 年第 4 期；朱振宇《格利丰与但丁的"世界帝国"异象》，《政治思想史》2018 年第 2 期；戴智恒《政治史剧的两种读法——〈理查三世〉的古典史观与基督教神学》，《政治思想史》2018 年第 3 期；娄林《〈李尔王〉中的暴风雨、哲学与政治——〈李尔王〉第三幕略读》《政治思想史》2018 年第 3 期；崔嵬《修辞学在哲人与伪哲人爱欲转变中的双重作用——柏拉图〈斐德若〉绎读》，《江西社会科学》2018 年第 9 期。

列佛游记〉与古今政治》一书则是对施特劳斯学派研究方法的系统运用。① 二是对剑桥学派的方法有了进一步解读。李强在《斯金纳的"语境"》一文中系统梳理了以斯金纳为代表的英国剑桥学派的语境主义分析路径，"通过对历史语境的精细梳理来揭示思想家的意图，真正实现了思想史研究的历史性，极大地推进了思想史研究方法的更新"②。李宏图认为，过去观念史只是研究基本的"观念单元"，现在则表现为在以语言哲学为理论基础后走向了以语境、修辞与行动等为核心的研究。同时，在研究范式上实现了从"文本至上主义"向"作者—文本语境主义"转换，从而避免对作者本意的误读。③ 三是对概念史研究方法的正本清源。方维规在《臆断生造的"剑桥学派概念史"》一文中批评了李宏图对"概念史"具体内涵的误读，并认为剑桥学派与"概念史"研究完全属于不同的两种研究路径。事实上，德国、英美和法国的学术文化中出现了三种不同的研究方法：德国史学以"概念史"著称；英美史学界尤其是剑桥学派则倡导新的"观念史"模式；法国史学界以"话语分析"或"概念社会史"见长。④

（四）比较研究涌现出新成果

比较研究方法是西方政治思想研究中非常重要的一种方法。西方政治思想的比较研究，最基本的就在于通过比较深化对不同时代、不同文化、不同人物的政治思想的理解。王沪宁曾指出："把不同国家、不同人物不同时代的政治思想中相似的政治观念放在一起，用马克思主义的观点来进行比较分析，找出共性和个性、根源与历史条件，是一件有意义的工作。"⑤ 通过比较研究才能揭示出政治思想发展的内在共性与差异，深化我们对西方政治思想内在规律的认识，进而更好

---

① 洪涛：《〈格列佛游记〉与古今政治》，华东师范大学出版社 2018 年版。

② 李强：《斯金纳的"语境"》，《读书》2018 年第 10 期。

③ 李宏图：《观念史研究的回归——观念史研究范式演进的考察》，《史学集刊》2018 年第 1 期；李宏图：《作者、文本与历史性阐释——基于思想史研究的一种理解》，《历史研究》2018 年第 1 期。

④ 方维规：《臆断生造的"剑桥学派概念史"》，《读书》2018 年第 3 期。

⑤ 王沪宁：《关于政治思想史的体系与研究》，《政治学研究》1986 年第 5 期。

地"为我所用"。

一方面，中西政治思想的比较有了一系列新成果。刘丹忱的《孔子的德治思想——兼与柏拉图政治思想比较研究》一书通过选取柏拉图的相关政治思想作为比较的参照系，对孔子与柏拉图政治思想进行横向共时性比较，清晰地说明了孔子德治思想的特点及其在人类文明发展史上的突出贡献。[①] 孙伟的《人如何走向道德之途？——荀子与柏拉图之间的一种可能对话》一文通过比较荀子与柏拉图的政治思想，指出无论是柏拉图还是荀子，他们都既要为现实世界的德性实践活动寻找伦理价值规范，同样也要为这种伦理的规范探求最终的形而上依据，并由此构建他们各自的哲学体系。[②] 徐雪野则对亚里士多德与孔子的幸福伦理思想进行了比较，正是由于亚里士多德和孔子的幸福伦理思想产生于不同的文化背景而有一定的差别，这也直接开启了其后两千多年伦理精神重塑的不同致思进路。[③]

另一方面，围绕西方政治思想特定主题进行了深入比较。曹钦对斯金纳与佩蒂特共和主义自由观的比较分析表明，佩蒂特的观点深刻影响了斯金纳并使其改变了自己的立场。虽然两人的立场在很大程度上达成了一致，但他们之间仍然存在一些分歧。[④] 陈晓平则通过对霍布斯与亚里士多德政治哲学的比较分析阐释了霍布斯政治学说的内在矛盾，二者的差异主要源于对人性论的不同假设。[⑤] 包大为则深入比较了孟德斯鸠与卢梭民主制度设计的构想，他认为，孟德斯鸠对权力和人性的不信任，使得他所设计的民主制度更多偏向于权力与权利的制衡；卢梭所预期的民主制度不仅要达到分权与制衡的目标，而且要成为抵抗"极端不平等"所导致的权利异化的力量。但二者用以设

[①] 刘丹忱：《孔子的德治思想——兼与柏拉图政治思想比较研究》，中国政法大学出版社 2018 年版。

[②] 孙伟：《人如何走向道德之途？——荀子与柏拉图之间的一种可能对话》，《云南大学学报》（社会科学版）2018 年第 5 期。

[③] 徐雪野：《亚里士多德和孔子幸福伦理比较——兼论传统"德福关系"的现代启示》，《学术交流》2018 年第 12 期。

[④] 曹钦：《自由的权衡——斯金纳与佩蒂特共和主义自由观的差异》，《当代中国价值观研究》2018 年第 6 期。

[⑤] 陈晓平：《霍布斯政治学说的内在矛盾——霍布斯与亚里士多德的政治哲学之比较》，《社会科学》2018 年第 12 期。

计民主政体的历史条件和思想质料最终都在大革命之后的资本主义社会秩序中走向其理论的极限。[①]

二　热点议题

对于西方政治思想研究的宗旨，徐大同曾做了言简意赅的阐述："我们不是'为了研究而研究'，而是'为了中国而研究西方'，也就是说通过研究西方政治思想的发展规律，总结其经验教训，以提高我们认识国家、组织国家、治理国家的水平，为我国社会主义现代化建设服务。"[②] 因此，西方政治思想研究议题的选择应当尽可能联系世情、国情、党情，围绕我国社会发展中的重大理论和现实问题，开展深入的理论研究，为社会主义现代化建设积极建言献策。这样的研究才是有生命力的研究，才能经受住实践的检验。

（一）国家理论

徐大同曾指出，西方政治思想史研究的核心问题和政治学理论一样是国家问题，如何认识国家、组织国家、管理国家是政治思想史研究的主要内容。[③] 那么深入研究国家问题就等于抓住了西方政治思想史研究的根本。同时，在西方政治思想史研究中加强对国家问题的研究，能够为国家治理体系和治理能力现代化提供更丰富的思想资源，在比较借鉴的基础上创新我国的国家治理实践。

首先，关于国家主权理论的研究。一是对博丹的主权理论有了进一步研究。李筠对博丹的主权理论进行了较为深入的分析，博丹主权理论产生于制度转换的文艺复兴末期，它既继承了许多重要的古典和

---

① 包大为：《孟德斯鸠与卢梭设计权利的概念张力以及哲人政治的共同困境》，《江苏大学学报》（社会科学版）2018 年第 5 期。

② 徐大同：《深入·比较·借鉴》，《人民日报》2015 年 6 月 15 日第 16 版。另参见徐大同《深入、比较、借鉴——21 世纪西方政治思想史研究发展之我见》，《政治学研究》2001 年第 1 期；徐大同、高景柱、刘训练《西方政治思想史研究：回顾与前瞻》，《马克思主义与现实》2012 年第 5 期。

③ 徐大同：《深入、比较、借鉴——21 世纪西方政治思想史研究发展之我见》，《政治学研究》2001 年第 1 期。

中世纪传统，又开创了许多现代政治理论的基本线索，集中体现为它既极力强化主权同时又强调其多重限制。博丹的自然神学和绝对主义政治哲学所内含的君主论、神义论、整体主义虽然难以对抗人民论、人义论、个人主义的现代潮流，但其中揭示的现代政治的根本问题并没有被取消，经历了霍布斯、卢梭、黑格尔的现代哲学探索，仍然没有得到圆满的回答。① 二是对霍布斯绝对主权理论的分析。唐学亮、王保民认为，实际上霍布斯的绝对主权包含六重含义，即主权的最高性、不可分割性、自然性、永恒性、吸附性和统一性，并包含相应的六条整体论证路线。现代法治理论，以凯尔森、哈特为代表的当代法律实证主义以及分权宪制理论都无法对霍布斯的绝对主权理论构成实质性的挑战，相反，站在霍布斯主义的立场上，可以反诘和透视这几种理论形而上学的、意识形态的以及概念的迷雾。② 三是对人民主权理论的重新审视。陈明辉的研究认为，卢梭的人民主权理论一方面需要从卢梭政治哲学的整个理论体系加以把握，另一方面必须从《社会契约论》的内在论证逻辑中探寻。卢梭人民主权理论的起点是他在《论人类不平等的起源》中所描绘的自然状态，其终点则是卢梭心目中那个以日内瓦为原型的理想化的共和国。③ 罗轶轩的研究认为，在卢梭与美国的双重启发下，托克维尔把政治自由的核心从对主权的直接行使或间接掌握转向对公共事务的参与本身，通过非主权的自由在代议制民主之下重建直接参与式政治自由，以抵制国家的官僚制行政。④

其次，关于现代国家政治认同问题的研究。一方面，多元文化主义对现代国家政治认同带来重大挑战。包刚升的研究指出，西方自由民主政体秉承的自由原则与平等观念导致了文化多元主义的兴起，但

---

① 参见李筠《古今之变中的博丹主权理论》，《浙江学刊》2018 年第 3 期；李筠《论博丹国家主权理论的自然神学基础及其困境》，《学海》2018 年第 5 期。

② 唐学亮、王保民：《霍布斯论绝对主权及其挑战》，《西安交通大学学报》（社会科学版）2018 年第 2 期。

③ 陈明辉：《卢梭人民主权的理想图景与实现路径》，《现代法治研究》2018 年第 2 期。

④ 罗轶轩：《论托克维尔的政治自由观及其局限》，《华中科技大学学报》（社会科学版）2018 年第 5 期。

如果部分少数族群宗教群体和部分移民群体不能对西方国家形成政治认同，不能对现有宪法体制与政治秩序提供政治支持，就可能反过来削弱西方的自由民主政体。① 事实上，西方国家的多元文化主义对现代国家治理带来了广泛的挑战。胡玉萍认为，多元文化主义理论中族群身份认同对统一国家认同、文化多元主义对西方文化中心主义、少数族裔特殊权利对公民平等权利、文化多元并存对全球一体化的文化要求带来了挑战，这些冲突和矛盾的存在势必造成西方多元文化主义的实践具有虚弱、僵化和理想化的特征，也注定了多元文化主义社会政策在西方社会将陷入困境。② 另一方面，自由主义也会影响现代国家的政治认同。杨春龙在《自由主义与美国国家认同》一文中指出，自由主义对于美国人建构国家身份认同具有举足轻重的意义。但自由主义作为普世价值观与作为国家认同标志两种属性之间存在着矛盾和冲突，这对美国自身和国际社会造成了极其复杂的影响。③ 因此，马红邑认为，各国宜对民族国家和世俗的文化传统采取防范性保护措施，以维系现代国家的根基。尊重民族国家现状，兼具包容色彩的文化融合仍是当下必要的路径。④

最后，关于国家与社会关系的研究。一是对当代西方"回归国家"学派的考察。庞金友、汤彬的研究认为，出于对"社会中心主义"的全面反思，"回归国家"学派于 20 世纪 80 年代崛起，并形成了"国家中心主义"和"国家—社会互动主义"两大研究进路，归根结底，这两派均认为"强国家"就是实现了对社会的有效渗透并成功抵御了来自社会的渗透的国家，反之则导致"弱国家"。⑤ 二是围绕国家自主性问题对国家与社会关系的研究。马天航、熊觉的研究认为，国家自主

---

① 包刚升：《西方政治的新现实——族群宗教多元主义与西方自由民主政体的挑战》，《政治学研究》2018 年第 3 期。

② 胡玉萍：《西方多元文化主义价值困境及实践特征——以美国多元文化主义为例》，《中共中央党校学报》2018 年第 2 期。

③ 杨春龙：《自由主义与美国国家认同》，《江海学刊》2018 年第 6 期。

④ 马红邑：《多元文化主义抑或民族主义——西方移民危机的道路选择》，《当代世界社会主义问题》2018 年第 2 期。

⑤ 庞金友、汤彬：《当代西方"回归国家"学派国家能力理论的逻辑与影响》，《天津社会科学》2018 年第 2 期。

性是研究国家与社会关系的重要维度，当国家自主性作为核心自变量用于解释制度变迁或制度绩效的时候，必须将其放置在一定的时空条件、政策议题和组织形式下展开，同时要说明次级概念的结构和测量指标的选择依据；反之，笼统地谈论国家自主性的高低则只能作为一种分析视角或者补充性的解释。[①] 刘拥华则梳理了国家与社会关系研究中国家自主性问题的范式转变，提出了从国家中心论到国家人类学的发展演变过程。[②] 三是从治理与国家权力边界的角度进行的研究。唐士其认为，治理的实质是如何充分发挥政府和其他社会主体的作用，以形成某种规则与秩序。治理理论与实践的出现，是在社会经济发展的新阶段重新探讨国家权力的界限，并在此基础上寻求国家与社会合作的新的尝试。[③] 总的来看，学界对国家与社会关系的研究越来越成熟，为有效处理国家与社会关系提供了有益的启示。

（二）民主理论

民主是社会主义核心价值体系的重要组成部分，也是实现人民当家作主的重要形式。党的十九大报告提出要健全民主制度，丰富民主形式，拓宽民主渠道，保证人民当家作主落实到国家政治生活和社会生活之中。[④] 而要更好地健全民主制度，保证人民当家作主落到实处，就需要合理借鉴西方发达国家民主政治建设的有益经验，但是"吸收、借鉴绝对不能食洋不化、'全盘照搬'"[⑤]，要结合新时代中国特色社会主义民主的发展需要在批判的基础上合理借鉴西方国家的民主理论。

一是对协商民主理论的前沿研究。首先是对西方生态协商民主

① 马天航、熊觉：《理解"国家自主性"：基于概念的考察》，《学术月刊》2018 年第 8 期。

② 刘拥华：《从国家中心论到国家人类学——对国家与社会关系的一个历史考察》，《江海学刊》2018 年第 6 期。

③ 唐士其：《治理与国家权力的边界——理论梳理与反思》，《湖北行政学院学报》2018 年第 6 期。

④ 习近平：《决胜全面建成小康社会 夺取新时代中国特色社会主义伟大胜利》，人民出版社 2017 年版，第 22 页。

⑤ 田改伟、刘训练：《研究政治思想史要洋为中用、古为今用——徐大同先生访谈》，《政治学研究》2014 年第 4 期。

理论进行的研究。佟德志、郭瑞雁深入分析了当代西方的生态协商民主理论，通过有关生态协商民主的争论揭示了生态协商民主的内在悖论。① 其次是对协商系统理论的研究。张继亮在《协商的系统化：构成要素、运行机制及其限度》一文中指出，协商系统比面对面的协商具有更多的优势，但也面临着相应的挑战。② 在《发展和完善协商民主——基于协商系统理论的启示》一文中则对协商系统理论对于我国进一步推进协商民主制度化建设的借鉴价值进行了研究。③ 再次是对协商技术创新的研究。黄徐强、韩志明认为，虽然西方关于协商技术的创新此起彼伏，但协商民主仍然难以摆脱协商性不足、成效不显著和制度化水平较低等困境，从而限制了技术创新的效用和影响。④ 最后是关于协商民主与政治代表关系的研究。段德敏认为，政治代表机制与协商民主的规范要求存在冲突的一面，但如果我们将民主协商看作一个开放、包容的过程的话，代表机制的特殊性及其权威色彩反而会起到十分关键的正面作用。⑤

二是对民主理论中代表问题的研究。一方面是对西方政治思想家的代表理论的研究。刘华云、陈炳辉的研究指出，卢梭对代表制的态度经历了消极接受、明确拒绝、再次采纳三个动态变化阶段。卢梭关于代表概念的复杂性提示我们，当代人民主权与代表制的争论并不是民主的危机，它们之间存在的张力推动着现代民主理论与实践的不断发展。⑥ 段德敏、陈耕的研究指出，政治场域中的"代表"实际上是超出民主政治之上的、更为一般性的问题，尤其是政治共同体中的自由与权威之间的关系问题。通过卢梭与贡斯当围绕"代表"问题的

---

① 佟德志、郭瑞雁：《生态协商民主的内在悖论》，《天津社会科学》2018 年第 6 期。

② 张继亮：《协商的系统化：构成要素、运行机制及其限度》，《天津社会科学》2018 年第 6 期。

③ 张继亮：《发展和完善协商民主——基于协商系统理论的启示》，《南京社会科学》2018 年第 8 期。

④ 黄徐强、韩志明：《协商民主的技术创新及其困境——基于西方经验的反思》，《国外理论动态》2018 年第 9 期。

⑤ 段德敏：《冲突还是协调：协商民主与政治代表机制间关系分析》，《学术月刊》2018 年第 3 期。

⑥ 刘华云、陈炳辉：《代表制与人民主权——卢梭代表理论探析》，《厦门大学学报》（哲学社会科学版）2018 年第 5 期。

争议能够为重新认识代表问题提供帮助。① 另一方面是对政治代表性问题的研究。高春芽在《行政国家视野中的政治代表性重构：选举与治理》一文中指出，现代国家中的民主政治主要表现为代议政治，公民通过选举代表的方式建立代议机构，由其行使统治和管理权。政治权力由社会委托并对公民负责，是代议民主运行机制的基本特征。只有当代议民主在对人负责方面具有回应性、在对事负责方面具备有效性时，政治代表性才能获得最大程度的实现。②

三是对当代西方民主理论的深入研究。一方面根据民主的现实对民主理论的进一步发展。刘瑜指出，当代自由式民主走向了"乌克兰困境"，摆脱这一困境的答案主要是校正对自由式民主的理解，从民主浪漫主义走向民主现实主义，把民主从一个不断扩大和加速的"承诺漩涡"中解放出来，从而缩小民主的理想与现实之间的距离。③ 褚向磊、苏毓淞通过对民主解固可能性的分析指出，虽然学者们对民主解固命题成立与否意见不一，但民主解固概念的提出说明，西方现行的自由民主制度并非历史发展的终点。④ 另一方面是对当代民主理论家民主思想的再解读。刘舒杨、王浦劬的研究指出，不同于当代的民主理论家，托克维尔提供了更"厚"意义的民主观念。将托克维尔的民主观念置于民主化改革的背景下，有助于深化对托克维尔民主思想的认识，提炼托克维尔民主化转型的分析框架，指出程序民主在分析民主化转型中形式化、一元化的弊端，并在此基础上分析托克维尔民主观念的理论优势。⑤

---

① 段德敏、陈耕：《自由的两个面相与作为权威的政治代表——卢梭与贡斯当的分歧及其当代意义》，《华中科技大学学报》（社会科学版）2018 年第 5 期。

② 高春芽：《行政国家视野中的政治代表性重构：选举与治理》，《学术界》2018 年第 1 期。

③ 刘瑜：《当代自由式民主的危机与韧性——从民主浪漫主义到民主现实主义》，《探索与争鸣》2018 年第 7 期。

④ 褚向磊、苏毓淞：《民主解固——西方自由民主制的危机》，《国外理论动态》2018 年第 5 期。

⑤ 刘舒杨、王浦劬：《不同的民主观——托克维尔民主思想研究》，《政治思想史》2018 年第 1 期。

（三）正义理论

伴随着中国社会的发展进步，发展不平衡、不充分的问题日益显现。为了更好地提升社会发展的质量，促进社会公平正义就显得尤为重要。党的十九大报告指出，要在发展中补齐民生短板、促进社会公平正义；要通过深化依法治国实践，让人民群众在每一个司法案件中感受到公平正义；要通过构建人类命运共同体，尊重各国人民自主选择发展道路的权利，维护国际公平正义。事实上，正义理论涉及多个维度，目前主要包括分配正义、全球正义以及代际正义，正义理论也成为西方政治思想研究中的热点领域。

一是对分配正义理论的研究。顾肃在《运气、个人选择责任与机会平等》一文中指出，分配正义需要面对平等这个核心价值。差别原则在承认经济和社会差别的时候，要求有利于最不利者，并且保证机会的公平平等。罗尔斯在论述补偿最不利者的差别原则时没有把导致劣势的自然偶然性与个人自觉选择的责任区分开来，因而有必要对差别原则予以适当的修正，以避免激励机制上的奖懒罚勤。① 姚大志在《分析的马克思主义与当代自由主义——罗默的自由主义批判》一文中指出，在关于分配正义的问题上，当代自由主义可以分为三派，分别是以罗尔斯为代表的平等主义的自由主义、以诺奇克为代表的极端自由主义和以德沃金为代表的运气平等主义。罗默作为分析的马克思主义的著名代表，对自由主义的三个派别都进行了严厉批判。但像其他平等主义理论一样，分析的马克思主义的平等主义理论也存在一些难以解决的深层问题。②

二是对全球正义的研究。一方面在人类命运共同体视角下对全球正义的审视。龚群认为，全球正义与全球贫困现象有着内在关联。全球正义理论从最基本的人的生存需要出发，提出了当代人类社会的紧迫问题；人道主义援助是解救当代全球贫困的另一进路，但在实践上

---

① 顾肃：《运气、个人选择责任与机会平等》，《社会科学辑刊》2018 年第 4 期。
② 姚大志：《分析的马克思主义与当代自由主义——罗默的自由主义批判》，《华中师范大学学报》（人文社会科学版）2018 年第 1 期。

存在着诸多难题。虽然如此，全球正义作为一种建构人类命运共同体的理想是具有重要的理论价值与现实意义的。构建人类命运共同体，其根本的准则是正义准则。当代世界正义涉及国际正义、普遍正义（全球正义）与环境正义三个层面。[①] 宋建丽则认为，从构建人类命运共同体的视域出发，全球性问题的解决有赖于一种新型的全球正义理论、新型的全球治理、新型的人类文明。[②] 另一方面则是对全球分配正义的解读。陈俊认为，全球分配正义理论的核心关注点是人们生活中所产生的利益或负担在全球范围内的分配问题，因此，它要回答的问题是：我们到底有权利获得什么，以及谁实际上应该为我们提供那些我们有权获得的东西。对这两个问题的回答构成了全球分配正义理论论辩的基本框架，即两种区分、四种理论：关系主义和非关系主义理论、平等主义和底线主义理论。[③] 谭研从现实世界中关于全球贫困问题的关切着眼，认为我们可从"勿伤害"的自然义务中阐发出矫正义务，补偿不公正的国际秩序给贫困社会所造成的伤害，从而回应世界主义者的质疑。[④]

三是对代际正义理论的研究。一方面是围绕人类命运共同体构建对代际正义问题的研究。高景柱的研究指出，代际正义理论可以为人类命运共同体的构建提供以人为本、对后代人的责任意识以及正义的储存原则等价值共识。从代际正义理论的视角而言，我们在构建人类命运共同体时要推动世界伦理的建设，要在国内层面和国际层面保护后代人的权利，应当在发展的过程中秉承可持续发展的原则。[⑤] 另一方面是对当代主要思想家代际正义思想的研究。郭琰、米伟的研究指出，罗尔斯代际正义论的基本结构包含两个核心要素：社会契约论和

---

① 参见龚群《全球正义的进路与人道主义关怀》，《世界哲学》2018 年第 2 期；龚群《人类命运共同体及其正义维度》，《哲学分析》2018 年第 1 期。

② 宋建丽：《全球正义与人类命运共同体构想的世界意义》，《湖南师范大学社会科学学报》2018 年第 5 期。

③ 陈俊：《当代全球分配正义的理论论辩》，《世界哲学》2018 年第 1 期。

④ 谭研：《论罗尔斯对全球分配正义原则的拒斥——基于"基本结构"的视角》，《政治思想史》2018 年第 1 期。

⑤ 高景柱：《论代际正义视域中人类命运共同体的构建》，《国外理论动态》2018 年第 11 期。

正义储存原则，前者是代际正义原则得以辩护的基础，后者是处理代际关系的实质性原则。罗尔斯关于代际契约的构想存在许多问题，它需要做出一些修正，才能承担起推导正义储存原则的任务。[①] 沈昊驹的研究指出，虽然罗默的代际正义仅仅局限于代际分配正义，尤其是代际福利分配正义有着视阈的局限，但仍有重要的启示作用：代际正义必须以可持续为前提；代际正义必须明确当代人对后代人的义务；代际正义必须超越资本主义的生产和消费模式。[②]

（四）民粹主义

民粹主义成为当代西方最具影响力的政治思潮。就概念来说，俞可平认为民粹主义的概念具有模糊性。作为一种社会思潮，民粹主义的基本含义是它的极端平民化和反对精英主义的倾向；作为一种政治运动，平民化是其本质特征；作为一种政治策略，它指的是动员平民大众参与政治进程的方式。[③] 从时间上看，民粹主义则主要经历了三波浪潮，席卷欧美国家的第三波民粹主义浪潮被看作"大众的反叛"和人民力量的回归，对西方国家产生了许多负面影响。事实上，民粹主义对中国社会也产生了深刻影响，因而需要对民粹主义思潮进行深入研究。

一是对民主与民粹关系的分析。段德敏的研究指出，狭隘的经济主义的角度从根本上无法理解民粹与民主的区别，更无法说清楚现代民粹主义的起因以及应对它的有效办法，很容易导致对民粹主义的道德主义解读。要真正理解民粹主义，特别是民主与民粹的区别，必须突出"政治"这一维度，强调其自身的、内在的重要性。[④] 张继亮则对民粹主义与自由民主之间的关系做了具体分析，一方面，由于民粹主义强调人民主权以及公民参与的优先性，从而能够纠正自由民主过度精英化的倾向，因而具有重要的纠偏功能；另一方面，由于民粹主

---

① 郭琰、米伟：《契约论与充足论——解析罗尔斯代际正义论的基本结构》，《自然辩证法研究》2018 年第 4 期。
② 沈昊驹：《罗默的代际正义思想研究》，《中南财经政法大学学报》2018 年第 4 期。
③ 俞可平：《现代化进程中的民粹主义》，《战略与管理》1997 年第 1 期。
④ 段德敏：《民粹主义的"政治"之维》，《学海》2018 年第 4 期。

义试图用人民主权压制少数人的权利，反对宪法与法治的约束，因而它会威胁到自由民主中的自由面向。在现实层面则要根据民粹主义力量是否居于统治地位以及自由民主政体是否巩固来具体分析。① 林红指出："当人们承认民主与民粹具有客观相对性时，应该看到民粹主义与主流政治之间存在着互为因果的关系，一味地鞭挞、围剿民粹主义并不能推卸主流政治在制度上、政策上失误的责任，执政精英如果无法从民粹主义声势浩大的反抗中思考其道义性和必然性，反思自身制度的漏洞和政策的失误，进而将所谓威胁性的东西化解为制度正常运作的积极条件，民粹主义这个敌人将永远不倒。"②

二是对民粹主义产生原因的解释。一方面是从社会结构变迁角度进行的研究。田野的研究指出，在内嵌式自由主义的经济秩序下，作为稀缺要素所有者的产业工人可以获得一定的保护或补偿，从而认可全球化。但随着新自由主义全球化的推进，主流左翼政党通过劳动力市场的灵活性改革等方式来满足人力资本要素所有者的需求，不再顾及产业工人的利益。民粹主义政党逐渐成为维护产业工人利益的政党，相应地通过反自由贸易、反移民、反欧元等反全球化诉求来吸引产业工人的支持。随着民粹主义政党的兴起，欧洲的政党格局依据支持或反对全球化的不同选择而重新分化组合。③ 另一方面则是从制度失灵角度进行的分析。房宁、涂锋认为，在新一轮科技进步与生产体系变革的冲击下，西方国家内部经济体系日趋失衡，制度层面又无法进行有效回应，极端化的民粹主义意识形态遂成为必然选择。④ 高春芽则从制度失灵的角度进行了解析，现代国家中的民主政治主要表现为代议政治，公民选举代表组建代议机构，并借助代表之间的政治协商实现制度包容。由于政治过程代表性的丧失，西方国家中兴起了反

---

① 张继亮：《论民粹主义与自由民主之间的纠葛：敌人抑或朋友?》，《国外理论动态》2018 年第 11 期。

② 林红：《西方民粹主义的话语政治及其面临的批判》，《政治学研究》2018 年第 4 期。

③ 田野：《全球化、要素禀赋和政党重组——对欧洲民粹主义浪潮的一项解释》，《教学与研究》2018 年第 10 期。

④ 房宁、涂锋：《当前西方民粹主义辨析：兴起、影响与实质》，《探索》2018 年第 6 期。

建制的民粹主义。民粹主义者试图超越代议制的中介渠道，重申人民主权的激进内涵，认为只有实现人民的统治才能改变权力精英的执政僵局。代议民主的失灵是民粹主义产生的重要原因。①

三是对民粹主义影响的分析。吕普生、刘嘉敏认为，民粹主义的重新崛起对欧洲长期以来坚持的多元文化主义、全球化和欧洲一体化的主导性价值取向构成了强有力的挑战，并通过选举竞争、影响政策制定、削弱主流政党的影响力、影响主流政党的立场等政治运行机制，深刻地影响着欧洲当前的政治格局及未来的政治和社会走向。② 沈潜、王子谦、张国清亦认为，民粹主义同民族分离主义、文化孤立主义和民族（国家）主义等极端思潮存在合流趋势，影响着各国政党政治和选举政治，给世界政治局势带来不确定性。③ 事实上，民粹主义的兴起表明国家治理能力的衰弱，民主政治的捍卫者需要最大限度地建构社会共识，在民众参与和精英责任之间找到制度平衡的基点。④

三　问题与建议

目前，我国西方政治思想史研究正处于发展成熟的关键阶段。如何提高西方政治思想史学科体系、学术体系、话语体系的建设水平，增强学术原创能力成为摆在西方政治思想史研究者面前的重要使命。总体来看，2018 年我国西方政治思想史研究取得了一系列重要成果，对社会发展中所遇到的重大理论和现实问题做了积极回应，产生了良好的社会效果，但是我们必须居安思危，发现政治思想史学科发展中出现的一些现实问题，及早寻找破解之策。

---

① 高春芽：《民粹化民主的制度逻辑：包容与对抗》，《学海》2018 年第 4 期。
② 吕普生、刘嘉敏：《21 世纪欧洲民粹主义：新动向与政治影响》，《国外理论动态》2018 年第 11 期。
③ 沈潜、王子谦、张国清：《人民力量的回归——第三波民粹主义再评价》，《浙江大学学报》（人文社会科学版）2018 年第 3 期。
④ 高春芽：《西方民主国家的民粹主义挑战：矫正与威胁》，《当代世界与社会主义》2018 年第 6 期。

（一）突出问题

2018 年西方政治思想史研究从整体上说发展势头良好，产生了一批对社会发展很有价值的研究成果。在肯定成绩的同时，我们对西方政治思想史研究中所存在的问题也不能回避。经过认真分析，我们认为，西方政治思想史研究存在以下三个方面的问题：

首先，学术研究缺乏创造性。研究缺乏创造性表现在以下几个方面：第一，研究视野仍然不够开阔。研究议题仍然集中于西方政治思想史上具有代表性的思想家身上，应当加强对非主流政治思想、前沿思想流派和西方政治家思想的研究，拓展研究的视野和范围。第二，缺少健康的学术争鸣。尽管围绕重要议题有一些学术争论，但总体上学术争鸣并非研究的主流。第三，尽管对西方政治思想史研究方法的运用更加多样，但还没有形成普遍趋势。

其次，学术队伍建设亟待加强。一是西方政治思想史学科越来越多地受到政治科学、比较政治、公共管理、思想政治教育等领域的冲击，部分学者转到这些研究领域，进一步削弱了西方政治思想史研究学术队伍的力量；二是在国家社会科学基金项目、教育部重大项目、教育部哲学社会科学项目等科研课题持续增加的情况下，有关西方政治思想史的研究课题数量并没有相应增加反而出现了进一步减少的现象，严重影响了年轻学者投身西方政治思想史研究的热情；三是对学术队伍的培养不够重视，一些曾经的西方政治思想史研究重镇出现了人才断档问题，从而制约了这些高校培养西方政治思想史研究人才的能力；四是在具有政治学博士学位授权点的高校中，西方政治思想史方向的博士生越来越少，极大地制约了西方政治思想史研究后备人才队伍建设。

最后，学术话语有待增强。西方政治思想史话语体系建设还比较弱，具体表现一是西方政治思想史研究的专业刊物较少，影响了研究成果的发表，也影响了其社会影响力；二是西方政治思想史学科点并入政治学理论后，由二级学科点变为政治学理论下面的一个研究方向，不断弱化了西方政治思想史的学科话语力量和学科归属感；三是西方政治思想史学科在人才培养方面不尽如人意，很多高校不再招收西方政治思想史方向的研究生，进一步削弱了西方政治思想史学科的社会服务能力；四是西方政治思想史研究对国家发展所提出的重大问题回应明显不够。

（二）发展前景

回顾 2018 年我国西方政治思想史的研究成果可以发现，西方政治思想史研究取得了非常大的进步，涌现出一批高水平的研究成果，尤其值得肯定的是西方政治思想史研究中更加注重研究方法创新，更加注重对重要文本的精细化研究，更加注重对现实问题的回应。但是对西方政治思想史研究中存在的问题我们必须给予充分的重视，及早寻求可能的应对之策。西方政治思想史研究的学术同仁必须认识到学科发展所面临的诸多困难，通过自身的努力进一步壮大西方政治思想史学科的地位，增强西方政治思想史学科服务社会的能力。

首先，要创新西方政治思想的研究方法，通过方法创新带动学术创新。要在坚持马克思主义基本原理和方法的基础上广泛借鉴西方学者在西方政治思想研究中的成熟方法，"要敢于引进西方政治学的新理论、新方法，进行研究、验证"[1]，通过方法创新促进学术研究不断深化，逐渐形成具有影响力的学术流派。2018 年政治思想史研究中对施特劳斯学派的方法、英国"剑桥学派"的方法、德国概念史的方法有了较多运用，今后还应当继续加强。此外，现代社会科学的很多研究方法，比如大数据研究方法、文本分析方法、内容分析方法等研究方法在其他领域被证明是有效的，能否将这些研究方法引入西方政治思想史的研究当中，仍然有待全体学人的共同努力。

其次，通过加强学术队伍建设，夯实西方政治思想史学科发展的人才基础。目前，西方政治思想史的研究更加专门化、精细化，很难通过一己之力进行深入的西方政治思想史研究，因而需要加强学术队伍建设。一方面，国家要加强对西方政治思想史这一基础学科的重视，在学科发展平台方面给予相应的政策支持。另一方面，西方政治思想史研究者要形成具有凝聚力的学术共同体，加强不同高校之间在

---

① 赵宝煦：《开拓政治学研究的新局面》，《政治学研究》1987 年第 1 期。

学术交流、人才培养、科学研究等方面的合作。此外，要重视对西方政治思想史方向博士生的培养，加强西方政治思想史研究的后备人才队伍建设，切实扭转部分高校出现的西方政治思想史研究后继无人的窘境。

最后，构建具有中国特色的西方政治思想史知识体系，增强西方政治思想的知识供给能力。一是进一步加强学术期刊建设，为西方政治思想学科发展提供专业化的成果发表平台。目前，专业的政治思想史研究期刊只有《政治思想史》一种，尽管像《政治学研究》等政治学的综合性期刊也发表一些西方政治思想史研究的论文，但仍难以满足政治思想学科论文发表的需要。二是国家要进一步加大对西方政治思想学科的经费支持力度，尤其是在各类科研立项中要对西方政治思想这样的基础学科给予单独的资助，增强西方政治思想学科为国家建言献策的能力。三是西方政治思想史的话语体系建设是一项系统工程，往往与学科体系建设和学术体系建设融合在一起，为了更好地增强西方政治思想史的话语体系建设，还需要加强学科体系建设和学术体系建设，重点是增强学科平台建设、学科点建设、学术队伍建设，推出一批能够真正服务社会的高水平成果。

中国政治思想史研究的新成就

张师伟[*]

中国政治思想史作为一种学科化知识，开始于西方政治学知识进入中国之后，但这只是中国政治思想史学科产生的一个外部必要条件，而中国政治思想史作为一门学科开始的内在依据，却是中国政治面向现代化的发展驱动。[①] 中国政治的现代化发展一方面需要克服来自几千年传统的惰性，并参照西方现代世界的先例进行政治上的启蒙，另一方面，中国政治的现代发展又不能完全照搬照抄西方政治，而必须有自己的个性与特色，其个性与特色又只能在中国政治的历史发展中去找寻，中国政治思想史研究就是进行这种找寻的有效路径。不过，在中国传统上既然没有自己的学科化了的政治知识体系，那就意味着中国政治思想史的研究对象需要参照西方政治学知识在理论上进行重新建构。[②] 不论是哪种风格或价值取向的中国政治思想史研究，都决然少不了这种重构研究对象的工作，但又无可讳言地存在着各自在重构程度上的差异。一般而言，政治学领域对中国政治思想史研究对象的重构程度要明显大于历史学领域和哲学领域，并明显地受到美

---

* 西北政法大学政治与公共管理学院，中华法系与法治文明研究院、文化与价值哲学研究院。

① 葛荃主编：《认识与沉思的积淀：中国政治思想史研究历程》，河南人民出版社2007年版，第429页。

② 张师伟：《中国政治思想史研究的百年回眸与学术省思——本土政治理论的概念检视与话语梳理》，《人文杂志》2019年第2期。

国等发达国家政治理论成果的影响。中国政治思想史研究即使在理论话语上如此紧跟美国政治学领域的理论话题及实证风格，也很容易被当成科学性不够的政治知识而遭遇发表上的困境。尽管有学者呼吁要在中国政治思想史研究中加大政治学的存在感，以减轻历史学方面的过重影响①，但无可讳言的一个事实就是，中国政治思想史研究在国内政治学一流学科建设中的地位正在下降，并正被加速边缘化，政治学专业期刊上发表的中国政治思想史成果的占比相当小。但与中国政治思想史在政治学领域的边缘化相比，它在广泛的人文社会科学领域的表现却是越来越热。中国政治思想史研究在 2018 年即彰显了这种变化趋势，即中国政治思想史不仅越来越受到来自历史领域及哲学领域学者的关注，而且在研究方法及著述范式上明显受到了历史学和哲学的影响。

虽然中国学术界近几年来出现了本土化的热议，中国风格、中国特色、中国气派的话语体系在各人文社会学科都比较流行，但在学术研究的实践中，西方话语仍然被包裹在科学的盛装下，问题导向、实证主义和科学主义日益居于统治地位。中国政治学存在着走向狭隘的政治科学的趋势，中国政治思想史不仅在研究对象的内涵及外延上远远超出了政治科学的狭隘范围，而且在研究方法、范式及结论上也与政治科学的要求相去甚远。中国政治思想史研究既不是西方政治科学意义上的实证化科学研究，也不能为实证化的政治科学研究提供理论工具或分析方法等，但它是不是就没有学科意义上的科学价值呢？实际上，中国政治思想史研究虽然从来都有强烈的经世情怀，但它的发展却主要受益于其他学科如历史学、哲学等，它在政治学领域的存在及发展常常由于中国政治学知识自身的限制而难以充分展开。中国政治思想史研究虽然在知识论的意义上服务于政治学②，但却不能忽略它作为学科存在的跨学科特征。中国政治思想史 2018 年的研究状况表明，充分开展历史学、哲学等

---

① 张小稳：《中国政治思想史编纂的现状、问题及新思路》，《许昌学院学报》2018年第 1 期。

② 张师伟：《中国政治思想史的学科定位及学术使命——一种基于知识论视角的分析》，《天津社会科学》2013 年第 1 期。

的跨学科研究，是中国政治思想史研究很好地服务于中国政治学知识体系建构与完善的必要条件。

一 中国政治思想史研究的编纂体例与典范反思

刘泽华是近 40 年来中国政治思想史研究的代表性人物，他的学术观点在学术界广受关注。他不仅形成了关于中国传统政治思想及社会的王权主义观点体系，而且开创了被有些学者名之曰"王权主义学派"[1] 或"刘泽华学派"[2] 的学派，他的代表性研究成果《中国政治思想通史》（九卷本）还被有的学者称为"中国政治思想史研究的百年典范"[3]。实际上，自 2014 年《中国政治思想通史》出版以来，学术界已经有学者结合该书，就中国政治思想通史的研究范式与编纂体系等，写了专门的论文，并被中国人民大学复印报刊资料《政治学》全文转载。[4] 刘泽华主持编纂的《中国政治思想通史》实际上代表了一种中国政治思想史的研究范式，这种范式既体现了历史学的观察和审视维度，也具有明显的现代政治理论特质，它延续了萧公权历史学方法与政治学视角结合的传统，并在运用历史学方法上达到了新的高度，它在理论上的价值虽然是政治学意义上的，但在范围上却又远远超过了政治学所关注的范围。

（一）刘泽华及刘泽华学派

刘泽华的中国政治思想史研究在国内外广受关注，其学术影响覆盖了历史学、政治学及哲学等领域。李振宏、王学典等历史学界的学

---

① 李振宏：《中国政治思想史研究中的王权主义学派》，《文史哲》2013 年第 4 期；《在矛盾中陈述历史：王权主义学派方法论思想研究》，《河南师范大学学报》（哲学社会科学版）2017 年第 5 期。

② 方克立：《为"刘泽华学派"赞一个》，《天津社会科学》2015 年第 2 期；陈寒鸣：《刘泽华与"刘泽华学派"》《刘泽华与"刘泽华学派"二》，《衡水学院学报》2018 年第 4、5 期。

③ 杨阳：《中国政治思想史学科的百年典范——评刘泽华总主编的〈中国政治思想通史〉》，《政治学研究》2018 年第 5 期。

④ 张师伟：《中国政治思想通史的贯通性理解与整体性呈现》，《南京师大学报》（社会科学版）2016 年第 6 期，中国人民大学复印报刊资料《政治学》2017 年第 2 期。

者近年来对"刘泽华学派"或"王权主义学派"的介绍，在一定程度上助推了学术界对刘泽华中国政治思想史研究观点的关注，"刘泽华学派"与"侯外卢学派"在"中国现当代马克思主义史学史上""格外引人注目"①。侯外卢学派传人之一的陈寒鸣在《刘泽华和"刘泽华学派"》一文中，详细系统地呈现和阐释了"刘泽华学派"的学术特点、形成历程、理论贡献与学术影响力等。据陈寒鸣追述，"刘泽华学派"的提法，可以追溯到1991年黄宣民在全国首届中国政治文化学术讨论会上的主题报告。黄宣民在报告中肯定了"刘泽华先生是很有成就、很有思想的"，并认为刘泽华与他的合作者的思路和研究成果"可归之为'侯外卢学派'"，强调刘宣民的政治思想史研究"自觉地运用并且是发挥性地运用了外老的治学方法，发展或至少是引申了外老的学术观点"，并认为刘泽华等的学术成果"又具有了与外老、与外卢学派不甚相同的自身特色"，表达了"期盼独具特色和个性色彩的'刘泽华学派'早日形成并发展壮大"的愿望②。陈寒鸣分析了刘泽华的早年学术经历，认为"刘泽华教授虽曾师从杨荣国先生，与'侯外卢学派'有亲缘关系，并深受外老研究方法和学术思想的影响，但他的学说思想体系与侯外卢先生的学说思想体系有明显不同，刘泽华教授的研究方法及其学说思想体系确有鲜明的个性特征"③。这里的鲜明个性特征就成为刘泽华学派得以形成的客观依据。

陈寒鸣在分析刘泽华主要学术观点及形成过程的基础上，对刘泽华现实研究的方法特点进行了简要概括。他认为，"刘泽华教授继承了外老会通社会史与思想史的研究方法"④，但又不同于外老注重"运用马克思主义特别是政治经济学原理，分析社会史以及思想史，说明经济基础与上层建筑、意识形态之间的辩证关系"⑤，而"以

---

① 陈寒鸣：《刘泽华与"刘泽华学派"》，《衡水学院学报》2018年第4期。
② 陈寒鸣：《刘泽华与"刘泽华学派"》，《衡水学院学报》2018年第4期。
③ 陈寒鸣：《刘泽华与"刘泽华学派"》，《衡水学院学报》2018年第4期。
④ 陈寒鸣：《刘泽华与"刘泽华学派"》，《衡水学院学报》2018年第4期。
⑤ 陈寒鸣：《刘泽华与"刘泽华学派"》，《衡水学院学报》2018年第4期。

'王权支配社会'来分析社会史和思想史"①。刘泽华以"王权支配社会"分析中国政治思想及其社会特点，坚持了会通社会史与思想史的原则性宗旨，一方面"从社会史角度深入探索'王权支配社会'"，另一方面"更全面更深入地研究中国政治思想史和传统政治哲学与政治文化"，最终形成"王权主义"的学说思想体系。②陈寒鸣在文章中追述了"刘泽华学派"的形成过程，认为"刘泽华学派"的形成经历了三个阶段，分别以三部集体著作撰述与出版为标志。刘泽华主编并于1991年由吉林教育出版社出版的《中国传统政治思维》在客观上是"刘泽华学派"形成雏形的标志，这部书"亦可称之为'刘泽华学派'的发轫之作"；刘泽华主编的《中国政治思想史》（三卷本）于1996年由浙江人民出版社出版，这部书的撰写和出版是"'刘泽华学派'正式形成并获初步发展的标志"；刘泽华总主编的《中国政治思想通史》（九卷本）是"'刘泽华学派'发展至圆融之境的标志"③。"在'刘泽华学派'形成和发展过程中，作为开宗立派者和学派核心人物的刘泽华教授为这个学派确立了基本的理论方向和学理基础""刘泽华教授的不少弟子和同道为'刘泽华学派'的形成与发展做出了各自的贡献"④。

（二）中国政治思想史学科的百年典范

中国政治思想史研究在中国经历了大约100年的发展历史，其间的发展有目共睹，其中的跌宕起伏也颇为令人感慨。在百年当中，不同的学者因为学术背景及主观追求的不同，写出了不同撰述体例和不同观点体系的中国政治思想史研究著作。这些著作依照研究的方法及写作的动机大体上可分为两类：其一是单纯地关注政治理论，以从西方获得的政治概念与理论为依托，根据自己对这些流行政治概念及理论的理解，寻找和整理出中国自己的政治概念体系与理论逻辑的发展线索，依照西方政治学的葫芦画出一个中国政治

---

① 侯外庐：《韧的追求》，生活·读书·新知三联书店1985年版，第327页。
② 陈寒鸣：《刘泽华与"刘泽华学派"》，《衡水学院学报》2018年第4期。
③ 陈寒鸣：《刘泽华与"刘泽华学派"二》，《衡水学院学报》2018年第5期。
④ 陈寒鸣：《刘泽华与"刘泽华学派"二》，《衡水学院学报》2018年第5期。

学的瓢，以此达成其经世的实践目的。① 其二是立足于综合运用现代社会科学体系的历史学，参照现代政治学的概念与理论，分析中国历史上的政治实践问题与政治理论问题，并试图从社会和思想相结合的维度，以政治实践的问题为导引，分析和梳理古人的议题、话题、问题与命题等，呈现出一个历史维度上的中国政治思想内容体系，它在主观动机上继承了启蒙的传统。② 另外，有的学者在研究中国政治思想史时，以西方近现代较为流行的政治概念与理论为模型参照，试图在中国古代历史上的政治实践与政治理论中找到西方政治概念与理论的对应物，罔顾中国古代政治的独特性，将中国古代特有的政治制度、政治概念、政治理论予以西化的解读，在认识上将中国传统政治之鹿强指为西方之马。③

中国政治思想史研究领域关于研究范式与撰述体例的争论，实际上包含着彼此在关于中国政治思想现代价值上的重大分歧。有的学者强调中国传统政治理论中包含着一个完整的现代政治理论，他们不仅试图将中国政治思想史研究转化为经学的研究，而且试图在经学化的研究中实现政治复古。④ 有的学者则强调中国传统政治理论产生于传统时代，并服务于传统时代，这就要求运用历史学的方法和政治学的观点，呈现作为一种历史事实的中国政治思想。梁启超《先秦政治思想史》、萧公权《中国政治思想史》、萨孟武《中国政治思想史》等著作之所以在学术界具有持久旺盛的生命力与影响力，就是因为他们坚持了历史学方法与政治学视角的有机结合，特别是萧公权《中国政治思想史》更是在国外学术界具有持久影响力，它的英译本虽然只完成和出版了上卷，其余部分尚未完成英译工作，但仍然是一部不可替代的重要著作。刘泽华作为一个历史研究者，在中国的政治学还被取

---

① 张师伟：《中国政治思想史研究的百年回眸与学术省思——本土政治理论的概念检视与话语梳理》，《人文杂志》2019 年第 2 期。
② 张师伟：《中国政治思想史研究的百年回眸与学术省思——本土政治理论的概念检视与话语梳理》，《人文杂志》2019 年第 2 期。
③ 张师伟：《中国政治思想史研究的百年回眸与学术省思——本土政治理论的概念检视与话语梳理》，《人文杂志》2019 年第 2 期。
④ 张师伟：《中国政治思想史研究的百年回眸与学术省思——本土政治理论的概念检视与话语梳理》，《人文杂志》2019 年第 2 期。

消的阶段就开始关注中国政治思想史，并认为中国政治思想史研究是了解中国历史的重要方面，"不懂政治思想就难于触及历史的灵魂"①。他从认识中国历史出发，进行中国政治思想史的研究探索，从而带来了比较独特的历史学视角与历史学方法，而他的历史学视角与历史学方法中又带有马克思主义历史唯物论理论体系的政治知识体系，从而使他在某种程度上能够继承和延续萧公权历史学方法和政治学视角相结合的研究传统，在改革开放时代开创了历史学与政治学相结合的中国传统政治思想史研究范式，开宗立派，创立了中国政治思想史研究的"刘泽华学派"或"王权主义学派"。

刘泽华总主编的《中国政治思想通史》出版后，学术界多有评议，就中国政治思想通史的编纂等发表了若干评论，积极评价了该著作的优点及贡献等。中国政法大学的杨阳 2018 年在《政治学研究》上发表《中国政治思想史学科的百年典范——评刘泽华总主编的〈中国政治思想通史〉》一文，将刘泽华总主编的《中国政治思想通史》放在中国政治思想史学科的百年历史中，进行了对比性的评述，高度评价了刘泽华关于中国政治思想史研究对象、研究方法、撰述体例及学术观点等方面的优点与贡献，并将其称为"中国政治思想史学科创建百年以来的典范之作""扛鼎之作"②。杨阳认为，《中国政治思想通史》将"刘泽华关于中国政治思想史主旨的王权主义与各时期政治思想主题有机结合，以高度凝练出的问题意识，引领各分卷的内容厘定、体例安排、方法选择和叙事风格，体现了对中国政治思想史研究对象、研究方法、编纂体例和叙事方式的全面创新"③。《中国政治思想通史》拓展了研究对象，创新了研究方法。虽然政治学说关注的主要问题是国家政权问题，但他又因为本着"宁失之于宽，勿失之于狭"的原则④，其所确定的"各卷内容和叙事主题都远远超过了国家

---

① 刘泽华：《中国政治思想史集》（第 1 卷），人民出版社 2007 年版，"总序"第 12 页。

② 杨阳：《中国政治思想史学科的百年典范——评刘泽华总主编的〈中国政治思想通史〉》，《政治学研究》2018 年第 5 期。

③ 杨阳：《中国政治思想史学科的百年典范——评刘泽华总主编的〈中国政治思想通史〉》，《政治学研究》2018 年第 5 期。

④ 刘泽华主编：《中国政治思想通史·综论卷》，中国人民大学出版社 2013 年版，第 6 页。

政权范围""将政治哲学、治国方略和政策、政策实施及政治权术理论等纳入政治思想史研究范围""在很大程度上重新厘定了中国政治思想史的研究内容"，并在"编纂体例和叙事方法方面产生重大创新"①。《中国政治思想通史》"改变了单一列传体的编撰体例和叙事方式，突出了问题导向""对思想家的个案讲解，大多围绕某一时期的政治思潮或政治思想演变趋向展开""大量增加了评述统治集团政治思想的篇幅""极大地修正了政治思想史研究中的主角错位问题，让真正的政治思想家占据了中国政治思想史的舞台"②。

（三）中国政治思想史编纂体例反思

张小稳从政治学与行政学本科专业教学用书的角度，对中国政治思想史著作编纂体例的问题进行了探讨，通过对已有通史性著作的比较分析，提出了编纂所存在的问题，并给出了解决问题的若干思路。他发表的《中国政治思想史编纂的现状、问题及新思路》一文，追述了自梁启超《先秦政治思想史》以来主要代表性著作的编纂情况，认为民国时期产生的作品"带有鲜明的时代色泽，其侧重传统历史学的研究方法半文言化的表达方式已经不太适合今天教学的需要"，20世纪80年代和90年代的中国政治思想史作品"还带有马克思主义阶级斗争的痕迹""已经略显陈旧""很少使用"，刘泽华总主编的《中国政治思想通史》则卷帙浩繁"不太适合本科教学"③。张小稳在分析了曹德本主编的《中国政治思想史》、马工程版《中国政治思想史》及江荣海《中国政治思想史九讲》的著作特色后，分析了"已有中国政治思想史著作存在的缺憾和不足"，主要的遗憾和不足有：在学科意识上重历史学轻政治学，这很难适合政治学专业本科学生的需求；缺乏政治学本土化的意识，现有的著作普遍缺乏问题意识，缺

---

① 杨阳：《中国政治思想史学科的百年典范——评刘泽华总主编的〈中国政治思想通史〉》，《政治学研究》2018 年第 5 期。

② 杨阳：《中国政治思想史学科的百年典范——评刘泽华总主编的〈中国政治思想通史〉》，《政治学研究》2018 年第 5 期。

③ 张小稳：《中国政治思想史编纂的现状、问题及新思路》，《许昌学院学报》2018 年第 1 期。

乏与现实对话意识，缺乏回应西方政治理论的意识；重思想内涵而轻思想外延，对于政治思想的具体内容是什么、是怎么形成的，着力较多，而对某种政治思想在当时的政治、社会中所起的作用是什么，则阐释较少；对于中国古代政治思想的本质、结构及其近代转型的认识都是非常模糊的。①

张小稳认为，中国政治思想史著作的编纂，首先要摆脱"单纯的历史学思维方式，从现实出发，从现代政治学和政治学本土化的角度去审视、解剖中国传统的政治思想"，要考虑中国政治思想的分期，不能"仅从思想的角度"落笔考虑，而应从"政治思想和政治体制、社会结构相结合的角度提出分期"，将中国政治思想史分成殷商时期以祖先崇拜为核心的政治思想，周代以尊祖敬宗为核心的政治思想，以天人合一、王权主义为核心的政治思想，辛亥革命至今的政治思想四个时期。② 其次要对中国政治思想进行结构性研究，提炼核心思想、构建有机框架，形成结构性的认识。③ 张小稳从本科教学需要出发探讨中国政治思想史著作的编纂，具有基础性工作的价值，但其所提出的评价性认识和如何编纂的具体观点主张，也多有观察不深入和分析不细致之处。比如对萧公权《中国政治思想史》的评述即失之于简单，因为萧著在诸多似是而非的重要问题上都有着极其清醒、精准的理论判断，而且他的诸多论述都特别有利于我们在具有西方政治学知识背景的情况下，准确地区别中国传统与西方现代。④ 作者对 20 世纪80 年代以来作品的判断也有些草率，比如对曹德本主编的《中国政治思想史》及马工程版的《中国政治思想史》两者的指控就有点无的放矢，因为两者的政治学味道要远远大于历史学味道。作者提出的要对中国政治思想史进行结构性分析，有一定的道理，但在其他诸如

---

① 张小稳：《中国政治思想史编纂的现状、问题及新思路》，《许昌学院学报》2018年第 1 期。

② 张小稳：《中国政治思想史编纂的现状、问题及新思路》，《许昌学院学报》2018年第 1 期。

③ 张小稳：《中国政治思想史编纂的现状、问题及新思路》，《许昌学院学报》2018年第 1 期。

④ 张师伟：《中国政治思想史研究的百年回眸与学术省思——本土政治理论的概念检视与话语梳理》，《人文杂志》2019 年第 2 期。

分期问题上的主张则显然缺乏基于思想事实的合理分析。

中国政治思想史编纂体例既是一个具体的技术问题，又是一个超越了技术问题的研究范式问题，两者紧密结合，不可分离，一定的研究范式必然对应着一定的编纂体例，而一定的编纂体例又总是体现出一定的研究范式。中国政治思想史的研究与编纂既是一个政治学领域的问题，也是一个历史学领域的问题，既涉及了政治本身，又牵涉了政治之外。这就在一定程度上要求中国政治思想史的研究者与著作编撰者具有宽广的学科视野，以便在研究和著作编纂的过程中能真正处理好中国政治思想史知识体系的详尽梳理和完整呈现问题，从而将政治思想现象描述、客观规律等的归纳与公允的评价结合起来。刘泽华总主编的《中国政治思想通史》作为一部学科典范的作品，体现了研究者学科视野及理论素养上的三通，即理论上的逻辑贯通，体现了完整的理论分析框架；时间上的古今连通，将中国政治思想史在不同历史时期的阶段性发展连通成一个绵延不绝的有主题的思想链条；空间上派别融通，将某一个时代的共同思想命题提炼出来，在纷繁芜杂的思想流派中识别出主流性的时代思潮。① 《中国政治思想通史》做到了对中国政治思想史的完整呈现，刘泽华没有"局限于某个学科，而是在问题导向的学术研究中逐步自觉地走向了跨学科研究"，并在"跨学科之间实现理论上的融会贯通"②。中国政治思想史在研究范式及编撰体例上，一是要尽可能地克服单一学科思维，因为不仅单一的历史学科不能准确地呈现历史上政治理论的完整逻辑，而且单一的政治学科也不能了解历史上政治理论的历史背景、历史内涵及历史影响等；二是克服以某个学派遍观全局的弊端，尤其是不能把丰富复杂的中国政治思想史内容过滤、简化，甚至以为中国政治思想史就是某家某派政治思想的发展史，如此就难免会一叶障目而不见泰山了。

---

① 张师伟：《中国政治思想通史的贯通性理解与整体性呈现》，《南京师大学报》（社会科学版）2016 年第 6 期，中国人民大学复印报刊资料，《政治学》2017 年第 2 期。

② 葛荃、孙晓春、张师伟：《追思刘泽华先生》，《政治思想史》2018 年第 2 期。

二　中国政治思想史研究的事实呈现及历史透视

学术界对中国政治思想史研究对象的理解和表述，大多比较侧重从中国政治思想的内涵及内容着手，突出政治学的理论视角，采取列举的方式，但也有相当多的学者在中国政治思想史研究对象的理解和表述上，较多地突出了它的历史属性。中国政治思想史的研究对象无疑只能是存在于特定历史阶段的具体政治理论，而那些特定历史阶段的具体政治理论既是一种历史性存在，也是一种政治性存在。中国政治思想史作为政治学理论的一个分支学科，不仅其存在的目的具有知识论意义上的政治学属性，从而负有为政治学理论的创新发展提供系统性知识支持的责任，而且必须使用政治学理论的视角与分析方法，只有如此，才能比较准确地认识作为一种历史事实的政治理论。[①] 但中国政治思想史学科的历史属性也特别重要，毕竟作为中国政治思想史研究对象的政治概念及政治理论具有与时俱进的历史变易性。所以只有具备历史学的视角和运用历史学方法，进行恰当的历史学分析，我们才能准确地理解和解读某个历史阶段政治概念及政治理论。每一个时代的政治概念及理论都有其特定的时代针对性，当它所面对和要解决的问题随着时代的变迁而变化时，它就会发生时代性的巨大变革，政治概念的含义会今非昔比，政治理论的逻辑体系也会大幅度调整。[②] 这就意味着中国政治思想史研究并不能完全以今天的政治概念及理论为准，在历史的长河里按图索骥，而必须真正使用历史学的方法，对概念、命题、判断及理论体系等进行实事求是的历史学分析，立论要"基本来自归纳法，所有的材料都是从'母本'中梳理出来的，而且在解释和运用时也都以'母本'的整体性为前提""绝不抓住一两句话，离开'母本'体系，推导和演绎出现代性的政治观念

---

① 张师伟：《中国政治思想史的学科定位及学术使命——一种基于知识论视角的分析》，《天津社会科学》2013 年第 1 期。

② 王楷模、张师伟：《政治思想一般性质的哲学分析》，《宝鸡文理学院学报》（社会科学版）2004 年第 3 期。

或理论"，这样才能使得出的结论"更接近历史的本来面目"①。只有从历史的维度进行分析，完整地分析政治思想家的言论等，才能真正搞清楚古今中西之间的实质区别，才能将《管子》中的"以法治国"准确地定性为"人治"②。2018 年，中国政治思想史研究的历史学分析较为突出。

（一）政治概念史研究中的含义还原

中国政治思想史的研究对象是存在于传世文献中的政治概念及理论等，其中许多关键的概念及重要的理论，不仅经历了漫长历史时期的诸多阶段性的变化，而且在接受现代政治学概念及理论体系观照的时候，出现了基于现代的诸多理解与解释的偏差，甚至于出现了概念解释上的比附。这种比附自中国政治思想史作为一个学科存在以来就存在着，即便有些学者对之做过精细的辨析，也还是难以阻遏比附性解读中国传统政治概念的现象，其中最重要的比附就是以民本来比附民主。③ 比附之外还有曲解，曲解就是委婉曲意地理解与解释传统时代的概念与命题等，以便能够在传统的概念中梳理出一个现代的政治概念谱系与理论结构。不仅自由、民主、公民、宪政、法治等现代性政治概念都在古代被找到了，而且找到了类似于西方现代政治制度的儒家宪政制度。④ 有些学者则从现代政治概念与理论的关键词入手，在中国传统时代寻找相同的词汇，并将两者的含义直接贯通，强调现代政治概念很早就出现在中国历史上。这实质上也是变相地将中国传统政治概念在理解和解释上进行了现代化的曲解，比如法治概念的被曲解⑤，自由概念的被曲解⑥，共和概念的被曲解⑦，就具有相当的代

① 刘泽华：《中国政治思想史集》（第 1 卷），人民出版社 2007 年版，再版弁言第 2 页。

② 萧公权：《中国政治思想史》，新星出版社 2005 年版，第 137 页。

③ 汪荣祖：《萧公权〈中国政治思想史〉增订版弁言》，见萧公权《中国政治思想史》，新星出版社 2005 年版，增订版弁言第 3 页。

④ 姚中秋：《儒家宪政民生主义》，《开放时代》2011 年第 6 期。

⑤ 段斌：《我国传统法治思想及当代价值研究》，《黑河学院学报》2018 年第 10 期。

⑥ 金小方：《现代新儒家对儒家自由观的接契与转型》，《河南社会科学》2015 年第 7 期。

⑦ 林明、樊响：《中国古典共和观及其传承价值》，《文史哲》2015 年第 6 期。

表性。

在这种背景下，研究者关注政治思想史历史属性的工作就显得特别有价值，因为他们的工作就是要夯实中国政治思想史发展过程中的事实基础。宁镇疆在《历史研究》2018 年第 2 期上发表《也论"余一人"问题》一文，对中国上古殷周时期的"余一人"称谓进行了立足于第一手文献的扎实分析，文章运用语义分析方法，与胡厚宣依据文献给出的意义解释，进行了商榷，不同意胡先生给出的并在学术界较为流行的"余一人"称谓代表专制、独裁的观点，而主张将"余一人"称谓作为王的"谦称"，"余一人"称谓彰显了王在国家治理方面的"势单力孤"。作者分析了大量的一手文献，用语义分析的方法，对商周时期的第一人称自称进行分析，将"余"作为较为普遍的第一人称自称，将"一人"作为王及诸侯等的特指，并且依据文献分析结果指出"余一人"确为王所专用。① 作者还分析了"余一人"所使用的三种不同语境，并认真分析了它的具体含义，但在解释"余一人"何以为王的谦称问题上，却过于拘泥于文本的语义，且过于突出了王作为国家治理负责方"势单力孤"的少数，强调了王治理国家需要辅弼的需求。作者在文章中将"余一人"的称谓与春秋战国时期诸侯王的称孤道寡相比较，也有相当的启发意义。但谦辞的说法来自儒家经学著作《白虎通》，以汉代才流行起来的经学解释来解释上古政治词汇，难免有不尽妥当之处。王者"余一人"称谓即使有自谦的成分，也是在至上神及祖先神面前，而在其他人面前的自称则更多地体现了至高无上的自觉意识，"余一人"是只有最高统治者才能使用的自称，本身就凸显了专制独裁的政治特质。晁福林认为，殷周时期"万方有罪，维予一人""百姓有过，在予一人"，这类话应当是"君王自罪、自责的习语"，但这类"言辞所表现的担当精神，透着'天下英雄，舍我其谁'的气魄，显示出的是人的自信，是作为天下领袖的强烈责任感。……'殷先哲王'不总是俯伏在地的弱者，而是有强烈责任感的伟人"②。

① 宁镇疆：《也论"余一人"问题》，《历史研究》2018 年第 2 期。
② 晁福林：《从甲骨文"呙"字说到殷人的忧患观念》，《文史哲》2018 年第 4 期。

100 多年来,特别是近 40 年来,中国在政治学领域向西方学习,引入了很多西方的政治概念及理论,但这些概念及理论又都进行了翻译的处理,这些经由翻译西方而来的中文新话语似乎就成了一种典型的新事物,虽然它们在名词上或许并不新,而是完全使用了中国的古典词汇,但是,如果细加梳理,就不难发现中国古典的政治话语中并不缺乏与那些名词相对应的思想。卜宪群在《政治学研究》2018 年第 3 期上发表《中国古代"治理"探义》一文,对中国古代的"治理"进行了含义分析,有效地纠正了学术界对中国是否存在本土性的"治理"理论的不恰当看法。作者首先对那些认为中国历史上只有统治而无治理及治理只是当代国家的产物等看法表示了反对,而后对"治"与"理"的本义进行了梳理。他指出,"'治'的本义是水名……对国家政事管理的'治',是由'治'水演化、引申而来。……春秋时期的'治'……与'乱'相对""国家管理的有条理、有秩序,才可以称之为'治'""战国时期'治'的使用更加普遍,继续沿用了春秋时期的含义"。"'理'的本义是攻玉的方法……先秦时期"理"由攻玉演化出三种含义:一为正土地疆界。……二为职官。……三为按照事物规律、道理行事。……战国晚期,治与理二字合二为一,形成了'治理'一词……指国家管理应按照某种规律、规则行事之义。……秦汉以后……'治理'一词也沿袭了其在战国时代的含义,普遍出现在文献中"①。同时,作者在文章中还梳理了中国古代的"治道"话语,认为中国古代的治道理念出现在春秋战国时期,秦汉以后更多地被引入政治领域,其基本的含义就是治理之道。② 作者认为,中国古代的治理思想与治道政治文化传统,既有自上而下的治理思想,也有注重民间社会参与的治理思想,"中国古代的治理思想由于时代的局限性,其具体内涵当然不是全部适合今天的社会。但其中追求法治、廉平、教化、任贤、民本、向公、俭约及社会参与等基本治理精神,对今天的国家治理仍然具有借鉴意义"③。

---

① 卜宪群:《中国古代"治理"探义》,《政治学研究》2018 年第 3 期。
② 卜宪群:《中国古代"治理"探义》,《政治学研究》2018 年第 3 期。
③ 卜宪群:《中国古代"治理"探义》,《政治学研究》2018 年第 3 期。

（二）特定历史阶段的主流政治观念梳理

作为历史学组成部分的中国政治思想史，虽然在其自然发展的过程中具有毋庸置疑的历史连续性，但作为中国政治思想史研究对象的具体资料则又具有选择性。这既是因为政治思想发展史客观存在着概念等的新陈代谢，不论是概念本身，还是概念的含义，都存在着一些跨越时代的重要变化，也因为某些历史阶段的政治概念等具有特别重大的影响力，以致政治思想史发展中的一些重要思想资料被后起的资料所遮蔽。中国政治思想史的自然发展过程既然总是离不开对曾经的政治思想进行梳理、选择与加工等，那么我们就不能依照后人梳理和加工过的结果来认识中国政治思想的自然发展史，而必须尽可能地进行中国政治思想史研究的还原性认识。这就要求中国政治思想史的研究者首先要具备历史学的素养和视角，运用历史学的方法，努力还原和呈现中国政治思想发展过程的原始政治思想事实，只有以政治思想事实为依据，才可能得出较为可靠且科学的中国政治思想史研究结论。中国政治思想史研究中出现的原始政治思想事实，本身就不很充分，特别是其形成和发展早期，许多重要概念还需要在事实层面依托新的材料，进行进一步仔细的思想事实还原。前述关于殷周"余一人"的概念解读即属于此类。另外，原始政治思想事实的不足甚至缺失，在一些特别的时代显得较为明显。这样的情况，或者是因为某个时代的政治思想事实被后来人的描述遮蔽了，以致当时的思想事实被冷藏起来，比如秦王朝的诸多政治思想事实即被汉以后的描述遮蔽了，以致有著名学者认为，秦在中国的历史文化传统中毫无地位，因为秦信奉法家，"道"从"势"出，"历史文化传统对他们而言是没有真实意义的"；[①] 或者因为还没有被学术界系统地整理过，以致屡屡被研究者忽略掉了，比如南北朝时期的诸多政治思想事实，特别是关于北方少数民族政权的政治思想事实，还没有充分地反映在中国政治思想史著作的叙述中。刘泽华主编的《中国政治思想史》（秦汉魏晋南北朝卷）及其总主编的

---

① 余英时：《士与中国文化》，上海人民出版社 1987 年版，第 110 页。

《中国政治思想通史》（魏晋南北朝卷）也都完全没有涉及胡人政治观念与政治思想方面的问题。

刘泽华在研究中充分关注了秦王朝的政治文化，依据《史记》的传记及刻石等材料，展示了秦王朝政治文化的主要内容、内在结构及其思维特点，高度评价了秦王朝的皇帝制度及皇帝观念在中国政治思想史上的重要地位，将秦始皇看作中国皇帝制度及皇帝观念的祖师爷。[①] 学术界在评价秦统一六国的功绩及其影响时喜欢采用"大一统中央集权帝国"的表述，但"大一统"的表述并不是秦王朝自身的惯用表述，而是西汉独尊儒术后儒家经学的表述。孙闻博在《史学月刊》2018 年第 9 期上发表《"并天下"：秦统一的历史定位与政治表述——以上古大一统帝王世系为背景》一文，不仅对秦王朝的"并天下"表述进行了历史还原的呈现，而且对"大一统"表述代替"并天下"表述进行了一定的解释。作者认为："'大一统这一理念的提出，最初主要在标举以周天子为核心所确立的'天子—诸侯'政治模式，且侧重政治理念与政治文化的层面，即周天子声教'辐射'诸侯与诸侯尊奉王室而'会聚'四周的'一统'。"[②] 自西周初年出现"天下"用语以来，东周时已经普遍采用，而作为与"天下"几乎同意的"禹迹""九州"借助于商人、周人的史诗，也可上溯到更早的传说时代，天下"一统"的上古帝王世系历经殷商、西周、春秋及战国而逐渐建构起来。大一统的帝王世系"对秦统一后的政治表述产生了直接影响"[③]，"秦的统一，首先包含对上古君王特别是周室政治成就的继承"，"天下一统""法令一统"等说法的"一统""包含着接续五帝、三王的政治成就"，然而"秦并不满足于承续前代并再次实现'一统'"，而是"更远溯五帝，宣扬帝国成立所具有的跨越式、变革性政治成功"，从而更强调"并天下"的政治表述。[④] 秦王朝再

---

① 刘泽华：《中国政治思想史集》（第 2 卷），人民出版社 2007 年版，第 1 页。
② 孙闻博：《"并天下"：秦统一的历史定位与政治表述——以上古大一统帝王世系为背景》，《史学月刊》2018 年第 9 期。
③ 孙闻博：《"并天下"：秦统一的历史定位与政治表述——以上古大一统帝王世系为背景》，《史学月刊》2018 年第 9 期。
④ 孙闻博：《"并天下"：秦统一的历史定位与政治表述——以上古大一统帝王世系为背景》，《史学月刊》2018 年第 9 期。

造天下的"一统""尽兼并天下诸侯""以诸侯为郡县","并天下"或许更能凸显秦统一的军事成就与帝国建立的政治伟绩。①

中国自古就是一个多民族统一的国家,自殷商时期,甲骨文献中就出现了"禹迹"与"九州"等,西周初年"天下"观念开始出现,并逐渐风行,以上古帝王世系的大一统古史叙说为基础的政治文化等,成为秦汉以后统一国家的重要支撑。虽然天下一统的观念在独尊儒学后日益盛行,但统一国家内部的民族甚至是部族构成却从来都是多样的。不仅不同的民族共同生活在统一的政治国家中,而且这个国家中还在多元文化的基础上发生了以夏变夷的政治变化。中国传统意义上的国家并非西方现代意义上的民族国家,而是古典意义上的文明国家,正是因为不断发生的民族融合,才会有众多蛮狄戎夷接受华夏文化而融入华夏主流民族中,也才会有华夏文化在传播过程中不断地吸收蛮狄戎夷的文化因素而日益发展起来。中国政治思想史的自然发展过程就伴随着这种多民族统一的国家内部的民族文化交流与民族融合。作为帝国内部的少数民族,他们如何在政治文化方面华夏化,并将哪些新鲜的要素成分带进国家主流政治文化中,就是一个相当重要的研究内容。南北朝时期,北方少数民族统治者及其部众的政治观念如何?以往的研究成果在这方面着墨不多。这在一定程度上影响了人们对中国政治思想史进行准确的理解和合理的解释。

雷戈在《文史哲》2018 年第 5 期上发表《变夷从夏——五胡政治观念实践分析》一文,对五胡十六国时期的胡人汉化的政治观念变迁进行了较为深入的讨论。作者认为,胡人观念在学术界受到了忽略,"学人喜欢用一种华夏主义的眼光来安置和评价胡人在中国历史上的位置和特性,却忽视了胡人的历史特质以及对汉人观念的冲击乃至颠覆""虽然胡人思想使用的是汉人话语,但其思想仍有其特异者""尽管胡人历史早已进入中国历史,但我们仍需在中华思想的谱

---

① 孙闻博:《"并天下":秦统一的历史定位与政治表述——以上古大一统帝王世系为背景》,《史学月刊》2018 年第 9 期。

系中仔细辨认胡人思想的脉络、踪迹和特征"①。作者在详细分析了五胡政治观念的汉化历程及个性内容后，指出"胡人似乎在短短一个世纪，就完成了汉人从春秋战国到秦汉数百年的观念演进。无论胡人帝王的名号，还是胡主登基所需要的图谶、符命、祥瑞，以及德性论证和程序规定，比起汉帝，一样不少""胡帝的政治实践和观念迅速成熟""胡人观念与汉人本质无别""虽然难免有汉化的塑造作用，但它主要受制于胡族自身的历史特性"及其所"展示出来的政治特质""历史特性和政治特质共同指向于皇权专制主义"②。作者的研究结论是，虽然"胡人确实没有给中国历史贡献一个所谓的思想家""在传统意义上的思想史谱系中，绝对找不到一个胡人思想家的名字""但这不等于说胡人没有自己的思想，或他们的思想毫无价值""只是说，胡人思想更多属于一种实践性观念，往往通过一种具体的行为、措施、政策、仪式、制度等表现出某种独特的价值诉求"③。胡人在接受汉人政治观念的同时，还以实践的方式补充了汉人原有的观念系统。这方面的史料还比较分散，进一步收集、整理和研究的空间很大，是中国政治思想史研究的一个重要生长点。雷戈对《诗》《书》所载时代政治思想的解读也具有历史事实还原的价值，不仅强调"《诗》《书》时代就是王权时代，《诗》《书》时代的思想就是王权主义思想"，而且对《诗经》中的关键词诸如天、帝、德、命、道、神、王、民、人等进行了文本语义分析。④

（三）中国传统上关键政治哲学概念的历史解读

中国传统时代经历了数千年的发展，形成了一套自成一体的政治哲学体系。尽管这个体系具有极为顽强的生命力，在中国传统政治的一次次修复和日渐巩固中发挥了重要的作用。但自从清末西学东渐以来，中国传统政治哲学作为一个完整体系却又不可避免地走向了衰

---

① 雷戈：《变夷从夏——五胡政治观念实践分析》，《文史哲》2018 年第 5 期。
② 雷戈：《变夷从夏——五胡政治观念实践分析》，《文史哲》2018 年第 5 期。
③ 雷戈：《变夷从夏——五胡政治观念实践分析》，《文史哲》2018 年第 5 期。
④ 雷戈：《〈诗经〉文体与王权秩序——〈诗〉〈书〉时代的思想史研究之一》，《史学月刊》2018 年第 12 期。

落，虽然在整体上衰落了、崩毁了，但又在中国现代政治哲学体系的形成中发挥了整体性的影响力。中国政治哲学从传统到现代的变迁，具体而微地体现在一些关键性的政治哲学概念的时代转变上，民主、自由、公民、共和等概念的现代转换就具有典型的样板价值。一些思想家或者着眼于中国传统时代很早就产生了诸如民主、① 自由②、公民③、共和④等概念，并试图以此为依据，将现代政治哲学中的民主、自由、共和等政治概念的含义直接诉诸中国的古代，误以为中国古代就已经拥有了现代意义上的民主、自由与共和等。这种观点的形成，既出于在西学东渐过程中外来观念汉化翻译所受到的中国传统概念的影响，以中国古典概念盛装西方的政治观念内涵，这就给予人们一种错误的印象，似乎两者确是相同的；又因为有的研究者对现代意义上的民主、自由及共和等有一定的了解，他们按照西方政治哲学观念的内容标准，理解和解释中国古典政治哲学概念，其目的无非想证明中国古典中存在着一种独立于西方的现代。有些学者强调中国传统中存在着一种超越具体历史阶段和地域限制的普遍观念。⑤ 但实际上，这不过是一种美丽的错觉，因为他们的解读缺少了一种来自历史维度的语义分析和发展变迁的过程分析，并忘记了任何概念及观念都是一种历史性的存在。

现代学者对中国古代政治哲学观念的理解，也不能完全通过描述的方法和分析的方法达成，而必须在一定程度上借助于现代政治哲学，这就如同用比较先进的仪器来测量对象，用解剖人体的方法来解剖猴体，可以在含义的解释和分析上更趋于准确合理。王博在《哲学研究》2018 年第 10 期上发表《"然"与"自然"：道家"自然"观

---

① 任锋：《"作为天理的民主"：从〈政道与治道〉到政治儒学的开展》，《天府新论》2015 年第 3 期。

② 刘固盛：《中国传统文化中的自由精神与现代启示》，《长安大学学报》（社会科学版）2016 年第 3 期。

③ 王苍龙：《"公民式君子"抑或"君子式公民"——重新思考君子与公民》，《天府新论》2018 年第 1 期。

④ 姚中秋：《政府的原型：中国第一政府之治道经义》，《中国政治学》2018 年第 1 期。

⑤ 姚中秋：《可普遍的中国信仰—教化之道——基于〈尚书〉之〈尧典〉〈舜典〉的解读》，《西南民族大学学报》（人文社会科学版）2018 年第 1 期。

念的再研究》一文，运用现代哲学的语义分析法，对道家思想史上的"自然"概念进行了分析，梳理了从《老子》开始到魏晋玄学时期"自然"概念的语义内容，呈现了魏晋玄学时期的"自然"概念。作者认为："作为体现道家传统核心价值的观念，'自然'经老子提出之后，一直受到后来解释者和研究者的关注。"① 作者分别解释了"自"和"然"。"从整体的思想史来看，道家传统中'自'字构成的一系列词汇突出的是：（1）道作为本原的自觉；（2）排除了外在强制状态的万物的存在方式；（3）拒绝一个外在的标准和价值来评判事物存在的合理性。"② "然"字包含存在和价值两方面的意义，"存在意义上的'然'指事物自己如此的状态，价值意义上的'然'则是对此状态的认识和评判""'自然'的意义也应该从存在和价值两个角度来把握"。"在存在的意义上，'自然'肯定事物自己如此的状态，并要求从事物内部寻找事物如此存在的根据，由此发展出以无为中心的本原理论，并导致对造物者的否定。""在价值的意义上，'自然'倾向于肯定每一个事物的意义，要求从事物自身出发来肯定其如此存在的合理性，由此发展出以无名为中心的政治哲学，主张事物的自我命名。"③

丁四新在《哲学研究》2018 年第 7 期上发表《严遵〈老子指归〉的"无为""自然"概念及其政治哲学》一文，分析了西汉后期黄老道家代表人物严遵的主要著作《老子指归》中的"无为"和"自然"概念及其政治哲学体系。作者在进行关键概念语义分析的时候，充分观照了《老子指归》的思想体系，立足于思想体系的整体性，来分析"无为"和"自然"的概念，很好地将思想体系的历史性内容融进了关键概念的理解与解释中，避免了关键概念理解与解释中因过于抽象而带来的内容空洞。作者的分析具有明确的历史时代意识，不仅

---

① 王博：《"然"与"自然"：道家"自然"观念的再研究》，《哲学研究》2018 年第 10 期。

② 王博：《"然"与"自然"：道家"自然"观念的再研究》，《哲学研究》2018 年第 10 期。

③ 王博：《"然"与"自然"：道家"自然"观念的再研究》，《哲学研究》2018 年第 10 期。

分析了西汉时期复兴的新的儒家思想在思想领域的强势影响，也阐释了严遵思想体系所具有的儒道并存的思想特征，还关注了作为时代强势思潮的儒家思想对严遵理解和解释"无为"与"自然"概念的框架性影响，从而有利于作者对相关概念做出合乎历史情境与语境的理解与解释。① 作者在整体性地分析了严遵政治哲学体系后，呈现了严遵政治哲学的三个层面："第一个层面是继承了老子的'无为''自然'概念，并作出了一定的创新性解释""进一步阐发了'自然'的'自为''自得''自化''自生'等含义……由此深化了道家哲学"；"第二个层面是重视阴阳刑德理论和所谓啬道"，严遵将阴阳刑德理论和啬道作为统治手段，是"无为""自然"概念在政治方法上的具体落实"；第三个层面在内容上吸纳了儒家元素，并对之"做了道家化的改造和重新定义"，在此基础上建构了"政治人格系统和皇、帝、王、伯（霸）观念及其历史观"②。在研究结论上，作者充分意识到了某个历史时代的共性特点，认为《老子指归》的概念解释及政治哲学体系特点，"既是汉代黄老思想在发展中的特点之一，也是儒家思想在当时影响黄老、影响严遵思想的结果"③。

三　中国现代重要政治概念形成和发展的历史审视

自晚清以来，中国传统政治思想就逐渐趋于衰落并日益碎片化，而中国现代政治思想则在这个过程中逐步发育、形成和发展起来。作为中国政治思想史发生迅速新陈代谢的一个重要阶段，关键性政治概念及相关理论的代谢过程尚没有得到充分且清晰的梳理，特别是在具有不同价值倾向的学者看来，中国现代政治的重要概念何以形成、怎样形成和形成了什么，充满了争议。金观涛的《观念史：中国现代重

---

① 丁四新：《严遵〈老子指归〉的"无为""自然"概念及其政治哲学》，《哲学研究》2018 年第 7 期。

② 丁四新：《严遵〈老子指归〉的"无为""自然"概念及其政治哲学》，《哲学研究》2018 年第 7 期。

③ 丁四新：《严遵〈老子指归〉的"无为""自然"概念及其政治哲学》，《哲学研究》2018 年第 7 期。

要政治术语的形成》在这方面做了一些重要的工作，但其研究对象及叙述内容并不具有特别明显的政治性，其工作更多地属于广义思想史的研究范式。他在研究方法上也侧重于定量研究及统计分析，将有关概念的相关资料收集起来并予以统计分析，从而在话语层面上进行了一定程度的历史还原，但在话语所包含概念的解释上则明显缺乏解释方法的充分应用，从而未能较充分地还原中国现代重要政治术语的历史事实。中国政治思想史领域的观念史研究，一般来说，已经有了一定的开展，刘泽华从《先秦政治思想史》开始，就进行了这样的话语、话题、概念及命题等的研究①，其后在《中国的王权主义：传统社会与思想特点考察》中也有相关研究，特别是对韩愈、柳宗元表奏的话语分析②，更具有观念史研究典范的价值。观念史研究方法在中国近现代政治思想史研究中也有了一定的应用，取得了相应的研究成果，如邓丽兰的《域外观念与本土政制变迁：20世纪二三十年代中国知识界的政制设计与参政》就具有一定的代表性。中国政治思想史研究在2018年对近现代重要政治概念的研究，有较大的深入。

（一）清末民初重要政治概念的分析与解读

中国现代政治思想的孕育、形成及发展是在一个古今中西文化大混杂、大交锋和大融合的历史环境中进行的，其中的重要政治概念虽然在思想内涵上毫无疑问地具有了西方现代政治概念的成分，但却不是西方现代政治概念的移植，而必然是混杂了古今中西思想内容的一种复杂存在。值得注意的是，中国现代重要政治概念在内容上几乎都经历了西方政治概念的渗透性影响与含义改造，它们在含义及彼此间的逻辑关系上也具有与西方政治思想相类似的外观，但中国传统政治思想体系虽然正日趋碎片化，但仍然在整体性维度上影响了中国现代政治思想的形成，不论是在重要政治概念的含义濡染上，还是对理论逻辑的潜在性改造上，传统政治思想都对现代政治思想产生了重大的

---

① 刘泽华：《中国政治思想史集》第1卷《先秦政治思想史》，人民出版社2007年版，再版弁言第2页。
② 刘泽华：《中国的王权主义：传统社会与思想特点考察》，上海人民出版社2000年版，第263—279页。

影响。中国现代政治思想在内容上确实引入了许多的新概念，特别是重要政治概念几乎都是引入的，但在概念的名词层面却又大多使用了中国传统的老概念，以传统老概念来盛装现代新含义，其亦中亦西的特点因此而不可避免。① 一方面，老概念并不能在含义上真正被掏空，从而使得它在盛装新含义的时候，难免发生新旧共存、新旧混杂的现象；另一方面，新含义在被装入老概念中的时候，已经在含义的理解与解释上发生了异化，即它早已经不同于其在西方的原始含义，而被政治思想者所具备的老概念及其概念体系濡染和改造过了。② 在思想者的意识中，未经他所具有的老概念及概念体系濡染和改造的新含义，很难进入其有意注意的领域，从而也就不可能被引入，而被思想者在意识中注意和引入的新含义则必定被老概念及概念体系濡染和改造过了。

中国传统上虽然有丰富的自由思想，但自由在传统政治思想中的地位并不突出，自由在政治思想中的地位变得重要起来是在晚清西学东渐之后。中国传统时代的自由与现代的自由，虽然词汇未曾改变，但其中的含义却明显地今非昔比了。张师伟在《文史哲》2018 年第 3 期上发表《西学东渐背景下中国传统"自由"思想的现代转换及其影响》一文，对中国传统自由思想在西学东渐背景下所发生的现代转换及其思想影响，进行了较为系统深入的分析。作者认为，"自由"的概念最初出现在汉代儒家的经学著作中，作为一个思想概念，它在儒家思想体系中是一个地位比较低的贬义词，指人违反了纲常礼制的尊卑贵贱约束。"自由"思想在儒家中的积极含义表达为"由己"，指人体具有的道德意志的自由。③ 道家自由思想特别是庄子自由思想在含义上也是指"由己"，但却赋予它一种基于"自然"本体的正当性。先秦法家的自由与遵守法律有关，遵守法律就有自由，可以"由

① 张师伟：《中国传统自由观与西方自由主义的相遇——严复自由话语建构的过渡性特征》，《探索与争鸣》2017 年第 6 期。
② 张师伟：《濡染与改造：现代民主思想中国化过程中的民本观念》，《文史哲》2016 年第 3 期。
③ 张师伟：《西学东渐背景下中国传统"自由"思想的现代转换及其影响》，《文史哲》2018 年第 3 期。

己"，并获得利益，不遵守法律就会被制裁而不能"由己"，并要遭受利益上的损失。[①] 作者认为，现代中国语境下的"自由"概念一方面在"含义上受到了西学的明显影响"，因为现代的自由以"中国传统词汇'自由'容纳了西方含义"的"liberty"；另一方面"虽然中国传统自由观并无现代意义上的自由含义"，但却在根本上制约着自由概念的"现代程度"，因为中国传统时代的自由旧含义"濡染和改造"了西方"liberty"的汉化翻译，"中国现代政治意识谱系中的'自由'……在骨子里……包含着来自传统中国'自由'含义的整体性影响"，存在着"不同程度地对现代自由的'误读'"[②]。作者还认为，中国近现代政治思想史上"西学东渐中的'自由'含义绕不开中国传统自由观对它的过滤、濡染与改造"，而"自由"的含义也就在古今中西的"互动过程中变得亦中亦西、中西混杂"。[③]

"共和"既是中国现代政治思想中的重要概念，也是百年来中国先进分子所选择的体现先进发展阶段的政体名称，习惯于以进化论来考虑政体进化问题的不少著名数学家都将"共和"列为最先进的政体。但"共和"一词却源于中国上古，它在现代的含义是否与古代相似或相同，存在着不同的看法。从现代"共和"概念的源流上看，虽然它经历了日本的含义改造，但还是有人以今天的"共和"含义来理解上古的"共和"概念，甚至还有人试图在古代找到现代"共和"的制度。[④] 但如果不追溯"共和"概念在中国近现代传播及演变的历史过程，就很难真正理清楚"共和"概念的确切含义。桑兵在《史学月刊》2018 年第 1 期上发表《梁启超与共和观念的初兴》一文，梳理了共和观念在近现代的含义变迁历程，呈现了梁启超在现代"共和"概念初步输入中国和在中国产生广泛影响过程中的作用。作

---

① 张师伟：《西学东渐背景下中国传统"自由"思想的现代转换及其影响》，《文史哲》2018 年第 3 期。

② 张师伟：《西学东渐背景下中国传统"自由"思想的现代转换及其影响》，《文史哲》2018 年第 3 期。

③ 张师伟：《西学东渐背景下中国传统"自由"思想的现代转换及其影响》，《文史哲》2018 年第 3 期。

④ 姚中秋：《政府的原型：中国第一政府之治道经义》，《中国政治学》2018 年第 1 期。

者在总结前人研究结论后概括指出，"共和一词的意涵古今有别，后者始于幕末日本人对译 republic""中国最早使用今义共和一词，为 1879 年黄遵宪的《日本杂事诗》"，黄遵宪对"共和"的理解更接近中国古代的共和，推崇"封建世家之利"，康有为早期使用的"共和"接近日本学者狭间直树的用法，用来指君主立宪的制度。① 作者分析了当时共和概念的使用情况，指出中文中的"共和"一词"直到 20 世纪初年，主要用于指他者即外国之事，几乎与己无关""所谓他者之事，一是外国的历史，二是外国的现况，三是外国的思想学说，尤其是法理政治学说"，这个时期的中国人在主观上也对"共和"多"持排拒态度"②。梁启超等在 20 世纪初曾一度热衷于倡言革命，"今义'共和'学说以及相关观念的引进"，以及"共和思潮的初步涌现并产生广泛影响"，正是得益于"由于流亡海外的梁启超等人……以《清议报》和《新民丛报》为依托，进行坚持不懈的宣传的结果"③。

中国近现代在政治体制的选择上趋于"共和"，是否如上所说乃是接受外来共和观念的结果？中国传统上遗留下来的政治观念在走向共和的过程中是否也发挥了某些方面的作用呢？唐文明在《文史哲》2018 年第 4 期上发表《摆脱秦政：走向共和的内在理由》一文，对清末士人接受和选择"共和"的"内在理由"进行了较为系统的梳理。作者较为关注中国传统上遗留下来的政治观念在清末士人接受"共和"方面所发挥的影响，突出了中国自身所固有的政治文化条件在政治思想创新发展中的地位与作用。作者将清末士人选择和接受"共和"的"内在理由"归结为"摆脱秦政"④。实际上，中国历史上对"秦政"的非议自西汉以来就一直存在着，可谓由来已久，虽然也存在个别思想家如柳宗元肯定郡县制的"秦制"优越于分封制的"封建"，但对"秦政"的弊端也毫不讳言。清末维新派谭嗣同将中国君主专制政治视同为"秦政"，并予以批评，要求冲决网罗以摆

① 桑兵：《梁启超与共和观念的初兴》，《史学月刊》2018 年第 1 期。
② 桑兵：《梁启超与共和观念的初兴》，《史学月刊》2018 年第 1 期。
③ 桑兵：《梁启超与共和观念的初兴》，《史学月刊》2018 年第 1 期。
④ 唐文明：《摆脱秦政：走向共和的内在理由》，《文史哲》2018 年第 4 期。

脱"秦政"。作者受谭嗣同说法的影响，遂以"摆脱秦政"作为中国士人在清末选择走向"共和"的"内在理由"。从对清末以来相关话语的分析上看，作者分别把三代、大同、无君、进化论等作为"摆脱秦政"的表现。[1] 作者在研究结论上认为，"晚清士人对共和制的接受有着极其重要的内在理由"，这个"内在理由"就是"基于传统思想中理想的政教典范"展开的"对秦以来君主制政治的批判""大同、小康与无君这三种传统政教理想，虽然旨趣各异，但在后世的继承者那里都被用来反对秦政，因而在晚清都能发挥批判现实政治的力量""尤其是经过宋儒特意阐发的大同、小康理想，在中国走向共和的现代历程中影响巨大"[2]。作者也看到了传统政教理想的魅力在走向共和的过程中有缩小趋势，思想家们由以传统政教理想为依据而接受共和，转变到为接受共和而悄然地改变对传统政教理想的理解与态度。中西政治思想间"格义的诠释结构"彻底改变，"从原来的以中格西翻转为以西格中"[3]。

（二）中国近现代的民族意识与中华民族观念

中国政治思想从传统到现代的转换具有体系转换的整体性特质，其中虽然有不少传统的词汇在近现代仍然被使用着，但其含义却发生了翻天覆地的巨大变化，而且它们在思想体系中的地位也发生了重大变化，从一个较为普通的政治词汇转变成了一个重要甚至是重大的政治词汇。自晚清以来，伴随着中国政治的现代转型，新名词的输入铺天盖地，人们在言语交谈中会将它们脱口而出，但所谓新名词主要是指名词的新含义，而新含义所寄托的词汇却很可能是旧词汇，如民族。当然，在新名词输入的同时，也有一些经过创造性组合形成的重要词汇，如中华民族。中国的国家形态在这个过程中发生了重大变化，西方民族国家概念传入中国，激发了中国大地上的民族意识与民族国家意识，并逐步取代了传统时代的天下王朝意识，而成为中国现

---

① 唐文明：《摆脱秦政：走向共和的内在理由》，《文史哲》2018 年第 4 期。
② 唐文明：《摆脱秦政：走向共和的内在理由》，《文史哲》2018 年第 4 期。
③ 唐文明：《摆脱秦政：走向共和的内在理由》，《文史哲》2018 年第 4 期。

代国家的重要政治意识形态基础。黄道炫在《史学月刊》2018年第5期上发表《战时中国民众的民族意识》一文，对抗日战争时期民众的民族意识进行了诸多事实层面的梳理和理论分析。作者认为，"抗日战争是一场前近代国家进行的民族保卫战争""日本的侵略及侵略战争伴随的暴力激发了中国民族意识的成长，是中国民族国家形成的重要催化剂"[①]"中国民族国家的长期延续，使超越地域的共同体意识在精英层甚至在普通民众中或多或少存在""20世纪前后，近代意义上的民族主义开始在中国发酵"，抗战时期"日军的侵略及其伴随的暴力对中国民族精神的成长形成巨大的催化作用，中国政府尤其是中共在敌后的抵抗努力则保证了其持久存在、成长"[②]。

黄兴涛在2017年出版了《重塑中华：近代中国"中华民族"观念研究》专著，运用概念史研究方法，以历史发展脉络为线索，对"中华民族"观念在清代的酝酿及其在现代的确立、传播、演化、"普及的社会化过程做了历时性的考察"，通过对典型文本的解读，进行重要概念的剖析，呈现了"中华民族"观念的"诸多历史面向"。作者强调中国现代的"中华民族"观念"一直伴随着中西思想的遇合与古今观念的交会，表现出了民族与国家的纠结与互动"[③]。杨念群在《近代史研究》2018年第5期上发表《重建"中华民族"历史叙述的谱系——〈重塑中华〉与中国概念史研究》一文，"围绕最近出版的《重塑中华：近代中国"中华民族"观念研究》一书中提出的若干论题""分别讨论作为'中华民族'观研究背景的神话起源与英雄谱系的争论史、'中华民族'观产生的时代背景及其内涵演变"等。作者认为，"'中华民族'这个概念在古代典籍中找不到相同的表述，由此可以推断它完全是近代的发明"，因为民族主义是近代的事物，中华民族是民族主义在中国的表现，所以关于中华民族观念的起源问题，建构论的解释远比根基论的解释更具有历史层面上的事实合理性。"'中华民族'概念之所以在近代被当作'建构'的产

---

① 黄道炫：《战时中国民众的民族意识》，《史学月刊》2018年第5期。
② 黄道炫：《战时中国民众的民族意识》，《史学月刊》2018年第5期。
③ 黄兴涛：《重塑中华：近代中国"中华民族"观念研究》，北京师范大学出版社2017年版。

物，就是因为'中华'和'民族'两个词义在古代典籍中始终是分离的，在近代才合为一体"，具有政治建构的特质，即"'中华民族'概念的形成确实是政治形势支配的结果，甚至也无妨看作中国建立现代国家有意安排的意识形态设计"①。作者在研究结论中还强调概念史研究要避免"从概念到概念封闭式地处理词语变迁史"②。章永乐结合近年来围绕国际学术界关于"何为中国"叙事分歧，评述了黄兴涛《重塑中华：近代中国"中华民族"观念研究》，对晚清以来"中华民族"的概念变迁及不同理解做了较为细致的梳理，有利于人们更加深入地理解该著的议题。③

中国从晚清开启现代国家建构的按钮起，就走向了现代民族国家的建构道路，并确立了以"中华民族"作为民族国家建构的民族基础。因为政界与学界对"中华民族"含义理解的不同及其含义在不同历史阶段所发生的明显变化，以致人们在中国到底是一个多民族国家还是一个单一民族国家的问题上也是意见纷呈。陈建樾在《清华大学学报》（哲学社会科学版）2018 年第 5 期上发表《单一民族国家还是多民族国家：近代中国构建现代国家的解决方案之争》一文，对自清末以来"如何以及怎样在中国建立现代国家"的不同"解决方案"进行了历史的"初步整理和概括呈现"。作者认为："中国从历史到现实都是一个统一的多民族国家，如何认识历史国情和现实国情，是近代以来如何建构现代国家的主要争议焦点，也是选择不同的基本政治制度和民族政策的分水岭。"甲午战争之后，中国各阶层普遍感到了一种亡国灭种的巨大威胁，如何改变国家的形态成为"近代中国志士仁人的一个共同观念"④。梁启超认为，中国的关键问题在于"使满族以外各族均具有'国民资格'，并据此建构以汉族为中心的'大

---

① 杨念群：《重建"中华民族"历史叙述的谱系——〈重塑中华〉与中国概念史研究》，《近代史研究》2018 年第 5 期。

② 杨念群：《重建"中华民族"历史叙述的谱系——〈重塑中华〉与中国概念史研究》，《近代史研究》2018 年第 5 期。

③ 章永乐：《探寻中华民族自觉兴起之历程——评黄兴涛〈重塑中华：近代中国"中华民族"观念研究〉》，《史学月刊》2018 年第 10 期。

④ 陈建樾：《单一民族国家还是多民族国家：近代中国构建现代国家的解决方案之争》，《清华大学学报》（哲学社会科学版）2018 年第 5 期。

民族主义'上的国族",但他的这种国族主张却被主张"一族一国"的"种族革命"话语所淹没。① "如何建构多民族的现代国家,是清末民初的一个重要的讨论议题,而效法西方建立单一民族的民族国家,则成为讨论中的一个'时代强音'。"在这种情况下,孙中山主张将国内"少数民族同化为一个民族,并据此建立'一族一国'的现代国家",在中国国民党的语言表述中,"中华民国,是由整个中华民族建立的",中华民族是联合"汉满蒙回藏……组成一个整体的总名词"②。中国共产党在抗日战争时期,不仅在政策语言中做出了"国内各个民族"及"团结各民族为一体"的表述,而且对"统一多民族国家的多民族架构提出了初步的厘定",明确了"中国是一个多民族的国家",强调了"中华民族是代表中国境内各民族之总称"的观点。③

(三) 中国共产党新民主主义时期政治话语研究

中国共产党在政治概念及政治话语上自成一体,既具有与西学东渐潮流相吻合的世界化的特征,体现了面向现代、面向世界和面向未来的价值诉求,又具有将马克思主义与中国传统政治思想资源相结合的特征,一方面表现了中国传统面向科学社会主义的现代转换,另一方面表现了将马克思主义予以中国化的积极努力。但在中国政治思想史研究中,中国共产党在新民主主义革命时期的政治概念及政治话语还没有受到应有的关注和充分的研究。2018 年,时逢俄国十月革命100 周年纪念,俄国十月革命对中国政治思想的影响,特别是对中国共产党政治概念及话语的影响,在中国政治思想史研究中受到了一些关注,出现了一些颇有价值的研究成果。王成和邓倩在《毛泽东思想研究》2018 年第 2 期上发表《被动输入和主动吸收:多维视角下十

---

① 陈建樾:《单一民族国家还是多民族国家:近代中国构建现代国家的解决方案之争》,《清华大学学报》(哲学社会科学版) 2018 年第 5 期。

② 陈建樾:《单一民族国家还是多民族国家:近代中国构建现代国家的解决方案之争》,《清华大学学报》(哲学社会科学版) 2018 年第 5 期。

③ 陈建樾:《单一民族国家还是多民族国家:近代中国构建现代国家的解决方案之争》,《清华大学学报》(哲学社会科学版) 2018 年第 5 期。

月革命与中共早期革命话语建构（1917—1937）》一文，在多维视角下，对俄国十月革命在其后 20 年范围内对中国共产党早期革命话语建构的影响进行了历史性的过程梳理。作者认为，"十月革命本质上是对人类社会一切革命形式的革命，是世界范围内第一次社会主义运动的真正胜利，为中国共产党革命话语的建构提供了合理依据"，中国共产党借助十月革命否定了中国资产阶级革命的必然性，肯定了无产阶级革命的合理性，为实现从"资产阶级革命向无产阶级革命"的转换，提供了现实基础。[1] 中国共产党在借助十月革命建构其早期革命话语的时候，十分注意发挥十月革命成功样板的佐证作用，一方面，十月革命作为一个成功的样板，它在国情与俄国相似且民众对苏俄政府有好感的十月革命后的中国，就具有特别的佐证力；另一方面，以十月革命来诠释、论述和展望中国的工作，也做得扎实有效。[2]

在中国共产党早期的政治概念中，"封建"和"反封建"是一对很重要的概念，其中如何界定"封建"乃是一个非常基础性的工作，界定了"封建"，也就明确了什么是"反封建"。翁有为在《中共党史研究》2018 年第 5 期上发表《"五四"前后陈独秀对"封建"意涵的探索——中共"反封建"话语的初步形成与发展》一文，通过整理和分析陈独秀"五四"前后关于"封建"的话语，呈现和分析了中共早期"反封建"话语的初步形成与发展。作者认为，作为新文化运动后转为共产主义者知识分子的核心人物，陈独秀在"'五四'前后十余年间关于'封建'意涵的探讨和'反封建'思想理论的构建"，在中共早期的理论发展中具有重要意义和特殊价值，逐步形成了"封建"和"反封建"话语的"初步的理论支点"[3]。作者认为，陈独秀所使用的"封建"概念发生了由传统到现代的转变，中国传统的"封建"是先秦时期分封的"封建制度"，而现代的"封

① 王成、邓倩：《被动输入和主动吸收：多维视角下十月革命与中共早期革命话语建构（1917—1937）》，《毛泽东思想研究》2018 年第 2 期。

② 陈金龙：《十月革命与中国共产党早期革命话语的建构》，《历史研究》2018 年第 4 期。

③ 翁有为：《"五四"前后陈独秀对"封建"意涵的探索——中共"反封建"话语的初步形成与发展》，《中共党史研究》2018 年第 5 期。

建"则是指"西欧资产阶级革命中的'封建'概念和俄国资产阶级革命及十月社会主义革命中的'资产阶级'、'封建'等概念"①。现代欧洲话语意义上的"封建"指"当代权势阶层",陈独秀"用这一分析框架来分析辛亥革命后的中国权势状况","封建"一词"除具有与欧洲资产阶级相对立的'专制'意涵外",也被用来指民初的"'割据''落后'等意涵"②。陈独秀在后来的政治话语中,逐步明确了民国初年各个军阀的"封建"性、"半封建"性、乡村地主豪绅的"封建"性与"半封建"性,他由此"对中国革命的对象、性质等重要理论问题作出了可贵探讨"③。"'封建'一词,是中共革命理论体系建构过程中具有核心意义的概念",它的"意涵随着革命理论与实践的探索不断丰富与发展"④。"封建"一词"意涵的逐步演变"无疑"有吸收国际共产主义运动理论资源的因素,但主要是靠中共自身探索形成的"⑤。

中国共产党早期政治话语所使用的"阶级"概念,在大革命失败后发生了含义方面的重要变化,与此相适应,"阶级"在政治话语中的地位和作用也发生了很大的转变。"阶级"概念的含义源头无疑是马克思主义经典著作,但作为其含义载体的"阶级"这一词汇无疑是从日本学术概念体系中引入中国的,并在接受日本学术话语影响的学界和政界具有一定的普遍性,并不局限于当时中国的马克思主义理论话语,一些非马克思主义的学者和政治家也使用"阶级"概念。作为一个含义来自马克思主义经典著作的概念,"阶级"在中国共产党的早期政治话语中也有重要的地位,只是中国共产党的"阶级"

① 翁有为:《"五四"前后陈独秀对"封建"意涵的探索——中共"反封建"话语的初步形成与发展》,《中共党史研究》2018 年第 5 期。

② 翁有为:《"五四"前后陈独秀对"封建"意涵的探索——中共"反封建"话语的初步形成与发展》,《中共党史研究》2018 年第 5 期。

③ 翁有为:《"五四"前后陈独秀对"封建"意涵的探索——中共"反封建"话语的初步形成与发展》,《中共党史研究》2018 年第 5 期。

④ 翁有为:《中共民主革命理论建构中的"封建"意涵之演变》,《近代史研究》2018 年第 5 期。

⑤ 翁有为:《中共民主革命理论建构中的"封建"意涵之演变》,《近代史研究》2018 年第 5 期。

概念在大革命中和大革命失败后存在着根本的不同。① 陈红娟在《中共党史研究》2018 年第 4 期上发表《中共革命话语体系中"阶级"概念的演变、理解与塑造（1921—1937）》一文，对中国共产党话语中"阶级"概念的演变及"阶级"概念的理论及组织作用，进行了基于话语分析的历史事实梳理。作者认为，中国共产党在不同时期对"阶级""的理解并不相同，总体而言，存在一个由是否参加劳动、资产多寡等表层现象向经济结构、政治压迫等深层问题发展的过程"，"阶级"概念"经历了从服务于国民革命话语体系到成为中共革命话语体系核心的转变"，它的政治功能亦从实现"阶级联合"转变到了在政治上"塑造敌我"；中国共产党用"阶级"来辨识革命中的敌我，通过"革命阶级"的"共同利益""规训革命成员的阶级意识和身份认同"，由此形成的"阶级革命的话语逐渐渗透到革命的日常生活，转变为革命动员的政治力量"②。

在中国共产党的政治话语中，"帝国主义"的地位也相当突出，"'帝国主义'是中共革命意识形态中的核心概念""中国共产党人通过将帝国主义概念运用到革命意识形态的建构中，一方面展现了帝国主义时代的世界图景，另一方面制定了革命的行动指南"③。毕玉华在《近代史研究》2018 年第 5 期上发表《建构与调适：中共革命意识形态中的"帝国主义"概念》一文，在较为广泛的视野上梳理了"帝国主义"概念的由来及其含义的变迁，并重点梳理了中国共产党"帝国主义"概念的渊源及其在不同历史时期对"帝国主义"概念的含义理解，理清了"帝国主义"概念在中国共产党革命意识形态中的作用与地位等。作者在分析"帝国主义"概念的有关文献资料后指出："帝国主义"概念起源于 19 世纪中期的法国，其含义主要是指拿破仑三世对外侵略政策，具有批判作用，英语中的"帝国主义"

---

① 陈红娟：《中共革命话语体系中"阶级"概念的演变、理解与塑造（1921—1937）》，《中共党史研究》2018 年第 4 期。
② 陈红娟：《中共革命话语体系中"阶级"概念的演变、理解与塑造（1921—1937）》，《中共党史研究》2018 年第 4 期。
③ 毕玉华：《建构与调适：中共革命意识形态中的"帝国主义"概念》，《近代史研究》2018 年第 5 期。

源自法国，在含义上与英国的海外殖民扩张联系了起来，汉文的"帝国主义"表述最早出现在日本，由英语翻译而来，受日本的影响，"清末新知识界大多接受帝国主义的强权逻辑，批判的声音较弱"。第一次世界大战后，中国思想界"批评帝国主义的强权逻辑渐成趋势"，帝国主义概念的内涵"基本转向负面""中国共产党在创建之初就接受了列宁的帝国主义概念"，大革命时期，"中国共产党人对帝国主义的认识已基本成形"①。作者认为，中国共产党的"帝国主义"概念"基本上以列宁的帝国主义论为理论基础"。它的含义"主要有三点：其一，帝国主义是资本主义的新形态……其二，帝国主义的侵略扩张以获取经济利益为目的。……其三，帝国主义之间矛盾重重，为争夺殖民地而互相冲突，最终走向世界大战"②。中国共产党的"帝国主义"具有突出的革命指向，在含义的重点上体现了中国革命的特色，与列宁突出"帝国主义"的垄断资本特性与论证无产阶级革命不同，中国共产党"更重视帝国主义海外扩张的侵略特性"及其"在政治经济方面对殖民地的掠夺与压迫""中国共产党人对帝国主义概念的认识与运用具有很强的策略性"，即"为适应革命形势的变化，其内涵又不断有所调整"③。

---

① 毕玉华：《建构与调适：中共革命意识形态中的"帝国主义"概念》，《近代史研究》2018 年第 5 期。

② 毕玉华：《建构与调适：中共革命意识形态中的"帝国主义"概念》，《近代史研究》2018 年第 5 期。

③ 毕玉华：《建构与调适：中共革命意识形态中的"帝国主义"概念》，《近代史研究》2018 年第 5 期。

中国公共行政学研究的新热点

许开轶

　　2018 年是贯彻党的十九大精神的开局之年，也是改革开放 40 周年，全社会凝聚起了全面深化改革的共识。研究中国行政学的专家学者以此为着力点，围绕改革开放 40 周年中国行政学发展的成果、经验和全面深化改革的现实问题展开了丰富多样的研究，取得了丰硕的研究成果。概括而言，学者们聚焦的热点问题主要包括新时代国家治理、政府治理改革与创新、乡村治理、公共安全、公共政策五个方面。本文拟着重从这五个方面对 2018 年度中国行政学研究做一简要综述，以供学界参考和指正。

一　新时代国家治理研究

　　党的十九大报告指出，我国社会主要矛盾已经转化为人民日益增长的美好生活需要和不平衡不充分的发展之间的矛盾，并提出："经过长期努力，中国特色社会主义进入了新时代，这是我国发展新的历史方位。"新时代给党和国家工作提出了许多新命题，尤其是对实现国家治理体系和治理能力现代化提出了更高的要求，与之相关的一些问题也成为学界研究的热点。2017 年，学界主要围绕国家治理现代化的理论创新、制度创新和国外经验的概括总结展开了初步研究，2018 年，学

---

* 南京师范大学公共管理学院。

界对于新时代国家治理的价值追求、模式建构和实现国家治理现代化
的中国路径展开了深层次、多角度的研究，取得了丰硕的研究成果。

（一）新时代国家治理的价值追求

在中国特色社会主义进入新时代的今天，实现国家治理体系和治
理能力现代化需以什么为价值标杆？新时代国家治理最终需要实现什
么目标？王浦劬等从民众感知的角度入手，提出"获得感"是新时
代国家治理的良政基准与善治标尺，并通过实证研究证明转型时期的
中国社会形成了"纵向获得感"＞"获得感"＞"横向获得感"的稳定
模式，从而必须坚定不移地推进改革和发展以维持社会的高"获得
感"[1]。卢扬帆从国家治理绩效的类型分类入手，提出新时代国家治
理必须坚持法治化进程，在市场经济发展、制度组织与实践规范等方
面不断加入法治化元素。[2] 林毅夫从经济发展的维度提出新时代国家
发展必须注重五大发展理念，尤其是要将创新融入产业结构转型、金
融支持等国家经济工作中去，服务实体经济，实现国家富强。[3] 傅昌
波从"智慧社会"的概念入手，提出国家治理要应用现代科技实现
智慧治理，打造智慧政府，推行智慧政务。[4] 赵浩华从制度理性的视
角提出，新时代国家治理需发挥制度理性的反思、调节与创新作用，
以制度创新推进制度现代化，从而实现国家治理能力的现代化。[5] 杨
立华通过政府、社会和国家关系的类型划分，提出新时代要调整我国
传统的强政府与弱社会的关系，加快推进社会治理建设，新时代国家
治理的未来目标是最终建立强政府与强社会组成的强国家。[6] 国家治
理只是过程、手段，其最终目标就是通过不断深化改革，建设服务型

---

[1]　王浦劬、季程远：《新时代国家治理的良政基准与善治标尺——人民获得感的意蕴
和量度》，《中国行政管理》2018 年第 1 期。

[2]　卢扬帆：《国家治理绩效：概念、类型及其法治化》，《行政论坛》2018 年第 1 期。

[3]　林毅夫：《新时代中国新发展理念解读》，《行政管理改革》2018 年第 1 期。

[4]　傅昌波：《全面推进智慧治理　开创善治新时代》，《国家行政学院学报》2018 年第
2 期。

[5]　赵浩华：《国家治理视角下制度理性意蕴及其价值探寻》，《行政论坛》2018 年第 5
期。

[6]　杨立华：《建设强政府与强社会组成的强国家——国家治理现代化的必然目标》，
《国家行政学院学报》2018 年第 6 期。

政府、法治型国家，推动国家治理现代化，提升人民群众的获得感，满足人民群众对美好生活的追求和向往。

（二）新时代国家治理的模式建构

自改革开放以来，我国的国家治理模式历经调整、修正过程，创造了中国腾飞发展的奇迹。进入新时代，针对现有的治理难题，为实现国家治理现代化，对国家治理模式应如何调整，学者们从不同角度给出了回答。胡鞍钢等从行为科学的角度出发，围绕国家治理现代化的核心理念"以人民为中心"，探讨个体治理失灵问题，提出充分关注个体在治理问题中的作用，实施治理精细化，构建"以人民为中心"的新的治理模式。[①]郑志龙等着眼于政府治理模式转型，通过对不同经济形态下社会治理模式的梳理，提出现今的网络社会应该选择整体治理模式，同时，突出经济新常态，以认识、适应和引领经济新常态为逻辑起点，打造一个"强而有道政府"[②]。李智超等从微观的工作组模式入手，分析自1978年至2016年这一时间段《人民日报》有关各级政府"工作组"的报道，提出工作组模式是国家治理体系的有机组成部分，是当下国家监察委员会开展工作的重要工具，需要处理好其中集权与分权的关系。[③]白智立等从组织、价值和效率三方面总结了改革开放以来我国国家治理模式的"双重"结构特征，提出当前国家治理现代化的改革就是要对改革开放以来"经济国家"的治理模式进行全面的修正，应形成以中国共产党为中心的国家治理形态。[④]王曙光等分析了改革开放40年来国家财政体制变迁中中央与地方关系的演变影响，认为响应十九大报告中关于财政体制改革的要求，就是要建立新型的中央与地方关系，明晰各级权责和公共服务职

---

① 胡鞍钢、杭承政：《论建立"以人民为中心"的治理模式——基于行为科学的视角》，《中国行政管理》2018年第1期。

② 郑志龙、李婉婷：《政府治理模式演变与我国政府治理模式选择》，《中国行政管理》2018年第3期。

③ 李智超等：《国家治理中的工作组模式——基于〈人民日报〉（1978—2016）相关报道的分析》，《公共行政评论》2018年第4期。

④ 白智立、刘娟：《当代中国国家治理模式及改革》，《中央社会主义学院学报》2018年第4期。

能，这也是实现国家治理体系现代化的必由之路。①

（三）新时代国家治理现代化的发展路径

国家治理不仅需要明确治理目标、建构模式，还需要明确具体的发展路径，解剖国家治理的机制运行，探讨国家治理中国家、政党、政府、市场、社会等之间的关系，明确进一步深化改革中治理的路径。十九大报告明确指出，全面深化改革的总目标是完善和发展中国特色社会主义制度，推进国家治理体系和治理能力现代化，这表明党和国家已经充分认识到在多元治理的大潮中，要不断提高国家治理能力和水平以应对复杂的新形势、新挑战，切实提供高水平的公共服务，满足人们日益增加的美好生活需求。实现国家治理现代化，不仅需要充分认识和进行理论论证，对现实中如何解决存在的问题，逐步实现新时代国家治理水平和能力提高的方案，更需要深入讨论。高世楫等从信息化和全球化的时代特征入手，辨析国家治理的中国意蕴，提出借助大数据、云计算等信息技术来促进国家机构和行政改革；技术赋能，推进政府信息节点的能力建设，推进各级政府"互联网＋"政务服务水平和能力建设，从而实现国家治理体系的升级和治理能力的提升。② 钱再见等关注国家治理现代化进程中政治权威的实现，认为"多中心治理"和治理失灵问题的频发冲击着国家治理主体的权威地位，而政治权威在国家治理现代化进程中具有主导性作用。因此，必须处理好政治权威与法治建设、民主参与和公共问责之间的关系，构建民主法治型政治权威以保障国家治理现代化的顺利实现。③ 韩志明分析国家治理中需要的知识资源支持，提出在现实治理中以个人知识弥补官僚知识的不足，打破官僚知识本位主义，建立健全利用个人知识的制度机制，以全面提高国家治理效能，从而推动国家治理

---

① 王曙光、王丹莉：《财政体制变迁 40 年与现代化国家治理模式构建——从正确处理中央与地方关系的角度》，《长白学刊》2018 年第 5 期。

② 高世楫、廖毅敏：《数字时代国家治理现代化和行政体制改革研究》，《行政管理改革》2018 年第 1 期。

③ 钱再见、汪家焰：《国家治理现代化视角下的政治权威及其实现路径研究》，《行政论坛》2018 年第 3 期。

能力的提升。[①] 刘梦然等剖析了推进国家治理现代化所面临的现实问题，提出了丰富马克思主义国家理论、坚持党的全面领导、构建高效行政机制、创新社会治理体系等基本实现途径。[②] 除此之外，还有不少学者总结了改革开放 40 年来国家治理的经验，为实现国家治理现代化提供借鉴。

二 政府治理改革与创新研究

政府治理改革与创新是政府随着内外生态环境的变化，有意识地对其结构、功能、行为、政策乃至文化进行不断调整和改变，以谋取政府治理体系与环境之间的动态平衡，从而提高政府治理效能的行为或过程，是寻找和建立新的治理途径和方式从而实现公共目的和创造公共价值的过程。伴随着国家治理体系和治理能力的不断现代化，政府治理改革和创新也不断推进，在实践层面积累了许多有益的经验，因此，政府治理改革和创新也一直是行政学界研究的热点。2018 年，学者们在总结中国政府改革开放 40 年来所取得的治理创新成果和经验的基础上，围绕政府机构改革、国家监察体制改革的创新举措、数字政府建设和政府绩效管理等展开了研究和讨论。

（一）政府机构改革

推进政府机构改革是中国行政体制改革的重要内容。中国的机构改革并不仅仅定位于精简机构和人员，而是要达到"小政府、大社会"的目标。深化机构和行政体制改革是党的十九大高瞻远瞩的战略部署，是推进国家治理体系创新的改革力举。2018 年 3 月中共中央印发《深化党和国家机构改革方案》，开始新一轮的深化政府机构改革。本轮改革着眼于转变政府职能，坚决破除制约"市场在资源配置中起决定性作用、更好发挥政府作用"的体制机制弊端，

---

① 韩志明：《从官僚知识到个人知识——国家治理转向的知识逻辑》，《中国行政管理》2018 年第 6 期。

② 刘梦然、冯留建：《新时代国家治理现代化的基本路径》，《重庆社会科学》2018 年第 8 期。

围绕推动高质量发展，建设现代化经济体系，加强和完善政府经济
调节、市场监管、社会管理、公共服务、生态环境保护职能，结合
新的时代条件和实践要求，着力推进重点领域和关键环节的机构职
能优化和调整，构建职责明确、依法行政的政府治理体系，提高政
府执行力，建设人民满意的服务型政府。专家学者紧紧围绕新一轮
党和国家机构改革进行了深入研究，为新一轮政府机构改革献策献
力。黄小勇将我国机构改革的历程分为"权力收放导向""职能转
变导向""国家治理现代化导向"三个阶段，是从"适应性"走向
"自主性"的转变，在新一轮的政府机构改革中需要加强党的全面、
集中、统一领导，形成中国式的整体性治理。① 左然等按照政府机
构改革的目的也将改革历程划分为三个阶段，并在此基础上提出了
现阶段机构改革所面临的改革疲劳、基层群众获得感较少、整体性
缺失等问题。② 吴德星以整体治理理论为基础，主张以整合、协同
的方式推进整体政府建设，提高政府活动效率；并提出政府机构改
革的目标应是建设人民满意的"好"政府，需在加强党的领导、增
强中央权威的基础上厘清各机构职责，深化纵向职责结构，加强横
向合作以优化机构行政运行。③ 赵立波围绕统筹型大部制改革的主
要特征、体制创新、现存问题和可行方案探析了大部制改革的未来
方向应是依法依规不间断地进行深化和巩固改革成果。④ 潘墨涛在
考察各国政府机构改革的历史背景和发展脉络的基础上，以创新的
"强度—跨度"政府架构分析框架，研究不同时期经济发展状况与
我国政府机构改革的内在联系，认为社会主义市场经济对于新一轮
政府机构改革提出了"高政府责任强度"和"大部门职能跨度"的
要求。⑤

---

① 黄小勇：《机构改革的历程及其内在逻辑》，《行政管理改革》2018 年第 5 期。
② 左然、左源：《40 年来我国机构改革的经验和启示》，《中国行政管理》2018 年第 9 期。
③ 吴德星：《以整体政府观深化机构和行政体制改革》，《人民论坛》2018 年第 1 期。
④ 赵立波：《统筹型大部制改革：党政协同与优化高效》，《行政论坛》2018 年第 3 期。
⑤ 潘墨涛：《中国特色社会主义市场经济与政府机构改革的内在逻辑——"强度—跨度"政府架构分析框架的视角》，《国家行政学院学报》2018 年第 3 期。

（二）国家监察体制改革

国家监察体制改革是全面深化改革的有机组成部分，是建立中国特色监察体制的创新之举，是党中央和全国人民都密切关注的反腐败工作的重要环节。2018 年 3 月，全国人大批准国务院机构改革方案，表决通过《中华人民共和国监察法》，作为我国最高的国家监察机关，中华人民共和国国家监察委员会正式揭牌，加快了国家监察体制改革的进程，也引发了学者们对于国家监察体制未来改革动向的思考。田湘波从制度同构理论视角探究国家监察体制改革的价值目标，认为国家监察体制改革在追求效率的基础上越来越注重制度化和合法化，这是反腐败工作长期有效开展的基础。① 邱霈恩认为，推进国家监察体制改革的核心要义在于形成党统一领导下依法、常态反腐的新型体制和机制、主体和能力体系，以精密、细致、高效为要求，需做好职能融合、人员磨合以及与各权力机关的合作配合工作等。② 过勇等梳理我国纪检监察机关的改革历程，重点关注十八大以来的改革路径，提出我国纪检监察机关改革还需解决机关内部权力制约和反腐、对同级党委机关的监督和加强预防腐败工作等问题。③ 周磊围绕国家监察体制改革的重要内容之一——中国特色的检察官制度展开研究，认为我国检察官制度应构建以保障检察权有序运行为基本原则，以反腐败为价值目标，加强队伍专业化职业化程度。④ 类延村等以史为鉴，通过研究宋朝的监司官制度，建议我国监察体制改革可以内部互查加强监督机关的自我监督、以精细分工提高检察机关的专业化水平、以变革领导产生方式提升监察效果、以法律配套巩固监察机关的监察权威。⑤

---

① 田湘波：《制度同构理论视角下国家监察体制改革的价值追求》，《湖湘论坛》2018 年第 2 期。

② 邱霈恩：《积极推进国家监察体制改革和体系建设》，《中国行政管理》2018 年第 7 期。

③ 过勇等：《"十八大"以来我国纪检监察机关的改革路径及成效分析》，《国家行政学院学报》2018 年第 5 期。

④ 周磊：《中国监察官制度的构建及路径研究》，《国家行政学院学报》2018 年第 4 期。

⑤ 类延村、邱钦沛：《监察体制改革新探：监司官制度的现代镜鉴》，《四川行政学院学报》2018 年第 4 期。

（三）数字政府治理研究

信息技术的快速发展对政府工作的开展和公共服务的供给提出了新的挑战，如何利用大数据、云计算等先进的信息技术提高政府工作效率和政务水平成为各国政府和学界关注的热点。张晓等考察了英国政府数字化转型战略，对我国数字政府建设提出了中央统筹协调推进"数字政府即平台"的发展模式，国家部委集约化建设全国通用性数字服务平台，省级政府重点搭建基础网络软硬件设施共享平台，地市区县负责数字服务平台日常运维和普及推广，通过开放数据吸引社会力量共建政府数字服务平台的建议。[1] 郭喜等透过政府转型的进程突出数字政府的特点和优势，同时指出存在"数字孤岛"的问题，智慧政府是数字政府转型的目标，在注重伦理安全的基础上，我国可借助传统文化优势、创新技术手段和加强制度保障来实现智慧政府的转型。[2] 叶战备等聚焦数字政府建设中数据治理所出现的横向信息分享动力不足、巨额资金建设数据处理中心却无数据可处理的尴尬、上下级政府数据交接不畅等问题，提出应将职责体现嵌入数字政府的建设中去，为各级政府数据治理提供一个行为标准。[3] 张翔考察了地方政府的大数据治理改革进程，认为其呈现出"复式转型"的特点，出现了适应性困境。因此，地方数字政府建设需要有阶段性的改革支点，以"数据管理水平"为支点巩固大数据治理的基础，以"数据交易市场"为支点建设大数据治理的平台。[4]

（四）政府绩效管理研究

党的十九大报告明确提出要全面实施绩效管理。政府实施绩效管

---

① 张晓、鲍静：《数字政府即平台：英国政府数字化转型战略研究及其启示》，《中国行政管理》2018 年第 3 期。

② 郭喜、李政蓉：《新一代信息技术驱动下的政府转型——从网络政府到数据政府、智慧政府》，《行政论坛》2018 年第 4 期。

③ 叶战备等：《政府职责体系建设视角中的数字政府和数据治理》，《中国行政管理》2018 年第 7 期。

④ 张翔：《"复式转型"：地方政府大数据治理改革的逻辑分析》，《中国行政管理》2018 年第 12 期。

理包含预算绩效管理、绩效评估、绩效考核等多个环节，是政府职能转变，提升履职能力和水平，依法行政的必要举措，新时代如何高效合理地实现政府绩效管理，达到预期目标是党和政府、学界关注的重点问题。田玉萍认为，中国特色的政府绩效管理可以将在财政预算领域全面实施绩效管理作为切入点，在推进绩效管理工作中需注意站在全面深化改革，实现国家治理体系和治理能力现代化的战略高度上，与政府职能转变、"放管服"改革相结合，激发机构内部和公职人员的内生动力，结合日常职责要求，注重绩效管理科学流程，确保权力不被滥用。[1] 孙涛等通过案例研究了某市政府绩效评估工作，提出政府绩效评估需构建以"科学差异化"为原则的评估新模式，并在接下来的改革工作中通过改进评估观、纳入第三方评估和提高信息化治理手段等途径加以完善。[2] 李文彬等以 1999 年至 2016 年广东省各市县政府绩效评价的扩散为例，通过二元回归的事件史分析探究地方政府绩效评价的扩散机制，提出可通过中央政府加大指导和督查力度，鼓励各地间的经验交流与学习，开展具有地方特色的创新等举措来推动地方政府绩效评价工作。[3] 赵静杰等关注行政人员绩效这一微观环节，指出当前我国行政人员绩效考核指标的选取和量化设计存在一定的工具理性取向，容易背离绩效考核的初衷。应该改变考核主体、形式和方法相对单一，考核内容片面的问题，变革考核理念，推进行政人员绩效考核的民主化建设。[4]

三　乡村治理研究

乡村治理是社会治理的基础和关键，是国家治理体系和治理能力现代化的重要组成部分。党的十九大提出了乡村振兴战略，并强调要

---

[1]　田玉萍：《政府推进绩效管理的着力点》，《中国行政管理》2018 年第 2 期。

[2]　孙涛、张怡梦：《科学差异化政府绩效评估——优化政府职责体系的技术治理工具》，《国家行政学院学报》2018 年第 6 期。

[3]　李文彬、王佳利：《地方政府绩效评价的扩散：面向广东省的事件史分析》，《行政论坛》2018 年第 6 期。

[4]　赵静杰、邵德福：《行政人员绩效考核指标量化设计的目标偏差及矫正策略》，《社会科学战线》2018 年第 8 期。

健全自治、法治、德治相结合的乡村治理体系，这是我们党基于新的历史方位，对乡村治理做出的要求。乡村治理研究对于完善我国社会治理理论体系，促进国家治理现代化具有十分重要的现实意义。1998年，华中师范大学中国农村问题研究中心徐勇教授首先提出"乡村治理"的概念，之后，我国学者对乡村治理进行了广泛而深入的研究，取得了丰硕的成果。总的来看，对乡村治理的研究主要集中在乡村治理多元主体、模式等方面，并着重分析了乡村治理存在的问题及原因。2018年，学者们围绕着乡村治理中如何切实贯彻党和国家的发展战略、选择合适的发展模式以及制度构建与完善等主题展开了研究。

（一）战略话语下的乡村治理

在新时代，乡村治理进入了国家整合时期，实施乡村全面振兴战略彰显了党和国家对于实现乡村有效治理和发展的决心，乡村治理如何贯彻国家发展战略，引领乡村发展为社会所广泛关注。张孝德等围绕新时代乡村振兴战略，提出乡村治理须融入从"农村"到"乡村"的系统发展思维、从"城乡统筹"到"城乡融合"的城乡等值互补思维、为小农经济正名的"小而美""小而优"新思维、乡村"三位一体"治理的熟人社会思维、乡村集体发展之路的互助合作思维和懂农业、爱农村、爱农民的亲情思维。[①] 王敬尧等探究了乡村振兴战略如何实施的突破口，观察农业规模经营，发现农村经营制度在乡村振兴战略中具有重要地位，农业规模经济是农村经济的发展动力和村庄善治的关键推力，因此，实现乡村振兴战略可以发展农业规模经营为着力点。[②] 杨磊等关注推动乡村振兴战略的主体选择和实现道路，提出将中坚农民作为理想主体能够增强乡村整治与治理的能动性和稳定

---

① 张孝德、丁立江：《面向新时代乡村振兴战略的六个新思维》，《行政管理改革》2018年第7期。

② 王敬尧、王承禹：《农业规模经营：乡村振兴战略的着力点》，《中国行政管理》2018年第4期。

性，走"自内而外、联结上下"的整合型道路。① 实现乡村振兴离不开乡村建设和治理人才的培养，蒲实等认为，当下乡村振兴战略实施面临着严重的人才瓶颈制约，因此，必须加强乡村人才建设，可以就地取"才"，培养造就和开发乡村本土人才；鼓励和引导各界人才反哺乡村；抓好乡村教育工作，为乡村发展育才；重视贤才，培育新乡贤和"两委会"干部人才。② 温铁军等结合生态文明战略，提出乡村振兴的重要内容是实施绿色生产方式，在资本过剩与危机转嫁的发展现实面前，乡村治理要重视农业发展的转型升级，实现资源节约与环境友好、循环农业零排放的生态多功能农业发展。③

（二）乡村治理的模式选择

党的十九大报告提出要"健全自治、法治、德治相结合的乡村治理体系"，要解决农村发展不充分，城乡发展不平衡等重大问题，实现"有效治理"和"共建共享共治"，这对乡村治理的模式选择提出了新的要求和挑战。2018 年，专家学者围绕乡村治理的模式进行了深入研究。邓大才以乡村社会作为研究对象，探讨"良序"和"善治"的不同类型与实现路径，认为乡村社会需要依靠道德和规制的力量建立良好的秩序，在此基础上追求"最优型善治"④。庄龙玉回顾了乡村社区治理经历的集权式治理、放权式治理和赋权式治理三种模式，在此基础上提出新时代乡村社区治理应实现多主体共建共治，同时完善农村社会社区治理的联动机制。⑤ 王文龙侧重研究乡村治理的新乡贤治理模式，在分析我国乡村结构的不同类型的基础上，提出各类型乡村主要的新乡贤类别、适宜的新乡贤治理模式和主要目标，认

---

① 杨磊、徐双敏：《中坚农民支撑的乡村振兴：缘起、功能与路径选择》，《改革》2018 年第 10 期。

② 蒲实：《实施乡村振兴战略背景下乡村人才建设政策研究》，《中国行政管理》2018 年第 11 期。

③ 温铁军等：《生态文明战略下的三农转型》，《国家行政学院学报》2018 年第 1 期。

④ 邓大才：《治理的类型：从"良序"到"善治"——以乡村社会为研究对象》，《社会科学战线》2018 年第 9 期。

⑤ 庄龙玉：《农村社区治理：模式演进、方法转变与联动机制》，《行政论坛》2018 年第 4 期。

为应因地制宜地发展新乡贤治理模式，但需注意其地区局限性和功能局限性。① 农村淘宝等电商企业的入驻正影响着农村传统的经济生产方式，是乡村经济发展的一大契机，同时也形塑着乡村社会的发展。邱泽奇以菏泽市农村电商的案例分析了电商行业在乡村的发展对于乡村秩序构建的影响，线上线下的开放市场召回了返乡创业的年轻人，为乡村振兴注入了年轻的力量，改变了乡村治理秩序的权威结构，政府加强农民电商业务能力培训等促进了政府职能转换，市场、社会和政府三股力量共同推进了乡村振兴的发展。②

（三）乡村治理的制度完善

深化农村改革，实施乡村振兴战略，离不开乡村治理中各制度的完善。土地是农村发展的基础性要素，土地制度是国家的基础性制度，赵龙围绕农村土地制度，提出深化农村土地制度改革必须完善土地征收和宅基地制度、建立集体经营性建设用地入市制度，使之成为乡村振兴战略的制度性支撑。同时，完善用地制度以此助推农村产业升级与转型，实现农村经济的新发展。③ 王慧斌等从产权与治权的关系视角分析某一资源型村庄的村民自治案例，认为集体产权是村民自治有效性的重要基础，产权与治权的互动关系深刻影响着农村政治生态，其良性互动是村民自治制度得以巩固的保障。④ 李祖佩等聚焦协商民主制度在乡村治理中的落实，提出分配型协商民主，这一阶段性设计方案提升了协商民主制度对于乡村政治现实问题的解决能力，契合当前"项目进村"的发展需要。⑤ 龚维斌回顾了我国户籍制度的历史发展，提出推进乡村振兴战略必须创新户籍制度，一方面要坚持城

① 王文龙：《新乡贤与乡村治理：地区差异、治理模式选择与目标耦合》，《农业经济问题》2018年第10期。

② 邱泽奇：《三秩归一：电商发展形塑的乡村秩序——菏泽市农村电商的案例分析》，《国家行政学院学报》2018年第1期。

③ 赵龙：《为乡村振兴战略做好土地制度政策支撑》，《行政管理改革》2018年第4期。

④ 王慧斌、董江爱：《产权与治权关系视角的村民自治演变逻辑——一个资源型村庄的典型案例分析》，《中国行政管理》2018年第2期。

⑤ 李祖佩、杜姣：《分配型协商民主："项目进村"中村级民主的实践逻辑及其解释》，《中国行政管理》2018年第3期。

镇化的户籍制度改革方向，使得迁居在城市的农业转移人口享受平等优质的公共服务；另一方面，增强农村对青壮年的吸引力，创新户籍管理使他们愿意留在乡村发展，完善新乡贤的引进和治理机制，吸纳外来人口等。①

四　公共安全研究

在十九大报告全文中"安全"一词出现了 55 次，提出坚持总体国家安全观，统筹发展与安全，增强忧患意识，做到居安思危，可见，在新时代，面对复杂多变的国内外形势，党和国家对于安全工作给予了高度重视。2018 年，行政学界对于公共安全的研究主要侧重于应急管理、邻避效应、公共冲突治理、新兴互联网技术与公共安全治理等。

（一）总体国家安全观视域下的应急管理

坚持总体国家安全观是新时代中国特色社会主义的基本方略之一，是党中央对于新时代国家安全和公共安全所面临的新问题、新挑战的回应。在总体国家安全观的指导下，加强应急能力，建设应急体系，完善应急机制是维护公共安全的重要举措之一。2018 年启动的新一轮国家机构改革，成立应急管理部，这对于加强、优化、统筹国家应急能力，构建一个统一指挥、权责一致、权威高效的国家应急体系具有非常重要的作用。王宏伟聚焦以控制为导向的危机管理模式，提出面对现今的公共危机挑战，需要对危机管理模式进行根本性的变革，本着共建、共治、共享的原则，构建多元共治网络型危机管理模式。② 盘世贵认为，总体国家安全观对于应急管理工作提出了统筹、完善、加强的要求，针对旧的应急管理机制所存在的各项问题可以通过创新应急管理的理念、体制、机制和科技等手段加以改变，其中，尤其需高

---

① 龚维斌：《从历史维度看乡村振兴过程中的户籍制度改革》，《国家行政学院学报》2018 年第 3 期。

② 王宏伟：《总体国家安全观视角下公共危机管理模式的变革》，《行政论坛》2018 年第 4 期。

度重视应急管理培训工作。[①] 闪淳昌解读总体国家安全观对于公共安全和应急管理工作提出的核心理念，认为需融入以人民为中心，以民生为本，坚持安全发展、科技强国、底线思维等原则。针对应急管理具体工作的开展，提出要进一步加强国务院应急管理办公室建设，建议将党委和政府的应急管理机构合并或合署办公，建构统一指挥、功能齐全、反应灵敏、运转高效的应急机制，提高保障公共安全和处置突发事件的能力。[②] 马宝成关注新时代应急管理体系建设，认为当下仍处于突发事件多发阶段，形势复杂，旧的应急管理体系与新时代发展要求之间存在较大差距。推进新时代应急管理体系建设需要明确建设的总目标，全面提升应急管理能力和应急管理体制机制建设。[③]

（二）公共安全与邻避冲突治理

随着城市化进程的不断推进，邻避冲突对于公共安全的冲击越来越强，政府如何化解邻避冲突，为学界所关注。马胜强等分析了邻避冲突的极端表现——邻避群体性事件，分析其形成逻辑，从利益相关理论方面提出处理邻避群体性事件需社会精英理性表达，引导邻避事件群众的心理；邻避设施的企业应切实保证环境安全；地方政府在邻避冲突中应注重回应质量，建立完善的对话机制。[④] 陈宝胜聚焦邻避冲突治理中的地方政府行为，以"主体—机制—目标"的框架对 20 个典型邻避冲突事件进行分析，根据这些案例得出"地县治理型政府"是形塑地方政府邻避冲突治理行为选择的基本逻辑。[⑤] 李宇环等从社会心态理论出发，通过案例分析，提出邻避冲突的"测量—诊断—调节"治理机制，即通过对社会心态的测量，构建预警机制；诊断社会心态的影响因素，控制邻避冲突的风险源头；优化社会情绪，

---

① 盘世贵：《总体国家安全观视阈下的应急管理创新》，《学术交流》2018 年第 9 期。

② 闪淳昌：《总体国家安全观引领下的应急体系建设》，《行政管理改革》2018 年第 3 期。

③ 马宝成：《坚持总体国家安全观 全面推进新时代应急管理体系建设》，《国家行政学院学报》2018 年第 6 期。

④ 马胜强、关海庭：《社会转型期我国邻避群体性事件的形成逻辑及治理路径——基于利益相关者理论的分析视角》，《天津行政学院学报》2018 年第 2 期。

⑤ 陈宝胜：《邻避冲突治理的地方政府行为逻辑》，《中国行政管理》2018 年第 8 期。

调节社会群体心态以化解邻避冲突。① 张紧跟以杭州九峰垃圾焚烧项目进行案例研究，提出协商治理解决邻避冲突需要有效的风险沟通，合理的利益补偿与成功的协作治理。②

（三）公共冲突的治理

十九大报告指出，我国社会主要矛盾已经转化为人民日益增长的美好生活需要和不平衡不充分的发展之间的矛盾，在此背景下有效治理公共冲突对于维护社会稳定，增强民众生活幸福感具有重要意义。王宏伟认为，在社会主要矛盾转化的背景下，实现公共冲突的有效治理需实现从危机管理到源头治理、从注重维稳向注重维权、从刚性压制向柔性疏导、从高层重视向重心下移、从单一的行政命令向多样化治理、从重视改善民生向改善民生与引导预期并重、从关注内部向内外兼顾的转变。③ 常健等关注媒体新闻报道对公共冲突的影响，认为可以通过新闻议题的设置来引导受众的认知和情绪，在公共冲突的治理中可以充分利用和发挥新闻议题框架的正面功能，抑制其负面导向，避免冲突升级。④ 李琼等着眼于具体案例分析在公共冲突治理中"第三方"治理主体的作用路径和实际影响，提出在公共冲突问题的解决中应先厘清各治理主体的利益、权利和权力边界，构建良好的边界互动秩序，充分发挥"第三方"治理主体的"减压阀"作用，规避其可能引发的权力滥用和利益纷争。⑤ 刘海聚焦西部边疆地区的公共冲突问题，突出边疆地区公共冲突事件所具有的民族性、政治性、隐蔽性和难控性。强调在边疆地区的治理中，应以构建和谐互助、团结友爱的民族关系为基础，对公共冲突以预防为主，构建边疆地区公

---

① 李宇环、梁晓琼：《社会心态理论视域下中国邻避冲突的发生机理与调试对策》，《中国行政管理》2018 年第 12 期。

② 张紧跟：《邻避冲突何以协商治理：以杭州九峰垃圾焚烧发电项目为例》，《行政论坛》2018 年第 4 期。

③ 王宏伟：《论我国社会主要矛盾变化背景下公共冲突的有效治理》，《理论月刊》2018 年第 3 期。

④ 常健、郝雅立：《新闻议题框架对公共冲突治理的作用机制及其管理》，《国家行政学院学报》2018 年第 4 期。

⑤ 李琼、晏阵方：《冲突治理中"第三方"参与的边界和功能——以江苏镇江 GT 新城拆迁事件为例》，《中国行政管理》2018 年第 7 期。

共安全战略和跨区域应急联动机制，提高各民族民众反恐防暴意识。①

（四）网络新兴技术与公共安全治理

近年来，网络信息技术迅猛发展，一方面给社会公共安全治理提供了技术保障和技术平台，另一方面给公共安全风险防控带来巨大挑战。党的十九大报告明确提出，要大力发展大数据、人工智能、物联网等新兴网络技术，切实保障城市公共安全、网络空间公共安全。2018 年，学者们的研究主要聚焦于大数据与公共安全治理、网络空间公共安全治理、智慧城市公共安全治理等方面。邓建高、方滨兴等研究网络空间安全治理，聚焦网络空间的信息行为治理，从基于多主体协作的协同治理策略、基于心理疏导的深度治理策略、基于社会张力测量的精准治理策略、基于社会诱发因素识别和预警的前置治理策略四个方面提出互联网信息行为治理策略体系。② 刘志坚等提出大数据平台可以作为一种社会治理创新模式，在推进社会治理现代化的过程中要全方位加强个人信息保护，以维护公共安全。③ 黄思婕专门就无人机对公共安全治理的应用功能进行了研究，认为无人机在反恐、重大安保活动、交通执法、毒品侦查、森林防火等领域有着广阔的应用空间。④ 单勇研究了技术治理下的城市公共安全，提出技术治理创新不能脱离正义观和权利观的宰制，技术治理应遵循空间正义和认真对待城市权利，以空间正义作为现代城市更新的价值导向，实现治理资源在城市空间重构中的公平分配，从集体权利、底线权利和积极权利的角度探索技术治理的改进思路，并通过技术治理的体系厘定、技术治理中人的智慧参

① 刘海：《西部边疆地区公共冲突：认知、防范与化解》，《云南行政学院学报》2018 年第 2 期。

② 邓建高等：《面向国家公共安全的互联网信息行为融合治理模式研究》，《江苏社会科学》2018 年第 5 期。

③ 刘志坚、郭秉贵：《大数据时代公共安全保障与个人信息保护的冲突与协调》，《广州大学学报》（社会科学版）2018 年第 5 期。

④ 黄思婕、黄瑾：《无人机在公共安全领域的应用及发展趋势》，《中国公共安全》2018 年第 9 期。

与和城市权利的法律完善追求空间正义。① 单勇还提出信息技术的勃兴为社会参与城市公共安全治理提供了前所未有的多元渠道，在地理信息系统的支持下，公共安全地图的公开以数据共享、数据制衡形式打通了社会参与的"信息入口"，以可视化、交互式、精准性指引着公民安全生活，驱动公共安全治理从封闭式管理走向开放式治理。②

五　公共政策研究

公共政策作为对社会利益的权威性分配，集中反映了社会利益，从而决定了公共政策必须反映大多数人的利益才能使其具有合法性。增进民生福祉是制定和执行公共政策的根本目的，公共政策如何在新时代优化自身的价值排序，完善制度流程，回应民众关切是 2018 年行政学界研究的重点问题。

（一）公共政策制定的学理性研究

如何优化公共政策的制定流程，确保公共政策真正落地取得预期成效，实现高效合理地分配公共资源历来是行政学研究的重点问题。李玲玲等逐一反驳了公共政策的逻辑起点是弥补市场失灵或政府利益或民众需求等观点，提出逻辑起点这一概念所具有的抽象、简单和细胞元素的形式等五大特征，具有公共性的公共利益符合这五大特征，应是公共政策的逻辑起点。③ 王礼鑫认为，公共政策的制定需要一定的知识基础，公共政策背后不同的知识组合又决定了决策权的结构，因此，在决定复杂公共政策的投票中，应尽量避免公投。④ 李文钊围绕多源流框架的理论基础、历史发展和理论意义

---

① 单勇：《走向空间正义：城市公共安全的技术治理》，《中国特色社会主义研究》2018 年第 5 期。

② 单勇：《城市公共安全的开放式治理——从公共安全地图公开出发》，《中国行政管理》2018 年第 5 期。

③ 李玲玲、梁疏影：《公共利益：公共政策的逻辑起点》，《行政论坛》2018 年第 4 期。

④ 王礼鑫：《公共政策的知识基础与决策权配置》，《中国行政管理》2018 年第 4 期。

展开了研究，探究其与实际政策过程的理论契合性，尤其是理论基础模糊性对政策过程的实际影响。他认为，多源流框架仍是政策过程中最有竞争力的理论框架之一，中国学界应该思考如何发展基于中国情境的多源流理论，如何将中国情境更好地融入多源流框架并进行案例分析。① 李帆等介绍了实验设计与因果推论，结合案例展示了随机对照实验等研究方法的基本原理及其在公共政策评估中的应用，以期满足党和政府对于提升公共政策评估能力，改进公共政策评估方法的要求。②

（二）环境治理政策研究

加强生态环境保护，实现人与自然和谐共生的现代化，建设美丽中国，离不开环境保护与治理政策的制定与有效执行。2018 年行政学界对于环境治理政策的研究主要倾向于对地方政府环境治理政策的评估和具体案例分析。沈坤荣等通过对"河长制"的考察，提出各级政府应制定清晰且适宜的治理目标，设计健全可行的问责机制，引进专业第三方水质检测机构等建议来推进"河长制"，确保其治理成效不浮于表面。③ 任丙强基于中央与地方关系分析政治激励、晋升激励与财政激励三种激励机制对于地方政府环境治理政策执行成效的影响，认为中央生态文明建设治理理念对于地方政府环境治理具有根本性影响，但需避免行政责任"政治化"和过度依赖上级督促的弊端；考核晋升则需完善制度化，避免寻租可能；而财政激励则需完善中央财政转移支付，降低地方政府的财政压力，鼓励环境治理投资。④ 张金俊通过梳理我国农村环境政策，划分了农村环境政策体系演进的三个阶段，认为我国农村环境政策体系应朝

---

① 李文钊：《多源流框架：探究模糊性对政策过程的影响》，《行政论坛》2018 年第 2 期。

② 李帆等：《公共政策评估的循证进路——实验设计与因果推论》，《国家行政学院学报》2018 年第 5 期。

③ 沈坤荣、金刚：《中国地方政府环境治理的政策效应——基于"河长制"演进的研究》，《中国社会科学》2018 年第 5 期。

④ 任丙强：《地方政府环境政策执行的激励机制研究：基于中央与地方关系的视角》，《中国行政管理》2018 年第 6 期。

着一体化、专业化、多元化方向发展。① 吴芸等基于 2004—2017 年
京津冀地区大气治理污染的政策文本，展开关于政策工具的数据研
究，提出创制并积极使用大气污染治理的市场型政策工具和自愿型
政策工具，引入市场、社会等多元主体力量提升大气污染治理领域
的政策工具协同程度，以整体化治理思维为导向破解碎片化的治理
困境等政策建议。②

（三）住房保障政策研究

高房价问题不仅关乎国家经济、金融风险问题，而且关乎民生福
祉。要让民众真正安居乐业，必须解决现实的住房保障问题，回应民
众呼声。祝仲坤基于中国社会调查 2013 年数据，分析了我国住房保
障政策的公众满意度，得出住房保障政策并不尽如人意的结论，提出
应强化住房保障政策的顶层设计、重视住房保障资源的便利性和构建
信任机制，营造公平氛围等建议。③ 崔光灿等通过数据调查，比较产
权支持与租赁补贴两项具体住房保障政策的效果差异，发现以产权住
房方式资助的家庭满意度较高，因此，政府在选择住房保障方式时，
仍可将共有产权住房、限价房等产权保障方式作为一项有效的政策。④
张超等从福利体制理论出发，实证分析发现在三种福利模式下，住房
保障支出与经济发展水平之间存在"倒 U 形"曲线关系。而我国现
阶段仍处于该曲线的前端，因此，我国住房保障支出应随着人均 GDP
的增长而不断提高，并侧重于选择结果公平模式，在制度改革中应多
借鉴福利国家的保守主义模式。⑤ 黄燕芬等认为，我国住房保障发展
不平衡不充分主要表现为城市间供需分配不平衡、城市内部空间分布

---

① 张金俊：《我国农村环境政策体系的演进与发展走向——基于农村环境治理体系现
代化的视角》，《河南社会科学》2018 年第 6 期。
② 吴芸、赵新峰：《京津冀区域大气污染治理政策工具变迁研究——基于 2004—2017
年政策文本数据》，《中国行政管理》2018 年第 10 期。
③ 祝仲坤：《公众满意度视角下中国住房保障政策评价》，《人口与发展》2018 年第 1
期。
④ 崔光灿、廖雪婷：《产权支持与租赁补贴：两种住房保障政策的效果检验》，《公共
行政评论》2018 年第 2 期。
⑤ 张超等：《住房适度保障水平研究——基于福利体制理论视角》，《价格理论与实
践》2018 年第 10 期。

不平衡、保障性住房建设与管理不平衡、住房保障总体供给规模不充分、住房保障总体供给质量不高和供给主体过于单一。新时代完善我国住房保障制度应强化精准施策，提高住房保障供需匹配度；改革绩效考核方式，促进保障性住房建设与管理的均衡发展；建立政府间和部门间协同机制，降低住房保障行政成本；丰富住房保障供给主体和形式，提升社会力量参与度。①

---

① 黄燕芬等：《住房保障发展不平衡不充分：表现、成因与对策》，《国家行政学院学报》2018 年第 6 期。

中外政治制度研究的新面貌

王慧　吴健青　冯修青　马雪松[*]

　　政治制度在本质上是人类交往的产物和实践性成果，通过为政治领域确立基本性的秩序状态，在政治权力的结构与安排中运用积极和消极的因素，实现约束和引导人类行为的目的。中外政治制度研究作为政治学的分支学科和专门领域，涉及中外国家政权本质、国家结构形式、政府组织形态以及构成国家制度的相关体制和一般机制，同时在新制度主义政治学、比较政治学、制度经济学、历史社会学等跨学科理论体系和分析方法的推动下，对当代不同国家的政治发展特别是国家治理问题进行深入探索，体现出高度的现实关怀和学理反思属性。从当代中国政治制度建设基本经验的内在机理来看，党的十八大、十九大以来，完善政治制度并不是简单地照搬照抄其他国家政治发展的既有模式，也不是囿于任何理论的浅层内容。只有将实践作为完善和发展政治制度的源泉和依据，一切从当代的现实国情出发，总结中国政治体制发展与变迁的突出成就，探索中国政治体制发展的内在逻辑，反思中国政治体制发展的深刻教训，才能推动中国政治体制的不断发展、创新与完善。因此，全面梳理2018年中外政治制度研究的新进展，可以从制度理论及其应用、国家治理现代化、民主制度及其实践、廉政建设与腐败治理四个角度展开集中分析。

---

*　吉林大学行政学院。

一 制度理论及其应用

当代国内外对制度的系统研究大多集中于新制度主义政治学上。作为制度理论的集合，新制度主义政治学不但在某种程度上继承了旧制度主义理论与发展理论，而且在既有的三大流派的基础上不断开拓创新，话语制度主义与建构制度主义的诞生就是其中的典型。① 实际上，自 19 世纪末以来，政治学作为一门独立学科，就颇为重视对制度尤其是正式制度的研究。直到 20 世纪 70 年代，一度占据主流地位的行为主义日趋衰落，制度研究得以再度复兴，新制度主义也应运而生。新制度主义的产生与发展是多学科互动和整合的结果，国内 2018 年的新进展同样延续了这一传统。综观 2018 年的理论成果，大体侧重于理论的总结与应用，即梳理新制度主义某一流派或某一理论的代表性观点，而后将其作为分析框架阐释特定的现实问题。

（一）理论的总结与创新

科林伍德（R. G. Collingwood）有一段话被广为传颂："政治理论史并不是一段对一个相同问题提供不同回答的历史，而是一段其问题不断变化、解决方案也不断改变的历史。"② 这尤其适用于新制度主义，后者内部存在着取向各异的多种流派，在不同时期的研究更是各有侧重。从理论层面来看，2018 年国内学者对新制度主义的推进大体集中于历史制度主义、社会学制度主义、制度变迁理论和对制度研究传统的重新思考上。

1. 历史制度主义的新进展

在新制度主义流派中，历史制度主义独树一帜，其特色在于关注

---

① 罗伯特·古丁、汉斯—迪特尔·克林格曼主编：《政治科学新手册》，钟开斌等译，生活·读书·新知三联书店 2006 年版，第 542 页。

② R. G. Collingwood, *An Autobiography*, Oxford: Clarendon Press, 1939, p. 62.

宏观脉络并将其应用于分析历史过程。① 历史制度主义不仅拥有一系列重要概念和整套研究方法，对制度变迁的推进同样成就斐然。

马得勇在分析历史制度主义视角下的渐进变迁时，着重介绍了关键节点、脉络、偶然性等重要概念，并对历史制度主义的方法论特色进行了梳理。② 他指出，关键节点强调制度变迁中具有重要甚至是决定性影响的某一时刻，这一概念与路径依赖理论密切相关。值得注意的是，关键节点将制度变迁归结为外部原因，现有理论已然突破了这一观点。脉络有时也被译为情境，注重将特定的事件置于长时段的历史文化情境当中，由此更好地把握制度变迁的因果机制。偶然性更多地展现在关键节点时期，对这一问题的研究具有两个特征。第一，对偶然性的研究必须与行动者的选择、结果相结合；第二，在关键节点做出的偶然性选择同样受到情境的约束。西伦（Kathleen Thelen）和马霍尼（James Mahoney）将历史制度主义的方法论特色总结为"问题驱动""宏观结构化分析"和"以时间为导向"。问题驱动凸显历史制度主义的研究始于重要的现实困惑，如社会革命是如何发生的？为何在各个国家结果不同？宏观结构化分析侧重于历史制度主义对重大事件的因果性结构化分析，将多种因果机制的考量纳入其中。关于历史制度主义的渐进制度变迁理论是否适用于中国，马得勇对此表示乐观，并指出三个适用的理由：首先，中国同样存在着推动或阻碍制度变迁的力量；其次，中国历史上同样存在着制度的渐进式变化，尤其是从中国共产党执政以来；最后，制度的模糊性是普遍现象。值得注意的是，作者也提醒相关研究者警惕历史制度主义的理论局限。一方面，由于制度架构、历史文化等方面有别于发达国家，中国的渐进性制度变迁有其特殊性。另一方面，学者在运用比较历史分析方法时需要根据实际情况加以深入思考。与之相似，李靖与李春生对历史制度主义在我国的应用大加赞赏。作者认为，历史制度主义对制度的重视既考虑到近代中国的独特历程，也看到了中国悠久的历史文化，系

① 河连燮：《制度分析：理论与争议》，李秀峰、柴宝勇译，中国人民大学出版社2014年版，第21页。
② 马得勇：《历史制度主义的渐进性制度变迁理论——兼论其在中国的适用性》，《经济社会体制比较》2018年第5期。

统的理论更是为理解中国现实问题提供了较为宏观的分析视角。①

马雪松主张，对新制度主义政治的考察不应囿于自身范式和新旧转换当中，而应当将视野拓展至社会科学的整体演进和学科融合上。② 作者指出，在新制度主义流派中历史制度主义更新最为迅速，它的名字也展现出其与历史社会学和比较历史分析的亲密关系。历史制度主义者不仅积极吸收历史社会学的理论与方法，还在国家理论中占有一席之地，更是积极将理论成果应用于公共政策的制定当中。以关注结构和时间次序著称的历史制度主义，在后期的发展中也日益重视以观念为代表的一系列文化因素。此外，作者强调，历史制度主义的推进尤其需要处理好借鉴其他流派和沉淀自身特色的关系。

在曲纵翔、王卓煊看来，历史制度主义从 20 世纪 40 年代就开始萌芽，在 20 世纪 90 年代臻于成熟，这一时段恰好也是世界格局大转型的时期。③ 两位作者认为，制度观是历史制度主义的核心，并将制度变迁和制度效能两大理论视为重要部分。制度变迁理论将制度本身视为因变量，考察在较长时间中和差异环境下致使制度产生与转变的众多因素。对制度变迁的多样化解释催生了众多理论模型，如路径依赖理论、革命生成论、渐进转型理论等。制度效能论则是在分析框架中将制度视为自变量，注重制度及其要素通过何种方式并在何种程度上影响人们的行为乃至政治决策，进而对整个社会施加一定影响。至为关键的是，历史制度主义不是简单地分析历史，而是关切历史对当下的影响。两位作者还指出，建构制度主义的发展壮大正是因为批判性地继承了历史制度主义的理论与方法。

2. 社会学制度主义的理论推进

社会学制度主义的特色首先在于它对制度的理解。不同于理性选择制度主义将制度理解为规则，历史制度主义将制度细化为正式和非

---

① 李靖、李春生：《我国城市基层治理体制变迁研究——基于历史制度主义范式》，《湖北社会科学》2018 年第 1 期。

② 马雪松：《社会科学中的新制度主义政治学：一项学科史的考察》，《比较政治学研究》2018 年第 1 期。

③ 曲纵翔、王卓煊：《历史制度主义视域下的中国高等教育评估制度》，《黑龙江高教研究》2018 年第 10 期。

正式程序、规则、惯例等，社会学制度主义视角下的制度更为宽泛，力图将与行动者有关的信念、认知、道德模式等文化因素都纳入其中。① 社会学制度主义是组织分析、新古典经济学和理性选择理论相融合的结果，擅长运用认知、文化因素分析制度的生成、制度化、组织场域等。由于对文化因素的高度重视与应用，社会学制度主义也被称为新制度主义认知—文化路径。其中，组织分析是社会学制度主义的研究缘起和理论特色之一，迈耶（John Meyer）和罗恩（Brian Rowan）就曾以"制度化的组织：作为神话与仪式的正式结构"为题在社会学制度主义的集大成之作《组织分析的新制度主义》中写下专章。

金玺、刘爱生在分析中世纪大学的诞生时，倡导运用社会学制度主义这一研究视角，主要是基于以下两点考虑。第一，制度与文化因相互作用而联系密切。相较而言，文化这一概念过于宏大而难以把握，制度则是一个很好的切入点。第二，社会学制度主义是一种颇具真实感的中层理论，既不过分追求宏大叙事，也跳出了单纯的描述。二人将社会学制度主义的基本观点概括为：任何一个组织都必须适应环境，因而对组织现象的探究也必须从组织与环境的关系入手。② 一般而言，关于制度的产生主要有两大类解释：一是自然演化的观点，主张制度是在特定环境中为解决相似的问题自然而然地产生的。二是认为制度生成的关键在于行动者，并关注促使个体展开行动的意图与利益。某一特定制度要在时间和空间范围内具有适用性，必须有一个制度化的过程。制度化的运作机制大致可以概括为三大类：其一，特定制度会带来利益的报酬递增；其二，对更为长远利益的承诺递增；其三，以信念体系与文化框架为代表的思想观念。组织发展的历史尤其展现了人们思想观念的发展变化，由此思想观念的创新与接纳就显得举足轻重。作为制度的基础性要素之一，文化—认知性要素或许更适用于特定制度形式的治理，由此形成的治理模式强调现实生活中的

① 马雪松：《社会学制度主义的发生路径、内在逻辑及意义评析》，《南京师大学报》（社会科学版）2011 年第 3 期。

② 金玺、刘爱生：《中世纪大学的诞生、制度化及其治理——组织社会学新制度主义的视角》，《高教探索》2018 年第 9 期。

选择是在社会建构的架构、模式与观念的基础上做出的。

胡业飞在分析组织内协调机制的生存合法性时采用的是社会学制度主义的视角。在他看来，某一制度得以长期存在必定有稳定的生存合法性来源，新制度主义更是声明：组织的长期存在必须获得组织场域内的合法性。[①] 斯科特（Richard Scott）将制度分为三大基础性要素，即规制合法性机制（regulative legitimacy）、规范合法性机制（normative legitimacy）、认知合法性机制（cognitive legitimacy），并由此分析了相关的合法性来源。规制合法性本质上是对权力和权威的服从，它们源自组织内权力机构或监督机构。规范合法性关注道德基础，因此更有可能被组织成员内化。认知合法性则强调成员对特定情境、认知理念、角色定位等的遵守，此类合法性因其对意识的控制而被认为是最深层次的。胡业飞认为，像议事协调机构这样的"组织内组织"很难获得来自道德或意识的合法性支持，理论和现实都促使其诉诸权威。与此类似，王秋霞、张敦力在探究制度的三大基础性要素对行为和绩效的影响时同样关注规制性要素与文化—认知性要素，并以此为契机采用了"环境—行为—绩效"的分析思路。[②] 制度逻辑理论缘起于新制度主义者对传统制度理论的批判，当前已成为社会学制度主义的重要研究主题。梁强与徐二明系统梳理了制度逻辑理论的概念和渊源，并探讨主导制度逻辑向多元制度逻辑的转变，最后在制度复杂性的基础上展望制度逻辑理论的未来。制度逻辑理论的诞生是对传统社会科学制度研究的反击，后者的理论研究将广泛的社会因素排除在外，这一点充分表现为理性选择理论对工具理性的推崇和主流组织理论对背景的忽视。制度逻辑理论声称，制度不仅是物质性实践，同时也是符号象征系统；由此，制度逻辑指的是能够塑造行动者认知和行为并赋予生活以意义的一整套文化信念与规则。[③] 制度逻辑理论的发展是从早期的主导制度

[①] 胡业飞：《组织内协调机制选择与议事协调机构生存逻辑——一个组织理论的解释》，《公共管理学报》2018 年第 3 期。

[②] 王秋霞、张敦力：《外部制度驱动、生态创新与企业财务绩效》，《宏观经济研究》2018 年第 4 期。

[③] 梁强、徐二明：《从本体认知到战略行为偏向——制度逻辑理论评述与展望》，《经济管理》2018 年第 2 期。

逻辑到当前的多元制度逻辑，前者的焦点是组织场域内制度的竞争及其影响，后者的侧重点则是制度的复杂性。在早期研究中，一些学者主张组织场域内存在多元的制度逻辑，但只有一种制度逻辑占据主导性地位，这种主导制度逻辑引导关键行动者聚焦于特定的问题与诉求而忽视其他的制度逻辑。此类观点将制度逻辑仅仅视为短期性的突发事件，因而难以跳出传统制度研究的窠臼，对制度变迁的解释也显得力不从心。实际上，组织生存于其中的制度环境大多是多元性的，如一个组织场域可能由多种不同甚至相互冲突的信念构成，由此对制度环境的理解应当趋于多元性、竞争性和碎片化。在另一层面上，制度也就面临着"多元制度逻辑所带来的观念不兼容"这一困境，例如代表不同群体的职业型组织、致力于采用商业模式解决社会问题的混合型组织。对制度多元性的重视也让相关研究日益关注家族、社群、宗教等中普遍存在的"非市场"逻辑，后者不仅对当代组织的行为有重大影响，还在文化意义上对组织产生着深远持久的影响。概言之，两位作者主张，在制度多元逻辑的环境下，组织所面临的制度复杂性是由场域所决定的，组织自身的结构则缓解了制度复杂性所带来的压力。简言之，多元制度逻辑和组织行为之间是相互建构、相互作用的。关于制度逻辑理论的未来，梁强与徐二明认为可从以下四个方面展开：第一，从多元制度逻辑着手扩展当前的二元逻辑结构；第二，运用制度透镜来分析组织行为；第三，围绕中国情境下的制度逻辑展开研究；第四，从动态视角考察组织的多元制度逻辑。①

3. 制度变迁理论的新进展

制度变迁是近些年来新制度主义的核心议题之一，也是新制度主义各流派积极进取并取得重大成果的研究领域。对制度概念的理解是制度变迁理论研究的前提要件，如张贤明与崔珊珊认为，社会科学中对制度的理解大致可以概括为三种，即规制性制度观、规范性制度观和认知性制度观。规制性制度观在三者中占据主要地位，这一视野下的制度变迁逻辑可以简单地理解为制度的奖惩模式引导行为者遵循工具理性。就制

---

① 梁强、徐二明：《从本体认知到战略行为偏向——制度逻辑理论评述与展望》，《经济管理》2018 年第 2 期。

度变迁的原因来看，规制性制度观侧重外生性制度变迁，但也在制度背后的物质利益和制度自身蕴含的变革因素两个层面为内生性变迁预留了空间。规制性制度观将权力、利益、行为视为制度变迁的决定性因素，而在变迁的方式上则兼容了人为设计和自发演化两种路径。与之不同的是，规范性制度观倾向于将视域下的制度视为外在于行为者的客观存在，对行为者的影响主要凭借价值维度和道德规范。规范制度观同样重视外生变迁，但将其中的决定性因素归结为价值承载者，同时也主张制度变迁是一个循序渐进的过程。认知性制度观与前两者最大的不同在于强调制度的文化属性与内在建构，即通过特定的认知框架为行动者的行为与决策赋予可共享的理念。认知性制度观注意到外在因素对制度变迁的诱发性，但仍坚持认为行动者的认知转变才是制度变迁的根本原因，其中的关键则是观念和话语。认知性制度观将制度变迁理解为社会多数成员观念的调整，在某种程度上是对人为建构和自然演化二元模式的超越。规制性制度观、规范性制度观、认知性制度观三者对制度变迁的理解各有千秋，但并非截然相对，而是在某种共识之上侧重于不同维度。两位作者主张，制度变迁的研究大体可以从以下路径加以深化：第一，尝试在某一特殊制度概念的基础上构建中观理论；第二，采用实证研究助推中观理论的成长。①

李凤云对历史制度主义视域下的内生性制度变迁进行了梳理，认为历史制度主义对制度变迁的研究重心有一个转换的过程，即从制度影响政治到行为塑造制度，再到制度稳定与转变。② 历史制度主义的异军突起是对行为主义的一大反动，它对制度的重视由来已久。然而，在高度重视制度这一变量时，历史制度主义对制度变迁的探索也在很大程度上忽视了其他重要因素。首先是行动者的能动性。海伊（Colin Hay）等人就曾正确地指出，历史制度主义必须重新审视结构与能动的关系，并应当从理性选择制度主义的算计路径和社会学制度主义的文化路径中汲取养料。其次，观念和话语一直未能获得应有的重视，话语制度主义和建

---

① 张贤明、崔珊珊：《规范、规制与认知：制度变迁的三种解释路径》，《理论探讨》2018 年第 1 期。

② 李凤云：《历史制度主义范式下的制度变迁机制——内生性制度变迁的理论进展》，《河南工程学院学报》（社会科学版）2018 年第 4 期。

构制度主义的兴起填补了这一空白。对于历史制度主义而言，应当将话语和观念置于制度的背景之下加以考察。再次，行动者在制度背景下展开策略性行动影响制度变迁。这里的制度背景不仅包括宏观制度框架，还囊括了具体的小制度，因此也扩展了制度的内涵。再次，历史制度主义在论述制度变迁时应当谨慎使用进化论，后者的自然科学视角并不完全适用于社会科学领域。最后，适应性的非正式制度及其变迁值得进一步深化，这一理论是由蔡欣怡（K. S. Tsai）根据中国的政治现实而提出的。在深化内生性制度变迁的同时，对制度稳定性的研究得以回归并实现突破。学术界对制度变迁投入了太多精力，以致显得制度极易转变，由此削弱了制度稳定性在政治实践中的地位。因此，李凤云承继其他学者的观点，认为考察制度变迁机理的前提是充分探寻特定时刻下制度结构对行为的规制作用。如前所述，马得勇概述了历史制度主义的重要概念、基本主张和方法论特色，并对国外渐进性制度变迁的理论进展进行梳理。20 世纪 90 年代以来，历史制度主义对制度变迁时期的考量由突变期转换为稳定期，然而这种截然对立式的阶段划分遗漏了太多重要因素。在渐进式制度变迁理论看来，制度变迁不仅指涉制度形式的转变，还包括制度运行效果的变化。西伦和斯崔克从变迁的过程是累积式还是突变式、变迁的结果是否连续两个层面划分出四种制度变迁类型，渐进式制度变迁在过程上表现为累积性而在结果上则表现为非连续性。此后，马霍尼和西伦又在他们合著的《解释制度变迁》一书中依据现有政治环境偏离的高低、变迁内在阻力的高低两个维度，将制度变迁的类型划分为漂移（drift）、转换（conversion）、层叠（layering）、取消（elimination）或更替（replacement）四种。在历史制度主义看来，权力关系的较量是制度变迁的动力根源。此外，行为者与制度的互动、因果机制的作用机理和制度的模糊性等都是分析制度变迁不容忽视的因素。[①]

4. 回归传统：重温前贤的制度思想

萨拜因（George Holland Sabine）在其鸿篇巨制《政治学说史》第一版的序言中写到："我们认为，任何当下的政治哲学都不可能比

---

① 马得勇：《历史制度主义的渐进式制度变迁理论——兼论其在中国的适用性》，《经济社会体制比较》2018 年第 5 期。

过去的那些政治哲学更超然于它与各种问题、各种价值判断、各种习惯甚或与各自时代之偏见的种种关系之外。"① 社会科学的理论创新尤其重视前人的思想成果,重温名家经典常常会有意想不到的收获。

2018 年 9 月 27 日,被誉为"管理学大师中的大师"的马奇(James March)去世,他被公认为是过去半个世纪中最为杰出的组织理论者;他是组织学习理论的先驱、权变理论的创始人,同时也是新制度主义的重要倡导者。马奇对新制度主义的贡献集中体现在他与欧森(Johan Olsen)合作的论文《新制度主义:政治生活中的组织因素》及其著作《重新发现制度:政治的组织基础》当中,后者更是具有里程碑意义。马雪松以《重新发现制度:政治的组织基础》一书为核心,对马奇和欧森留下的新制度主义遗产进行了梳理与总结。在提出新制度主义和倡导重新发现制度之前,马奇和欧森就积累了深厚的组织学基础并取得了令人瞩目的成就。二人长期致力于为政治提供组织基础,这种组织基础既不同于韦伯(Max Weber)的科层制,也区别于组织社会学所坚持的认知性路径。全书坚持以制度视角理解政治理论和政治生活,分析制度模式的发展历程和制度保持相对稳定的机制,并考察制度结构与运行如何影响制度变迁,由此基于制度的适宜性逻辑对制度作出评价。即便书中不少观点存疑也亟须补充,两位作者依然是制度理论的杰出奠基者,《重新发现制度:政治的组织基础》一书在新制度主义的身份认同、学术资源、解释逻辑和学科融合等方面也留下了无尽的财富。② 与马奇相似,诺思(Douglass North)以经济史为核心的制度研究对政治学和经济学均影响深远。如侯婉薇所述,诺思对新制度主义和经济史的坚守是"时光流变中的制度探索之旅"。诺思最初的焦点是美国的经济史,重点是对美国人寿保险发展史以及对美国内战前后经济状态的研究。其后他转向了欧洲经济史,这一时期诺思从制度主义者凡勃伦(Thorstein Veblen)、康芒斯(John Commons)等人的思想中获益良多并最终以制度为研究

---

① 萨拜因:《政治学说史:城邦与世界社会》,邓正来译,上海人民出版社 2015 年版,第 8 页。

② 马雪松:《马奇和欧森的新制度主义遗产——评 Rediscovering Institutions:The Organizational Basis of Politics》,《公共管理评论》2018 年第 3 期。

焦点。彼时的诺思认为，制度是一种激励性框架并且总是有效的，在
与托马斯（Robert Paul Thomas）合著的《西方世界的兴起》中更是
将经济增长的关键归结为有效率的经济组织，亦即制度的表现形式之
一。诺思的集大成之作是 1990 年出版的《制度、制度变迁与经济绩
效》，这一阶段他不仅关注作为博弈规则的制度，而且从制度变迁的
角度分析其对交易费用和生产成本的影响。这本书所蕴含的心理分析
特征，直接推动了诺思后期对影响制度变迁的认知、信念等的考察。
此外，信念体系对文化的塑造作用以及在何种意义上影响人们的目标
与选择，也是诺思所关切的问题之一。[1] 不同于侯婉薇对诺思毕生研
究阶段性的阐释，张海丰认为，诺思早期的研究取向与晚近的方法论
之间存在着不可调和的冲突。换言之，诺思的分析模式有一个从静态
分析到演化制度分析范式的转变，亦即诺思最终抛弃了新古典经济学
的静态均衡分析，从而转向制度的演化并引入了认知科学。张海丰进
一步提出，诺思后期制度分析中的演化特征在很大程度上是对凡勃伦
演化制度论的回归，二人的理论分野则在于前者坚持制度决定论而后
者倡导"循环累积因果"[2]。此外，奥尔森（Mancur Olson）的三大代
表作《集体行动的逻辑：公共物品与集团理论》《国家的兴衰》《权
力与繁荣》得以重新出版，这对理解奥尔森本人的思想以及理性选择
制度主义而言都是一个契机。奥尔森是理性选择理论的重要奠基者，
被誉为当代最具影响力的经济学家之一。《集体行动的逻辑：公共物
品与集团理论》一书的核心观点是："除非一个集团中人数很少，或
者除非存在强制或其他某些特殊手段以使个人按照他们的共同利益行
事，理性的、寻求自我利益的个人不会采取行动以实现他们共同的或
集团的利益。"[3] 这段话常常被认为是奥尔森对集体行动持悲观态度
的证明，而实际上人们高估了其中的悲观程度。如同奥斯特罗姆

---

① 侯婉薇：《时光流变中的制度探索之旅——道格拉斯·诺思的经济史研究与新制度
主义》，《经济社会体制比较》2018 年第 1 期。

② 张海丰：《回到凡勃伦制度主义：诺思的制度理论是演化的吗?》，《社会科学》
2018 年第 8 期。

③ 曼瑟尔·奥尔森：《集体行动的逻辑：公共物品与集团理论》，陈郁、郭宇峰、李
崇新译，格致出版社、上海人民出版社 2018 年版，第 3 页。

（Elinor Ostrom）曾指出的，奥尔森至少为达致集体行动提供了三种路径：小型集团、强制、激励性制度。在对特定奖惩制度作用的肯定中，似乎能看到奥尔森日后研究重心的转移，亦可在某种程度上瞥见理性选择理论转向理性选择制度主义的前兆。

（二）制度主义的应用

与理论推进聚焦于梳理西方理论前沿不同，2018 年，国内新制度主义的应用涉及面广且数量较多，充分展现了学者的理论功底与现实关怀。有学者运用历史制度主义分析我国改革开放以来博士研究生招生制度变迁的深层结构，并将制度变迁的动力归结为政府、高校、市场三者之间的动态博弈。[1] 有学者从历史制度主义出发分析我国城管执法制度的变迁，主张城管执法的制度实践与城市功能的转变相伴而生，制度践行主体与具体形式的转变体现了路径依赖的特点，制度转变的效果不佳则是制度变迁的意外后果。[2] 有学者从制度变迁的两个重要作用机制——同构与惯性——出发，并以英国、德国、美国、加拿大的大学学术治理模式为分析样本，力图从中吸取经验以促进中国学术治理制度的完善。[3] 有学者从话语制度主义的制度设计、制度语境、制度选择、制度变迁四重视角对少数民族高考加分政策加以审视，主张政府制定政策时应立足于教育公平原则并充分考虑话语之间的冲突。[4] 也有学者从新制度主义整体视角出发探析 1958 年的农村公共食堂的产生机理、兴起缘由、推广逻辑，提出公共食堂出现的根源是中国共产党的革命传统与特定时期的工农业政策，发展壮大则是广大农村的运作模式、建设热情与强大的组织动员能力相结合的产物。[5]

---

[1] 吴东姣、包艳华、马永红：《改革开放以来我国博士研究生招生制度变迁的逻辑分析——基于历史制度主义视角》，《中国高教研究》2018 年第 6 期。

[2] 纪晓岚、沈菊生：《我国城管执法制度变迁的历史制度主义分析》，《中共福建省委党校学报》2018 年第 3 期。

[3] 余利川、段鑫星：《同构与惯性：大学学术治理的制度逻辑——基于英、德、美、加的经验》，《外国教育研究》2018 年第 7 期。

[4] 蔡文伯、岑丽瑶：《少数民族高考加分政策的话语制度主义分析》，《石河子大学学报》（哲学社会科学版）2018 年第 2 期。

[5] 郑海洋：《新制度主义政治学视角下 1958 年农村公共食堂探析》，《党史与文献研究》2018 年第 3 期。

苏力的《大国宪制：历史中国的制度构成》则以中国的制度逻辑为立足点，综合采用多学科视角深刻把握中国对人类制度文明的独特贡献。① 在他看来，历史中国得以传承千年而且依然迸发出无限活力，其中蕴藏的制度逻辑至关重要，这些制度不仅包括军事制度、疆域制度、官僚制度等，还包括起着更为基础性作用的齐家、治国、平天下等文化意义上的制度。概括来看，将新制度主义理论用于分析教育政策、教育体制的成果在数量上占据优势，一方面表明教育问题关乎国计民生，另一方面也展现了新制度主义在应用层面的多学科适用性。以下仅选取较具代表性的成果加以概述。靳亮、陈世香基于历史制度主义的理论与方法分析中国政府文化管理机构的诞生、发展与变迁。两位作者指出，作为当代西方政治科学重要研究范式之一的历史制度主义，在引入我国之后同样受到学界的高频使用，尤其是其中关于制度变迁的分析框架。一般而言，历史制度主义是一种结构主义的分析模式，这体现在以下两个方面。一方面，历史制度主义延续了旧制度主义在宏观背景下考察具体制度的传统。另一方面，历史制度主义强调政治要素不同的排列组合对政治效果的影响。与此同时，历史制度主义的"历史"关注过往、路径依赖、制度断裂等。就中央政府层面的文化管理机构来看，自新中国成立以来大体经历了初步建立、整合转轨、改革创新三个时期，临界点则是"文化大革命"和21世纪。对于其中所蕴含的制度变迁逻辑，两位作者从结构和历史两个层面加以论述。从结构来看，我国文化管理机构的演化是由以背景形式存在的国家宏观制度所决定的，变迁的过程则主要受到经济发展水平、利益冲突、意识形态等因素的影响。从历史逻辑来看，政府文化管理机构这一具体制度在演变中存在制度断裂，形成的三个阶段是由关键节点所隔断的，包括1949年新中国的成立、1978年十一届三中全会的召开、2003年《关于文化体制改革试点工作的意见》的颁布。不论是在管理体制还是管理模式上，我国政府文化管理机构都展现出制度继承与自我强化的特征。此外，在文化管理机构创新中，制度塑造行

① 苏力：《大国宪制：历史中国的制度构成》，北京大学出版社2018年版，第3页。

为，行为选择制度，二者在互动中共同推动制度的转变。① 杨跃在分析教师教育学科制度建设时采用了社会学制度主义的分析视角。作者首先指出，伴随着学科专业化与对师资素质要求的不断提升，2018年3月，教育部等五个部门联合印发《教师教育振兴行动计划（2018—2022）》，"教师教育学科建设"以政策目标的形式被正式提上日程。在作者看来，社会学制度主义视野下的制度包括正式的规则与程序和非正式的惯例、习俗、信念、认知等被嵌入政治、经济、社会生活当中。由此，社会学制度主义视角下的教师教育学科制度是具备规制性、规范性、文化—认知性等特性的制度有机体，建设目标同样与此相对应。这一新兴制度的现实窘境在于：为适应既有制度环境却为现行体制所束缚，因资源分配调整而受制于学科利益现状，由于学科边界模糊而受限于专业规范趋同。② 面对这样的困境，作者从三类主体与制度的三重因素出发探索支撑体系。第一，国家宏观管理从规制性上调整学科设置并重建教育学科制度。第二，师范院校应当从规范上弘扬师范精神以及创新学术管理。第三，相关群体则应当从认知层面尊重教师教学与学术。2018 年是改革开放 40 周年，卢现祥、朱迪指出，这 40 年经济高速增长的动力在于制度变迁，其中最关键的制度变迁在于计划经济转向市场经济。二人宣称：中国的经济制度变迁并不是源于"华盛顿共识"，而是具有中国特色的渐进式制度变迁；中国的制度变迁坚持自上而下和自下而上两条道路相结合。从理论依据上看，中国经济制度变迁的指导理论是马克思主义和马克思主义中国化的成果，新制度主义则为中国的制度变迁提供了方法论上的指导。未来我国制度变迁需要政府明确自身定位并让市场决定资源配置，在坚持市场经济体制改革的同时坚持对外开放，并推动生产技术与社会技术的结合。③ 周雪光同样关注以经济变革为核心的改革开放

---

① 靳亮、陈世香：《中国政府文化管理机构变迁中的结构、历史与行为——基于历史制度主义的分析》，《西安交通大学学报》（社会科学版）2018 年第 2 期。
② 杨跃：《教师教育学科制度建设：内涵、目标、困境与行动——基于新制度主义社会学的视角》，《教育发展研究》2018 年第 22 期。
③ 卢现祥、朱迪：《中国制度变迁 40 年：回顾与展望——基于新制度经济学视角》，《人文杂志》2018 年第 10 期。

40 年，并将其置于中国大历史的视域当中加以审视。1978 年至 2018 年是体制内部改革和外部开放的 40 年，其关键在于开放。这种变革与中国历史上的变革截然不同，因为后者是策略性的而非制度性的，甚至是以非正式的制度形式存在、发展并深受打压。作者指出，改革开放 40 年改变了传统中国以稳定为重的治理模式，从而释放出巨大的活力。从内部改革的层面来看，地方政府成为重要甚至是主导性的经济主体，由此奠定了放权和县域竞争的基调；尽管内部的多元性致使不确定性升级，但基于差异的互动更多的是优势。与之相对的另一层面则是广大人民群众承担着更多的风险，尤以农民工、国企下岗工人、失地农民群体为代表。我国的改革开放进程将迎来更多的挑战，以下两个问题或许值得反复思考：第一，如何选择能够为改革提供持续动力的制度；第二，日益多元化的社会与既有制度架构之间的张力。[①]

（三）反思与展望

2018 年，国内制度理论的研究与应用大致呈现出以下特点。第一，从理论的推进来看，主要是理论发展脉络的梳理和西方前沿动态的介绍，并结合在中国语境下的适用性进行相关思考。国内学者长于理论总结与概述，如对新制度主义各大流派的产生路径、发展逻辑的梳理为理论的推广与应用奠定了基础，同时也在梳理当中展望这一路径的潜在不足与发展动向，这对产生于学科交错之中的新制度主义而言尤为重要。第二，在理论的应用上，国内学者对新制度主义整体或其中某个流派有着较为熟稔的把握，同时关注涉及教育学、社会学、经济学、政治学等诸多领域的现实问题。这既展现了新制度主义的问题意识与人文关怀，也是不断推动新制度主义发展的有效路径。第三，制度变迁理论是当前制度理论的热点议题，既体现在各个流派的理论探讨当中，也备受实践分析的青睐。基于对制度概念的多样化理解与迥异的研究路径，各个流派的新制度主义对制度变迁的分析框架大相径庭，相较之下，历史制度主义视角下的制度变迁模式颇具解释力，相

---

① 周雪光：《从大历史角度看中国改革四十年》，《二十一世纪》2018 年第 6 期。

关的理论也较为成熟。在对 2018 年国内制度理论的新进展进行探讨之后，可以认为，制度理论的未来前景大体应从以下几个方面加以深化。首先，新制度主义源自西方并已然成为主流研究范式之一，相比之下，国内的制度理论在原创性及适用性上稍显不足。西方对制度范式的推进有其背景与动力，在对西方国家特定历史或组织等的研究中诞生了一系列经典之作。而从国内研究现状来看，理论的本土化乃至以中国话语推动这一范式的发展，仍然是一个有待努力的目标。其次，国内对制度变迁理论的过度重视既释放了新制度主义的活力，也存在掩盖其他重要主题的可能，如比较历史分析、理性选择制度主义的一系列观点。国内制度发展的实况应当在理论层面得以揭示并在反思平衡当中完善制度理论自身。最后，新制度主义内部多元化的理论取向是否有统合的必要，各个流派在坚守自身特色与吸收借鉴之间如何达致一种动态均衡，仍需要慎重考量。在共同致力于探讨某一特定议题的进程中，新制度主义政治学的各个派别积极修正自身偏差并在观点上日益趋同。值得怀疑的是，为了某种层面上的正确而消磨一些具备独特意义的论点是否可取，需要审慎思考的是对理论合集而言何者才是最重要的。著名经济学家汪丁丁对布坎南（James Buchanan）庸俗进化论提出怀疑，这或许能提供一些有益的启示。布坎南因其对公共选择理论的巨大贡献而荣获诺贝尔经济学奖，他曾在《自由的限度》中宣称：一群人只要服从民主投票的契约原则，不论这一公共选择过程得到的是如何糟糕的方案，都会因其是民主投票的结果而被视为一种改善。对此，擅长制度分析的汪丁丁一针见血地指出：这究竟是改善，还是他们集体选择了更不幸福的状态？[①]

二 国家治理现代化

自从党的十八大提出"全面深化改革的总目标是完善和发展中国特色社会主义制度，推进国家治理体系和治理能力现代化"以

[①] 汪丁丁：《新政治经济学讲义：在中国思索正义、效率与公共选择》，上海人民出版社 2013 年版，第 112 页。

来，党和国家一直为实现这一目标而不断奋斗。可以说，实现国家治理现代化这一历史伟任开创了当代中国国家治理的新局面，使社会主义国家治理走向新的历史方位、迈向新的发展阶段。党的十九大既明确要求从 2020 年到 21 世纪中叶基本实现国家治理体系和治理能力现代化，又明确指出中国特色社会主义进入新时代，这一方面限定了实现全面深化改革总目标的历史时段，另一方面又设定了实现全面深化改革总目标的新时代背景。面对新时代社会主要矛盾的转变以及经济社会发展的现实，完善和发展中国特色社会主义制度，深入推进国家治理体系和治理能力现代化，能够为社会主义现代化建设提供强大动力。在此背景下，学界也展现出学术关切，依据不断流变的时代背景，从学理上对国家治理现代化的相关议题展开研究。从每年涌现出的大量研究成果中可以窥见当下国家治理现代化的理论与实践取向。相比 2017 年及之前的研究，2018 年的学术成果已大幅减少对"什么是国家治理现代化"的讨论，更多地转向"已取得的治理经验"以及"如何推进国家治理现代化"等相关议题，研究视域也从宏观趋向微观。本节主要从国家治理现代化的经验借鉴、现实挑战、推进路径、习近平国家治理思想等方面对 2018 年的研究进行综述。

（一）国家治理现代化的经验借鉴

国家治理现代化自推进以来在诸多方面已然取得了有目共睹的成绩。与以往大为不同的是，学界对国家治理现代化的研究渐趋疏离理论层面的内涵阐释，愈多关注其现实进展。国内学界从国外和国内两个视域对此展开讨论，并将精力更多地倾注于国内治理实践的经验得失上，以此为国家治理现代化的持续推进提供镜鉴。立足本国国情和治理实践，探讨并积极借鉴海外国家治理经验，对于推动中国的国家治理现代化具有重要意义。由于美国城市化发展起步早、已取得显著成效，孙涛聚焦于美国城市治理现代化的经验，梳理了美国推进城市治理现代化的历史演变与进程、主要做法与经验，由此引申出美国推进城市治理现代化对我国的启示，包括现代治理理念的引入、城市治理结构的完善、城市治理模式的创新、现代信息技术的利用以及法律法规建设的加强。① 此外，孙涛还重点关注了新加坡推进城市治理现代化的发展历程和主要经验，这给予新时代我国城市治理的重要启示是，应通过完善治理体制、健全治理体系、加强文化建设、扩大居民参与、利用现代信息技术来推进我国城市治理现代化，走出一条具有中国特色的城市发展道路。② 安永康译介了英国学者斯科特（Colin Scott）的力作《规制、治理与法律：前沿问题研究》，此书立足于英国、爱尔兰及欧洲的规制与治理实践，建构了规制与治理的一般理论，对国内学界的相关研究议题亦贡献了有益启示。③ 程同顺、李畅通过梳理日本在不同时期推进国家治理现代化的自主探索之路，系统总结了其在依法治国、多元共治、科学决策、强调效能四方面的成功经验，由此认为现代国家治理在顺应时代进步的同时，以国民为本才是最重要的价值指向。④ 许利平、李华从反腐败的角度，经由系统分析与实地考察，系统总结了东亚四国（新加坡、韩国、日本、印度尼西亚）的反腐经验，其中新加坡通过制定严厉的反腐法令有力地监督治腐；日本通过构建健康的政商关系治腐；韩国通过制定并完善相关法律以及赋予媒体充分自由权以披露腐败行径等途径治腐；印度尼西亚通过完善制度结构治腐。作者认为，通过提高党的执政合法性、完善《公务员财产申报制度》、树立健康的政商关系、提高社会参与度等途径能够推进国家治理现代化。⑤ 田蕴祥以经济合作与发展组织（OECD）的成员国在现代化进程中公务员体系人力资源管理改革为研究对象，发现融合各类型公务员体系特点、强调高级公务员群体掌舵地位、职能权责下放、重视胜任力与绩效管理、运用实证调查技术、关注公务员心理健康等举措，能为我国公务员体系人力资源改革

---

① 孙涛：《美国推进城市治理现代化的经验及其中国借鉴》，《理论导刊》2018 年第 4 期。

② 孙涛：《新加坡推进城市治理现代化的经验及其中国借鉴》，《改革与战略》2018 年第 7 期。

③ 科林·斯科特：《规制、治理与法律：前沿问题研究》，安永康译，清华大学出版社 2018 年版。

④ 程同顺、李畅：《现代日本国家治理的成功经验》，《国外理论动态》2018 年第 6 期。

⑤ 许利平、李华：《东亚四国反腐败经验与国家治理现代化》，《北京工业大学学报》（社会科学版）2018 年第 1 期。

提供重要借鉴。① 中国国家治理现代化一直处于不断探索的过程中，在吸收借鉴古今中外先进治理经验的基础上，形成了多领域、多层次、多环节有效契合且适于中国国情的独特治理模式与治理经验，为今后的治理实践积蓄了力量。学界基于不同视角对此进行学理层面的考察并予以总结。首先，从国家治理的宏观视角看，刘俊杰从理论、制度、权力制约等维度分析国家治理，认为中国特色社会主义制度是人类社会走向美好生活的优选制度。中国特色社会主义国家治理体系和治理现代化是国家治理的新方案，开辟了发展中国家走向现代化的新路径，并提供了中国智慧。② 许耀桐分析了当代中国国家治理的显著特色与独特优势，其显著特色突出了社会主义国家的性质，把重视党和国家的作用尤其是将党的领导贯彻始终，并聚焦于"现代化"和"中国化"；其独特优势强调在社会主义民主政治实践中形成的协商民主形式，保证了社会稳定，使人民享有实在权利，提高了治理效率。③ 汪仕凯认为，在激烈的国际竞争中强大的政治能力是社会主义国家的独特优势，通过构建国家与社会的支撑关系，这一能力为国家治理的持续改善提供了坚实基础，这也是中国国家治理贡献给世界的最重要的政治经验。④

2018 年正值中国改革开放 40 周年，一些学者以此为契机梳理并总结了中国自改革开放以来的治理历程、治理成就与治理经验。首先，俞可平从制度与程序两个维度系统阐述了改革开放后中国的国家治理现代化之路，包括何以成功、如何治理、现有治理模式的特征以及未来治理改革重点等方面。⑤ 杨雪冬聚焦中国国家治理的变革过程，认为其在改革开始阶段应确立国家发展建设的目标和时间表，形成衡量制度化效果的基本原则，采取开放的制度化方式以重建对制度的信

---

① 田蕴祥：《国家治理现代化进程中公务员体系人力资源管理改革路径探析——OECD 国家的经验与启示》，《暨南学报》（哲学社会科学版）2018 年第 3 期。
② 刘俊杰：《社会主义国家治理》，人民出版社 2018 年版。
③ 许耀桐：《当代中国国家治理问题论析》，《理论探讨》2018 年第 2 期。
④ 汪仕凯：《政治体制的能力、民主集中制与中国国家治理》，《探索》2018 年第 4 期。
⑤ 俞可平主编：《中国如何治理？通向国家治理现代化的道路》，外文出版社 2018 年版。

任，在过程中应坚定制度自信并保持制度自省，努力释放制度活力，促进社会和谐的制度化。① 陈鹏系统梳理了中国社会治理变革所取得的重要进展与积累的宝贵经验，并将其概括为"十个坚持"，即坚持正确政治方向、坚持解放思想、坚持立足基本国情、坚持以人民为中心、坚持保障改善民生、坚持创新体制机制、坚持夯实基层基础、坚持实行法德共治、坚持维护公平正义、坚持加强党的领导。② 魏艳、朱方彬指出，自改革开放以来，我国国家治理在实践中逐渐形成了以政府为主导的多元治理主体、德法并用的治理方式、选举民主和协商民主并存的治理形态等为主要内容且符合国情的治理经验。③ 王俊程、胡红霞对改革开放以来中国社会治理变革的三个阶段进行概述，并详细分析了每个阶段中国治理改革的重点内容，以此为基础概括了改革开放以来中国社会治理的实践经验，即坚持解放思想、正确的政治方向、人民中心论、全面深化改革、运用多种手段、统筹协调推进、加强和改善党的领导等。④ 其次，从国家治理的微观视角看，部分学者考察了国家治理的具体问题及其实践经验。郑平考察了作为地方治理现代化深刻实践的湖南湘江新区的"放管服"改革治理经验，并分析其实施成效与主要短板，提出将在精简高效整合、包容审慎监管和优化服务供给等方向上积极推进。⑤ 王锡锌对政府信息公开制度进行专题研究，认为其自实施以来主要在制度框架基本建立、公开实践稳步推进、公开文化不断发育等方面取得重大成就，但同时也意识到在信息公开实践的地域、层级、主动公开与依申请公开的平衡等方面仍

① 杨雪冬：《从制度信任到制度自信：改革开放 40 年国家治理变革的主体逻辑》，《新视野》2018 年第 4 期。

② 陈鹏：《中国社会治理 40 年：回顾与前瞻》，《北京师范大学学报》（社会科学版）2018 年第 6 期。

③ 魏艳、朱方彬：《改革开放以来国家治理体系和治理能力现代化问题研究》，《云南民族大学学报》（哲学社会科学版）2018 年第 5 期。

④ 王俊程、胡红霞：《改革开放以来中国社会治理与新时代展望》，《甘肃社会科学》2018 年第 6 期。

⑤ 郑平：《地方治理现代化视角下的"放管服"改革——以湖南省湘江新区为例》，《中国行政管理》2018 年第 4 期。

存在一些问题，因此应推进理念变革、体制优化以及技术升级。① 黄建军认为，深化党和国家机构改革这项举措既是中国特色社会主义新时代的要求，也是国家长治久安的需要，并具体阐述了以下内容，包括深化党和国家机构改革是中国共产党推进国家治理现代化的战略举措，坚持和加强党的全面领导是推进国家治理现代化的必然要求，统筹推进党和国家机构改革与国家治理现代化。② 刘智勇梳理了近年来全国各地社会治理社会化的实践创新经验，指出现有社会治理在社会治理参与主体范围的拓展、社会组织力量的培育和壮大、公众有序参与的扩大、社会力量参与公共服务供给、社会治理社会化的技术手段创新等方面已取得重大突破。③ 曹海军尤其讨论了社区在党建引领下的治理与服务创新，认为其正致力于构筑"一核多元"和"一核多能"的全新架构，且已取得实效。④

（二）国家治理现代化的现实挑战

实现国家治理现代化并非一蹴而就的，其过程极具复杂性、长期性和艰巨性。虽然我国国家治理已取得可观成绩，但仍面临着国内外的各种风险与挑战。从全球视野来看，各个国家间的历史与现实存在差异，从国家内部来看，地区间的情况又各不相同，因此难以把某个国家或地区已取得卓有成效的治理方式与治理经验完全照搬到另一个国家或地区。必须清楚的是，国家治理现代化本没有放之四海而皆准的模式和经验。当前国家治理现代化在各个领域、层次与环节均存在一些问题。学界从不同视角展开讨论，大部分学者采取将国家治理现代化所面临的困境与治理路径相结合的方式进行论述。刘硕指出，中国特色社会主义进入新时代后，国家治理现代化需要更为系统的顶层设计、社会对于公平正义的诉求不断变化、政府自身的能力有待建

---

① 王锡锌：《政府信息公开制度十年：迈向治理导向的公开》，《中国行政管理》2018年第5期。

② 黄建军：《全面深化党和国家机构改革 推进国家治理体系和治理能力现代化》，《红旗文稿》2018年第9期。

③ 刘智勇：《社会化：我国社会治理体制的创新与发展》，《上海行政学院学报》2018年第3期。

④ 曹海军：《党建引领下的社区治理与服务创新》，《政治学研究》2018年第1期。

设、现代化社会治理体系有待完善。① 王俊程、胡红霞认为，当前中国社会治理的症结主要潜藏在以下八个方面：人民日益增长的美好生活需要，经济社会变革，社会流动加快，城镇化，劳动力供求关系变化，农村基层财力及干群关系，治理模式，社会风险。② 王秀华、薛俊文围绕利益固化，具体分析了利益差距与利益固化交互强化、利益表达运行机制固化、利益竞争机制固化对实现国家治理现代化的挑战。③ 梅立润具体考察了地方政府机会主义，认为其表现出与国家治理现代化事业相悖的现象，主要体现在消解国家治理现代化急需的政府公信力、降低国家治理现代化顶层设计的效度、磨损国家治理现代化所需的规则文化等方面。④ 孙翊锋剖析了作为推进国家治理现代化的一项重大制度创新的 PPP 模式（Public-Private Partnership），阐明其深刻的本质是形塑政府、市场、社会三者之间的关系，并存在共治、法治和善治三重治理逻辑，而在实践中这种模式却呈现出与治理逻辑相违背以及疏离国家治理现代化的趋势。⑤ 李全利以重庆市涪陵区为例，具体考察了其在社会质量指标体系下的不足之处，包括社会—经济保障的供给能力薄弱、民生发展的社会凝聚力不足、制度环境的社会包容度不够。⑥ 张紧跟、周勇振阐述了基层政府治理所面临的困境，其中结构性困境包括放权改革加重了基层政府负担，财税体制改革抽空了基层政府的运行基础以及"权小、责大"的治理窘境；治理能力困境则体现为硬治理能力、公共服务能力、软治理能力的弱化。⑦

---

① 刘硕：《新时代国家治理现代化的省思》，《社会科学战线》2018 年第 4 期。

② 王俊程、胡红霞：《改革开放以来中国社会治理与新时代展望》，《甘肃社会科学》2018 年第 6 期。

③ 王秀华、薛俊文：《论利益固化与国家治理现代化》，《天津行政学院学报》2018 年第 6 期。

④ 梅立润：《地方政府机会主义：一个值得关注的国家治理现代化议题》，《理论与改革》2018 年第 1 期。

⑤ 孙翊锋：《PPP 模式的治理逻辑、现实困境与发展路径——构建面向国家治理现代化的 PPP 模式》，《湖湘论坛》2018 年第 6 期。

⑥ 李全利：《社会质量视角下的地方政府民生治理现代化研究》，《兰州学刊》2018 年第 2 期。

⑦ 张紧跟、周勇振：《以治理现代化深化基层政府机构改革》，《华南师范大学学报》（社会科学版）2018 年第 6 期。

张学娟认为，现代化治理理念下中国共产党所面临的现实考验主要有多元化治理弱化政党权威、开放性治理消解政党认同、制度化治理考验政党自律、技术性治理挑战政党能力。[①] 一些学者分析了科技发展所带来的挑战，如汪玉凯认为，智慧社会对国家治理提出的挑战主要体现在人类活动发生改变，政府及其公职人员的治理理念和价值取向、公共治理的手段和方式受到影响，国家治理与社会转型相互交织从而增大治理难度等方面。[②]

（三）国家治理现代化的推进路径

理论源自实践，同时又服务于实践。国家治理体系和治理能力现代化目标的实现最终取决于治理实践推进的情况。因此，积极探索推进国家治理现代化的有效路径既是党和国家所面临的必然选择，也符合新时代的阶段性要求，同时成为理论界重点关注的现实议题。综合2018年的研究成果，国内学界仍然在国家治理现代化的推进路径上倾力最多，整体上大致可归结为推进国家治理现代化的宏观战略与具体举措两大方面。

1. 关于推进国家治理现代化的宏观战略

学界对推进国家治理现代化宏观战略的讨论可以从价值层面与实践层面进行概述。在价值层面，于秀丽阐述了法治文化在国家治理现代化中的重要作用。[③] 虞崇胜把坚持"党的领导、人民当家作主、依法治国"三者的有机统一视作新时代国家治理现代化的黄金法则，并指出加强党的全面领导是根本保证，坚持人民当家作主是出发点和归宿，坚持依法治国是基本方式，坚持"三者有机统一"是制胜法宝。[④] 于维力、张瑞主张国家治理现代化实践应遵循以人民为中心、

---

① 张学娟：《党的政治建设：时代命题与维度构建——基于国家治理现代化视角》，《理论月刊》2018年第9期。

② 汪玉凯：《智慧社会与国家治理现代化》，《中共天津市委党校学报》2018年第2期。

③ 于秀丽：《法治文化：国家治理现代化的重要推动力》，《人民论坛》2018年第2期。

④ 虞崇胜：《坚持"三者有机统一"：新时代国家治理现代化的黄金法则》，《当代世界与社会主义》2018年第4期。

民主法治、公平正义、绿色发展等价值取向。① 有学者专门阐述了马克思主义意识形态在推进国家治理现代化中的重要性，如郑永扣、郝涵认为，作为党和国家的根本指导思想，马克思主义意识形态在国家治理中发挥着举足轻重的作用，既能对国家治理的实践活动提供理论依据、价值整合与舆论导向，同时也是一种特殊的国家治理方式。② 欧阳康、熊翔宇认为，共享价值应贯穿在国家治理现代化的全过程，譬如在公共政策制定过程中为实现机会共享而坚持的分配正义原则，公共政策执行过程中为实现利益共享而建构的政府责任机制以及民生保障中为实现服务共享而进行的公共性价值重构。③ 杨嵘均认为，追寻公共性价值旨趣是当前治国理政的灵魂与实现国家治理现代化的理想愿景，并就此阐明我国应该确保在公共性的价值方向引领下推进国家治理现代化的探索实践。④ 在实践层面，俞可平从国家治理改革的角度审视推进国家治理现代化，认为应通过解放思想冲破不合时宜的旧观念的束缚，通过加强顶层设计从战略上谋划国家治理体系的现代化，总结并及时将优秀的地方治理创新做法上升为国家制度，继承发扬我国传统治国理政的经验并学习借鉴国外政府治理和社会治理的先进经验，建立和完善与中国特色社会主义现代化要求相适应的现代国家治理体制，破除官本位观念、消除官本位主义流毒。⑤ 申建林、秦舒展主张为实现国家治理现代化目标需要加强各方面的工作能力建设，其中提高党的执政能力是重点，增强国家机构的履职能力是着力点，提高人民依法管理和自治能力是归宿，提高依法治国能力是抓

① 于维力、张瑞：《论新时代中国国家治理现代化的价值取向》，《学术交流》2018年第12期。
② 郑永扣、郝涵：《论马克思主义意识形态在国家治理中的功能及其实现》，《河海大学学报》（哲学社会科学版）2018年第1期。
③ 欧阳康、熊翔宇：《迈向共享：新时代国家治理的价值范畴、行动逻辑与实现机制》，《河南师范大学学报》（哲学社会科学版）2018年第6期。
④ 杨嵘均：《论国家治理现代化的公共性价值及其实践向度——惠鉴〈公共性视野下的国家治理现代化〉的历史与现实维度》，《南京师大学报》（社会科学版）2018年第3期。
⑤ 俞可平：《中国的治理改革（1978—2018）》，《武汉大学学报》（哲学社会科学版）2018年第3期。

手。① 梅萍、宋增伟则认为，应坚持德法共治，其本质特征是治理手段与治理目标的统一以及德治与法治相结合，在此基础上形成优势互补从而能够最大化地实现国家治理绩效。② 秦国民主张新时代国家治理现代化需要通过厚植党执政的政治基础，突出制度的恰适性和制度共识，强化法治能力建设，提升制度文化质量等举措才能得以实现。③ 而陈鹏则提出实现国家治理现代化应通过加强社会治理制度建设，完善社会治理体系建设，提高社会治理"四化"水平，打造社会治理新型格局。④

2. 关于推进国家治理现代化的具体举措

国家治理现代化的推进不仅是实践问题，而且是需要各领域、各层次、各环节密切配合、齐头并进的实践问题，其宏观目标的实现也需要进一步细化、具体而又逐步有序推进。已有研究基于不同视角，从能动者与制度结构两个维度切入，详细阐发有效推进国家治理现代化的现实路径，这也遵循了新制度主义分析路径的研究逻辑。

（1）关于能动者与国家治理现代化

一方面，有些学者基于人民的视角探索推进国家治理现代化的有效路径。储德峰重新审视国家治理现代化视角下公民道德建设，认为需要在价值正义理论的指引下，构建"败德报复"和"善德激励"的内在张力，实现法治与德治教育和谐统一，以此为公民道德建设提供制度保障。⑤ 袁一平、路日亮认为，现代化的本质是国民素质的根本改变，是体制与观念的变化，因此国家治理现代化的实现应通过完善社会主义市场经济体制以培养人自主的个性，通过完善社会主义民主政治体制以培养人自由而全面的发展，通过弘扬社会主义先进思想

① 申建林、秦舒展：《实现国家治理能力现代化的四维路径》，《中州学刊》2018年第4期。
② 梅萍、宋增伟：《论国家治理现代化语境中德法共治的内在逻辑》，《中州学刊》2018年第3期。
③ 秦国民：《新时代夯实国家治理能力现代化的四个维度》，《河南社会科学》2018年第10期。
④ 陈鹏：《中国社会治理40年：回顾与前瞻》，《北京师范大学学报》（社会科学版）2018年第6期。
⑤ 储德峰：《价值正义：国家治理现代化视阈下公民道德建设的理论选择》，《广西社会科学》2018年第1期。

文化以培养人的观念的现代化。① 胡鞍钢、杭承政指出，国家治理现代化要建立在对"人"的深刻理解上，由此需要构建"以人民为中心"的治理模式，充分认识和理解人的行为并应用行为公共政策，进而促进人的全面发展和社会的全面进步。②

另一方面，有些学者基于领导者的视角探索推进国家治理现代化的有效路径。作为国家治理体系的重要组成部分，陈元中具体探讨了基层干部激励机制的构建思路，认为应使组织目标与个人追求统一、制度供给与干部期望相应、物质激励与精神激励并举、问责鞭策与容错激励并行。③ 袁明旭主张，在国家治理中领导者应具备有节制的德性并保持勤俭节约的良好作风，对此应该通过加强优化社会生态，营造良好政治生态，建设节制型政府，建构有效监督体系，实行刚性的财政硬约束，强化领导者道德伦理修养等路径加以实现。④

（2）关于制度结构与国家治理现代化

在推进国家治理体系和治理能力现代化的进程中，制度结构是国家治理的关键，在一定意义上发挥着基础性和根本性作用。学界从制度结构层面探索推进国家治理现代化实践进路的研究成果，大致可概括为制度建设、政党建设、政府建设、城乡建设、治理主体间的关系建设等面向。

其一，制度建设。杨雪冬指出，推进国家治理现代化应完善现有体制并发挥制度优越性，通过党的领导推进顶层设计、冲破体制机制阻碍，运用党的领导方式来重塑国家机构和社会组织，以及从历史传统和革命传统中汲取思想资源与制度学习对象。⑤ 白海琦从中国的科层行政管理体制、干部人事制度、监督监察制度、司法制度等方面提

---

① 袁一平、路日亮：《论国家治理现代化与人的现代化》，《人民论坛·学术前沿》2018 年第 3 期。

② 胡鞍钢、杭承政：《论建立"以人民为中心"的治理模式——基于行为科学的视角》，《中国行政管理》2018 年第 1 期。

③ 陈元中：《国家治理体系现代化视阈下的基层干部激励机制构建》，《长白学刊》2018 年第 3 期。

④ 袁明旭：《国家治理能力现代化视阈下领导者节制德性涵养研究》，《思想战线》2018 年第 4 期。

⑤ 杨雪冬：《从制度信任到制度自信：改革开放 40 年国家治理变革的主体逻辑》，《新视野》2018 年第 4 期。

出富有中国特色的国家治理体系架构改革构想。[1] 张保权认为，制度整合与制度定型是国家治理现代化的需要，其中制度整合是制度定型的前提，及时加强和推进制度整合与制度创新，有助于促进制度定型，继而促进实现国家治理现代化。[2] 江必新认为，新时代推进制度现代化需要实现以下几方面，即中国特色社会主义的自信与发展，国家意志与人民意志的协调，理想与现实的关照，良法与善治的对接，问题导向与系统思维的考量，改革与定型的统筹，理论与实践的互动，制度制定与制度落实的合一。[3] 蔡妤荻认为，标准是治理制度体系的重要组成部分，由此应重视并加强建设以标准为基础的制度体系。[4]

其二，政党建设。一些学者强调了加强党的建设对于实现国家治理现代化的重要性。例如，刘卓红、王彪认为，加强党的建设是推进国家治理现代化的重要举措，也是中国共产党以执政能力现代化回应国家治理现代化的时代新要求。[5] 汪玉凯认为，深化党和国家机构改革能为推进国家治理体系和治理能力现代化扫清体制机制障碍。[6] 有些学者讨论了加强政党建设的路径。屈鑫涛阐明了政党治理转型是推动国家治理转型的关键因素，实现国家治理的现代化应通过全面从严治党来推动执政党治理的制度化、法治化与科学化。[7] 袁红认为，中国共产党的政党现代化是推进国家治理体系现代化的关键环节，其主要体现在党组的现代化转型上，对此应增强党组的兼容性及政党自主

① 白海琦：《论政治体制改革视阈下的中国国家治理体系现代化》，《理论月刊》2018年第7期。

② 张保权：《制度整合、制度定型与国家治理现代化》，《兰州学刊》2018年第6期。

③ 江必新：《开启中国特色社会主义制度现代化新征程》，《中南大学学报》（社会科学版）2018年第1期。

④ 蔡妤荻：《治理创新：构建以标准为基础的制度体系》，《江西师范大学学报》（哲学社会科学版）2018年第3期。

⑤ 刘卓红、王彪：《国家治理现代化视域下推进党的建设的合理性逻辑》，《学习与探索》2018年第8期。

⑥ 汪玉凯：《党和国家机构改革与国家治理现代化》，《中共天津市委党校学报》2018年第3期。

⑦ 屈鑫涛：《以全面从严治党推动执政党治理转型——基于国家治理现代化的视角》，《中南民族大学学报》（人文社会科学版）2018年第3期。

能力，提升党组职能强化与政党引领力，提升党组程序创新与政党制度化水平。①

其三，政府建设。罗宗毅等从重构政府、市场、社会的关系，加快政府职能与治理方式的转变以及政府实践创新等方面系统阐述了国家治理现代化中的政府创新。② 石佑启、杨治坤推崇构建政府治理的法治路径，具体包括明确政府职能并使权力配置法治化，丰富行政主体与发展行政组织法，拓展法渊源并运用共识性规则，以交互性为标准完善行政程序制度，以法律规范行政行为方式的多样化，构建多元争议解决机制并强化权利救济。③ 颜德如、李过则主张在推进国家治理现代化的进程中，政府一方面要掌握法律并运用法治方式开展工作，另一方面要培养法治思维、转变执法观念，以此指导行政行为的每一处细节。④ 魏淑艳、高登晖阐明了政府必须建构多维复合治理模式，具体包括多重价值聚合、以法治为本、因域治理、因层治理，以及兼顾执政党正确引领、改善国家立法质量与权力监督、政府自我改革、社会参与。⑤ 韩旭认为，应建设能够积极回应民众诉求并采取有效措施解决问题的"回应型"政府，为此需要通过改善政府的施政行为、制度安排、与民众良性互动等方面得以实现。⑥ 潘照新聚焦于新时代政府治理中的政府责任问题，认为通过筑牢政府的基础性责任、契合国家治理现代化的新要求、破解政府改革的结构性障碍、增强政府自主性并提升政府能力来把握其基本结构，通过完善问责的"过程导向"和"决策导向"、合理配置问责机构制度条例之间的关

---

① 袁红：《国家治理体系现代化进程中政党现代化的路径分析——以党组的现代化转型为研究对象》，《云南行政学院学报》2018 年第 1 期。

② 罗宗毅主编：《国家治理现代化中的政府创新》，中共中央党校出版社 2018 年版。

③ 石佑启、杨治坤：《中国政府治理的法治路径》，《中国社会科学》2018 年第 1 期。

④ 颜德如、李过：《改革开放四十年我国法治建设的回顾与前瞻——基于国务院1978—2018 政府工作报告之文本分析》，《学习与探索》2018 年第 12 期。

⑤ 魏淑艳、高登晖：《多维复合治理模式：中国政府治理模式的变革取向》，《广西社会科学》2018 年第 4 期。

⑥ 韩旭：《建设"回应型"政府：治理形式主义的一条政策思路》，《人民论坛》2018 年第 1 期。

系、延伸问责领域可以完善责任制。①

其四，城乡建设。有学者关注到作为国家治理现代化重要议题的城市治理。王浦劬、雷雨若认为，推动政府变革和创新、实现城市治理现代化是实现国家治理能力现代化的基础性问题，我国城市治理现代化需要通过城市政府治理理念创新、城市治理体制机制创新、科技创新和文化创新加以实现。② 李祥、孙淑秋针对我国特大城市治理的"碎片化"问题，主张运用整体性治理理论，将理念与工具相统一，优化组织结构、权力结构、制度结构，以及从运行主体、供给方式、服务流程等方面重构治理过程。③ 有学者聚焦于国家治理现代化的农村治理维度。何阳、孙萍提出建设"三治合一"的乡村治理体系，由于传统农村与城市化了的农村之间存在差异，二者的治理应采取不同的治理路径，对于前者应侧重强化法治建设、提高建设热情、增强建设能力，对于后者则应关注强化德治建设、正确认识建设难度、充分利用建设优势。④ 此外，还有学者探究了社区治理以及区域治理的经验举措。

其五，治理主体间的关系建设。国家治理体系是国家治理现代化的核心内容，治理主体的关系是否理顺在一定程度上决定了国家治理现代化的实际进展。何艳玲梳理了理顺治理主体关系的四个维度及其实践脉络，前者包括政府与市场、中央与地方、经济与社会、政府与社会，在此基础上提出分开、保留与延迟三条理顺路径，其中"分开"意味着不同要素的主体性确立，"保留"表明国家权力仍然是治理结构的轴心，"延迟"则是一种适应结构，三者间存在动态关系。⑤ 丁照攀、靳永翥基于"放管服"改革背景设计了地方治理协调联动

---

① 潘照新：《国家治理现代化中的政府责任：基本结构与保障机制》，《上海行政学院学报》2018 年第 3 期。

② 王浦劬、雷雨若：《我国城市治理现代化的范式选择与路径构想》，《深圳大学学报》（人文社会科学版）2018 年第 2 期。

③ 李祥、孙淑秋：《从碎片化到整体性：我国特大城市社会治理现代化之路》，《湖北社会科学》2018 年第 1 期。

④ 何阳、孙萍：《"三治合一"乡村治理体系建设的逻辑理路》，《西南民族大学学报》（人文社会科学版）2018 年第 6 期。

⑤ 何艳玲：《理顺关系与国家治理结构的塑造》，《中国社会科学》2018 年第 1 期。

结构模型，其具体表现是，在政府与社会关系中，应充分发挥市场机制在资源配置中的决定性作用；在政府与社会关系中，应充分发挥社会机制在社会治理中的基础性作用；在市场与社会关系中，应充分发挥责任机制在企业运转中的关键性作用。① 李倩认为，正确处理发展与生态的关系，厘清政府与市场、社会的界限，理顺政府与人大的关系，能为突破基层政府治理提供助益。②

此外，学界还探索了推进国家治理现代化的其他路径。从科技发展的视角看，孙涛指出，大数据是社会治理现代化的重要推动引擎，通过大数据促进协同治理、科学治理与整体治理能够推动社会治理现代化。③ 傅昌波主张通过重塑治理格局、完善共治设施、推进数据融合来推进智慧治理。④ 章文光等基于"让数据说话"的大数据时代理念，对数据、案例、政策进行实证考察，从中挖掘新时代中国政府治理的内在逻辑，并探析政府治理的现代化、科学化与民主化等议题。⑤ 卢元芬提出了国家治理现代化的法团主义路径，认为国家应引导和支持社会组织的活动，进而形成国家与社会组织共同治理的局面，其中社会组织也要在国家宏观指导和实践中提高自身的自我治理能力。⑥ 杨志军基于环境抗争问题，从政社关系、央地关系、公共治理、公共政策角度提出建立健全社会治理的 2.0 版本，在此基础上形成可持续性常规政策变迁，以利于推进国家治理现代化。⑦

（四）习近平国家治理思想研究

一些学者围绕习近平国家治理思想进行了相关研究，这一方面是对新时代征程的积极响应，另一方面也展现了学界与时俱进的学术关怀。

---

① 丁照攀、靳永翥：《协调联动："放管服"改革背景下地方治理结构变革的新趋势》，《中共福建省委党校学报》2018 年第 2 期。

② 李倩：《基层政府治理现代化》，西南交通大学出版社 2018 年版。

③ 孙涛：《"大数据"嵌入：社会治理现代化的重要引擎》，《求索》2018 年第 3 期。

④ 傅昌波：《全面推进智慧治理 开创善治新时代》，《国家行政学院学报》2018 年第 2 期。

⑤ 章文光主编：《国家战略与政府治理现代化》，中国经济出版社 2018 年版。

⑥ 卢元芬：《国家治理现代化的法团主义路径探析》，《治理研究》2018 年第 2 期。

⑦ 杨志军：《环境抗争引发非常规政策变迁的影响因素与治理之道》，《浙江社会科学》2018 年第 3 期。

基于习近平总书记曾指出的国家治理体系是在党领导下管理国家的制度体系，是一整套紧密相连、相互协调的国家制度，滕明政由此认为，习近平治国理政的一条基本思路是把国家治理体系和治理能力现代化紧密结合起来，让制度治国成为现代国家治理的基本经验，并通过提升制度执行能力进而推动制度优化。① 党的十八大以来，以习近平为核心的党中央对现代化有了全新认识。在十九大报告中，习近平总书记深刻阐述了新时代中国特色社会主义思想，既丰富了现代化理论，又对其他努力追求现代化的国家提供了重要的启示和借鉴意义。舒磊从现代化形势的新判断、现代化动力的新认识、现代化内涵的新发展以及现代化战略的新部署四个方面重新解读了习近平对社会主义现代化思想的新阐释。② 徐汉明、邵登辉讨论了习近平社会治理法治思想及其基本内容、时代价值，以及作为思想引领对于推进互联网背景下社会治理现代化所产生的重要作用，由此表明习近平社会治理法治思想作为推进全球人类治理文明发展的"中国经验"，已成为推进我国社会治理现代化的基本遵循。③ 吴韬关注到习近平高度重视大数据的发展及其在国家治理体系与治理能力现代化建设中的重要作用，认为大数据与国家治理现代化的结合彰显了习近平对国家治理现代化问题的深刻思考，以及对国家治理现代化问题的思维方式向多元、开放、实证的转变，这对数字中国建设、政府公共管理、智慧社会构建等方面具有重要的现实意义。④ 池忠军认为，习近平新时代中国特色社会主义思想的总目标是推进国家治理现代化，其中善治是新时代中国特色社会主义国家治理的规范路径，协商治理是中国特色社会主义的善治与善制途径，完善协商民主是新时期国家治理的应然逻辑。⑤

---

① 滕明政：《习近平的国家治理现代化思想研究——推进国家治理体系和治理能力现代化》，《大连理工大学学报》2018 年第 1 期。

② 舒磊：《习近平对社会主义现代化思想的新阐释》，《学校党建与思想教育》2018 年第 2 期。

③ 徐汉明、邵登辉：《习近平社会治理法治思想及其实践研究》，《中南民族大学学报》（人文社会科学版）2018 年第 1 期。

④ 吴韬：《习近平国家治理现代化思想的大数据观及其现实意义》，《云南行政学院学报》2018 年第 5 期。

⑤ 池忠军：《习近平新时代国家治理的善治路径》，《河南师范大学学报》2018 年第 5 期。

（五）反思与展望

党的十八届三中全会以后，学界开始掀起国家治理现代化的研究热潮，目前产出的一系列研究成果主要集中在论文、著作等方面。总体来讲，以上分析从经验借鉴、现实挑战、推进路径、习近平国家治理思想四个维度整合并呈现了 2018 年的大致研究状况，所涉及文献主要来自专著与核心期刊。相较往年而言，2018 年关于国家治理现代化的研究成果在内容上已发生较大转向，并且更加庞杂细化，大多是考察国家治理的某一具体议题，或是基于国家治理现代化视角审视某一具体问题，而且更多倾向于探索推进国家治理现代化的实践经验与具体路径。当然，2018 年的研究不仅仅限于上述内容，还涉及新时代国家治理内涵的转换、目标以及前景展望等具体议题。

概括而言，2018 年对国家治理现代化的研究已经取得一定的进展，但从一定程度上而言仍有进一步深入拓展的空间。就已取得的进展来看，其一，在推进国家治理现代化的进程中，及时总结国内外治理经验，有助于在比较与反思中减少治理实践中可能出现的盲目性。对治理经验的梳理与总结从各个角度系统概括了作为社会主义大国的中国如何治理国家，这不仅为世界其他国家提供了国家治理的中国路径，还为国内各个区域相互借鉴成功治理经验提供了有益指引。其二，立足中国国情与时代背景，形成一些关于国家治理现代化的新观点、新论题。大多数研究在议题更加细化的同时，逐渐摆脱空疏论调，更加贴合实际，针对具体问题、具体情境探究相应治理对策，从细节着手推进国家治理现代化的实现，这也开创了一些新的国家治理现代化的研究论题。其三，价值取向与实践经验相结合。国家治理现代化的实现最终倚赖实践情况，既有研究也以此为导向不断探索有效治理路径，与此同时一直保持着对价值取向的强调。从一定意义上讲，价值发挥着风向标的作用，能够引领实践朝向预设轨道行进，换言之，实践需要合理价值的引导与检验。

就有待提升的研究空间而言，其一，研究方法需要继续丰富。国家治理现代化是一个较新的研究领域，其实现也是一项长期艰巨的任务，各个环节、层次、领域的治理都没有现成的可遵循的治理方案与治理经验，因此进程中需要有效方法论的指导。从当前的研究成果来看，相关研究方法仍处于不断探索当中，适用于微观层面而又具有实证性的研究方法较为少见且不成体系。其二，虽然现有研究比以往更注重本国情境与本土特色，但仍在一定程度上推崇西方发达国家的治理经验与话语体系。这既忽视了中西语境的实质差异，又没有真正意识到当下西方发达国家正遭遇着现代化的治理困境以及面临着后现代社会的新问题，然而，实际上现代多中心的治理方式对此似乎也无能为力。因此，推进国家治理现代化必须基于本国的历史脉络、文化传承、经济社会发展水平等基础条件，对国外治理经验的借鉴亦须取之有度。其三，应注重国家治理研究视角的多样化。国家治理现代化有其结构性维度，不仅在领域上涉及政治、经济、文化、社会、生态、外交、党的领导等面向，而且在层级上含括宏观制度环境、中观制度运行、微观举措落实等结构，从人与制度的关系来看还关涉到治理体系与治理能力的互动与适应问题。① 今后的研究不仅需要对此加以重视，亦需注重学科间的交流融汇。

三 民主制度及其实践

民主是当代政治学研究的核心议题之一，近几年来，国内外学界围绕民主进行研究的热情从未消减。本部分将以制度为视角，逐步审视 2018 年度国内政治学界关于民主议题的探讨。由于学者们对民主的核心与实质存在不同理解，对民主制度的认知与评估亦有差异，本部分拟从梳理民主的几个重要议题出发，分析民主概念所依托的话语体系与民主内在的价值属性，并阐述相应理论家对民主议题的思考。

（一）事关民主的几个重要议题

一般而言，民主是政治制度建设所要遵循的核心价值之一，其内涵涉及 "人民的统治" "人民主权" 等多个方面。由于民主在概念上

---

① 陈跃、李娜：《国家治理研究的理论范式、认知误区及发展进路》，《河南师范大学学报》（哲学社会科学版）2018 年第 5 期。

存在不确定性，加之在制度建设、运行与维系过程中，民主的理想与现实之间也有较大张力，学者对民主内涵研究与对民主议题把握的难度愈益增加。2018 年，国内学者主要从以下几个维度探究民主的重要议题。

其一，从广义上思考民主概念所依托的话语体系。在民主政治发展建设过程中，不同话语与词汇相互交织，共同构成了多元化民主政治话语体系。民主这一具有争议性的概念因其所依托的话语体系的不同，与其相应的理论阐释也面临着解释力不足等问题。2018 年，国内部分政治学者对民主话语的发展历程加以探讨，并审视现有的西方民主话语体系，力图在突破西方话语枷锁的同时，建构中国民主观念以及话语体系。亓光对西方民主话语的理论反思与实践反思进行区分，并分析二者的耦合机制，认为由于受到根植于西方社会思想传统确定性思维的支撑，西方民主话语创制了一整套政治性标准，该标准是衡量政体文明性、政治统治合法性、政治制度正当性、政治价值先进性、政治行为正确性的"唯一标准"。他进一步指出，对西方民主话语体系的批判不应只停留于浅层理论上，必须从确定性思维出发，挖掘西方意识形态与民主话语的虚伪性。[①] 在深入探索西方民主话语体系缺陷的同时，国内学者也将目光聚焦于中国话语体系的构建上。佟德志基于对《邓小平文选》《江泽民文选》《胡锦涛文选》的文本分析，总结出中国民主话语体系的两大表征。一是以社会主义、人民、中国共产党、发展与中国五大核心要素为支撑，二是其变迁进程反映出由革命话语到改革话语的渐进转变，实现了由革命到执政、斗争到和谐、专政到法治的话语转变。[②] 董树彬、刘秀玲从社会主义协商民主这一微观角度考量中国民主话语体系建设，认为社会主义协商民主在制度设计、实现机制与发展范围上存在发展优势，但是，在此三方面的话语优势上却发展不足。因此作者指出，必须构建同社会主义协商民主发展优势相符合的话语体系，掌握社会主义协商民主话语

---

① 亓光：《确定性思维视域下的西方民主话语：表象、本质及其批判》，《社会科学研究》2018 年第 3 期。

② 佟德志：《中国改革进程与民主话语体系的变迁》，《政治学研究》2018 年第 1 期。

体系构建的马克思主义话语权，提高社会主义协商民主国际对话能力，为世界贡献中国智慧。①

其二，从一般意义上研究民主的基本内涵与实质，通过厘清民主与相近概念的关系，深入挖掘民主的内在价值。在不同民主政治话语体系中，政治学者们普遍认为，民主应有一般化的概念实质与价值属性，但是，对这些实质的探讨却依然存在分歧。李莹从梳理西方民主政治发展脉络出发，通过区分以雅典民主为代表的西方古代民主与近代以来成长于西方社会的自由主义民主两种模式，探究民主发展的实质。她认为，前一种民主模式带有典型的氏族民主特征，反映出鲜明的直接参与制的色彩，这一模式为民主政治的发展绘制了理想化蓝图，折射出民主发展的核心特质与价值追求；后一种民主模式则是从中世纪枷锁中挣脱而出的，以间接代议制为制度特色，成为推动西方社会近代化的先锋，这两种模式都为人类社会关于民主的探索提供了借鉴。② 任帅军基于对人民主体性地位的尊重，审视民主的内在属性，宣称"民主"是现代社会中最具普遍性的政治价值，是人权价值在政治领域的具体表达，其价值的"政治正当性""价值指向性""人民主体性""人权诉求性"必须得以明确。③ 高春芽考察了民主制度与民粹化制度的关系，并对民粹化民主的制度逻辑加以研讨，指出从代议民主的来源与行使中可以看出，代议民主的运行展现了行动主体与制度功能的包容性。但由于其自身内在张力以及运行机制的异化，代议民主受到民粹政治强有力的挑战。民粹主义者重申人民主权的激进概念，力图改变现有的精英统治格局，否定代议制度与精英统治的正当性。伴随着代议民主的失灵，民粹化民主展示了制度运行过程的对抗关系。④ 刘京希则从维护良好政治生态的角度切入，以加强执政党建设为着眼点，主张完备的政治体系建设需要把权力限定于社会正义与公民权所设定的范围之内，而这一体系的限制方式与制度程序包

---

① 董树彬、刘秀玲：《社会主义协商民主从发展优势到话语优势的转变》，《理论探讨》2018 年第 2 期。

② 李莹：《西方古代民主与近代民主之比较研究》，《实事求是》2018 年第 5 期。

③ 任帅军：《作为人权价值的民主价值》，《理论月刊》2018 年第 3 期。

④ 高春芽：《民粹化民主的制度逻辑：包容与对抗》，《学海》2018 年第 4 期。

含民主与法治两种机制，二者互为表里，有机融合。① 王绍光在其
《抽签与民主、共和》一书中系统梳理了抽签在雅典、罗马共和国、
佛罗伦萨共和国以及威尼斯共和国的民主过程中所扮演的重要角色，
详细介绍了抽签在民主与共和政体中的具体运作机制与重要作用。同
时，他在分析西方民主异化过程的基础上，考察具有直接民主意蕴的
抽签方式如何式微以及如何在近期受到重新重视，进而提出以多轮驱
动而非单轮驱动推进民主政治发展的主张。②

其三，对国外政治学家的民主思想进行有针对性的理论探讨。刘
舒杨、王浦劬对托克维尔（Alexis de Tocqueville）的民主思想进行宏
观把握，指出在不同语境下学者们对于托克维尔的民主内涵界定理解
不一。两位作者认为，托克维尔是从一种社会形式的意义上阐释民主
的，其民主观念以身份平等和个人独立为基本特征，以权力的有效制
衡、积极的政治参与、多元的思想理念和适度的公共救济为主要内
容，其分析框架涵盖美国民主化转型过程中的历史传统、社会民情与
法律制度。③ 刘明系统分析了当代政治哲学家艾利斯·扬（Iris
Young）对协商民主主流理论的批判，在梳理协商民主理论家将民主
视作通过理性的公共讨论来决定公共目标的过程这一观点后，指出扬
对协商民主理论的双重质疑，包括协商民主主流理论在过程中预设一
种基于文化偏见的理性讨论，以及这一理论在预期讨论目标设定时推
崇共识与公共利益并导致对特殊群体的排斥。他认为，扬以此为基础
提出要强调民主交往中的"差异政治"，阐释其以"问候""修辞"
"叙述"为沟通方式的"交往民主"理论。④ 文长春关注到萨托利
（Giovanni Sartori）和哈贝马斯（Jürgen Habermas）的民主之辩，指出
二人在对现代性的态度、对共识的理解、民主载体的取向以及走出民
主困境的路径等方面都存有争议，并且前者对此依次持批判、质疑、

---

① 刘京希：《民主与法治：构建良好党内政治生态的两大制度基石》，《理论与改革》
2018 年第 1 期。
② 王绍光：《抽签与民主、共和》，中信出版社 2018 年版，前言第 14—32 页。
③ 刘舒杨、王浦劬：《不同的民主观——托克维尔民主思想研究》，《政治思想史》
2018 年第 1 期。
④ 刘明：《尊重"差异"与"包容"的交往民主——艾利斯·扬对协商民主的批评与
超越》，《国外理论动态》2018 年第 2 期。

精英取向与"精英民主"的态度，而后者则偏向于发展、推崇态度、大众取向及"话语民主"路径。在作者看来，萨托利与哈贝马斯虽然在研究范式上彼此相异，但两人最后殊途同归，全部陷入现代性困境之中。[①]

（二）西方民主制度的现状与反思

近代以降，西方民主制度逐渐得以成长与成形，其代议制民主及其所推崇的自由、平等、公平与正义等价值理念一度受到西方社会广泛赞誉。但自现代化发展以来，这种自由式民主的发展却呈现出种种弊端。一直为西方社会引以为傲的民主价值理念与现实制度安排之间出现鸿沟，老牌民主国家治理问题层出不穷，新兴民主国家所推行的民主制度接续垮台，民粹主义抬头。这一系列问题促使国内政治学者考察西方现行民主制度的缺陷，反思被种种表象所掩盖的西方民主的内在张力与先天不足，并探寻西方民主的出路。综观 2018 年国内学者对西方民主制度的研究成果，可以发现，学者们遵循的研究思路是发现问题与反思突破。

1. 关于西方民主制度现状的研究

近几年来，西方社会民主制度遭受的冲击愈发猛烈，既有英国脱欧、特朗普当选等现象引起人们质疑民主制度的有效性，更有宗教冲突、族群冲突等事件的不断发酵，西式民主模式的弊端日益显现。这不仅出现在以美国为主的老牌民主国家中，新兴民主国家受到的冲击似乎更为严重。2018 年，国内学者对西方民主制度现状的研究情况大致如下：在研究对象方面，不仅关注老牌民主国家，也关注新兴民族国家；在研究内容方面，既关注西方民主制度的危机与困境，也重视总结相应的经验与教训；在成因分析方面，既重视外部浪潮的冲击，又认识到西式民主内在的先天不足。总体上讲，此类研究主要遵循以下几种进路。

其一，民主的价值理想与制度实践之间、民众对民主实践程度的

---

① 文长春：《西方民主的理论困境——萨托利与哈贝马斯的范式之辩》，《求是学刊》2018 年第 3 期。

不满与对民主价值的尊崇之间存在张力。亨廷顿（Samuel Huntington）在《美国政治》一书中，表达自己对美国政治理想的憧憬与政治现实的困扰，指出民主的价值理想与制度现实的鸿沟是危及美国这一民主国家的"阿喀琉斯之踵"①。这不仅是美国民主政治的问题，也是整个西方政治社会所面临的困境。刘瑜指出，一方面当代西方自由式民主在话语体系和实践中都面临着全球性的危机，具体表现为发达民主国家内部政治信任的流失、非西方政治体制优势的褪色、新兴民主国家对自由式民主可移植性的质疑。另一方面，自由式民主制度也有极高的韧性，如民主政体数量的增多、民主政体可持续性增加、新兴民主国家民主崩溃后经历民主反弹。她为这种现状提供了一套解决思路，从民主化过程、民主的边界、民主的主体、公众理性以及民主巩固的机制五个维度对民主预期进行调整，由民主浪漫主义到民主现实主义。② 牛文浩从选举民主制的内在价值要求出发，基于选民、利益集团与代表之间的理性互动，论证选举民主制的现行制度实践与其所声称的价值理想并不吻合，他认为，选举民主难以选出足够有能力的代表，难以保证代表充分地对人民负责，更难以保证代表在决策中追求公共利益。③

其二，西式民主体制的输出、西式民主体制的衰败与新兴民主国家民主制度垮台的持续演变。以英美为主要代表的老牌西方民主国家凭借其经济、政治及文化优势，大肆向后发展国家输出民主，进行民主模式移植，而以拉美国家、非洲国家为代表的落后地区国家的政府则忽略了各自的国内现状，以构建西方民主体制为目标，最终导致国内政治局势的动荡与不安。王宏伟基于社会运动视角，分析非政府组织在进行民主输出方面的优势，认为 NGO 的活动具有隐蔽性、灵活性、渗透性、跨国性等特征，并通过制造抗争动机、提供政治机遇、

---

① 塞缪尔·亨廷顿：《美国政治：激荡于理想与现实之间》，先萌奇、景伟明译，新华出版社 2017 年版，第 361 页。

② 刘瑜：《当代自由式民主的危机与韧性——从民主浪漫主义到民主现实主义》，《探索与争鸣》2018 年第 7 期。

③ 牛文浩：《选举民主——西方学者的批判性反思》，《国外理论动态》2018 年第 9 期。

进行资源动员和提供抗争技巧，为西式民主输出"颜色革命"提供便利机制。① 陈尧指出，当今西式民主不仅面临发展停滞的局面，这一民主体制内部也出现结构性紊乱与无序，政府治理绩效下降以及民众信任度的持续降低均将其推向衰败之路，因此福山（Francis Fukuyama）提出的"历史终结论"并不是现实发展的终点，自由民主体制也并未克服代议制民主的缺陷。② 褚向磊与苏毓淞基于 2008 年之后西方老牌民主国家以及新兴民主国家制度运行现状的经验分析，质疑现有民主巩固范式对民主化进程的解释，认为民主巩固只是描绘了一条民主发展的单向道路，即将西式自由民主视作民主发展的终极状态。由此，两位作者强调了福阿（Roberto Stefan Foa）和芒克（Yascha Mounk）提出的"民主解固"概念，认为这一范式更能体现西式民主的发展困境，即西式民主体制在经历发展之后并不会始终保持民主巩固的状态，而是很可能遭遇严重冲击，走向更为严重的民主解固。③

其三，民粹主义的兴起对西方民主的冲击。近年来，民粹主义作为一股社会政治思潮得到学界的广泛重视，它对西方民主价值体系与制度运行的冲击也引发了诸多讨论。房宁等将民粹主义界定为一种以"反权威、反体制与反智主义"为特征，并逐渐走向政治权力中心的极端化意识形态，认为民粹主义的兴起与西方社会的过度福利化与极端民主化有关。在民粹主义势力的影响下，西方社会逐渐采取更具对抗性与攻击性的话语，如将国内矛盾归因为外来移民，这表明政府政策的不稳定性逐渐提升。④ 林红从探寻民粹主义话语政治的内在逻辑出发，指出西方民粹主义的发展以构建兼具主体性、抽象性、同质性与道义性的"人民"概念为基石；以"人民"与"其他人"的区分为建构民粹主义反抗性政治的二元价值观的逻辑起点。作者认为，这

---

① 王宏伟：《社会运动视角下西方 NGO 的民主输出与"颜色革命"》，《学术探索》2018 年第 5 期。

② 陈尧：《西方民主体制的三重衰败与"历史终结论"的终结》，《红旗文稿》2018 年第 8 期。

③ 褚向磊、苏毓淞：《民主解固——西方自由民主制的危机》，《国外理论动态》2018 年第 5 期。

④ 房宁、涂峰：《当前西方民粹主义辨析：兴起、影响与实质》，《探索》2018 年第 6 期。

一政治社会思潮形成了极具对抗性的话语政治，征讨了西方民主政治与经济社会的现实发展。[①] 张继亮通过对民粹主义和自由民主的概念进行澄清，指出民粹主义虽然对自由民主内部精英化趋势有所改进，但从消极意义上看，其反多元主义的主张、人民主权逻辑对制度约束的超越、执政者的不负责以及极端化倾向都会危及自由民主政体的稳定性。[②] 高春芽区分了用以分析民粹主义与民主政治之间关系的两种观点，即"矫正论"与"威胁论"。前者主张民粹主义是对民主政治的制度矫正，后者则从民粹主义构成的反体制威胁角度，指出民粹主义在制度结构上造成自由民主体系的失衡，在制度运行中导致大众与精英的冲突加剧，在制度后果上引起民主的衰弱。[③]

其四，自由式民主与族群多元主义的发展逻辑并不契合。近年来，族群内部的不稳定以及族群冲突等事件时有发生，族群问题逐渐困扰许多国家的民主政治发展。西方自由式民主制度始终声称其尊重族群多元主义，虽然从某种程度上说，这一对多元价值的尊崇彰显了制度设计的民主色彩，但随着西方民主国家内部不断遭受种族、宗教多元主义的侵害，人们逐渐发现，这种民主政治的发生逻辑与族群多元主义也许并不相容。包刚升在承认自由民主政体对于族群多元化的有限制度包容的同时，概括了在族群多元主义冲击下西方民主政体内部出现的三种不对称结构：一是自由民主倡导的普遍自由规则与多样化族群拥有的反对普遍自由规则的意识；二是自由民主政体对民主的诉求与外来族裔民主规则意识的淡化；三是自由民主政体借拥护"政治正确"巩固权力与少数族裔作为"不忠诚的反对派"的权利。以上种种均揭示出西方社会在族群多元主义冲击下无法逃避的现实困境。[④] 王伟基于新兴民主国家的数据统计，考察了族群冲突频发的多

---

① 林红：《西方民粹主义的话语政治及其面临的批判》，《政治学研究》2018 年第 4 期。

② 张继亮：《论民粹主义与自由民主之间的纠葛：敌人抑或朋友?》，《国外理论动态》2018 年第 11 期。

③ 高春芽：《西方民主国家的民粹主义挑战：矫正与威胁》，《当代世界与社会主义》2018 年第 6 期。

④ 包刚升：《西方政治的新现实——族群宗教多元主义与西方自由民主政体的挑战》，《政治学研究》2018 年第 3 期。

民族国家现状,指出这些多民族国家虽在自由主义民主甚嚣尘上和联合国"权力共享"民主体制应用的背景下,试图通过移植自由民主体制以解决国内族群冲突问题,但这些努力忽视了国家内部族群分裂的制度化、权力平衡的脆弱性以及制度设计和政治实践的背离性。①

2. 西方民主的反思与突破

面对西方代议制民主所暴露的种种弊端,国内学界逐渐开始反思自由式民主体制的出路。近几年来,国内学者一方面将目光聚焦于这种自由式民主本身生发逻辑的缺陷,另一方面,国内学者也从现实出发,试图通过某些缓冲机制对现行民主体制缺口予以弥补。柴尚金以政党政治为切入点分析通过重建新型政党关系,不断扩大参与民主和构建"共识民主"可以解决西方民主政治因多党执政所导致的困局,并指出共识民主具有内生、协商、包容与共享等优势,可以有效改进自由式民主生发逻辑的弊端,这一民主模式的关键在于领导核心的创设和民众的有效参与。② 在西式民主体制衰败以及新兴民主国家相继垮台的背景下,周艳辉通过对福山文稿的翻译,表达出这位美国学者对西式自由民主的态度。译者发现,虽然福山并未彻底否定西式民主的优越性,但也不再继续秉持乐观主义的腔调,而是更为审慎地看待民主的现状。福山认为,民主的表现之所以如此糟糕,其症结在于制度化的失败,即现代国家的发展跟不上民主制度建设的步伐,国家能力建设跟不上民众对于民主问责制度诉求的发展。因此,福山进一步指出,构建现代国家,提升国家能力是解决现有困境的必需之策。③

此外,通过梳理 2018 年国内民主制度研究文献,可以发现,学者们并不局限于分析当前对策,更注重对以往政策的现实与理论进行可行性评估。王建新基于梳理国外后民主理论的发展脉络,认为当前西方社会所面临的民主失常问题恰恰表明,西方社会正处于民主的下行发展阶段,这一阶段又被称作"后民主"时期。后民主理论为解

---

① 王伟:《西方式民主不是治理族群冲突的良方——新兴民主国家族群冲突不断滋生的机理分析》,《民族研究》2018 年第 1 期。

② 柴尚金:《政党与民主新论》,中国民主法制出版社 2018 年版,第 239—241 页。

③ 弗朗西斯·福山:《为什么民主的表现如此糟糕》,周艳辉译,《国外理论动态》2018 年第 5 期。

决这一困境提出了相应的解决之策，主要集中于克服"精英"与"大众"之间的张力，如限制精英过度扩张权力，推进政治实践的改革以及激发公众政治参与的热情等。但作者也对这些策略进行了反思，指出这些政策仍有很大的改进空间，如对民主模式的分析不应局限于此，政体类型分析也应多样化、民主理论研究应与民主的实践更为贴近等。① 同时，以协商民主取代代议制民主的观点也一直为学术界某些学者所认可，2018 年，国内学者对这一思想进路进行了探讨，认为协商民主虽然在一定程度上能够弥补代议制民主的缺陷，但其作用十分有限。通过对将协商民主视作解决民粹主义困境手段的相关观点进行梳理，徐兰兰认为，协商民主和民粹主义是政治民主的两种不同逻辑，那些将前者视作后者的有效替代的观点忽视了民粹主义对民众的吸引力，协商系统方法虽在一定程度上消解了民粹主义的冲击性，但其自身的规范基础却十分薄弱，因此并不能解决现有西式民主的困境。这一困境的化解只能依赖协商在公民生活中的日常化呈现，使协商成为公民的生活方式。② 对于西方社会在协商民主操作层面上进行的协商民主技术创新，黄徐强、韩志明认为，这些行动虽然在政府职能、政府机构等方面业已形成相应的实践经验，但由于忽视了其所依托的政治结构因素，这一创新容易走向技术主义并最终导致协商民主的制度化无法受到重视，协商民主在现实层面所呈现的问题无法得到解决。③

（三）非西方国家民主实现形式的多样性

在中国民主话语体系的建构过程中，国内学者意识到现有西方话语体系的局限性，认为该体系之下的诸多概念，如自由式民主、正义等，对于其他国家民主话题的解释力不足。因此，在分析西式民主现有弊端的同时，国内学者也将眼光置于非西方国家的民主发展进程以

① 王建新：《国外后民主理论研究：发展脉络、相关争论与学术启示》，《国外社会科学》2018 年第 2 期。

② 徐兰兰：《协商民主：民粹主义的有效应对之策》，《探索》2018 年第 3 期。

③ 黄徐强、韩志明：《协商民主的技术创新及其困境——基于西方经验的反思》，《国外理论动态》2018 年第 9 期。

及中国民主的发展现状上。

1. 非西方国家民主发展研究

如前文所述，国内学者在其研究中也关注到后发展国家的民主进程，如拉丁美洲国家、非洲国家等，并进一步探讨这些国家自身民主模式的生成逻辑与运行机制及其在接受西方社会民主体制输入后所面对的社会现状。

方旭飞考察了 20 世纪末拉美地区左翼执政党对该地区民主发展进程的影响，认为拉美地区兴起的激进左翼执政党虽然为建立更为深化的民主模式采取了一系列政治体制变革，但由于过分强调领袖风格的强硬，委内瑞拉等国家非但没能建立起更好的民主模式，其既有政治体制还脱离了代议制民主的发展轨道，加剧了政治极化并使社会经济发展陷入困境。即使温和的左翼执政党改革也没能改变这一局面，这进一步推动了右翼势力的上台。[1]

马正义关注南非传统领袖制度的复兴与民主巩固之间的关系。通过对南非酋长制在欧洲殖民统治时期和部落种族隔离时期的衰落历程进行分析，作者指出，非洲人国民大会的战略选择、成员对部落身份的认同与重塑、农村社区治理的制度惯性以及政府治理能力的不足等因素的共同发力，传统领袖制度得以在南非复兴，并因其内在的协商属性而对南非民主发展产生了积极的推动作用。作者进一步指出，这一传统制度始终以血缘关系为主导，以世袭制为任用机制，以成年男子为主导成员，成员与领袖之间为从属关系，以上种种均成为南非民主深化的"绊脚石"[2]。

张广翔与高笑译介了俄罗斯学者叶梅利扬诺夫有关非洲民主的文章，后者区分了西式民主与非洲撒哈拉沙漠国家（不包含南非）的民主方案，基于非洲社会传统的描述与民主的非洲方案实施后的结果，主张非洲应走自己的民主之路。作者认为，非洲国家在独立后，由于盲目僵化地模仿西式民主，导致这些国家在政治、经济、思想以

① 方旭飞：《试析 20 世纪末以来拉美左翼执政对民主政治发展的影响》，《拉丁美洲研究》2018 年第 5 期。

② 马正义：《酋长的回归：传统领袖的复兴与南非民主的巩固》，《世界民族》2018 年第 4 期。

及军事方面都处于尴尬境地，如政治上民主的形式化与腐败、经济上的"伪城市化"与矛盾层出、思想上传统价值与现代价值的张力、军事上的政变频仍。因此，非洲的发展不能盲目地模仿西方，而应关注内生性民主条件的发展。①

与前几种进路有所不同，张佳威运用定性比较方法，分析了摆脱殖民统治的非洲国家所经历的民主体制的崩溃。通过对经济、制度、文化、折中四条分析路径的梳理，作者基于"集合论"思维和案例导向型的"INUS 条件"（充分不必要条件的必要不充分部分），对经济危机、政体形式、议会选举制度、族群分裂状况、间接统治方式以及外部援助六个条件变量与结果变量（民主崩溃）之间的关系予以深入考察，结果发现"殖民遗产负影响"模型与"弱政治社会"模型均可用以解释非洲民主体制的衰败，前者将英帝国的间接统治、议会制与非比例代表制的结合两种因素，视作导致非洲独裁统治和族群冲突的影响因素，后者则从国家核心宪制安排的失败分析现代国家政治能力的不足。通过解释模型与触发机制的最终整合，作者认为，只有建立兼顾社会秩序、法治和经济绩效的"实质性政治"才有可能帮助非洲国家走出治理困境。②

2. 中国民主政治发展

在关注非西方国家民主发展道路的同时，国内学者也将主要精力倾注于研究我国民主政治的发展进程上，探讨新时代背景下社会主义民主制度的新面向。十九大报告指出："我国社会主义民主是维护人民利益的最广泛、最真实、最管用的民主。发展社会主义民主政治就是要体现人民意志、保障人民权益、激发人民创造活力，用制度体系保证人民当家作主。"③ 综观 2018 年国内民主制度研究可以发现，我国社会主义民主政治发展研究大致可分为以下四个方面。

---

① 叶梅利扬诺夫：《模仿的民主：非洲的方案》，张广翔、高笑译，《北方论丛》2018 年第 1 期。

② 张佳威：《非洲民主政治的崩溃：基于定性比较分析的解释》，《国际政治科学》2018 年第 4 期。

③ 习近平：《决胜全面建成小康社会 夺取新时代中国特色社会主义伟大胜利》，人民出版社 2017 年版，第 35—36 页。

一是梳理中国民主政治发展历程，探讨新时代民主政治建设逻辑与目标要求，思考中国民主政治未来前景与展望。中国特色社会主义民主政治的发展是中国人民在中国共产党的领导下长期奋斗的产物，其逻辑前提、目标要求与政策实质与西方国家民主制度有着质的不同，因此在明确政治制度的特殊性以及制度模式不可复制性的同时，探讨中国民主制度发展进程十分必要。王寿林对改革开放以来我国民主政治发展历程加以考察，指出这一过程以立法机关权威的确立、行政机关法治化程度的提升、司法机关的公正建设、政治协商过程的完善、吏治新政的实行以及基层治理根基的夯实为特征。通过这一系列举措的实施，公共权力与个人权利之间的界限得以明朗，民主政治与法治国家建设得以推进。[1] 上官酒瑞基于主题、逻辑与要求这一分析框架，探讨了现阶段我国民主政治发展的新特征。作者认为，新时代中国民主政治以健全人民当家作主的制度体系为主题，以适应社会主要矛盾的变化、实现以人为本、顺应国家发展态势和展现社会主义民主政治活力为发展逻辑，以推动制度自信与制度优化共同发展为目标要求，在不排斥西方优秀文明成果的同时，走中国自己的民主发展道路。[2] 杨光斌从中国政策过程的视角切入，分析政府在制定政策、推行决策过程中对共识民主的追求，指出共识民主模式包含制度化协商型共识、市场化压力型共识、谈判型共识等类型，中国几千年政治文化传统与中国共产党的政治实践为这一民主模式培育了生长土壤。[3] 姚剑文立足于现代民主制度复合性视角分析中国政治体制改革的未来前景，主张受特定社会条件与历史文化传统的影响，中国政治体制与西方政治制度模式之间存在差异，且现代政治制度往往在价值理念、表现形式、结构功能等方面具有较强的复合性。因此，中国未来政治体制改革应考虑制度复合性特征，坚持当代中国民主制度建构的自主性、把握当代中国民主价值的超越性，进而协调"吸取人类文明优秀

---

① 王寿林：《改革开放 40 年中国民主政治发展历程》，《观察与思考》2018 年第 9 期。

② 上官酒瑞：《新时代中国民主政治建设：主题、逻辑与要求》，《中共福建省委党校学报》2018 年第 9 期。

③ 杨光斌：《中国的政策过程追求的是一种共识民主》，《领导科学》2018 年第 9 期。

发展成果"与"走中国特色发展道路"之间的张力。①

　　二是坚持理论导向与问题导向并重以分析中国特色社会主义协商民主，同时关注基层协商民主的发展现状。十九大报告指出："协商民主是实现党的领导的重要方式，是我国社会主义民主政治的特有形式和独特优势。"② 社会主义协商民主以维护人民切身利益、体现人民民主真谛为协商目标，是对中国传统治国智慧的当代传承。2018年，国内学界对社会主义协商民主的研究从两个方面展开。就社会主义协商民主的理论探讨而言，吴先宁指出，社会主义协商民主概念是由党和国家决策层以及学术界共同思索凝结而成的。作者还通过梳理改革开放后民主观念的丰富和发展、协商民主观念的形成与深化以及协商民主顶层设计的提出，指出需要厘清选举民主与协商民主的关系，进而实现协商民主概念"从制度中抽取"又"回到制度设计中去"的转变。③ 李修科、燕继荣基于协商民主发生的逻辑、场域和议题，分别从宏观层面的革命建国与政治协商、中观层面的政策民主与政策协商以及微观层面的社会民主与社会协商三个层次对协商民主的不同方面进行探讨，认为这三个层次的协商民主依据不同的理论逻辑和发生机制得以展开，共同构成一幅中国协商民主的层次化立体图景。④ 就社会主义协商民主的现实实践而言，林雪霏、傅佳莎将协商民主视作一种治理资源，通过向 12 个省市领导干部发放协商民主调查问卷，分析地方官员采用协商式决策时的功能偏好及其影响因素。作者发现，地方官员在观念和操作中都倾向于协商式决策，政协系统与任职时间较长的地方官员更容易接受这种决策形式。⑤ 韩福国认为，要想发挥协商民主的治理功能，就必须推进协商民主从单一理论论证

　　① 姚剑文：《中国政治体制改革与西方政治制度模式的冲突与融汇——基于现代民主制度复合性视角的思考》，《江海学刊》2018 年第 1 期。

　　② 习近平：《决胜全面建成小康社会 夺取新时代中国特色社会主义伟大胜利》，人民出版社 2017 年版，第 38 页。

　　③ 吴先宁：《协商民主观念在当代中国的演进》，《中央社会主义学院学报》2018 年第 2 期。

　　④ 李修科、燕继荣：《中国协商民主的层次性——基于逻辑、场域和议题分析》，《国家行政学院学报》2018 年第 5 期。

　　⑤ 林雪霏、傅佳莎：《作为治理资源的协商民主——地方官员协商式决策的功能偏好及其影响因素》，《治理研究》2018 年第 1 期。

向实践操作层面转换，超越中国协商民主历史中所存在的"指定代表"和引自国际社会的"随机抽样"，由此致力于建构基于现有中国社会群体的科学分层抽样而又环节科学的复式协商民主抽样程序。①

此外，国内学者对于社会主义协商民主的关注还集中于基层协商民主层面。朱凤霞、陈昌文认为，社会主义协商民主的实施需要上层设计的高屋建瓴、中层设计的计划实行以及基层设计的具体落实。在考察成都彭州市社会协商对话的运作机制后，作者指出，该市协商对话包含县、镇、村三级联动机制，形成了以县为单位的协商民主中层设计，并以此将经济、政治和社会因素纳入其中。② 陈亮基于中层理论维度，以场域—关系—机制为分析框架，探讨和合文化与我国基层协商民主的内在差异包容性，主张和合文化的场域可以推进个体利益的差异与公共利益的耦合、和合文化的关系可以营造"推己及人"的合作态度、和合文化的现实运作能为达成共识与消解分歧提供机制。此外，作者还从场域对个体主动性的压制、关系对特殊主义的偏向以及机制掣肘对协商效果的影响等层次，分析我国基层协商民主包容性建构的限度。③ 李德虎考察了协商民主在乡村治理中的具体应用，指出前者可以有效弥补后者所面临的诸多困境，如主体整合度低、自治权空悬以及"乡政"与"村治"之间的衔接度不高等，再以成都市 T 镇的社会协商对话会为个案研究对象，厘清协商的有效度和限度，并为基层协商民主与基层治理的配合提供基于观念、主体、机制等方面的路径选择。④

三是聚焦基层民主发展逻辑与历史经验，关注中国基层民主运行与实践现状。在我国，基层民主的最主要表现形式就是村民自治，"村民自治是农村改革进程中党领导下的亿万农民的伟大创造，是现

---

① 韩福国：《超越"指定代表"和"随机抽样"：中国社会主义复式协商民主的程序设计》，《探索》2018 年第 5 期。

② 朱凤霞、陈昌文：《中层设计：基层协商民主的制度化探索——对成都彭州市社会协商对话的考察》，《行政论坛》2018 年第 5 期。

③ 陈亮：《和合文化视野下我国基层协商民主的包容性建构及其限度》，《行政论坛》2018 年第 2 期。

④ 李德虎：《协商民主在乡村治理中的实现路径——基于成都社会协商对话会的考察》，《河南社会科学》2018 年第 1 期。

代民主轨道中的重要一环，其与有效治理共同构成人民群众根本利益的实现方式"①。在新时代背景下加强基层民主问题研究不仅需要在理论上思考其发生逻辑与基本样态，还需要综合考虑多方因素与其相关性。马华通过考察湖北省、安徽省以及广东省的六个试验村，指出农村基层民主发展的两种样态，即"臣民—启蒙—动员—自主"与"村落自治—乡村建设—人民公社—村民自治—协商民主"，并总结出农村基层民主是以民主价值与民主技术的统一、民主客体与民主主体的统一、民主制度组织与能力的统一、民主建设与治理有效的统一为实践逻辑。② 马得勇与张华基于三个农村基层民主创新案例的实证分析，发现选举、协商和票决对于基层民主制度创新的重要性，认为制度设计所秉承的价值理念与制度执行过程中的细节设计是影响基层民主制度创新政治效果的关键因素。在此基础上，二人主张，中国基层民主制度创新应在现有基本框架下完善制度的细节设计，实现完备的制度效果。③ 桂华在对比分析我国东部沿海两个地区的村级治理之后，发现竞争性选举虽有其益处，但也给村庄带来民主虚化以及治理效果不佳等问题，在村庄基层民主实践过程中，党组织始终扮演着积极角色，因此加强基层民主建设必须重视党组织建设，对我国民主政治发展提供了经验支持。④ 张力伟、陈科霖则从"小豆选"制度的起源与发展入手，分析其对于中国共产党权威确立的重要意义与其所内含的基层民主价值意蕴，指出中国特色社会主义基层民主建设需要加强执政党对民主政治的领导作用，根据现实条件的变化逐步拓展不同形式的民主模式。⑤

此外，还有一些学者从其他层面分析了中国民主政治发展实践，

---

① 徐勇：《民主与治理村民自治的伟大创造与深化探索》，《当代世界与社会主义》2018 年第 4 期。

② 马华：《村治实验：中国农村基层民主的发展样态及逻辑》，《中国社会科学》2018 年第 5 期。

③ 马得勇、张华：《制度创新中的价值与细节：三个基层民主创新案例的实证分析》，《探索》2018 年第 1 期。

④ 桂华：《竞争性选举、党的领导与农村基层民主实践——对我国东部沿海两地经验的比较分析》，《南京社会科学》2018 年第 8 期。

⑤ 张力伟、陈科霖：《从"小豆选"看"大民主"：中国基层民主的历史与经验》，《理论导刊》2018 年第 4 期。

如许耀桐考察了改革开放以来中国共产党党内民主的理论创新与制度创新，总结出党内民主发展的基本经验：首先是必须深刻认识党内民主的重要性，其次是明确党内民主的手段与目的性质定位，并以切实的制度保障党内民主的实现，最后则是重视民主监督，以此推动人民民主的发展。[1] 徐圣龙认为，大数据的发展带动了民主实践新范式的成长，不仅使民主过程的公众参与实现非结构化、半结构化与结构化的结合，还实现了从众意到公意的民主结果输出。大数据虽然还面临着诸多问题，但也确实为中国民主政治发展实践注入了新的力量。[2]

（四）反思与展望

通过对 2018 年相关文献的系统梳理可以发现，2018 年，我国政治学界民主制度研究呈现出以下几种态势。首先，对西方民主话语体系进行深刻反思，力图构建中国民主政治话语体系。对西方话语体系的挑战虽已不是新的话题，但学者们的努力却展示出新颖的一面，即对西方话语体系的意识形态化批评色彩减弱，开始对这一话语体系的建构逻辑、思想来源等深层问题进行把握，以及以此为基础思考中国话语体系构建过程。其次，规范研究仍占据主流，实证研究的广度与深度有所扩展，研究方法渐趋多元化。国内民主制度规范研究业已形成较为完善的体系，如对制度史的纵向挖掘、对制度价值理念等层面的思考，对中西制度的横向比较。但就实证研究而言，虽然政治科学方法的应用程度仍然不高，但以个案研究、田野调查等质性研究方法以及比较历史分析等多元方法为辅助工具展开的经验研究的热度仍在提升，问题视域也逐渐拓展至非洲、拉美等地区。最后，民主制度研究坚持理论导向与现实导向相结合。在理论导向性研究中，学者们深入探讨诸如民主概念、特征与价值等元理论，分析我国民主制度从古代国家治理经验中所汲取的历史文化资源，探讨中国民主制度建设与发展所依托的时代背景，为中国特色社会主义政治文明建设提供必要的理论支持。但这一过程离不开对现实问题的关怀，这尤其体现在学

---

[1] 许耀桐：《改革开放 40 年来中国共产党党内民主的发展》，《前进》2018 年第 8 期。

[2] 徐圣龙：《大数据与民主实践的新范式》，《探索》2018 年第 1 期。

者们对人民代表大会制度、政治协商制度、基层群众自治制度以及社会主义协商民主的理论阐释中。

虽然 2018 年国内学界对于民主制度议题的探讨取得了一定的成果，但综观这一年的文献资料可以发现，有关此类议题的探讨在以下几方面仍有待提升。首先，关于本土化民主话语与话语体系的建构。2018 年度的相关文献虽提出构建中国民主话语体系的诸多建议，但这些意见在很大程度上是基于批判西方话语体系而零散展开的，意识形态化色彩依旧存在，中国民主话语体系的构建逻辑与思路尚未厘清。因此，学界必须在客观审视西方民主话语发展的前提下，通过挖掘中国历史文明中的制度遗产、剖析当前我国社会现实，推进民主话语研究的深层性与体系构建的系统性。其次，关于对民主制度实践新走向的把握。改革开放进入新时代后，我国社会的主要矛盾发生了变化，国内民主政治的发展也面临着相应的变革，社会主义协商民主、基层民主等话题逐渐进入公众视野。但国内学界对这些新兴领域的探讨略显不足，如相关研究的概念化与理论化程度不高、新兴实践的制度化水平有待提升等。最后，关于多样化研究方法的科学运用。近几年来，国内学者在研究民主制度时虽然学习并采用了多样化的研究方法，但总体上讲这些方法的运用还存在欠缺，如计量分析、访谈、民族志等研究方法的科学化程度、研究方法与研究内容的适配度以及定量与定性研究方法的结合应用等。

四　廉政建设与腐败治理

党的十八大以来，以习近平为核心的党中央领导集体高度重视廉政建设，积极探索腐败治理的新理论、新方法、新模式。习近平总书记在十九大报告中明确指出，"腐败是我们党面临的最大威胁"，由此需要"强化不敢腐的威慑，扎牢不能腐的笼子，增强不想腐的自觉，通过不懈努力换来海晏河清、朗朗乾坤"[1]。2018 年 1 月在十九

---

[1]　习近平：《决胜全面建成小康社会 夺取新时代中国特色社会主义伟大胜利》，人民出版社 2017 年版，第 67 页。

届中央纪委二次会议上，中央纪委书记赵乐际明确表态说，2018 年的一项重点工作是"深化构建不敢腐、不能腐、不想腐的体制机制"。值此关键时期，有必要对 2018 年国内关于廉政建设与腐败治理的相关研究展开梳理。综合来看，研究基本围绕腐败现象的发生机理、腐败治理的经验汲取、廉政建设的推进路径几个层面展开。

（一）腐败成因与内在机理

学术界对腐败问题的研究由来已久，对腐败成因与内在形成机理的探索更是廉政建设的前提条件之一。关于腐败这一概念，学者们众说纷纭、各有侧重，在国际上获得较多认同的是 1969 年的《联合国国际反腐公约》给出的定义——腐败是"滥用国家权力以谋取私利"。具体来看，相关研究将滥用职权的方式概括为两种：腐败官员的实际行动与其接受的委托内容不一致；官员利用手中职权向他人索取贿赂。[①] 2018 年的研究关注的主要是腐败的成因与发生机制，这也是提出改进举措的前提要件。从 2018 年国内研究的新成果来看，关于腐败的原因分析大体有以下几类。

第一，将腐败归因为制度的越位、错位、缺位，因而主张从制度层面减少乃至杜绝腐败行为的发生。相关研究指出，反腐的根本目的并不是惩治贪腐人员而是要根治腐败，即反腐的焦点应当从狠抓贪官转向防治腐败，由此主张我国的反腐之路要从制度求和、法律规制、权力制衡三个维度共同推进。[②] 腐败的本质是公共权力异化为谋取个人私利的工具，在此基础上有学者主张，反腐倡廉的第一步是围绕权力的运行机理建立健全反腐制度，重在坚持以制度管权管人管事。[③] 有学者指出，反腐倡廉并进而实现全面依法治国目标的重要途径是建立政府内部层级控制制度。[④] 有学者根据网络曝光信息和教育部巡视

---

① 苏珊·罗斯—阿克曼、邦妮·J. 帕利夫卡：《腐败与政府》，郑澜译，中信出版社 2018 年版，第 8 页。

② 何家弘：《中国反腐治本论》，《法学杂志》2018 年第 10 期。

③ 蒯正明：《新时代习近平反腐倡廉法规制度建设思想与启示》，《兰州学刊》2018 年第 9 期。

④ 杜烽、陈文川、黄淑怡、林倩：《政府内部控制制度变迁演化：内生动力抑或外力驱动——基于反腐倡廉视角》，《财会通讯》2018 年第 20 期。

的情况通报对十八大之后高校当中的腐败案件进行了实证分析，着重考察权力制约当中权力安排不合理、权力监管不到位、管理和评估机制弱化等问题。规范高校中学术权力与行政权力需要健全相关的法律法规，落实高校办学自主权，建立高校分歧解决机制等，实现制度建设与实践机制的相互结合、相辅相成。① 值得注意的是，在制度框架内探讨权力的优化配置与相互制衡也是反腐的重要途径，对监察权的讨论更是近年来的学术热点。反腐效能的提升必然要求处理好内部国家监察、行政监察、司法监察、纪委监察之间的权力关系，从而促进法治反腐等稳定长效反腐体制的良好运行。②

第二，从文化层面解释腐败现象的发生并主张文化能够根治腐败。有学者力图考察中国文化语境下人情对腐败意图的影响，针对190名大学生进行了两轮问卷调查。问卷结果显示，人情当中包含了情感、资源、规范三重因素，其中的资源要素对腐败意图的影响最为显著并且能够在相当程度上避开道德的规范作用。③ 在一些学者看来，当前学术界对制度建设的过度重视源于对腐败行为本身的分析，这在某种程度上忽视了可能更为根本的文化因素。有学者主张，腐败文化包含两个层面，即包括腐败的定义、实质、原因、后果等在内的认知层面与含括腐败容忍程度、廉洁推崇程度在内的价值层面。文化反腐具有对象广泛、内容抽象、问题顽固、手段特殊等特性，应当与行为反腐相结合达到反腐败的标本兼治。④ 也有不少学者致力于探寻中国传统文化当中的廉政文化，力图为中国当代政治文明的推进提供助益。中国传统文化当中的廉政思想不仅是历史文化的精华所在，而且是中国特色社会主义文化自信的历史根基。儒家文化在中国传统文化当中占据着主体地位，汇聚着较为成熟的古代廉政思想。有学者将廉

---

① 白立士：《中国高校权力制约问题及其规范路径——对十八大后腐败案件的实证考察》，《华南师范大学学报》2018 年第 5 期。

② 刘艳红、夏伟：《法治反腐视域下国家监察体制改革的新路径》，《武汉大学学报》（哲学社会科学版）2018 年第 1 期。

③ 费定舟、刘意：《权力的游戏——中国文化中的人情对腐败意图的影响》，《心理学探新》2018 年第 6 期。

④ 任建明、胡光飞：《文化反腐：历史反思、特点分析及手段策略》，《理论视野》2018 年第 9 期。

政视为儒家思想的核心命题，指出廉政的目标是"民本"，指导方针是"尚义"，具体策略是"正己"，实践手段则是"主德"。①

第三，从制度和文化两个层面加以综合考察。有学者认为，反腐败是由众多因素构成的复杂的系统性工程，并在博弈论视域之下将反腐败的战略选择概括为健全系统性立体化的制度体系、培育廉洁社会文化。② 这在战略层面上统合了制度与文化两个层面，将制度理解为手段，而将文化理解为目标。有学者综合考察了反腐之下基层公职人员的心理变化过程，主张对公职人员的有效激励必须在特定的激励结构之内进行，即注重内在激励与外在激励、精神奖励与物质奖励的有机结合。2006 年颁布的《中华人民共和国公务员法》明确规定，对公务员的奖励要"坚持精神奖励与物质奖励相结合，以精神奖励为主"的原则，但在实践中普遍存在过度依赖精神奖励的情况，因而需要适度强化物质奖励以调动基层公职人员的积极性。③ 制度与文化相结合的研究视角在对清朝的腐败研究中也有体现。清朝虽然有过康乾盛世，但腐败丛生日渐困扰着行将就木的封建制度。乾隆时代就已经存在着政治、经济、军事等各个方面整体腐败的状况，这种全局性的腐败根源于清代官僚体制自身的痼疾，既有制度设置的弊端也是社会风气的恶果。④

第四，从政治生态层面加以考察。有学者认为，腐败行为的发生是政治生态受到污染的结果，将净化政治生态视为反腐败斗争的终极目标。有学者关注县委书记的腐败问题，提出治腐不能仅仅考察权力的运行机制，还应当基于整体性、全面性、动态性的原则对权力结构与政治生态之间的关系进行研判。政治生态是由体系、文化、过程所构成的复杂系统，在县委书记的腐败问题上，体制层面的挑战主要是压力型政府体制及其隐含的权力高度集中机制，文化上的制约因素主

---

① 杨建党：《儒家廉政文化：地位、结构与限度》，《江汉论坛》2018 年第 10 期。

② 陈志宏、徐玉生：《博弈论视角下立体式反腐体系探析》，《江淮论坛》2018 年第 6 期。

③ 陈建平：《反腐新常态下基层公职人员的均衡激励机制构建研究》，《中州学刊》2018 年第 8 期。

④ 刘志勇：《盛世危机：清乾隆时期的整体性腐败》，《江西社会科学》2018 年第 12 期。

要是滞后的思维方式与价值取向、相悖的行为方式与理念准则，过程中的阻碍则是公共权力为私利所用、以强制为特征的硬权力横行。①政治生态由众多小型政治生态系统构成，其中基层政治生态起着基础性作用。当前农村"微腐败"泛滥成灾，就是基层政治生态受到污染的重要表现，其出路在于将全面从严治党贯彻到基层党组建设当中。② 无论采取何种反腐败的手段与策略，反腐败的最终目的都是塑造风清气正的政治生态，在某种意义上就是实现习近平总书记所强调的"海晏河清、朗朗乾坤"③。就学术界对政治生态的研究来看，这一视角实际上在某种程度上接近文化归因模式。政治生态对生活于其中的人们起着潜移默化的影响进而塑造他们的生活方式与行为模式，官本位思想作为当前政治生态的重要组成部分也是腐败横行的重要原因。④

（二）中外廉政建设与腐败治理的经验

我国的腐败治理与廉政建设取得了一系列重大成就，但也应意识到当下反腐形势依旧严峻。在广泛借鉴古今中外治腐成果的过程中，人们逐步达成以下三个层面的共识：国外反腐的经验具有重大的借鉴意义；中国传统廉政文化蕴藏着宝贵的反腐遗产；对中国共产党的反腐经验总结必不可少。

1. 国外反腐与廉政的经验总结

腐败是全人类文明的"癌症"，反腐工程与廉政建设也是外国政治生活的重要议题。韩国现代史在某种程度上就是腐败斗争史，国内经济的高速发展促使韩国政治权力与经济利益进一步结合，腐败现象由此愈演愈烈。在艰苦卓绝的制度调整之下，腐败依然盛行，尤其是在政权交替阶段，真正获得突破的是韩国人民反腐态度转变背后所蕴

---

① 张明军、陈朋：《县委书记权力腐败的影响因素分析：基于政治生态的研判视角》，《理论探讨》2018年第1期。
② 任中平、马忠鹏：《从严整治"微腐败" 净化基层政治生态——以四川省基层党风廉政建设为例》，《理论与改革》2018年第2期。
③ 陈志宏、徐玉生：《博弈论视角下立体式反腐体系探析》，《江淮论坛》2018年第6期。
④ 袁明旭：《政治生态治理中腐败归因偏误及其矫正》，《探索》2018年第4期。

含的国民素质提升。韩国的经历向世人传达了这样的讯息：反腐不能仅仅依靠制度，国民意识尤为重要；制度的推行必须具有配套措施以确保落到实处。① 也有学者以具有相似历史文化背景的日本、韩国、新加坡、印度尼西亚四国的反腐经验为例，运用比较历史分析法尝试为我国的廉政建设提供可资借鉴的路径。作为一个从小渔村发展而来的现代化国家，新加坡廉政建设的成功之道在于凭借严厉的反腐法令推行铁腕反腐，成效显著。日本经济腾飞的背后布满着错综复杂的政商关系，为此日本不仅积极修改法律、在部分单位设置"第三者委员会"，还充分发挥媒体的社会监督作用。韩国腐败的形成离不开政商关系的推动，官商一体的思想根深蒂固。尽管政府和执政党为反腐事业做出了巨大努力，但其效果依旧令人失望。直到市民团体和媒体积极加入反腐斗争当中，韩国社会的反腐热情随之高涨。印度尼西亚近300年殖民地的历史导致其内部产生畸形的社会人际关系，加上政治权力的不当安排，它成为世界上腐败问题最为严重的国家之一。对此，印度尼西亚出台一系列的法律法规并设立专门委员会，强大的反腐力度遏制了腐败蔓延的势头。通过东亚四国的反腐情况对比，作者指出，四国的腐败与工业化相伴而生，反腐败的过程同时也是国家治理现代化的进程；腐败的治理需要坚持制度反腐与社会反腐并重，前者为反腐提供合法性来源，后者是反腐得以长期稳定推进的基础。②

执政党的制度反腐是反腐败的重要内容之一，越南共产党的反腐败实践对中国共产党的从严治党或许有不少借鉴意义。从1986年的六大到2018年的十二大，越共的制度反腐已经走过了30多年的历程。在这一历史进程当中，越共逐步形成了系统化的制度体系，即以党的政策规范为导向、以党内法规为准则、以国家法律为准绳。与此同时，越共积极构建了反腐败的专门机构和联动机制，设立中央反腐败指导委员会、重组中央内政部及其办公室并设置中央反腐"督察

---

① 宜玉京：《当代韩国反腐败的制度建设》，《现代国际关系》2018年第10期。

② 许利平、李华：《东亚四国反腐败经验与国家治理现代化》，《北京工业大学学报》（社会科学版）2018年第1期。

组", 它们行权的后盾是中央反腐败警察局。^① 这一系列的举措与越共中央的高度重视密切相关, 越共曾将腐败视为"一级国难", 并借鉴中国的反腐模式提出目标: 打造不能贪的预防机制、不敢贪的威慑惩治机制和不必贪的保障机制。^② 虽然根治腐败依然是一场艰苦的持久战, 但越共的廉政建设已然取得了可喜的成就。

2. 中国古代廉政思想的启示

习近平总书记在十八届中央政治局第五次集体学习时明确指出: "研究我国反腐倡廉历史, 了解我国古代廉政文化, 考察我国历史上反腐倡廉的成败得失, 可以给人以深刻启迪, 有利于我们利用历史智慧推进反腐倡廉建设。" 中国传统文化既是新时代中华民族文化自信的历史根基, 也是当前解决腐败问题的借力之处。在一些学者看来, 古代清廉文化是中国共产党人清正廉洁的重要滋养, 汲取传统廉政文化有助于党员永葆廉洁操守。^③ 根据《说文解字》的解释, "廉"的本意是侧边、棱角, 在本义的基础上常常引申出正直、刚正等道德意味。在个人的道德素养上, 儒家强调的是修身正己, 在国家层面上则是将廉政的基础定为以民为本。以修身正己、以民为本为特征的传统廉政思想有其局限性, 因而这一思想的当代转化至关重要, 这主要可以概括为以下三个方面。首先, 党员干部的廉洁修身包含修身正己的道德诉求, 并融入了社会主义核心价值观、当代为官的道德要求等现代价值。其次, 党的十九大主题当中所强调的"不忘初心"有一层重要含义就是中国共产党人要牢记"为中国人民谋幸福"的宗旨, 这也是以民为本思想的继承与发展。最后, 作为儒家思想核心之一的"礼"已经难以在当代国家治理当中践行, 但若将其引申为制度, 这与当前"制度笼子"的提法颇有异曲同工之妙。^④ 对于中国传统文化当中值得继承的精华部分, 学者们的解读各有侧重。有学者将古代中

---

① 邹焕梅:《越共制度反腐的演进及态势研究》,《当代世界社会主义问题》2018 年第 3 期。

② 潘金娥:《越共反腐的实践成效与借鉴意义》,《学术前沿》2018 年第 10 期。

③ 伍新林等:《廉洁从政——中华传统清廉文化与当代共产党人的廉洁操守》, 人民出版社 2018 年版, 序言第 1 页。

④ 杜俊奇:《"从虚到实"——先秦儒家廉政思想的当代转换》,《世界宗教文化》2018 年第 2 期。

国帝王的安邦之本归结为爱民、节俭、勤政、尚贤，① 有学者则以更为系统的视角将传统文化中有益的廉政思想归结为德治与法治相结合的治理策略，德才兼备、以德为先的选官标准，勤俭持家、崇廉向善的家风家训，清、慎、勤的职业操守，等等。②

3. 中国共产党廉政建设的经验

在持续推进当前的腐败治理与廉政建设之际，回顾中国共产党以往廉政建设的征程有助于更好地面向未来。中国共产党对反腐事业的重视不仅仅体现在中华人民共和国成立初期和改革开放之后，实际上在 20 世纪 30 年代就已经在中央苏区发起了反腐运动。这一时期的反腐建设在强化制度构建的同时更侧重于廉政文化的培育，主要举措有创办《廉政中华》等报刊宣扬廉政文化、以学校为主阵地开展廉政教育、树立正反两方面的典型以弘扬优良作风等。这是中国共产党局部掌握政权的伟大尝试，也在坚持为人民服务当中初步完成了廉政建设的探索之路。③ 新中国成立初期，中国共产党在大力推进经济建设的同时注重加强反腐倡廉建设。这一时期，中国共产党从三个层面多条进路直击腐败：第一，在思想防线上以马克思主义和为人民服务为关键内容强化廉政思想教育；第二，在制度保障上坚持立体化的监督体系与严宽相济的惩治体系；第三，在作风上采用党内审视与群众揭发相结合的治理路径。④

2018 年是改革开放 40 周年，在 40 年里中国共产党人在反腐体制机制和文化建设中取得了巨大的成就，收获了人民的认同，也引起了国际社会的广泛关注。值此之时不少学者梳理了 40 年来廉政建设的成果，力图从中提炼出宝贵的经验。这一时期的反腐之路是在改革开放和发展社会主义市场经济的时代背景下进行的。进入新时代以后，党风廉政建设和反腐败斗争进入了新阶段，主要理论有：腐败是我们

---

① 李丹、孙立军：《论中国传统廉政思想的当代价值》，《思想教育研究》2018 年第 3 期。

② 范晓丽：《推进儒家廉政思想创造性转化和创新性发展的探索》，《红旗文稿》2018 年第 20 期。

③ 王小元、徐志宏：《中央苏区廉政文化建设的措施、效果与当代启示》，《江西财经大学学报》2018 年第 4 期。

④ 段妍：《建国初期中国共产党廉政建设研究》，《晋阳学刊》2018 年第 6 期。

党面临的最大威胁；党的领导是夺取发腐败胜利的根本保证；全面落实纪律检查委员会的监督职能；反腐败必须坚持以人民群众为中心：加强反腐的国际合作等。① 综合来看，中国共产党的反腐败斗争首先避免了人民群众思想的大规模腐化，为新时代社会主义市场经济建设奠定了良好的社会氛围。其次，中国共产党大力培育的廉政文化不仅批判性地继承、发展了中国传统文化中的廉政思想，还构成了中国特色社会主义文化的重要组成部分，从而内化为共产党人的行动自觉。最后，改革开放 40 年的反腐斗争坚持了"以人民群众为中心"，在践行群众路线的同时做到了改革成果由人民共享。②

（三）关于习近平廉政思想的研究

党的十八大以来，以习近平为核心的党中央不忘初心、牢记使命，高举社会主义伟大旗帜，时刻践行"为中国人民谋幸福，为中华民族谋复兴"。习近平廉政思想是党的十八大以来中国共产党人廉政思想的结晶，是中国特色社会主义思想的重要组成部分。有学者主张习近平反腐败思想的逻辑起点是维护人民群众的根本利益，根本目标是保持党的生机与活力，核心内容是"不敢腐、不能腐、不想腐"，这一核心内容尤其展现了习近平廉政思想逐步从患病治病状态走向预防保健的过程。③ 有学者从"谁来推进、推进什么、怎么推进"三个维度对习近平廉政思想加以概括，即廉政建设的行动者涵盖肩负主体责任的党委、履行监督责任的纪委以及其他各方力量，廉政建设的内容是遏制腐败蔓延势头、净化政治生态、建设廉洁政治，廉政建设的方式则包括以作风建设为出发点、以重点突破为着力点、以依法反腐为落脚点。④ 有学者集中关注习近平法规制度建设思想，并将其内涵

---

① 邵景均、王伟达：《改革开放以来党的反腐败理论发展与启示》，《中国行政管理》2018 年第 12 期。

② 白永生：《改革开放 40 年来中国共产党反腐败斗争的主要成就》，《学校党建与思想教育》2018 年第 12 期。

③ 李佳娟、陆树程：《论习近平反腐思想——从患病治病走向预防保健》，《社会科学家》2018 年第 3 期。

④ 李景平、程燕子：《习近平推进反腐倡廉建设思想及其价值阐释》，《理论学刊》2018 年第 3 期。

概括为以下要点：从权力的运行出发建立健全法律法规体系；将党内法规建设纳入依法治国当中以实现依法治国与依规治党的结合；大力构建反腐思想防线促使廉洁制度"内化于心"①。也有学者宣称习近平反腐倡廉思想不仅构建了"不敢腐、不能腐、不想腐"的制度体系，也采用了"六个结合"的路径，由此形成了新时代反腐倡廉的思想体系。这六个结合分别是：第一，综合采用思想教育与体制建设两条路径即思想建党与制度治党相结合。第二，严肃查办腐败案件即坚持打"老虎"与拍"苍蝇"相结合。第三，在作风建设中抓腐败分子坚持抓早抓小与抓常抓长相结合。第四，在政治与外交上坚持国内反腐与国际追逃相结合。第五，在党员管理中坚持抓关键少数与管绝大多数相结合。第六，在监督方式上坚持党内监督与外部监督相结合。② 此外，习近平反腐败追逃追赃思想是根据反腐实践中的新问题提出的，这在十九大报告中得以凸显："不管腐败分子逃到哪里，都要缉拿归案、绳之以法。"③ 在国内大力反腐、创新工作方法的同时，反腐追逃追赃还是同世界各国合作共赢的事业。总体来看，习近平追逃追赃思想的国际视野既体现在坚守反腐败阵线、占据道义制高点上，也展现在倡导国际反腐新秩序、深化反腐合作格局当中。④ 作为马克思主义廉政理论中国化的最新成果，习近平廉政思想一方面根植于中国反腐败的实践，另一方面有其独特的理论渊源。具体来看，其一，马克思列宁主义为新时代廉政思想提供了价值目标与路径支撑，这是习近平廉政思想坚实的理论基础。其二，中国共产党自创立之初就重视廉政建设，历代中国共产党人带领中国人民不断开创腐败治理的新思路，由此形成的中国化马克思主义理论是习近平廉政思想的直接来源。其三，习近平廉政思想的文化精髓还在于对中国优秀传统文

① 蒯正明：《新时代习近平反腐倡廉法规制度建设思想与启示》，《兰州学刊》2018年第9期。

② 刘起军、粟用湘：《习近平新时代反腐倡廉建设思想研究》，《湖南师范大学社会科学学报》2018年第4期。

③ 习近平：《决胜全面建成小康社会 夺取新时代中国特色社会主义伟大胜利》，人民出版社2017年版，第67页。

④ 赵秉志、张磊：《习近平反腐败追逃追赃思想研究》，《吉林大学社会科学学报》2018年第2期。

化的借鉴与吸收，尤其是民本、修身、节用、法治思想内核的当代转化。①

（四）廉政建设与腐败治理的推进策略

腐败治理与廉政建设需要完整的战略筹备，党的十九大为"夺取反腐败斗争的压倒性胜利"制定了新的作战计划，有学者将战略计划归纳为一项直接对策和三项基础性对策，它们分别是标本兼治、全面从严治党、作风建设、权力监督。② 从 2018 年相关领域的研究来看，学界主要围绕微腐败的治理路径、反腐败的法治建设、反腐败的文化建设等议题展开研究。

第一，腐败治理与廉政建设的整体规划。有学者将我国的腐败视为中国"特色腐败"，即存在腐败盛行与经济增长之间呈现正相关的"双重悖论"。对此，有学者进行了三步解读：中国的"特色腐败"本质上仍然是腐败；腐败猛烈侵蚀着经济增长的成果；群众身边的"小官巨贪"现象严重削弱政府公信力。③ 有学者基于腐败成本—收益的经济学视角探究腐败行为的发生机理，主张新时代大力整治腐败行为需要加强腐败的查处力度，切实提高腐败成本，构建健康良善的政商关系并加强反腐败思想教育。④ "不敢腐、不能腐、不想腐"机制是中国特色社会主义反腐斗争的具体体现，有学者将问责机制与"三不腐"建设相结合，并立足于高压威慑、制度笼子、精神堤坝，主张将问责与容错相结合推动"不敢腐"和"敢作为"的均衡，推进问责文化和物质激励融合，进而完善"不想腐"的机制建设，并优化问责体制以提升腐败惩治的时效性。⑤

第二，从严整治"微腐败"，净化基层政治生态。治理"微腐

---

① 翁良殊、颜吾佴：《习近平廉政治理的理论创新与时代价值》，《思想教育研究》2018 年第 10 期。

② 任建明、陈晔：《夺取反腐败斗争压倒性胜利的新战略》，《理论视野》2018 年第 3 期。

③ 罗新远：《解读中国"特色腐败"的"双重悖论"》，《领导科学》2018 年第 7 期。

④ 杨东亮：《腐败成本的经济学分析与反腐败对策》，《长白学刊》2018 年第 6 期。

⑤ 吕永祥、王立峰：《以问责机制推动"三不腐"建设：作用机理、现实梗阻与发展进路》，《求实》2018 年第 6 期。

败"是我国反腐败斗争向纵深发展的必然趋势，也是全面依法治国、全面从严治党的题中应有之义。与此同时，微腐败直接污染了基层政治生态，后者对整个政治生态起着基础性、根本性作用。概言之，微腐败的治理关乎整个政治生态、整个反腐败斗争乃至国计民生的大事，微腐败的肆意蔓延直接影响着人民群众对我们党、我们国家权威的认同程度。有学者指出，微腐败发生并扩散的根本原因在于党的基层治理宽松疲软，铲除微腐败滋生土壤需要加强理想信念教育以筑牢思想防线；推动党内外结合构建全面的监督网络；打造常态化、法治化的惩办机制；建章立制根治微腐败的权力滥用。[1] 有学者则聚焦构建治理微腐败的长效机制，并力图从全面监督、制度约束、薪酬激励、反腐教育四个维度出发，打造无禁区、全覆盖、零容忍的微腐败惩治模式。[2] 也有学者考察了河南省某村的权力运行机制，发现农村基层的"微权力"腐败呈现出村级"两委"一把手腐败居多、村两委联合腐败、案件多为经济类、腐败手段形式多样等特点。对此，应当从全面从严治党的大局出发，建立健全农村基层治理机制，这要求农村基层将价值层面的警示教育、制度层面的规范用权、行为层面的完善监督结合起来。[3] 此外，精准扶贫当中的微腐败治理也是 2018 年的关注热点之一，有学者在深入分析广东经验的基础上建议从监管下沉、健全网络、信息共享三大机制出发着力推进扶贫中的腐败治理[4]，针对基层扶贫干部的微腐败行为，有学者在分析其具体表现之后主张从督责问责、成长渠道、容错纠错、心理关怀等方面开展精准治理工作。[5]

第三，从其他层面推动腐败治理与廉政建设。"一把手"主导是

---

[1] 任中平、马忠鹏：《从严整治"微腐败" 净化基层政治生态》，《理论与改革》2018 年第 2 期。

[2] 余雅洁、陈文权：《治理"微腐败"的理论逻辑、现实困境与有效路径》，《中国行政管理》2018 年第 9 期。

[3] 夏德峰、任亚青：《农村基层"微权力"腐败的机理机制与预防对策》，《领导科学》2018 年第 11 期。

[4] 蒋红军、吴嘉琪：《精准监管与嵌入式扶贫中的"微腐败"治理——基于广东经验的考察》，《中州学刊》2018 年第 11 期。

[5] 殷路路、李丹青：《基层扶贫干部"微腐败"行为分析与精准治理》，《领导科学》2018 年第 36 期。

我国当前腐败领域的突出特征，这使得腐败行为的发生呈现出帮派性。防范一把手利用帮派腐败，警示教育与党性训练尤为重要，这需要将政务公开与创新公共权力的运行机制有机结合起来。[①] 有学者致力于探究腐败治理与财政补贴效率之间的关系，通过对 2010—2015 年我国 120 个城市民营上市公司的微观数据分析发现：反腐新政平衡了财政补贴的国企偏向性，从而使得民营企业获得了较多的财政补贴，但这也为腐败行为的产生创造了空间。面对这一困境，作者认为，新型政商关系的构建不但要注重对在任官员的威慑，还需在必要时追究离任者的经济责任，此外，政府财政补贴信息的公开渠道也需要加以完善。[②] 有学者关注基层政府的政治生态，指出基层政府存在服务内部政治目的和推动社会经济发展的双重困境，出路很可能在于：厘清政治与经济的边界以避免市场交换原则侵蚀政府廉政生态；建立高素质专业化的公务员队伍以稳固廉政的根基；发展基层协商民主以保障人民群众广泛的政治参与。[③]

此外，相关研究还关注多个领域的反腐进展，其中紧跟时代步伐的网络反腐及其制度化路径受到重视。随着互联网技术的飞速发展和人们参政意识的提升，网络反腐在拓宽群众参政渠道、创新反腐形式、监督公权力运行等方面影响深远，其发展历程同时也是党的执政能力建设的过程。[④] 2014 年中央纪律检查委员会开通"反腐败国际追逃追赃"特别网站，其后各中央机关陆续开通举报网站，由此我国反腐行动"网络正规军"正式成立。网络的监督成效在各种功效当中占据着重要地位，以互联网为媒介的监督将纪检监察业务延伸到网络，形成了实体监督与互联网监督、党内监督与群众监督的统一。[⑤]

[①] 鲍志伦：《防范一把手利用帮派行为制造腐败》，《领导科学》2018 年第 7 期。

[②] 曲红宝：《腐败治理与财政补贴效率：基于政治联系视角的分析》，《财贸研究》2018 年第 11 期。

[③] 黄大熹、张浩舟：《基层政府的廉政生态：概念·困境·出路》，《吉首大学学报》2018 年第 3 期。

[④] 郑华萍、朱伟：《网络反腐与党的执政能力建设》，《甘肃社会科学》2018 年第 6 期。

[⑤] 章兴鸣、陈佳利：《"互联网＋监督"：廉政治理精准化的实践路径》，《中共天津市委党校学报》2018 年第 5 期。

(五) 深入推进国家监察体制改革

2018 年 3 月 11 日，十三届全国人民代表大会第一次会议审议通过了《中华人民共和国宪法修正案》，正式确立了监察委员会作为国家机构的宪法地位。2018 年 3 月 20 日，《中华人民共和国监察法》审议通过。监察法是与时俱进的重要制度创新，是一部对国家监察工作起统领性和基础性作用的法律，更是中国特色反腐败事业进入依法反腐和依宪反腐新阶段的重要标志。学术界对监察体制改革的探讨方兴未艾，2018 年的研究主要集中于以下几个方面。

其一，对监察法的全方位解读。监察法的制定是深入推进腐败治理、深化国家监察体制改革的必然要求，也是推动我国国家治理体系和治理能力现代化的重要举措。它的制定不但传承了中国古代监察制度、借鉴域外制度的制衡原则，而且以中国共产党长期以来坚守的问题导向为原动力，并圆满通过了试点的检验从而保证其行稳致远。[1]作为公共权力异化的表现，腐败是现代国家都必须直面的治理难题。从我国腐败治理的历程来看，治理体制的完善是今后腐败治理体系优化的核心。在此基础上，监察法确立了腐败治理当中国家的领导权、监察机关的主导权，并对监察权的组织和权力运行体制加以明确。此外，腐败治理的攻坚克难还需要处理制度运行当中的"动态化"议题，如完善党对地方监察委员会的领导、条块关系下监察领导体制与组织体制的协同等。[2] 值得注意的是，有学者聚焦于监察法出台之后监察体制改革对反腐败刑事政策的影响。概括来看，监察体制改革，尤其是监察法的出台，标志着我国的腐败治理模式从国家反腐转向国家—社会的双本位刑事政策模式，从协调权力与权利、调整罪名体系结构两个层面指引了反腐败刑事政策的细化。[3]

---

① 谢超:《〈监察法〉对中国特色反腐败工作的法治影响》，《法学杂志》2018 年第 5期。

② 魏昌东:《〈监察法〉与中国特色腐败治理体制更新的理论逻辑》，《华东政法大学学报》2018 年第 3 期。

③ 姜金良:《乐观与谨慎:监察体制改革对反腐败刑事政策的影响——以〈监察法〉出台为视角分析》，《宁夏社会科学》2018 年第 5 期。

其二，监察体制的职能定位与改革路径。监察法正式审议之前，相关部门曾在 2017 年向社会披露《中华人民共和国国家监察法（草案）》，这进一步推动学界对监察体制改革路径的探讨。就监察委员会自身的腐败犯罪调查权而言，法治反腐要求监察委员会立足于古今中外监察反腐的经验教训，在强化内部规范的同时注重与其他机构的衔接和制衡，从而将调查程序、具体措施与权利保障统一起来。① 在 2018 年 3 月之前，我国的反腐体制主要包含行政监察、纪委监督、检察反腐，这一模式在取得杰出成果的同时也暴露出职能分散、衔接不力、效率不济等弊端。因此，时代呼唤强有力的治腐路径，作为一种新型且独立的国家权力——监察权——应运而生。有学者指出，监察权在组织上享有宪法所赋予的、与"一府两院"（政府、法院、检察院）相平行的政治地位，在职权上则能够整合行政监察部门的监察权和检察机关的职务犯罪侦查权；更重要的是，监察体制改革给未来发展指明了道路，包括"党政分工"的监察体制、"四元并立"的司法格局和"五权分野"的政治治理格局。② 有学者将反腐败的单一机构模式和多机构模式加以对比，发现各国的反腐共识在于保持反腐败机构的独立性、专业性、充分性、廉洁性。对我国而言，完善监察体制建设要求在增强监察委员会的相对独立性的基础上提高监察委员会成员的专业化程度，并在依法赋予监察委员会充分的职权之余完善全方位的监督体系。③

其三，监察机关与检察、审计机关之间的分工与衔接。在国家监察体制改革进行得如火如荼之际，明确检察机关司法反腐的职能定位，优化职务犯罪检察内设机构设置，将有助于"形成监察机关与司法执法机关相互配合、相互制衡的工作格局"④。就职务犯罪事项中

---

① 林艺芳：《论法治视野下监察委员会腐败犯罪调查权》，《国家行政学院学报》2018年第 5 期。

② 冯铁拴：《中国监察体制改革论析：过去、现在与未来》，《甘肃政法学院学报》2018 年第 2 期。

③ 吕永祥、王立峰：《反腐败机构的模式比较及其启示》，《中州学刊》2018 年第 9 期。

④ 吴建雄：《国家监察体制改革背景下职务犯罪检察职能定位与机构设置》，《国家行政学院学报》2018 年第 1 期。

检察机关与监察部门的衔接来看，监察体制改革的大背景要求为两个机关建立衔接的制衡机制，识别职务犯罪检察与监察委监督的差异，并把握职务犯罪检察与其他检察业务之间的区别。同为国家监督体系的子系统，国家审计和国家监察在反腐败建设中各有侧重也各有利弊。二者的耦合路径不仅体现为战略层面目标、职能、文化、环境的高度相似，管理层面腐败风险的识别、评估、跟踪、控制等方面的融合性，还表现为结果层面腐败源头治理和制度革新方面的协同。① 整合国家审计、行政、司法、纪检、人大、政协等既有的监督资源是当前国家监察委员会制度改革的核心内容，这一改革进程尤其需要吸收并运用好国家审计的专业化财政经济监督职能。②

（六）反思与展望

党的十八大以来，新一代领导人高度重视反腐败事业，并深入贯彻"标本兼治"原则以夺取反腐败斗争的"压倒性胜利"。综合来看，2018 年，国内学术界关于腐败治理与廉政建设的研究，不但成果颇丰、质量上乘，而且综合采用了多学科的分析视角以及众多研究方法，更是将理论论证和实践分析两重逻辑融会于议题的探讨之中。具体来看，2018 年的研究主要展现出以下特点。

第一，对腐败治理和廉政建设的理论探讨与实践分析大多围绕制度建设展开，强调"扎牢制度笼子"。这既是对构建"不敢腐""不能腐""不想腐"体制机制的积极响应，更是对制度内在价值与规制作用的高度肯定。无论是腐败的成因分析，还是古今中外治腐经验的总结，抑或是廉政建设的未来规划，制度建设都是其中的核心议题。尤其是在当前对监察权与监察体制的大讨论与探索中，法律乃至宪法等正式制度的作用得以彰显。

第二，强调制度建设的同时注重从中国传统廉政文化当中汲取养料。在汲取国外廉政建设经验之时，国内学术界亦不曾遗忘底蕴深厚

---

① 李嘉明、杨流：《国家审计与国家监察服务腐败治理的路径探索——基于协同视角的思考》，《审计与经济研究》2018 年第 2 期。

② 叶陈云、叶陈刚：《基于国家审计视角的国家监察委制度创新的动因、阻碍与路径研究》，《审计与经济研究》2018 年第 3 期。

的中国传统文化，其中蕴藏的廉政思想更是当代廉政建设的重要推动力。我国古代廉政文化的当代价值大体上可以概括为两大类。其一，以儒家思想为代表的修身治国文化，既在中华文化中占据主体地位，又从根本上塑造着中华民族。其二，历朝历代的反腐制度建设，凝结着中国古代国家治理的实践成果。对廉洁文化的发掘源自当代政治生活的现实诉求，其中也包含着基于中国独特文化脉络以根治腐败的美好期许。

第三，研究重心从腐败的发生机理转向腐败根治途径，并在分析中展现了一定程度的本土话语。从2018年国内相关研究来看，探讨腐败发生逻辑与行为归因的成果相对减少，大多不再纠结于究竟是制度还是文化促成了腐败的发生，而是全方位、立体化地探寻走出腐败困局的治理路径。与此同时，相关学者在着重分析招致腐败的某一因素之际，仍从制度、文化、配套措施等多个层面强调反腐倡廉的系统性，这也是对"标本兼治"的贯彻落实。

结合2018年的研究动向，我们认为，今后的腐败治理与廉政建设大致可以从以下方面取得新进展。其一，从理论的维度更为系统地探索腐败的预防，彻底铲除腐败滋生的土壤。这不仅呼吁顶层设计上的运筹帷幄，还需要相应的配套措施加以贯彻落实。反腐工程也涉及社会的方方面面，与国家的兴衰、人民的生活息息相关，因此必定是一项系统性的宏大工程，这在理论上呼唤系统性的研究视角。其二，积极跟进当前监察体制改革的步伐，将问题意识与现实关怀统一于对监察机制运行实践的考察当中。监察权已经获得了宪法的至高权威保障，监察法于2018年正式公布，当下正是监察权体制落实、权力分工与协调的关键时期，跟进监察反腐的实际运行并对论断加以深化或调整尤为重要。其三，注重腐败治理的国际视野。腐败泛滥具有全球性，廉政建设也是全球性的热点议题。对腐败人员和赃物的追查需要多国政府的通力合作，其中的意义与运作机理同样值得深入探究。

中国国际政治与国际关系研究的新趋势

吕耀东　赵迎结[*]

吕耀东　赵迎结*

2018 年是全面贯彻党的十九大精神的开局之年，亦是新时代中国特色社会主义建设的开局之年，是决胜全面建成小康社会、实施"十三五"规划承上启下的关键之年，也是改革开放 40 周年。新时代中国特色社会主义建设和充满不确定性的国际局势向中国外交提出了更高的要求，王毅在出席 2017 年国际形势与中国外交讨论会时就曾指出："2018 年，是贯彻落实十九大精神的开局之年，随着中国特色社会主义进入新时代，中国外交也需要呈现新气象，展示新作为，体现新担当。"①

对于国内而言，为实现社会主义现代化和中华民族的伟大复兴，中国坚持以马克思列宁主义、毛泽东思想、邓小平理论、"三个代表"重要思想、科学发展观和新时代中国特色社会主义思想为指导，全面推进新时代中国特色社会主义建设。中国外交在以习近平为核心的党中央坚强领导下，遵循习近平外交思想的正确指引，全面贯彻落实党的十九大精神和战略部署，进一步扩大开放，深化合作，稳中有进，勇于担当，引领世界发展趋势，坚守国家利益，为中国的内部改革与发展创造了良好的外部环境。

反观国际局势，一方面，中美、俄美关系中的竞争性、对抗性加

---

* 中国社会科学院大学研究生院。

① 王毅：《在 2017 年国际形势与中国外交研讨会开幕式上的演讲》，中华人民共和国外交部网站，（2017 年 12 月 9 日），https://www.fmprc.gov.cn/web/ziliao_674904/zyjh_674906/t1518042.shtml，〔2019 – 06 – 03〕。

剧，局部地区依然处于紧张状态，英国脱欧持续发酵，全球治理遭遇困境。另一方面，美朝实现对话，以中国为代表的新兴经济体擘领世界经济发展，以"一带一路"为代表的多边主义发展迅速，构建新型国际关系与人类命运共同体的呼声日益高涨。因此，2018年的国际形势特征可以说是世界和平与地区冲突现象并存，全球化与逆全球化对立加剧，传统安全问题与非传统安全问题交织，民粹主义泛滥，世界政治经济发展不稳定，国际格局变化加速。鉴于此，王毅在出席2018年国际形势与中国外交讨论会时总结如是："即将过去的2018年，国际形势最显著的特点，就是充满不确定性。"① "大河有水小河满，小河有水大河满。"中国作为世界的一部分，既需要和平稳定的国际秩序作为良好的外部发展环境以谋求自身发展，又希望通过自身的发展促进世界的和平与发展。因此，面对世界充满的不确定性，习近平主席站在人类历史演进的高度把握时代风云，作出了"放眼世界，我们面对的是百年未有之大变局"的重要论断。中国将高举和平、发展、合作、共赢的旗帜，恪守维护世界和平、促进共同发展的外交政策宗旨，坚定不移在和平共处五项原则基础上发展同各国的友好合作，推动建设相互尊重、公平正义、合作共赢的新型国际关系，推动建设人类命运共同体。

国际关系与国际政治学科作为一门应用性和对策性很强的学科，面对进入新时代中国特色社会主义建设所面临的充满不确定性和不稳定性的国际局势，结合党的十九大提出的"构建新型国际关系，构建人类命运共同体"的两大任务，2018年中国国际关系与国际政治学科学者积极发挥学科优势，勇立时代之潮头，积极推动理论构建与创新，大胆研判国际形势之变化，小心论证国际现象之经纬，积极担负起新时代赋予的光荣使命，在国际关系与国际政治研究领域取得了丰硕的理论研究成果和服务于中国特色大国外交的应用型政策研究成果，进一步推动了中国特色大国外交理论的形成与发展。

---

① 《在2018年国际形势与中国外交研讨会开幕式上的演讲》，中华人民共和国外交部网站，（2018年12月11日），https: //www. fmprc. gov. cn/web/ziliao_ 674904/zyjh_ 674906/t1620761. shtml，［2019 – 06 – 02］。

一　破与立：国际关系与国际政治理论研究的新成果

研究实践没有止境，理论创新也没有止境。一方面，中国的外交实践为中国特色大国外交提供了丰富的研究素材。另一方面，中国国际关系与国际政治的研究又为中国外交的发展提供了建议与参考。鉴于中国特色社会主义建设已经步入新时代，面对国内外复杂的形势，中国国际关系与国际政治学科学者坚持以马克思主义为指导，关注国际关系与国际政治理论变化，紧抓中国国际关系理论构建，重视中国特色大国外交理论解析与发展，在理论创新的道路上做了许多积极的尝试。

（一）马克思主义国际关系理论研究动态

马克思主义国际关系理论是马克思主义在国际关系领域的理论体现，是不同于西方主流范式的批判理论，是我国学者研究国际关系与国际政治的重要理论武器。王存刚在《马克思主义国际关系理论与时俱进的品格及其当下意义》一文中认为，马克思主义国际关系理论具有时代性和开放性两大鲜明特点，国际关系在形式和内容上巨大、复杂而持续的变化，增加了马克思主义国际关系理论的研究对象，丰富了研究议题，开阔了研究视野，从而促进了理论视野的与时俱进。马克思主义国际关系理论还不断更新传统研究方法，批判性地借鉴和运用其他研究方法，从而促进了研究方法的与时俱进。此外，马克思主义时代观和国际主义观则促进了理论观点上的与时俱进。究其原因，作者认为，历史唯物主义处于不断发展中，而马克思国际关系理论选择历史唯物主义作为方法论是其能够与时俱进的直接原因。在当今世界"危机与变革并存"的背景下，具有与时俱进品格的马克思主义国际关系理论将为中国解决国内外发展问题提供理论支持。[1]

除了历史唯物主义研究方法外，王政达和刘跃进则从马克思主义

---

[1]　王存刚：《马克思主义国际关系理论与时俱进的品格及其当下意义》，《欧洲研究》2018 年第 3 期。

哲学的角度进一步完善了马克思主义国际关系理论。他们在《马克思主义哲学与国际关系研究》一文中认为，马克思主义哲学中的过程思想、实践本体论和实事求思想不仅能够检验西方国际关系理论中存在的既有缺陷，而且能够帮助中国国际关系理论在建构过程中形成理论自觉。在研究国际关系和建构国际关系理论的过程中，马克思主义哲学为正确处理国际关系研究中矛盾的普遍性与特殊性的关系提供了方法论，可以帮助我们破除对西方国际关系理论的迷信，认清理论背后的实质是为国家利益服务。随着中国融入全球化国际社会和参与国际事务的深化、在国际社会中的发言权不断增大、利益边界不断拓展、日渐接近国际舞台中心以及国家崛起与民族复兴时代的到来，我们应当将马克思主义系统方法论作为研究国际关系的科学方法，立足中国实践，主动构建为中国国家利益服务的中国国际关系理论。①

（二）国际关系理论研究的新发展

现实主义、自由主义和建构主义是国际关系理论的主要流派，也是国际关系理论研究中的大理论。但是近年来，西方主流国际关系理论暴露出对国际现象的解释力不足的问题，中国学者为更好地服务国家利益和构建具有中国特色的国际关系理论，积极利用批判性的眼光审视西方主流国际关系理论，借鉴西方非主流和其他地区的国际关系理论的发展经验。

1. 对西方主流国际关系理论优点与缺点的探讨

什么是国际关系大理论？李少军在其《怎样认识国际关系大理论研究？》一文中给出了解释。作者首先说明了大理论的概念及其特点，即人们从整体上对国际互动进行概括，并基于这种概括所作的系统的解释，可以对国际互动事实的普遍特点、属性和机制进行说明，这种对国际互动模式和结构的宏观解释就是"大理论"。它经历了漫长的学科前知识积累，所使用的基本概念都具有概括性强的特点，作为一种一般性解释，远离事实是其基本特点。其次，作者认为，大理论之

---

① 王政达、刘跃进：《马克思主义哲学与国际关系研究》，《中共云南省委党校学报》2018 年第 1 期。

间存在争论及其内部的分化给人们的认知范式带来了困惑，并介绍了学界存在的四种态度并对其提出了自己的质疑：第一，期待范式的统一；第二，应接受多元主义；第三，对多元范式的要素进行结合；第四，摒弃以范式（"主义"）为导向的研究模式。作者对未来的大理论研究能否用科学方法进行并形成统一模式提出了质疑，认为多元范式的存在是必然的和必要的。①

对于大理论能够流行并被广泛接受的原因，中国学者认为在于其理论的简约性。卢凌宇和周盛在《大道至简："奥卡姆剃刀"与国际关系理论》一文中指出，国际关系理论的解释力与其简约性成正比。作者认为，人类偏好选择简约性的原因有两种：第一，从主观上讲，人的大脑和神经结构适合于记忆相对简单的语句或陈述；第二，从客观上讲，简单的理论更能满足研究设计的需要。作者认为，工具主义的简约性追求与理论的"非真实性"之间存在着紧密的共生性，在简约性上的分歧主要体现在两个问题上：一是社会科学研究的目的是否包括认识并还原复杂的社会本体；二是社会科学家能否认识并还原复杂的社会本体。作者指出，科学与真实相符合的表象也可能是科学家操纵的结果，知识操纵不仅存在于科学知识的生产过程中，也渗透到知识的传播过程里。理论的真实性还受制于社会科学研究对象的特点，以致很难证伪。最后，作者指出，政治和国际关系世界的高度复杂性，机制分析和过程追踪对于国际关系理论的建构和进步至关重要。②

如何丰富国际关系理论？中国学者认为，可以从国际关系理论的元思想中重新挖掘。赵瑞琦在《人性、社会与共同体：尼布尔国际关系思想的逻辑起点》一文中指出，国际关系理论的发展缺乏突破，对传统思想资源进行再开发有利于形成新概念、新范畴、新命题和新范式来梳理新事实。作者将现实主义基督教神学政治家尼布尔国际关系思想逻辑起点的人性、社会与共同体的思想进行本原的语境化分析，

① 李少军：《怎样认识国际关系大理论研究？》，《国际关系研究》2018 年第 3 期。
② 卢凌宇、周盛：《大道至简："奥卡姆剃刀"与国际关系理论》，《欧洲研究》2018 年第 5 期。

得出了以下结论：其一，只要人类的本性尚未改变，人类社会中的政治冲突和不公正现象就不能完全消除；其二，由于社会难以建立一个足够强大的力量来对付那些使社会获致团结的冲动和集体自私的强大，所以集体道德不如个人道德；其三，相互竞争的国家的求权欲导致了国际无政府状态，依靠强权获得的团结容易使社会处于持久战争状态。尼布尔的神学理论从属于他的政治和社会理论，并体现了其坚持道德、执着实效和基于实践的思想演进的独到情调与风格，也使其国际关系理论既包含道德绝对主义又包含政治相对主义。这种理想和现实的双重对照，使其国际关系理论能够应对复杂的国际现实。[①]

　　虽然西方主流国际关系理论具有简约性，但其本身也存在极大的理论缺陷。比如，西方国际关系理论将人性简单地划分为善和恶，而忽视了善与恶之外的其他可能。曹兴从中国传统文化中的人性三论的观点出发，反驳了西方国际关系理论的这一谬论。他在《西方国际关系人性论缺陷批判》一文中认为，一种学说第一原理的科学含量决定了该学说的生命力和科学性，而人性论作为国际关系学的第一原理将西方国际关系理论学说大致分为以自由主义学派为代表的性本善和以现实主义学派为代表的性本恶。但这两大派别的人性观都存在着各自的缺陷，自由主义学派的缺陷是未能处理内部社会与外部社会在人性上的区别，也没有认识到国家属性不是个人人性的简单延伸，国际社会不是国家的简单延伸。现实主义学派的缺陷是过分强调人性本恶和追求利益的成分，忽视了人性本善和追求正义的成分。作者指出这两大学派只是各执一端，都是形而上思维的表现。由于建构主义学派在人性论上也未取得突破，作者认为，中国人性三论的补白可以打破西方简单的二元对立论，在潜能或可能的意义上，人性是善恶混合体，并由此提出了人性本全论。由于善恶概念模糊、不可定量分析和彼此的根本对立，只有将人类评判好坏的标准从善恶观念发展到义利统一论（即利益与正义相统一），才能把握国际关系的真谛。[②]

---

　　① 赵瑞琦：《人性、社会与共同体：尼布尔国际关系思想的逻辑起点》，《鲁东大学学报》（哲学社会科学版）2018 年第 4 期。

　　② 曹兴：《西方国际关系人性论缺陷批判》，《石河子大学学报》（哲学社会科学版）2018 年第 5 期。

本体论是研究者或理论流派的核心概念或基本范畴，是对研究对象的本质的认识。具体到国际关系理论上，则是对国际现象本质的认识。国际关系理论都具有本体论、方法论和认识论，并由此分出不同的流派。因此，认清国际关系理论中的本体论，有利于更好地把握国际关系的实质。而新的本体论则为解释国际现象提供了新的研究视角。

唐世平在《观念、行动和结果：社会科学的客体和任务》一文中指出社会事实可分为观念、行动和结果三个核心客体，其本体论是不同的，需要不同的认识论立场和方法论工具来理解和解释它们，而用基本相同的认识论和方法论解释三类客体的假设是无效的，甚至是适得其反的。作者进一步指出方法与探求知识和（学生的）职业生涯价值等同的假设是错误的，认为所有的认识论立场（如实证主义、行为主义、诠释学）都同样有效是具有误导性的，在社会科学和社会科学哲学中，把观念、行动和结果混为一谈的现象是非常普遍的。而许多社会科学家或历史学家承认本体论，并有意识地把各自的研究范围限制在某个或某两个客体上，以决定其研究的意义。在认识论上，不同的认识论立场具有不同的优势和弱点，存在认识论立场对于理解三类客体的价值有限，甚至全然无效的情况。在方法论上，没有万能的方法能涵盖所有三类客体。作者指出，应认识到不同方法所具有的不同的优势和弱点，应以方法相互组合的方式进行实证探究。①

杨光斌在《重新解释现实主义国际政治理论——历史本体论、国家性假设与弱理论禀赋》一文中重新审视了现实主义国际政治理论，并指出现实主义理论的历史本体论是帝国主义逻辑的本质。作者通过对《20 年危机》《国家间政治》《国际政治理论》和《大国政治的悲剧》的文本分析，指出了三代现实主义理论的发展只是对不同时代的回应，其背后的帝国主义逻辑并未发生改变。作者进一步指出，基于帝国主义理论而存在的现实主义理论的背后，是基于西方文明的历史和经验所形成的现实主义理论的国家性假设，是经验主义归纳的结

---

① 唐世平：《观念、行动和结果：社会科学的客体和任务》，《世界经济与政治》2018年第 5 期。

果，这种国家性假设正是西方国家陷入"修昔底德陷阱"的原因。西方基于民族国家的帝国主义性质的"国家性"假设，很难解释其他文明体系下的"国家"行为。作者还指出，结构现实主义强制性的范式革命，试图掩盖该理论基于经验主义的事实，这种结构性矛盾导致它注定会失败。作者认为，现实主义理论具有政策性导向，具有一定范围的解释力，但绝不是普世价值理论；结构现实主义理论的理论失败根源在于其没有摆脱逻辑实证主义的歧途；逻辑背后的学者的"问题意识"取决于他们的"身份意识"①。

方曙兵将国际实践作为新的本体论，他在其《国际实践研究：国际政治理论研究的新议程》一文中首先指出建立在库恩开创的范式基础上的三大理论范式具有不可通约性，范式间的辩论促进了彼此的融合，弱化了彼此间的分歧。范式理论角度单一和现实解释力不足，推动了哲学、社会学等学科领域的实践转向，从而带动国际关系领域出现了实践转向，使国际实践研究成为一个富有活力的新议题。其次，作者在实践含义的基础上给出了国际实践的含义，即国际实践研究是将国际实践作为研究本体和国际行为变化的动力，具有强大的包容性和宽广的解释力，将人、集团、组织和跨国网络作为实践活动的主体，所需的背景知识主要包括主体间预期、性情，但不能脱离社会环境的限制。国际实践研究的理论特征是：时间本体论、过程取向研究、能动主义哲学观和多元主义方法论。最后，作者指出，国际实践研究可以使研究人员把握国际社会运行的复杂性，丰富研究内容；弥合国际政治不同流派之间的分歧，促进彼此间的对话与融合。作者认为，国际实践研究提出了新的本体性概念——国际实践，从而避免了国际政治理论研究中长期存在的二元对立矛盾，实现了三大理论之间的融通，并将在解决现实问题中获得发展。②

邢瑞磊和戴安琪将"区域空间"作为新的本体论，他们在其《空间、权力关系与秩序——复合世界的区域空间整合机制》一文中

---

① 杨光斌：《重新解释现实主义国际政治理论——历史本体论、国家性假设与弱理论禀赋》，《中国人民大学学报》2018 年第 4 期。

② 方曙兵：《国际实践研究：国际政治理论研究的新议程》，《国外社会科学》2018 年第 2 期。

认为，传统的国际关系研究者从"宏观全球架构"和"微观国家互动"两个层面试图解释"个体与秩序关系"这一核心问题，由于他们以"单一世界秩序"假设为基础，无法解释全球化、区域化和国家能力强化的共时现象。作者首先梳理了国际区域化的发展脉络与动力，认为主要分为20世纪50年代至70年代末的安全驱动的区域化、20世纪80年代至21世纪初的市场驱动的安全化和21世纪至今的全面发展需求驱动的竞争性区域化。作者在学界针对空间与权力关系讨论的基础上，提出了新的本体论和基本分析单元——"区域空间"，以空间内的"权力关系"为研究对象，在"多重秩序"理论假设基础上，为缓解"自立个体与整体秩序"之间的张力问题，提出了区域空间整合理论。作者以欧盟为例，分析了区域空间内领域塑造、符号塑造、制度塑造和位置塑造等动态机制推动下的空间化、文化濡化和结构化过程，探讨了其对空间再尺度化和权力关系重组的影响。[①]

2. 批判性国际关系理论研究的新发展

国际关系理论需要对国际现象作出合理的解释，不同的理论在不同范围内对国际现象进行解释。由于三大范式越来越无法解释现有国际现象，中国学者另辟蹊径，关注女性主义、英国学派、法国学派、日本和非洲地区国际关系理论的发展状况，希望能从更多的维度解释现有国际现象。

苏云婷从女性主义的角度重新思考了世界秩序，在《世界秩序研究呼唤女性主义》一文中她指出，一方面，秩序是人类生存的基本诉求，是国际关系的核心议题，但新的世界秩序并未真正建立。另一方面，学术界对世界秩序的整体性、系统性研究又存在明显不足。从女性主义视角来看，主流世界秩序研究严重忽视或边缘化妇女和妇女问题，缺乏女性视角和女性要素，排斥女性和女性特征，这导致了世界秩序被赋予男性特征，漠视和忽略了女性及以性别为核心范畴的女性主义，使主流分析陷入了狭隘而肤浅的本体论和认识论框架里，世界秩序被简单化、静态化。作者指出，女性主义介入世界秩序研究的三

---

① 邢瑞磊、戴安琪：《空间、权力关系与秩序——复合世界的区域空间整合机制》，《欧洲研究》2018年第2期。

个步骤是：第一，从学理层面批判传统世界秩序研究中所存在的性别偏见；第二，以性别作为分析世界秩序的核心范畴，正视妇女作用；第三，建构女性主义世界秩序。女性主义从关注世界秩序中的性别问题、以性别视角审视国际关系、以女性主义视角展望并设计未来的世界秩序三个层面研究世界秩序。她指出，国内外的女性主义研究多为批判性研究，缺乏对世界秩序的展望和设计。对于女性主义世界秩序研究的价值，作者认为，女性主义为世界秩序研究提供了新视角，开拓了新领域，尚处于初级阶段；女性主义是一种批判理论，"去中心、重差异、颠覆主流"是其基本特征；女性主义认为，应以性别分析的视角重新审视国家间关系；世界秩序中的性别问题不仅是理论、观念和认同问题，而且关乎历史经验、社会关系和日常生活实践，主张从个人视角出发审视国际关系，以关联性界定世界秩序。[①]

郭小雨梳理了"英国学派"与奥克肖特思想的关联。在《试析"英国学派"对奥克肖特思想的继承与建构》一文中，作者认为，现有研究缺乏对"英国学派"理论困难及其成因和应对方式的深入探讨，有必要进一步探究"英国学派"的理论源流。作者认为，奥克肖特对政治理性主义的批判符合"英国学派"的方法论主张，其思想影响了该学派建构并修正自身核心理论的方向。通过勾勒"英国学派"核心理论的发展脉络，作者指出，奥克肖特关于人类行为、法治和"公民联合"等理论为"英国学派"更加清晰地界定主权国家所构成的国际社会提供了思想基础。作者认为，"公民联合"勾画了值得国际关系理论认真对待的世界，给"英国学派"重新想象现代国际社会提供了动力，将人对自己人性状况的描摹或理想转变成具有规范性的理论工具。最后，作者指出，以回归传统研究方法为特征的"英国学派"实际上并不那么传统，主要的理论构成单位虽然是国家，但立足点却是现代个体，未来可以就同一主题进行理论上的借鉴或原创。[②]

---

① 苏云婷：《世界秩序研究呼唤女性主义》，《内蒙古农业大学学报》（社会科学版）2018 年第 2 期。

② 郭小雨：《试析"英国学派"对奥克肖特思想的继承与建构》，《国际政治研究》2018 年第 1 期。

庞林立考察了法国后现代主义国际关系理论，在《法国后现代主义国际关系理论对后冷战世界的认知分析》一文中指出了法国学派有三个发展阶段，即第一阶段（1945—1962）诞生了侧重于事实研究和法律研究，以外交史和国际法为主要研究内容的年鉴学派；第二阶段（1962年至20世纪80年代）兴起了以"社会宇宙"概念和系统理论融入国际关系理论的国际关系社会学派；第三阶段（20世纪80年代至今）兴起了主张多元化、多角度和多视角解析国际关系的后现代主义国际关系。作者总结了法国学派具有边缘性、孤立性和关注第三世界的特点。法国后现代主义国际关系普遍关注西方危机，扎基·拉伊迪关注欧盟地区的身份建构与认同的形成；贝特朗·巴第深化了世界多样化的含义，关注非西方世界的政治理念与实践；玛丽—克劳德·斯莫茨探讨了治理、全球治理与全球秩序之间的联系，提出了颠倒的国际体系与多元化的世界。作者指出，法国后现代主义理论重视概念的解构和再解读，引入了国际关系领域新要素，也存在着学科分界不明显的缺陷。但它所具有的法国特色，冲击了"美国重心"的国际关系理论。

西方国际关系理论是基于西方的历史、文化形成的，无法有效解释其他文明体系下的国际现象。因此，关注非西方国际关系理论的发展状况成为中国国际关系理论构建的新参照。张帆在《战后日本现实主义国际政治思想的原点——日本型现实主义析论》一文中认为，日本国际政治理论尚未出现，但却存在着使之成为可能的日本国际政治思想。西方国际关系理论忽视了日本的特殊性，无法解释日本案例。作者在先行研究的基础上，以1945—1970年为时间范围探求了日本型现实主义的原点。作者认为，日本型现实主义萌发于战后，在围绕媾和、军备与安全保障的外交论争中，"保守派"支持"单独媾和"、再军备与日美安全条约，这种政策论调构成了战后日本型现实主义的雏形。这一时期的日本型现实主义正确把握了权力斗争这一国际关系的本质，但并未回答如何处理权力与价值的关系问题。安保斗争结束后，新一代"现实主义者"把外交论争的重点转向了具体的外交政策，提出了反思"吉田路线"的"海洋国家"论，明确反对核武装，呼吁实现中日邦交正常化。在此基础上，作者总结了日本型现实主义的两个特点：第一，不拘泥于国际关系理论的范式，但兼具"三大主义"的属性；第二，不追求理论化，而是关心国内政治。作者指出，日本现实主义国际政治思想不同于现实主义国际关系理论，其权力观与问题意识，为构筑非西方国际关系理论带来了启示。①

相比日本的独特性，非洲拥有更为丰富的国际关系素材，但仍然缺乏其本土的国际关系理论。张春在《中国的理论自信对非洲国际关系理论建构的借鉴意义》一文中认为，中国对自身理论渊源的自信，可以为拥有同样丰富历史和现实思想资源的非洲提供借鉴；中国对自身独立自主建构能力的自信，是非洲和大多数发展中国家所欠缺的，更是非洲建构自身国际关系理论所亟须培育的；中国学界坚持自身独立、持续的理论总结是缺乏独立总结自身理论能力的非洲值得学习和借鉴的。根据中国国际关系理论的建构经验，作者认为，非洲国际关系理论建构可以依托非洲经验，重新界定国际关系理论中政治、安全和经济等基本概念；重新书写非洲国际关系的演变史，提炼当代非洲国际关系的复合特征，系统书写非洲国际体系的内部关联，并从非洲大量存在的与主流国际关系理论"相背"却可能代表国际体系趋势的因素中提炼国际关系发展趋势的系统理论，从而重新书写自身理论体系；对人与环境和谐相处的系统观念、对生活的天生乐观态度和以草根口述史为主的知识传承方式等非洲国际关系理论的方法论可以帮助纠正主流国际关系理论的方法论所存在的偏差。最后，作者指出，多样化的世界需要多样化的理论，非西方世界的理论意识、理论自觉和理论自信的提升将推动国际关系理论的"去殖民化"，而中非在这方面有着更大的合作空间。②

（三）关于中国国际关系理论构建的新思考

中国学者从中国传统文化中汲取"营养"，提出了"国际政治关系理论""道义现实主义""共生国际体系"等中国国际关系理论。

---

① 张帆：《战后日本现实主义国际政治思想的原点——日本型现实主义析论》，《日本学刊》2018 年第 2 期。

② 张春：《中国的理论自信对非洲国际关系理论建构的借鉴意义》，《西亚非洲》2018年第 4 期。

而新时代的中国外交对中国国际关系理论的需求远不止于此，实现中国国际关系理论的创新，增强中国在国际社会中的话语权，是中国学者的理论追求与价值目标。

国际关系理论构建关乎国际话语权，孙吉胜在《改革开放以来中国国际关系理论发展——话语、实践与创新》一文中认为，围绕某个问题形成的学术共同体所建构的话语环境会影响学者的相关实践、理论发展以及知识演进。作者首先探讨了话语、实践、实践共同体之间的理论关联。其次，作者以时间为轴，阐明了改革开放以来中国国际关系理论话语地位的演变，并将其划分为三个阶段。对于中国国际关系理论创新的主导话语，作者认为有四种方式，即中国传统与文化是理论创新的资源；中国的国际实践可以提供宝贵资源；重读西方国际关系理论，需要发现核心问题，提出核心概念，形成相互关联和理论逻辑；坚持马克思主义的指导，以辩证唯物主义和历史唯物主义为哲学基础，正确处理马克思主义与国际关系理论的关系。对于话语的分歧与共识并存的情况，作者认为，应当思考理论的定义；应当加强中国国际关系理论与西方国际关系理论之间以及中国国际关系理论内部的对话；应当构建良好的学术环境，加强个人学术训练；应当凝练中国经验，完成从特殊到一般的理论化过程；应当克服固化思维。在此基础上，作者指出，中国国际关系理论的发展方向是：继续加强与外界对话，继续从中国传统和中国经验中汲取营养，关注其他国家与区域，既要解释中国的特性，也要思考解释世界的普遍性。①

关于中国国际关系理论构建的路径，鲁鹏在《理解中国国际关系理论的两种构建途径》一文中认为，中国国际关系理论构建取得了许多成果，初步解决了理论缺失的问题。作者总结出构建中国国际关系理论的两种途径，即思想途径和思维途径。其具体做法是：以构建中国国际关系理论的知识活动为研究对象；以知识的构建实践为导向，以理论建设的来源和过程作为界定中国国际关系理论构建途径的主要依据，以在此基础上分析中国学者在不同途径下进行知识构建的具体

---

① 孙吉胜：《改革开放以来中国国际关系理论发展——话语、实践与创新》，《世界经济与政治》2018 年第 8 期。

实践为研究方法。他得出的结论是：思想途径在中国国际关系理论构建实践中居于主导地位，而思想途径则演化成为"清华途径"和"上海学派"，使构建中国国际关系理论的"中国学派"呈现出不同的发展方向。但思想途径存在知识实践之逻辑合理性、生成的国际关系理论观点之逻辑完整性和对中国经验的过度偏好与过度依赖的问题，将会制约中国学派的进一步发展。对此，以秦亚青为代表的中国学者开始反思思想途径的弊端，并试图以思维途径来构建中国国际关系理论。思维途径部分解决了思想途径的内在缺陷，即解决了中国学派各种思想来源与国际关系现实的相关性问题，增强了中国学派构建实践的逻辑完整性，但仍未解决思想途径中所存在的对于中国经验过度偏好与过度依赖的问题。而且相比思想途径，思维途径可能更难以在不同学术共同体之间形成共同的知识衡量模式。鉴于此，作者认为，中国学派应积极发挥思想途径和思维途径的积极作用，探索古代中国社会知识与现代中国人世界认知的关系，探索超越中华文化共同体界限的路径，从而实现不同文化之间从认识世界的方式到对世界的认识的相互理解和相互学习。①

关于如何摆脱当代国际关系理论中所存在的缺陷，保建云在《国家类型、国际体系与全球公共治理——基于中国天下观理念的分布主义国际关系理论》一文中做了有益的尝试。作者首先指出当代国际关系理论中存在的缺陷和不足主要表现在研究议题和研究假设两个方面。面对这样的问题，中国的国际关系学者依托独特的传统文化优势，提出了分布主义国际关系理论。分布主义国际关系理论的基本理论假设有五种，即分布人性假设、分布理性假设、国家权力人格化假设、国际准政府治理假设和冲突合作转化理论假设。理论的核心命题有四种：一是权力来源与权力合法性在于对天下人公共利益的贡献和责任；二是权力大小由权力占用者对天下人公共利益的贡献与责任大小界定；三是国家权力占用者分布理性决定国家行为分布与演化方向；四是国家间利益竞争与权力博弈是国际关系演化的基础和内生动

---

① 鲁鹏：《理解中国国际关系理论的两种构建途径》，《世界经济与政治》2018 年第 1 期。

力。理论逻辑涉及三个方面：一是国家实力、国家权力与国际体系的理论逻辑；二是战争与和平如何塑造国际秩序；三是国际组织、国际制度与全球公共治理之间的相关性。作者认为，依托于"天下观念"等"中国经验"的分布主义国际关系理论是中国构建新国际关系理论所展现的"中国智慧"，是为促进人类和平与发展给出的"中国方案"①。

（四）中国特色大国外交理论的新发展

构建中国特色大国外交理论既是学科发展的需要，又是中国外交的迫切需要。而如何构建具有中国特色的大国外交理论，也是学者们积极思考的议题。中国学者既有对中国特色大国外交理论本身的解析与研究，又有对"构建新型国际关系"和"构建人类命运共同体"的深入解析与研究。

1. 对中国特色大国外交理论的分析与解释研究

卢静从话语建构体系出发丰富了中国特色大国外交的内涵，在《中国特色大国外交话语体系构建刍议》一文中，她认为中国特色大国外交不断取得理论和实践的创新，但在国际社会上话语权的缺失导致了中国外交被误解甚至被污蔑。因此，中国有必要构建具有自身特质并符合自身需要的外交话语体系。中国特色大国外交话语体系的核心和首要任务是明确人类命运共同体理念为指导理念，以和平发展的时代学说、正确义利观的国家利益论、新安全观和马克思主义权力观为理论内容，以中国特色大国外交的战略性话语和政策性话语为主体框架，以社会主义作为基本价值取向和本质特征。作者认为，应融通中西方话语，基于中国传统文化精髓和当代中国的外交实践经验传承外交话语，相互支持、协调与配合来统一各方和立足于中国外交实践。中国特色大国外交话语体系服务于中国的和平发展外交战略，引导世界秩序变革方向，促进中国的学术研究和学科建设，并展现中国的负责任大国形象。因此，必须切实推进中国特色大国外交实践，坚

---

① 保建云：《国家类型、国际体系与全球公共治理——基于中国天下观理念的分布主义国际关系理论》，《中国人民大学学报》2018年第4期。

持话语体系的开放性和发展性，坚定自身的话语自信。[①]

张新平和杨荣国则从历史角度分析了中国特色大国外交理论的发展，在《改革开放 40 年中国特色大国外交理论的创新发展与时代意义》一文中，作者首先总结了改革开放 40 年中国外交理论的创新发展，并将其分为四个时期：第一时期（20 世纪 70 年代末至 80 年代末），邓小平做出了"和平与发展是时代两大主题"的重大判断，在总结过去 30 年外交经验的基础上，中国开始奉行独立自主、不结盟、全方位的和平外交；第二时期（20 世纪 80 年代末至 21 世纪初），中国坚持独立自主、积极推动国际关系民主化的外交路线；第三时期（21 世纪初至党的十八大召开），中国坚持独立自主、始终不渝走和平发展道路；第四时期（十八大以来），中国坚持独立自主、开创中国特色大国外交新时代。其次，作者指出了改革开放 40 年来所形成的中国特色大国外交理论框架，即中国特色大国外交的总体遵循是统筹国内国外两个大局，重要使命是实现中华民族伟大复兴的中国梦，中心任务是构建新型国际关系与人类命运共同体，战略选择是坚持和平发展，基本原则是合作共赢，主要路径是打造全球伙伴关系网络，价值取向是践行正确义利观，根本要求是坚持党的集中统一领导。最后，作者指出，中国特色大国外交的时代意义在于为丰富马克思主义国际关系思想贡献中国智慧，为推动全球治理体系公正合理变革提供中国方案，为促进人类和平与发展进步事业增添中国力量。[②]

李志永提出了"奋发有为"外交理论，在其《中国"奋发有为"外交的根源、性质与挑战——自主性外交理论的视角》一文中，作者认为，国内虽然存在着很多关于习近平中国特色大国外交思想的研究，但多数未能推动外交理论的进步。既有的中国学派雏形及其成果能够部分解释中国外交的奋发有为，但本质上不属于外交理论，不能提供更为直接和全面的解释。自主性外交理论认为，国家实力、国家能力与合法性内外联动共同塑造了各国重大外交行为。作者运用该理

---

① 卢静：《中国特色大国外交话语体系构建刍议》，《教学与研究》2018 年第 9 期。

② 张新平、杨荣国：《改革开放 40 年中国特色大国外交理论的创新发展与时代意义》，《马克思主义理论学科研究》2018 年第 6 期。

论探析中国新时代"奋发有为"的外交根源：其一，符合内外联动的时代特征；其二，根本原因是国家实力的持续增强；其三，直接原因是国家能力的快速提升；其四，道义基础是合法性的联动提升。"奋发有为"外交的性质是观念主导型国家自主性在中国国家自主性体系中的地位得到显著提升，并且国家自主性地位处于不断上升中。但"奋发有为"外交理论也面临着挑战国内社会、国际社会与国际话语权三个方面的问题。中国外交必须始终保持国家的自主性，做好融入与自主性的平衡，做好长期规划以提升国际话语权。作者认为，以韬光养晦为基础和前提的奋发有为应是中国特色大国外交的理性选择。①

2. 新型国际关系理论的新探讨

赵可金和史艳在《构建新型国际关系的理论与实践》一文中认为，构建新型国际关系本质上是针对旧的国际关系模式中所存在的问题提出的。为进一步阐释新型国际关系和解释其理论，作者指出，新旧国际关系的差异主要表现在主权原则、价值原则和利益原则三个方面。相比传统国际关系的敌友关系，新兴国际关系则是伙伴关系。作者认为，评估围绕权力政治的社会因素的变化所催生的政治能量及其创造出的新型国际关系模式，是挑战"修昔底德陷阱论"的主要路径。为此，习近平以时代变革切入思考，提出了在权力原则的基础上将公平正义的价值原则、相互尊重的主权原则和合作共赢的利益原则融为一体的新型国际关系的共享共治理论，其逻辑体系表现在三个方面：一是公平正义的价值原则越来越成为新型国际关系的重要逻辑；二是主权平等与主权尊重成为新型国际关系的基本规范；三是合作共赢成为新型国际关系的核心原则。作者以中美关系为例从四个方面阐释了新型国际关系的可行性：一是竞争与合作并存、摩擦与对话并行不悖的"中美复合体"，证明了"修昔底德陷阱论"是片面的；二是合作共赢是构建总体稳定、均衡发展的大国关系框架的核心；三是相互尊重是构建总体稳定、均衡发展的大国关系框架的关键；四是公平

---

① 李志永：《中国"奋发有为"外交的根源、性质与挑战——自主性外交理论的视角》，《国际观察》2018 年第 2 期。

正义是构建总体稳定、均衡发展的大国关系框架的要害。①

刘建飞对认识新型国际关系需以"旧型"国际关系为参照持相同意见，他在《新型国际关系基本特征初探》一文中指出，新型国际关系的基础是主权国家原则，是从旧型国际关系、准新型国际关系到新型国际关系一以贯之的，但新型国际关系的品质则不同于旧型国际关系中西方国家的强权政治和霸权主义。他认为，新型国际关系摒弃了强权政治等与时代潮流相背离的理念和行为方式，以合作共赢为核心理念，以人类命运共同体为目标模式。因此，新型国际关系是以"低级政治"取代"高级政治"为主要内容，以实现共赢合作为主题，以伙伴关系为新型国际关系，以合作与冲突为主要矛盾，以竞争中合作为主要行为方式，它和旧型国际关系是截然不同的。②

李滨和陈子烨认为，实践逻辑为推动中国新型国际关系的建立提供了一种认识方法，在其撰写的《实践逻辑视野下的新型国际关系建构》一文中，作者指出，以新自由主义为特征的世界秩序处于衰败、转型中，而中国也在积极构建新型国际关系。但在新形势下，只有经过长期实践，才能形成新的国际关系和秩序。作者首先指出国际关系领域存在着表象知识与实践知识的认知差异问题。其次，作者进一步指出，实践是一种表现和模式化的行动，实践成功与否需要从社会意义和社会认可的意义来看，实践依赖于背景知识，可以整合话语世界与物质世界。实践逻辑被实践行动所遵守，以习惯为核心，以场域和"实践感"为内容。最后，作者指出当下国际关系变革又为国际关系场域变化提供了可能，只有通过重新学习和实践来克服习惯的迟滞，才能建立新型国际关系。作为一种新型实践共同体，应认识到习惯的调整与变化需要激励和斗争的过程，应有效传达新型国际关系"相互尊重、公平正义、合作共赢"的内涵，并得到国际社会的认可。具体而言，中国新型国际关系构建应以"一带一路"为平台，面对沿线国家习惯转换所存在的巨大差异，可以借鉴西方经验，实践者要正确把握客观环境和自身使命，具备正确的历史观、大局观和角色观，培

---

① 赵可金、史艳：《构建新型国际关系的理论与实践》，《美国研究》2018 年第 3 期。

② 刘建飞：《新型国际关系基本特征初探》，《国际问题研究》2018 年第 2 期。

养新习惯与实践智慧。①

3. 人类命运共同体理论研究

阮博在《国内人类命运共同体研究：回顾与前瞻》一文中首先对国内人类命运共同体研究做了回顾，总结出学界对人类命运共同体的内涵主要从主体构成、目标愿景、结构要素、状态特征、价值观念和语义分析六个角度来解读。作者认为，对马克思主义理论逻辑的当代遵循、对中华文明智慧的创造性转化、对西方现代国际关系理论的扬弃、对近代以来国际社会经验教训的深刻总结、对当前全球性问题日益凸显的积极回应、对中国特色外交理念的深化与发展、对中国国际责任和道义的自觉担当是人类命运共同体的提出根据。关于人类命运共同体的构建意义，作者总结了世界意义和中国意义两个维度。关于如何推进人类命运共同体建设，作者总结了五点：凝聚价值共识、厚植共同利益、依托制度支撑、多维度突破和循序渐进、需要中国承担关键角色。此外，作者还总结了与命运共同体研究相关的其他研究。在总结的基础上，作者对人类命运共同体研究做了评价，并对未来研究方向提出了四点建议：一是拓展和深化对基本理论问题的研究；二是加强实证研究；三是推进多学科交叉研究；四是注重国内外的学术互动。②

他山之石，可以攻玉，世界主义可以为人类命运共同体的构建提供借鉴。蔡拓在《世界主义与人类命运共同体的比较分析》一文中首先指出了世界主义的理论内核是个体主义与普遍主义，其实质是既要确定个人的本位、主体地位，又要保障这种本位和主体地位能在世界各地适用，其价值取向是个人权利和道德地位的平等性、世界范围的公正性和全人类的共同利益与关切。其次，作者指出人类命运共同体的理论根基是共同体理论。其理论基点是社群主义和普遍主义，其伦理与价值诉求是国家间权利、地位的平等、公正及利益的共享，类主体的整体利益与共同关切。其发展趋势是随着人类主体的不可忽

---

① 李滨、陈子烨：《实践逻辑视野下的新型国际关系建构》，《世界经济与政治》2018年第11期。

② 阮博：《国内人类命运共同体研究：回顾与前瞻》，《攀登》2018年第5期。

视，终将名实相副。最后，作者指出二者均以普遍主义为理论支柱，并共有人类主体和人类价值的认同。相比世界主义倾向于个体和个体主义价值，人类命运共同体更倾向于共同体和集体主义价值。人类命运共同体可分为两种类型：一是突出类主体，坚持利益、责任和价值三重人类命运共同体；二是以国家为主体，主张利益共享、责任共担的人类命运共同体。而实现人类命运共同体的构建可分为两个阶段：第一阶段是构建基于主权国家之上的合作共赢、权责共担、以共同利益和责任为导向的人类命运共同体；第二阶段是构建基于类主体之上的，凸显全球情怀、全球关切、全球意识，以共同利益、责任与价值为导向的人类命运共同体。①

二 旧与新：新时代中国对策性研究的新发展

相比于国际关系与国际政治理论的抽象，对策性研究更能直观地反映当今国际关系的发展变化，能够对我国外交提供直接建言与参考。面对国际形势的不稳定和不确定因素的增加，中国提出了"一带一路"倡议和构建新型国际关系和人类命运共同体的任务。对此，广大学者除了理论层面的研究外，还在实务层面做了积极的跟踪与研究。

（一）"一带一路"背景下多边国际关系研究的新发展

自 2013 年我国提出"一带一路"倡议以来，"一带一路"的国际吸引力和影响力日益增大，逐渐形成了"五大方向""六廊""六路""多国""多港"的战略布局，覆盖亚洲、欧洲、非洲和拉美等多个大洲和上百个国家。作为中国特色大国外交的经济基础的"一带一路"倡议，在逆全球化和贸易保护主义的背景下，为世界经济发展注入了新的活力。

丁冰在《"一带一路"是推进中国特色大国外交的重要经济基

---

① 蔡拓：《世界主义与人类命运共同体的比较分析》，《国际政治研究》2018 年第 6 期。

础》一文中认为经济全球化是世界发展的趋势，但面对复杂的新型问题，旧型的经济全球化难以为继。由中国提倡的"一带一路"的特点是以协调相关各国政策沟通、设施联通、贸易畅通、资金融通、民心相通为基本内容，以开放、包容、公平、合理为原则，以实现新型全球化为最终目的，由世界人民共享发展成果。"一带一路"的作用是加快了沿线参与国互联互通的基础设施建设，加快了沿线参与国的国际贸易和投资合作，形成了互利共赢的良好局面，扩大了沿线参与国的资金融通额度，促进了人民币的国际化发展，加强了沿线参与国之间的人文交流，增强了各国人民的心灵相通和理解与友谊。"一带一路"是我国打造"全球伙伴关系网络"的重要组成部分，得到了世界多数国家的肯定和赞扬，已成为新时代中国特色大国外交的经济基础，需要不断推进建设。①

黄河和戴丽婷在《"一带一路"公共产品与中国特色大国外交》一文中指出，在新时代背景下，中国外交应在发展、治理和安全视野下梳理中国"一带一路"公共产品的实践，并着手构建属于中国的公共产品供给理论。世界的不稳定性和全球问题的增加，需要国际社会提供公共产品来解决，而公共产品的巨大缺口和"私物化"倾向日益阻碍了全球化的发展。作者认为，中国在"一带一路"倡议推行中的供给模式与传统模式有着根本的不同。它是以合作共赢为基点，是区域性国际公共产品域内国家联合供给模式。中国作为负责任的大国，通过"一带一路"倡议向国际社会提供公共产品。在西方消极履行发展援助的背景下，中国仍坚持以发展合作为核心的援助理念；在全球治理大发展、大变革的趋势下，中国仍在务实地解决全球经济和政治领域的诸多问题；在非传统安全日益严重的情况下，中国积极呼吁世界共同应对，这些国际发展、治理与安全的新理念开启了中国外交的新时代。面对欧美公共产品供给的困境及回撤，中国积极推出"一带一路"公共产品，推动区域发展合作。作者认为，"一带一路"模式是跨国界、跨区域、跨领域的发

---

① 丁冰：《"一带一路"是推进中国特色大国外交的重要经济基础》，《思想理论教育导刊》2018 年第 12 期。

展、治理与安全类公共产品提供模式，中国应建立以多边合作机制为核心的区域性公共产品提供体系，以创新区域性公共产品维护与沿线国的"共同体理念"①。

随着法国、英国、德国的领导人先后访华和习近平主席出访葡萄牙、西班牙，2018 年的中欧关系发展良好。对于中欧关系存在的问题和发展前景，学界做了针对性的研究。崔洪建在《中国—欧盟关系的结构性变化及前景》一文中指出，中国与欧盟关系正在进入结构性变化的新时期，中欧对彼此的认知和政策出现了重大调整。作者从历史的角度指出，中欧关系自 1975 年以来经历了曲折发展，但整体推动了中欧关系的结构性变化。中欧相互认知和政策发生较大变化，双方关系更为平等；积极谋求发展战略对接，拓展了合作议程，提升了彼此的战略地位，带动了中欧关系的全面性和战略性提升；双方出现了贸易与投资并重的新格局，开启了金融合作，创新合作提供了新机遇。对于结构性变化的原因，作者认为，这与中欧经济实力对比加速变化、中国"自信外交"与欧盟政策"内向化"态势的并存和双方所处的国际和地区环境变化的背景是密不可分的。对于中欧结构性变化的前景与挑战，作者指出，中欧经贸合作与竞争并存，政治互信仍然面对欧盟对华"价值观外交""亚太地区平衡外交"和"分化外交"问题，大国关系的互动影响和地区事务合作中的共识与分歧将影响双方的战略互信与合作。对于中欧结构性变化的影响，作者认为，中欧关系为适应这种变化将进入新的心态、认知和政策调适阶段，将影响亚欧两大区域之间的关系，影响中国与西方关系以及世界多极化的发展前景，影响全球治理的发展前景。②

2018 年是中国—东盟建立战略伙伴关系 15 周年，还是中国—东盟创新年。随着"一带一路"在东南亚地区的推进，学者围绕中国—东盟关系的新变化做了细致的研究。黄英明在《"命运共同体"语境下中国—东盟深化地缘经济合作研究》一文中认为，中国的和平崛起

---

① 黄河、戴丽婷：《"一带一路"公共产品与中国特色大国外交》，《太平洋学报》2018 年第 8 期。

② 崔洪建：《中国—欧盟关系的结构性变化及前景》，《国际问题研究》2018 年第 1 期。

与民族复兴,需要中国与东盟国家之间密切的地缘经济合作。作者认为,在经济方面,随着东盟经济地位和在国际关系格局中战略地位的提升,美、日、韩、印等国家积极发展同东盟的经济关系,挤压了中国在东盟市场上的占有空间,制约了中国在东盟地缘经济方面的影响。为深入分析中国—东盟地缘经济关系,就政治方面而言,东盟在亚太地区地缘政治中的地位不断提高,边界问题和南海问题将会影响中国与东盟经济合作的大周边政治环境。作者认为,在中国周边的地缘经济关系中,与东盟开展地缘经济合作的可行性与战略意义最为凸显。对于中国—东盟地缘经济结构特征,作者认为,双边的经济贸易交往差异较大,双方贸易互补性逐渐增强。投资结构及其演变的特点是双边投资日趋活跃,不断增加投资项目数量与金额,拓宽投资领域;双方投资领域基本相同;中国在东盟的直接投资分布极不均衡,东盟对中国投资主要来源于五个老成员国。作者认为,CAFTA 成员国经济发展不协调,成员国之间及成员国国内存在矛盾和摩擦,基础设施建设滞后,这将影响中国—东盟地缘经济合作。因此,中国—东盟应加快建设区域协调政策体系,优化双边经济合作结构,借助"21世纪海上丝绸之路"倡议,强化双边地缘经济关系,加强区域生态环境保护。①

非洲是古代海上丝绸之路的重要落脚点,是"一带一路"的重要组成部分。中非关系在 2018 年迎来了新阶段,在召开的中非合作论坛北京峰会上,双方一致同意构建更加紧密的命运共同体。赵晨光在《"二轨外交"助力"一带一路"倡议在非洲的推进》一文中指出了"一带一路"倡议中所存在的"非洲定位"问题。这表现在"一带一路"倡议的标志性文件未明确非洲的定位问题,新版"对非政策"文件未涉及"一带一路"倡议,中非合作论坛约翰内斯堡峰会成果"文件"提及"一带一路",但未明确具体的进程,使学界在中非"二轨外交"层面分别形成了消极认识、积极认识和超脱认识。这种认识逐渐被官方所重视,并加快推进其在政策层面的"议题化"。这

---

① 黄英明:《"命运共同体"语境下中国—东盟深化地缘经济合作研究》,《华南师范大学学报》(社会科学版)2018 年第 1 期。

表现在中非明确"一带一路"建设的非洲方向，进一步确认"一带一路"与非洲的关系，非洲对"一带一路"的态度愈加积极。为实现"一带一路"倡议的"非洲化"，作者认为，通过"二轨外交"可加强对非新理念的文化阐释，聚焦涉非理念的非洲针对性，发掘中非发展理念、文化的契合点。①

毋庸置疑，"一带一路"倡议不仅惠及了沿线国家，而且推动了世界经济的发展，中国在国际社会赢得肯定和赞许的同时，也引起了美国的战略遏制，最为明显的就是中美贸易摩擦（贸易战）。美国不但从经济方面打压中国的发展，而且提出了在战略层面遏制中国的"印太战略"。赵明昊在《大国竞争背景下美国对"一带一路"的制衡态势论析》一文中认为，以美国主导的"自由主义国际秩序"陷入危机和中美关系中竞争性因素上升为背景，美国将对华战略调整的主基调定位于"竞争"，逐步实现以"全政府"方式对华展开全方位竞争。其思路和趋向是：经济领域推进竞争；军事安全领域强化美国军工基础；外交领域对冲中国"一带一路"；政治领域炒作中国"锐实力"。其中，美国强化对"一带一路"制衡具有总体性、跨域性和联动性特征，从美国官方人士、智库和政策建言来看，其主要趋向是随着"一带一路"的深入，美方的认知日趋负面。作者认为，美国提出的"印太战略"具有明显的对华指向性，并注重调动盟友和伙伴国的积极性。东南亚地区作为美国"印太战略"和中国"一带一路"重叠的地区，在美国战略中的地位得到提升。美国战略界认为应参与和支持对东南亚地区的基础设施建设，均衡美国在东南亚的投资，强化对地区经济合作路径和规则的影响力，拉拢伙伴以确保东南亚经济的"自由开放"。作者认为，美国对华全方位竞争存在限制性因素，而中国如何"以弱竞强"、引导中美关系发展亦迫在眉睫。②

除了中美结构性矛盾碰撞外，世界的不稳定性还表现在英国脱欧事件的持续发酵上。潘兴明在《关于欧洲一体化的新思考——以英国

① 赵晨光：《"二轨外交"助力"一带一路"倡议在非洲的推进》，《辽宁大学学报》（哲学社会科学版）2018年第1期。

② 赵明昊：《大国竞争背景下美国对"一带一路"的制衡态势论析》，《世界经济与政治》2018年第12期。

脱欧为视角》一文中指出，英国脱欧对欧洲一体化在理论和实践上都产生了影响。在理论层面上，新功能主义、新制度主义、政府主义、多层治理学说等理论暴露出自身的缺陷。在现实层面上，由于英国脱欧，欧盟的疑欧主义再次兴起，威胁欧盟一体化走向；对欧盟的财政预算和就业市场产生了不利影响，欧盟的长远发展前景将经受新的挑战；英国自由市场经济原则将无法影响欧盟，并削弱和延搁欧盟推进单一市场的进程；将减少欧盟一体化的阻力，并可能会影响成员国之间的力量平衡格局。作者解释欧盟出现"去一体化"的原因是：欧盟自身发展受到限制，一体化推动力不足；欧盟治理存在问题，内部差异大，难以达成共识；英国与欧盟矛盾难解。作者认为，"去一体化"现象反映出欧盟面临的新问题与新挑战；它只是支流现象，无法阻止欧洲一体化的主流；为适应时代新要求，欧洲一体化要求欧盟重视和加强创新和改革；英国脱欧将"脱而不离"，并以新的方式参与一体化进程。①

相比于欧洲大陆的动荡，原本紧张的朝鲜半岛局势却出现了新的转机。金东珠在《试论朝鲜半岛形势缓和的过程、成因与发展趋势》中首先指出，以韩国平昌冬季奥运会为契机，因朝核危机而紧张的半岛形势走向缓和。其次，作者进一步指出，这种变化的根本和直接原因在于朝鲜选择弃核，走发展经济、融入国际社会的道路。此外，美国对朝政策的调整、韩国的积极斡旋和中国的和平引领也为朝鲜半岛局势的缓和提供了良好的国际环境。最后，作者指出，朝鲜半岛局势有关各方应通过政治手段、借助外交途径和平解决朝核问题，并付诸实践，共同推动半岛局势向好发展。具体而言，朝鲜应坚定弃核方向，搞好经济建设；美国应逐步取消对朝制裁，保障朝鲜体制安全；韩国应在协调美朝关系的同时，处理好中韩关系；中国应继续发挥维护半岛和平稳定与发展的稳定器作用。②

---

① 潘兴明：《关于欧洲一体化的新思考——以英国脱欧为视角》，《人民论坛·学术前沿》2018 年第 18 期。

② 金东珠：《试论朝鲜半岛形势缓和的过程、成因与发展趋势》，《东北亚学刊》2018 年第 6 期。

（二）"构建新型国际关系"与双边视阈下国际政治的新解读

构建新型国际关系，大国是关键。因此，新时代背景下大国之间关系的研究也是迫切和需要的。2018年大国互动的差异性为大国关系研究提供了丰富的素材，学者针对构建新型国际关系，做了深入、细致的研究。

以中美关系来看，2018年是《中美联合公报》发表40周年。由于特朗普上台后，高喊"美国优先"的口号，积极推行"退群"政策，经济上实行贸易保护主义，政治上实行孤立主义，导致本该"不惑"的中美关系对抗性与竞争性增强。对于中国该如何应对中美"贸易战"矛盾激化这一问题，彭波在《中美博弈的矛盾冲突与中国的应对策略》一文中给出了自己的建言。他认为，中美关系以"贸易战"为"导火索"暴露出中美之间存在以经济矛盾、体制差异和大国博弈为代表的政治矛盾和文明冲突三个博弈层次。中国应当坚决反击美国在关税上的讹诈，坚定不移地推进改革开放；坚持政府与市场两方面的作用，更好地发挥市场的作用；坚决捍卫国家的核心利益，加强国际合作；加强中美互动、理解，改善相互认知，化解中美文明冲突，并充分吸收世界文明成果。对于中美博弈的未来，作者认为，一方面美国的贸易战不利于全球经济发展与稳定，美国终将反受其累。另一方面，中国应对贸易战反而扩大了改革开放，促进了中国的崛起。虽然中美矛盾深刻而复杂，但双方应明确竞争目的、讲究竞争方式和层次，中国应借机发展自身，并在博弈中构建中美关系命运共同体。①

中俄关系是大国关系，又是邻居关系，在新时代背景下中俄关系的发展将会影响国际格局的演变，也将推动新型国际关系的构建。梁云祥和陶涛在《中俄关系的历史演变与未来趋势》一文中从历史的角度梳理了中俄近代以来的关系变化。作者指出，近现代中俄关系大部分时间基本上是俄强中弱，两国关系错综复杂，不仅影响了两国发

---

① 彭波：《中美博弈的矛盾冲突与中国的应对策略》，《国际经济合作》2018年第10期。

展，而且影响了国际格局。战后中苏关系有过短暂的甜蜜，其后进入全面对抗时期。随着苏联解体、冷战结束，中俄关系继承了中苏关系改善的势头。作者认为，中俄开展推动世界多极化和建立国际新秩序的战略合作，并共同面对美国压力，合作领域不断深化。中俄关系不仅取决于中俄两国因素，还受美国因素的影响，表现出不稳定性。但由于受经济全球化及各自经济发展内在需要的驱动，中俄将不断加深两国及区域合作，促进两国经济共同发展。在新的国际关系形势下，作者指出，中俄具有大致相同或相近的政治和安全利益，但也存在潜在性的地缘政治竞争，会受历史消极因素的影响，合作层面有限将导致合作持久动力不足，不能在所有的问题上都进行协作。作者指出，由于作为全面战略伙伴关系的中俄存在合作动力问题，"结伴而不结盟"的新型大国关系才是中俄关系的正确选择。①

2018年是中日建交40周年，随着李克强总理访日和安倍晋三首相访华，中日关系加速回暖，推动了中日关系回到正轨，而围绕中日关系变化的研究成果也取得了巨大的成就。对于中日新型大国关系，武寅在《论中日新型国家关系：形成背景、基本特点与核心理念》一文中指出，中日历经六年努力签订的《中日和平友好条约》经过40年的考验反而历久弥新，其时代意义包含着对历史的总结、现实的警示和未来的承诺。作者指出，新时代背景下中日两国的实力对比与双边关系格局发生了巨大变化，中日关系40年来的曲折动荡及现实状况与签约时的热烈友好状态形成了极大反差，这和日本全面大国化举措和对中国崛起的戒备心理是分不开的。其结果是，造成了两国在历史认识问题、钓鱼岛问题、南海问题等一系列涉及中日双方重大利益的问题上出现严重的分歧甚至对立。但由于中日双方均认识到双边关系的重要性，中日关系又呈现出"斗而不破"的特点。鉴于此，作者指出，日方应摒弃"零和思维"，恪守《中日和平友好条约》精神，将中日共处上升到战略高度，将平等相待、和平发展、互利共赢作为中日新型国际关系的核心理念，践行和发展《中日和平友好条

---

① 梁云祥、陶涛：《中俄关系的历史演变与未来趋势》，《人民论坛·学术前沿》2018年第21期。

约》的宗旨，为构建新型国际关系和探索人类社会发展新模式做贡献。①

2018 年，中印关系经历了从"军事对抗的边缘到温和"的转变，印度总理莫迪 4 月与习近平主席的非正式会晤则是转折点。李青燕在《处于发展关键期的中印关系》一文中指出，中印关系十分重要，但双边关系发展却跌宕起伏。作者认为，印度执政党控局能力空前，经济增长和发展前景被西方力捧，立足东南亚，实行"东进西拓"政策，积极提升国际影响力，加快从地区大国向世界大国地位的转换，并在国际层面上实行"大国战略"，暴露出莫迪治下印度大国心态的膨胀。由于"一带一路"的推进提升了中国在南亚和印度洋地区的影响力，中印利益冲突增多。印度借助美、日推出了"印太战略"，以抗衡"一带一路"倡议，向中国示强，多方面挑衅中国，扩大了中印互信赤字。在国际层面，中印同属发展中国家和新兴市场，是推动世界经济发展的重要经济体，是促进世界多极化、经济全球化的中坚力量。从地区层面来看，中印都加强了同亚太、非洲、欧洲等地区国家的关系，推出了区域经济合作倡议和规划。从双边关系来看，中印全方位合作潜力巨大。作者指出，中印应在新形势下把握大局，聚焦发展，管控分歧，印度应抛弃对华战略上的摇摆性和两面性，增进战略互信，推动中印关系迈向新征程。②

大国关系中除了中国视角下的双边关系外，其他大国关系互动也是不可或缺的，其中最重要的是美国与其他大国的互动。李庆四在《美俄关系的现状、发展趋势及其影响》一文中指出，"通俄门"暴露出美国反俄情绪根深蒂固，特朗普首访中东，增强美俄中东较量，美俄关系具有全面对抗的趋向，这导致美俄关系难以转圜。究其原因，作者认为，两国对立的历史记忆、战略目标冲突、摧毁彼此的核力量和有限的利益交集，将导致美俄关系难以缓解。而未来美俄在中东的博弈将持续不断，美国可能制造乌克兰危机，升级对俄罗斯的制

---

① 武寅：《论中日新型国家关系：形成背景、基本特点与核心理念》，《日本学刊》2018 年第 4 期。

② 李青燕：《处于发展关键期的中印关系》，《唯实》2018 年第 10 期。

裁和阻碍普京再次当选总统。美俄关系的对抗将会影响俄罗斯内政外交，改变中国在美俄竞争中的角色，导致美国敌视中国。[①]

美日同盟是美国亚太战略的重要支撑，其调整变化将影响地区局势发展。凌胜利与刘琪在《特朗普治下的美日同盟关系及其未来走向》一文中首先总结了特朗普政府对外政策的基本特点：第一，奉行"美国优先"，倡导孤立主义；第二，经济上奉行"少边主义""以我为主"；第三，政治上奉行"现实主义"，"机会主义"色彩明显；第四，以"交易主义"管理同盟关系。在美日同盟关系中，两国在政治上互动频繁却障碍难除，经济上美日贸易摩擦问题难以解决，安全上进行多领域协商却难掩分歧。作者认为，在政治上坚持"让美国再次伟大"，在经济上坚持"美国优先"，在安全上贯彻"以实力求和平"，是特朗普政府调整对日政策的原因。作者指出，特朗普上台以来的美日关系整体上呈现出良好的发展趋势，但依然存在分歧，为美日关系的发展增添了变数，也使美日关系的发展既有积极的一面，又有消极的一面，且积极面多于消极面。[②]

美印关系在70多年里呈曲线性平稳状，孟庆龙在《从美印关系看印太战略的前景》一文中，从历史的角度梳理了美印关系的发展，指出美印关系冷淡与热络交织，缺乏平等与尊重。其原因在于美印在意识形态和价值观上虽有共性，但少有高度契合；美国缺乏对印度"大国"雄心的尊重，"印度伟大"与"美国第一"难以协调；在印太战略上共性很多，差异明显，期待不一。而美印"印太战略"还受到中国与美国、印度关系和印太地区国家态度的影响，而美印关系与印太战略的相互影响增加了不确定性。作者指出，印太战略尚未成为美印双方的共同战略，也未凝聚起美、日、澳、印四国共识，仍是一个处于发展中的概念。鉴于中国提出的"推动构建新型大国关系，构建人类命运共同体"的新概念和"一带一路"倡议惠及东南亚国

① 李庆四：《美俄关系的现状、发展趋势及其影响》，《当代世界》2018年第3期。

② 凌胜利、刘琪：《特朗普治下的美日同盟关系及其未来走向》，《和平与发展》2018年第4期。

家，印度不大可能在印太战略上与美国走得太近。①

（三）"构建人类命运共同体"与全球治理研究

面对全球传统安全问题尚未解决、非传统安全问题日益增多，国际社会急需新智慧、新方案这一局面，中国基于马克思主义和中国传统文化，提出了构建人类命运共同体理念，为全球治理做出积极贡献，打破了"金德尔伯格陷阱论"。与此相应的是，学界针对全球治理做了多方面的研究，涉及领域包括气候、海洋、极地、太空、网络、人工智能、人权、难民等问题。

全球治理与国际体系的关系密不可分，而现行的国际体系则带有明显的"西方中心主义"倾向。任洁在《人类命运共同体：全球治理的中国方案》一文中认为，传统的全球治理体系矛盾不断、问题迭出。在政治治理层面，美国等西方国家强制推行"自由民主"制度招来了恶果；在文化治理层面，西方发达国家强推西方文化价值观和霸权主义行径与全球文化治理要求相反；在环境治理方面，美国拒绝承担全球环境治理的大国责任。全球化的深入发展要求改革旧的全球治理体系，而中国综合国力位居世界前列，并愿意为全球治理贡献中国智慧和中国方案，这成为中国首倡构建人类命运共同体的原因。作为中国提供的全球治理方案，推动构建人类命运共同体是新时代坚持和发展中国特色社会主义的基本方略之一，以"一带一路"倡议作为重要组成部分，以建立新型大国关系作为重要环节，以应对气候变化作为重要施策。②

全球气候治理遭遇困境，急需新的解决方案。赵斌在《全球气候治理困境及其化解之道——新时代中国外交理念视角》一文中指出，英国脱欧、美国退出《巴黎协定》，使得全球气候治理的前景更具不确定性，国际社会迫切需要全球气候治理的理论创新和现实可行方案。作者首先指出，全球气候治理的理论困境在于"合作共赢"与

---

① 孟庆龙：《从美印关系看印太战略的前景》，《人民论坛·学术前沿》2018 年第 15 期。

② 任洁：《人类命运共同体：全球治理的中国方案》，《东南亚学术》2018 年第 1 期。

"冲突零和"的二元对立使得全球气候政治"群体化"与"碎片化"现象共存和基于国家实力的国际政治在全球气候治理中表现出明显的"非对称博弈"。其次，作者认为，全球气候治理的现实困境在于"全球气候政治"表现出倒向"国际气候政治"的趋势和更可能吸引全球关注的传统安全议题阻滞了非传统安全领域的政治发展。再次，作者指出，新时代中国外交理念所致力于构建的新型国际关系和人类命运共同体，分别关注了传统安全领域和全球治理善治，也为全球气候治理提供了一种崭新的思路。人类命运共同体理念有望实现全球治理善治，保障地区安全和稳定，引领世界的现代化发展，是中国外交超越国际关系旧范式的积极尝试。最后，作者指出，全球气候治理困境的化解之道在于从新型国际关系和人类命运共同体的高度来审视全球气候治理，妥善处理行为体之间的合作竞争关系；合理利用功能外溢构建新型国际关系和人类命运共同体；在非对称博弈中实现"合作共赢"，实现全球气候和构建新型国际关系和人类命运共同体。①

袁沙在《全球海洋治理：从凝聚共识到目标设置》一文中指出，全球海洋治理未形成统一的目标，导致了海洋治理碎片化和治理效果差异化，海洋治理方向的扭曲化。只有统一全球海洋治理目标，海洋治理才能够从混乱走向统一，从异化回归本质。全球海洋的价值体系是影响建构全球海洋治理目标的核心要素。为打造全球海洋治理的价值体系，应培育正确的海洋伦理观念，塑造顺应时代的全球海洋观，推动海洋治理理念全球化。全球海洋治理目标包含解决海洋问题和实现人海可持续发展两层含义，前者的层次较低且急迫，后者层次较高，并非当务之急。全球海洋治理目标的五个方面是：清理海洋污染，控制污染源；禁止非法捕鱼与养护海洋生物；加强全球联合护航，打击海上安全威胁；以历史和国际法为依据，协商解决海洋争端；遵循人海和谐发展规律，实现人海共生。作者认为，完善《联合国海洋法公约》条款，加强它的法律效力；召开联合国全球海洋治理大会，就全球海洋治理目标达成公约和协议，这样才能保障全球海洋

---

① 赵斌：《全球气候治理困境及其化解之道——新时代中国外交理念视角》，《北京理工大学学报》（社会科学版）2018 年第 4 期。

治理目标发挥强有力的引导力和约束力。①

随着地球变暖，北极和南极在全球治理中的地位愈发重要，成为国际政治新的博弈地域。王文和姚乐在《新型全球治理观指引下的中国发展与南极治理——基于实地调研的思考和建议》一文中指出，中国现有的南极治理研究成果丰富，但还缺乏将参与南极治理放置在战略高度和中国新型全球治理框架下进行系统思考的成果。作者首先指出了新时代中国参与南极治理所面临的挑战，即中国参与南极治理体系远远滞后于老牌强国、中国利用南极资源远未达到效益最优、南极条约体系的不稳定性潜在地威胁着中国南极的安全利益、中国南极科研水平和科考能力不能满足国家发展的需求、南极"势力范围"竞争对后发国家不利。其次，作者指出，十八大以来，中国全球治理观的变化，催生了中国人全新的南极观。作者认为，角色认知变化所带来的战略潜力有：更多地参与南极治理将推进中国引领全球治理、利用好南极资源将促进中国经济的转型升级、重视南极安全价值将提升中国整体安全；壮大南极科考力量将增加中国在南极治理上的话语权、观测南极生态环境是应对气候变化的重要手段。最后，作者建议中国有效参与南极治理，应重视主权之争及潜在风险，维护南极条约体系的稳定；应有序发展南极旅游，加强国内相关制度规范的建立；应增加南极建设投入，完善南极科考及旅游活动基础设施；应推动南大洋海上合作，为塑造南极治理新秩序贡献中国智慧；应优化国内南极事务管理结构，培养南极治理国际人才。②

白佳玉在《北极多元治理下政府间国际组织的作用与中国参与》一文中指出，北极生态环境作为具有整体性和外部性公共产品，其环境治理具有跨国性和跨区域性，而政府间国际组织作为主权国家的集合体，在北极治理中发挥着重要作用。作者首先指出，目前参与北极治理的政府间国际组织分为区域性和全球性两类，使得治理主体由域内国家主导向多元治理发展，拓宽了北极治理领域，表现出硬法与软

---

① 袁沙：《全球海洋治理：从凝聚共识到目标设置》，《中国海洋大学学报》（社会科学版）2018 年第 1 期。

② 王文、姚乐：《新型全球治理观指引下的中国发展与南极治理——基于实地调研的思考和建议》，《中国人民大学学报》2018 年第 3 期。

法的网状治理发展趋势。其次，作者认为，政府间国际组织的北极治理可以已参与、未参与和参与度低的国际政府组织来评估。其中，北极理事会在区域层面为保护北极生态环境做出积极贡献，促进了北极治理由生态环境向北冰洋安全等领域发展，形成了软法与硬法相结合的治理模式。全球性政府间国际组织以全球性国际组织为治理主体，推动北极治理由单一的科考与环境保护领域向多领域发展，推动了北极治理的法制化。最后，作者认为，我国可以观察员或成员方身份加深对现有政府间国际组织的参与，在非成员方身份下加大对持开放性态度的区域性政府间国际组织的参与，积极构建域外政府间国际组织参与平台，从而实现以政府间国际组织为平台参与北极治理。[1]

随着各国太空政策的陆续出台，太空治理进入了国际政治的视野，也成为全球治理体系中权力争夺的重要领域。韩万渠和贾美超撰写的《太空碎片治理：全球治理亟待重视的议题及中国方案》一文在先行研究的基础上，深入分析了现有太空环境治理中所面临的困境及原因，并提出了中国的应对方案。作者首先介绍了建立太空碎片治理国际机构、相关机制和新技术开发等国际努力。其次，作者指出，由于太空公共物品属性、技术垄断、信息不对称和负外部性，太空碎片治理面临着"公地悲剧，其原因在于各国之间战略互信缺乏、战略利益分歧和太空活动商业化的效应"。太空环境的不断恶化成为当今国际社会面临的全球性挑战，中国以命运共同体理念为指导，以和平与平等作为治理的基本原则，以建立多中心、宽领域合作网络为机制，以搭建太空治理公共品供给平台为行动，积极构建太空命运共同体。[2]

互联网在推动世界经济发展的同时，更需要合理公正的全球网络秩序。陈少威、俞晗之和贾开在《互联网全球治理体系的演进及重构研究》一文中首先指出，现有的互联网全球治理研究对象大多聚焦于互联网域名分配及根服务器管理等相关议题上，这对于集物理层、逻

① 白佳玉：《北极多元治理下政府间国际组织的作用与中国参与》，《社会科学辑刊》2018 年第 5 期。
② 韩万渠、贾美超：《太空碎片治理：全球治理亟待重视的议题及中国方案》，《国际关系研究》2018 年第 6 期。

辑层和应用层于一体的互联网而言，所得结论有着较大的局限性。其次，作者指出，物理层的互联网全球治理以频谱资源、网络带宽等为基本对象，以全球公地资源的利用和"网络中立"问题为主要议题；逻辑层的互联网全球治理以多种协议为基本对象，其核心是取得网络共识；应用层的互联网全球治理则以知识产权、网络内容以及与数据相关的网络权利为关注对象，以协调各国形成治理共识为核心内容。互联网具备的"网络效应"、存在的"公地悲剧"与"反公地悲剧"和潜藏的"价值风险"加速了互联网治理议题的全球化，加大了互联网全球治理体系的紧迫需求。最后，作者认为，习近平主席提出的构建"网络空间命运共同体"为互联网全球治理困境提供了中国方案。多边参与、多方参与的治理主体有利于全球网络的有效治理、民主治理；共商共建共享的全球治理理念有利于多边、民主、透明的全球互联网治理体系的形成；共同构建"和平、安全、开放、合作"的网络治理主张有利于推动互联网全球治理。[①]

人工智能在推动全球化发展的同时，也带来了全球治理问题。巩辰在《全球人工智能治理——"未来"到来与全球治理新议程》一文中认为，人工智能可能会引发新的全球焦虑，对国际安全和全球治理构成双重挑战，会带来数据隐忧等问题。其解决路径在于人工智能治理集中化、合法化与专业化，由政府政策引导和开展国际合作。中国作为人工智能领域的领跑者之一，应努力提高影响力和话语权。在全球人工智能治理当中，中国应利用人工智能优化经济治理和企业战略布局，提升国家治理的现代化水平，推动生态文明建设和环境治理，践行"一带一路"倡议。对于人工智能为全球治理所带来的新的机遇和挑战，中国应加强国际合作，并发挥积极作用。[②]

人类命运共同体理念为发展中国家之间的人权合作与交流提供了崭新的理念与思路，刘明在《人类命运共同体语境下全球人权治理的南南视角》一文中认为，中国提出的全球治理理念和联合国《2030

---

① 陈少威、俞晗之、贾开：《互联网全球治理体系的演进及重构研究》，《中国行政管理》2018 年第 6 期。

② 巩辰：《全球人工智能治理——"未来"到来与全球治理新议程》，《国际展望》2018 年第 5 期。

年可持续发展议程》所确立的人权目标相吻合，人类命运共同体理念正逐渐改变着西方发达国家所主导的全球人权治理体系和人权话语体系，为全球的人权治理提供了一条崭新的路径。作者认为，面对传统南南合作中出现的新问题，应在民生保障、政治互通、文化交流、非传统安全和联合国事务等多领域，构建一种遵循人类命运共同体基本理念的南南合作型共同体，共同改变全球人权治理中所存在的支配性不正义关系。作者进一步指出，广大发展中国家存在着公民生存权和发展权的责任优先视角、公民权利和政治权利的自主推进视角和国家或民族集体权利的共同认可视角。因此，南南人权合作易于产生共感效应、共生效应和集聚效应。这种"类视角—效应"是发展中国家之间多领域人权合作的天然纽带，推动着全球人权治理体制的变革。但南南人权合作应避免"霸权陷阱""侵权陷阱""零和陷阱"和"抱团陷阱"①。

难民问题是超越人权的全球问题，严骁骁在《国际难民机制与全球难民治理的前景——叙利亚难民保护实践的启示》一文中指出，叙利亚内战以来，大量难民涌入欧洲，国际社会开始认识到难民问题正在演变为日益严重的全球性问题。作者首先动态展示了难民这一概念及当下国际政治语境下的难民含义。其次，作者指出，当下的国际难民机制的特点是以人权为核心规范，以"不推回"作为基本操作原则，以联合国难民署为主要执行机构。作者以叙利亚难民为例，详细分析了叙利亚难民的构成及对其的救助活动，暴露出现有难民机制在难民救助上的作用有限。再次，作者指出，实现难民问题的全球化治理还存在联合国难民署的行动能力受制于主权国家、IDP（国内流离失所者）保护缺乏法理依据、区域合作难以深化三个方面的困难。最后，作者指出，要想实现难民问题的全球化治理，应推动难民保护的新理念——"保护的责任"在全球层面获得更多的共识，完善国际难民法，推动国际社会形成共同的难民问题治理目标。在全球难民治理问题上，中国应分清难民的实质，在为构建"人类命运共同体"向

---

① 刘明：《人类命运共同体语境下全球人权治理的南南视角》，《学术界》2018年第5期。

难民提供公共产品的同时，也要以审慎的态度认识到难民过度涌入所带来的隐患，从而把握二者之间的平衡。①

三　总结与展望

根据 2018 年度中国国际关系与国际政治研究的部分成果来看，中国学者立足国内外形势，充分把握国际形势变化，取得了丰硕的研究成果。究其原因，这与中国国家实力不断增强，国际社会地位不断提高，不断接近世界舞台中心密切相关，更与中国积极构建新型国际关系和人类命运共同体的"天下情怀"，对公正合理的国际秩序的孜孜追求有关。学者们既有"为天地立心，为生民立命，为往圣继绝学，为万世开太平"的责任心，又有放眼世界的国际眼光，把握国际形势风云变幻的时代担当，聚焦中国发展的自觉意识。

从理论研究成果来看，在西方主流国际关系理论对国际现象解释力不足的情况下，中国学者将研究工作的重心转移到了中国国际关系理论构建上来，极大地丰富了中国国际关系理论的研究内容，并通过对中国外交理念的解读、对中国外交理论构建的思考，更好地为中国特色大国外交服务。其特征是：第一，注重对西方国际关系理论原发思想的回溯研究。西方国际关系理论有着丰厚的历史底蕴与灿烂的思想，对国际关系理论发展有重要贡献的思想家更是数不胜数，其思想可谓一脉相承。通过对西方国际关系理论思想的重新解读，不仅能丰富理论研究的内容，而且为重新理解国际关系理论打开了新的视角。第二，关注西方非主流国际关系理论的发展。没有哪一种理论能够解释所有的现象，国际关系理论亦是如此。虽然西方主流国际关系理论牢牢掌握着国际关系与国际政治的话语权，但并没有湮没非主流国际关系理论研究的"声音"。马克思主义、英国学派、法国学派和女性主义对西方主流国际关系理论的批判性研究，在一定范围内弥补了主流国际关系理论的缺陷，为研究国际社会提供了崭新的视角和研究方

---

① 严骁骁：《国际难民机制与全球难民治理的前景——叙利亚难民保护实践的启示》，《外交评论》2018 年第 3 期。

法。此外，拥有丰富历史和国际关系研究素材的日本和非洲也得到了学者的关注，不仅从专业角度分析了这些国家或地区未能构建起具有本地区或本国特色国际关系理论研究的原因，而且提出了如何在这些地区或国家建立具有自身特色国际关系理论的建言，从侧面对主流国际关系理论进行了批判。第三，新本体论的提出为解释国际现象提供了更多的视角与方法，越发得到国内学者的重视，从不同本体论出发的研究成果丰硕，是2018年度理论研究的重大创新与进步，也应在未来继续得到重视与发展。第四，以构建中国国际关系理论为研究工作的重心，成果丰硕，但依旧任重道远。中国正在不断接近世界舞台中心，如何构建不同于西方而又具有中国特色的国际关系理论，是获得国际话语权的关键。中国拥有几千年的政治文明、丰富的历史遗产和中国外交遗产，如何从中国视角解读国际现象，建立具有普遍意义的国际关系理论是今后学者应继续努力的方向。第五，注重对中国外交理论的解读与分析，缺乏构建中国外交理论的研究成果。在新时代背景下，中国提出了"一带一路"倡议、构建新型大国关系和构建人类命运共同体的外交理念，针对这些理念所展开的解读与分析占了研究成果的大部分，而对于中国外交理论的构建虽有涉猎，但有待加强，以便更好地服务于中国特色大国外交。

从应用性研究成果来看，围绕多边和双边关系的研究是应用型研究的重点。但随着实力的增强，中国不断接近世界舞台中心，再加上中国"天下情怀"的道义担当，针对全球治理问题开展的全球治理研究成为应用型研究的热点议题。就应用型研究而言，尚存在以下问题：其一，多边关系研究更多地集中于经贸、地缘政治或战略角度展开，从文化、宗教、国民性等角度的研究比较匮乏，但不能否认这是"一带一路"倡议推进过程中的现实问题且亟须解决。其二，双边关系研究多集中于大国关系的研究，尤其是中美关系的研究。不可否认，中美两国分别作为"进取国"和"守成国"，两国的结构性矛盾越发突出，是我们应该关注的重点。但国际社会还存在许多其他国家行为体和非国家行为体，它们对国际格局的影响力日益增强，不可忽视它们在国际格局变化以及未来中美博弈中的作用。此外，研究成果中对中美矛盾分析得比较多，但对如何构建具有良性竞合特点的中美双边关系缺乏论述，这应成为中国学者接下来研究的方向与重点。其三，全球治理缺乏有效的理论与路径。的确，在"人类命运共同体"理念的指导下，我们应该追求合作共赢，但对如何形成具有普遍意义的理论和行之有效的路径，尚需加大探索。随着中国日益接近世界舞台中心，不仅需要具有普世价值或能被其他国家理解和接受的外交理念，而且需要形成系统的外交理论和行之有效的实现路径，这是新时代赋予中国国际关系与国际政治学科学者的任务，更是中国外交的迫切需要。

中国比较政治学[*]研究的新动态

吕同舟　周幼平　李辛^{**}

总的来说，2018 年，中国比较政治学研究呈现出欣欣向荣之势。具体地看，在比较政治学理论研究方面，学界普遍开始反思西方中心主义，越发注重对后发国家经验的总结和归纳，强调应当立足本国实践、构建具有本国特色的话语体系。在比较政治学方法阐释方面，仍然以梳理和介绍为主，缺乏深入原创的讨论。在比较政治学研究议题方面，"政治转型"仍然最受学者青睐，但与此同时，传统意义上较少受到关注的非典型西方国家以及非传统议题也开始获得一定的关注，体现出中国比较政治学正在不断走向纵深。

一　比较政治学理论研究

近年来，伴随着西方民主体制面临越来越多的现实问题和对中国政治发展道路自信的强化，国内学者开始越来越多地反思西方既有的

　＊　这里对比较政治学采用了较狭义的理解：第一，在方法论上，并不关注比较的方法，而只关注比较政治的方法。由于一些学者混合使用了这一概念，我们依据主题词对此进行界定。第二，由于比较政治的各主要理论均有其他学科的理论来源，学者们有时也会混合使用这些概念，对此，我们也依据是否属于政治学的原则来进行选择，例如，对理性选择理论只选择其在政治学中的应用，而不涉及一般性的理性主义或其在哲学、经济和社会学中的应用。第三，对于国别研究，重点关注明确运用了比较方法（且不包括中国国内政治的比较）或对两个及以上国家进行比较的成果。第四，对于属于政治学理论或政治学其他学科的内容，例如政治制度、政党政治、国家治理、政治权力、法团主义等，尽管有些文章有比较政治的主题词，但缺乏直接明确的比较，本文也没有关注；相反，如果是有两个以上个案的直接而明确的比较，则可能会收录在内。第五，只对中国大陆学者在大陆发表的研究成果进行评述。
　＊＊　上海师范大学哲学与法政学院。

比较政治学理论，提出要建构具有中国特色的话语体系。在肯定这一可喜变化的同时，也必须看到，中国比较政治学话语体系的构建还处于知识积累阶段，当前关于"讲好中国故事"的研究仍然主要处于将中国作为个案进行阐释的阶段。换言之，具有一定比较意义的中国经验多是具体的治理经验，虽然在构建国家治理能力的类型学方面有相当的价值，但尚未形成系统的理论和方法，还需要更多地在全球视野或比较的框架中对中国模式和后发展国家的发展模式作出被广泛认可的抽象概括，要对这些模式与西方模式的关系做出被广泛承认的理论解释。因此，在当前和未来一个时期内，如何进一步挖掘本土资源、构建具有中国特色的话语体系，是摆在中国比较政治学人面前的重大理论问题。

李路曲在《中国特色比较政治学话语体系的建构及其面临的问题》一文中试图回应两个重要的理论命题：第一，在何种程度上理解不同话语体系之间的差异？作者开宗明义地指出，应当承认不同话语体系之间的差异，但与此同时也应当明确，无论是哪一种话语体系，在知识、价值和诉求上，同一性和差异性都是普遍存在的。结合中国实践来看，既应当承认话语体系差异性的存在，又不必过度强调这一点——简单地说就是，不同的比较政治学的话语体系的内容，即方法、理论和议题是基本相同的，不能由于西方率先构建了政治学的学科体系，就把它简单地说成是西方的东西。不同话语体系之间的差异性主要是指渗入理论、议题和行为之中的某些差异性价值及各国所面临的具体的时序差异性发展议题。事实上，从西方比较政治学话语体系发展历程看，欧洲话语体系和美国话语体系的更迭无疑就证明了西方的理论构建和发展理论本身就是多元性与同一性相结合的，它与后发展国家的学者在中观理论和发展路径中所强调的多元性并没有本质的区别。[①] 这一判断为实现不同话语体系间的有效对话提供了理论桥梁。

第二，如何建构中国特色比较政治学话语体系？作者指出，中国

---

① 李路曲：《中国特色比较政治学话语体系的建构及其面临的问题》，《学海》2018年第1期。

比较政治学话语体系的建构既要按照经典政治学的规范进行知识的积累，也要力求发现被经典政治学尤其是西方政治学所忽视的问题和领域，同时还要对一些重要的、带有西方印记的概念进行创新，并在此基础上进行理论与方法的创新，最终形成对世界政治发展进程尤其是各种发展模式的解释。当然，这一过程并非一蹴而就，而是在历史与现实的对话中、在理论与实践的互动中、在不同话语体系的交流中逐步形成的。此外，作者还进一步强调，在构建中国特色比较政治话语体系的过程中，不能违背学术规律，尤其是不能以意识形态或种族中心主义偏见来替代学术判断。①

值得一提的是，李路曲 2018 年出版的《新加坡道路》一书，以考察新加坡开埠前后的历史为起点，在比较的视野下对历史进程中的重大事件，如移民结构、社会变迁、文化选择、殖民主义、政治发展、政治体制、经济发展、企业制度、政党政治、国家与社会的治理方式等进行了探讨，对深入理解东亚政治发展具有不小的参考价值。②

承袭前文的逻辑，构建中国特色比较政治学的关键一环在于实现本土化的概念生产，并且能够实现特殊主义和普遍主义之间的衔接。徐明强总结了近年来国内学界概念生产的策略，将其概括为"属性调整"和"统摄性概念转换"两类。作者认为，前者承认西方概念，以中国经验为基础，调整既有概念的内涵；后者则以中国政治体制的比较优势为基础，构建新的政治学概念。在此基础上，作者进一步提出，应当以属性调整为基础，强化统摄性概念转换，最终建构既立足中国本土又具有普遍性的概念体系。③ 应当说，这项工作是推动话语体系建设的基础和标志，但同时又极富挑战性。

李新廷在《比较政治学中的政治发展理论——后发展国家与中国经验视角的反思与重构》一文中对政治发展理论进行了重新检视，并立足后发国家经验提出了政治发展理论重构的可能路径。作者认为，

---

① 李路曲：《中国特色比较政治学话语体系的建构及其面临的问题》，《学海》2018年第1期。

② 李路曲：《新加坡道路》，中国社会科学出版社 2018 年版。

③ 徐明强：《从本土生成到比较视野——中国政治学概念生产的策略转变》，《比较政治学研究》2018 年第 2 辑。

既有的政治发展理论存在三大缺陷——在知识论上忽视了后发展国家建构的复杂性，在方法论上缺乏比较历史的视野，在逻辑论上显现了目的论式的线性发展观和社会中心主义的政治逻辑，从而陷入"西方中心主义"的误区。结合后发展国家与中国政治发展的经验，作者进一步指出，政治发展理论的重构应当从三个方面着手：其一，国家建构是政治发展的首要任务；其二，必须挖掘本土政治文化价值作为制度与能力建构的重要支撑；其三，在方法论上强化比较历史分析。[①]作为比较政治学中的显学，政治发展理论以西方制度体系为潜在假设，但这一理论在解释当前后发国家发展实践时面临着诸多困境，存在着较为显著的修正空间。当然，要从当前后发国家发展实践中抽象出普遍性的解释框架，并对既有政治发展模式提出"挑战"，这从目前来看仍然任重道远。

实际上，当前西方国家民主运行失常的事实，同样引起了西方学者的深刻反思，其中采用后现代主义叙事方式的"后民主"理论是焦点之一。王建新梳理了国外后民主理论研究状况，展示了后民主理论的基本脉络。后民主理论认为，民主制度的演化遵循抛物线式的轨迹，而当前西方民主恰处于下行阶段，即徒有民主制度之表，而无民主运行之效。其原因至少有四：后工业社会对政治体系的冲击，经济全球化是后民主最明显的推动力；政党的极化推动了后民主的发展，公共服务私有化助长了精英的权力。为缓解民主制度边际效应递减的趋势，后民主理论学者提出应当从限制企业精英的权力、启动政治实践的改革、激发政治参与的热情等方面入手。虽然这一理论在因果分析、经验事实和解决方案等方面饱受争议，但无论如何，这一理论带来了诸多启示：应超越简单的"威权—民主"二元论，重视"民主运行"的新议题，同时也要承认并关注民主模式的多元化。[②]

贯穿前述几篇文献的逻辑主线之一在于，充分挖掘后发展国家的

---

① 李新廷：《比较政治学中的政治发展理论——后发展国家与中国经验视角的反思与重构》，《中南大学学报》（社会科学版）2018 年第 2 期。

② 王建新：《国外后民主理论研究：发展脉络、相关争论与学术启示》，《国外社会科学》2018 年第 2 期。

经验事实，超越既有理论的局限，运用新的概念构建新的话语体系，阐发出具有普遍性的理论成果。虽然这一工作任重道远，但却是摆在中国比较政治学人面前的重大时代课题。

除此之外，还有两篇文献同样也值得关注。邢瑞磊在《宏观与微观的融合：比较政治学研究路径的逻辑调适与演化》一文中对比较政治学研究路径进行了逻辑探索。作者认为，比较政治学理论研究的调适过程，反映了整个西方社会科学理论研究的总体动向，即以世界各国实现现代性的途径为问题核心，通过比较方法在"共时性"因果分析与"历时性"次序组合之间取得平衡结果，推动比较政治传统的宏观的结构主义与微观理性选择分析在中观理论层次上走向融合。作者进一步提出，这一认识有助于中国比较政治研究定位核心研究问题，并为立基于中国经验、确立有中国特色的发展道路的理论探索提供支持。[①] 翁嫣、陈剩勇引介并评论了达龙·阿西莫格鲁关于国家兴衰的理论成果。阿西莫格鲁的理论特色是将经济学方法应用于政治学问题分析，以"制度"为主线和归因，用经济分析、量化研究、历史比较等方法，解析了制度与权力、制度与经济绩效、制度与国家兴衰、政治制度与经济制度等多组重要关系，从制度决定论的视角构建了一个理解国家兴衰的理论框架，强调国家长期保持兴盛的根本原因在于包容性政治和经济制度。经济学视角的引入，无疑可以为政治问题研究开拓独特的方向。当然，阿西莫格鲁的理论也存在着一些局限，例如，一些理论和论证过程不够周延、论证方法不足、存在意识形态偏见等。[②] 但无论如何，这是一种有趣的阐释，对于理解国家兴衰、开阔国内学界研究视野乃至构建中国特色话语体系具有相应的借鉴作用。下一步应当在理论引介的基础上，进一步强化理论创新的能力。

---

① 邢瑞磊：《宏观与微观的融合：比较政治学研究路径的逻辑调适与演化》，《比较政治学研究》2018 年第 1 辑。

② 翁嫣、陈剩勇：《国家兴衰的制度之维：阿西莫格鲁的阐释》，《学术界》2018 年第 1 期。

二　比较政治学方法阐释

2018 年，中国比较政治学学者对方法论的研究依然寥若晨星。而且，仅有的两篇以方法论为核心问题的研究成果，也以对方法的梳理和介绍为主，缺少对方法的深入或原创性的讨论。

（一）对比较研究方法的研究

刘浩然的《社会科学比较研究方法：发展、类型与争论》一文先对比较研究方法在西方社会科学界的发展阶段进行了梳理，然后将之分为描述性比较研究、分析性比较研究与解释性比较研究三种类型，最后探讨了比较研究方法在具体应用中的四点争论。

该文将比较研究方法分为描述性比较研究、分析性比较研究与解释性比较研究三种类型。其中，描述性比较研究"主要将比较作为研究的一种目的，或者寻找分析单位的相同点，或者寻找不同点。对为何产生区别或出现一致并没有解释，也没有进一步解释这种区别或一致的后续影响"；分析性比较研究则"在描述性研究的基础上，对经验材料进行'深加工'，根据描述对经验材料内容进行分析与综合，但最终并没有构建出因果关系及解释"；解释性比较研究的"一般目的正像一般科学分析一样，在于就经验性现象的规则和变化，形成符合逻辑的严格因果解释"①。

对比较研究方法的四大争论，该文也进行了深入的讨论：

第一，关于比较研究方法的分析单位只应是国家抑或也可以是其他单位的问题，刘浩然主张后一种观点。他认为："如果将比较研究的分析单位仅仅限于国家，一方面人为限制了比较方法的适用范围，另一方面也否定了现有大量对其他分析单位进行研究的价值……既然方法是为研究提供服务的工具，那就不应当有偏见，比较研究方法当然可以运用到除国家外的其他分析单位之中，只不过在具体应用时应

---

① 刘浩然：《社会科学比较研究方法：发展、类型与争论》，《国外社会科学》2018年第 1 期。

当注意比较的层次与可比性的问题。"①

第二，关于比较研究方法的研究取向应该是目的还是手段的问题，作者持后一种观点。他指出："'以特定的理论假说为指导而试图通过比较研究而建立某种具有普遍价值的理论体系的学术努力'。这才是社会科学研究应追求的目标，同时其也将比较研究还原为一种方法和手段，而不是目的本身。"②

第三，关于比较研究方法在诸多研究方法中的地位问题，作者倾向认为比较思维是其他研究方法的基础。而且，案例研究尤其是单个案例的研究与比较研究的联系也得到了作者的支持。"无论哪种个案研究，虽然案例只有一个，还是存在着比较的痕迹。概括起来，个案研究中的比较有两种方法：第一，通过设想的实验，可以实现与理想类型的比较；第二，通过加入时间序列或文化变化等，实现内部变化，从而进行比较。"③

第四，关于比较研究方法属于定性研究还是定量研究的问题，刘浩然以加里·格尔茨和詹姆斯·马奥尼两位学者的"统计学—概率论"与"逻辑学—集合论""两种传承"看法为基础，认同拉金将定量方法、比较方法、定性方法放到同一层级上的思路。

该文对比较研究方法的梳理和讨论较为全面，有助于国内学者从整体上快速把握比较研究方法的全貌，加深国内学者对比较研究方法的认识，从而在一定程度上提升国内比较政治学研究中的科学性。然而，该文也存在一些瑕疵：其一，该文因所有方法中都或多或少地存在着比较思维的影子，倾向于支持比较研究法统领社会科学方法。然而，比较思维和比较研究方法之间其实存在较大的差异，而且，其他研究方法中除了含有比较思维之外，也有其他思维的存在，甚至其他思维居于更重要的地位。因此，该文对比较研究方法的定位还有待进

---

① 刘浩然：《社会科学比较研究方法：发展、类型与争论》，《国外社会科学》2018年第1期。

② 刘浩然：《社会科学比较研究方法：发展、类型与争论》，《国外社会科学》2018年第1期。

③ 刘浩然：《社会科学比较研究方法：发展、类型与争论》，《国外社会科学》2018年第1期。

一步商榷。其二，该文支持将定量方法、比较方法、定性方法放到同一层级上，但既没有指出比较方法和"统计学—概率论"与"逻辑学—集合论"的传承，也难以处理三种方法之间的交叉问题。

（二）对比较政治学定量研究方法的研究

游腾飞的《论比较政治学的定量研究方法》一文"探讨比较政治学定量研究方法的哲学起源，并在介绍这一方法的学术史和基本操作步骤的基础上，指出其可能的发展趋势"。

首先，该文指出："定量研究方法的思维逻辑来自于科学哲学中的实证主义。在检验三原则的影响下，比较政治学中的定量研究出现了三种研究学派的分野，即数量描述型定量研究、认知解释型定量研究和假设验证型定量研究。"

其次，与比较政治学的发展经历了四次重大变革相适应，定量研究方法在比较政治学的四个发展阶段上呈现出不同的特征（参见表1）。

表1   **定量方法和比较政治的映射**

	比较政府阶段	行为主义阶段	后行为主义阶段	第二次科学革命阶段
定量研究方法的技术特征	结果描述	过程描述	解释现象	验证假设
比较政治研究的方法论特征	发现现象	分类案例	溯源因果	形成规律

资料来源：游腾飞《论比较政治学的定量研究方法》，《探索》2018年第4期。

再次，对比较政治学定量研究的基本处理方法问题，该文对确定变量间的相关关系、控制变量数量进行了不同研究对象的比较，并对多元分析方法和样本数量补充方法等四种常见的比较政治学定量研究基本处理方法进行了较详细的介绍。

复次，该文指出，比较政治学定量研究方法的研究过程包含了研究问题、研究假设、研究设计、测量变量、搜集数据、分析数据和作出结论七个步骤，并分别进行了较详细的阐述。

最后，该文指出了比较政治学定量研究方法发展中的两种趋势：

其一，在定量研究方法与质性研究方法间的竞争中，出现了将定量研究和质性研究方法结合的混合分析路径；其二，借助统计方法和计算机技术的进步，比较政治学的定量研究也开始被引入这些工具以增强自身的能力。

该文对作为重要研究基础的定量方法所进行的梳理，显然有助于学者从整体上把握定量方法。此外，对哲学源泉和学术史的回顾，更有利于国内学者在深入理解比较政治学定量研究方法演化路径的基础上，结合比较政治学的学科发展并借助研究技术手段的进步，尝试比较政治学定量研究方法的推陈出新。需要指出的是，该文对比较政治学定量研究方法的介绍过于宏观，没有对属于比较政治学定量研究方法这一类别的具体方法加以介绍，在一定程度上削弱了其价值；在未来的发展中，以计算机模拟归纳来替代传统的数学演绎推导是一种具备很大潜力的研究方法。

三 比较政治学议题梳理

尽管比较政治学因为强调"比较方法"的使用而在政治学领域中"无处不在"并面临着批判，但实际上，在学科发展的过程当中，比较政治学的关注议题已经有了相对的稳定性。通过对三篇比较政治研究的分析文献——李·西格曼与乔治1983年发表的《现代比较政治：总体考量与评估》[1]，艾德里安1999年发表的《比较政治学：自20世纪80年代的总体考量与评估》[2]，赫拉尔多·蒙克与理查德·斯奈德2007年发表的《讨论比较政治的方向：基于主流杂志的分析》[3]——的统计和梳理来看，西方比较政治的分析议题（substantive scope）已经相对稳定了，大体上可以归纳为五个主要论题，涵盖超

① Lee Sigelman & George H. Gadbois, Jr. , "Contemporary Comparative Politics: An Inventory and Assessment," *Comparative Political Studies*, 1983 (16).

② Adrian Prentice Hull, "Comparative Political Science: An Inventory and Assessment Since the 1980's," *Political Science*, 1999 (3).

③ Gerardo L. Munck & Richard Snyder, "Debating the Direction of Comparative Politics — An Analysis of Leading Journals," *Comparative Political Studies*, 2007 (1).

过25个具体议题：（1）政治秩序，包括国家构建与国家崩溃、战争、环境、民族主义、内战与暴力、民族与民族暴力；（2）政体，包括政体多样性、民主化与民主崩溃；（3）社会行为体：包括社会运动与公民社会（含社会资本、社会抗议）、利益团体（含企业和劳工组织）、公民态度与政治文化、宗教、庇护主义；（4）民主与国家制度，包括选举与投票及选举制度、政党、民主制度（行政、立法）、联邦主义与分权化、司法、官僚、军队与警察、政策制定；（5）经济与跨国家进程，包括经济政策与改革（含福利国家、发展型国家、新自由主义、资本主义多样性）、经济发展、全球化、跨国家整合及进程。

尽管由于中西方在制度结构、发展阶段等方面存在差异，它们各自在比较政治学关注议题上必然存在着不同，但正如前文所述，普遍性的存在为参考借鉴西方比较政治学议题提供了可能。因此，本文将参照这一框架，对中国比较政治学研究的具体议题进行归纳，以期发现中西比较政治学议题的差异，同时探索中国比较政治学研究议题的变化规律。

（一）政体：政治转型方式、民主绩效、民主崩溃

在"政体"这一论题下，国内学界围绕政治转型的条件、政治转型的方式以及转型后所面临的运行绩效、民主崩溃等问题，进行了比较深入的探讨。

"二战"以后，亚洲各国家或地区普遍经历了从威权体制到多元体制的政治转型历程，但从影响来看却各不相同。现有文献普遍认为，推动亚洲各国或地区政治转型的根源在于工业化、现代化所带来的社会阶层结构与社会利益结构的变化，新的社会阶层产生了新的政治诉求，进而带来了社会意识、社会心理的连锁反应。房宁、丰俊功在对亚洲各国或地区政治转型的动因、条件、主要推动力量进行细致梳理的基础上，进一步归纳总结并提出，以城市化率为标志的经济社会发展水平，是一个国家民主化政治转型能否成功的核心指标——在发生政治转型时经济社会发展水平较高、城市化率超过70%的国家和地区，转向多元政治体制后往往仍能保持政治体制的稳定运行；而

经济社会发展水平较低、城市化率不及 50% 的国家，在建立多元体制后往往会出现社会动荡不安，经济发展迟缓的现象。① 这为观察政治转型的成败提供了新的视角，也可以为预判政治转型的基础条件提供可能。当然，如果能够进一步挖掘城市化率与政治转型之间的内生机制，或许更具价值。

在民主转型方式的理论归纳方面，萨缪尔·亨廷顿、胡安·林茨、菲利普·施密特等经典作者均对此提出过深刻的洞见。潘沛在进行现有文献梳理的基础上，试图架构一种民主转型方式分析框架，并解析民主转型方式对一国民主化进程所产生的影响。作者以"民主化的动力来源（国家、社会、国际力量）"和"民主化的激烈程度（暴力、非暴力）"两个指标，将民主转型方式概括为六类，分别是政变、改革和变革、革命、社会运动、军事干预、援助或和平演变。他还进一步以突尼斯为个案解析民主转型方式之间如何交互地对民主化进程产生影响。② 当然，正如作者所提出的那样，现实中的民主转型方式往往是两种或多种方式共同作用或相继产生影响；同时，这一分析框架并未能穷尽所有的民主转型方式，而仅仅是一种理想类型的分析。但无论如何，这种尝试还是相当有价值的。

郝诗楠、张佳威以 2010 年底开始的"阿拉伯之春"浪潮为历史背景，同样探讨了政治转型的模式问题。作者在对现有关于分析和解释政治转型的动因及巩固的前景等方面的文献进行梳理后将其归纳为"结构路径""行动者路径"和"折衷路径"，进而抽象出"结构"和"行动者"两项因素；在此基础上，尝试提出"约束模式"和"自主模式"两种政治转型类型，试图解释这两项因素在转型过程中的不同关系。作者认为，"约束模式"指一种"国家内部和外部的结构性力量影响和限制行动者的策略选择"的状况；"自主模式"则强调行动者能够发挥自主性，不仅在解决转型矛盾时能够充分利用各种条件选择正确的变革方向，而且在面对外部结构压力时，也可以作出

---

① 房宁、丰俊功：《城市化率与亚洲政治转型》，《文化纵横》2018 年第 5 期。
② 潘沛：《民主转型方式及其影响：基于经验案例的考察和分析》，《国外理论动态》2018 年第 9 期。

积极的应对。他们还分别以埃及和乌克兰为案例进行进一步验证。①
应当看到，这一尝试是有益的，清晰地界定行动者与结构之间的互动
关系有助于阐释不同国家转型之路的差异，但同样值得关注的问题在
于，无论是何种模式，其结构性力量对行动者的限制和行动者的自主
性发挥均是同时存在的，关于这两种作用之间是如何进行博弈的问
题，可能还需要经验研究的支撑。

与此同时，另一个值得深刻反思的问题在于，近年来，在几乎所
有的西式民主国家中，均不同程度地出现了民主失灵或民主失效现
象。这究竟是民主体制在发展过程中所面临的暂时性障碍，还是一种
深刻的制度性衰败和长期性现象？关于这一问题的判断对于认识西方
民主体制乃至反思我国政治发展路径具有显著的作用。陈尧试图对此
进行分析。他认为，当前西方民主体制已经陷入了衰败，至少涵盖三
个方面：结构性衰败，表现为西方民主体制内部的结构失衡和紊乱无
序；有效性衰败，表现为国家治理能力和治理绩效的下降；正当性衰
败，表现为民众逐渐对西方政府乃至西方民主体制失去信心。他进一
步提出，现代民主国家的主要价值在于为社会提供公平、正义，为民
众提供有效的公共服务；与其争论"历史是否终结"，不如将重点聚
焦于完善治理体系，提升治理能力。②

此外，还必须警惕的是，政治转型并不必然意味着良好的秩序。
中东地区国家就是典型佐证。近现代以来，中东国家以西方政治模式
为效仿对象推动政治转型，但转型后的政治发展却面临着诸多问题，
这进一步诱发学者展开关于"伊斯兰教与民主能否兼容"的讨论。
田文林认为，中东国家政治转型诱发了政教分离所导致的伊斯兰世界
道统与法统相互分离、世俗与宗教力量相互内耗，以及政治发展从集
权转向分权导致伊斯兰世界陷入制度迷茫，集权与分权的矛盾、世俗
与宗教的矛盾、政治转型与经济发展的矛盾长期无法解决。③ 王永宝

---

① 郝诗楠、张佳威：《论政治转型的"自主模式"和"约束模式"——对埃及与乌克兰的案例比较研究》，《国际观察》2018 年第 5 期。
② 陈尧：《西方民主体制的三重衰败与"历史终结论"的终结》，《红旗文稿》2018年第 8 期。
③ 田文林：《中东政治转型：反思与重构》，《西亚非洲》2018 年第 1 期。

认为，伊斯兰国家民主化程度整体不高，其民主进程滞后主要包括"舒拉"协商制度解体和乌里玛阶层衰败、殖民统治和新殖民主义的影响、极端世俗化模式存在弊端、宪政体制趋于瓦解与议会制度面临失败，以及威权政体变异等。虽然当前伊斯兰世界仍然存在着推进民主化的力量，但要想成功实现转型，还面临着各种严峻考验。[①] 诚然，各个国家推动政治转型应当结合国情，将传统文化与外来文化有机结合起来，但在强调特殊性的同时，也应当警惕那种将"西方模式"过于妖魔化的可能理路。

顺理成章地，有部分学者开始聚焦转型后国家政治发展的实际状况，尤其是对民主崩溃的原因和发生机制进行阐发。从"第三波民主化浪潮"以来，世界范围内自由民主体制崩溃的重灾区在非洲。张佳威聚焦于这一区域，通过定性比较方法进行全样本分析，形成了两个解释非洲民主崩溃的模型：其一为"殖民遗产负影响"模型，即英帝国所实行的间接统治模式致使殖民地政治结构出现碎片化倾向，而议会制与非比例代表制的结合在该类非洲国家易形成一党独大或忽视关键少数族群利益的政治格局，由此引发的强人独裁统治和族群抗争激进化诱使民主政治失败；其二为"弱政治社会"模型主要基于不成功的宪制设计这一关键机制，即国家核心宪制安排的失败致使基础性权力分立，政治结构呈现出极高的离心性，制约了独立后政权的整合和吸纳能力。[②] 这种关于民主崩溃原因的分析，无疑能够反过来强化关于民主转型何以成功和巩固的解释，对于理解后发国家政治转型也能起到有益的帮助。

无论如何，前文的综述至少暗示出一点，那就是政治转型不能简单地模仿所谓"西方民主样板"，而应当植根于各自的政治历史背景和政治文化之中。这在理论层面的启示在于，关于政体类型的划分，应当超越简单的威权民主二元划分。正如叶长茂所提出的那样，后发国家的实践证明，简单的威权政体或者民主政体都存在政治风险。威

[①] 王永宝：《伊斯兰国家民主化进程滞后的成因探析》，《阿拉伯世界研究》2018 年第 2 期。

[②] 张佳威：《非洲民主政治的崩溃：基于定性比较分析的解释》，《国际政治科学》2018 年第 4 期。

权政体如果缺乏民主因素，民众的利益将无法得到保障；民主政体如果缺乏威权因素，则会出现不同利益集团之间的激烈对抗。因此，对于后发国家而言，要想有效地防控政治发展风险，应当建构威权与民主有机结合的现代混合政体。① 当然，在原则意义上进行论证是自洽的，需要进一步思考的关键在于，如何建构这类混合政体？或者更直接地说，混合政体中的威权因素和民主因素的界限何在？

（二）社会行为体：政治文化、政治参与、政治联盟分裂

"二战"以后，政治文化研究逐渐成为比较政治学研究的核心主题，并经历了从 20 世纪五六十年代公民文化范式到七八十年代代际转型范式，再到 90 年代社会资本范式的嬗变与转型。薛祥梳理了这一历史过程，强调这三重范式均将文化视为解释政治的核心因素，并采用了实证主义的研究方法，三者均建立了宏大的比较政治理论，在问题意识上呈现出从关注民主转型到民主绩效的深化，在内容和方法上也提出了继承和超越。作者还在此基础上进一步反思，认为政治文化分析最重要的问题出在方法论方面，即将文化作为分析单位本身存在模糊性；同时，在价值层面上，政治文化的研究也凸显了明显的身份意识、价值取向和强烈的国家使命感。正因如此，未来关于政治文化的研究，必然要依托于对本国政治文化资源的挖掘，服务于本国独特的政治发展路径。② 这也恰恰契合了前文多次提及的挖掘本土资源、构建中国特色话语体系的问题。

近几年来，在政治文化研究中一个带有较强中国特色的话题开始受到关注，即党内政治文化。林德山等认为，党内政治文化是一个包括政党所具有的党内外普遍认同的意识形态、行为准则、制度规范、工作作风在内的观念体系。在比较政治学的视域内，党内政治文化主要受到观念意识，包括政党的历史形象、意识形态、执政理念与文化，以及组织文化，包括政党的组织类型与构成、功能性变化、外部

---

① 叶长茂：《构建权威与民主有机结合的现代混合政体》，《中共天津市委党校学报》2018 年第 4 期。

② 薛祥：《从公民文化到社会资本理论——西方政治文化研究三重范式的嬗变与反思》，《宁夏社会科学》2018 年第 4 期。

制度环境、政党政治的发展趋势等因素的影响。作者进一步归纳了欧洲社会民主党在党内政治文化构建方面的经验和教训，并提出对我国党内政治文化构建的启示在于要有效发挥意识形态对党的聚合和组织动员作用，进一步提高党的适应性。①

关于政治参与的比较研究同样值得关注。作为政治过程的重要内容，政治参与对治理的质量、公众对政体的合法性的感知等具有重要意义。王正绪、叶磊华将政治参与行为分为两类，即选举类政治参与（包括投票和参与选举相关的活动）和非选举类参与（包括联系政府官员或非政府精英），利用涵盖东亚 11 个国家和地区的跨国（地区）调查数据，比较了不同政体模式下多种政治参与模式的相似性与差异性，同时也对有可能影响公民参与倾向的因素进行实证分析。② 当然，正如他们所说的那样，其文仅仅从数据层面进行了探讨，如果要想进行深入细致的描述，尚需要更多的数据和实验设计。

在行动者的层面上，参与政治变革的主体在变革以后会发生何种变化，同样是一个值得思考的主题。例如，2011 年以来，席卷西亚北非的"阿拉伯之春"运动对埃及和突尼斯产生了重大的政治和社会影响。参与者在运动前后发生了何种变化？这种变化将如何影响政治发展进程？周亦奇以"革命者的失望"为视角对此议题进行了探讨，认为"革命者的失望"这一变量反映了"革命联盟"在胜利后的分裂进程，是转型阶段各种政治力量权力斗争、经济冲突与理念冲突的体现。作者以 2013 年"阿拉伯民主晴雨表"对埃及和突尼斯问卷调查为基础，在其中选取了在埃及、突尼斯两国参与过此次运动的相关民众作为样本，从民主支持度、经济地位和政治伊斯兰三个层面分析了变量与"革命者的失望"的关系——在民主支持度上，埃及和突尼斯民主支持度对参与者的失望产生显著影响，但方向完全相反；在经济地位上，突尼斯呈现出显著的影响，但是埃及却没有表现出显

---

① 林德山、王书瑶、肖行超：《欧洲社会民主党党内政治文化构建的经验教训及启示》，《当代世界与社会主义》2018 年第 1 期。
② 王正绪、叶磊华：《东亚社会中的公民政治参与》，《政治学研究》2018 年第 1 期。

著的影响；政治伊斯兰与"革命者的失望"之间的联系则更为微妙复杂。① 未来，可供进一步探讨的包括（但不限于）"革命者的失望"与"革命联盟"分裂的关联机制如何？不同的自变量对参与者失望程度的影响如何？这些变量之间是否存在内生性关系？

（三）国家制度：政党政治、腐败遏制

政党政治是现代政治发展的重要特征。强化关于政党的理论认识，无疑有助于理解政治制度和政治发展。王绍光通过对现代政党政治的跨国和历史比较，廓清了现代政党的历史起源、不同类型及其衰落的根源。作者认为，19 世纪中叶以后，政党——尤其是大众党——在世界范围内兴起，源自社会主义运动和民族主义运动的爆发。但到了 20 世纪 50 年代，由于争取普选的社会主义运动基本完成，民族国家的基本格局也大致形成，导致原来的推动力量丧失，导致政党在西方的衰落，集中表现为登记党员数量大幅下降、党员占选民比重大幅下降等。在此基础上，作者进一步提出，中国共产党同时是国家的缔造者和建设者，唯有从"政党国家化"的角度，方能理解共产党不同于西方政党的特殊性所在。②

具体到多民族国家之中，民族主义的发展对于政党政治的影响同样值得深思。李宗开以受关注较少的摩尔多瓦、塞浦路斯、拉脱维亚等国为例，探讨了民族主义对欧洲国家的政党政治所产生的影响。作者提出，民族主义将决定政党属性，塑造政党政治的基本格局，直接体现在民族关系导致政党之间呈现出相应的关系、民族关系导致政党体系发生裂变等方面，民族主义还衍生出政党之间的主要政治分歧。在此基础上，作者进一步提出，应当关注政党的民族属性，甚至在很多时候，民族属性高于阶级属性；民族问题对国家发展所造成的阻力可能比阶级矛盾更大。③ 这一论证的启示在于，在欧洲一体化如火如荼进行的同时，分裂主义倾向也开始日渐抬头，尤其是民族分离主

---

① 周亦奇：《"革命者的失望"与"革命联盟"内部分裂——对埃及和突尼斯"阿拉伯之春"参与者的数据分析》，《国际安全研究》2018 年第 4 期。

② 王绍光：《政党政治的跨国历史比较》，《文化纵横》2018 年第 4 期。

③ 李宗开：《论民族主义对欧洲政党政治的影响》，《国外社会科学》2018 年第 1 期。

义、民族孤立主义以及排斥新移民等现象。从目前来看，这些问题所造成的社会影响越来越突出，已经对欧洲国家造成了相当程度的挑战。

此外，关于民主化能否遏制腐败的问题，同样长期受到学界关注，并形成了抑制效应、催生效应、倒 U 形关系等理论模式。毛益民、陈国权在既有理论框架认识的基础上将"民主情境因素"——主要包括经济发展、政治稳定、政府规模以及产权保护——纳入考虑范畴，采集 135 个国家 2009—2012 年的相关数据，采用模糊集定性比较分析，用于剖析民主、情境与腐败的复杂因果关系。研究发现，其一，同样是高民主国家，若政治稳定、经济发达且产权得到有效保护，则能实现低腐败；若政府规模小且产权保护缺乏，则会陷于高腐败。其二，若低民主、政治不稳定且产权保护缺乏，则会导致高腐败；其三，若经济落后、政府规模小且产权保护缺乏，无论民主程度高低，都会沦为高腐败。作者还进一步提出，在推进反腐败的工作中，必须慎重考虑民主化的情境适配性，而建设法治用以保护产权则是更为重要的工作。① 这种分析思路有助于深化学界对于民主化之情境效应的理论认识，也为当前反腐败实践提供了一种更为现实的政策思路。未来可供拓展的方向至少有二：其一是对民主、情境与腐败之间的作用机制进行深入的阐述；其二是对情境要素做进一步的拓展和完善。

（四）政治秩序：族群宗教多元主义

在政治秩序这一论题下，2018 年，学界重点关注的问题是族群宗教多元主义。结合现实来看，当前在美国和欧洲主要国家已经出现了选民政治分歧程度进一步提高，右翼或极右翼政治力量得到强化，传统政党出现衰落等政治现实。这些事实何以出现？将会对各国政治产生何种影响？能够产出何种经验教训？这些问题引起了学者的广泛兴趣。包刚升从族群宗教多元主义的视角进行了阐释。作者认为，这

---

① 毛益民、陈国权：《民主反腐的情境适配：一项跨国比较研究》，《经济社会体制比较》2018 年第 2 期。

些现实的出现，主要驱动力量在于人口结构多样化的提高与族群宗教多元主义的崛起，具体地看，首先，在民主价值观方面，移民群体与西方世界的主流人群存在着显著差异；其次，移民群体基于族群、宗教、国家的政治认同，与西方原先主流群体也存在着较大差异；最后，人口结构中族群宗教多样性或异质性的提高本身会对自由民主政体带来压力。作者进一步指出，问题的根源是族群宗教多元主义与西方自由民主政体之间存在着政治上的不对称结构，其悖论在于，西方自由民主政体秉承的自由原则与平等观念导致了文化多元主义的兴起，但如果部分少数族群宗教群体和部分移民群体不能对西方国家形成政治认同，不能对现有宪法体制与政治秩序提供政治支持，就可能反过来削弱西方的自由民主政体。作者还指出，为了应对族群宗教多元主义所带来的挑战，西方国家在移民、边境、族群、宗教等内外政策上很可能会转向更加保守主义、民族主义和现实主义的立场。[①] 此外，值得一提的是，包刚升 2018 年还出版了《民主的逻辑》一书，从民主论战、民主化浪潮、民主兴衰、民主治理绩效、民主发展未来等角度对民主体制及其运行逻辑进行了深刻的描绘[②]，启发了关于如何清晰地认识民主、人类未来的政治生活如何等问题的思考。

（五）经济与跨国家进程：发展型国家

发展型国家是建立在东亚新型工业化经济体，尤其是日本和韩国经验基础上的，关于后发国家如何实现经济跨越式发展的一组对政府经济理念、制度和政策的经验概括。这一模式的作用自然是显著的，但从另一个角度看，"发展型国家"似乎又与"东亚发展型国家"是共通的。这就诱发了一种思考，即发展型国家能否超越东亚经验，成为一个具有普遍比较价值的模式？张振华试图对这一问题进行回应。作者在对发展型国家的理念、制度和关系维度进行梳理的基础上，认为应当对"发展型国家"做最小定义，即将理念作为判定发展型体

---

① 包刚升：《西方政治的新现实——族群宗教多元主义与西方自由民主政体的挑战》，《政治学研究》2018 年第 3 期。

② 包刚升：《民主的逻辑》，社会科学文献出版社 2018 年版。

制的基础，其一在于有能力将经济发展设定为国家最为核心的使命与任务，其二在于主张和相信国家在经济中可以且应该起到更为积极和活跃的作用。在这一层次上，发展型国家具备了超越东亚情境的可能性。作者还进一步聚焦到中国，提出改革开放以后的中国在最小定义上属于发展型国家，但因其更多地建立在一套强化地方官员维护市场体制和发展辖区经济的激励之上而非"嵌入型自主"的基础上，且装备了更多的具有计划经济属性的政策工具，从而派生出与其他东亚发展型国家相异的现象。①

四　小结

总的来说，2018 年，中国比较政治学研究呈现出欣欣向荣之势。在比较政治学理论研究方面，开始普遍反思西方中心主义，越发注重对后发国家经验的总结和归纳，强调应当立足本国实践、构建特色话语体系。当然，这项工作依旧任重而道远。在比较政治学方法阐释上，主要以对方法的梳理和介绍为主，缺乏深入或原创性的讨论。在比较政治学议题梳理上，"政治转型"仍然是占比最大的话题，但关于转型后政治体制绩效的探讨开始吸引了部分学者的关注。同时，以前较少获得关注的非典型西方国家以及非传统议题也开始获得青睐，体现出中国比较政治学研究正在广度和深度上不断拓展。

---

① 张振华：《发展型国家视野下的中国道路：比较与启示》，《学海》2018 年第 6 期。

中国公共政策研究的新气象

黄新华　林迪芬[*]

　　2018 年是中国公共政策（学）研究深化和本土化的重要一年。党的十九大报告指出，经过长期努力，中国特色社会主义进入了新时代，我国社会主要矛盾已经转化为人民日益增长的美好生活需要和不平衡不充分的发展之间的矛盾。对社会主要矛盾的新论断意味着治国理政的公共政策将逐步发生重大转变。2018 年也是改革开放40 周年，全国各行各业开展了形式多样的纪念活动，公共政策研究（领域）学界也不例外，学者们撰文回顾了改革开放以来中国公共政策研究的进展、成效与趋势。本文评述 2018 年中国公共政策研究的主要成果和最新动向，阐明进入新时代以来公共政策的研究主题、视角和方法。全文主要围绕以下三个方面展开：首先是对 2018 年度公共政策研究的相关刊物、研究力量、政策领域和研究方法进行简要的描述性统计，其次是重点梳理和分析本年度公共政策研究所呈现的主题领域，最后是总结 2018 年度中国公共政策研究的主要特征并展望未来研究方向。

一　中国公共政策的研究概况

　　学术期刊是研究成果的主要载体。本文以中国学术期刊网络出版

　　* 厦门大学公共事务学院。

总库（CNKI）为文献数据来源，以"公共政策""政策分析""公共决策""政策过程""议程设置""政策问题建构""政策制定""政策执行""政策评估""政策终结""政策变迁""政策网络""政策扩散""政策价值"和"比较政策"等学科专业词汇为检索主题词搜集文献；时间范围是 2018 年；期刊来源为 CSSCI 期刊和北大核心期刊；检索条件 ="模糊"，共获得相关文献 517 篇。为提升统计的精确性，人工剔除会议综述、书评、征稿启事、新闻报道等非研究型文献，以及与"公共政策"主题明显不符的、无作者、重复记录的文献，最终获得 432 篇期刊论文，构成本文的研究样本。

为了解 2018 年中国公共政策研究的整体概况，本文选取四个指标进行综合评估，分别是研究刊物、研究力量、研究方法以及研究领域。首先，研究刊物是学术成果的载体，对高频期刊分布的统计可以了解公共政策的研究阵地和领域。其次，研究力量主要是通过研究机构和核心作者的发文量来表征，发文量是测量学术生产力和影响力的直接指标之一。再次，考察研究方法的运用情况，可透视当前政策研究的科学性和规范性程度。最后，选择政策领域作为分析指标之一，意在了解政策议题分布的广度和集中度情况，把握研究动向。

（一）研究刊物

统计 2018 年公共政策研究的期刊数量发现，有多达上百种期刊进入呈现范围。其中，刊载公共政策论文超过 6 篇的期刊有 13 种，位居前列的是《中国行政管理》与《电子政务》杂志，它们的载文量均超过 10 篇（参见表 1），特别是《中国行政管理》的载文量多达 26 篇。《中国行政管理》是反映政府行政管理理论与实践的权威期刊，亦重视刊发政策理论与实践的相关成果，它在一定意义上代表公共管理学界的较高水平。从期刊类型来看，大多数文章除了载于公共管理类期刊或综合类社会科学期刊外，还有不少文献出现在科技类、情报学类期刊上，分布范围较为广泛。

表 1   2018 年公共政策研究的高频期刊分布（≥6）

期刊名称	载文量	排名
中国行政管理	26	1
电子政务	12	2
人民论坛	9	3
行政论坛	8	4
公共管理学报	7	5
国家行政学院学报	7	5
科技管理研究	7	5
甘肃行政学院学报	6	8
江苏行政学院学报	6	8
领导科学	6	8
南京社会科学	6	8
情报杂志	6	8
中国科技论坛	6	8

（二）研究力量

1. 研究机构

从研究机构分布可以发现，高校是公共政策研究的首要场所与前沿阵地。其中，中国人民大学公共管理学院的发文量最多，累计 17 篇；北京师范大学政府管理学院、厦门大学公共事务学院和中山大学政治与公共事务管理学院以 8 篇论文发表量并列第二；南京农业大学公共管理学院、清华大学公共管理学院、南京师范大学公共管理学院紧随其后，发文量均达到 6 篇。此外，统计发现，除了各高校传统的公共管理学院之外，高校的公共政策研究呈现出分散化，法学、新闻传播学、经济学等相关学科也加入了研究行列，在一定程度上反映了公共政策跨学科研究态势的进展或深化。

表 2   2018 年各研究机构的公共政策论文刊登量情况（≥4）

研究机构	篇数	排名	研究机构	篇数	排名
中国人民大学公共管理学院	17	1	南开大学周恩来政府管理学院	5	8
北京师范大学政府管理学院	8	2	中央民族大学管理学院	5	8

续表

研究机构	篇数	排名	研究机构	篇数	排名
厦门大学公共事务学院	8	2	中南财经政法大学公共管理学院	5	8
中山大学政治与公共事务管理学院	8	2	东北大学文法学院	4	13
南京农业大学公共管理学院	6	5	电子科技大学公共管理学院	4	13
清华大学公共管理学院	6	5	华中科技大学公共管理学院	4	13
南京师范大学公共管理学院	6	5	兰州大学管理学院	4	13
湖南大学法学院	5	8	上海交通大学国际与公共事务学院	4	13
南京大学政府管理学院	5	8	中山大学中国公共管理研究中心	4	13

2. 核心作者

从作者发文量来看,发表 3 篇及以上论文的高产作者主要有 10 人(如表 3 所示)。南京农业大学的向玉琼以 6 篇的发文量位列第一,她主要探讨公共政策的价值取向和思维方式,呼吁身处后工业社会中的公共政策研究应实现转型。紧随其后的是北京师范大学的王洛忠,发表了 5 篇论文,他主要借助现实案例分析政策变迁的规律以及对公共政策相关主题进行文献计量分析。中国人民大学的李文钊、湖南大学的李金龙两位学者各发表了 4 篇论文。李文钊的 4 篇论文主要是评述间断均衡理论和多源流框架的内涵、逻辑和应用等;李金龙关注的则是不同政策情境下的政策执行和政策变迁的实践逻辑。此外,还有 6 位学者各发表了 3 篇论文,他们共同为公共政策研究贡献了不同的理论视角或实证案例,其研究在一定程度上代表了学科关注的热点和重点问题,对学科发展起到了引导和启示作用。

表3　　　　　　2018 年国内公共政策研究作者发表论文情况

研究者	发表篇数	所属机构
向玉琼	6	南京农业大学公共管理学院
王洛忠	5	北京师范大学政府管理学院
李文钊	4	中国人民大学公共管理学院

研究者	发表篇数	所属机构
李金龙	4	湖南大学法学院
陈振明	3	厦门大学公共事务学院
贾开	3	电子科技大学公共管理学院
马亮	3	中国人民大学公共管理学院
曲纵翔	3	中央民族大学管理学院
杨志军	3	贵州大学公共管理学院
钟裕民	3	南京师范大学公共管理学院

（三）研究领域

本文采用一般的分类方式，按照公共生活领域将公共政策分为经济政策、社会政策、文化政策、科技政策和其他五大类，每一大类下还包含具体的政策领域小类，据此统计 2018 年 432 篇论文所涉及的政策领域情况，结果如表 4 所示。由表 4 中数据可以发现，有65.04% 的文章均涉及某一具体的政策领域，这说明学者日益提升对实践问题的关注度和敏感性。其中，广受学者关注的排名前五的政策领域分别是教育政策（10.19%）、环境政策（6.48%）、扶贫/脱贫政策（5.79%）、产业政策（5.32%）、医疗卫生政策（4.63%）。

社会政策在我国经历了从无到有、从属于经济政策到逐渐独立于经济政策的过程，其内涵、范畴和价值已获得极大拓展，尤其是在新时代背景下，人民需求的新变化对社会政策创新发展提出了更高的要求[1]，社会政策的变迁与调整是顺应时代和公众福利需求变化的必然选择。[2] 2018 年，学界最为关注社会政策中的环境政策、扶贫/脱贫政策、医疗卫生政策等。在环境政策方面，环境政策工具运用[3]、环

---

[1] 李迎生、吕朝华：《社会主要矛盾转变与社会政策创新发展》，《国家行政学院学报》2018 年第 1 期。

[2] 颜学勇、周美多：《社会风险变迁背景下中国社会政策的调整：价值、内容与工具》，《广东社会科学》2018 年第 4 期。

[3] 李翠英：《政策工具研究范式变迁下的中国环境政策工具重构》，《学术界》2018 年第 1 期。

境政策效应①等一直是学者们热衷探讨的议题。对于扶贫/脱贫政策，自精准扶贫战略实施以来，考察精准扶贫政策执行状况②、实践困境③等就成为毋庸置疑的重要研究课题。在医疗卫生政策方面，学者们对卫生政策的演进历程④和变迁机制⑤展开了一系列翔实的讨论。

经济政策是学界关注的第二大政策领域，早期研究大多探讨的是其财税、货币、金融等方面。近年来，产业政策成为研究和讨论的热点和焦点。除了经济学界对产业政策存废和转型问题的讨论外，公共政策学界主要围绕其政策变迁⑥、政策执行⑦等方面进行深入探究。另外，交通政策尤其是网约车政策也成为学者们热议的焦点话题，比如剖析网约车政策的影响因素⑧、构建网约车政策评价模型⑨等研究内容。

随着我国对于建设文化强国和创新型国家战略目标的重视，学界对文化政策和科技政策的关注日益提升。其中，文化政策中的教育政策是学者们着重探讨的对象，研究议题涉及教育政策过程分析、比较研究、政策价值理念等，横跨公共政策学和教育学等多个学科。在科技政策领域，对于科技创新政策40年演进历程的梳理⑩、科技政策执

---

① 沈坤荣、金刚：《中国地方政府环境治理的政策效应——基于"河长制"演进的研究》，《中国社会科学》2018年第5期。

② 袁明宝：《扶贫吸纳治理：精准扶贫政策执行中的悬浮与基层治理困境》，《南京农业大学学报》（社会科学版）2018年第3期。

③ 周望、逄俐君：《精准扶贫的现实困境及路径选择——对山西部分国家级贫困县的调查分析》，《学习论坛》2018年第2期。

④ 曹琦、崔兆涵：《我国卫生政策范式演变和新趋势：基于政策文本的分析》，《中国行政管理》2018年第9期。

⑤ 李金龙、王英伟：《信仰的变革与回归：倡议联盟框架下中国医疗卫生政策变迁研究》，《中国卫生政策研究》2018年第1期。

⑥ 欧阳友权、江晓军：《问题聚焦与政策论证：我国文化产业政策演变分析》，《国家行政学院学报》2018年第1期。

⑦ 孙刚：《选择性高科技产业政策能被精准执行吗——基于"高新技术企业"认定的证据》，《经济学家》2018年第8期。

⑧ 王学成：《网约车政策的影响因素与波及》，《改革》2018年第3期。

⑨ 张永安、伊茜卓玛：《各地网约车政策评价与比较分析》，《北京工业大学学报》（社会科学版）2018年第3期。

⑩ 薛澜：《中国科技创新政策40年的回顾与反思》，《科学学研究》2018年第12期。

行效果评估①、科技人才政策主体协同机制分析②等是 2018 年该领域的研究热点和重点。

表 4　　　　2018 年公共政策研究涉及的政策领域情况

政策领域	具体政策	频数	比例（%）	政策领域	具体政策	频数	比例（%）
经济政策（14.80%）	产业政策	23	5.32	社会政策（29.17%）	环境政策	28	6.48
	交通政策	9	2.08		扶贫/脱贫政策	25	5.79
	财税政策	8	1.85		医疗卫生政策	20	4.63
	区域发展政策	8	1.85		社会保障政策	18	4.17
	土地政策	7	1.62		就业/创业政策	12	2.78
	资源/能源政策	6	1.39		人口生育政策	6	1.39
	收入分配政策	1	0.23		住房政策	6	1.39
	金融政策	1	0.23		社会组织政策	4	0.93
	PPP 政策	1	0.23		网络政策	3	0.69
文化政策（13.20%）	教育政策	44	10.19		社区治理政策	2	0.46
	公共文化政策	8	1.85		家庭政策	2	0.46
	体育政策	4	0.93	科技政策（7.18%）	技术政策	19	4.40
	知识产权政策	1	0.23		创新政策	8	1.85
其他（0.69%）	民族政策	3	0.69		科技人才政策	4	0.93

（四）研究方法

本文对研究方法的分类从三个层面展开：一是方法论，按照科学研究的基本划分方法，分为规范研究和实证研究两大类。根据数据统计可以发现，2018 年所载的 432 篇论文中，采用规范研究方法的文献有 277 篇，占总体的 64.12%，其余 155 篇采用实证研究方法，其中定性研究所占的比例几乎是定量研究的两倍之多。在 111 篇定性研究的文章中，有一半左右是根据政策文本进行内容分析的研究。比如何文盛和杜晓林等基于甘肃省 92 份政策文本，梳理了农

---

① 夏霖：《科技创新政策执行效果评估的理论基础——以河南省为例》，《中国高校科技》2018 年第 8 期。

② 徐倪妮、郭俊华：《中国科技人才政策主体协同演变研究》，《中国科技论坛》2018 年第 10 期。

村扶贫政策的演进特征与价值取向①；王佃利和刘洋基于对特色小镇中央政策文本的分析，从政策学习的视角出发，对中央特色小镇政策发展的脉络和逻辑进行详细阐释。②

二是实证研究过程中的资料收集方式，采用实证研究方法的论文中主要运用的仍是二手数据，占据55.48%，二手数据因其搜集相对简便、成本低、速度快，成为研究者普遍青睐的数据来源。其次是问卷调查方式，占17.42%，实地访谈方式所占比例不足15%，参与观察和实验法的采用更是屈指可数，这在一定程度上反映了资料采集方法运用的失衡状况，大量鲜活的一手材料尚未获得充分的重视。

三是在统计方法的运用层面上，有45.16%的论文没有应用统计方法，其余54.84%的采用统计方法的论文大多以描述性统计和多元回归分析为主，说明目前对统计方法的运用仍然处于较为初级和简单化的阶段。但我们也发现，诸如定性比较分析、社会网络分析、事件史分析等多元统计技术的引入和补充，提高了国内公共政策整体研究的科学性和规范性。

表5　　　　　　　　2018年国内公共政策研究方法应用情况

基本方法	具体方法	数量		百分比（%）	
规范研究	——	277		64.12	
实证研究	定性研究	111	155	25.69	35.88
	定量研究	44		10.19	
资料收集方式	无明确的资料收集方法	16		10.32	
	二手数据③	86		55.48	
	问卷调查	27		17.42	
	实地访谈	21		13.55	
	参与观察	4		2.58	
	实验法	1		0.64	

① 何文盛、杜晓林、任鹏丽：《新世纪我国农村扶贫政策的演进特征与价值取向——基于甘肃省的政策文本分析》，《北京行政学院学报》2018年第6期。

② 王佃利、刘洋：《政策学习与特色小镇政策发展——基于政策文本的分析》，《新视野》2018年第6期。

③ 二手数据主要包括统计数据、政策文本、期刊论文、报纸、政府网站、微博数据等。

续表

基本方法	具体方法	数量	百分比（%）
统计方法运用	无统计方法	70	45.16
	描述性统计	35	22.58
	多元回归分析	15	9.68
	Logistic 分析	6	3.87
	层次分析法	5	3.23
	定性比较分析	5	3.23
	面板数据分析	4	2.58
	社会网络分析	4	2.58
	事件史分析	3	1.94
	多层线性模型	3	1.94
	聚类分析	3	1.94
	倾向得分匹配法	2	1.29

二　中国公共政策的研究主题

公共政策学被引入中国 40 年来，其发展大致经历了由引介国外成果到结合国外理论分析我国实践问题再到构建本土化理论体系的不懈探索过程。那么，2018 年度的中国公共政策研究有哪些新特征、新动向？依据研究主题的分布，本文对 2018 年的研究成果进行系统的梳理和分析，将现有的研究内容归纳为传统的政策阶段分析、公共政策研究新范式、公共政策价值与理念、公共政策的比较研究与借鉴四大类型。

（一）传统的政策阶段分析

政策过程的主流理论一直受到拉斯韦尔所倡导的政策科学的影响，他将政策过程划分为情报、建议、规定、行使、实施、终结、评价七个不同的政策阶段。① 这一"阶段启发法"奠定了后续政策过程

---

① H. D. Lasswell, "A Pre-view of Policy Sciences," *New York American Elsevier Pub*, 1971.

研究的基础，不仅在国外学界具有深远的影响，对我国公共政策的研究同样意义重大，我国出版的绝大部分的教科书和专著都是以公共政策阶段论为基本架构的。虽然在具体的阶段划分或者概念表述上有所区别，但学者们大体上将公共政策划分为议程设置、政策制定、政策执行、政策评价和政策终结等若干阶段。

在本文所筛选的 432 篇论文中，关于各个政策阶段分析的研究就多达 183 篇，几乎占据年度公共政策研究的"半壁江山"。如表 6 所示，分支主题涉及议程设置、政策问题构建、政策制定、政策执行、政策评估、政策终结、政策变迁各个政策阶段。

表6 公共政策阶段研究的相关主题

主题	频数	比例（%）
议程设置	19	4.40
政策问题构建	3	0.69
政策制定	21	4.86
政策执行	66	15.28
政策评估	26	6.02
政策终结	7	1.62
政策变迁	41	9.49

1. 议程设置

根据政策过程阶段理论，议程设置是政策循环的起始阶段，是一项政策议题真正受到决策者关注并被提上议事日程的阶段。2018 年对议程设置的研究主要关注议程设置模式和机制、网络媒体时代下的政策议程等相关问题。

在议程设置模式和机制方面，鲁先锋从马克思主义视角分析了我国议程设置从"问题模式"到"制度模式"的变迁，主张发挥核心决策主体的理性权威与多元主体的民主参与应是我国政策议程设置的发展方向。[①] 汪家焰和赵晖指出，协商式议程设置模式是中国政策议

---

① 鲁先锋：《我国政策议程设置的理论溯源及模式变迁——基于马克思主义视角》，《湖湘论坛》2018 年第 1 期。

程设置民主化的可行选择与努力方向，他们在文中探讨了协商式议程设置模式的主要内涵、特征表现、生成逻辑以及在新时代背景下应如何建构协商式政策议程设置模式。① 李松和许源源认为，现有研究着重分析政策议程的动力、类型及过程，较少阐述政策议程的心理基础，因此他们从心理视角探讨公共议程、传播与注意力的心理机制及其关系，以理解政策议程的心理基础。②

在万众参与的网络和新媒体时代下，传统政策议程设置理论不断受到挑战。孙峰、魏淑艳指出："网络社会和现代化发展开启了政策议程设置研究的转型之窗，这代表了政策议程设置研究的新趋向，本质上是对政治发展和社会流变的探索，具有一定的理论和现实价值。"③ 王宇澄等人以政务微博"上海发布"为例，通过微博样本的内容分析，阐释了政务微博的议程设置与受众对城市形象认知之间的关系。④ 芦彦清和赵建国以新媒体环境所优化的多源流政策模型为分析工具，通过对"魏则西事件"进行梳理与分析，从问题源流、政策源流、政治源流三个角度分别得出新媒体环境下的政策议程设置在触发形式、发声人员以及政务媒体三个方面的发现，并在此基础上从政策议程设置方面提出对策建议。⑤ 张东、刘建辉认为，网络舆情引导管理与议程设置具有内在契合性，他们通过分析议程设置基本原理，以杭州保姆纵火案为例，围绕自媒体时代网络舆情引导，提出强化责任意识、完善互动机制、提升媒介素养、落实监管及防控措施、培养专业人才等策略。⑥

---

① 汪家焰、赵晖：《论协商式政策议程设置模式：理论谱系、生成逻辑与建构路径》，《南京社会科学》2018 年第 12 期。

② 李松、许源源：《政策议程、传播与注意力：基于心理视角的分析》，《湖南社会科学》2018 年第 6 期。

③ 孙峰、魏淑艳：《网络时代政策议程设置研究的范式革新》，《求实》2017 年第 9 期。

④ 王宇澄、薛可、何佳：《政务微博议程设置对受众城市形象认知影响的研究——以微博"上海发布"为例》，《电子政务》2018 年第 6 期。

⑤ 芦彦清、赵建国：《基于新媒体的网络舆情政策化议程设置研究——以多源流理论为视角》，《电子政务》2018 年第 3 期。

⑥ 张东、刘建辉：《自媒体时代网络舆情引导研究——基于议程设置的视角》，《重庆邮电大学学报》（社会科学版）2018 年第 2 期。

在分析框架方面，多源流框架是关注议程设置议题中最有影响力的解释框架，也是大多数学者借助的理论工具。丁文引入多源流理论阐释农地流转政策的议程设置过程。研究发现，焦点事件促使农地流转问题得以显化，政治精英相互博弈形成政策方案，党政力量主导政策选择偏好，政治精英推动政策议程的发展走向。① 刘砚硕基于多源流理论框架，建立了大众传媒—多源流模型，并通过对防范电信诈骗政策出台的研究，发现大众传播媒介在普通社会问题与焦点社会问题上对政策议程制定产生了不同的影响。② 赵润娣采用多源流理论模型，归类梳理了中美政策议程过程中的问题源流、政策源流、政治源流，分析了政策之窗的开启及三大源流的耦合，剖析了中美开放政府数据政策议程的建立过程，阐释了开放政府数据这一思想时代到来的推动力量。③ 贺志峰等人基于多源流分析框架对2004—2014年这段时间里的慈善事业立法进程进行分析，研究发现，多源流分析框架有助于梳理我国慈善事业立法议程设置的问题、政策与政治的发展变化，但对于三源流之间的互动关系的解释力不足。④ 马胜强等人基于当代中国的历史实践以及多源流理论的分析，认为当代中国的改革启动是一个由问题源流、政策源流、政治源流及源流耦合而形成的议程设置与政策制定过程。⑤ 王国华和朱代琼基于多源流模型理论框架，分析了乡村振兴被纳入国家政策议程的耦合逻辑，回答了乡村振兴政策的形成过程和影响乡村振兴战略的关键因素。他们进一步指出，在我国政治体制下，政治源流对政策制定的影响尤为明显，并对政策源流具有强烈的导向与激发作用，其中具有重要政治身份的政策活动家对政治源

---

① 丁文：《乡村振兴视域下农地流转政策的设置逻辑解析》，《改革与战略》2018年第10期。

② 刘砚硕：《大众传媒对政策议程设置的影响——以我国防范电信诈骗政策为例》，《传媒》2018年第19期。

③ 赵润娣：《开放政府数据思想的时代已经到来：中美开放政府数据政策议程分析》，《电子政务》2018年第7期。

④ 贺志峰、谢文中、蔡贞慧：《多源流分析框架下我国慈善立法议程设置考察——基于2004—2014年立法进程》，《中共福建省委党校学报》2018年第6期。

⑤ 马胜强、蔡维明、柴资赟：《当代中国改革启动的议程设置与政策制定过程——基于多源流理论的分析》，《科学社会主义》2018年第2期。

流和政策制定有较大影响。①

综合而言，2018 年对议程设置的研究能够将理论与实践有效结合起来，针对社保、土地等各政策领域的实践，提出了具有合理性和可行性的建议，这些丰富的案例考察反映了我国议程设置研究的持续活力。但现阶段的研究大多是借用或改造西方的议程设置模型，本土化理论创造力较为薄弱。

2. 政策问题建构

在公共政策学的理论视野中，政策问题建构是政策制定过程的第一步。在先前的研究中，学者们已对政策问题建构的历史轨迹、价值取向、建构主体等内容作出回答。② 那么，政策问题的建构路径是什么？魏淑艳和孙峰认为，政策议题建构在网络技术、社会转型等情境中，其价值理念、运作机制、行为模式、发展态势等维度逐渐趋向现代性。政策议题建构现代化的实现基于政府主动适应和公民理性参与的双向驱动逻辑，因而要以充分信息和低度强制的"中心—边缘协商民主"为模式设计，从价值体系、制度规范、行为模式和发展取向等维度实施全面、持续和本质的现代化变革。③ 与议程设置研究一样，网络时代的政策问题建构也获得一些学者的关注，如孙峰关注到网络时代政策议题建构的信息把关过程，具有递进性、协同性、模糊性等属性，包括三大阶段和九个环节，他建议应坚持开放、审慎、包容的原则，推动外部环境与内在格局、质量提高与风险降低、有效监督与科学激励等不同维度的复合嵌置与提升，形成多维复合型信息把关新模式。④ 除了理论逻辑的分析外，还有学者更加深入地探讨了实质性领域的政策问题建构的内在机理。胡振光和向德平以精准扶贫政策为研究对象，从政策情境、政策诉求、政策问题界定三个层面，揭示了

---

① 王国华、朱代琼：《乡村振兴战略政策形成的影响要素及其耦合逻辑——基于多源流理论分析》，《管理学刊》2018 年第 6 期。

② 张康之、向玉琼：《政策问题建构权的历史演进》，上海人民出版社 2016 年版。

③ 魏淑艳、孙峰：《政策议题建构现代化的驱动逻辑与实现路径》，《理论探讨》2018年第 3 期。

④ 孙峰：《网络时代政策议题建构的信息把关过程研究》，《东北大学学报》（社会科学版）2018 年第 5 期。

精准扶贫政策议题建构的演化逻辑。[1]

总体来看，2018 年学界对政策问题建构的研究能够结合具体的政策情境展开深入分析。但立足于中国本土特色的研究尚不多见，尤其是基于微观层面的内在机理探讨更为缺失。

3. 政策制定

公共政策学在诞生初期，就一直将政策制定作为研究焦点，相关的论著层出不穷，至今已取得较为丰富的研究成果。

就决策主体而言，公众参与政策制定是该主题经久不衰的研究热点，学者们从不同的角度展开一系列翔实的探讨。宋慧宇认为，公民参与能够提高公共决策质量、增强公共决策的正当性和执行力，但同样也会给行政体系带来功能性失调的危险，这就要求政府必须规范甄选决策参与主体的流程及技术方法，保证参与决策主体范围的广泛性和代表性，另外，需要在决策产生之前的沟通和征询、决策过程中的协商和控制、社会公众对政府决策整体的监督和制约以及事后对政策效果的民主评估等方面进行具体制度设计。[2] 孙彩红实证分析了城市政府在政策制定过程中公民参与的实际状况，结果发现，公民参与具有行政选择性特征，公民参与层次和参与环节发展不平衡。这种参与状况的影响因素主要涉及法律制度、经济发展水平和公民本身因素等方面，这对我们扩展和发挥公民参与公共政策的实际功能具有重要意义。[3]

在决策模式方面，任鹏指出，习近平关于政策制定的重要论述回答了在中国特色社会主义新时代"为谁制定政策""谁来制定政策""如何制定政策"和"制定什么样的政策"的重要命题，既区别于西方的"否决政策"过程，又不同于"动员决策"的传统，形成了新时代中国特色社会主义政策制定模式。[4] 邵长安和关欣探讨了网络舆

① 胡振光、向德平：《精准扶贫的政策建构及演化逻辑》，《西南民族大学学报》（人文社会科学版）2018 年第 8 期。

② 宋慧宇：《政府治理决策中的公民参与机制研究》，《社会科学战线》2018 年第 3 期。

③ 孙彩红：《公民参与城市政府公共政策的实证研究——基于五个城市政府网站数据的分析》，《行政论坛》2018 年第 1 期。

④ 任鹏：《新时代中国特色政策制定模式》，《马克思主义研究》2018 年第 6 期。

情对于决策行为和决策成效的影响，并提出智能化、参与式的决策模式，"监测—预警—决策"的过程以及网络舆情数据驱动决策的策略。① 陈升等人以 B 县"十三五"规划编制为例，试图回答何为基层知识型公共政策决策机制，研究发现，分歧是知识型决策共识的内在动力，推动政策参与者通过调研、讨论等形式学习知识、转变观念；政策参与者开展专题调研有利于解决事实性知识分歧，而决策者掌握整体事实性知识和丰富决策经验有利于解决观点性知识分歧。② 张书维和许志国借助行为公共管理学的新视角，分析环境型项目决策过程中政府与民众的互动，得出"两个转变"的结论："公众理解科学"认知框架需转变为"公众认识论"认知框架；相应地，政府与民众的单向作用并由专家发挥中介影响的互动模式需转变为政府与民众的双向作用并由专家发挥调节影响的互动模式。③ 钟裕民通过分析中国新医改方案制定过程发现，当下中国公共政策过程是官僚体系层面（政策前台）的制度环境、社会网络层面（政策后台）的博弈格局和两者界面的互动结构共同作用的过程。要发展这种双层互动决策模式，必须关注充分发挥执政党意识形态的政策价值导向功能、创造各利益群体平等参与公共决策的博弈平台以及以程序公正保障政策公正三个问题。④

　　近年来，西方发达国家和国际组织在公共政策制定过程中大力引入行为科学知识，以期提升决策效果及其有效性。朱德米和李兵华对行为科学涌入政策制定的全球浪潮进行了系统梳理，并在此基础上探讨如何提升政策有效性。⑤ 李德国和陈振明也指出，公共决策寻求行为经济学、行为科学和心理学的支持，是政策科学中的社会性回归和

---

　　① 邵长安、关欣：《网络舆情数据驱动的决策模式分析》，《情报理论与实践》2018年第 5 期。

　　② 陈升、刘泽、杨永恒、吕俊：《基层知识型公共政策决策机制理论建构——基于 B 县"十三五"规划编制的案例研究》，《公共管理学报》2018 年第 3 期。

　　③ 张书维、许志国：《行为公共管理学视角下政府决策的互动机制——基于环境型项目的分析》，《中国行政管理》2018 年第 12 期。

　　④ 钟裕民：《双层互动决策模型：近十年来中国政策过程的一个解释框架》，《南京师大学报》（社会科学版）2018 年第 4 期。

　　⑤ 朱德米、李兵华：《行为科学与公共政策：对政策有效性的追求》，《中国行政管理》2018 年第 8 期。

"人"的回归。在中国，探索公共政策的行为途径，推动"心理国家"建设，对提高决策质量具有积极的意义。[①] 在具体实践领域，廖成娟认为，行为经济学对个体决策与行为规律的研究在卫生政策制定领域颇具效果，是未来的发展方向。[②]

4. 政策执行

在世界范围内，所有国家都存在程度不同的政策执行问题，因此政策执行主题在公共政策研究中始终占据着重要位置。定明捷曾对1987—2013年我国关于政策执行研究的论文进行评估，识别了政策执行模式、政策执行差距、政策执行影响因素、政策执行理论构建以及政策执行力等研究主题。[③] 2018年政策执行研究的聚焦点基本上遵循了以上这些主题，但研究内容、研究视角都有了较大的拓展。

一是政策执行偏差分析。政策执行偏差分析是西方政策执行研究的开端，也是西方三代政策执行经久不衰的研究主题。在我国，频频出现的政策偏差现象也触发了研究者的学术关怀，2018年此类研究文献亦占据大量比例，并主要呈现出自下而上和整合路径两种分析视角。首先，在自下而上的分析视角中，学者们主要关注一线执行人员对政策执行的重要影响，如刘升从政策执行主体的街头官僚视角出发，进一步探究"街头官僚"通过其在"管理官僚—街头官僚—相对人"信息传递结构中的信息传递者身份，通过"搭便车"的方式将该网络中心结构为其提供的信息资源优势变成"信息权力"，进而通过对信息资源再整理的方式制造出信息不对称的结果，从而使一线政策执行者能够越过各种监督而扭曲政策。[④] 岳经纶、胡项连在探究低保政策执行中的"标提量减"悖论时，指出由于反腐败力度的加强，执行人员遵循"向上负责"的行动逻辑，倾向于采取消极型政

---

① 李德国、陈振明：《公共政策的行为途径：通向一个"心理国家"?》，《江苏行政学院学报》2018年第5期。

② 廖成娟：《行为经济学对卫生政策的启示：应用、评价与展望》，《中国卫生经济》2018年第10期。

③ 定明捷：《中国政策执行研究的回顾与反思（1987—2013）》，《甘肃行政学院学报》2014年第1期。

④ 刘升：《信息权力：理解基层政策执行扭曲的一个视角——以A市中街城管执法为例》，《华中农业大学学报》（社会科学版）2018年第2期。

策执行，以避免被问责的风险。① 韩瑞波基于冀南 L 镇的个案分析发现，执行主体基于自身利益的考虑，会形成其特有的行动策略，从而导致执行结果与政策目标的偏离。② 其次是整合路径视角，"模糊—冲突"框架是该视角常用的分析工具，如王蒙运用"模糊—冲突"分析框架，探析了国家扶贫工作重点县 C 县两项子政策由虚假衔接向实质衔接的转变历程。③ 张继平等人对综合执行主体的主观因素和制度环境的客观因素，从执行者的利益驱动、执行者的公共责任意识、政策本身、政策执行的制度环境这四个方面对涉海工程环评审批政策象征性执行偏差的原因展开探讨。④ 此外，一些学者还提出不同以往路径的分析视角。如治理视角，糜皛通过实证检视国家土地流转政策在农村地区的执行状况，发现乡村治理水平与国家政策在地方上的执行有着密切的正相关性，在现有的地方权力、经济与社会结构下，乡村治理水平越高，国家政策在地方的执行效果就越好，反之亦然⑤；再如政策网络视角，吴光芸、方林敏认为，我国异地医保政策网络包括政策社群、府际网络、生产者网络、专业网络和议题网络这五种不同类型的网络主体。政策网络中多元利益主体之间的利益割据使得我国异地医保政策执行遭遇诸多困境。⑥ 总之，不同分析视角、不同经验领域的研究为我们展现了纷繁复杂的政策执行偏差图景。另外，相较于自上而下、自下而上视角，运用整合分析视角的研究还不够充分。

二是政策执行的影响因素分析。在将政策意图转化为政策现实的

---

① 岳经纶、胡项连：《低保政策执行中的"标提量减"：基于反腐败力度视角的解释》，《中国行政管理》2018 年第 8 期。

② 韩瑞波：《政策受众、执行偏差与环境抗争——基于冀南 L 镇的个案分析》，《南京工业大学学报》（社会科学版）2018 年第 3 期。

③ 王蒙：《扶贫开发与农村低保衔接的政策执行偏差及其矫正——基于复杂政策执行的"模糊—冲突"分析框架》，《中国农业大学学报》（社会科学版）2018 年第 5 期。

④ 张继平、王恒、赵玲：《我国涉海工程环评审批政策执行偏差：象征性执行研究》，《中国行政管理》2018 年第 3 期。

⑤ 糜皛：《乡村治理水平与国家政策执行——基于农地流转政策的实证分析》，《江汉论坛》2018 年第 8 期。

⑥ 吴光芸、方林敏：《我国异地医保政策的执行困境与破解：基于政策网络视角的分析》，《中国卫生经济》2018 年第 4 期。

执行链条中，无疑会产生大量影响政策的执行因素，当前学者们已识别出央地关系、问责、激励等重要因素。如任丙强指出，中央与地方关系是影响环境政策执行的重要因素，地方政府环境政策执行受到三种重要激励机制的影响：政治激励、晋升激励以及财政激励。[①] 阎波、吴建南以我国东部地区 J 市推行行政体制改革的实践为例，通过观察、访谈和文本分析，结果发现，以工作会议为形式建立的非正式问责机制集成了促进行为、使用非正式奖惩、非正式监测和部门竞争等因素，弥补了正式问责机制对激发政策执行动力和意愿的局限性，而组织学习机制对于非正式问责作用的发挥具有保障作用。[②] 吴少微和魏姝通过对官员晋升激励、目标管理责任制等概念的操作化和测量，并将"政策特性视角"和"激励机制视角"结合起来，考察了在政策模糊性和冲突性同时存在的情况下，官员晋升激励等中国特殊制度背景对政策执行绩效的共同影响。[③] 葛天任基于对三个城市社区建设资金使用案例的实证研究，考察了基层治理结构对政策执行的影响机制，并试图分析何种治理结构更能够促进政策的有效执行。[④] 李振强调领导人的注意力在政策执行中所发挥的重要作用，他通过收集近年来中国领导人的年谱以及相关报道后，对领导人亲临地方的"现场主义"行动模式进行了跨时段分析，进而发现"现场主义"行动可以起到推动政策执行的作用。[⑤] 黄建红基于史密斯的政策执行过程模型，从政策框架、执行机构、目标群体以及政策环境四个方面对 C 县 H 镇农业现代化政策执行过程的影响因素进行了深入解析。[⑥]

---

① 任丙强：《地方政府环境政策执行的激励机制研究：基于中央与地方关系的视角》，《中国行政管理》2018 年第 6 期。

② 阎波、吴建南：《非正式问责、组织学习与政策执行：J 市政府职能转变综合改革的案例研究》，《中国行政管理》2018 年第 2 期。

③ 吴少微、魏姝：《官员晋升激励与政策执行绩效的实证研究》，《江苏行政学院学报》2018 年第 4 期。

④ 葛天任：《治理结构与政策执行：基于 3 个城市社区建设资金使用案例的实证研究》，《中国行政管理》2018 年第 7 期。

⑤ 李振：《注意力推动政策执行：中国领导人的"现场主义"机制研究》，《马克思主义与现实》2018 年第 5 期。

⑥ 黄建红：《乡村振兴战略下基层政府农业政策执行困境与破解之道——基于史密斯模型的分析视角》，《农村经济》2018 年第 11 期。

三是中国政策执行理论框架的构建。除了依托于经验分析探讨政策执行偏差和政策执行影响因素外，还有部分研究者致力于推动政策执行理论的发展，他们并不是仅仅依照西方政策执行研究的路径和视角，而是努力探寻本土化的执行理论和经验。例如，章高荣通过引入政治逻辑和基于"理"的社会逻辑，建立了一个由政治、行政和社会逻辑共同构成的政策执行分析框架，并以慈善法核心条款的实施为例分析框架的适用性。[①] 王诗宗和杨帆认为，中国当代的基层政策执行已经与基层社会治理形成了彼此嵌套的局面，层级控制与社会动员也可能会相辅相成。他们通过多案例比较研究，发现基层政策执行过程总体上呈现出"调适性社会动员"的特征。这一基于政策执行动态过程的发现，可引发对当代中国"社会治理"的本质等问题的重新思考，并解释行政控制与社会参与双双增强的悖论。[②] 宋雄伟、张婧婧提出"关键学习者"的中观分析框架来回答政策执行过程中的"责任主体"如何扮演"关键学习者"的角色，并进一步指出，通过自我建构，采取多层策略，与共同体开展集体学习并在学习过程中通过内化与外化两种形式可以有效地推动政策执行。[③]

四是政策执行力的分析。作为晚近才兴起的主题，关于政策执行力的研究尚不丰富，2018 年仅有两篇文章对此作出探讨。如周俊在剖析了西南边疆民族地区文化安全政策执行上所存在的主体缺位、目标群短视、政策环境复杂等问题后，提出应提高执行主体的认知能力和综合水平，处理好该地区文化安全中的利益关系，完善文化安全政策执行制度，提高目标群体的主动性和政府的公信力等举措。[④] 王明雪从制度的视角切入来分析制度与政策执行力之间相互冲突与融合，探究影响政策执行力的诸多制度性因素，进而为提升政策执行力提供

① 章高荣：《政治、行政与社会逻辑：政策执行的一个分析框架——以〈慈善法〉核心条款的实施为例》，《中国行政管理》2018 年第 9 期。

② 王诗宗、杨帆：《基层政策执行中的调适性社会动员：行政控制与多元参与》，《中国社会科学》2018 年第 11 期。

③ 宋雄伟、张婧婧：《政策执行与科层结构中的"关键学习者"》，《经济社会体制比较》2018 年第 3 期。

④ 周俊：《西南边疆民族地区文化安全政策执行力分析及其改进》，《广西社会科学》2018 年第 1 期。

合理的路径选择。① 就目前的相关文献来看，对"政策执行力"的研究仍显薄弱，亟须尽快形成自身的研究范式、核心概念和分析框架，只有这样，才能使其成为独立的研究领域。

除了上述四类研究外，还有一些研究也值得我们关注，比如有学者分析了政策执行的模糊性所产生的复杂的治理效应②、政策疏离感对公务员政策执行意愿的影响研究③，等等。总而言之，在研究领域方面，2018 年关于政策执行的研究主要涉及扶贫政策、环境政策、社保政策等领域；在理论框架方面，除了运用经典的西方政策执行模型，如模糊—冲突模型、史密斯过程模型等外，也有学者基于中国国情，试图构建本土化的理论模型。这些特征充分体现了我国政策执行研究的多样化。与西方政策执行研究的"萎缩化"相比，我国政策执行研究仍在如火如荼地进行中，但还需要在研究视角、研究方法上实现理论创新和突破。

5. 政策评估

对政策评估的研究主要有两条路径：一是针对某个或某类政策的评估，如财政、环境、社会保障、科技政策等；二是讨论政策评估的方法、标准、价值取向等。

2018 年政策评估研究所涉及的领域有财政政策、环境政策、住房政策、科技政策、食品安全政策等。在财政政策领域，郑方辉和王彦冰阐述了财政政策绩效评价的内涵、功能和特征等，并就如何以财政政策绩效评价促进全面绩效管理作出了深入的剖析④；在环境政策领域，张丛林等人采用指标评估法，遴选出 20 项评估指标，对流域/跨区域层面的水环境管理政策进行了评估。⑤ 李涛等人采用环境政策

---

① 王明雪：《我国公共政策执行力的现实困境与突破路径——基于制度分析的视角》，《学术探索》2018 年第 3 期。

② 韩志明：《政策执行的模糊性及其治理效应》，《湘潭大学学报》（哲学社会科学版）2018 年第 4 期。

③ 吴少微：《政策疏离感及其对公务员政策执行意愿的影响》，《南京社会科学》2018 年第 11 期。

④ 郑方辉、王彦冰：《全面实施绩效管理背景的财政政策绩效评价》，《中国行政管理》2018 年第 4 期。

⑤ 张丛林、乔海娟、王毅、杨威杉、张爽：《生态文明背景下流域/跨区域水环境管理政策评估》，《中国人口·资源与环境》2018 年第 7 期。

评估的一般模式，对官厅水库流域水环境保护规划进行了初步评估，基于评估结果来探析影响水环境保护规划实施效果的主要成因，为完善流域水环境管理提出合理建议。① 周英男等人通过指标海选和专家调查法，最终确定出中国绿色增长政策评估指标体系，并采用回归分析法构建了指标体系之间的关系关联模型，然后以新环保法评估验证其结构模型的有效性，对中国绿色增长政策的有效制定与实施具有指导意义②；在住房政策领域，祝仲坤基于中国综合社会调查 2013 年度数据，结合 OLS 估计和分位数回归等方法，从公众满意度视角出发评价中国的住房保障政策③；在科技政策领域，杨阳等人在厘清科技政策法规实施效果评估的定义与作用基础上，建立了政策评估的逻辑框架，尝试设计了一套科学、合理、有效的科技政策法规评估体系，以期完善科技政策法规评估的框架④；在食品安全政策领域，马亮、王洪川将示范城市创建视为一项自然实验，使用倾向值匹配法（PSM）、倍差法（DID）和多层模型评估其政策效应，评估结果为我们理解示范的政策效应提供了证据，也为推动食品安全治理指明了方向。⑤ 综合这些研究可以发现，学者们在进行政策评估时，大都运用实证研究方法特别是数理统计方法，这体现了政策评估研究领域的科学化和技术化趋向。

在政策评估方法方面，以层次分析、数据包络分析等方法为基础，建立"指标—权重"型综合绩效评价模型，依然是我国公共政策评估的主流方法和工具。⑥ 但随着近年来关于实验设计与因果推

① 李涛、杨喆、马中、石磊：《公共政策视角下官厅水库流域水环境保护规划评估》，《干旱区资源与环境》2018 年第 1 期。
② 周英男、侯慧、周学飞、宫宁：《中国绿色增长政策评估指标体系研究》，《管理现代化》2018 年第 3 期。
③ 祝仲坤：《公众满意度视角下中国住房保障政策评价》，《人口与发展》2018 年第 1 期。
④ 杨阳、徐琼芳、刘雅婷：《科技政策法规实施效果评估指标体系研究》，《科研管理》2018 年第 S1 期。
⑤ 马亮、王洪川：《示范城市创建与食品安全感：基于自然实验的政策评估》，《南京社会科学》2018 年第 9 期。
⑥ 朱旭峰、韩万渠：《第三方评估应注重体系和方法创新》，《学习时报》2015 年 11 月 23 日。

论研究的不断发展，学者们开始关注和强调循证和实验方法的应用。如李帆等人综述了基于实验的研究设计的最新进展，并结合研究案例探讨了随机对照实验和准实验等研究方法的基本原理及其在公共政策评估中的应用，以期为我国公共政策评估实践提供新的方法和视角。① 类似地，胡咏梅和唐一鹏在回顾因果效应的概念、所遵循的假设条件、关键技术问题等后，结合国内外最新研究进展，阐释了工具变量法、倍差法、匹配法、断点回归设计等计量方法的基本原理，以及相应方法在政策或项目的因果效应评估中的实际应用。②

在政策评估标准和价值取向方面，随着政策评估研究的深入，越来越多的学者趋向于将公共政策评估与价值分析紧密相连，而不仅限于评价公共政策的效率和效益情况。如赵书松等人通过梳理公共政策评估价值取向的演化趋势，结合我国发展不平衡、不充分这一主要现实，借鉴新制度经济学中的"均衡性"内涵，提出决胜全面深化改革、全面建成小康社会时期政策评估的均衡性价值取向，并探讨如何通过构建囊括"三大"评估原则和"四有"路径的评估机制实现均衡性价值取向。③

6. 政策终结

自政策科学诞生以来，关于政策终结问题的研究始终进展缓慢，对政策终结现象进行深入解读的文本屈指可数。④ 2018 年仅有 7 篇文章探讨了政策终结现象。曲纵翔和赵旭认为，政策终结长期聚焦于公共权威机构这一绝对主体与政策客体之间的关联上，却忽视其他行动者的立场与诉求，更鲜有研究关注不同行动者在政策终结过程中的交流与互动，因此他们从社会建构语境出发审视政策终结的主体间性，

---

① 李帆、马亮、李绍平：《公共政策评估的循证进路——实验设计与因果推论》，《国家行政学院学报》2018 年第 5 期。

② 胡咏梅、唐一鹏：《公共政策或项目的因果效应评估方法及其应用》，《华中师范大学学报》（人文社会科学版）2018 年第 3 期。

③ 赵书松、吴思、彭忠益：《地方政府政策评估的均衡性价值取向》，《中南大学学报》（社会科学版）2018 年第 3 期。

④ 曲纵翔：《政策终结：政策科学研究中忽视已久的问题》，《公共管理与政策评论》2014 年第 2 期。

从而得出主体间的互动是政策终结行动者通过"自我"的社会性建构及平等的对话协商实现对政策规则共同理解的过程。① 在另一篇文章中，曲纵翔在梳理政策变迁、合作以及信任等概念关系的基础上，逐步展现了实现政策终结的逻辑进路。研究指出，在当前治理主体多元化趋势下，只有主体间的充分信任才能建构稳固的合作基础。同时，合作将是进一步推动政策变迁的关键，而政策终结将伴随政策变迁的过程顺利实现。②

除了一般化的理论逻辑分析外，也有部分学者利用案例研究来验证或发展相关的理论和分析框架。比如李贺楼、王郅强为探究"政策缘何夭折"，构建了包含政策议题突显性与权力干预方向两个维度的解释框架，并选取五个案例进行比较分析，结果表明，被颁布的政策触发的议题的突显性及相比政策制定系统处于更高层级的党政权力的干预是影响被颁布政策走向的两个重要因素。③ 郭渐强和梁琳认为，公共政策的终结涉及多方利益，暗含着一个利益的分化、博弈与调和的过程。他们以"营改增"政策为例，阐明政策终结背后的利益矛盾与冲突问题，即正方力量与反方力量在政策终结过程中会不断寻找利益空间，施展博弈策略进而争取中立力量，以最大限度地维护自身利益。④

尽管学者们已对政策终结的内涵、性质、实现路径等有所阐述，但研究的深度和广度还远远不够，对政策终结的研究尚处于理论的引入和介绍阶段。相关的研究缺乏多案例的比较分析，难以形成普适性和有解释力的研究结论。

7. 政策变迁

2018 年关于我国政策变迁的研究，主要有两个方向。一是梳理

① 曲纵翔、赵旭：《社会建构语境中政策终结的主体间性》，《中国行政管理》2018年第 11 期。

② 曲纵翔：《信任、合作与政策变迁：一个实现政策终结的逻辑阐释》，《学海》2018年第 5 期。

③ 李贺楼、王郅强：《议题、权力与被颁布政策的走向——基于"政策夭折"现象的分析》，《国家行政学院学报》2018 年第 1 期。

④ 郭渐强、梁琳：《基于利益冲突的公共政策终结策略——以"营改增"政策为例》，《求实》2018 年第 4 期。

某个具体政策演进的过程。如林万龙将改革开放以来中国农村基本公
共服务政策体系的变迁归纳为三个阶段，即政府财政明显缺位阶段
（1978—2002 年）、公共财政逐步覆盖阶段（2003—2013 年）和走向
城乡一体化阶段（2014—2018 年）。[①] 甘黎黎和吴仁平在对 1979—
2017 年相关政策文本进行回溯、梳理、比较的基础上，回顾分析了
我国农村自然资源治理政策的变迁历程并对未来发展进行展望。[②] 刘
忠艳等人以 1978—2017 年国家层面颁布的 625 条科技人才政策为研
究数据，以重大事件为时间节点，对科技人才政策演进的历史轨迹、
发文主体、阶段性政策要点以及政策工具进行系统解析。[③]

二是关注政策变迁背后的逻辑。通过着眼于某个具体政策，细致
探究其变迁的原因和机制。吴磊、俞祖成采用多重逻辑理论来阐释我
国社会组织政策的变迁原因，具体而言，国家的逻辑是稳定性和有效
性，基层政府的逻辑是风险规避和局部创新，社会组织的逻辑是资源
依赖和自主能动。他们运用"回应式困境"概念揭示出社会组织政
策变迁的内在机理，其实质是国家、基层政府和社会组织逻辑在相互
回应中遭遇困境并寻求突破的过程。[④] 李兆友、姜艳华主要关注政策
企业家推动我国基础研究政策变迁的策略和途径。研究表明，政策企
业家通过创新政策观念、界定和建构政策问题、推动政策议程建立、
评估政策执行过程和效果等途径，积极促进基础研究政策变迁。[⑤] 杨
志军发现环境抗争所引发的非常规政策变迁主要受到四个因素的影
响，即政社关系上的国家统合主义、央地关系上的代理型地方发展主

---

① 林万龙：《从城乡分割到城乡一体：中国农村基本公共服务政策变迁 40 年》，《中
国农业大学学报》（社会科学版）2018 年第 6 期。
② 甘黎黎、吴仁平：《改革开放以来农村自然资源治理政策变迁研究——基于政策文
本的定量分析》，《江西社会科学》2018 年第 10 期。
③ 刘忠艳、赵永乐、王斌：《1978—2017 年中国科技人才政策变迁研究》，《中国科技
论坛》2018 年第 2 期。
④ 吴磊、俞祖成：《多重逻辑、回应式困境与政策变迁——以中国社会组织政策为
例》，《江苏社会科学》2018 年第 3 期。
⑤ 李兆友、姜艳华：《政策企业家推动我国基础研究政策变迁的途径与策略分析》，
《科技管理研究》2018 年第 24 期。

义、公共治理上的运动式治理、公共政策上的凝闭型体制。① 吴文强和郭施宏从政策主体的价值情感心理系统入手，选择"价值共识水平"和"政府现状偏好"作为理解和分析公共政策变迁类型的两个重要维度，从而识别出公共政策变迁的四种基本类型——政策维持、政策更续、政策叠加和政策替代，并以中国卫生政策为典型案例来深入揭示价值共识水平、政府现状偏好如何在现实条件下塑造不同的政策变迁类型。②

此外，在分析框架的运用方面，间断—均衡理论、倡议联盟框架、多源流理论是解释政策变迁的有效视角，不少研究借助这些分析框架来探讨我国政策变迁的内在规律。比如李健等人基于间断—均衡模型，将1950—2017年我国社会组织政策变迁历程划分为两个政策均衡期和一个间断期。研究发现，社会组织政策变迁呈现出一种非线性、伴有偶然性突变、不确定性较高的特征；政社关系变迁内生于社会组织政策过程，在政策图景转换下先后经历了分类控制、监管控制和赋权控制三个阶段的深刻调整。焦点事件爆发、地方政府创新和社会组织倡导通过改变政策场域进而影响政社关系，但不同变量的作用机制存在差异。③ 闫建、娄文龙认为，我国住房限购政策经历了政策提出、政策强化、政策分化三个阶段。从多源流理论修正的视角来看，无论哪个阶段的政策变迁，都是由问题源流、政治源流和政策源流三者之间的耦合所引发的，而且这三个源流在不同阶段并非孤立，而是具有一定的渐进性。④ 王洛忠和李奕璇以我国计划生育政策从"独生子女"到"全面二孩"的政策变迁为例，借助多源流理论，将2005—2015年有关计划生育的传统媒体和新媒体话语样本进行定量分析后发现，进入新媒体时代后，媒

---

① 杨志军：《环境抗争引发非常规政策变迁的影响因素与治理之道》，《浙江社会科学》2018年第3期。

② 吴文强、郭施宏：《价值共识、现状偏好与政策变迁——以中国卫生政策为例》，《公共管理学报》2018年第1期。

③ 李健、成鸿庚、贾孟媛：《间断均衡视角下的政社关系变迁：基于1950—2017年我国社会组织政策考察》，《中国行政管理》2018年第12期。

④ 闫建、娄文龙：《我国住房限购政策变迁研究——基于对多源流理论修正的视角》，《理论探索》2018年第6期。

体话语与政策变迁轨迹趋同，在一定程度上证明媒体对计划生育政策变迁确有影响。[①] 黄扬、李伟权基于间断—均衡理论，并充分结合新媒体与网络舆情的特征，推导出网络舆情对政策间断式变迁的影响机制，然后结合"周口平坟事件"这一典型案例，对探究出的影响机制进行了全景式的剖析和呈现。[②] 魏娜、缪燕子采用间断—均衡理论来分析新中国成立以来社会救助政策五次间断性变迁，她们发现，在这五次间断变迁之间的社会救助政策由于政策形象和政策场域的互相强化而处于均衡式垄断的状态。[③] 李金龙和王英伟选用历史文献考察、纵向比较分析等研究方法对中国 1949 年以来户籍政策变迁的过程进行详细梳理与总结，并运用间断—均衡框架对这一政策的变迁过程进行验证。[④] 在另一篇文章里，他们以倡议联盟框架为理论视角，对中国医疗卫生政策的历史文献进行综合考察后发现：具备不同信仰的倡议联盟是推动医疗卫生政策变革与回归的关键，政策取向的学习推动政策渐进性变迁，内外部震荡则为政策的范式性变迁提供了契机，而政策变革的被动性有余、主动性不足，政府对医疗卫生事业公益属性认识偏差，加之市场经济发育不良是造成医疗政策滞后、行业乱象频发的主要原因。[⑤] 张丽和刘明以倡导联盟为理论基础，将出租车的利益相关者划分为支持管制的联盟和支持放松管制的联盟，演绎了两个联盟围绕信仰和利益不断进行博弈互动的过程，这一过程也推动了我国近 20 年出租车管制政策的变迁。[⑥] 孙岩等人以倡议联盟框架

① 王洛忠、李奕璇：《媒介融合背景下的政策变迁及其多源流分析——以"独生子女"到"全面二孩"的政策变迁为例》，《南京大学学报》（哲学·人文科学·社会科学）2018 年第 5 期。

② 黄扬、李伟权：《新媒体环境下网络舆情对政策间断式变迁的影响研究——基于"间断—均衡理论"视角与案例分析》，《电子政务》2018 年第 9 期。

③ 魏娜、缪燕子：《新中国成立以来社会救助政策变迁：历程、原因与趋势——基于间断—均衡理论的视角》，《教学与研究》2018 年第 2 期。

④ 李金龙、王英伟：《"间断平衡框架"对中国政策过程的解释力研究——以 1949 年以来户籍政策变迁为例》，《社会科学研究》2018 年第 1 期。

⑤ 李金龙、王英伟：《信仰的变革与回归：倡议联盟框架下中国医疗卫生政策变迁研究》，《中国卫生政策研究》2018 年第 1 期。

⑥ 张丽、刘明：《我国出租车政策变迁的动力机制——基于倡导联盟框架的分析》，《长白学刊》2018 年第 5 期。

及政策学习理论为分析框架，对环境信息公开政策变迁路径、动力因素及变迁逻辑进行了深入的分析。[①]

综上所述可以看出，现阶段不乏对具体政策演进历程的描述性分析，也涌现出不少探讨政策变迁影响机制的论文，但当前的研究大多运用国外经典的理论框架来解释政策变迁，即应用性和检验性的研究居多，有创见的分析框架寥寥无几，对我国学者而言，如何建构基于中国经验的政策变迁框架仍旧是一个亟待开发的领域。

（二）政策过程研究新范式

政策阶段论将政策过程划分为一系列在时间上前后相连的阶段，形成具有政策特色的政策过程话语体系，这一努力有利于形成公共政策的学科共识。[②] 但自从阶段分析框架问世以来，对它的批判从未停止过，比如它被质疑缺乏各政策阶段内部以及相互之间的因果联系，与现实政策实践存在较大偏离。[③] 在这种情况下，政策网络、政策创新扩散、政策工具等政策过程研究新范式应运而生。我国学者也相继引介各种最新的理论范式，为更好地解决中国公共政策问题提供有益参考。

表7　　　　　　　　　**政策过程研究新范式的相关主题**

主题	频数	比例（%）
政策网络	14	3.24
政策创新扩散	21	4.86
政策工具	36	8.33

1. 政策网络

政策网络是自20世纪80年代以来西方公共政策研究的新范式，

---

① 孙岩、刘红艳、李鹏：《中国环境信息公开的政策变迁：路径与逻辑解释》，《中国人口·资源与环境》2018年第2期。

② 李文钊：《政策过程的决策途径：理论基础、演进过程与未来展望》，《甘肃行政学院学报》2017年第6期。

③ 保罗·A.萨巴蒂尔：《政策过程理论》，彭宗超译，生活·读书·新知三联书店2004年版。

它试图打破政策阶段论的窠臼，把行为者和网络的视角嵌入政策过程研究之中。北美、欧洲政策研究领域的学者关于政策网络理论著述颇丰，我国对政策网络的研究相对较晚，直到 2004 年才有公开发表的学术论文出现，之后很快吸引了一批学者投身于政策网络的研究。

2018 年，学者们对政策网络的研究主要有两大类：一是关于政策网络概念本身的再探讨、政策网络的功能等。如毛寿龙、郑鑫通过文献梳理，依据政策网络的功能差异性形成理解政策网络的三种视角：以描述性功能为主的"隐喻"视角、以解释性功能为主的"分析工具"视角和以规范性功能为主的"治理范式"视角。他们认为，政策网络的这三种视角能为我国社会转型期的政策制定和社会治理提供有益借鉴。在分析政策网络本土化研究的基础上，他们还提出了在中国语境下，未来政策网络研究需要聚焦的关键领域。[①] 杨明星将政策网络视为一种治理模式，该模式拓展了人民参政、议政的能力和方式，保证依法民主，是一种实施和推进全面依法治国的创新型社会治理发展模式。[②]

二是利用政策网络理论解释我国实践案例中的政策网络运行特征和机制。例如，李勇军结合中国及京津冀区域发展政策演进实践过程，探讨了京津冀协同发展政策网络形成机制，并通过政策文本、统计数据、典型案例对京津冀协同发展政策网络结构的影响因素进行了实证分析。[③] 龚虹波基于整体政府的视角，运用社会网络分析方法，定量比较分析了宁波市旅馆业联合审批改革前后的政策网络要素、主要参数及其网络特征。[④] 赵德余和沈磊运用网络分析与系统动力学模型，回应了"为什么不同的网络结构隐含了不同的效率特征"这一关键问题。通过选取上海市居民健康自我管理政策，揭示了不同的网

---

① 毛寿龙、郑鑫：《政策网络：基于隐喻、分析工具和治理范式的新阐释——兼论其在中国的适用性》，《甘肃行政学院学报》2018 年第 3 期。

② 杨明星：《论政策网络治理模式的法治化构造》，《广西大学学报》（哲学社会科学版）2018 年第 5 期。

③ 李勇军：《京津冀协同发展政策网络形成机制与结构研究》，《经济经纬》2018 年第 6 期。

④ 龚虹波：《整体政府视角下的联合审批政策网络分析——以宁波市旅馆业联合审批改革为例》，《中国行政管理》2018 年第 9 期。

络结构隐含了良性循环反馈机制，或者说系统动力学因果机制的差异造成了不同的网络行为及其绩效差异。① 梅家昊以网约车监管为例，从政策网络视角出发，对政策制定环节进行研究分析，并借助对政策网络类型的划分，探讨不同网络之间的内部属性、互动关系及行动策略，深度剖析与构建治理体系。② 范永茂同样选取网约车监管政策，借助政策网络理论这一分析工具，对网约车政策中的各主体网络及其关系进行分析，以此探究政策的不足，并力求提出网约车监管新路径的建议。③ 刘亚娜从环境支持、服务供给、实际需求几方面梳理了医养服务的政策网络，分析政策过程中互动并产出一定因果关系的政策社群、专业网络、府际网络、生产者网络和议题网络等不同行为体。④

通过梳理文献发现，现今政策网络研究不再停留于理论拆解和文献综述的初级阶段，我国学者能够发现西方政策网络框架与中国政策问题的契合点，更多地尝试政策网络的实证研究，产生了一些令人耳目一新的研究结论与价值。但总体来看，国内的政策网络研究尚未成熟，对于政策网络的内涵、理论渊源和治理模式等仍存在模糊、混淆等情况，还未形成相对统一的学术概念和认识。

2. 政策创新扩散

政策创新扩散理论的相关研究发端于 20 世纪 60 年代美国学者对州际创新政策传播的探究。政策创新扩散表征的是具有创新意义的政策在政府间传扬与被采纳的过程，是半个世纪以来公共政策过程理论的一个蓬勃发展的新兴研究领域。在学界已对政策创新扩散的原因、动力、特征做了一定的描述之后，2018 年，政策扩散研究朝着精细化方向发展，主要表现为对政策扩散的影响因素与作用机制进行更为细致和丰富的阐释。曲纵翔、汪峻宇阐明了虚拟社会对政策扩散的积极作

用，它能加速扩散的速度、提供丰富的信息支撑，并且为不同的群体或个人进行实时评价和民主参与提供了前所未有的渠道。虚拟社会在打破物理时空的局限、效率化地整合扩散过程以及立体化地评估政策创新等方面对传统政策扩散的形式进行了有效的改良。[1] 吴宾和徐萌在政策参照网络及政策文献关键词分析的基础上，运用政策扩散文献量化研究的维度和方法分析了我国住房保障政策扩散的过程和特征。[2] 王洛忠、庞锐基于政策扩散理论的视角，对河长制在我国 31 个省级行政区划单位的落地与变迁进行分析，归纳该政策的时空演进机理及扩散路径。[3] 谢俊对 29 个省级政府 2005—2014 年棚户区改造政策扩散及影响因素进行事件史分析，结果显示，棚户区改造政策扩散外部因素中的中央政策、同级地方政府压力、新闻报道数量以及学术文章数量均与地方政府相关政策扩散呈明显正相关。[4] 田丰韶选取 2008—2011 年中部四县区连片扶贫开发政策创新实践作为案例，通过制度文件分析与深度访谈等研究方式，分析地方政府如何塑造政策创新的合法性。[5]

政策试点作为中国特色的政策创新扩散的方式，亦受到学者的大力推崇。最早对中国政策试点经验作出系统研究的是学者韩博天，他对我国政策试点的起源与演进进行了概述，认为它是中国共产党在对治国理政经验进行不断总结和升华的过程中逐步形成的。[6] 徐成芳、闫义夫也指出，政策试点是中国共产党治国理政的重要方法，是中国共产党领导智慧的生动体现，更是中国共产党领导改革创新的重要模式。他们进一步分析政策试点所具有的四维功能，即有助于把控改革创新

---

[1] 曲纵翔、汪峻宇：《虚拟社会背景下政策扩散的优化》，《中共福建省委党校学报》2018 年第 1 期。

[2] 吴宾、徐萌：《中国住房保障政策扩散的过程及特征》，《城市问题》2018 年第 4 期。

[3] 王洛忠、庞锐：《中国公共政策时空演进机理及扩散路径：以河长制的落地与变迁为例》，《中国行政管理》2018 年第 5 期。

[4] 谢俊：《棚户区改造政策扩散因素分析》，《中南财经政法大学学报》2018 年第 3 期。

[5] 田丰韶：《地方政府政策创新的合法性问题——基于对四个试点县区连片扶贫开发政策创新的调查》，《社会主义研究》2018 年第 5 期。

[6] 韩博天：《通过试验制定政策：中国独具特色的经验》，《当代中国史研究》2010 年第 3 期。

风险、降低改革创新成本、化解改革创新阻力和提高改革创新概率。[①]
在具体案例研究方面，冯锋、周霞认为，留守儿童社会政策从政策试
点到全国推行，都是在中央政府强烈推动下完成的。他们依据政策创
新扩散理论，结合中国特殊的政策试点，深入探讨了留守儿童社会政
策在试点不同阶段的政策扩散机制。[②]郑永君探析了社区矫正政策试点
的扩散过程，发现其具有扩散区域数量呈 S 形曲线变化，不同阶段扩散
时间逐步增加，地理区域方面由东部向西部扩散，城乡方面由城市向
农村扩散等特征。[③]丁章春和陈岳以三种社会政策试点的路径模式为基
础，分析社会政策试点所遇到的障碍影响因素，进一步以我国最低生
活保障政策为例，提出在"放管服"改革背景下，社会政策试点的推
进逻辑与进路。[④]唐斌基于扎根理论的研究方法，对农村治理政策试点
的动因及其运行机制展开探索性研究，可以发现，农村政策试点的根
本动力在于经由试点能够形成政策过程的嵌套，从而组合出一种特殊
的政策形成机制，将"中央政策—基层政策""本地政策—他地政策"
"政策制定—政策执行"在试点过程中予以叠加，这样中基层政府便形
成强大的"自我授权的革新"驱动力。[⑤]吴怡频、陆简从试点执行条件
的角度，以大样本研究方法系统地观察和分析了 2000—2012 年由中央
机构发起的试点，并利用 Logit 模型检测各因素对试点结果的影响。[⑥]

应当承认，现阶段国内政策创新扩散相关研究蓬勃发展，能够运
用不同研究视角、多种研究方法发现中国政策创新扩散的独特现象。
然而，揭示一般性扩散规律的研究成果仍然较为缺乏，尚未提炼出能

① 徐成芳、闫义夫：《"政策试点"在改革创新中的四维功能论析》，《领导科学》
2018 年第 5 期。

② 冯锋、周霞：《政策试点与社会政策创新扩散机制——以留守儿童社会政策为例》，
《北京行政学院学报》2018 年第 4 期。

③ 郑永君：《政策试点扩散的过程、特征与影响因素——以社区矫正为例》，《内蒙古
社会科学》（汉文版）2018 年第 1 期。

④ 丁章春、陈岳：《"放管服"引擎下社会政策试点的逻辑进路——以最低生活保障
政策为例》，《国家行政学院学报》2018 年第 5 期。

⑤ 唐斌：《示范引领、压力应激与环境适应：农村政策试点动因的扎根理论分析》，
《社会科学》2018 年第 7 期。

⑥ 吴怡频、陆简：《政策试点的结果差异研究——基于 2000 年至 2012 年中央推动型
试点的实证分析》，《公共管理学报》2018 年第 1 期。

够与西方经典政策扩散理论对话的具有中国特色的理论框架。

3. 政策工具

政策工具作为经济、法律、政治等学科领域的研究问题由来已久，直到 20 世纪 80 年代它才成为公共管理领域的研究，而我国对于政策工具的研究起步较晚，随着克里斯托弗·胡德（C. Hood）、盖·彼得斯（B. Guy Peters）、莱斯特·撒拉蒙（Lester M. Salamon）等学者的研究成果的广为传播，政策工具的研究在国内才开始活跃。2018年的研究焦点在于政策工具选择与应用方面。政策工具是政府将其政策意图转化为政策执行的中间环节。政策意图能否实现与政策工具的选择密不可分，因此，当前政策选择了哪些工具、应当选择哪些工具，是大量研究试图回答的问题。

对政策工具相当大一部分的研究主要采用内容分析法。比如葛蕾蕾等人从政策工具和人力资源管理两个维度构建分析框架，对 1950 年至 2017 年我国高校毕业生就业相关的 58 项中央政策进行文本量化分析。研究发现，我国高校毕业生就业政策在政策工具体系、人力资源管理环节体系中存在缺位、不足与过溢的问题，据此提出有针对性的建议。① 耿旭、喻君瑶以省级主体功能区政策为分析对象，构建基于目标—工具的二维分析框架，运用内容分析法对 23 份省级主体功能区政策文本进行挖掘，研究发现，主体功能区建设中所使用的政策工具与目标呈现出非对称性，不同主体功能区均以权威型政策工具为主导，财政型政策工具为辅，而信息型和组织型政策工具使用较少，无法充分体现主体功能区之间的差异性。② 姚俊、张丽采用内容分析法，从基本政策工具和养老服务系统两个维度出发，对中国 2006 年以来国家层面出台的 13 份养老服务政策文本进行量化分析，深入了解中国养老服务政策工具运用现状。③ 熊小刚收集了国务院发布的"双创"政策 90

---

① 葛蕾蕾、方诗禹、杨帆：《政策工具视角下的高校毕业生就业政策文本量化分析》，《国家行政学院学报》2018 年第 6 期。

② 耿旭、喻君瑶：《政策工具一定会服务于政策目标吗——基于 23 份省级主体功能区政策文本的分析》，《甘肃行政学院学报》2018 年第 6 期。

③ 姚俊、张丽：《政策工具视角下中国养老服务政策文本量化研究》，《现代经济探讨》2018 年第 12 期。

份、相关部委发布的"双创"政策 288 份,运用类型化分析法、共词分析法和内容分析法对"双创"政策的文本内容以及政策工具的使用进行量化研究。① 柯洪等人基于 2014—2017 年 228 份 PPP 国家政策文件,以供给型、环境型和需求型政策工具为切入点,对样本政策从基本政策工具和 PPP 国家政策适用项目阶段两个维度进行文本分析。② 吴芸、赵新峰通过政策工具的强制程度、协同程度与整合程度分析京津冀区域大气污染治理政策工具的变迁。③ 谭兵筛选了自 1999 年以来由中央政府各部门发布的涉及发展机构养老服务的 29 份政策文本,通过梳理政策工具信息,分析各阶段发展机构养老服务的工具运用与工具箱变迁情形,讨论工具选择偏好问题。④ 车峰以《国务院关于促进健康服务业发展的若干意见》为研究对象,采用内容分析法,从基本政策工具和推进"健康中国"战略两个维度对我国健康服务业政策进行深入分析,在此基础上剖析了健康服务业政策工具的缺失和冲突。⑤ 杨艳等人通过构建"政策目标、政策工具和政策力度"三维分析框架,设计政策量化手册与政策协同度的度量模型,对上海市人才政策进行测量和统计分析,考察政策的协同性问题。⑥

除了采用政策文本与内容分析方法外,还有一些研究运用了案例分析法、计量统计分析法。例如,曾盛聪、卞思瑶以政策工具理论为分析框架,在引证和比对我国部分地方政府大数据治理的多个经验性案例基础上,解析地方政府大数据治理与政策工具创新的内在一致

① 熊小刚:《政策工具视角下中国"双创"政策内容分析及优化建议》,《软科学》2018 年第 12 期。
② 柯洪、王美华、杜亚灵:《政策工具视角下 PPP 政策文本分析——基于 2014—2017 年 PPP 国家政策》,《情报杂志》2018 年第 11 期。
③ 吴芸、赵新峰:《京津冀区域大气污染治理政策工具变迁研究——基于 2004—2017 年政策文本数据》,《中国行政管理》2018 年第 10 期。
④ 谭兵:《工具运用与选择偏好:发展机构养老服务政策研究》,《中山大学学报》(社会科学版) 2018 年第 5 期。
⑤ 车峰:《基于政策工具视角的我国健康服务业政策分析》,《大连理工大学学报》(社会科学版) 2018 年第 6 期。
⑥ 杨艳、郭俊华、余晓燕:《政策工具视角下的上海市人才政策协同研究》,《中国科技论坛》2018 年第 4 期。

性。① 黄新华、于潇基于企业技术创新和产业结构优化的视角，运用2007—2014 年的省际面板数据，实证检验了环境规制政策工具对经济发展的影响。② 类似地，李冬琴应用调查问卷数据建立了完整的模型，并采用多元回归法实证研究了环境政策工具及其交互项对环境技术创新和企业绩效的影响。③

综观 2018 年的政策工具研究，可以发现，探讨政策工具选择的研究比比皆是，然而，深入剖析政策工具作用机制的研究却寥寥无几。此外，大部分研究采用二手数据，实证调研类的研究屈指可数，这使得政策工具的整体研究显得原创性和前瞻性不足。如果对政策工具的研究不能拓宽其研究视角和研究方法，就很难在已有的研究基础上实现突破。

（三）公共政策价值与理念

关于公共政策应遵循何种价值理念的争论，学者们各持己见，国内学者主要强调公共政策的公共性、正义等价值理念，比如向玉琼主张正义是公共政策所追求的首要价值，尤其是在后工业社会中，合作正义要求公共政策将人的解放和共生共在作为其核心价值，这推动了政策从规范工具转向道德载体。④ 李玲玲和梁疏影指出，在分析公共政策的逻辑起点时，既不应该以市场失灵这样具体的表象作为其逻辑起点，也不应忽视政府利益与公共利益的内在一致性，认为政府利益是公共政策的逻辑起点，更不应该将民意、公众需要和社会问题与逻辑起点之间画上等号。公共利益的本质使得它符合作为逻辑起点的特征，从而应当成为公共政策所秉持的价值规范。⑤ 朱海波强调了公共

---

① 曾盛聪、卞思瑶：《走向大数据治理：地方治理的政策工具创新趋势——基于多个经验性案例的考察》，《社会主义研究》2018 年第 5 期。

② 黄新华、于潇：《环境规制影响经济发展的政策工具检验——基于企业技术创新和产业结构优化视角的分析》，《河南师范大学学报》（哲学社会科学版）2018 年第 3 期。

③ 李冬琴：《环境政策工具组合、环境技术创新与绩效》，《科学学研究》2018 年第 12 期。

④ 向玉琼：《在正义追求中构想道德的政策——基于对制度正义的反思》，《新视野》2018 年第 5 期。

⑤ 李玲玲、梁疏影：《公共利益：公共政策的逻辑起点》，《行政论坛》2018 年第 4 期。

决策的合法性标准，他认为，主体（权力）不合法、程序不合法抑或是结果不合法，三者中的任何一个都会从根本上动摇决策的有效性，进而阻碍通过决策有效分配社会公益这一公共治理目标之实现。故当前国家公共决策立法应严格遵循合法性考量，在恪守民主、科学和法治三原则的基本前提下，进一步将决策体系对于三原则之要求具体化为公众参与、政策协商、意见协调、专家意见法律处置、权力法定、正当程序和决策责任追究七项子原则，并围绕上述原则体系合理构建一个逻辑关系明确的决策程序体系。[①]

然而，实践中的公共政策常常脱离公共性的规范轨道，表现出一定的偏差问题。例如，孔凡瑜认为，在政策实践中，公共政策非公共性问题层出不穷，既影响公共政策预期效果，也影响政府的公信力，因此应强化对公共政策非公共性的研究，这有利于明晰其危害，精准剖析原因，并采取相应措施，对提升公共政策运行品质具有重要的理论意义和现实意义。[②] 李侠和李格菲探讨了在大数据政策制定中所存在的两种认知偏差，即知识偏差与价值偏差，他们建议，首先，应选择合适的政策制定模式，从而在政策目标的设定与受众的偏好之间形成良好匹配；其次，为了提高大数据政策的运行效率，需要挑选合适的政策工具来承载伦理靶标，使政策符合正义原则，最大限度地保障政策受众的自由并充分分享大数据政策释放的收益。[③]

（四）公共政策的比较研究与借鉴

作为比较政治学和公共政策学的交叉领域，西方公共政策的比较研究从 20 世纪 60 年代中后期兴起发展至今，已成为公共政策学研究不可或缺的一部分。我国公共政策的研究最早是学习和引介国外理论与经验，因此对国外经验的借鉴和论证也成为国内公共政策比较研究的重要构成要素。

---

① 朱海波：《以合法性为中心的公共决策原则体系构建》，《广东社会科学》2018 年第 2 期。

② 孔凡瑜：《公共政策非公共性问题探析》，《学术交流》2018 年第 8 期。

③ 李侠、李格菲：《大数据政策制定中的认知偏差与伦理靶标》，《伦理学研究》2018 年第 2 期。

　　大多数学者介绍了发达国家的政策手段、政策工具，并结合中国实践提出相应的理论方向或政策建议。比如杨宏山、李娉分别选取中国和美国政策扩散研究的代表性文献，通过文献分析和过程比较，展现两国政策扩散机制的共性特征，识别不同制度环境下各自的独特路径，剖析中国政府推进政策扩散的有效制度安排。[1] 周慧、李放梳理了三类国家（地区）人口生育政策：欧美发达国家主要实施以改善家庭福利、劳动力就业等为主导的间接性激励政策，亚洲发达国家实行的是间接干预和直接干预并重的鼓励性生育政策，欠发达国家则推行以直接干预为主导的生育激励政策。他们建议，中国应根据国情认真吸纳和借鉴上述国家（地区）激励生育政策的成功经验，完善我国生育激励政策。[2] 贾开等人对美国、英国、德国、中国四国人工智能政策的历史沿袭进行了回顾，并对其当前政策框架的主要特征进行归纳。在国际比较分析的基础上，他们对中国人工智能公共政策的未来改革提出了建设性对策。[3] 刘金科、戴悦洋分析了 20 世纪遭受严重雾霾污染的英国为治理污染所采取的立法、财税政策等一系列措施，从中得出雾霾治理是一个长期且持续的过程，应充分认识其严峻性和艰巨性。通过建设完善的法律体系与健全的财税政策，注重城市绿色建设并充分发挥社会公众的作用，最终推进雾霾污染的有效治理。[4] 雷安琪、杨国涛从扶贫模式、扶贫政策、国家制度等方面将中国的扶贫问题与印度、巴西进行对比，以精准扶贫政策的综合性治理方式为切入点，深入分析、论证中国扶贫政策的优越性、前瞻性和有效性，从而为其他国家提供有益经验。[5]

---

①　杨宏山、李娉：《中美公共政策扩散路径的比较分析》，《学海》2018 年第 5 期。

②　周慧、李放：《外国人口生育激励政策及其经验借鉴——基于三类国家（地区）的比较分析》，《湖南农业大学学报》（社会科学版）2018 年第 6 期。

③　贾开、郭雨晖、雷鸿竹：《人工智能公共政策的国际比较研究：历史、特征与启示》，《电子政务》2018 年第 9 期。

④　刘金科、戴悦洋：《英国雾霾污染治理的公共政策实践与启示》，《国际税收》2018 年第 4 期。

⑤　雷安琪、杨国涛：《中国精准扶贫政策的国际比较——基于印度、巴西扶贫政策的案例分析》，《价格理论与实践》2018 年第 12 期。

三　中国公共政策研究特征与展望

通过前文对公共政策研究总体概况的描述性统计以及主题分布的梳理，可以大致了解2018年中国公共政策研究的基本状况，其中既展现出蓬勃发展的一面，又存在诸多值得反思的地方。展望未来，新时代的中国公共政策研究应何去何从？本文从研究内容、研究方法、研究视角三个维度尝试对未来中国公共政策学研究的发展方向提出几点建议。

（一）研究特征

1. 研究主题——政策阶段分析仍是重中之重

从研究数量层面看，2018年对公共政策各阶段分析的研究文献多达183篇，远远超过第二大类的研究主题——政策过程新范式（71篇），说明政策阶段分析一直以来都是我国公共政策研究的重要主题。首先，学者们尤其关注对政策制定、政策执行、政策变迁等阶段的分析，相关研究并不仅仅停留于国外理论框架和核心概念的层次，而是试图提炼和发展中国本土理论和关键概念，表现出较强的学术创新意识。其次，对其他政策阶段如议程设置、政策问题建构、政策终结等的探讨，也不再局限于概念化层面的阐释，更多的是基于实践案例来进一步探索其影响因素和内在机理。对研究主题的逐渐深化，反映了我国公共政策研究不断成熟化、系统化的新的发展态势。

2. 研究领域——社会政策领域是主要关注点

当前我国公共政策研究的关注领域，已从经济领域转向社会领域。随着社会主要矛盾的转变，中国特色社会主义进入新时代，处于不断发展中的各类社会政策是如何制定和执行的，执行效果如何，又该如何从学理上解读执行过程和效果，是具有重大意义的前沿议题。2018年社会政策的聚焦点在于环境政策、扶贫/脱贫政策、医疗卫生政策等。自精准扶贫战略实施以来，学界立即对此作出理论阐释和经验探索；自生态文明建设被纳入社会主义现代化建设总体布局框架体系中以来，学者们对环境政策的关注便与日俱增……这些都表明了我国公共政策研究能够紧跟时政热点现象,关注社会转型和全面深化改革过程中的复杂难题,彰显公共政策研究应有的现实价值。

3. 研究方法——个案和文本分析是主要代表

公共政策作为新兴学科,相较于经济学、管理学、社会学等而言,学科研究方法体系一直是薄弱环节,更多的是延续哲学思辨、理论阐释的研究套路,没有形成科学的研究方法体系。经过近40年学界的不断探索和发展,规范研究比例逐渐下降,而实证研究日趋增多。虽然2018年规范研究仍然占据主要地位,但以个案研究和文本分析为代表的定性研究的比例有了大幅提升。一方面,随着公共问题的动态复杂性和非线性特征的日益凸显,仅仅依靠理论推演已难以为继,而必须将具体理论嵌入特定政策情境里,探讨真实世界的各式案例,从而检验和完善公共政策理论框架。另一方面,随着政府信息公开制度的完善,政策文件和政府数据的可获得性大为增加,使得大量的政策文本分析成为可能,同时也可以构建相应的数理模型来验证现实问题。

(二) 研究展望

1. 在研究方法上,应强化综合分析与多元化手段

中国公共政策研究在方法的运用上仍然呈现出单一粗放的特点,这表现在三个方面。第一,国内公共政策研究多运用单一学科方法,而使用多学科与跨领域方法的研究较少。第二,国内公共政策研究中运用定性分析方法的研究居多,而运用定量分析方法的研究不足,这难免会导致很多公共政策研究文献只是浮于表面的讨论,尚未深入探讨内在的因果机制以及得出有实质意义的结论。第三,国内公共政策研究的方法与技术视野多集中于具体领域与政策之上,没有形成可以贯彻公共政策研究全系统的方法论。因此,今后的研究应加强定性与定量研究相结合,尝试运用基于大数据的政策模拟与实验评估等多样化的前沿分析手段[1],推动公共政策研究方法体系实现从单一化到多

---

[1] 赵德余:《政策科学研究方法的评价标准、跨学科与范式之争》,《探索与争鸣》2017年第1期。

元工具的交互融合，不断完善和建构系统性的政策研究方法体系。

2. 在研究视角上，需拓宽学科视野，进行跨学科合作

公共政策学的典型特征就是综合性、现实性，因而需要运用多学科的知识、技术，形成更加全面的认识和判断。[①] 公共政策与社会学、统计学、经济学、人类学等学科间的交叉研究，有利于把科学、技术与社会、经济以及人类社会协调可持续发展的各方面紧密地联结在一起，从专业角度分析和解决公共政策难题。近年来，行为经济学、认知心理学等学科有不断渗入公共政策研究领域的趋势，各国政府也在大力引进行为科学实验方法来探索更为有效的政策工具[②]，这些都反映了跨学科研究趋势的不可阻挡。当前，我国公共政策研究虽然已嵌入政治学、人口学、经济学等学科的知识和方法，但总体上仍显不足。今后应跟踪国际公共政策研究的理论和方法前沿，注重行为研究、实验研究、模拟仿真、数据挖掘等跨学科视角，探讨新时代下中国公共政策的新问题和新需求，为公共政策研究注入源源不断的动力。

公共政策研究作为当代哲学社会科学尤其是交叉学科的重要组成部分，是国家和地方重大的战略和需求领域[③]，迫切需要发挥其理论引领作用。2018 年中国公共政策研究的进展表明，构建中国特色的公共政策研究学术体系和话语体系仍然任重道远。新时代的中国公共政策研究需要继续立足中国本土问题，对当下的政策实践进行持续性的经验性研究、对政策科学基础理论进行创造性的话语表达，只有这样才能体现出中国智慧、中国风格和中国气派。

（本文刊于《新闻与传播评论》2019 年第 4 期）

---

① 向玉琼：《改革开放 40 年公共政策学的发展》，中国社会科学网，2018 年 11 月 21 日。

② 朱德米、李兵华：《行为科学与公共政策：对政策有效性的追求》，《中国行政管理》2018 年第 8 期。

③ 陈振明：《中国政策科学的学科建构——改革开放 40 年公共政策学科发展的回顾与展望》，《东南学术》2018 年第 4 期。

中国政治传播研究的新局面[*]

于淑婧^{**}

2018 年，政治舞台风云变幻，传播技术日新月异，政治传播正处于政治与传播无处不在的时代。政治与媒体的相互依赖与"共生"（symbiosis）及与其他各种因素的有机反应①，正在对政治传播产生"系统性""持久性""基础性"的影响。② 在这样新的政治、信息、传播、技术等变量的综合作用下，不变的问题在变化的时代依然存在、凸显或出现更新，所伴随的是目不暇接、盘根错节的新问题与新挑战。中国政治传播可谓处于一个新的变革时代。正如中国领导人在 2018 年所指出的："当前，我国处于近代以来最好的发展时期，世界处于百年未有之大变局，两者同步交织、相互激荡。"2018 年，面对着复杂的外部环境和内部问题，中国政治传播研究就一些时代性、局部性、紧迫性问题展开了讨论，也凸显出一些新的

---

* 感谢匿名评审专家以及中国传媒大学荆学民教授、苏颖老师、赵洁博士对本文提出的宝贵意见。

** 于淑婧，中国传媒大学政治传播研究所。

① G. Enli, "New Media and Politics," *Annals of the International Communication Association*, 2017, 41: 220 – 227.

② J. G. Blumler, "The Crisis of Public Communication, 1995 – 2017," *Javnost—The Public*, 2018, 25: 1 – 2. P. V. Aelst, J. Strömbäck, T. Aalberg, et al., "Political Communication in a High-Choice Media Environment: A Challenge for Democracy?," *Annals of the International Communication Association*, 2017, 41: 3 – 27. A. Shehata, J. Strömbäck, "Learning Political News from Social Media: Network Media Logic and Current Affairs News Learning in a High-Choice Media Environment," *Communication Research*, 2018, 1: 1 – 23.

特点和趋势。本文借助知网、谷歌学术等文献搜索工具，融合文献研究路径和内容分析方法，尝试整合 2018 年中国本土有关政治传播的研究，以期全景式地描绘中国政治传播研究的主题、方法、观点、前沿等方面的动态与趋势。

一　中国政治传播研究的主题与方法

广义的政治传播研究认为，政治传播考察的是"政治过程中的传播角色"①，广义视角旨在从一般意义上理解政治传播。在这一概念下，本文将尽力涵盖各种立场的中国政治传播研究，展现 2018 年中国政治传播研究的复杂性面貌。在政治传播的广义视角下，本文搜集到相关学术论文共 151 篇，范围遍及中国传播学和政治学领域的主要期刊，以及欧美主要的政治传播（学）、政治学、传播学期刊，文献

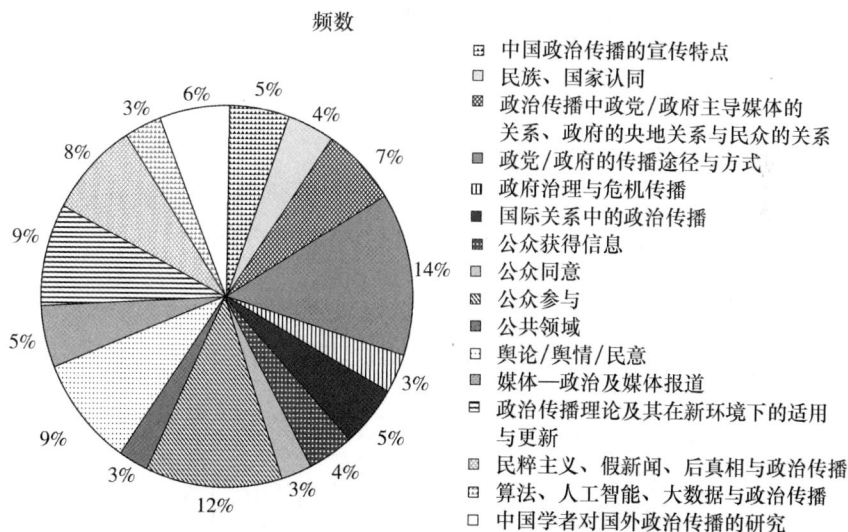

频数

- ⊞ 中国政治传播的宣传特点
- ◻ 民族、国家认同
- ▨ 政治传播中政党/政府主导媒体的关系、政府的央地关系与民众的关系
- ▩ 政党/政府的传播途径与方式
- ⊞ 政府治理与危机传播
- ■ 国际关系中的政治传播
- ▨ 公众获得信息
- ▢ 公众同意
- ▨ 公众参与
- ▨ 公共领域
- ◻ 舆论/舆情/民意
- ▨ 媒体—政治及媒体报道
- ⊟ 政治传播理论及其在新环境下的适用与更新
- ▨ 民粹主义、假新闻、后真相与政治传播
- ⊞ 算法、人工智能、大数据与政治传播
- ◻ 中国学者对国外政治传播的研究

图 1　2018 年中国政治传播研究的主题分布比例

---

① S. Chaffee (ed.), *Political Communication*, Beverly Hills, CA：Sage Publications, 1975. 转引自 L. L. Kaid, *Handbook of Political Communication Research*, London：Lawrence Erlbaum Associates, Inc. , 2004：xiii.

主要包括一般性的政治传播理论探索、中国学者的政治传播研究、中国政治传播实践和理论的相关研究等。

从图1可知，2018年中国政治传播研究主题丰富、论域广阔。相关文献不仅围绕以政党/政府/国家、公众、媒体等为主体的经典政治传播问题进行了探索与争鸣，对中国政治、传播的核心政治实践和理论问题予以学术回应，而且对民粹主义、假新闻、后真相以及算法、人工智能、大数据等前沿问题进行了密切跟踪与考察；不仅审视纷繁复杂的经验现实，还关注政治传播理论在新环境下的适用和更新；不仅聚焦国内政治传播，还呈现出对国外政治传播观点和经验的浓厚兴趣。

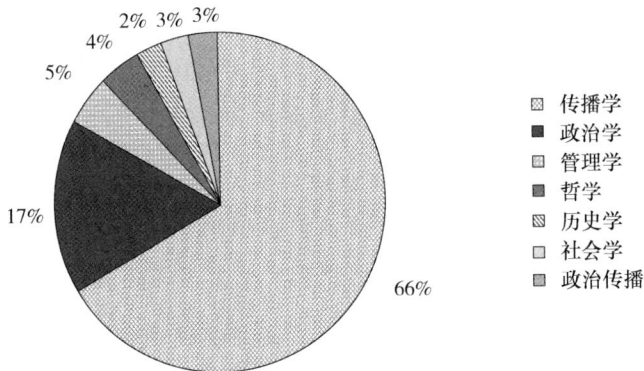

图2　中国政治传播研究的学科背景分布

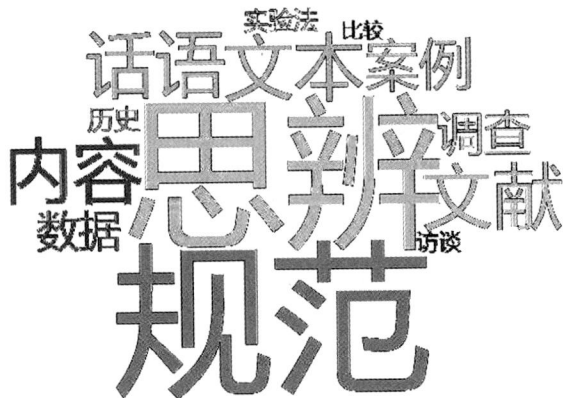

图3　中国政治传播研究方法词云

对于学科背景，从图2可以看出，中国政治传播研究仍然较多地立足于传播学这一学科，反映出日益繁荣的传播现象对传播学的促进作用，也体现了传播学对政治传播问题的敏感和关注。除此之外，政治学也是中国政治传播研究的主要知识来源。同时，哲学、历史学、社会学、管理学等学科也不同程度地进入中国政治传播研究领域，反映出中国政治传播研究以传播学、政治学为主导学科的跨学科趋势及其知识来源的日趋广泛。

中国政治传播的研究路径涵盖量化方法、质化方法和思辨与规范方法，凸显了中国政治传播研究对微观、中观、宏观问题的全面关注。如图3所示，思辨与规范路径仍是中国政治传播研究沿用的主要方法，这与中国政治传播研究所处的发展阶段及固有的社会科学传统不无关系。话语分析、内容分析、文本分析等各类聚焦于文字的研究路径也是学者们采用的方法。案例分析、问卷调查、访谈、历史研究、数据分析等社会学、历史学、政治科学的定量或定性方法正在被运用于从事政治传播研究。除此之外，比较研究、实验法成为政治传播研究者尝试的较新方法，二者从宏观和微观层面拓展了中国政治传播研究领域。

二 中国政治传播研究的动态

在政治传播系统理论视角下，政党/政府/国家、公众、媒体可谓政治传播的三大主要行动者，也是其最为重要的结构要素[①]，三者分别从不同方向和不同层面共同作用于政治传播系统的运行。2018年，中国政治传播研究围绕三大主体的政治传播经验现实或理论进行了多层次的详细考察，提出了一些新的观点和见解。

（一）以政党/政府/国家为主体的政治传播
以政党/政府/国家为主体的政治传播聚焦于自上而下、自内而外

---

① J. G. Blumler, G. Michael, "The Crisis of Public Communication," *Psychology Press*, 1995: 1 – 12.

的政治传播实践，主要围绕六个子主题展开。

第一，考察中国政治宣传的特点、挑战和转型。对于中国的政治传播总体运行状态，荆学民指出，它是以政治宣传为主轴的运行模式，这是由人类政治的"理想性"与"现实性"双重属性及其张力关系所决定的，源于中国政治变迁的历史根基和历史惯性，这种模式在短时期内不会发生改变。① 在互联网时代，由于新的传播技术及外界环境的日益复杂，中国的政治宣传出现了一些新的现象，如"计算化宣传"②，同时也面临着"政治信息单向流通、回馈乏力、传受不均"等新挑战。对此，学界提出的两种解决方案值得关注。其一是"新宣传"的调适策略，主张改变宣传中"那种通过生硬地说服使受众被动接受的方式"，采用"通过大众的参与，让其自愿接受宣传者的观念"的新宣传，以实现传统宣传对外界环境的应变。③ 其二是倡导中国政治宣传发生"跳出类型的变革"，向政治传播转向，并结合中国特色的社会主义协商民主使其向协商"对话"转型，进而从根本上推动以"平等对话、多元协商、社会共治"为主要特征的现代国家治理体系的建构。④

第二，思考民族、国家认同层面的政治传播问题。这一话题关乎政治共同体"存在与否"和政治传播系统运行的根基。在最新的研究中，这三种影响因素备受关注：一是政治符号。张晒的研究表明，十八大以来中国共产党通过"政权国家主导"和"民族主义主流"的模式进行政治符号建构。这一模式在现阶段可以塑造和强化国民的国家认同感，但却不能从长远和根本上解决国家认同问题；强化国家认同，未来应重点突出"利益命运共同体"和"历史文化共同体"

---

① 荆学民：《论中国政治传播研究向纵深拓展的三大进路》，《现代传播》2018 年第 1 期。

② G. Bolsover, P. Howard, "Chinese Computational Propaganda: Automation, Algorithms and the Manipulation of Information about Chinese Politics on Twitter and Weibo," *Information, Communication & Society*, 2018, 4: 1 – 19.

③ 张华：《新宣传、新传播形态下的宣传调适与新时代治理术》，《新闻大学》2018 年第 5 期。

④ 荆学民、苏颖：《中国政治传播研究的学术路径与现实维度》，《中国社会科学》2014 年第 2 期。赵立兵、申启武：《从"宣传"到"对话"：社会主义协商民主的政治传播进路》，《新闻与传播评论》2018 年第 3 期。

等政治符号。① 二是新技术。卢嘉与刘新传研究指出，原有的国家认同建立在种族民族主义之上，而在互联网等新技术的使用下，以公民民族主义为基本理念的网络参与则可能导致种族民族主义被取代。② 三是国家形象建构。李彦冰认为，中国作为多民族统一的社会主义国家，国家形象建构在理论层面应该跳出"结构主义"和"建构主义"的研究取向，注重通过有效的政治整合机制实现民族认同向国家认同的转化。③

第三，研究政治传播中政党/政府与媒体的关系、政府的央地关系、政党/政府与民众的关系。在中国政治传播研究中，对中国政治传播制度、机构、机制的考察值得关注，因为它们是中国政治传播系统运行的骨架，既构成了中国政治传播系统的稳定性因素，也规范着实践领域政治传播系统运作的逻辑和空间。关于此，苏颖认为，中国政治传播结构体现出"政党领导原则""合纵连横的大宣传系统""内容输出、信息管理"等特征。④ 这样的制度设计框定着政治传播中各行为者之间的关系。众多学者对此予以深入探讨。首先，中国的政府/政党与媒体之间的关系遵循着"党媒姓党""党管媒体"的原则。在现实的政治传播运作中，二者具体的关系会在这一原则规定的空间和底线上适时调节。如中国的党媒在传播形态、话语模式等方面进行着传播调适和创新，尝试创造出政府与公众间新型政治沟通关系；中国政治传播中的信息管理也在"不断从过去明确粗暴的策略转向现在更加微妙有序的机制"。然而，王庆、张涛甫等的研究则指出，在地方政府层面，处于互联网时代新的媒介生态中，党管媒体实践呈现出"策略性严控"的特点，面临着"低水平"媒介化的挑战，中

---

① 张晒：《政治符号建构与国家认同强化研究——以中共十八大以来的实践为分析对象》，《湖北行政学院学报》2018 年第 2 期。
② 卢嘉、刘新传：《互联网与国家认同：媒介生态学视角下基于全球 33 个国家的实证研究》，《国际新闻界》2018 年第 4 期。
③ 李彦冰：《中国国家形象生成与传播的"多民族"视角》，《贵州师范大学学报》（社会科学版）2018 年第 4 期。
④ 苏颖：《守土与调适：中国政治传播的制度结构及其变迁》，《甘肃行政学院学报》2018 年第 1 期。

国的地方政府面临着媒介逻辑与政治逻辑之间的冲突。[1] 其次，对于政治传播中国的央地关系，相关研究主要从自上而下的政策传播以及自上而下的监督予以考察。对于前者，从中央到地方的政策创新扩散呈现出"中央政府发挥主导性，综合试点推广、吸纳推广、强制推行、官员异地交流"等特点。[2] 对于后者，信息流动在中央—地方关系中仍然存在难以"监督权力代理人"的挑战。[3] 这显示出中国政治传播中府际关系的特点和存在的结构性问题。最后，对于中国政治传播中政党/政府与民众的关系，"群众路线"可谓其典型特色，对其的研究主要从党报、媒体的视角出发，也有研究关注网络时代的群众路线，但这部分研究所占比例较少。

第四，探究政党/政府的传播途径与方式。相关的研究包括三个不同的层面：一是通过意识形态和核心价值观进行传播。二者在政治传播中占据着核心地位，分别为政治系统提供基础性的合法支持、指引未来政治的发展，对"价值的权威性分配"提供价值引导和认同。对于意识形态，许哲等的研究主要关注在新媒体环境下主流意识形态出现的"脱媒"困境。为此，他们倡导对意识形态话语权"再中介化"。张文君、程同顺则主张融合传播内容与渠道双重改革逻辑，超越"占领思维"，促进主流意识形态传播模式的转型。[4] 对于核心价值观传播的问题，白文刚从政治文明的高度指出，核心价值观是政治文明成熟的自然产物，当代中国政治文明还处于不断变革的社会主义初级阶段，因而当代社会主义核心价值观传播应汲取中国古代核心价值观传播的

---

[1] M. Repnikova, K. Fang, "Authoritarian Participatory Persuasion 2.0: Netizens as Thought Work Collaborators in China," *Journal of Contemporary China*, 2018, 4: 1-17. 王庆：《政治媒介化与党管媒体的地方实践逻辑——基于"海口强拆"事件的个案研究》，《现代传播》2018年第9期。张涛甫、徐亦舒：《政治沟通的制度调适——基于"澎湃新闻""上海发布""上海网信办"的考量》，《中国地质大学学报》（社会科学版）2018年第2期。

[2] 杨宏山、李娉：《中美公共政策扩散路径的比较分析》，《学海》2018年第5期。

[3] J. Pan, K. Chen, "Concealing Corruption: How Chinese Officials Distort upward Reporting of Online Grievances," *American Political Science Review*, 2018, 4: 1-19.

[4] 许哲、吴家清：《去中介化与再中介化——自媒体语境下意识形态话语权的"脱媒"困境及对策》，《天津师范大学学报》（社会科学版）2018年第2期。张文君、程同顺：《超越"占领思维"：媒体融合时代主流意识形态传播模式的转型路径》，《天津行政学院学报》2018年第4期。

经验，避免"操之过急"。① 二是借助仪式、图像、话语和观念进行传播。它们为政府/政党政治传播提供符号和象征层面的支持和资源。对于仪式，任剑涛指出，中国在扬弃"传统的仪式政治"基础上将其灵活地转变为"现代的政治仪式"，政治仪式在中国当代政治中成为聚集政治认同资源的有效方式。此外，他也表达了对政治仪式会"忽视权利"的担忧。② 与仪式相类似，刘晶研究了图像政治，揭示了政治传播中图像与政治的关系以及数字媒体下图像统治与图像行动之间的互动。③ 除此之外，政治领袖的话语和观念也是政党/政府政治传播的重要作用方式。其中，民主话语和舆论观是近期学者关注的两个重要方面，对于前者，佟德志指出，中国改革进程中民主话语体系的变迁表现为由革命话语向改革话语的渐进转变，确定了"革命—执政""斗争—和谐""专政—法治"等一系列替代性创新。④ 对于后者，张志安等指出，当代党的领导人舆论观在各个层面的变迁背后存在着典型的"实践导向的功能性表达"特征。⑤ 三是借助媒体并建构制度化的传播方式实现政府/政党的政治传播。其中，政务机构媒体、政府工作报告、党的新闻发布、政论纪录片、"通道"等是学者研究的重点，这些都体现了中国政治传播向现代传播方式转型的实践尝试。⑥

第五，探讨政府治理与危机传播。随着互联网的发展，通过各种方式进行的网络政治表达和参与层出不穷，对其予以快速有效回应成为各级政府面临的重要挑战，从学术层面对此问题的考察十分丰富。从政治传播的视角来看，这一现象被划分为两种性质不同和严重程度不同的问

---

① 白文刚：《简论中国古代核心价值观传播的经验启示》，《中华文化与传播研究》（第2辑）2017年第12期。

② 任剑涛：《仪式政治的古今之变》，《探索与争鸣》2018年第2期。

③ 刘晶：《认知·规训·抗争：图像与政治的历史溯源》，《华中师范大学学报》（人文社会科学版）2018年第5期。

④ 佟德志：《中国改革进程与民主话语体系的变迁》，《政治学研究》2018年第1期。

⑤ 张志安、晏齐宏：《当代中共领导人舆论观及其变迁逻辑》，《当代传播》2018年第2期。

⑥ 周庆安、王华迪：《党的新闻发布工作与社会治理现代化初探》，《新闻与写作》2018年第7期。程曼丽：《十九大"党代表通道"：政府传播的创新形式》，《现代传播》2018年第1期。任桐、丁柏铨：《政论纪录片的传播心理机制和叙事策略研究——基于对〈辉煌中国〉的分析》，《现代传播》2018年第10期。

题予以对待。一是被划分为一般性的"网络理政""舆论治理"范畴的政治表达。与之对应的政府传播方式是政府回应或参与到舆论讨论之中。有研究发现，尽管仍然存在无法将公众关注纳入政策和实际行动中的困境，但中国政府在面对网络事件时会主动与网络用户进行互动并回应公众的关注。林芬从信息与权力的角度出发指出，在中国，政府/政党在不同类型的新闻事件中会选择性地运用"价值性权力""建制性权力""强制性权力"应对相应事件。① 二是危机性的公共事件。对此，学者们提出了政府危机传播策略，史安斌等则特别探讨了"情感"引导对这类危机处理的重要性。②

第六，考察国际政治传播。这部分研究主要有两种不同的路径：一种是对外传播，侧重国家软实力、形象建构以及新媒体技术在外宣方面的应用；另一种则是置于国际关系之中，考察其中的传播行为。对于前者，常江等的研究强调应发展视听传播以提升国家软实力；许正林等则通过对十年来中国共产党对外传播中的政党形象探讨国家形象的建构问题；③ 还有学者指出，网络已成为中国外部媒体战略的重要组成部分，中国政府正在关注外国社交媒体，并运用算法、自动化和机器人进行对外宣传。④ 对于后者，有学者指出，中国政府充分运用了政治口号作为国际政府沟通的工具；刘小燕等则从国际规则层面观照政府话语与国际传播秩序问题，认为在今后一个历史时期里，国际规则创制中各国际行为体的话语权争夺将更加激烈，而对于实力有限的发

---

① 沈国麟、李良荣：《网络理政：中国的挑战、目标和理念》，《新闻大学》2018 年第 3 期。张涛甫：《当前舆论治理的瓶颈和突破路径》，《新闻与写作》2018 年第 6 期。林芬：《权力与信息悖论：研究中国媒体的国家视角》，《传播与社会学刊》2018 年第 45 期。Q. Wang, "Does the Chinese Government Engage in Online Public Debates? A Case Study of Political Communications around the Building of an Oil Refinery in Kunming, China," *Global Media and China*, 2018, 3: 158 – 176.

② 史安斌、邱伟怡：《社交媒体时代政府部门的危机传播与情感引导——以深圳滑坡事故为例》，《现代传播》2018 年第 4 期。

③ 常江、石谷岩：《视听传播与国家软实力提升：观念、路径、方法》，《新闻与写作》2018 年第 5 期。许正林、王卓轩：《十年来中国共产党政党形象对外传播的理论与实践》，《现代传播》2018 年第 9 期。

④ G. Bolsover, P. Howard, "Chinese Computational Propaganda: Automation, Algorithms and the Manipulation of Information about Chinese Politics on Twitter and Weibo," *Information, Communication & Society*, 2018, 4: 1 – 19.

展中国家而言，选择何种路径拓展其话语权威需要综合"该领域的重要性"和"该领域国际规则的创制机制及参与门槛高低"两大因素。①

上述研究涉及政治传播系统的整体性、制度层面的问题，这部分研究揭示了自上而下、纵向、自内而外的政治传播。这种研究取向具有一定的现实基础，是中国政治传播实践在学术研究上的映射。这些研究同时揭示了中国国内政治传播的制度和机制自上而下、自中心向边缘的发力导向和运作逻辑。

（二）以公众为主体的政治传播

中国政治传播研究对公民政治传播问题的突出，与互联网新媒体所激发的自下而上的政治传播的级数增加相呼应。这部分研究主要侧重于政治共同体内以公众为主体的自下而上或横向的政治传播实践，主要包括五个维度。

第一，持续聚集公众所处的信息环境、获得的信息以及处理信息的方式等一系列话题，尤其关注新媒体对公众获得政治信息的影响。在民主政治中，这对公众的政治选择和国家的政治变迁至关重要。研究指出，互联网新媒体的出现形成了一种高选择性的媒体环境，与此相伴随的是新的政治信息环境，这对政治信息的需求和供给产生了很大影响：使人们所面临的"政治信息供应下降、新闻质量下降、政治知识不平等"等问题变得更加严峻；使用社交媒体关注政治和时事新闻，并不能对不接触传统新闻而理解各种各样的一般政治新闻予以补偿；搜索引擎虽然能够"为用户提供看似精准而多样的知识与信息，但是其话语仍然是高度结构化的"，它受到政治与商业对于知识更加隐蔽的控制。② 此

① F. Hartig, "Political Slogans as Instruments of International Government Communication—the Case of China," *The Journal of International Communication*, 2018, 3: 1 – 24. 刘小燕、崔远航：《政府话语权威与国际规则的经纬逻辑》，《社会科学》2018 年第 10 期。

② P. V. Aelst, J. Strömbäck, T. Aalberg, et al., "Political Communication in a High-Choice Media Environment: A Challenge for Democracy?," *Annals of the International Communication Association*, 2017, 41: 3 – 27. P. Dahlgren, "Media, Knowledge and Trust: The Deepening Epistemic Crisis of Democracy," *Javnost—The Public*, 2017, 25: 1 – 27. 薛可、余来辉、余明阳：《社交媒体政治新闻使用的性别和代际差异——基于中国网民调查的实证分析》，《新闻记者》2018 年第 7 期。方惠：《知识的政治：搜索引擎中的乌坎事件研究》，《传播与社会学刊》2018 年第 45 期。

外，也有学者关注政治行为，如"突然的审查"对公众获得政治信息的影响，认为前者会激励而不是抑制公民对某种政治信息的了解。① 对于公民如何解读信息，祖昊、荆学民的研究从"政治阐释"理论出发，主张公民应该"理性地、实事求是地解读社会政治现象，借助自我批判和反思向国家视域靠拢，积极寻求与国家的交流对话，最终实现国家与社会沟通的'视域融合'"。②

第二，舆论/舆情/民意，特别是网络舆论/舆情/民意是学者关注的重要问题。对它们的考察包括两个递进的方面：一是对舆论/舆情/民意的研究，二是对相关研究的审视。舆论的生成、存在的问题、如何治理是舆论/舆情/民意研究的三个重要方面。如焦德武考察了网络搜索与网络舆论生成的关系，指出二者呈现"互相促动、渐为一体"的特征。"舆论熵""网络政治焦虑""风险""碎片化"等是学者们较为关注的舆论问题。对网络失序、混乱的担忧与中国政治发展所基于的稳定性要求不无关系，因此，学者们提出了若干控制和防范舆论/舆情危机的策略。然而，也有学者对这样的因果关系表示怀疑。通过研究，余艳红指出，中国社会大规模的群体性事件并不必然危害中国的基本政治稳定。③ 关于舆论研究的现状，林荧章认为当前中国舆情研究和舆情工作过于强调其政治属性和经济属性，而忽视了其中的公共性，因而主张从公共性的维度重新认识舆情。④

第三，公众政治参与也是研究考察的重点问题之一。这方面的研究可以划分为两个层面：一是考察新媒体、社交媒体或电子媒体对公

① W. Hobbs, M. Roberts, "How Sudden Censorship Can Increase Access to Information," *American Political Science Review*, 2018, 2: 1–16.

② 祖昊、荆学民：《政治传播中"政治阐释"之辩证》，《青海社会科学》2018 年第 5 期。

③ 焦德武：《网络搜索与网络舆论生成的互动研究》，《现代传播》2018 年第 4 期。陈龙：《舆论熵的控制与防范：一种关于网络治理的认识方法论》，《新闻与传播研究》2018 年第 8 期。张爱军、秦小琪：《网络政治焦虑与舆论传播失序及其矫治》，《行政论坛》2018 年第 5 期。全燕、杨魁：《社交网络舆论空间的"中国式风险"检视》，《现代传播》2018 年第 1 期。余艳红：《群体性事件与政治稳定：一项基于风险模型的新解释》，《哈尔滨工业大学学报》（社会科学版）2018 年第 3 期。

④ 林荧章：《从政治性到公共性：中国舆情研究的反思》，《广西师范学院学报》（哲学社会科学版）2018 年第 5 期。

民政治参与的影响。对此，一些研究表明，数字媒体的使用与公民和政治参与之间存在着正相关；对于青年政治参与来说，社交媒体不仅推动了青年群体的线上政治参与，而且促进了青年人群的线下政治参与。① 然而，另一些学者则对新媒体的作用表示出担忧并对其持有负面的评价。他们认为："新媒体没有更好地整合人群，而是使人群回归到了聚集之前的混乱状态。"在数字化时代，尽管公众之间的互动更为方便了，但公众对公共政策的影响力并没有增加。② 当然，不论是积极影响还是消极影响，是数字媒体还是新媒体，它们对政治参与和政治的影响往往受制于"中介变量"。其中，"人们的认知变量如反思、连接复杂性和公民效率"与掌握的"事实知识""信息接触""政治讨论""网民的社交""新闻"和"新闻价值元素""公共事务媒体使用"等中介因素受到学者们的强调。③ 二是研究网络政治参与的特点。从传播内容来看，中国公民的整体网络政治参与行为频率偏低，主要集中于"时政信息接触"领域，而较少涉及"政治事件讨

---

① S. Boulianne, Twenty Years of Digital Media Effects on Civic and Political Participation, *Communication Research*, 2018, 11: 1 – 20. R. Entman, N. Usher, "Framing in a Fractured Democracy: Impacts of Digital Technology on Ideology, Power and Cascading Network Activation," *Journal of Communication*, 2018, 68: 298 – 308. 卢家银：《社交媒体对青年政治参与的影响及网络规制的调节作用——基于大陆九所高校大学生的调查研究》，《国际新闻界》2018 年第 8 期。

② 常江、徐帅：《伊莱休·卡茨：新媒体加速了政治的日常化——媒介使用、政治参与和传播研究的进路》，《新闻界》2018 年第 9 期。

③ J. Ohme, "Updating Citizenship? The Effects of Digital Media Use on Citizenship Understanding and Political Participation," *Information*, *Communication & Society*, 2018, 5: 2 – 27. Vaccari, A. Valeriani, "Digital Political Talk and Political Participation: Comparing Established and Third Wave Democracies," *SAGE Open*, 2018, 8: 1 – 14. J. Strömbäck, K. Falasca, S. Kruikemeier, "The Mix of Media Use Matters: Investigating the Effects of Individual News Repertoires on Offline and Online Political Participation," *Political Communication*, 2017, 11: 1 – 21. J. Mcleod, "When Democracy Failed: Can Political Communication Research Contribute to Civil Recovery?" *Political Communication*, 2018, 10: 1 – 6. 林淑芳：《社群媒体与政治公民参与：网络政治讨论频率与政治讨论异质性的中介角色》，《传播与社会学刊》2018 年第 4 期。张凌：《公共信息接触如何影响不同类型的政治参与——政治讨论的中介效应》，《国际新闻界》2018 年第 10 期。闵晨、陈强、王国华：《线下政治讨论如何激发青年群体的线上政治表达：一个有调节的中介模型》，《国际新闻界》2018 年第 10 期。顾洁、闵素芹、詹骞：《社交媒体时代的公民政治参与：以新闻价值与政务微博受众参与互动关系为例》，《国际新闻界》2018 年第 4 期。

论""社交政治参与"和"深度政治参与";① 从传播方式来看，中国网民正在将"展现诉求" + "转发扩散"为主的旧诉求方式转变为"线上线下协同配合"且以"线下实践促进线上诉求扩散"的新诉求方式。②

第四，关注和担忧新媒体对公共领域的影响。一方面，学者们承认媒体的发展对公共领域的形成和转型起到了推动作用，但另一方面指出在新媒体的运用下，公共领域产生了一系列危机。学者们表示，我们进入了完全不同于过去那种"具有广泛包容性和完善功能的公共领域"的政治时代，这个时代所具有的是一个"媒体化的""破碎的""不和谐的""断裂的"公共领域，而互联网和数字化是公共领域不和谐的主要驱动因素。③

第五，考察公众同意与政治传播这一经典问题。现代民主政治建立在公民同意这一基石之上，后者构成了前者的合法性来源。然而正如有学者所指出的，由于合法性概念因其同义性和缺乏可证伪性而受到批评，许多学者更愿意考察政治认同、政权支持、政治信任、政治满意度等较为明确、易于测量的问题。④ 由于各方面的原因，对中国政治传播方面问题的研究也呈现出这样的趋势。以往的相关研究普遍指出，中国公民对政府一直存在着较高的支持度、认同度、满意度和信任度，近期的研究则指出中国公民的政治满意度存在着层级差异；也有学者通过研究下岗工人群体，认为他们尽管有着较高的政治认同，但这却是"一种被动且不自觉的政治认同"。在来源方面，中国公众高度的政治支持来源已经由原有的经济发展绩效转向政治制度绩

---

① 韩晓宁、王军：《网络政治参与的心理因素及其影响机制探究》，《新闻大学》2018年第2期。

② 陈相雨、丁柏铨：《自媒体时代网民诉求方式新变化研究》，《传媒观察》2018年第9期。

③ L. Bennett, B. Pfetsch, "Rethinking Political Communication in a Time of Disrupted Public Spheres," *Journal of Communication*, 2018, 4: 243 – 253. B. Pfetsch, "Dissonant and Disconnected Public Spheres as Challenge for Political Communication Research," *Javnost—The Public*, 2018, 25: 1 – 65.

④ D. Stockmann, *Media Commercialization and Authoritarian Rule in China*, Cambridge University Press, 2013: 24.

效，其中社会公平分配问题尤为关键。① 就政治信任和满意度的影响因素来说，政治领袖的回应性和真实性会正向影响政府公共关系的质量；公众对政治领袖领导效能的评估会直接促进公众对政府的信任和提高满意度；② 受众自身的威权人格与意识形态立场也会影响其是否相信与政府一致或不一致的谣言。③

这部分的研究考察了政治共同体内以公众为主体的自下而上或横向的政治传播实践，同样考察了以公众为出发点的公众与政府/政党/政治领袖、媒体之间的关系。这部分研究多数强调了新媒体的影响和作用，凸显了中国政治传播研究对现实动态的敏锐观察和跟踪。但这也从反面暴露出中国政治传播研究相对缺乏对自下而上或横向政治传播文化、制度、机制等结构性、持久性因素的思考和考察。

（三）以媒体为主体的政治传播

围绕媒体和政治传播的研究从媒体类型上可以分为传统媒体和新媒体的政治传播。对于新媒体政治传播的研究十分丰富，但其往往作为一种因素和变量而不是主体被嵌入以三大行动者为主体的政治传播中，因而这里"以媒体为主体的政治传播"主要围绕"传统媒体"展开。这部分研究主要体现在两个方面。一是媒体对政治、权力和受众的影响。毋庸置疑，媒体对政治有影响，它改变了权力配置，是受众社会化的实践载体。④ 但有关媒体对政治的影响应该多一些还是少

---

① H. Huang, "Exploring Citizens' Hierarchical Government Satisfaction: Evidence from China and Taiwan," *Japanese Journal of Political Science*, 2018, 2: 122 – 145. 郑振清、苏毓淞、张佑宗:《公众政治支持的社会来源及其变化——基于 2015 年"中国城乡社会治理调查"（CSGS）的实证研究》,《政治学研究》2018 年第 3 期。L. R. Men, A. Yang, B. Song, S. Kiousis, "Examining the Impact of Public Engagement and Presidential Leadership Communication on Social Media in China: Implications for Government-Public Relationship Cultivation," *International al Journal of Strategic Communication*, 2018, 3: 1 – 18.

② 马得勇:《"匹配效应"：政治谣言的心理及意识形态根源》,《政治学研究》2018 年第 5 期。

③ 张思齐:《权力、社会化与全球化：媒体作为受众社会化实践载体的探讨》,《华中师范大学学报》（人文社会科学版）2018 年第 9 期。

④ P. Baugut, S. Scherr, "Should the Media Be More or Less Powerful in Politics? Individual and Contextual Explanations for Politicians and Journalists," *Political Communication*, 2018, 1: 1 – 22.

一些的规范问题却存在很大争议。有研究认为，媒体对政治最终影响的大小问题取决于政治传播的两大行为者——政治家和新闻工作者本身对这个问题的规范看法。[①] 二是研究有关政治方面的媒体报道。这部分研究内容十分丰富。值得注意的是，相关的研究几乎均以《人民日报》作为分析对象[②]，这从侧面显示出后者在中国政治传播中的重要政治地位。

从总体来看，多数研究并没有将传统媒体作为一种机构或政治传播中独立的结构性因素予以考察，而是将媒体本身看作一种传达和承载信息的媒介。这暴露出相关研究仍然缺乏以媒体为主体，对其在政治传播中的位置及其与政治传播中其他结构性因素，如公民、政党、政府等之间关系的考察。这在很大程度上可能源于媒体，特别是传统媒体在中国政治传播中的角色定位，但缺少在规范维度上对相关问题的思考，这实在是这部分研究不应存在的问题。

三　中国政治传播研究的前沿问题

新媒体、新技术的发展使新的政治传播现象层出不穷，2018 年，中国政治传播研究就一些前沿的经验和理论问题、学术热点进行了考察，并予以学术回应。

（一）民粹主义、假新闻、后真相与政治传播

"民粹主义""假新闻"和"后真相"等概念，在 2016 年美国大选和英国脱欧公投后备受关注，成为政治传播的研究热点和前沿问题。尽管这三种现象兴起于西方，概念也来源于西方，然而，中国政治传播研究却对此表现出较浓的兴趣，2018 年的研究对相关问题进行了持续跟踪和解读。

民粹主义的研究路径十分丰富，一方面，多数研究会追溯民粹主

[①] 参见邓绍根、李兴博《论新时期〈人民日报〉中"新闻规律"的话语呈现及其知识特征》，《现代传播》2018 年第 9 期。

[②] 段永杰：《从民主到民粹：政治传播中反话语空间的生成机制与流变》，《湖北行政学院学报》2018 年第 3 期。

义兴起的缘由，阐发其破坏性作用，并提出一系列应对措施。值得注意的是，中国学者有关民粹主义的研究往往显示出对民粹主义存在的社会安全、社会稳定风险的担忧。如一些研究尤为关注网络民粹主义在话语形态和传播方面所存在的问题，并进一步提出针对网络民粹主义言论的一系列管理策略和理念。另一方面，也存在不同于此的研究路径。它倾向于将民粹主义置于更大的社会、政治背景中，视其为一种一般的"传播现象"而不是传播问题，挖掘其背后更为深层次的结构性原因。如从"反话语叙事"的视角对民粹主义进行解读，认为它是一种特殊的反话语叙事，存在着对民主和精英的破坏和冲击，但它本身也是对"主导性话语"的反抗和补充，是底层民众民意表达的一种迫不得已的畸形方式。在这样的认知下，民粹主义无论作为现象还是有待解决的社会问题都不再是孤立的，而是社会、政治层面的问题在传播层面的映射。因而，对于民粹主义的应对，也由一味地批判和导向稳定的管理方案转向民主的、挖掘其中民意意涵的治理途径。[①] 以上显示了中国学者关于民粹主义研究的两种不同路径，其中在稳定、安全以及民主方面所存在的不同规范和想象颇值得注意。

假新闻和后真相是对同一现象不同层面的理论回应，二者在逻辑上彼此相依，互为因果，在现实中难分彼此。对二者的研究主要涉及相关现象的来源和危害。其中，相对于后真相，假新闻更偏向于传播学的研究范畴，因而相关研究往往从传播学出发，认为新媒体、社交媒体的传播特点及其所带来的 UGC 以及"公共服务媒体"的欠缺是假新闻出现的始作俑者，假新闻危害无穷，破坏了人与人之间的交流，无法保证人类沟通与互动的真实性。[②] 后真相是对假新闻及相关现象更高层次的理论化，它所涉及的问题超出了传播学的范畴，因而其他学科的学者也十分关注这一问题。这既使对后真相的原因和影响

---

① T. Aalberg, C. H. de Vreese, H. Claes, "Populism as an Expression of Political Communi-cation Content and Style: A New Perspective," *The International Journal of Press/Politics*, 2018, 4: 423 – 438. 张帆：《后真相时代的假新闻与网络政治参与》，《当代传播》2018 年第 5 期。

② 冯建三：《公共服务媒体、共和民主论与"假新闻"》，《全球传媒学刊》2018 年第 2 期。骆正林、曹钺：《"被扭曲的交流"：社交媒体时代假新闻现象的三重批判》，《新闻与传播评论》2018 年第 4 期。庞金友：《网络时代"后真相"政治的动因、逻辑与应对》，《探索》2018 年第 3 期。

的研究视域更为广泛，也形成了对后真相不同方面的强调。尽管对后真相的影响，学者们基本达成共识，认为后真相破坏了公共舆论，加速了精英群体的溃退，产生了"后政治心理"的雏形，引发了理性坍塌、信任异化、道德相对主义泛滥和"第三种现实"滋生等危机，但对于何为后真相及其产生的原因，学界则存在着分歧。一种观点侧重于"后真相"的"自身利益"动机与"迎合受众的情绪与心理"的驱动，更多地强调后真相兴起背后的社会媒体与算法机制等的传播和技术动因，因而将后真相归咎于传播主体、舆论及利益集团。另一些学者如庞金友则将后真相看作一种"情感先于事实、立场决定真相"的现象。更偏向于将互联网技术的革新和社交媒体的应用看作众多原因之一，而将"后真相"形成与发展归因于更为深层次的社会、政治、经济方面的结构性因素，如"贫富差距造成的经济与文化的鸿沟与分化，媒体垄断催生的恶性竞争，公民政治信任危机"等。这种不同的归因路径也导致学者们提出了侧重点不同的解决方案。传播学学者强调媒体在解决后真相问题中的主导角色。如潘忠党认为，在后真相时代更应坚守"新闻专业主义"；也有中国学者通过对约翰·基恩的访谈强调，保护民主免受"后真相"的侵扰，单纯对"真相"的强调是不够的，媒体需要帮助人们学习如何更好地做出诠释并判定不同诠释之间的冲突，从而为民主的发展培养理性和明智的公民。政治学学者认为，应对网络时代"后真相"政治的挑战，破解其消极影响，"需要建设共享、发展的利益格局，打造开放、有序的媒体环境，营造包容、规范的公共领域，保持谦逊、开放的政治心态，建构权威、共识的舆论话语"①，这种方案较为侧重于多管齐下的治理策略。

综上所述，尽管"民粹主义""假新闻"和"后真相"生成于西

---

① 胡翼青：《再论后真相：基于时间和速度的视角》，《新闻记者》2018 年第 8 期。潘忠党：《在"后真相"喧嚣下新闻业坚持一个以"副文本"为修辞的视角》，《新闻记者》2018 年第 5 期。王维佳：《什么是真相？谁的真相？——理解"后真相时代"的社交媒体恐惧》，《新闻记者》2018 年第 5 期。刘沫潇：《"后真相时代"的媒体与民主——访著名政治学家约翰·基恩教授》，《国际新闻界》2018 年第 6 期。史安斌：《后真相冲击西方舆论生态》，《理论导报》2017 年第 11 期。黄煜：《计算传播学：传播研究的新取向》，《传播与社会学刊》2018 年第 44 期。

方经验现实，中国学者却转而以西方镜像观察中国社会中的相似现象和相关问题。这体现出学者们在西方概念视域下对中国本土问题的关怀；但对同一问题，学者们也采取了不同切入点并提出了不同的答案。从本质来看，这是学者们有争议甚至对立的价值或立场在中国政治传播问题研究中的体现。

（二）算法、人工智能、大数据与政治传播

随着新技术的发展，人工智能、大数据、算法正在势如破竹般地构建以大数据与智能计算为核心的信息传播新格局。新技术对政治传播的影响和拓展已经成为政治传播研究的热点问题。在传播学和政治学领域，与新技术相关的学术概念如"计算传播学""计算政治""算法政治""大数据政治学""智能媒体"① 等纷纷被提出、被畅想。政治传播研究对于相关问题的考察处于初步阶段，也主要内蕴和分散于传播学、政治学的研究之中。就本质来看，三者与政治传播的现实结合，是互联网时代应对政治传播信息从线下向线上转移的结果，也即解决传统的数据收集和分析方法效率不高、精度不够等问题。② 从现实的政治传播运作来看，"算法是数据与人工智能的节点"③，三者在一定程度上是相互联系的，并共同、直接作用于政治传播中的信息和数据因素，基于此再影响整个政治传播过程。目前相关研究主要包括三个方面。

首先对算法、大数据以及人工智能技术在政治传播中的应用进行经验描述。研究显示，算法、大数据以及人工智能技术都被应用于政治传播之中，如在英国脱盟、特朗普竞选等政治事件中均发现了在线

① Z. Tufekci, "Engineering the Public: Big Data, Surveillance and Computational Politics," *First Monday*, 2014, 8: 1–39. 张小劲、孟天广：《论计算社会科学的缘起、发展与创新范式》，《理论探索》2017 年第 6 期。汝绪华：《算法政治：风险、发生逻辑与治理》，《厦门大学学报》（哲学社会科学版）2018 年第 6 期。祝建华、黄煜、张昕之：《对谈计算传播学：起源、理论、方法与研究问题》，《传播与社会学刊》2018 年第 44 期。

② 喻国明、杨莹莹、闫巧妹：《算法即权力：算法范式在新闻传播中的权力革命》，《编辑之友》2018 年第 5 期。

③ 荆学民、于淑婧：《互联网时代政治传播输入的变革与挑战》，《现代传播》2019 年第 1 期。

公众舆论的算法操纵，社交媒体机器人以及大数据分析公司的介入。研究表明，中国的政治传播已经在算法、人工智能等新技术下出现了"计算化宣传"；微博、推特等社交媒体上的政治信息在发布频率、发布时间、发布内容、发布重复性、转发的百分比、链接、朋友和追随者的数量和后交互等方面存在社交机器人的参与；① 这些新技术也已经被纳入中国的政府治理中：一方面，大数据、人工智能技术与政务服务不断融合，政务服务正在向智能化、精细化发展并向县域下沉。另一方面，政治传播中的政治信息收集在技术的辅助下呈现出数据化、智能化、专业化等趋势。②

其次考察人工智能、大数据和算法等新技术对政治传播的影响及其社会、政治效果，并对其进行批判性审视。有研究指出，算法通过由人工写入的运算、对机器人的运用以及智能处理大数据，正在改变信息源、议程设置、传播中原有的权力格局甚至社会共识的建构。它尽管在提升受众传播自主性、提高社会整合、有利于处理信息过载方面存在着技术优势，但同时也造成了信息的"窄化""极化""技术无意识"、简化观点等问题，其"暗箱操作"，也即"透明度"问题更是给政治、资本权力的渗入埋下了隐患。③

最后研究新技术在国际政治传播中的运用。在国际政治传播方面，美国大选受到俄罗斯技术干预的指控，正在引起学界关注新技术在跨国政治传播中的应用和影响。实际上，新技术已经被美国、欧洲国家应用于政治利益的获取中。而对于中国是否将新技术应用于对外传播中这一问题，最新的研究表明，新技术所带来的政治传播的自动化并没有被用作中国国家对外宣传战略之中，而自动化的政治传播则

---

① 荆学民：《论中国政治传播研究向纵深拓展的三大进路》，《现代传播》2018 年第 1 期。

② 范红霞、叶君浩：《基于算法主导下的议程设置功能反思》，《当代传播》2018 年第 4 期。

③ 方师师：《双强寡头平台新闻推荐算法机制研究》，《传播与社会学刊》2018 年第 43 期。全燕：《西方社交网络的政治极化与算法传播的角色反思》，《社会科学》2018 年第 10 期。邵梓捷、季程远：《政治传播中的认知框架效应分析——基于中国的一项调查实验》，《上海行政学院学报》2018 年第 1 期。

主要存在于中国公民自发地在公共领域中对特定政治信息的传播上。[①]

总体来看，学者们对算法、大数据、人工智能的应用并没有采取根本性的否定和完全排斥的态度，而是呼吁在采取有效措施的情况下审慎地处理新技术的应用问题。同时，学者们也对采用技术决定论的视角审视的问题持警惕态度，认为相关研究"不应该分散这些技术只是嵌入在潜在社会结构中的工具的事实，应该更加关注促进通过技术进行意见操纵的政治、社会和经济制度以及它们存在的外部条件和环境"[②]。就目前来看，人工智能、大数据和算法等新技术的发展还处于初级阶段，但三者的不断更新与综合应用，无疑将从各个层面对政治传播产生深远的影响。有理由相信，未来对新技术与政治传播的相关研究将继续成为中国政治传播研究的热点和探索的前沿。

（三）政治传播理论在新环境下的适用与更新

在新媒体时代，建基于原有现实经验的政治传播理论正在受到挑战。正如政治传播学者布鲁姆勒所指出的，鉴于许多核心理论和概念与政治现实脱节，研究者应重新思考诸如"把关人""框架""索引""议程设置"和"媒介效应"等核心概念。[③]中国政治传播研究也凸显出了这样的学术取向，对原有的概念进行重新审视，显示了中国政治传播研究对理论的现实解释性和指导性的关注。除了上述概念外，相关研究还对"沉默螺旋""回音室效应""传播力"等概念予以考察。其中，"框架理论"是研究的热点。如邵梓捷等细致地探索了人的认知框架效应中情感框架和渠道框架的不同效应。郭小安等则认为，总体来看，框架研究的多学科路径正在导致框架研究的"碎片化"，因而进行跨学科对话，通过新媒体媒介框架实现"认知框架"

---

① G. Bolsover, P. Howard, "Chinese Computational Propaganda: Automation, Algorithms and the Manipulation of Information About Chinese Politics on Twitter and Weibo," *Information, Communication & Society*, 2018, 4: 1–19.

② G. Bolsover, P. Howard, "Chinese Computational Propaganda: Automation, Algorithms and the Manipulation of Information About Chinese Politics on Twitter and Weibo," *Information, Communication & Society*, 2018, 4: 1–19.

③ L. Bennett, B. Pfetsch, "Rethinking Political Communication in a Time of Disrupted Public Spheres," *Journal of Communication*, 2018, 4: 243–253.

"社会运动框架""政府回应框架"之间的对话与融合非常必要。[①]

这部分研究已经涉及政治传播领域很多经典的理论和概念。在新媒体迅速发展、国内国际政治双重转型背景下，对经典理论的重新审视会越来越受学界的关注。而如何从中国本土政治传播经验中总结、抽象出一般性的理论也是未来中国政治传播研究需要重视的方面。

综上所述，2018 年中国政治传播研究主题丰富、论域广阔，在研究主题、观点、前沿问题等方面取得了一定的成果。但同时存在着各研究子主题之间缺乏互动的问题，这反映出中国政治传播研究的"碎片化"。作为一个跨学科领域，政治传播研究主题的多样、分散是学科发展的"健康指标"[②]，碎片化本身也有着客观的现实基础，从侧面反映了政治传播现象的多层次复杂性。但这种碎片化也可能会造成研究孤立、不连续、缺乏批判和无法对话等不良后果。这意味着自觉地将单一问题带入系统参照加以综合分析，形成一种"系统敏感性"（system sensitive）可能是未来中国政治传播研究需要加强的方面。[③]

四　中国政治传播研究的转向与趋势

自 2011 年第一次出现以"政治传播"命名国家社会科学基金重大项目以来[④]，政治传播研究在中国的发展经历了前所未有的繁荣。从 2008 年到 2018 年，十年中国政治传播研究可以借用施拉姆对传播学的比喻：从很多人路过但少有人驻足的"十字路口"走向了"绿洲"。中国政治传播研究在明晰研究基础、轴心、边界等基本问题的

---

① 郭小安、滕金达：《衍生与融合：框架理论研究的跨学科对话》，《现代传播》2018年第 7 期；L. L. Kaid, "Handbook of Political Communication Research," London: Lawrence Erlbaum Associates, Inc. , 2004: xiii – xiv.

② G. H. Michael, J. G. Blumler, "State of the Art of Comparative Political Communication Research: Poised for Maturity?," in F. Esser, B. Pfetsch, eds. , *Comparing Political Communication: Theories, Cases and Challenges*, Cambridge University Press, 2004: 333.

③ 荆学民：《审视中国政治传播研究思维范式》，《中国社会科学报》2016 年 3 月 3 日。

④ 该课题名为"中国特色政治传播理论与策略体系研究"（批准号：11&ZD075），目前已经结项。

基础上，以能够从事政治与传播的核心问题、经典问题研究，回应和指导现实的学术可能，吸引了众多学者进入该领域，并让部分学者坚守于此继续深耕和拓展。这推进了中国政治传播研究在进入深水区后向纵深发展①，促进了学术研究与中国政治传播实践相互助力，开拓了中国政治问题乃至世界问题的中国政治传播研究视角。与此相伴随的是2009年到2018年十年间，国内和国外的政治、社会、经济和技术环境发生了翻天覆地的变化。在这些变量的综合作用下，中国政治传播研究在学术旨趣、研究范式、思维理念等方面出现了新的转向，2018年正是这一转向最为突出的时期，未来中国政治传播研究的发展趋势和走向也初露端倪。

首先，从"宏观理论建构"向中观微观问题倾斜。十年前，政治传播研究在中国方兴未艾，彼时政治传播由于生于西方土壤，在理论中国化和本土理论建构层面具有很大的发展空间。早期的政治传播研究主要从理念层面强调政治传播研究的中国价值，从宏观和系统层面观照中国政治传播现实，从理论层面审视西方政治传播理论的本土化问题。② 2018年，政治传播研究在中国可谓如火如荼。根据上文综述可知，此时的研究关注点已经在建构具有中国特色、中国风格、中国气派的政治传播研究层面达成共识，在建构理论层面成效显著，并在此基础上更加凸显对中观维度问题的侧重，如中国政治传播的制度、结构、机制等，以及对微观维度问题的强调，如个体层面信息接触、政治诉求表达、政治信任等。这无疑反映了中国政治传播研究趋向成熟的走向。然而，需要注意的是，对中观和微观研究侧重的同时，未来中国政治传播研究仍然需要继续关注宏观问题和系统性的理论问题。因为处于国内国外双重转型过程中的中国，仍然在很多的理论和宏观问题层面缺乏共识。对宏观问题的持续关注，可以避免中国政治传播研究在微观、表层研究中走向"内卷化""形式化"；避免因无法深入探讨政治、社会深层次核心问题，而使该领域无法真正由"十

① 荆学民：《论中国特色政治传播战略研究的时代背景与现实意义》，《现代传播》2012年第2期。

② 苏颖、白文刚：《"第二届中国政治传播研究学术论坛"成果综述》，《现代传播》2017年第6期。

字路口"转变为"绿洲"。这意味着中国政治传播研究在传播学提供主要知识来源的背景下不仅需要更多的政治学、哲学、历史学、社会学等基础学科的进入和深入,需要新兴技术性方法,如大数据、计算机技术等科学研究方法的辅助①,而且需要将这些学科和研究技术融合起来,促进政治传播的知识来源与问题研究从跨学科、多学科走向融学科,实现宏观、中观、微观问题的互动和对话。

其次,从"宣传导向"向"治理"转向。在中国政治传播"宣传"形态的历史惯性的现实映射下,早期的中国政治传播研究或多或少地受制于"宣传"范式。因而,研究往往与现实政治传播或政治实践中的宣传、意识形态、动员、管制等问题分不开。2013 年,党的十八届三中全会提出"推进国家治理体系和治理能力现代化"的目标。中国政治与政治学的治理转向对中国政治传播研究意义深远,因为"治理与政治传播无论是在理论或实践层面都密切相关,政治传播是治理活动得以运行的基石,规范运行的政治传播有助于从整体上驱动治理体系的优化"。在这样的认知基础上,中国政治传播研究也加入了中国政治学的这一转向中,上文中政治传播的相关研究在"政治共同体""政府""社会"层面的治理中均有涉及。② 然而,值得注意的是,尽管中国政治传播研究存在"治理"转向,但在治理的目标方面仍存在争议,如在安全、稳定、自由、民主等相互冲突的价值方面仍未达成共识。最后,值得警惕的是,政治传播因为其本身处于政治运行的整个过程中,只是政治分析中若干独立解释变量和多种归因因素之一。治理路径导向下的政治传播研究,很容易陷入官僚思维范式下行政、管理甚至管制的实用主义路径陷阱,使研究将具有深层次和复杂原因的问题导向单一的、"传播"技巧式解决方案,而忽视政治传播中"政治"的"统摄"地位。③ 这样的路径也很容易模糊学

---

① J. G. Blumler, G. Michael, "The Crisis of Public Communication," *Psychology Press*, 1995:1 – 12. 荆学民、于淑婧:《多元社会的治理体系优化如何实现——互联网时代政治传播的价值与意义》,《人民论坛·学术前沿》2016 年第 3 期。史安斌:《政治传播研究的"行省化":理论反思与路径重构》,《国际新闻界》2018 年第 2 期。

② 荆学民:《政治传播活动论》,中国社会科学出版社 2014 年版,第 26 页。

③ 白文刚:《中国古代政治传播研究》,中国社会科学出版社 2015 年版,第 297—301 页。

术研究与策略性报告的边界，降低政治传播研究的学术底蕴和理论价值。因而，如何转向并强化社会科学的思维范式和研究路径，可能是未来中国政治传播学术研究健康发展的关键。

再次，从新媒体向新媒体融合新技术转向。基于互联网的发展所形成的新媒体技术在表达、沟通层面形构了政治传播，使很大一部分政治信息呈现为线上状态。政治传播研究对相关问题的各个层面都进行了考察，以便从理论层面认识、解释和规范新媒体下的政治传播现实。近些年来，人工智能、大数据、算法等新技术兴起并以强劲的优势得以运用，尽管它们与新媒体同样基于互联网，但这些新技术对政治传播的影响却与新媒体不同。人工智能、大数据、算法恰恰更为有利于对信息发布、表达的反向收集与回应。这意味着新技术正在加入新媒体形构下的政治传播运行之中。无疑，未来二者将共同作用于中国的政治传播实践。与此相应的是，中国政治传播研究已经开始密切关注新技术的政治传播效应与未来可能。同时，也关注这些新的技术对研究本身的影响。包括大数据、算法等在内的自动、智能数据收集与处理等，正在并将继续影响包括政治传播在内的整个社会科学的研究范式。[1] 正如有学者所指出的："由于人工智能与大数据算法思维的本质，是运用计算机科学的基础概念（抽象与自动化）去求解问题、理解人类的传播行为，故而'算法'作为人类社会技术发展的下一个重要领域，无疑昭示着社会信息传播研究重心转向的未来方向之一。"[2] 然而，新媒体与新技术的结合甚至融合是否会导致对线下生活的忽视，是否意味着数据、信息能够囊括人类政治、传播行为并满足对其进行充分解释和规范的需求等，这一系列的问题仍将是中国政治传播在向新媒体融合新技术转向时必须解决的理论和现实问题。

最后，从"西化—反西"二元对立向"中国特色政治传播研究"

---

① Z. Tufekci, "Engineering the Public: Big Data, Surveillance and Computational Politics," *First Monday*, 2014, 8: 1–39. 张小劲、孟天广：《论计算社会科学的缘起、发展与创新范式》，《理论探索》2017 年第 6 期。汝绪华：《算法政治：风险、发生逻辑与治理》，《厦门大学学报》（哲学社会科学版）2018 年第 6 期。

② 喻国明、杨莹莹、闫巧妹：《算法即权力：算法范式在新闻传播中的权力革命》，《编辑之友》2018 年第 5 期。

转向。中国政治传播研究存在着西方理论驱动甚至西方问题导向的现象。这与政治传播的西方传统、西方来源及其政治发展阶段等客观条件密切相关。然而，它带来的是中国政治传播研究堕于本土的理论创新以及对中国真实、核心问题的注意力分散。与此同时，中国政治传播研究也存在以特定的话语反对西方理论和西方学术的范式。这种范式在传播政治经济学路径下，尤其是在涉及国际政治传播时具有其内在的自洽逻辑。然而，将这一逻辑延伸至国内政治传播研究，则容易忽视中国政治传播问题的内生性原因。这两种路径都存在这样或那样的缺陷，在早期的政治传播研究中，二者势均力敌、相互对立、无法对话。随着中国经济的迅猛发展、国力的增强、国际地位的提升及作为参照的西方国家相对优势的下降，构建中国特色哲学社会科学成为主流学界的共识。基于中国古代政治文明和政治传播经验，研究、总结、提升、构建中国革命、建设、改革的政治传播实践，并建构与中国的实力和政治文明发展相匹配的中国特色政治传播模式成为中国政治传播研究的学术自觉。[①] 对此，学者们在"欧洲行省化"（provincializing Europe）的概念下提出了中国政治传播研究"行省化"[②] 的研究理念。然而，需要指出的是，进行"中国特色政治传播研究"并不意味着学术上的盲目自信与"闭关锁国"，而是主张从政治文明对话与交流、政治文明变迁、"政治文明在传播中实现特殊性向普遍性的升华"等条件出发，看待建立在西方文明和中国政治文明基础上的政治传播理论和实践。[③] 这意味着未来应更多地使用比较视角和方法，在更为客观地理解不同文明之间的比较优劣势的基础上，解释、规范中国政治传播，从事中国政治传播研究。

[①] 白文刚：《中国古代政治传播研究》，中国社会科学出版社 2015 年版，第 297—301 页。白文刚：《"首届中国政治传播研究学术论坛"成果综述》，《现代传播》2015 年第 9 期。史安斌：《政治传播研究的"行省化"：理论反思与路径重构》，《国际新闻界》2018 年第 2 期。

[②] Y. Zhao, "Understanding China's Media System in a World Historical Context," D. Hallin, P. Mancini, eds., *Comparing Media Systems beyond the Western World*, Cambridge University Press, 2011：145 - 146. 白文刚：《"中国古代政治传播研究"专题主持词》，《中华文化与传播研究》（第 2 辑）2017 年第 12 期。

[③] 荆学民、于淑婧：《新时期媒体在政治文明传播中的角色与担当》，《新闻战线》2017 年第 7 期。